AF853447

Ihre Arbeitshilfen zum Download:

Die folgenden Arbeitshilfen stehen für Sie zum Download bereit:

Muster
- Beschlussammlung
- Stimmrechtsvollmacht
- Protokoll der Eigentümerversammlung

Cheklisten:
- Checkliste zur Eigentümerversammlung
- Checklisten zum Erwerb von Eigentum/Teileigentum

Verträge:
- Verwaltervertrag
- Verwaltervertrag Mietwohnungen

Den Link sowie Ihren Zugangscode finden Sie am Buchende.

Die Eigentümerversammlung

Sterns-Kolbeck/Hopfensperger

Die Eigentümerversammlung

Für Verwalter, Beiräte und Wohnungseigentümer

3. überarbeitete und aktualisierte Auflage 2018

Haufe Group
Freiburg · München · Stuttgart

Bibliografische Information der Deutschen Nationalbibliothek

Die Deutsche Nationalbibliothek verzeichnet diese Publikation in der Deutschen Nationalbibliografie; detaillierte bibliografische Daten sind im Internet über http://dnb.dnb.de abrufbar.

Print: ISBN 978-3-648-11177-2 Bestell-Nr. 01057-0003
ePub: ISBN 978-3-648-11178-9 Bestell-Nr. 01057-0101
ePDF: ISBN 978-3-648-11179-6 Bestell-Nr. 01057-0151

Sterns-Kolbeck/Hopfensperger
Die Eigentümerversammlung
3. überarbeitete und aktualisierte Auflage 2018

www.haufe.de
info@haufe.de
Produktmanagement: Jasmin Jallad

Lektorat: Cornelia Rüping
Satz: Reemers Publishing Services GmbH, Krefeld
Umschlag: RED GmbH, Krailling

Inhaltsverzeichnis

Einführung

Sehr geehrte Leserinnen und Leser,

dieses Fachbuch richtet sich an alle, die sich – beruflich oder privat – mit Wohnungseigentum befassen, insbesondere an Hausverwalter, Verwaltungsbeiräte und Wohnungseigentümer.

In der Bevölkerung besteht der Wunsch, in den eigenen vier Wänden zu wohnen – sei es im eigenen Haus oder in Wohnungseigentum – mehr denn je, um im Alter so gut wie möglich abgesichert zu sein. Deutlich ist auch der Trend zu beobachten, dass Mietshäuser mehr und mehr aufgeteilt und in Wohnungseigentümergemeinschaften umgewandelt werden. Der Kauf einer Eigentumswohnung ist nicht nur für Selbstnutzer, sondern auch für Kapitalanleger nach wie vor attraktiv. Wo aber viele verschiedene Menschen aufeinandertreffen, ist es nahezu unvermeidlich, dass Konflikte und Interessenkollisionen entstehen. Umso wichtiger ist es für den Einzelnen, seine Rechte und Pflichten in der Gemeinschaft zu kennen. Gleiches gilt für den Verwalter. Er muss nicht nur für eine ordnungsgemäße Verwaltung sorgen, sondern auch Lösungen für die Probleme der Wohnungseigentümer untereinander aufzeigen können, um den Frieden in der Wohnungseigentümergemeinschaft zu bewahren.

Das wichtigste Organ der Wohnungseigentümergemeinschaft ist die Eigentümerversammlung. Bei diesem in der Regel jährlich stattfindenden Zusammentreffen können die Wohnungseigentümer ihren Willen kundtun, ihr Stimmrecht ausüben und damit ihre Angelegenheiten regeln. Es dient zudem der Aussprache der Wohnungseigentümer untereinander, sodass Probleme oftmals gelöst werden können, ohne dass der mühsame Gang zum Gericht erforderlich wird.

Rund um die Eigentümerversammlung müssen Verwalter und Wohnungseigentümer zahlreiche Vorschriften und die Rechtsprechung beachten. Verwaltern wird mehr und mehr ein umfangreiches Wissen über die Angelegenheiten der Wohnungseigentümergemeinschaft abverlangt. Im Rahmen der Eigentümerversammlung ist eine Kenntnis des Inhalts der Vorschriften insbesondere zu Einberufung, Ablauf, Beschlussfassung, Niederschrift und Beschlusssammlung unerlässlich.

Dieses Fachbuch ist aus der täglichen Beratungspraxis der Autoren heraus entstanden und beschäftigt sich mit den häufigsten Problemen im Umgang mit Wohnungseigentum und vor allem mit den zahlreichen Fragen rund um die Wohnungseigentümerversammlung. Mit seinen vielen Beispielen, Praxishinweisen, Checklisten und Mustern ist die Thematik für jedermann leicht verständlich aufbereitet. Die vielen Verweise und jeweiligen Fundstellen in der Rechtsprechung sind zusätzlich eine gute Hilfe für den »fortgeschrittenen« Verwalter oder Wohnungseigentümer. Die Beschlussmuster helfen bei der Formulierung von Beschlussanträgen und das ausführliche Stichwortverzeichnis ermöglicht ein schnelles Auffinden einer Thematik. Als Soforthilfe sollte das Buch daher in keiner Eigentümerversammlung fehlen.

Zu beachten ist aber, dass selbst ein Fachbuch nicht alle Umstände des konkreten Einzelfalls berücksichtigen kann. Das bedeutet: In komplizierten Fällen ist der Weg zum Anwalt unumgänglich, um individuelle Beratung zu erlangen.

Wir hoffen, dass Ihnen dieses Fachbuch eine wertvolle Hilfe sein wird, und sind bemüht, es ständig weiterzuentwickeln. Anregungen und Wünsche werden gerne über den Verlag entgegengenommen.

Melanie Sterns-Kolbeck und Georg Hopfensperger
München, im Februar 2018

1 Vorbereitung der Eigentümerversammlung

Die Wohnungseigentümerversammlung ist das oberste Verwaltungsorgan der Wohnungseigentümergemeinschaft. Gemäß § 23 WEG werden dort die Angelegenheiten geregelt, über die die Wohnungseigentümer nach dem Gesetz oder nach Vereinbarung der Wohnungseigentümer durch Beschluss entscheiden können. Darüber hinaus dient die Versammlung dem Informations- und Meinungsaustausch zwischen den Wohnungseigentümern und dem Verwalter und schafft die Möglichkeit, Konflikte und Meinungsverschiedenheiten unmittelbar auszutragen.

Bereits im Vorfeld der Einberufung einer Eigentümerversammlung muss ein Verwalter sorgfältige Arbeit leisten. Neben der Beachtung zahlreicher Formalien muss die Eigentümerversammlung inhaltlich gut vorbereitet werden, damit ein reibungsloser Ablauf gewährleistet ist. Zu den Aufgaben des Verwalters zählt es, den Abschluss der Jahresabrechnung und den Wirtschaftsplan zu fertigen und beides dem Verwaltungsbeirat zur Prüfung vorzulegen.

Hinweis: Abrechnungsunterlagen !

Die Prüfung der Abrechnungsunterlagen hat regelmäßig in den Geschäftsräumen der Verwaltung stattzufinden (BGH, 11.2.2011, V ZR 66/10). Weder der Verwaltungsbeirat noch ein einzelner Eigentümer hat Anspruch auf Herausgabe der Abrechnungsunterlagen (BayObLG, 28.1.2003, 2Z BR 140/02), allerdings können sie sich vom Verwalter Kopien anfertigen lassen. Hierfür darf dieser Kostenerstattung verlangen, wenn ein übliches Maß überschritten wird.

Die gründliche Ausarbeitung der Tagesordnung gehört zu den wichtigsten Aufgaben des Verwalters im Vorfeld der Versammlung. Alle relevanten Angelegenheiten, zu denen auf der Eigentümerversammlung Beschlüsse gefasst werden sollen, müssen in der Tagesordnung ausreichend bestimmt angekündigt werden. Neben den üblichen Punkten, zum Beispiel die Genehmigung der Jahresabrechnung und des Wirtschaftsplans, muss sich der Verwalter Gedanken machen, welche sonstigen Angelegenheiten in der Wohnungseigentümergemeinschaft zu regeln sind. Vorgaben hierfür können sich auch aus der letzten Eigentümerversammlung ergeben. Für den Fall, dass Instandhaltungen bzw. Instandsetzungen zu besorgen sind, empfiehlt es sich, frühzeitig Angebote und ggf. fachkundigen Rat einzuholen.

!

Tipp: Tagesordnungspunkte

Welche Punkte der Verwalter in die Tagesordnung aufnimmt, steht in seinem pflichtgemäßen Ermessen. Allerdings empfiehlt es sich, den Entwurf der Tagesordnung mit dem Verwaltungsbeirat abzustimmen, damit wichtige Angelegenheiten nicht vergessen werden. Das Protokoll der letzten Eigentümerversammlung kann oftmals Aufschluss darüber geben, welche Angelegenheiten die Eigentümer auf der folgenden Versammlung regeln möchten. Die Überprüfung des Protokolls des Vorjahres wird daher dringend empfohlen.

Der Verwalter hat gegenüber der Wohnungseigentümergemeinschaft Aufklärungs-, Beratungs- und Obhutspflichten. Gemäß dem Rechtsberatungsgesetz ist er nicht zur Rechtsberatung befugt, allerdings muss er die Wohnungseigentümer auf die mit einer bestimmten Beschlussfassung verbundenen rechtlichen und wirtschaftlichen Risiken hinweisen.

Stehen in einer Versammlung schwierige Beschlussfassungen an, muss sich der Verwalter bereits im Vorfeld kundig machen und erforderlichenfalls rechtlichen Rat einholen. Am häufigsten wird er wohl vor der Frage stehen, ob überhaupt und mit welcher Mehrheit eine Beschlussfassung möglich ist. Verletzt der Verwalter seine Hinweispflicht auf die Anfechtungsmöglichkeit bei Beschlussmängeln, zum Beispiel wenn die eigentlich erforderliche Mehrheit nicht zustande gekommen ist oder wenn Beschlüsse trotz fehlender Ankündigung gefasst werden, kann es der Fall sein, dass er sich schadensersatzpflichtig macht. Dies gilt es durch eine sorgfältige Vorbereitung der Tagesordnungspunkte zu vermeiden.

Bei der Terminplanung zur Versammlung sollte der Verwalter beachten, den Termin so zu wählen, dass möglichst viele Eigentümer daran teilnehmen können. Ferientermine sollten daher grundsätzlich außer Acht bleiben. Steht ein Termin fest, kann sich der Verwalter um den Versammlungsort bemühen und Räumlichkeiten hierfür reservieren.

Nach Abschluss dieser Vorbereitungshandlungen kann die Eigentümerversammlung einberufen werden.

1.1 Einberufung der Eigentümerversammlung

Eine Eigentümerversammlung muss gemäß § 24 Abs. 1 WEG mindestens einmal im Jahr stattfinden.

1.1.1 Wer beruft die Versammlung ein?

Der Verwalter ist zur Einberufung berechtigt, aber auch verpflichtet.

Weiterhin kommt eine Einberufung in Betracht,

- wenn eine Vereinbarung der Wohnungseigentümer die Einberufung einer Versammlung für bestimmte Fälle vorsieht (§ 24 Abs. 2 HS 1 WEG) oder
- wenn mehr als ein Viertel der Wohnungseigentümer schriftlich unter Angabe des Zwecks und der Gründe die Einberufung vom Verwalter verlangt (§ 24 Abs. 2 HS 2 WEG). Man spricht hier vom Minderheitenquorum. Bei der Bemessung von »einem Viertel« kommt es allein auf die Kopfzahl der Wohnungseigentümer an. Dies gilt auch dann, wenn die Gemeinschaftsordnung ein abweichendes Stimmrechtsprinzip vorsieht.
- wenn die Versammlung beschlussunfähig ist und daher eine Wiederholungsversammlung (siehe Kapitel 1.1.7) neu einberufen werden und stattfinden muss (§ 24 Abs. 4 WEG).

Beispiele: Eigentümer verlangen eine Versammlung !

- Liegen die Voraussetzungen für die Einberufung durch das Minderheitenquorum gemäß § 24 Abs. 2 WEG vor, zum Beispiel wenn ein Viertel der Eigentümer plant, den Verwalter aus wichtigem Grund abzuberufen, ist der Verwalter verpflichtet, die Versammlung einzuberufen. Tut er dies nicht, kann seine pflichtwidrige Weigerung einen wichtigen Grund zu seiner Abberufung darstellen. Durch die Weigerung verwirkt der Verwalter seinen Anspruch auf Verwaltervergütung ab dem Zeitpunkt der »fiktiven« Abberufung (OLG München, 21.6.2006, 34 Wx 028/06; BayObLG, NZM 2003, 317).
- Verlangt ein Minderheitenquorum die Einberufung einer Eigentümerversammlung und bestimmt der Verwalter hierfür einen Termin, der erst drei Monate nach Zugang des Einberufungsverlangens liegt, so ist hierin eine ungebührliche Verzögerung zu sehen, die einer pflichtwidrigen Weigerung gleichkommt (OLG Düsseldorf, 25.8.2003, 3 Wx 217/02, NZM 2004, 110).

ARBEITSHILFE ONLINE

MUSTER: Antrag auf Einberufung einer Eigentümerversammlung von mehr als einem Viertel der Wohnungseigentümer

[Absender]

An den Verwalter
der Wohnungseigentümergemeinschaft ....
[Anschrift]

[Ort, Datum]

Einberufung außerordentliche Eigentümerversammlung

Sehr geehrte/r Frau/Herr ....,

als Eigentümer der Wohnungseigentümergemeinschaft .... fordern wir Sie gemäß §24 Abs. 2 WEG auf, eine außerordentliche Eigentümerversammlung der Wohnungseigentümergemeinschaft .... bis spätestens .... einzuberufen.

Auf die Tagesordnung sollen folgende Angelegenheiten aufgenommen werden:

1. Kündigung des Hausmeistervertrags
2. Neubestellung eines Hausmeisters

Begründung: In der Wohnungseigentumsanlage besteht seit längerer Zeit erhebliche Unzufriedenheit mit der Ausführung der Hausmeistertätigkeiten. Zudem wurde nun bekannt, dass der Hausmeister regelmäßig die Einnahmen aus Waschmünzen zum Teil veruntreut sowie seine eigene Waschmaschine an den Stromkreis der Eigentümergemeinschaft angeschlossen hat und dieser hiermit rechtswidrig Strom entzieht. Beide Sachverhalte haben strafrechtliche Relevanz und das Verhalten wird von der Eigentümergemeinschaft nicht länger hingenommen. Der Vertrag mit dem Hausmeister soll daher umgehend beendet werden.

Im Folgenden haben 6 von 20 Wohnungseigentümern unterzeichnet:
Unterschriften

....
Wohnungseigentümer 1

....
Wohnungseigentümer 2

....
Wohnungseigentümer 3

....

Wohnungseigentümer 4

....

Wohnungseigentümer 5

....

Wohnungseigentümer 6

In dringenden Fällen kann das Wohnungseigentumsgericht bestimmen, dass der Verwalter zur Einberufung einer Versammlung verpflichtet ist. Es kann auch einen einzelnen Eigentümer, der einen entsprechenden Antrag gestellt hat, ermächtigen, die Versammlung selbst einzuberufen (OLG Frankfurt/Main, 27.9.2004, 20 W 513/01).

Fehlt ein Verwalter oder weigert sich ein Verwalter pflichtwidrig, so kann der Vorsitzende eines bestellten Verwaltungsbeirats oder sein Stellvertreter die Versammlung einberufen (§ 24 Abs. 3 WEG). Ein einzelner Eigentümer ist hierzu – außer im Fall der gerichtlichen Ermächtigung – nicht berechtigt. Ausnahmsweise sind auch die Eigentümer berechtigt, eine Eigentümerversammlung einzuberufen, sofern die Einberufung einvernehmlich durch alle Wohnungseigentümer erfolgt (BGH, 10.6.2011, V ZR 222/10). Wurde bei der Verwaltungsbeiratswahl kein Vorsitzender und auch kein Vertreter bestimmt, so hat die Einberufung durch alle Beiratsmitglieder gemeinsam zu erfolgen (OLG Köln, 29.12.1999, 16 Wx 181/99, ZMR 2000, 566; OLG Zweibrücken, 11.2.1999, 3 W 255/98, NZM 1999, 858). Nach anderer Ansicht reicht bei dem gesetzlich vorgesehenen Mitgliederbestand von drei Verwaltungsbeiräten auch die Einberufung durch zwei Verwaltungsbeiräte aus (vgl. Riecke/Schmidt/Elzer, WEG-Kommentar, 4. Auflage, 2014, Rn. 336 ff.). Befindet sich der Verwaltungsbeiratsvorsitzende über den Umstand im Irrtum, dass ein Verwalter fehlt oder über die Pflichtwidrigkeit der Weigerung des Verwalters, die Versammlung einzuberufen, so ist er nicht berechtigt, die Versammlung einzuberufen. Tut er es dennoch, sind die gefassten Beschlüsse zwar nicht nichtig, jedoch aus diesem Grund anfechtbar. Es entspricht ordnungsgemäßer Verwaltung, dass die Wohnungseigentümerversammlung nur von hierfür zuständigen Personen einberufen wird und die an sich zuständige Person auch einen Anspruch darauf hat, dass andere ihre Einberufung unterlassen, solange kein Fall pflichtwidriger Weigerung vorliegt (AG Charlottenburg, 25.9.2012, 73 C 1005/12). Die Einberufung einer Wohnungseigentümerversammlung durch einen Teil des Verwaltungsbeirats ist unbefugt, wenn im Zeitpunkt der Einladung eine Weigerung des Verwalters im Sinne von § 24 Abs. 3 WEG, die Versammlung einzuberufen, gar nicht vorliegt (LG München I, 28.6.2012, 36 S 17241/11).

ARBEITSHILFE ONLINE

MUSTER: Einberufung durch den Verwaltungsbeiratsvorsitzenden bei Fehlen eines Verwalters

[Absender]

An den Verwalter
der Wohnungseigentümergemeinschaft ....
[Anschrift]

[Ort, Datum]

**Einladung zur Eigentümerversammlung
der Wohnungseigentümergemeinschaft ....**

Sehr geehrte/r Frau/Herr ....,
das Amtsgericht .... hat den Beschluss der Wohnungseigentümerversammlung vom .... unter TOP ..... über die Bestellung der Firma .... zur Wohnungseigentumsverwalterin durch .... für unwirksam erklärt. Das Urteil ist bestandskräftig. Da ein Verwalter fehlt, berufe ich daher als Vorsitzender des Verwaltungsbeirats gemäß §24 Abs. 3 WEG eine Wohnungseigentümerversammlung ein. Die Versammlung findet statt am:

Datum und Zeit: ....
Ort: ....

Die Eigentümerversammlung hat folgende Tagesordnung:

TOP 1: Bestimmung des Versammlungsleiters
TOP 2: Bestellung eines Verwalters
TOP 3: Abschluss des Verwaltervertrags

Der Verwaltungsbeiratsvorsitzende weist darauf hin, dass die Versammlung nur beschlussfähig ist, wenn die erschienenen stimmberechtigten Wohnungseigentümer mehr als die Hälfte der Miteigentumsanteile vertreten.

Mit freundlichen Grüßen

....
[Vorsitzender des Verwaltungsbeirats]

Dem Fehlen eines Verwalters kommt es gleich, wenn ein Verwalter nicht nur vorübergehend daran gehindert ist, seine Aufgaben zu erfüllen, wenn die Amtszeit des Verwalters noch vor Einladung zur Versammlung abgelaufen ist oder wenn die Bestellung des Verwalters für ungültig erklärt wurde oder von vornherein nichtig ist.

Rechtsfolgen bei Einladung durch einen Nichtberechtigten
Wird eine Eigentümerversammlung von einem Nichtberechtigten einberufen, zum Beispiel dem bereits abberufenen Verwalter oder einem unbefugten einzelnen Eigentümer, und tritt daraufhin eine beschlussfähige Eigentümerversammlung zusammen, so sind die dort gefassten Beschlüsse nicht nichtig, sondern nur anfechtbar (BayObLG, 30.6.2004, 2Z BR 113/04, ZMR 2005, 559; Bärmann, Kommentar WEG, 13. Auflage 2015, § 24 Rn. 28). Dieser Einberufungsmangel kann allein dadurch geheilt werden, dass die gesamte Wohnungseigentümergemeinschaft zusammentritt, also mit einer Vollversammlung (BayObLG, 13.9.1990, BReg 2 Z 100/90, NJW-RR 1991, 533; BayObLG, 19.12.1985, BReg 2 Z 103/85, NJW-RR 1986, 814). Ein Verwalter, dessen Bestellung gerichtlich angefochten ist, kann wirksam eine Eigentümerversammlung einberufen und leiten, solange der Bestellungsbeschluss nicht für ungültig erklärt wurde (LG Köln, 21.6.2012, 29 S 225/11). Wenn ein Nichtberechtigter (»Verwalter« einer Untergemeinschaft) zur Eigentümerversammlung einlädt, so ist der Ladungsmangel geheilt, wenn sämtliche Wohnungseigentümer anwesend sind und rückwirkend ein Verwalter für die Gesamtwohnungseigentümergemeinschaft bestellt wird (LG Hamburg, 22.2.2017, 318 S 46/15).

1.1.2 Wer muss eingeladen werden?

Einzuladen sind:

- Wohnungseigentümer,
- Insolvenzverwalter,
- Testamentsvollstrecker,
- Nachlassverwalter,
- Zwangsverwalter,
- gesetzliche Vertreter bei Minderjährigen oder Betreuten,
- gesetzlicher oder rechtsgeschäftlich bestellter Vertreter bei Kapital- oder Personengesellschaften,
- bei Mehrhausanlagen sämtliche Eigentümer.

Zur Wohnungseigentümerversammlung sind alle im Grundbuch eingetragenen Wohnungseigentümer einzuladen. Dies gilt, wenn es die Teilungserklärung nicht anders vorsieht, ebenfalls für Teileigentum, sodass auch Gewerbe- und Garageneigentümer einzuladen sind.

Bei minderjährigen und betreuten Wohnungseigentümern muss deren gesetzlicher Vertreter eingeladen werden. Im Fall des Versterbens eines Wohnungseigentümers sind dessen Erben zu laden, wenn sie ihre Rechtsnachfolge durch Erbschein ordnungsgemäß nachgewiesen haben. Handelt es sich um eine Erbengemeinschaft und wurde dem Verwalter kein Zustellungsvertreter genannt, sind alle Mitglieder der Erbengemeinschaft zu laden.

Steht ein Wohnungseigentümer unter Betreuung und gehört die Verwaltung des Wohnungseigentums zum Aufgabenkreis des Betreuers, ist wie folgt zu differenzieren: Ist der Wohnungseigentümer geschäftsunfähig im Sinne von §104 Nr. 2 BGB, ist nur der Betreuer zu laden. Denn der Betreute kann selbst keine wirksame Willenserklärung mehr abgeben bzw. selbst empfangen und ist auf die Vertretung durch den Betreuer angewiesen. Ist der Wohnungseigentümer hingegen noch geschäftsfähig und ist kein Einwilligungsvorbehalt angeordnet (§1903 BGB), sind beide zu laden. Dann besteht im Aufgabenkreis des Betreuers eine Doppelzuständigkeit von Betreutem und Betreuer. Wird nunmehr ein Einwilligungsvorbehalt angeordnet, steht der Betreute einem beschränkt Geschäftsfähigen gleich. Eine Willenserklärung ihm gegenüber wird nicht wirksam, bevor sie dem Betreuer zugeht. War die Betreuung dem Verwalter nicht bekannt, dürfte die Ladung an den Betreuten wirksam sein.

Steht das Eigentumsrecht mehreren Personen gemeinschaftlich zu, sind diese alle einzeln zu laden.

! **Beispiel: Bruchteilsgemeinschaft**

Ein Ehepaar besitzt ein Wohnungseigentum in Bruchteilsgemeinschaft je zur Hälfte oder drei Kinder zu je einem Drittel. In diesem Fall sind alle beiden bzw. drei Eigentümer einzeln zu laden, sofern dem Verwalter kein bevollmächtigter Zustellungsvertreter genannt wurde.

Bei einer juristischen Person als Eigentümer ist der gesetzliche Vertreter zu laden, dies ist bei

- einer Aktiengesellschaft oder einem Verein der Vorstand,
- einer GmbH der Geschäftsführer,
- einer GmbH & Co. KG der Geschäftsführer der Komplementär-GmbH.

Der Erwerber einer Eigentumswohnung, der noch nicht im Grundbuch eingetragen ist, ist nicht einzuladen, selbst dann nicht, wenn sein Anspruch auf Übereignung durch eine Vormerkung im Grundbuch gesichert ist und Besitz, Nutzen und Lasten auf ihn übergegangen sind (BGH, 1.2.1988, V ZB 6/88). Jedoch kann dieser werdende Eigentümer vom Veräußerer mit der Vertretung und Ausübung des Stimmrechts bevollmächtigt werden.

Abweichendes gilt für den Ersterwerber. Ein Ersterwerb liegt beim Kauf vom teilenden Alleineigentümer vor, zum Beispiel von einem Bauträger. Liegt zwischen dem Alleineigentümer und dem Erwerber ein gültiger Erwerbsvertrag vor, ist der Übergang von Nutzen und Lasten auf den Erwerber erfolgt und hat er die Wohnung in Besitz genommen, ist auch dieser als Mitglied der werdenden Wohnungseigentümergemeinschaft – als sogenannter faktischer Eigentümer – zur Versammlung einzuladen (OLG Köln, 2.2.2004, 16 Wx 17/04, 16 Wx 18/04, ZMR 2004, 859; OLG Hamm, 10.5.2007, 15 W 428/06). Weitere Voraussetzung ist jedoch, dass die Wohnungsgrundbücher angelegt sind und darin eine Auflassungsvormerkung für den Erwerber eingetragen ist.

Dem Eigentümer, dessen Wohnung unter Zwangsverwaltung steht, ist es untersagt, die Verwaltung selbst vorzunehmen. Daher ist es erforderlich, den Zwangsverwalter einzuladen (BayObLG, 5.11.1998, 2 Z BR 131/98).

Wenn über das Vermögen des Eigentümers das Insolvenzverfahren beantragt oder eröffnet ist oder eine zum Nachlass gehörende Wohnung unter Testamentsvollstreckung oder Nachlassverwaltung fällt, muss der Insolvenzverwalter bzw. Testamentsvollstrecker bzw. Nachlassverwalter eingeladen werden, denn diese Person übt ausschließlich das Stimmrecht für den Wohnungseigentümer aus. Ist das Wohnungseigentum aus der Insolvenzmasse freigegeben oder im Fall der Eigenverwaltung (§§ 270 ff. InsO) ist allein der Wohnungseigentümer zu laden, denn dieser behält die Verwaltungsbefugnis.

Achtung: Zwangsversteigerung/Zwangsverwaltung !

Ist über ein Wohnungseigentum die Zwangsversteigerung angeordnet, ist der jeweilige Eigentümer noch so lange zu laden, bis durch Zuschlag in der Versteigerung der Eigentumswechsel stattfindet. Die Frage, wer bei einer Zwangsverwaltung zu laden ist, ist in der Rechtsprechung noch nicht abschließend geklärt. Sobald der Beschlussgegenstand jedoch zumindest auch die Verwaltung betrifft, insbesondere mit Kosten verbunden ist, hat für diesen Beschlussgegenstand – obgleich er die Verfügungsbefugnis des Wohnungseigentümers betrifft – der Zwangsverwalter das Stimmrecht. In den überwiegenden Fällen ist daher wohl der Zwangsverwalter die korrekt zu ladende Person.

Wird die Versammlung nicht durch den Verwalter einberufen, sondern durch den Vorsitzenden des Verwaltungsbeirats oder den hierzu gerichtlich ermächtigten Wohnungseigentümer, so ist der Verwalter dennoch zu laden, denn er hat gemäß § 24 Abs. 5 WEG den Vorsitz in der Versammlung zu führen.

Ansonsten gilt der Grundsatz der Nichtöffentlichkeit der Versammlung, sodass dritte Personen hierzu keinen Zugang haben. Interne Angelegenheiten der Wohnungseigentümergemeinschaft sollen vertraulich behandelt werden (siehe auch Kapitel 1.7). Nicht zu laden sind daher:

- Nießbrauchsberechtigte (vgl. BGH, 7.3.2002, V ZB 24/01, WuM 2002, 277, NZM 2002, 450; OLG Hamburg, 12.5.2003, 2 Wx 1/01),
- Grundschuld- und Hypothekengläubiger, denen kein Stimmrecht zusteht,
- Mieter oder Pächter,
- Grundstückseigentümer mit Erbbaurechtsbelastung und nachfolgend begründeten Wohnungserbbaurechten (BayObLG, NZM 2001, 141),
- Dauerwohnungsberechtigte oder Wohnungsrechtsinhaber im Sinne des § 1093 BGB (OLG Hamburg, 12.5.2003, 2 Wx 1/01, ZMR 2003, 701).

Werden Eigentümer vergessen oder vorsätzlich nicht eingeladen, sind die in der Eigentümerversammlung getroffenen Beschlüsse zwar deshalb nicht nichtig, sie sind jedoch gerichtlich anfechtbar (BGH, 20.7.2012, V ZR 235/11; BGH, 23.9.1999, V ZB 17/99; OLG Frankfurt/Main, 19.8.2005, 20 W 391/05; BayObLG, 2.4.1992, 2Z BR 4/92; a. A. BayObLG, 8.12.2004, 2Z BR 199/04; OLG Köln, 3.12.2003, 16 Wx 216/03). Die Anfechtung führt dann zum Erfolg, wenn durch die ordnungsgemäße Einladung und Stimmrechtsausübung des Betroffenen das Zustandekommen des Beschlusses hätte beeinflusst werden können und dessen Beteiligung zu einem anderen Ergebnis hätte führen können.

Rechtsfolge bei Nichteinladung
Die rechtswidrige Nichteinladung von Wohnungseigentümern führt noch nicht zur Nichtigkeit von Beschlüssen, sondern nur zu deren Anfechtbarkeit. Wird allerdings ein besonders unliebsamer Wohnungseigentümer vorsätzlich nicht eingeladen in der Hoffnung, dass er die Anfechtungsfrist versäumen werde, kann ausnahmsweise und in ganz besonders schwerwiegenden Fällen bereits die Nichtigkeit der gefassten Beschlüsse vorliegen (BGH, 20.7.2012, V ZR 235/11; OLG Zweibrücken, 21.11.2002, 3 W 179/02). Teilt ein Wohnungseigentümer seine ladungsfähige Anschrift nicht oder falsch mit und misslingt seine Ladung zur Eigentümerversammlung aus diesem Grund ohne Verschulden der Verwaltung, muss er sich die unterbliebene Ladung als Folge seiner Obliegenheitsverletzung zurechnen lassen; in der Versammlung gefasste Beschlüsse können dann nicht wegen der unterbliebenen Ladung angefochten werden (BGH, 5.7.2013, V ZR 241/12).

1.1.3 Form der Einberufung

§ 24 Abs. 4 WEG
»Die Einberufung erfolgt in Textform. Die Frist der Einberufung soll, sofern nicht ein Fall besonderer Dringlichkeit vorliegt, mindestens zwei Wochen betragen.«

Bei der Ladung zur Eigentümerversammlung sind bestimmte Formalitäten zu beachten. Zunächst ist immer zu überprüfen, ob die Gemeinschaftsordnung hierzu besondere Vereinbarungen enthält, die von den gesetzlichen Regelungen abweichen können.

Die Ladung bedarf gemäß §24 Abs. 4 Satz 1 WEG i.V.m. §126b BGB der Textform. Erforderlich ist, dass die Person des Erklärenden erkennbar ist. Die Einladung muss jedoch nicht eigenhändig unterschrieben sein. Es genügt daher die maschinelle Erstellung der Einladung und die Versendung als Kopie, Fax oder E-Mail. Die elektronische Übermittlung genügt allerdings nur dann, wenn der Empfänger durch Übermittlung seiner Faxnummer, Handynummer, E-Mail-Adresse oder in sonstiger Weise zu erkennen gegeben hat, dass er mit dieser Form der Übermittlung einverstanden ist.

Hinweis: Form der Einladung !

Das Versenden der Einladung zur Versammlung per E-Mail erfüllt die Textform des §126b BGB, spart Kosten und erleichtert auch das Übersenden umfangreicher Unterlagen zu den zu beschließenden Angelegenheiten. Die Wohnungseigentümer müssen dem Verwalter aber signalisiert haben, dass sie mit dieser Form der Einladung einverstanden sind, indem sie ihm hierfür ihre E-Mail-Adresse überlassen haben.

Die Ladung muss den Absender erkennen lassen, die Wohnungseigentümergemeinschaft genau bezeichnen, für welche die Eigentümerversammlung einberufen wird, sowie Ort, Datum, Uhrzeit und die Tagesordnung der Eigentümerversammlung beinhalten. Ist in der Gemeinschaftsordnung eine Regelung zur Zulässigkeit der Eventualeinberufung (siehe Kapitel 1.1.8) getroffen worden, so sollte auch hierzu sowie zur Möglichkeit der Stimmrechtsvertretung in der Versammlung ein Hinweis enthalten sein.

Die Einladung muss dem Wohnungseigentümer zugehen (§130 Abs. 1 BGB). Dies bedeutet, dass die Einladung derart in den Machtbereich des Empfängers gelangen muss, dass unter normalen Umständen mit der Kenntnisnahme gerechnet werden kann.

Achtung: Zugangsfiktion !

Ein Aushang der Einladung in der Wohnungseigentumsanlage reicht nicht aus. Die Vereinbarung einer Zugangsfiktion in der Gemeinschaftsordnung – ein Beschluss genügt hierfür nicht –, nach der die Einladung als zugegangen gilt, wenn der Verwalter sie an die ihm zuletzt genannte Adresse versendet, ist zulässig und empfehlenswert. Die Vereinbarung könnte wie folgt lauten: »Die Ladung gilt als zugegangen, wenn der Verwalter sie an die ihm vom Wohnungseigentümer zuletzt genannte Anschrift abgeschickt hat. Ein Eigentümerwechsel ist dem Verwalter vom Erwerber mitzuteilen.«

1.1.4 Frist bei der Einberufung

Die Einberufungsfrist beträgt gemäß §24 Abs. 4 WEG zwei Wochen. Im Inland sind hierbei Postlaufzeiten bis zu drei Tagen mit einzurechnen. Für die Berechnung der Frist gelten die §§186 ff. BGB, die Frist beginnt erst mit dem Zugang des Schreibens beim Wohnungseigentümer. Durch Vereinbarung der Wohnungseigentümer – nicht durch Beschluss – kann geregelt werden, dass eine längere Einberufungsfrist einzuhalten ist.

Wenn ein Fall besonderer Dringlichkeit vorliegt, kann die Zweiwochenfrist verkürzt werden.

! **Beispiel: Abkürzung der Ladungsfrist**

- Der Verwalter ist gemäß §27 Abs. 1 Nr. 7 WEG verpflichtet, die Wohnungseigentümer unverzüglich zu unterrichten, wenn ein Rechtsstreit gemäß §43 WEG anhängig ist. Um weitere Weisungen zu erhalten und ggf. die anwaltliche Vertretung zu beschließen, kann ein Fall der besonderen Dringlichkeit gegeben sein, wenn Fristabläufe drohen.
- Bei einer sich in der Ausführung befindlichen Instandsetzungsmaßnahme treten unvorhersehbare Komplikationen auf, die zu einem erheblichen Kostenmehraufwand führen. Von einer besonderen Dringlichkeit ist zum Beispiel auszugehen, wenn Grund für die Einberufung der Eigentümerversammlung die statische Begutachtung der Tiefgarage in Bezug auf eine schadhafte Stahlbetonstütze gewesen und nach dem Ergebnis des Sachverständigengutachtens die umgehende Sanierung der geprüften Stütze erforderlich ist. Soweit der Sachverständige bereits erhebliche Mängel und Schäden an der Konstruktion attestiert hatte, durfte die Hausverwaltung von einer möglichen Gefährdung der Statik der Tiefgarage ausgehen, was eine Abkürzung der Ladungsfrist rechtfertigt (LG Düsseldorf, 14.3.2013, 19 S 88/12).

Durch Vereinbarung in der Teilungserklärung kann eine längere als die Zweiwochenfrist für die Ladung vereinbart werden (BayObLG, 10.5.1989, BReg 2 Z 23/88). Fraglich ist, ob eine Vereinbarung in der Teilungserklärung, die eine kürzere Ladungsfrist als die Zweiwochenfrist vorsieht, wirksam ist. Der Schutzzweck der gesetzlichen Regelung würde damit unterlaufen. Allerdings handelt es sich bei der Vorschrift des §24 Abs. 4 WEG lediglich um eine Sollvorschrift, deren Abbedingen aufgrund des Wortlauts durch Vereinbarung in der Teilungserklärung zulässig erscheint.

Rechtsfolgen bei Nichteinhaltung der Ladungsfrist

Wird die Ladungsfrist nicht eingehalten, führt dies nicht zur Unwirksamkeit der Beschlüsse. Eine Beschlussanfechtung kann in diesem Fall mit der Begründung erfolgen, dass die Nichteinhaltung der Frist ursächlich für das Zustandekommen eines bestimmten Beschlusses war. Dies allein führt jedoch noch nicht zum Erfolg der Anfechtung. Es müssen noch weitere Gründe vorliegen, auf deren Verletzung die Ungültigerklärung des Beschlusses gestützt werden kann, da es sich bei der Zweiwochenfrist nur um eine gesetzliche Sollvorschrift handelt, die daher nicht zwingend eingehalten werden muss. Ein Beschluss wird nicht für ungültig erklärt werden, wenn feststeht, dass der angefochtene Beschluss auch unter Einhaltung der Ladungsfrist getroffen worden wäre (BGH, 7.3.2002, V ZB 24/01, ZMR 2002, 440, 445; BayObLG, 12.5.2004, 2Z BR 050/04, ZMR 2004, 766, 767; OLG Hamburg, 21.6.2006, 2 Wx 33/05, ZMR 2006, 704, 705; LG München I, 6.11.2014, 36 S 25536/13). Nach Ansicht des LG Hamburg (16.11.2016, 318 S 54/16) fehlt die Kausalität des verspäteten Zugangs der Ladung zur Eigentümerversammlung jedenfalls dann, wenn der betroffene Eigentümer sich bisher immer von dem Verwalter hat vertreten lassen und nicht vorträgt, dass er nur wegen des verspäteten Zugangs der Einladung nicht persönlich erscheinen konnte; es muss vorgetragen werden, mit welchen sachlichen Argumenten der Anfechtende ein anderes Beschlussergebnis hätte erreichen wollen.

Achtung: Einhaltung der Ladungsfrist !

Obgleich es sich um eine Sollvorschrift handelt, kann sich der Verwalter bei pflichtwidriger Unterschreitung der Zweiwochenfrist schadensersatzpflichtig machen (Bärmann, Kommentar WEG, §24 Rn.33). Kann ein Eigentümer aufgrund der Nichteinhaltung der Ladungsfrist nicht an der Versammlung teilnehmen und führt eine Beschlussanfechtung aus diesem Grund zum Erfolg, so ist denkbar, dass dem Verwalter die Kosten des Verfahrens sowie die Kosten einer Wiederholungsversammlung, zum Beispiel auch die Saalmiete (AG Bremen, 8.3.2013, 44 C 2032/12), auferlegt werden können. Auf die Einhaltung der Ladungsfrist ist daher unbedingt zu achten!

1.1.5 Inhalt der Einladung

In der Einladung sind der Ort, der Tag und die Uhrzeit sowie die Tagesordnung mitzuteilen. Für die Gültigkeit von Beschlüssen ist es erforderlich, dass ihr Gegenstand in der Einladung zur Versammlung ausreichend bezeichnet ist. Andernfalls kann dieser Mangel eine Beschlussanfechtung begründen. Die Tagesordnungspunkte und die vorgesehenen Beschlüsse müssen so genau bezeichnet werden, dass die Wohnungseigentümer verstehen und überblicken können, was in tatsächlicher und rechtlicher Hinsicht erörtert und beschlossen werden soll und welche Auswirkungen der vorgesehene Beschluss insoweit auf die Gemeinschaft und sie selbst hat; eine schlagwortartige Bezeichnung reicht regelmäßig aus (BGH, 13.1.2012, V ZR 129/11). Die Wohnungseigentümer sollen so vor Überraschungen bewahrt werden und die Möglichkeit haben, sich vorzubereiten. Der Beschlussgegenstand ist umso genauer in der Einladung zu bezeichnen, je größer seine Bedeutung und je geringer der Wissensstand des einzelnen Eigentümers hierzu ist (OLG München, 14.9.2006, 34 Wx 49/06, NZM 2006, 934).Über diese Punkte darf der Verwalter im Rahmen einer ordnungsgemäßen Verwaltung nach eigenem Ermessen entscheiden. Gab es in vorangegangenen Eigentümerversammlungen schon eine Vorbefassung und hat kein Eigentümerwechsel stattgefunden, darf die Bezeichnung des Beschlussgegenstands ausnahmsweise auch geringfügiger ausfallen (vgl. AG Kassel, 4.12.2014, 800 C 1010/14).

Darüber hinaus können den Wohnungseigentümern in der Einladung auch Berichte, Informationen, Beschlussantragsvorschläge sowie Angebote für Instandsetzungs- oder Instandhaltungsmaßnahmen übersandt werden, sofern es der Durchführung der Eigentümerversammlung dienlich ist (AG Brühl, 4.6.2012, 23 C 413/11). Ist für die Beschlussfassung eine eingehende inhaltliche Auseinandersetzung erforderlich, so ist es von wesentlicher Bedeutung, dass den Wohnungseigentümern entsprechende Unterlagen rechtzeitig vor der Versammlung übersendet werden. Dies wird etwa regelmäßig im Hinblick auf eine Gesamt- und Einzelabrechnung angenommen. Nach Ansicht des LG Frankfurt/Main (20.5.2016, 2-13 S 1/13) ist dies auch der Fall, wenn auf einer Eigentümerversammlung über die Durchführung eines Rechtsmittelverfahrens beschlossen werden soll. Den Beteiligten ist im Beschlussvorschlag rechtzeitig eine umfassende Information über den Ausgang und die Folgen des anzugreifenden Verfahrens zu übermitteln. Eine erstmalige Präsentation des Urteils in der Eigentümerversammlung reicht dagegen nicht aus, selbst wenn diese ausführlich ist und hierbei Gelegenheit zur Einsichtnahme in die Gerichtsakte besteht.

Kommt in der Versammlung ein Beschluss nach § 16 Abs. 4 WEG in Betracht – also eine einmalige Durchbrechung des gesetzlichen oder des in der Teilungserklärung geregelten Kostenverteilungsschlüssels bei Instandhaltungen, Instandsetzungen oder Modernisierungen –, so muss dies ein Berufsverwalter in der Einladung ankündigen. Anderenfalls können ihm in einem Anfechtungsverfahren die Verfahrenskosten gemäß § 49 Abs. 2 WEG auferlegt werden (so AG Düsseldorf, 29.5.2017, 290a C 14/17).

!

Hinweis: Zur Vermeidung von Anfechtungsklagen

Weniger ist mehr, gilt hier nicht! Der Einladung zur Eigentümerversammlung sollten möglichst umfangreiche Informationen im Hinblick auf die zu fassenden Beschlüsse beigefügt werden, um Anfechtungsklagen zu vermeiden.

1.1.5.1 Versammlungsort

Die Wahl des Versammlungsorts darf die Teilnahme an der Versammlung nicht erschweren. Er muss für die Teilnehmer erreichbar sein (BGH, 7.3.2002, V ZB 24/01, NZM 2002, 450). Bei der Auswahl ist auf die Verkehrsüblichkeit und Zumutbarkeit, den Ort zu erreichen, abzustellen. Daher sollte die Versammlung am Ort der Wohnanlage oder in der näheren Umgebung stattfinden. Auswärtige Wohnungseigentümer müssen eine Anreise von vornherein in Kauf nehmen, nicht aber die Wohnungseigentümer, die in der Anlage wohnen oder zumindest in der Gemeinde, in der die Anlage gelegen ist (OLG Köln, 6.1.2006, 16 Wx 188/05, NZM 2006, 227).

Bei der Eigentümerversammlung gilt der Grundsatz der Nichtöffentlichkeit, sodass nur berechtigte Personen an ihr teilnehmen dürfen. Die Versammlung muss unter Ausschluss Dritter abgehalten werden können. Die Wohnungseigentümer haben ein schutzwürdiges Interesse daran, dass fremder Einfluss von der Versammlung ferngehalten wird und interne Angelegenheiten nicht in die Öffentlichkeit getragen werden (BGH, 29.1.1993, V ZB 24/92, NJW 1993, 1329; BayObLG, 16.5.2002, 2Z BR 32/02, ZMR 2002, 844; OLG Frankfurt/Main, 7.4.1995, 20 W 16/95, ZMR 1995, 326). Versammlungsstätten, die aufgrund akustischer Beeinträchtigungen einen ungestörten Versammlungsablauf erschweren, sind daher nicht geeignet (KG Berlin, 30.4.1997, 24 W 5809/96, NJW-RR 1997, 1171).

Achtung: Geeigneter Raum !

Achten Sie als Verwalter oder als bei der Wahl des Versammlungsorts mitwirkender Eigentümer darauf, dass es sich um einen Raum handelt, der geschlossen werden kann – in Gaststätten beispielsweise ein abgetrennter Nebenraum. Ein Biergarten oder die Terrasse einer Gaststätte eignet sich mangels Vertraulichkeit hierfür nicht.

Wählt der Verwalter einen ungeeigneten Versammlungsort und wird hierdurch die Teilnahme von Wohnungseigentümern erheblich erschwert oder gar unmöglich gemacht, kann dies die Anfechtbarkeit der gefassten Beschlüsse begründen.

Kommt ein Beschluss unter Nichteinhaltung des Grundsatzes der Nichtöffentlichkeit zustande, so ist er für ungültig zu erklären, wenn nicht ausgeschlossen werden kann, dass sich dieser Verstoß auf das Beschlussergebnis ausgewirkt hat (OLG Hamm, 27.9.2006; 15 W 98/60, ZMR 2007, 133 m. w. N.).

! **Beispiele: Rechtsprechung**

- Anfechtbarkeit von Beschlüssen, wenn die Versammlung in einem nicht abgetrennten Raum einer Gaststätte stattgefunden hat (OLG Hamm, 13.10.1989, 15 W 314/89, MDR 1990, 343).
- Ist dem Verwalter bekannt, dass ein Eigentümer aus persönlichen Gründen, zum Beispiel wegen körperlicher Behinderung, den Versammlungsort nicht aufsuchen kann, da kein behindertengerechter Zugang vorhanden ist, kann dies einer vorsätzlichen Nichtladung gleichkommen (LG Bonn, 3.11.2003, 8 T 113/03, ZMR 2004, 218; OLG Köln, 3.12.2003, 16 Wx 216/03, ZMR 2004, 299).
- Zulässigkeit einer Versammlung in der Waschküche oder auf dem Kellerflur bei kleiner Anlage und kurzer Tagesordnung (OLG Düsseldorf, 1.3.1993, 3 Wx 512/92, WuM 1993, 305).
- Unzulässigkeit einer Versammlung im Wohnwagen des Verwalters, wenn mit diesem gespannte zwischenmenschliche Beziehungen bestehen (OLG Hamm, 12.12.2000, 15 W 109/00, ZMR 2001, 383).
- Unzulässigkeit einer Versammlung im dritten Stock eines Gebäudes ohne Fahrstuhl, wenn dem Verwalter bekannt ist, dass ein Wohnungseigentümer gehbehindert ist (LG Bonn, 3.11.2003, 8 T 113/03, ZMR 2004, 218).
- Bei einem systematischen Unterlaufen der Regelung über die Nichtöffentlichkeit der Wohnungseigentümerversammlung sind die gefassten Beschlüsse für ungültig zu erklären, ohne dass es auf die Kausalität des Verfahrensfehlers ankommt (AG Halle, 15.3.2011, 120 C 4333/10; hier bei Einladung mehrerer Wohnungseigentümergemeinschaften, die alle vom gleichen Verwalter verwaltet werden, jedoch nur Berührungspunkte an einer Tiefgarage haben).
- Die Nichtgewährleistung der Nichtöffentlichkeit bei Versammlung in einem offenen Gastraum stellt einen Beschlussanfechtungsgrund dar (OLG Frankfurt/Main, 7.4.1995, 20 W 19/95, NJW 1995, 3395).
- Formelle Mängel bei der Beschlussfassung (Versammlung zunächst im frei zugänglichen Gaststättenraum, später im Vorgarten) führen nicht zur Ungültigerklärung von Eigentümerbeschlüssen, wenn festzustellen ist, dass die Mängel sich nicht auf die Beschlussfassung ausgewirkt haben (KG Berlin, 30.4.1997, 24 W 5809/96, ZMR 1997, 487).

1.1.5.2 Versammlungszeit

Bei der Wahl des Zeitpunkts ist auf berufstätige Wohnungseigentümer Rücksicht zu nehmen. Der Zeitpunkt muss zu einer verkehrsüblichen und zumutbaren Zeit gewählt werden, sodass möglichst viele Eigentümer an der Versammlung teilnehmen können (OLG Köln, 13.9.2004, 16 Wx 168/04, WuM 2004, 686; AG Köln, 22.3.2004, 202 II 309/02, ZMR 2004, 546). Auf übliche Arbeitszeiten an Werktagen sollte Rücksicht genommen werden, sodass eine Einberufung der Versammlung vor 17.00 Uhr in der Regel nicht ordnungsmäßiger Verwaltung entspricht.

Zulässig ist grundsätzlich auch ein Sonn- oder Feiertag – unter Abwägung der Belange aller Eigentümer. Der Zeitpunkt sollte nicht in die Urlaubs- oder Ferienzeit fallen. Allerdings muss der Verwalter seine Terminierung auf die Urlaubsplanung einzelner Eigentümer nicht zwingend abstimmen.

Beispiele: Rechtsprechung !

- Zulässigkeit einer Versammlung an einem Sonntag (OLG Stuttgart, 18.12.1985, 8 W 338/85, NJW-RR 1986, 315).
- Versammlung an einem Werktag um 15.00 Uhr zulässig, wenn die Wohnungseigentümer überwiegend nicht am Ort der Wohnanlage wohnen, sondern vereinzelt mehrere hundert Kilometer anreisen müssen (OLG Köln, 13.9.2004, 16 Wx 168/04).
- Keine Einberufung an Werktagen vor 17.00 Uhr (OLG Düsseldorf, 1.3.1993, 3 Wx 512/92, WuM 1993, 305).
- Zulässigkeit an einem Samstag um 14.00 Uhr (OLG Stuttgart, WE 1994, 146).
- Zulässigkeit an einem Samstag ab 20.00 Uhr in einer Ferienwohnanlage (OLG Zweibrücken, 29.11.1993, 3 W 133/93, WE 1994, 146).
- Die beabsichtigte Einberufung einer Eigentümerversammlung während der Schulferien steht grundsätzlich nicht einer pflichtwidrigen Weigerung des Verwalters zur Einberufung der Versammlung gleich (BayObLG, 17.4.2002, 2Z BR 14/02, NZM 2002, 794).
- Zulässigkeit der Einberufung für werktags 13.00 Uhr; mangelnde Kausalität des Einberufungsmangels, wenn der jeweilige Wohnungseigentümer auch nicht an den letzten fünf Eigentümerversammlungen teilgenommen hat, die teilweise erst um 18.00 Uhr stattgefunden haben, und wenn aufgrund der bestehenden Konfliktsituation der Wohnungseigentümer mit an Sicherheit grenzender Wahrscheinlichkeit kein anderes Beschlussergebnis zustande gekommen wäre (LG Berlin, 5.2.2013, 85 S 31/12).

Wählt der Verwalter einen Termin zu einem ungewöhnlichen Zeitpunkt, so kann dieser Einberufungsmangel zur Beschlussanfechtung und damit zur Ungültigerklärung des Beschlusses führen.

1.1.5.3 Tagesordnung

§23 Abs. 2 WEG
»Zur Gültigkeit eines Beschlusses ist erforderlich, dass der Gegenstand bei der Einberufung bezeichnet ist.«

Ergänzend zum Einladungsschreiben ist den Wohnungseigentümern bei der Einberufung der Eigentümerversammlung die Tagesordnung zu übersenden. Für die Gültigkeit von Beschlüssen ist es erforderlich, dass ihr Gegenstand bei der Einberufung ausreichend bezeichnet ist. Anderenfalls kann dieser Mangel eine Beschlussanfechtung begründen.

Es müssen die Tagesordnungspunkte und die vorgesehenen Beschlüsse so genau bezeichnet werden, dass die Wohnungseigentümer verstehen und überblicken können, was in tatsächlicher und rechtlicher Hinsicht erörtert und beschlossen werden soll und welche Auswirkungen der vorgesehene Beschluss insoweit auf die Gemeinschaft und sie selbst hat; eine schlagwortartige Bezeichnung reicht regelmäßig aus (BGH, 13.1.2012, V ZR 129/11; BayObLG, 19.12.2002, 2 Z BR 104/02; OLG Saarbrücken, 24.3.2004, 5 W 268/03-63). Die Wohnungseigentümer sollen so vor Überraschungen bewahrt werden und die Möglichkeit haben, sich vorzubereiten. Der Beschlussgegenstand ist umso genauer in der Einladung zu bezeichnen, je größer seine Bedeutung und je geringer der Wissensstand des einzelnen Eigentümers hierzu ist (OLG München, 14.9.2006, 34 Wx 49/06, NZM 2006, 934). Wenn auch nicht alle Einzelheiten des Beschlussgegenstands in der Tagesordnung angegeben werden können und müssen, so ist doch ein solches Maß an Erkennbarkeit und Voraussehbarkeit erforderlich, dass sich der einzelne Wohnungseigentümer über die wesentlichen rechtlichen und tatsächlichen Folgen und Konsequenzen einer vorgesehenen Maßnahme klar werden kann.

Die Auswahl und Bezeichnung der Tagesordnungspunkte obliegt dem Verwalter und steht in seinem pflichtgemäßen Ermessen. Der einzelne Eigentümer hat jedoch in Fällen, bei denen es sich um Maßnahmen ordnungsmäßiger Verwaltung gemäß §21 Abs. 4 WEG handelt, einen Anspruch auf die Aufnahme bestimmter Beschlussgegenstände (OLG Frankfurt/Main, 18.8.2008, 20 W 426/05; LG Hamburg, 27.6.2012, 318 S 196/11; OLG Frankfurt/Main, 20.12.2004, 20 W 337/01). Dieser Anspruch ist gerichtlich gegen den Verwalter nach §43 Nr. 3 WEG durchsetzbar.

!

Beispiele: Themen für Beschlüsse in der Tagesordnung

Die Aufnahme der Beschlussfassung über

- die Jahresabrechnung,
- die Aufstellung eines Wirtschaftsplans,
- die ordnungsgemäße Instandhaltung und Instandsetzung des Gemeinschaftseigentums,
- die Geltendmachung von Mängelansprüchen bei Mängeln am Gemeinschaftseigentum,
- das Aufstellen einer Hausordnung,
- die Ansammlung einer angemessenen Instandhaltungsrücklage,
- den Einbau von Kalt- und Warmwasserzählern oder
- die Verfolgung von Hausgeldrückständen etc.

in die Tagesordnung kann von jedem einzelnen Eigentümer verlangt und notfalls gerichtlich geltend gemacht werden, da diese Angelegenheiten für die Gemeinschaft von erheblicher Bedeutung sind.

Einem Antrag auf Aufnahme eines Punktes auf die Tagesordnung ist dann zu entsprechen, wenn mehr sachliche Gründe dafür als dagegen vorliegen, ihn auf einer Versammlung zu erörtern und zum Gegenstand einer Abstimmung zu machen (BayObLG, 12.7.2001, 2Z BR 139/00). Der Anspruch entfällt, wenn die Ladungsfrist des § 24 Abs. 4 Satz 2 WEG nicht mehr gewahrt und auf diese Frist auch nicht ausnahmsweise verzichtet werden kann. Verletzt die Hausverwaltung den Anspruch auf Aufnahme eines Tagesordnungspunkts in zu vertretender Weise, kann sich ein Schadensersatzanspruch des Miteigentümers gegen die Hausverwaltung auf Einberufung einer außerordentlichen Eigentümerversammlung auf deren Kosten ergeben (LG München I, 16.5.2011, 1 S 5166/11). Der Verwalter ist weiterhin gemäß § 24 Abs. 2 WEG analog verpflichtet, einen bestimmten Punkt auf die Tagesordnung zu setzen, wenn ein Viertel aller Wohnungseigentümer die Aufnahme schriftlich beantragt. Weigert sich der Verwalter, kann dieses Verlangen gerichtlich geltend gemacht werden und sogar zu einer Schadensersatzpflicht des Verwalters führen, wenn die Weigerung pflichtwidrig war. Die Weigerung des Verwalters ist dann pflichtwidrig, wenn eine ordnungsgemäße Verwaltung die Aufnahme erfordert. Nebst der gerichtlichen Durchsetzung zur Aufnahme eines Tagesordnungspunkts kann bei pflichtwidriger Weigerung des Verwalters auch der Verwaltungsbeiratsvorsitzende die Ergänzung der Tagesordnung übernehmen (OLG Frankfurt/Main, 18.8.2008, 20 W 426/05).

Tipp: Aufnahme zusätzlicher Tagesordnungspunkte !

Hat ein einzelner Eigentümer ein bestimmtes Anliegen, sollte er sich frühzeitig um die Aufnahme in die Tagesordnung bemühen und einen schriftlichen Antrag beim Verwalter stellen. Sollte dieser ablehnen, kann die Aufnahme ggf. noch rechtzeitig gerichtlich erwirkt werden. Ein solcher Anspruch ist prozessual gegen den Verwalter selbst zu richten. In der Regel rechtfertigt das Bestreben eines Wohnungseigentümers, einen bestimmten Punkt auf die Tagesordnung setzen zu lassen, jedoch keine die Hauptsache vorwegnehmende Leistungsverfügung (einstweiliger Rechtsschutz) (LG München I, 30.8.2011, 36 T 6199/11). Dies könnte nur dann der Fall sein, wenn die Behandlung eines bestimmten Punktes so dringend ist, dass ein Eigentümer, der bei seinem Einberufungsverlangen ein ordentliches Hauptsacheverfahren abwartet, unverhältnismäßig großen, gar irreparablen Schaden erleidet (LG München I, 16.5.2011, 1 S 5166/11).

Wurde bei Einberufung der Versammlung die Nennung eines Tagesordnungspunkts vergessen oder erst nachträglich beantragt, ist eine Ergänzung der

Tagesordnung durch eine sogenannte Nachtragseinladung zulässig. Allerdings muss dies grundsätzlich in einer Frist erfolgen, in der der Verwalter den Tagesordnungspunkt noch unter Einhaltung der Ladungsfrist von zwei Wochen nachreichen kann (LG Frankfurt/Main, 12.6.2014, 2-9 S 79/13). Ist dies nicht möglich, so handelt der Verwalter im pflichtgemäßen Ermessen, wenn er eine Ergänzung der Tagesordnung nicht vornimmt (LG Düsseldorf, 16.3.2011, 25 S 56/10). Auch hierbei gilt die Ausnahme, dass eine Verkürzung der Ladungsfrist bei besonderer Dringlichkeit der Angelegenheit möglich ist, selbst wenn diese Einladung erst einen Tag vor der Versammlung eingeht und eine konkrete Beeinträchtigung nicht vorliegt (OLG Hamburg, 5.2.1988, 2 W 67/85).

!

Achtung: Nachtragseinladungen

Oft kommt es vor, dass Wohnungseigentümern ihr in der Versammlung zu behandelndes Anliegen erst einfällt, wenn die Einladung bereits versandt ist. Nachtragseinladungen kosten jedoch Zeit und Geld. Daher sollte sich der Verwalter vor Versendung der Einladung überlegen, welche Angelegenheiten behandelt werden müssen, und über den Entwurf der Tagesordnung mit dem Verwaltungsbeirat Rücksprache halten.

ARBEITSHILFE ONLINE

MUSTER: Antrag auf Aufnahme in die Tagesordnung

[Absender]

An den Verwalter
der Wohnungseigentümergemeinschaft ....
[Anschrift]

[Ort, Datum]

Aufnahme eines Tagesordnungspunkts

Sehr geehrte/r Frau/Herr ....,

als Eigentümer der Wohnungseigentümergemeinschaft .... fordere ich Sie auf, den zusätzlichen Tagesordnungspunkt Sanierung der hofseitigen Fassade wegen Feuchtigkeitsschäden und Schimmelbefalls auf die Tagesordnung der nächsten Eigentümerversammlung aufzunehmen.

Begründung: Bereits mehrfach ist es in meinem sowie auch dem darunter liegenden Sondereigentum zu Feuchtigkeitsschäden und Schimmelbefall gekommen. Nach Stellungnahme eines Sachverständigen handelt es sich hierbei nicht um Schäden infolge falschen Lüftens und Heizens, sondern infolge der Schadhaftigkeit des nunmehr doch schon sehr alten Mauerwerks und der fehlenden Wärmedämmung. Die Ursache der seit Jahren immer wieder auftretenden Schäden liegt im Gemeinschaftseigentum. Daher ist für die Mangelbeseitigung die Gemeinschaft im Rahmen einer Instandsetzungsmaßnahme verantwortlich.

Mit freundlichen Grüßen

....

[Wohnungseigentümer]

Unter dem Tagesordnungspunkt »Verschiedenes« oder »Sonstiges« kann die Wohnungseigentümergemeinschaft keine Beschlüsse oder allenfalls Beschlüsse von untergeordneter Bedeutung (OLG Hamm, 8.12.1992, 15 W 218/91, NJW-RR 1993, 468) fassen. Er dient vielmehr der Beratung von Angelegenheiten und der allgemeinen Aussprache. Werden dennoch Beschlüsse gefasst, so sind diese binnen eines Monats anfechtbar, da sie nicht ausreichend angekündigt wurden. Auf die Möglichkeit der Anfechtung muss der Verwalter hinweisen.

Rechtsfolgen einer fehlerhaften Tagesordnung

Ist der Beschlussgegenstand nicht ausreichend bezeichnet und war so für einen Wohnungseigentümer nicht erkennbar, dass eine bestimmte Beschlussfassung in einer konkreten Angelegenheit in Betracht kommt, oder hat die Ankündigung nicht in der Ladungsfrist von zwei Wochen stattgefunden und hat kein Fall besonderer Dringlichkeit vorgelegen, so ist ein gefasster Beschluss anfechtbar.

Wird ein Beschluss im gerichtlichen Verfahren wegen einer unzureichenden Bezeichnung des Beschlussgegenstands für ungültig erklärt, so trägt der einberufende Verwalter ein besonderes Kostenrisiko (Bärmann, Kommentar WEG, §23 Rn. 102 f.). Denn nach §49 Abs. 2 WEG können dem Verwalter, auch wenn er nicht Partei des Rechtsstreits ist, Prozesskosten auferlegt werden.

MUSTER: Einladung zur Eigentümerversammlung

ARBEITSHILFE ONLINE

Josef Steinmann Hausverwaltungs GmbH | Arnoldstr. 30 | 80123 München
Tel. 089 123456 | Fax 089 123457

Herrn
Max Mustereigentümer
Tannstr. 100
80123 München

München, 12.4.2018

Wohnungseigentümergemeinschaft Tannstr. 100, 80123 München
Einladung zur ordentlichen Eigentümerversammlung 2018

Sehr geehrter Herr Mustereigentümer,

als Verwalter laden wir Sie zu der

am Donnerstag, 8.5.2018 um 18.00 Uhr
in der Gaststätte »Zur Eiche«, Tannstr. 1, 80123 München,
im Nebenraum tagenden Eigentümerversammlung ein.

Die Tagesordnung ist rückseitig vermerkt. Wenn Sie an der Versammlung nicht teilnehmen können, bitten wir mit dem beigefügten Vordruck eine Vertretungsvollmacht zu erteilen.

Nur soweit in der Teilungserklärung eine entsprechende Regelung enthalten ist: Für den Fall, dass diese Eigentümerversammlung nicht beschlussfähig ist, weil weniger als die Hälfte aller Miteigentumsanteile anwesend oder ordnungsgemäß vertreten sind, wird jetzt schon gemäß §11 Ziffer 5 der Teilungserklärung/Gemeinschaftsordnung eine Zweitversammlung am 8.5.2018 um 18.45 Uhr in der Gaststätte »Zur Eiche«, Tannstraße 1, 80123 München, Nebenraum, anberaumt. Es wird ausdrücklich darauf hingewiesen, dass diese Zweitversammlung nach §25 Abs. 4 WEG ohne Rücksicht auf das Erreichen der Beschlussfähigkeitsmehrheit beschlussfähig ist.

Alternativ

Gemäß §11 Ziff. 6 der Teilungserklärung ist die Eigentümerversammlung unabhängig von den erschienenen oder vertretenen Miteigentumsanteilen beschlussfähig. Hierauf wird ausdrücklich hingewiesen.

Mit freundlichen Grüßen

Josef Steinmann Hausverwaltungs GmbH

Anlagen

- Jahresgesamt- und Einzelabrechnung 2017
- Gesamt- und Einzelwirtschaftsplan 2018
- Vollmachtsvordruck

ARBEITSHILFE ONLINE

MUSTER: Tagesordnung

Tagesordnung

zur ordentlichen Eigentümerversammlung

der Wohnungseigentümergemeinschaft Tannstr. 100, 80123 München

am 8.5.2018, 18.00 Uhr

1. Begrüßung, Feststellung der ordnungsgemäßen Einberufung und der Beschlussfähigkeit der Versammlung

2. Bericht des Verwalters und des Verwaltungsbeirats über die Jahresabrechnung 2017, Genehmigung der Gesamt- und Einzelabrechnungen 2017
   Beschlussvorschlag: Die vorgelegten Gesamt- und Einzelabrechnungen 2017 werden genehmigt.
3. Entlastung der Verwaltung für das Wirtschaftsjahr 2017
   Beschlussvorschlag: Der Verwaltung wird für das Wirtschaftsjahr 2017 Entlastung erteilt.
4. Entlastung des Verwaltungsbeirats für das Wirtschaftsjahr 2017
   Beschlussvorschlag: Die Mitglieder des Verwaltungsbeirats werden für das Wirtschaftsjahr 2017 entlastet.
5. Genehmigung des Wirtschaftsplans 2018
   Beschlussvorschlag: Der vorgelegte Gesamtwirtschaftsplan und die Einzelwirtschaftspläne 2018 werden genehmigt. Das in diesen Einzelwirtschaftsplänen ausgewiesene Wohngeld wird ab dem 1.7.2018 fällig gestellt. Dieser Wirtschaftsplan gilt auch für das Folgejahr fort, bis ein neuer beschlossen wird.
6. Sicherheitstechnische Bewertung durch TÜV/Mängelbeseitigung
   Beschlussvorschlag: Noch in diesem Jahr wird mit dem Aufzugsdienst, dem Verwaltungsbeirat und der Verwaltung bei einem Ortstermin erörtert, welche Mängel zwingend in diesem Jahr zu beheben sind. Diese Arbeiten werden in Absprache mit dem Verwaltungsbeirat in Auftrag gegeben. Im Hinblick auf die übrigen Mängel soll ein Zeitplan mit Kostenübersicht in der nächsten ordentlichen Eigentümerversammlung vorgelegt werden.
7. Instandhaltungsmaßnahme hofseitige Fassade: Art, Umfang, Ausführungszeitraum und Auftragsvergabe der Maßnahme; Finanzierung der Maßnahme
   Beschlussvorschlag: Die Verwaltung wird beauftragt, die Firma Blitzsanierung mit der Sanierung der hofseitigen Fassade laut vorliegendem Angebot zu beauftragen. Die Arbeiten sollen im Juni 2018 beginnen. Die Finanzierung der Maßnahme erfolgt aus der Rücklage.
8. Streichen des Treppenhauses
   Beschlussvorschlag: Der Verwalter wird beauftragt, die Malerarbeiten zum Streichen des Treppenhauses bis zu einem Kostenaufwand in Höhe von 6.000 EUR in Auftrag zu geben.
9. Mängelgewährleistung Tiefgarage: Reparaturbedarf, Investitionsvolumen, Auftragsvergabe
   Beschlussvorschlag: Der Verwalter wird beauftragt, einen vereidigten Bausachverständigen mit der Begutachtung der Feuchtigkeitsschäden in der Tiefgarage zu beauftragen. Er wird vorsorglich ermächtigt, ein selbstständiges Beweissicherungsverfahren im eigenen Namen oder im Namen der Wohnungseigentümergemeinschaft einzuleiten sowie Gewährleistungsansprüche gegen die Firma Bandel geltend zu machen.
10. Neuwahl/Wiederwahl des Verwalters zum 1.1.2019
   Beschlussvorschlag: Die Josef Steinmann Hausverwaltungs GmbH wird für die Zeit vom 1.1.2019 bis 31.12.2022 zu Kosten in Höhe von monatlich 17,30 EUR je Wohneigentum und 3,50 EUR je Teileigentum zzgl. MwSt. zum Verwalter bestellt. Der bestehende Verwaltervertrag verlängert sich entsprechend.
11. Sonstiges

1.1.6 Einberufungsmangel/Kausalität

Enthält die Einberufung einen sogenannten formellen Mangel, kommt dieser nur zum Tragen, wenn er sich auf das Beschlussergebnis ausgewirkt hat. Ladungsmängel sind als formelle Beschlussmängel aber nur beachtlich, wenn die Beschlussfassung auf ihnen beruht. Die Kausalität und im Gefolge die Anfechtbarkeit eines mit einem formellen Mangel behafteten Beschlusses ergibt sich bereits daraus, dass sich der Mangel auf das Ergebnis der Beschlussfassung zumindest ausgewirkt haben könnte. Eine Ungültigerklärung von Beschlüssen scheidet in der Regel nur dann aus, wenn feststeht, dass sich ein Beschlussmangel auf das Abstimmungsergebnis nicht ausgewirkt hat (LG München I, 6.11.2014, 36 S 25536/13; BGH, 7.3.2002, V ZB 24/01).

Von Ursächlichkeit ist regelmäßig auszugehen, wenn einzelne Wohnungseigentümer an der Versammlung nicht teilgenommen haben, weil sie die Einberufung für unwirksam gehalten haben, da dann nicht ausgeschlossen werden kann, dass deren Diskussionsbeiträge zu einem anderen Ergebnis geführt hätten. Die fehlende Kausalität eines Einberufungsmangels kann nur dann festgestellt werden, wenn klar zutage tritt, dass der Beschluss bei ordnungsgemäßer Einberufung und Durchführung der Versammlung gleichfalls zustande gekommen wäre (LG Köln, 8.12.2011, 29 S 121/11 zur Einberufung durch einen nicht berechtigten Verwalter). Ein weiter Beurteilungs- bzw. Ermessensspielraum der Eigentümerversammlung rechtfertigt eine Ausnahme von der Kausalitätsvermutung dann, wenn feststeht, dass der angegriffene Beschluss auch ohne den Einberufungsmangel (Verkürzung der Ladungsfrist oder ein drittes oder viertes Alternativangebot) ebenso bzw. ergebnisgleich gefasst worden wäre (AG Hamburg-Blankenese, 5.2.2014, 539 C 18/13; AG Hamburg-Altona, 6.12.2013, 303a C 3/13, ZMR 2015, 73). Hierbei kommt es auf die konkrete Situation bei der Eigentümerversammlung an. Kausalitätsvermutung ist widerleglich und insbesondere auch einer Beweiserhebung darüber zugänglich, wie die Eigentümer bei ordnungsmäßiger Ankündigung des Beschlussgegenstands abgestimmt hätten (LG Hamburg, 29.9.2011, 319 T 40/11; OLG Hamburg, 11.4.2007, 2 Wx 2/07).

Lässt sich ein Wohnungseigentümer auf einer Vollversammlung aller Eigentümer widerspruchslos auf eine Abstimmung zu einem formal nicht korrekt angekündigten Tagesordnungspunkt ein, kann er nicht die Rüge eines Einberufungsmangels erheben (LG Hamburg, 25.5.2011, 318 S 21/11).

1.1.7 Die Zweit-/Wiederholungsversammlung

§25 Abs. 4 WEG
»Ist eine Versammlung nicht gemäß Abs. 3 beschlussfähig, so beruft der Verwalter eine neue Versammlung mit dem gleichen Gegenstand ein. Diese Versammlung ist ohne Rücksicht auf die Höhe der vertretenen Anteile beschlussfähig; hierauf ist bei der Einberufung hinzuweisen.«

Sind bei Eröffnung der Erstversammlung nicht mehr als die Hälfte der stimmberechtigten Miteigentumsanteile vorhanden, so bestimmt §24 Abs. 4 WEG, dass eine Zweitversammlung oder Wiederholungsversammlung mit gleichem Gegenstand einzuberufen ist. Die Einladung kann erst erfolgen, wenn die Beschlussunfähigkeit der ersten Eigentümerversammlung festgestellt wurde. Diese Versammlung ist dann ohne Rücksicht auf die Höhe der vertretenen Anteile beschlussfähig. Hierauf ist in der Einladung zur Wiederholungsversammlung hinzuweisen.

Achtung: Zweitversammlung !

Die Zweitversammlung muss mit dem gleichen Gegenstand einberufen werden, also mit der gleichen Tagesordnung.

Durch eine Vereinbarung in der Teilungserklärung/Gemeinschaftsordnung kann die Vorschrift des §25 Abs. 3 WEG abbedungen werden. Es kann vereinbart werden, dass die Erstversammlung in jedem Fall, also unabhängig von den erschienenen bzw. vertretenen Miteigentumsanteilen, beschlussfähig ist (LG Berlin, 11.5.2012, 55 S 322/11; BayObLG, NJW-RR 1995, 203). Gleichfalls kann vereinbart werden, dass bei der Mehrheitsberechnung auf die Kopfzahl der Eigentümer oder die Anzahl der von ihnen gehaltenen Wohnungseinheiten abgestellt wird (KG Berlin, 10.11.1993, 24 W 6075/92, 24 W 6297/92).

1.1.8 Eventualeinberufung

Sind bei Eröffnung der Versammlung nicht mehr als die Hälfte der stimmberechtigten Miteigentumsanteile vorhanden, bestimmt §24 Abs. 4 WEG, dass eine sogenannte Zweitversammlung oder Wiederholungsversammlung mit gleichem Gegenstand einzuberufen ist. Unter der »Eventualeinberufung« versteht man die vorsorgliche Einberufung einer Wiederholungsversammlung zeitgleich mit der Ersteinladung für den Fall, dass die Erstversammlung nicht beschlussfähig ist.

Problematisch ist, dass in der Wiederholungsversammlung oftmals noch weniger Eigentümer erscheinen als zur Erstversammlung. Daher kommt es in der Praxis häufig vor, dass Verwalter schon in der Einladung zur Erstversammlung vorsorglich zur Zweitversammlung einladen, falls die Erstversammlung nicht beschlussfähig ist. Die Zweitversammlung findet in diesen Fällen beispielsweise eine halbe Stunde nach Beginn der Erstversammlung statt.

Diese Verfahrensweise ist ausdrücklich unzulässig, sofern die Gemeinschaftsordnung eine diesbezügliche Regelung nicht explizit vorsieht; allerdings führt dieser Verstoß nur zur Anfechtbarkeit der gefassten Beschlüsse, wenn sich der Einberufungsmangel auf das Beschlussergebnis auswirkt. Das wird regelmäßig der Fall sein, denn es kann nicht ausgeschlossen werden, dass nicht eine andere Beschlussfassung erfolgt wäre, wäre dem anfechtenden Wohnungseigentümer die Teilnahme an der Versammlung durch Einhaltung der Einberufungsmodalitäten möglich gewesen. Eine abweichende Vereinbarung in der Gemeinschaftsordnung, die die Eventualeinladung vorsieht, ist zulässig, da die Regelung des §24 Abs. 4 WEG abbedungen werden kann (OLG Frankfurt/Main, 24.8.2006, 20 W 215/06; OLG München, 1.12.2005, 32 Wx 093/05; OLG Köln, 30.12.1998, 16 Wx 187/98, ZMR 1999, 282; LG Offenburg, 24.8.1993, 4 T 42/93, WuM 1993, 710). Dies kann jedoch nur durch Vereinbarung und nicht durch Beschluss der Eigentümer erfolgen. Ein entsprechender Mehrheitsbeschluss wäre, selbst wenn er nicht angefochten wird, als gesetzesändernder Mehrheitsbeschluss nichtig (BGH, 20.9.2000, V ZB 58/99).

!

Formulierungsbeispiel für eine Vereinbarung in der Teilungserklärung/Gemeinschaftsordnung

»Ist eine ordnungsgemäß einberufene Versammlung nicht beschlussfähig, so hat der Verwalter eine zweite Versammlung mit gleicher Tagesordnung einzuberufen. Diese zweite Versammlung kann zum selben Tag wie die erste einberufen werden. Es wird ausdrücklich bestimmt, dass die vorsorgliche Einladung zu einer zweiten Versammlung mit gleicher Tagesordnung zugleich mit der Einladung für die erste Versammlung verbunden werden kann. Die zweite Versammlung ist in jedem Fall beschlussfähig, worauf in der Einladung besonders hinzuweisen ist.«

Ist in der Gemeinschaftsordnung keine entsprechende Regelung enthalten, so müssen für die Einberufung der Zweitversammlung die regulären Einberufungsmodalitäten – vor allem die Einhaltung der zweiwöchigen Ladungsfrist – beachtet werden. Den in der ersten Versammlung nicht anwesenden Wohnungseigentümern muss die Teilnahme an der Wiederholungsversammlung ermöglicht werden. Es ist daher unzulässig, ohne Einhaltung dieser Modalitäten für den Fall der fehlenden Beschlussfähigkeit der Erstversammlung kurzfristig eine Wiederholungsversammlung einzuberufen. Ein Verstoß hiergegen führt zur Anfechtbarkeit der in einer rechtswidrig einberufenen Versammlung gefassten Beschlüsse (KG Berlin, 17.5.2000, 24 W 3651/99, ZMR 2000, 698, 701). Hierauf sollte der Verwalter dringend hinweisen, da ihm anderenfalls die Kosten eines Anfechtungsverfahrens auferlegt werden können.

1.1.9 Die außerordentliche Eigentümerversammlung

Neben der ordentlichen Eigentümerversammlung, die nur einmal jährlich stattfindet, kann bei besonderen Verwaltungsbelangen und eilbedürftigen Entscheidungsprozessen eine außerordentliche Versammlung erforderlich werden. Dies entscheidet der Verwalter nach den Grundsätzen ordnungsmäßiger Verwaltung nach §21 Abs. 4 WEG.

Beispiele: Gründe für eine außerordentliche Versammlung !

- Bei einer beschlossenen und sich gerade in der Ausführung befindlichen Reparaturmaßnahme treten Probleme auf, mit denen ein erheblicher Kostenmehraufwand verbunden ist.
- Eine Sonderumlage wird dringend erforderlich.
- Die Frage ist zu klären, ob ein Rechtsmittel eingelegt oder ob ein gerichtlicher Vergleich geschlossen werden soll.
- Nach Kündigung müssen neue Verwalter- oder Hausmeisterverträge abgeschlossen werden.

Es ist üblich und zulässig, dem Verwalter im Fall der Durchführung einer außerordentlichen Eigentümerversammlung eine Sondervergütung zuzubilligen. Allerdings hat er hierauf nur einen Anspruch, wenn dies im Verwaltervertrag so vorgesehen ist oder durch einen entsprechenden Beschluss genehmigt wurde.

Ruft der Verwalter die Versammlung jedoch grundlos ein, so riskiert er, für die nutzlos entstandenen Kosten aufkommen zu müssen (BayObLG, 4.11.1993, 2 Z BR 89/93, NJW 1995, 202, 203).

1.2 Checkliste: Einberufung der Eigentümerversammlung

Wer beruft die Versammlung ein?

- Der Verwalter muss einmal pro Jahr einberufen; unterlässt er dies pflichtwidrig, so kann der Verwaltungsbeiratsvorsitzende oder sein Stellvertreter einberufen.

- Ein einzelner Wohnungseigentümer hat kein Einberufungsrecht.
- Ausnahme: bei gerichtlicher Ermächtigung hierzu.
- Ein Viertel aller Wohnungseigentümer kann durch schriftlichen Antrag und unter Angabe der Gründe und des Zwecks die Einberufung verlangen.
- Ruft ein Nichtberechtigter ein, sind dennoch gefasste Beschlüsse nach herrschender Meinung nur anfechtbar, aber nicht nichtig.

Wer muss eingeladen werden?
- Aktuelle Wohnungseigentümer, werdende Wohnungseigentümer bei Ersterwerb, aber nicht bei Zweiterwerb,
- Insolvenzverwalter, Zwangsverwalter,
- Testamentsvollstrecker, Nachlassverwalter,
- gesetzliche Vertreter bei Minderjährigen oder Betreuten,
- gesetzliche oder rechtsgeschäftlich bestellte Vertreter bei Kapital- oder Personengesellschaften,
- bei mehreren Eigentümer: sämtliche Wohnungseigentümer,
- ggf. Ladungsbevollmächtigte.

Ist die Einberufungsfrist eingehalten?
Die Einberufungsfrist soll zwei Wochen betragen. Ein Verstoß hiergegen führt nicht zwingend zur Ungültigerklärung von Beschlüssen. In dringenden Fällen ist eine kürzere Frist zulässig.

Sind Ort und Zeitpunkt der Versammlung zumutbar?
Die Versammlung sollte am Ort der Wohnanlage oder ihrer näheren Umgebung stattfinden. Die Wahl des Zeitpunkts darf die Teilnahme an der Versammlung nicht erschweren, sollte daher verkehrsüblich sein. Der Grundsatz der Nichtöffentlichkeit muss beachtet werden.

Welche Form, welchen Inhalt muss die Einladung haben?
Die Einladung muss in Textform erfolgen (auch Kopie, Fax, E-Mail grundsätzlich denkbar) und Angaben über den Ort, die Zeit und die Tagesordnung enthalten. Die Tagesordnung muss den Beschlussgegenstand genau bezeichnen, wobei eine stichpunktartige Formulierung ausreicht. Achtung: Eine Eventualeinberufung kommt nur in Betracht, wenn die Gemeinschaftsordnung dies vorsieht. Ist eine dahingehende Vereinbarung nicht vorhanden, müssen bei der Einberufung der Zweitversammlung sämtliche Formalien, zum Beispiel Frist und Form, eingehalten werden.

Was muss bei der Zweitversammlung beachtet werden?
Bei der Zweitversammlung sind nicht nur die üblichen Einberufungsmodalitäten einzuhalten, sondern das Einladungsschreiben muss auch den Hinweis ent-

halten, dass diese Versammlung ohne Rücksicht auf die Höhe der erschienenen Anteile beschlussfähig ist. Die Einladung zur Zweitversammlung muss mit den gleichen Beschlussgegenständen erfolgen, also mit derselben Tagesordnung.

Was passiert, wenn die Einberufung fehlerhaft erfolgt?
Leidet die Versammlung unter einem Einberufungsmangel, so sind die in ihr gefassten Beschlüsse grundsätzlich anfechtbar. Ein Beschluss wird vom Wohnungseigentumsgericht jedoch nur dann für ungültig erklärt, wenn sich der Einberufungsmangel auf den Beschluss ausgewirkt hat. Hierbei gilt zunächst die Vermutung, dass der Einberufungsmangel für die Beschlussfassung ursächlich war. Diese Vermutung kann entkräftet werden, indem nachgewiesen wird, dass der Beschluss auch ohne den Einberufungsmangel mit demselben Inhalt zustande gekommen wäre.

1.3 Das Stimmrecht in der Versammlung

> **§25 Abs. 2 WEG**
> *»Jeder Wohnungseigentümer hat eine Stimme. Steht ein Wohnungseigentum mehreren gemeinschaftlich zu, so können sie das Stimmrecht nur einheitlich ausüben.«*

Das Stimmrecht der Wohnungseigentümer ist wesentlicher Bestandteil ihrer Mitgliedschaftsrechte in der WEG und zählt zum unabdingbaren Kernbereich des Wohnungseigentums. Mit ihrem Stimmrecht können die Wohnungseigentümer an der Gestaltung der Verwaltung der Wohnungseigentümergemeinschaft mitwirken und auf diese Einfluss nehmen. Das Stimmrecht ist das elementarste Mitverwaltungsrecht. Es kann einem Wohnungseigentümer auch nicht durch die Anwendung einer Öffnungsklausel (siehe Kapitel 4.3.4) entzogen werden (LG Karlsruhe, 21.3.2017, 11 S 88/16).

1.3.1 Wer ist Inhaber des Stimmrechts?

Inhaber des Stimmrechts ist der zum Zeitpunkt der Eigentümerversammlung im Grundbuch eingetragene Wohnungseigentümer.

Der Erwerber einer Eigentumswohnung, der noch nicht im Grundbuch eingetragen ist, ist nicht stimmberechtigt, selbst dann nicht, wenn sein Anspruch auf Übereignung durch eine Vormerkung im Grundbuch gesichert ist und Besitz, Nutzen und Lasten auf ihn übergegangen sind (BGH, 1.12.1988, V ZB 6/88, NJW 1989, 1087). Der eingetragene Wohnungseigentümer bleibt bis zur Umschreibung des

Eigentums nach §16 Abs. 2 WEG verpflichtet, die Lasten und Kosten des gemeinschaftlichen Eigentums zu tragen. Aus diesem Grund muss er auch die Möglichkeit haben, mit seinem Stimmrecht auf die Verwaltung des gemeinschaftlichen Eigentums Einfluss zu nehmen. Jedoch kann der werdende Eigentümer vom Veräußerer mit der Vertretung und Ausübung des Stimmrechts bevollmächtigt werden.

Abweichendes gilt für den Ersterwerber. Ein Ersterwerb liegt beim Kauf vom teilenden Alleineigentümer vor, zum Beispiel von einem Bauträger. Liegt zwischen dem Alleineigentümer und dem Erwerber ein gültiger Erwerbsvertrag vor, ist der Übergang von Nutzen und Lasten auf den Erwerber erfolgt, und hat er die Wohnung in Besitz genommen, so ist auch dieser als Mitglied der werdenden Wohnungseigentümergemeinschaft bei der Eigentümerversammlung stimmberechtigt. Weitere Voraussetzung ist jedoch, dass die Wohnungsgrundbücher angelegt sind und darin für den Erwerber eine Auflassungsvormerkung eingetragen ist.

!

Achtung: Werdende Eigentümergemeinschaft

Eine werdende Eigentümergemeinschaft kann erst entstehen, wenn der Anspruch mindestens eines Erwerbers auf Eigentumsverschaffung an einzelnen Einheiten durch Auflassungsvormerkung gesichert ist. Sie entsteht nicht, wenn das in Wohnungseigentum aufgeteilte Eigentum insgesamt an einen Erwerber übertragen wird (OLG München, 9.1.2006, 34 Wx 089/05; OLG Hamm, 10.5.2007, 15 W 428/06).

Kein Stimmrecht besitzt der Nießbraucher (vgl. BGH, 7.3.2002, V ZB 24/01, WuM 2002, 277, NZM 2002, 450). Das Stimmrecht verbleibt hier allein beim Eigentümer. Gleiches dürfte daher bei anderen dinglichen Berechtigungen wie dem Wohnungsrecht (§1093 BGB) und dem Dauerwohnrecht (§§31 ff. WEG) gelten (vgl. OLG Hamburg, 12.5.2003, ZMR 2003, 701).

Dem Eigentümer, dessen Wohnung unter Zwangsverwaltung steht, ist es untersagt, die Verwaltung selbst vorzunehmen. Daher ist es erforderlich, den Zwangsverwalter einzuladen. Dem Zwangsverwalter steht grundsätzlich das Stimmrecht in der Eigentümerversammlung zu (LG Düsseldorf, 3.2.2009, 16 S 54/08; LG Berlin, 29.11.2005, 55 T 152/04).

Dem Wohnungseigentümer verbleibt auch kein Teilnahmerecht; dies steht allein dem Zwangsverwalter zu, soweit nicht der Kernbereich des Wohnungseigentums betroffen ist (LG Berlin, 19.9.2008, 85 T 404/07).

Wenn über das Vermögen des Eigentümers das Insolvenzverfahren beantragt oder eröffnet ist oder eine zum Nachlass gehörende Wohnung unter Testamentsvollstreckung oder Nachlassverwaltung fällt, so übt der Insolvenzverwalter bzw. Testamentsvollstrecker bzw. Nachlassverwalter das Stimmrecht für den Wohnungseigentümer aus (LG Düsseldorf, 29.2.2012, 25 S 139/11).

Übersicht Stimmrechtsinhaber

- Ein Stimmrecht haben: aktuell im Grundbuch eingetragener Wohnungseigentümer, werdender Eigentümer bei Ersterwerb, nicht bei Zweiterwerb,
- neben dem jeweiligen Wohnungseigentümer: der Zwangsverwalter,
- anstelle des jeweiligen Wohnungseigentümers: der Nachlassverwalter, Insolvenzverwalter oder Testamentsvollstrecker,
- kein Stimmrecht haben: Grundschuld- und Hypothekengläubiger, Nießbraucher, Mieter oder Pächter.

1.3.2 Wenn eine Wohnung mehreren Eigentümern gehört

Das Stimmrecht steht den im Grundbuch eingetragenen Eigentümern zu (§ 25 Abs. 2 WEG). Sind mehrere Personen gemeinsam als Eigentümer im Grundbuch eingetragen, so können diese ihr Stimmrecht nur einheitlich ausüben. Eine anteilige Aufspaltung des Stimmrechts ist nicht zulässig. Wird eine Einigung nicht erzielt, so entfällt die Stimme. Auch wenn eine Teilungserklärung bestimmt, dass jeder Miteigentümer eine Stimme hat, führt das Bruchteilseigentum mehrerer an einer Wohnungseigentumseinheit nicht zu einer Vermehrung der Stimmrechte (LG Bremen, 9.2.2004, 2 T 560/03, ZMR 2004, 535). Dies gilt zum Beispiel für Bruchteilsgemeinschaften (LG Köln, 4.10.2012, 29 S 91/12), Erbengemeinschaften und eheliche Gütergemeinschaften.

Die einheitliche Stimmrechtsausübung kann entweder durch übereinstimmende Mitwirkung aller Mitberechtigten in der Versammlung erfolgen oder dadurch, dass die Mitberechtigten einen gemeinsamen Vertreter benennen, der die Stimme abgibt.

Allerdings kann die Stimmabgabe ungültig sein, wenn an der Ermächtigung durch den oder die übrigen Mitberechtigten Zweifel bestehen und eine Vollmacht nicht vorgelegt wird (vgl. BayObLG, NJW-RR 1994, 1236; OLG Düsseldorf, 9.7.2003, 3 Wx 119/03). Im Fall von Eheleuten kann die Erklärung des einen mitberechtigten Ehegatten nur dann Wirkungen für und gegen den anderen mitberechtigten Ehegatten entfalten, wenn er die Erklärung zugleich in dessen Namen abgibt. Dies muss nicht ausdrücklich geschehen; vielmehr genügt es nach § 164 Abs. 1 Satz 2 BGB, wenn sich dies aus den Umständen ergibt (BGH, 19.7.2013, V ZR 109/12).

1.3.3 Welche Stimmrechtsprinzipien gibt es?

Es existieren verschiedene Stimmrechtsprinzipien. Neben dem gesetzlich verankerten Kopfprinzip sehen Gemeinschaftsordnungen häufig das Objektprinzip oder das Wertprinzip vor. Durch einen Mehrheitsbeschluss kann das geltende Stimmprinzip jedoch nicht abgeändert werden. Auch eine etwaige in der Teilungserklärung enthaltene Öffnungsklausel gibt hierfür keine Beschlusskompetenz (LG Karlsruhe, 21.3.2017, 11 S 88/16). Selbst wenn die Teilungserklärung/Gemeinschaftsordnung ein abweichendes Stimmprinzip vorsieht, ist bei Abstimmungen, für die das Gesetz eine bestimmte Mehrheit vorsieht, zum Beispiel über die Verteilung von Kosten einer Instandhaltungs- oder Instandsetzungsmaßnahme, einer Modernisierung und einer baulichen Veränderung nach §16 Abs. 4 WEG, zwingend das Kopfprinzip anzuwenden. Dies gilt gleichfalls für Beschlussfassungen über Modernisierungen des gemeinschaftlichen Eigentums oder dessen Anpassung an den Stand der Technik nach §22 Abs. 2 WEG. Bei der Bestellung oder der Abberufung des Verwalters stellt es jedoch keine unzulässige Beschränkung dar, wenn das Kopfprinzip durch Vereinbarung zugunsten des Objekt- oder des Wertprinzips abbedungen wurde (BGH, 28.10.2011, V ZR 253/10).

!

Tipp: Gewicht des Stimmrechts

Beim Erwerb von Sonder- oder Teileigentum ist stets darauf zu achten, welches Stimmprinzip gilt, also welches Gewicht das Stimmrecht hat. Je größer die Einheit ist, desto höher wird die wirtschaftliche Belastung sein und umso wichtiger ist die Beeinflussbarkeit von Beschlüssen.

1.3.3.1 Kopfprinzip

In §25 Abs. 2 Satz 1 WEG ist das sogenannte Kopfprinzip verankert. Dies bedeutet, dass die gesetzliche Regelung davon ausgeht, dass jedem Wohnungseigentümer, unabhängig von der Größe und des Werts seines Miteigentumsanteils, eine Stimme zusteht. Ein Eigentümer hat hiernach auch dann nur eine Stimme, wenn er mehrere nach dem Grundbuch selbstständige Wohnungsrechte an einem Grundstück besitzt.

!

Beispiel: Mehrere Eigentümer

Sind mehrere Personen gemeinsam Eigentümer einer Eigentumswohnung, zum Beispiel Eheleute, so können diese ihr Stimmrecht nur gemeinschaftlich ausüben, da ihnen nur eine Stimme zusteht. Gleiches gilt, wenn Eheleuten zwei Eigentumseinheiten als Mitberechtigten je zur Hälfte zustehen.

Ausnahme: Gehört eine Wohnung einem Ehegatten allein und eine andere je zur Hälfte beiden, so können zwei Stimmrechte geltend gemacht werden, da es sich um verschiedene Rechtsträger handelt. Steht ein Wohnungseigentum zwei Wohnungseigentümern je zur Hälfte zu und teilen diese dasselbe in der Weise auf, dass einer von ihnen zugleich Alleineigentümer einer weiteren Wohnung wird, so kommt bei gesetzlichem Kopfstimmrecht zu dem der Rechtsgemeinschaft zustehenden Stimmrecht ein durch die Alleinberechtigung begründetes weiteres Stimmrecht hinzu (OLG Düsseldorf, 3.2.2004, I-3 Wx 364/03).

Bei unterschiedlichen Auffassungen müssen sich die Berechtigten einigen, da eine Aufspaltung des Stimmrechts nicht möglich ist.

Eine Abweichung vom gesetzlichen Kopfprinzip durch Vereinbarung in der Gemeinschaftsordnung ist zulässig. In Betracht kommen hierfür das Wert- oder das Objektprinzip. Ein Mehrheitsbeschluss ist hierfür jedoch nicht ausreichend (vgl. BGH, 20.9.2000, V ZB 58/99, NJW 2000, 3500). Ein solcher wäre nichtig, da der Kernbereich des Wohnungseigentums betroffen ist.

Achtung !

Auch wenn die Teilungserklärung/Gemeinschaftsordnung ein abweichendes Stimmprinzip bestimmt, so ist bei Abstimmungen über die Verteilung von Kosten einer Instandhaltungs- oder Instandsetzungsmaßnahme, einer Modernisierung und einer baulichen Veränderung nach §16 Abs. 4 WEG zwingend das Kopfprinzip anzuwenden. Dies gilt gleichfalls für Beschlussfassungen über Modernisierungen des gemeinschaftlichen Eigentums oder dessen Anpassung an den Stand der Technik nach §22 Abs. 2 WEG.

1.3.3.2 Wertprinzip

Wurde das Wertprinzip in der Teilungserklärung oder Gemeinschaftsordnung vereinbart, so richtet sich die Stimmkraft nach der Größe der im Grundbuch eingetragenen Miteigentumsanteile. Die Wahl des Wertprinzips ist in der Praxis der häufigste Fall und beruht vor allem darauf, dass der Eigentümer mit dem größeren Miteigentumsanteil auch einen höheren Anteil an den Lasten und Kosten des gemeinschaftlichen Eigentums zu tragen hat (§16 Abs. 2 WEG) und ihm daher eine höhere Stimmkraft zugebilligt werden soll.

1.3.3.3 Objektprinzip

Es besteht die Möglichkeit, das Stimmrecht von der Anzahl der Wohnungs- und Teileigentumseinheiten abhängig zu machen. Jeder Eigentümer hat dann so viele Stimmen, wie er Sondereigentumsrechte hat. Auf die Größe der Einheiten wird hierbei keine Rücksicht genommen. Dies kann dazu führen, dass ein Garageneigentümer die gleiche Stimmkraft besitzt wie ein Eigentümer einer großen Wohnung. Denn ist in einer Gemeinschaftsordnung das Objektprinzip vereinbart, besitzt auch der Teileigentümer eine Stimme in der Eigentümerversammlung (AG Wiesbaden, 13.1.2012, 92 C 4523/11). Obgleich dies zunächst ungerecht erscheint, da den Eigentümer der Wohnung eine erheblich größere Kostenlast trifft, ist die Vereinbarung des Objektprinzips zulässig, denn auch das gesetzliche Kopfprinzip trennt zwischen der wirtschaftlichen Belastung und dem Wert des Stimmrechts.

Die mit dem Objektprinzip verbundene Gefahr einer Majorisierung der Mehrzahl der Wohnungseigentümer durch einen Wohnungseigentümer oder durch eine kleine Gruppe von Wohnungseigentümern führt, für sich allein betrachtet, noch nicht zur Aufhebbarkeit eines gefassten Beschlusses. Eine Anfechtungsklage hat allenfalls dann Aussicht auf Erfolg, wenn missbräuchlich von der Stimmmacht Gebrauch gemacht wurde (LG Saarbrücken, 23.7.2012, 5 S 28/11).

1.3.3.4 Nachträgliche Änderungen des Stimmrechts

Bei Veränderungen in der Wohnungseigentümergemeinschaft, beispielsweise durch Veräußerung, kann es zu veränderten Stimmverhältnissen kommen. Veräußert ein Wohnungseigentümer, dem mehrere Wohnungen gehören, einzelne davon, kommt es bei Geltung des Kopfprinzips zu einer Vermehrung der Stimmrechte (OLG München, 23.8.2006, 34 Wx 58/06, ZWE 2007, 153; BayObLG, 19.12.2001, 2 Z BR 15/01, ZMR 2002, 527). Dies gilt auch, wenn ein Wohnungseigentümer, der zwei Wohnungen besitzt, eine der Wohnungen auf eine juristische Person überträgt, deren Gesellschafter und Geschäftsführer er ist. Es handelt sich fortan um zwei unterschiedliche Rechtssubjekte. Hierbei ist unerheblich, ob der veräußernde Eigentümer beherrschenden Einfluss auf den Erwerber ausübt (BGH, 14.7.2017, V ZR 290/16).

Bei der Teilung von Miteigentumsanteilen oder der Zusammenlegung von Wohnungen gelten Besonderheiten jeweils auch abhängig vom geltenden Stimmprinzip. Teilt ein Miteigentümer in einer Wohnungseigentümergemeinschaft, in der das Kopfstimmrecht gilt, seinen Miteigentumsanteil ohne Zustimmung der übrigen Miteigentümer auf und veräußert den neu hinzugewonnenen Anteil an einen Dritten, führt das nicht zu einer Stimmrechtsmehrung, obwohl die Wohnungseigentümergemeinschaft nun aus einem Miteigentümer mehr besteht (BGH, 27.4.2012, V ZR 211/11; LG München I, 19.10.2009, 1 S 21731/08). Die Unterteilung einer Wohnungseigentumseinheit in zwei Einheiten führt auch im Fall der Veräußerung nicht zu einer Stimmrechtsvermehrung (BGH, 7.10.2004, V ZB 22/04). Sieht die Teilungserklärung ein Stimmrecht in der Eigentümerversammlung nach Miteigentumsanteilen vor, so führt die Unterteilung eines Wohnungseigentums nicht zu einer Stimmrechtsvermehrung (OLG Hamm, 12.3.2002, 15 W 358/01). Gleiches gilt bei der Teilung eines Miteigentumsanteils unter Geltung des Objektprinzips. Die Teilung führt nicht zu einer Verdoppelung der Stimmen, sondern zu einer gleichmäßigen Aufteilung nach Bruchteilen auf die neuen Miteigentumsanteile. Die Teilung darf keinen Nachteil der übrigen Eigentümer nach sich ziehen, insbesondere keine Beeinträchtigung ihrer Stimmkraft (LG Karlsruhe, 21.3.2017, 11 S 88/16).

1.3.4 Stimmenthaltung

Die Ermittlung des Abstimmungsergebnisses erfolgt durch Auszählung der Ja-Stimmen, Nein-Stimmen und Enthaltungen. Die Stimmenthaltungen werden bei der Feststellung, ob ein Beschluss zustande gekommen ist, nicht berücksichtigt. Für das Beschlussergebnis ausschließlich maßgeblich ist, ob die Anzahl der Ja-Stimmen die Anzahl der Nein-Stimmen übersteigt. Die Beschlussfähigkeit der Eigentümerversammlung wird durch Stimmenthaltungen nicht beeinträchtigt. Durch ausdrückliche Vereinbarung in der Gemeinschaftsordnung ist es jedoch möglich, Stimmenthaltungen als Nein-Stimmen zu werten. Im schriftlichen Umlaufverfahren gilt es zu beachten, dass ein Beschluss nur dann zustande kommt, wenn alle Miteigentümer positiv zustimmen. Bei nur einer Enthaltung kommt er hier bereits nicht zustande.

1.3.5 Stimmrechtsmissbrauch und Majorisierung

Eine majorisierende Stimmenmehrheit liegt dann vor, wenn ein einzelner Eigentümer die Mehrheit aller berechtigten Stimmen auf sich vereinigt. Nach der gesetzlichen Vorgabe des §25 Abs. 2 WEG hat jeder Eigentümer bei der Abstimmung nur eine Stimme. Hiervon kann jedoch durch Vereinbarung in der Teilungserklärung/Gemeinschaftsordnung abgewichen werden. Die Stimmrechtsausübung nach dem Wert- oder Objektprinzip kann unter Umständen dazu führen, dass ein Eigentümer, der viele Sondereigentumseinheiten besitzt, die Mehrheit der Stimmrechte auf sich vereinigt. Übt dieser Eigentümer seine Stimmenmehrheit rechtsmissbräuchlich aus, so kann der Beschluss im Rahmen einer Anfechtungsklage binnen Monatsfrist gerichtlich überprüft und ggf. für ungültig erklärt werden. Bei Majorisierung ist der Minderheitenschutz durch die Beschlussmängelklage gewährleistet. Majorisierende Beschlüsse können insbesondere unter dem Blickwinkel der Willkür, des Rechtsmissbrauchs oder einer unbilligen Benachteiligung Einzelner ordnungsmäßiger Verwaltung widersprechen (BGH, 14.7.2017, V ZR 290/16).

Die Problematik stellt sich oftmals bei der Verwalterwahl. Von einer rechtsmissbräuchlichen Stimmrechtsausübung ist dann auszugehen, wenn ein Mehrheitseigentümer einen ihm verbundenen Verwalter bestellt,

- dessen persönliche und fachliche Ungeeignetheit ihm bekannt ist.
- obwohl bereits in diesem Zeitpunkt Interessensgegensätze offenkundig sind und deshalb von vornherein nicht mit der Begründung eines unbelasteten, für die Ausübung des Verwalteramts erforderlichen Vertrauensverhältnisses gegenüber allen Wohnungseigentümern zu rechnen ist (OLG Düsseldorf, 16.4.1999, 3 Wx 77/99).

Eine rechtsmissbräuchliche Majorisierung durch einen Mehrheitseigentümer liegt dann vor, wenn neben der Ausübung des Mehrheitsstimmrechts weitere Umstände hinzutreten, die sich als Verstoß gegen die Pflicht zur Rücksichtnahme auf die Interessen der Gemeinschaft und damit gegen die Grundsätze ordnungsgemäßer Verwaltung darstellen. Ein solcher Verstoß kann schon anzunehmen sein, wenn der Mehrheitseigentümer eine erheblich teurere Verwaltung wählt, obwohl kein sachlicher Grund für die Bevorzugung bestand (LG Berlin, 23.9.2014, 55 S 302/12). Die Verfolgung privater Sonderinteressen eines Eigentümers bei der Wahl des Verwalters schließt diesen grundsätzlich nicht nach §25 Abs. 5 WEG von der Abstimmung aus, wenn zur Majorisierung nicht weitere Umstände hinzutreten, die eine unangemessene Bevorteilung darstellen (LG Frankfurt/Oder, 18.9.2012, 16 S 9/12).

Eine unzulässige Majorisierung liegt zwar nicht schon dann vor, wenn der Mehrheitseigentümer mit seinen Stimmen einen Beschluss gegen die Stimmen aller anderen Wohnungseigentümer durchsetzt. Nutzt er jedoch ein ihm zustehendes Stimmenübergewicht, wie es sich insbesondere aus der Vereinbarung eines Objektstimmrechts ergeben kann, um eine eigennützige, sachlich nicht gerechtfertigte, insbesondere gegen die Grundsätze ordnungsgemäßer Verwaltung verstoßende oder gesetzwidrige Entscheidung herbeizuführen, begründet dies den Vorwurf rechtsmissbräuchlichen Verhaltens. Die unter Missbrauch des Stimmrechts abgegebenen Stimmen sind unwirksam, müssen also bei der Feststellung des Beschlussergebnisses unberücksichtigt bleiben (LG Mainz, 15.8.2011, 306 T 129/08).

Ein Stimmrechtsmissbrauch liegt nicht schon deshalb vor, weil ein Mehrheitseigentümer bereits allein 90% der Stimmen innehat; auch dann nicht, wenn er selbst oder ein von ihm favorisierter Kandidat als Verwalter zur Wahl steht (vgl. BGH, 19.9.2002, V ZB 30/02). Gleichfalls ist das Abstimmungsverhalten eines Wohnungseigentümers, der über eine Stimmmehrheit verfügt, dann nicht rechtsmissbräuchlich, wenn für die Stimmabgabe nachvollziehbare und verständliche Gründe vorliegen (BayObLG, 3.5.2005, 2Z BR 143/04, hier: zur Ablehnung der Genehmigung der Jahresabrechnung).

Nur wenn (ausnahmsweise) konkrete Umstände in der Versammlung hervorgetreten sind, die die Annahme eines Stimmrechtsmissbrauchs nahelegen, ist der Verwalter als Versammlungsleiter berechtigt und verpflichtet, die wegen Missbrauchs nichtige Stimme des Mehrheitseigentümers nicht mitzuzählen (BGH, a.a.O.). Wird in einem solchen Fall ein Beschlussantrag gegen den Willen des Mehrheitseigentümers abgelehnt, muss dieser den Beschluss fristgerecht anfechten, damit er nicht bestandskräftig wird. Es reicht nicht, dass der Mehrheitseigentümer Beschlüsse herbeiführt, die nicht ordnungsgemäßer Verwaltung entsprechen, oder Beschlüsse verhindert, die ordnungsgemäßer Verwaltung entsprechen würden. Die Art und Weise der Stimmrechtsausübung muss die übrigen Wohnungseigentümer vielmehr offenkundig und ohne jeden Zweifel in treuwidriger Weise benachteiligen (BGH, 14.7.2017, V ZR 290/16).

1.3.6 Stimmrechtsausschlüsse und -beschränkungen

In bestimmten Fällen schreibt §25 Abs. 5 WEG vor, dass ein Wohnungseigentümer von der Ausübung seines Stimmrechts ausgeschlossen ist. Dies gilt, wenn die Beschlussfassung

- auf die Vornahme eines auf die Verwaltung des gemeinschaftlichen Eigentums bezüglichen Rechtsgeschäfts mit ihm gerichtet ist,
- die Einleitung oder Erledigung eines Rechtsstreits der anderen Wohnungseigentümer gegen ihn beinhaltet oder
- wenn der Wohnungseigentümer gemäß §18 WEG rechtskräftig zur Veräußerung seines Wohnungseigentums verurteilt ist.

Beispiele: Gründe für einen Stimmrechtsausschluss !

- Abschluss eines Rechtsgeschäfts (Kaufvertrag, Werkvertrag etc.) mit einem Miteigentümer, das auf die Vornahme von Instandsetzungs- und Instandhaltungsmaßnahmen am Gemeinschaftseigentum gerichtet ist. Wird entsprechend angewendet, wenn der Vertragspartner zwar ein Dritter ist, der Wohnungseigentümer mit dem Dritten aber wirtschaftlich so eng verbunden ist, dass sein persönliches Interesse mit dem des Dritten »völlig gleichgesetzt« werden kann. Dies wird angenommen, wenn der Wohnungseigentümer Alleingesellschafter der Gesellschaft ist oder wenn der die Gesellschaft beherrscht (BGH, 13.1.2017, V ZR 138/16).

- Von dem Stimmrechtsverbot nach §25 Abs. 5 Alt. 2 WEG – Einleitung oder Erledigung eines Rechtsstreits – werden nur Abstimmungen über Beschlussgegenstände erfasst, die verfahrensrechtliche Maßnahmen betreffen. Darunter fallen insbesondere Beschlüsse über die Einleitung des Rechtsstreits, die Art und Weise der Prozessführung sowie die Frage der verfahrensrechtlichen Beendigung. Dass eine Beschlussfassung Auswirkungen auf den Rechtsstreit in materiell-rechtlicher Hinsicht hat oder haben kann, genügt nicht (BGH, 14.10.2011, V ZR 56/11). Ein Wohnungseigentümer unterliegt in entsprechender Anwendung von §25 Abs. 5 Alt. 2 WEG einem Stimmverbot, wenn er einen Rechtsstreit gegen die Wohnungseigentümergemeinschaft führt und verfahrensbezogene Maßnahmen Gegenstand der Beschlussfassung sind (BGH, 6.12.2013, V ZR 85/13).
- Ist Gegenstand einer Beschlussfassung die Frage, ob Anschlussrechtsmittel in einem von einigen Wohnungseigentümern betriebenen Anfechtungsverfahren einzulegen sind, so ist ein Stimmrechtsverbot der Kläger gerechtfertigt und ihre Nein-Stimmen sind nicht zu berücksichtigen (LG Stuttgart, 24.9.2010, 19 S 23/10).
- Vermietung gemeinschaftlichen Eigentums an einen Miteigentümer.
- Bei einem Antrag eines Eigentümers, eine bauliche Veränderung vornehmen zu dürfen, ist er selbst nicht stimmberechtigt (BayObLG, 20.6.1974, 2 Z 22/74). Neuere Ansicht: Bei einem Beschluss über eine bauliche Veränderung, die überwiegend oder sogar ausschließlich einem Miteigentümer zugutekommt, ist dieser grundsätzlich nicht von seinem Stimmrecht ausgeschlossen (BayObLG, 25.9.2003, 2 Z BR 171/03, ZMR 2004, 209).
- Für einen zum Verwalter bestellten Wohnungseigentümer besteht bei der Beschlussfassung über seine Abberufung auch bei gleichzeitiger Entscheidung über die Beendigung des Verwaltervertrags nur bei Vorliegen eines wichtigen Grundes ein Stimmverbot (BGH, 19.9.2002, V ZB 30/02).
- Ein Wohnungseigentümer, der zugleich das Verwalteramt innehat, ist nicht stimmberechtigt und auch nicht befugt, einen anderen Wohnungseigentümer bei der Stimmabgabe zu vertreten, wenn seine Abberufung als Verwalter aus wichtigem Grund zur Beschlussfassung steht. Ein Nichtwohnungseigentümer kann einen Wohnungseigentümer dann nicht bei der Stimmabgabe wirksam vertreten, wenn der Vertreter (hier: der Verwalter) – wäre er selbst Wohnungseigentümer – einem Stimmverbot unterläge (OLG Düsseldorf, 20.7.2001, 3 Wx 174/01).
- Entlastung des verwaltenden Miteigentümers (BayObLG, 22.6.1995, 2Z BR 48/95, WE 1996, 235; OLG Karlsruhe, 27.5.2002, 14 Wx 91/01, ZMR 2003, 289).
- Der Verwalter, der einzelne Wohnungseigentümer vertritt, ist im Hinblick auf seine Entlastung bei der Beschlussfassung nicht stimmberechtigt (LG Itzehoe, 31.5.2013, 11 S 14/11; OLG Hamm, 20.7.2006, 15 W 142/05; AG Weimar, 1.3.2013, 5 C 839/11). Bei der Abstimmung über die Entlastung kann der Verwalter weder mit eigenen noch mit durch Vollmacht zur Ausübung übertragenen Stimmen

mitwirken (AG Neuss, 28.1.2008, 101 C 442/07). Wird zugleich unter demselben Tagesordnungspunkt und in einem Verfahren über eine weitere Frage abgestimmt, zum Beispiel über die Jahresabrechnung, so erstreckt sich der Stimmrechtsausschluss des Verwalters auch auf die Abstimmung über diesen weiteren Punkt (OLG Köln, 18.11.2006, 16 Wx 165/06).

- Bei einem Antrag über die Entlastung des Verwaltungsbeirats ist dieser von der Abstimmung ausgeschlossen (OLG Zweibrücken, 11.3.2002, 3 W 184/01, NZM 2002, 345; LG Itzehoe, 31.5.2013, 11 S 14/11).
- Die gerichtliche Geltendmachung von Gewährleistungsansprüchen gegen den Bauträger, wenn er zugleich Miteigentümer ist (BayObLG, WE 1993, 27), oder die Einleitung eines Beweisverfahrens gegen ihn (BayObLG, 20.2.1978, 2 Z 5/77; OLG Köln, 10.12.1990, 16 Wx 134/90). In der Ausnutzung der Stimmenmehrheit kann ein nach §242 BGB unzulässiger Rechtsmissbrauch liegen, wenn ein Wohnungseigentümer zum Verwalter bestellt wird, mit dem als früherem Bauträger Streitigkeiten wegen Baumängeln bestehen. Denn als Verwalter ist er nach §27 Abs. 1 Nr. 2 WEG unter anderem dazu berufen, Maßnahmen zur ordnungsmäßigen Instandhaltung und Instandsetzung des gemeinschaftlichen Eigentums zu treffen. Dazu gehört auch die Beseitigung der Baumängel (BayObLG, 19.12.2001, 2Z BR 15/01; OLG München, 23.8.2006, 34 Wx 58/06).
- Einleitung eines Verfahrens auf Entziehung des Wohnungseigentums nach §18 WEG.
- Einleitung eines Rechtsstreits gegen bestimmte Eigentümer wegen Beseitigung von Verunreinigungen an der Fassade (LG München I, 6.12.2010, 1 S 11024/10).
- Sind mehrere Personen nur gemeinsam stimmberechtigt und ist einer von der Stimmrechtsausübung ausgeschlossen, so gilt das auch für die anderen Miteigentümer.

Keine Gründe für Stimmrechtsausschluss

- Bei Hausgeldrückständen (BGH, 10.12.2010, V ZR 60/10; 14.7.2017, V ZR 290/16): Ein Wohnungseigentümer, der mit der Zahlung von Beiträgen in Verzug ist, kann deswegen nicht von der Wohnungseigentümerversammlung ausgeschlossen werden; ihm kann auch nicht das Stimmrecht entzogen werden. Eine entsprechende Klausel in der Teilungserklärung ist nichtig.
- Abschluss eines Rechtsgeschäfts (Kaufvertrag, Werkvertrag etc.,) mit einer Gesellschaft, deren Kommanditist Wohnungseigentümer ist; hier Abschluss eines Wärmelieferungsvertrags mit einer GmbH & Co. KG. Ein Kommanditist ist nicht zur Vertretung der Gesellschaft berechtigt und haftet nur beschränkt. Es kann daher nicht von einer Beherrschung der Gesellschaft ausgegangen werden (BGH, 13.1.2017, V ZR 138/16).
- Kein Ausschluss des Verwalters von der Stimmrechtsausübung, wenn er einzelne Wohnungseigentümer bei der Beschlussfassung zu seiner Wiederbestellung vertritt (OLG Hamm, 20.7.2006, 15 W 142/05; OLG Köln, 18.11.2006, 16 Wx 165/06; OLG Hamburg, 16.7.2001, 2 Wx 116/00).
- Bestellung als Verwaltungsbeirat (BayObLG, WuM 1990, 322 und ZMR 2001, 996) sowie dessen Abberufung, soweit sie nicht aus wichtigem Grund erfolgt.

- Kann nach der Gemeinschaftsordnung die Nutzungsänderung eines zum Sondereigentum gehörenden Raums (hier: Keller) mit Mehrheit beschlossen werden, so ist der Wohnungseigentümer, dem dieses Sondereigentum zusteht, grundsätzlich nicht von der Beschlussfassung ausgeschlossen (BayObLG, 22.5.1997, 2Z BR 15/97).
- Beschluss über die Abrechnung, wenn der Verwalter auch Miteigentümer ist (BayObLG, 22.6.1995, 2Z BR 48/95, WE 1996, 234). Soweit der Verwalter in Ausübung ihm erteilter Vollmachten für die Genehmigung der Jahresabrechnung gestimmt hat, besteht kein Stimmrechtsausschluss (LG Hamburg, 11.5.2011, 318 S 171/10).
- Ein Stimmrechtsausschluss kann nicht allein aus dem Umstand abgeleitet werden, dass Wohnungseigentum an nahe Angehörige mit dem Ziel übertragen wird, sich weitere Stimmrechte (bei Kopfprinzip) in der Eigentümerversammlung zu sichern. Maßgeblich ist vielmehr, ob in der Ausnutzung der Stimmenmehrheit ein Rechtsmissbrauch zulasten der Minderheit liegt. Solcherart zustande gekommene Beschlüsse sind auf Antrag für ungültig zu erklären (OLG München, 23.8.2006, 34 Wx 58/06).
- Wenn ein Verwalter nicht selbst Wohnungseigentümer ist, sondern als Vertreter anderer Wohnungseigentümer auftritt und dabei über seine eigene Abberufung abstimmt, so geht es um die Ausübung des Stimmrechts der Miteigentümer und damit um deren Recht zur Mitgestaltung der Gemeinschaftsangelegenheiten. Der Verwalter ist deshalb weder durch §25 Abs. 5 WEG noch durch den allgemeinen Rechtsgedanken, wonach das Mitglied einer Personenvereinigung nicht an der Entscheidung über Maßnahmen beteiligt sein soll, die die Gemeinschaft ihm gegenüber aus wichtigem Grund vornehmen will, gehindert, an einer solchen Beschlussfassung mitzuwirken (OLG München, 15.9.2010, 32 Wx 16/10; a.A. LG Köln, 7.7.2016, 29 S 180/15).
- Von dem Stimmrechtsverbot nach §25 Abs. 5 Alt. 2 WEG werden nur Abstimmungen über Beschlussgegenstände erfasst, die verfahrensrechtliche Maßnahmen betreffen, worunter insbesondere Beschlüsse über die Einleitung des Rechtsstreits, die Art und Weise der Prozessführung und die Frage der verfahrensrechtlichen Beendigung fallen; dass eine Beschlussfassung Auswirkungen auf den Rechtsstreit in materiell-rechtlicher Hinsicht hat oder haben kann, genügt nicht (BGH, 14.10.2011, V ZR 56/11).
- Der Umstand, dass Eigentumswohnungen nicht errichtet wurden, führt nicht dazu, dass das Sondereigentum nicht wirksam entstanden und den Inhabern dieses Sondereigentums die hiermit verbundenen Rechte nicht zustehen würden, sie insbesondere von der Mitwirkung und Abstimmung in der Eigentümerversammlung ausgeschlossen wären (LG München I, 15.3.2017, 1 S 10106/16).

Selbst wenn ein Eigentümer wegen §25 Abs. 5 WEG kein Stimmrecht besitzt, schließt das nicht sein Teilnahme-, Rede- und Antragsrecht bei der Versammlung aus. Er ist auch berechtigt, die ohne seine Mitwirkung gefassten Beschlüsse gerichtlich anzufechten. Der ausgeschlossene Miteigentümer kann einen formellen Mangel, zum Beispiel den Verstoß gegen den Grundsatz der

Nichtöffentlichkeit, auch nach erfolgtem Stimmrechtsausschluss rügen (LG Frankfurt/Main, 21.9.2011, 2-13 S 118/10).

Die Beteiligung an einer Abstimmung durch nicht stimmberechtigte Personen führt grundsätzlich zur Anfechtbarkeit des entsprechenden Beschlusses, die jedoch nur bei Kausalität der Abgabe der Stimmen für das Beschlussergebnis durchgreift (AG Essen-Steele, 27.10.2014, 21 C 51/13).

Soweit ein Wohnungseigentümer von seinem Stimmrecht ausgeschlossen ist, kann er auch keine dritte Person mit der Ausübung seines Stimmrechts bevollmächtigen. Ist ein Wohnungseigentümer von einem Stimmverbot betroffen, ist er umgekehrt grundsätzlich nicht befugt, einen anderen Wohnungseigentümer zu vertreten (AG Essen-Steele, 27.10.2014, 21 C 51/13).

Sind Ehegatten Miteigentümer eines Wohnungseigentums nach Bruchteilen oder in Gütergemeinschaft und ist einer von ihnen nicht stimmberechtigt, so wirkt der Ausschluss auch gegen den anderen (vgl. BayObLG, 15.10.1992, 2Z BR 75/92, NJW-RR 1993, 206).

Wirkt ein Eigentümer, der eigentlich von seinem Stimmrecht ausgeschlossen ist, dennoch an der Beschlussfassung mit, darf die Stimme nicht gezählt werden. Übersieht der Verwalter dies, so ist der Beschluss zunächst nicht nichtig, aber auf Anfechtung für ungültig zu erklären, wenn ohne die Stimme des Ausgeschlossenen keine Mehrheit zustande gekommen wäre.

Verhält es sich jedoch umgekehrt, und zwar dass einzelne Wohnungseigentümer zu Unrecht von der Beschlussfassung ausgeschlossen werden, so sind diese Beschlüsse im Fall der Anfechtung für ungültig zu erklären, da ein formeller Mangel vorliegt (BGH, 14.7.2017, V ZR 290/16). Dies gilt unabhängig von der Frage, ob sich die Stimmrechtsausübung des Ausgeschlossenen auf das Beschlussergebnis ausgewirkt hätte oder nicht.

Durch Vereinbarung kann eine Beschränkung des Stimmrechts dahingehend erfolgen, dass zur Vertretung in der Eigentümerversammlung nur bestimmte Personen ermächtigt werden können. Dies lässt sich auf den Grundsatz der Nichtöffentlichkeit der Versammlung zurückführen. Insbesondere kommt hier ein Ausschluss des Mieters als Vertretungsberechtigter in Betracht. Ein mehrheitlicher Beschluss reicht für die Beschränkung des Stimmrechts allerdings nicht aus und wäre als gesetzesändernder Mehrheitsbeschluss nichtig.

1.3.7 Was bedeutet »Ruhen des Stimmrechts«?

Von einem »ruhenden Stimmrecht« spricht man, wenn der Wohnungseigentümer aus bestimmten Gründen nicht nur punktuell bei einem Beschlussgegenstand, sondern generell bei allen Beschlussfassungen nicht stimmberechtigt ist. Gesetzlich geregelt ist dieser Fall in §25 Abs. 5 Alt. 3 WEG, wonach der gemäß §18 WEG (Entziehung des Eigentums) rechtskräftig verurteilte Wohnungseigentümer sein Stimmrecht verliert.

Neben der gesetzlichen Regelung des §25 Abs. 5 WEG über Stimmrechtsausschlüsse kann auch in der Teilungserklärung oder Gemeinschaftsordnung für bestimmte Fälle das Ruhen des Stimmrechts vereinbart werden. Hierbei muss die Vereinbarung allerdings der Bedeutung des Stimmrechts für den einzelnen Wohnungseigentümer Rechnung tragen. Derartige Vereinbarungen müssen hinreichend konkret gefasst sein, damit sich die Eigentümer darauf einstellen können. Dies kommt in Betracht, wenn sich ein Wohnungseigentümer einer ernsthaften Verletzung der ihm obliegenden Pflichten schuldig macht. Nach früherer Ansicht war dies der Fall, wenn ein Wohnungseigentümer seiner Verpflichtung zur Zahlung des Hausgeldes in erheblichem Umfang schuldhaft nicht nachgekommen ist. Nach neuerer Ansicht (BGH, 10.12.2010, V ZR 60/10) ist eine Regelung in der Teilungserklärung/Gemeinschaftsordnung, die einen Wohnungseigentümer bei Hausgeldschulden von seinem Stimmrecht ausschließt, gemäß §134 BGB nichtig, da damit in den Kernbereich elementarer Mitgliedschaftsrechte eingegriffen wird.

1.4 Checkliste zum Stimmrecht

Wer ist Inhaber des Stimmrechts?

- Der aktuell im Grundbuch eingetragene Wohnungseigentümer
- Der werdende Eigentümer bei Ersterwerb; nicht bei Zweiterwerb
- Neben dem jeweiligen Wohnungseigentümer: der Zwangsverwalter
- Anstelle des jeweiligen Wohnungseigentümers: der Nachlassverwalter, Insolvenzverwalter oder Testamentsvollstrecker

Kein Stimmrecht haben: Grundschuld- und Hypothekengläubiger, Nießbraucher, Mieter oder Pächter.

Wer darf das Stimmrecht bei mehreren Berechtigten ausüben?
Sind mehrere Personen gemeinsam Eigentümer einer Wohnungseinheit, so können diese ihr Stimmrecht nur gemeinschaftlich ausüben, da ihnen nur eine Stimme zusteht.

Welches Stimmprinzip gilt?
Es wird unterschieden zwischen dem gesetzlich vorgesehenen Kopfprinzip, dem Wertprinzip und dem Objektprinzip. Das Kopfprinzip kann durch Vereinbarung in der Teilungserklärung abbedungen werden. Daher ist vor einer Eigentümerversammlung dringend zu klären, welches Stimmprinzip in der jeweiligen Wohnungseigentümergemeinschaft gilt. Achtung: Bei Abstimmungen über die Verteilung von Kosten einer Instandhaltungs- oder Instandsetzungsmaßnahme, einer Modernisierung und einer baulichen Veränderung nach §16 Abs. 4 WEG und Modernisierungen des gemeinschaftlichen Eigentums oder dessen Anpassung an den Stand der Technik nach §22 Abs. 2 WEG ist immer zwingend das Kopfprinzip anzuwenden.

Liegen Stimmrechtsausschlüsse vor?
Einzelne Wohnungseigentümer können vom Stimmrecht ausgeschlossen sein bzw. ihr Stimmrecht kann ruhen. Diese Eigentümer dürfen zwar an der Versammlung teilnehmen und ihr Rede- und Antragsrecht wahrnehmen, aber nicht mit abstimmen. Vor jedem Abstimmungsvorgang hat der Versammlungsleiter daher zu überprüfen, ob für die konkrete Beschlussfassung Stimmrechtsausschlüsse vorliegen.

Was passiert, wenn beim Stimmrechtsausschluss Fehler gemacht werden?

- Ein Eigentümer ist mit seinem Stimmrecht ausgeschlossen, wirkt aber dennoch an der Beschlussfassung mit. Die Folge: Der Beschluss ist nicht nichtig, aber anfechtbar und für ungültig zu erklären, wenn sich die Stimme auf das Beschlussergebnis ausgewirkt hat.
- Ein Eigentümer wird irrtümlich von der Stimmrechtsausübung ausgeschlossen. Die Folge: Der Beschluss ist anfechtbar und unabhängig von der Frage, ob sich der Stimmrechtsausschluss auf das Beschlussergebnis ausgewirkt hat, für ungültig zu erklären.

Was passiert bei Stimmrechtsmissbrauch?
Liegt eine Majorisierung vor – das heißt, ein Mehrheitseigentümer missbraucht seine Stimmenmehrheit rechtswidrig, um einen für ihn vorteilhaften Beschluss herbeizuführen –, kann dieser Beschluss binnen Monatsfrist gerichtlich angefochten werden.

1.5 Regelungen zur Vertretung in der Eigentümerversammlung

Jeder Wohnungseigentümer ist berechtigt, sich durch eine frei wählbare dritte Person bei der Eigentümerversammlung vertreten zu lassen. Handelt es sich bei der Person des Vertretenen um einen Geschäftsunfähigen oder Minderjährigen, ist die Vertretung durch den Betreuer gemäß §1902 BGB bzw. durch die Eltern gemäß §1626, 1629 BGB bereits gesetzlich angeordnet. Minderjährige können ihr Stimmrecht nur dann selbst ausüben, wenn der Beschluss für sie lediglich rechtlich vorteilhaft ist (§107 BGB).

Bei juristischen Personen wie der Aktiengesellschaft und der Gesellschaft mit beschränkter Haftung vertritt der gesetzliche Vertreter gemäß §78 AktG, §35 GmbHG die Gesellschaft, bei Personengesellschaften wie der KG, OHG und GbR der vertretungsberechtigte Gesellschafter oder ein Prokurist, der seine Vollmacht nachweist. Sind mehrere Personen zur Vertretung der Gesellschaft berechtigt, gilt auch hier, dass das Stimmrecht nur einheitlich ausgeübt werden kann.

Liegt keine gesetzliche, sondern eine gewillkürte Stellvertretung vor, so kann, wenn die Gemeinschaftsordnung keine diesbezügliche Vereinbarung enthält, die Person des Vertreters frei gewählt werden. Als Vertreter können zum Beispiel bestimmt werden: der Ehegatte, der Verwalter, ein Mitglied des Verwaltungsbeirats oder sonstige Miteigentümer; Rechtsanwälte, Steuerberater, Vermögensverwalter; sogar Mieter können bevollmächtigt werden, wobei dies nicht empfehlenswert ist, da oft Interessenkollisionen vorliegen.

Ein Wohnungseigentümer kann sich bei der Ausübung seines Stimmrechts auch durch mehrere Bevollmächtigte vertreten lassen. Diese können jedoch nur einheitlich abstimmen, wenn sie gleichzeitig in der Versammlung anwesend sind (BGH, 30.3.2012, V ZR 178/11).

Ist ein Wohnungseigentümer mit seinem Stimmrecht ausgeschlossen, kann dies nicht durch eine Vertretung umgangen werden. Der Vertreter hat nur die Rechte, die er von dem Vertretenen ableitet (BGH, 6.12.2013, V ZR 85/13).

Ein Eigentümerbeschluss, durch den der Vertreter von der Teilnahme an der Versammlung ausgeschlossen wurde, ist als sogenannter Geschäftsordnungsbeschluss nicht anfechtbar. Jedoch kann der Ausschluss die Anfechtbarkeit der in der Versammlung gefassten Beschlüsse begründen, wenn er zu Unrecht erfolgte und nicht ausgeschlossen werden kann, dass diese auch ohne den Ausschluss zustande gekommen wären.

Macht der Vertreter eines Wohnungseigentümers in der Eigentümerversammlung von der Stimmrechtsvollmacht keinen Gebrauch, kann der Auftraggeber daraus weder Anfechtungs- noch Nichtigkeitsgründe hinsichtlich eines gegen seinen Willen zustande gekommenen Eigentümerbeschlusses herleiten (KG Berlin, 8.1.1997, 24 W 4957/96).

1.5.1 Wann gelten Vertretungsbeschränkungen?

Durch eine Vereinbarung der Wohnungseigentümer in der Gemeinschaftsordnung (GO) kann das Recht, eine andere Person zur Ausübung des Stimmrechts zu bevollmächtigen, beschränkt werden.

Eine Regelung, die vorsieht, dass eine Vertretung bei der Ausübung des Stimmrechts nur durch

- Ehegatten,
- andere Wohnungseigentümer oder
- den Verwalter

stattfinden kann, ist zulässig (BayObLG, 10.8.2000, 2Z BR 36/00, NZM 2001, 296; nach OLG Köln, 8.12.2003, 16 Wx 200/03, ZMR 2004, 378 gilt dies auch für den Lebensgefährten, wenn die nichteheliche Lebensgemeinschaft unstreitig und evident sowie auf Dauer angelegt ist und durch gemeinsame Kinder als ehegleiches Verhältnis nach außen dokumentiert wird).

Hiervon ist dann nicht nur die Stimmabgabe, sondern jede aktive Beteiligung betroffen (BGH, 29.1.1993, V ZB 24/92). Vertretungsbeschränkungen sind bedeutungslos, wenn die Stimmabgabe eines Vertreters in der Versammlung weder von den Miteigentümern noch vom Versammlungsleiter beanstandet wird (KG Berlin, 20.7.1994, 24 W 3942/94, ZMR 1994, 525; OLG Frankfurt/Main, DWE 1994, 162). Darüber hinaus unterliegen Eigentümerbeschlüsse nicht deshalb der Aufhebung wegen formaler Mängel der Beschlussfassung, weil der Verwalter mit der Einladung Stimmrechtsvollmachten verschickt hat, ohne darauf hinzuweisen, dass nach der Teilungserklärung nur ein bestimmter Personenkreis bevollmächtigt werden darf, und ein Wohnungseigentümer in Unkenntnis der Teilungserklärung einen Dritten bevollmächtigt hat, der dann vom Verwalter von der Stimmabgabe ausgeschlossen wird.

Ist ein Wohnungseigentümer mit seinem Stimmrecht ausgeschlossen, kann dies nicht durch eine Vertretung umgangen werden. Der Vertreter hat nur die Rechte, die er von dem Vertretenen ableitet. Ein Stimmrechtsverbot des Vertreters ergibt sich aus § 25 Abs. 5 WEG dann, wenn er selbst Miteigentümer und von der Stimmrechtsausübung ausgeschlossen ist.

Wird dem Verwalter die Vollmacht erteilt, ist das Selbstkontrahierungsverbot des § 181 BGB zu beachten. Vom »Selbstkontrahieren« spricht man, wenn jemand als Vertreter eines anderen im eigenen Namen mit sich selbst oder im Namen eines von ihm vertretenen Dritten ein Rechtsgeschäft abschließt. Wenn der Verwalter nicht von § 181 BGB befreit ist, ist er bei Beschlussfassungen über die Abrechnung, die Entlastung, die Kündigung des Verwaltervertrags und andere mit ihm abzuschließende Rechtsgeschäfte ausgeschlossen.

1.5.2 Wer benötigt eine Vollmacht und wie muss sie aussehen?

Dem Vertreter ist eine Vollmacht zu erteilen. Dies kann grundsätzlich formfrei erfolgen, also auch mündlich. Ist der Verwalter von der mündlich erteilten Vollmacht überzeugt, kann er den Vertreter zulassen. Erhebt ein Miteigentümer Einwände, so sollte der Verwalter über die Teilnahme des Vertreters an der Versammlung durch Geschäftsordnungsbeschluss abstimmen lassen. In der Gemeinschaftsordnung kann vereinbart werden, dass im Fall der Vertretung eine schriftliche Vollmacht vorgelegt und diese zu den Akten des Verwalters übergeben werden muss. Die Übergabe der Vollmacht zu den Akten kann hierbei als Voraussetzung für die Ausübung des Stimmrechts erachtet werden (OLG München, 1.12.2005, 32 Wx 093/05).

Ist die Vertretung eines Wohnungseigentümers in der Wohnungseigentümerversammlung nach der Gemeinschaftsordnung nur mit dessen schriftlicher Vollmacht zulässig, muss die Vollmacht im Original bei jeder Versammlung vorgelegt werden. Dies gilt auch bei einer sogenannten Dauervollmacht. Haben die Wohnungseigentümer und der Verwaltungsbeirat die Vertretung eines Wohnungseigentümers durch einen Bevollmächtigten seit fast fünf Jahren auch ohne Vorlage einer Originalvollmacht hingenommen, obwohl dies der Regelung der Teilungserklärung zur Vertretung eines Eigentümers in der Eigentümerversammlung widerspricht, darf die Gemeinschaft von der bisherigen Handhabung nur abweichen, wenn gewährleistet ist, dass der betroffene Wohnungseigentümer rechtzeitig für seine ordnungsgemäße Vertretung sorgen kann. Anderenfalls ist der Vertreter nach Treu und Glauben zur Teilnahme an der Versammlung zuzulassen (LG Mainz, 15.8.2011, 306 T 129/08; AG Moers, 28.1.2011, 564 C 41/09).

Sieht die Vereinbarung in der Gemeinschaftsordnung vor, dass die Vollmacht in Schriftform vorzulegen ist, bedeutet das, dass die eigenhändige Unterzeichnung des Vollmachtgebers erforderlich ist. Ein Telegramm, eine E-Mail oder ein Fax reichen dann nicht aus. Kann der Vertreter seine Bevollmächtigung nicht durch Vorlage einer Originalvollmachtsurkunde nachweisen und ist der Verwalter von der Bevollmächtigung nicht überzeugt, so kann der Verwalter dessen Stimme zurückweisen (OLG Düsseldorf, 9.7.2003, I-3 Wx 119/03). Dies kann auch durch den Widerspruch eines einzelnen Eigentümers erfolgen. Die abgegebene Stimme hat bei der Feststellung des Beschlussergebnisses dann unberücksichtigt zu bleiben. Wird in einer Wohnungseigentümerversammlung der versammlungsleitende Verwalter durch eine Direktbevollmächtigung des Mehrheitseigentümers tätig und wird von anderen Wohnungseigentümern mit Blick auf § 174 Satz 1 BGB die Stimmabgabe für den Mehrheitseigentümer mangels Nachweises der Bevollmächtigung durch Vorlage eines Originals der Vollmachtsurkunde zurückgewiesen, ist für die Wirksamkeit des Beschlusses unerheblich, ob die direkt erteilte Innenvollmacht auch tatsächlich bestand.

Entscheidend ist, dass die Stimmabgabe durch den Versammlungsleiter für den Mehrheitseigentümer mangels hinreichenden Nachweises der Bevollmächtigung von den übrigen Wohnungseigentümern zurückgewiesen wurde. Das gilt insbesondere dann, wenn die übrigen Wohnungseigentümer nicht nur eine Vorlage der Originalvollmacht verlangen, sondern nach Vorlage der Kopie auch erklärt haben, eine Überprüfung der wirksamen Bevollmächtigung mangels Vorlage des Originals sei nicht möglich (LG Landau, 24.6.2013, 3 S 177/12). Die einem Wohnungseigentümer von einem Miteigentümer erteilte Vollmacht, ihn in allen künftigen Wohnungseigentümerversammlungen bis auf Widerruf zu vertreten, kann sowohl gegenüber dem Bevollmächtigten als auch dem Dritten, dem gegenüber sie besteht, das heißt der Eigentümerversammlung, wirksam widerrufen werden. Die Widerrufserklärung kann ausdrücklich oder durch schlüssiges Verhalten, etwa durch Bestellung eines neuen Bevollmächtigten, erklärt werden. Erteilt der Wohnungseigentümer dem Verwalter eine speziell auf eine bestimmte Eigentümerversammlung bezogene Vollmacht, erlischt die einem Miteigentümer generell bis auf Widerruf erteilte Vollmacht, soweit sie sich auf die konkrete Versammlung erstreckt (OLG Hamburg, 28.1.2005, 2 Wx 44/04).

Die Vollmacht sollte klar erkennen lassen, welchen Umfang sie zeitlich und inhaltlich hat. Dabei kann bestimmt werden, ob die Bevollmächtigung im Hinblick auf einzelne Tagesordnungspunkte, die ganze Versammlung oder als sogenannte Dauervollmacht, also auch für alle künftigen Versammlungen, vorliegt. In der Vollmacht können zudem bestimmte Weisungen aufgenommen werden, wie der Vertreter zu stimmen hat. Enthält sie keine ausdrücklichen Weisungen, ist davon auszugehen, dass sich die Vollmacht auf alle auf der Tagesordnung genannten Punkte erstreckt. Die Vollmacht umfasst üblicherweise nicht nur das Stimmrecht, sondern gibt dem Vertreter auch ein Rede- und Antragsrecht.

Der Verwaltungsbeirat und jeder einzelne Wohnungseigentümer ist berechtigt, Einblick in die zur Eigentümerversammlung dem Verwalter erteilten

Vollmachten zu nehmen (OLG München, 31.10.2007, 34 Wx 60/07) und ggf. zu überprüfen, ob Beschlussfähigkeit und eine ordnungsgemäße Abstimmung gegeben sind.

!

Achtung: Originalvollmachtsurkunde

Vollmachten sollten immer schriftlich und klar verständlich erteilt werden. Ist der Verwalter von der mündlich erteilten Vollmacht überzeugt, kann er den Vertreter zulassen. Erhebt ein Miteigentümer Einwände, so sollte der Verwalter über die Teilnahme des Vertreters an der Versammlung durch Geschäftsordnungsbeschluss abstimmen lassen.
Kann der Vertreter seine Bevollmächtigung nicht durch Vorlage einer Originalvollmachtsurkunde nachweisen und ist der Verwalter von der Bevollmächtigung nicht überzeugt, so kann der Verwalter dessen Stimme zurückweisen (OLG Düsseldorf, 9.7.2003, I-3 Wx 119/03, ZMR 2004, 53). Dies kann auch durch den Widerspruch eines einzelnen Eigentümers erfolgen. Die abgegebene Stimme hat bei der Feststellung des Beschlussergebnisses unberücksichtigt zu bleiben (Merle, ZWE 2007, 125, 132).
In Zweifelsfällen ist dem Verwalter anzuraten, immer über die Zulassung oder den Ausschluss eines Vertreters durch Geschäftsordnungsbeschluss abstimmen zu lassen.

Es besteht die Möglichkeit, dass der Vertreter eine Untervollmacht erteilt. Dies ist grundsätzlich zulässig, wenn die Gemeinschaftsordnung keine abweichende Regelung enthält. Mangels anderweitiger Bestimmung in der Gemeinschaftsordnung oder in der Vollmacht kann der Verwalter für ihm erteilte Abstimmungsvollmachten Untervollmachten erteilen, soweit er damit nicht Weisungen über die Stimmrechtsausübung verbindet (BayObLG, 5.4.1990, BReg 2 Z 14/90). Ob jedoch aus der Vollmachtsurkunde ersichtlich sein muss, dass die Unterbevollmächtigung gestattet oder generell zulässig ist, wird in der Rechtsprechung nicht einheitlich beurteilt. Im Einzelfall wird dies durch Auslegung zu ermitteln sein, wobei der höchstpersönliche Charakter einer Vollmacht meist zu einer Verneinung der Berechtigung zur Erteilung einer Untervollmacht führen wird.

Sieht die Gemeinschaftsordnung eine begrenzte Anzahl von Vertretungsmöglichkeiten vor, so muss die Erteilung einer Untervollmacht jedenfalls gestattet werden, weil ansonsten das Stimmrecht des bevollmächtigenden Eigentümers in der Versammlung verlorengehen würde, wenn einem Eigentümer mehr Vollmachten erteilt werden, als nach der Vereinbarung zulässig wäre.

Ist ein Wohnungseigentümer mit seinem Stimmrecht ausgeschlossen (siehe Kapitel 1.3.5 und 1.3.6), kann dies nicht durch eine Vertretung umgangen werden. Der Vertreter hat nur die Rechte, die er von dem Vertretenen ableitet.

Ein Stimmrechtsverbot des Vertreters selbst ergibt sich aus §25 Abs. 5 WEG dann, wenn er selbst Miteigentümer und von der Stimmrechtsausübung ausgeschlossen ist. Uneinheitlich wird die Frage beantwortet, ob der vom Stimmrecht ausgeschlossene Wohnungseigentümer ihm erteilte Vollmachten weitergeben, also eine Untervollmacht erteilen kann. Nach einer Ansicht (BayObLG, 5.4.1990, BReg 2 Z 14/90, NJW-RR 1990, 784, NZM 1998, 668) soll der Bevollmächtigte, wenn sich aus der Vollmacht oder entsprechenden Regelungen in der Vereinbarung der Wohnungseigentümer nicht ausdrücklich etwas anderes ergibt, berechtigt sein, eine Untervollmacht zu geben, soweit er dem Unterbevollmächtigten nicht Weisungen über die Stimmrechtsausübung erteilt. Nach anderer Ansicht (OLG Zweibrücken, 14.5.1998, 3 W 40/98, WE 1998, 504) soll der Bevollmächtigte nur dann eine Untervollmacht erteilen können, wenn ihm dies ausdrücklich gestattet ist.

Die Untervollmacht darf jedenfalls nicht mit Weisungen über das Abstimmungsverhalten verbunden werden, da sich ansonsten der in der Person des Vertreters bestehende Interessenkonflikt in der Person des von ihm bestimmten Unterbevollmächtigten fortsetzen würde und der Stimmrechtsausschluss auf diese Weise umgangen werden würde.

Wird dem Verwalter die Vollmacht erteilt, ist das Selbstkontrahierungsverbot des §181 BGB zu beachten. Vom »Selbstkontrahieren« spricht man, wenn jemand als Vertreter eines anderen im eigenen Namen mit sich selbst oder im Namen eines von ihm selbst gleichfalls vertretenen Dritten ein Rechtsgeschäft abschließt.

MUSTER: Vollmacht

ARBEITSHILFE ONLINE

Vollmacht

Zur Vertretung meiner/unserer Rechte, insbesondere der Ausübung meines/unseres Stimmrechts bei der Eigentümerversammlung der Wohnungseigentümergemeinschaft Tannstr. 100, 80123 München

am Donnerstag, 8.5.2018 um 18.00 Uhr in den Nebenräumen
der Gaststätte »Zur Eiche«, Tannstraße 1, 80123 München,

bevollmächtige(n) ich/wir ....
Herrn/Frau ....,
das Mitglied des Verwaltungsbeirats
Frau Isolde Müller, Müllerstraße 1, 80234 München
Herrn Balduin Maier, Tannstraße 100, 80123 München
Herrn Eduard Stein, Tannstraße 100, 80123 München

oder
den Verwalter.

Mir/uns gehören folgende Einheiten:
Wohnung: ....
Garage: ....

Diese Vollmacht schließt das Recht zur Erteilung von Untervollmachten ausdrücklich ein/aus.

Ich/wir erteile(n) folgende Weisung(en):
....
....

....
[Ort, Datum]

....
[Unterschrift]

1.6 Checkliste zur Vertretung

Wer darf einen Wohnungseigentümer in der Versammlung vertreten?
Die Person des Vertreters darf frei gewählt werden, es sei denn, die Gemeinschaftsordnung sieht hierfür Einschränkungen vor, zum Beispiel Vertretung nur durch Miteigentümer, bestimmte Familienangehörige oder Ehegatten.

Achtung! In aller Regel empfiehlt es sich nicht, zum Beispiel den Mieter oder den Hausmeister mit der Stimmrechtsausübung zu betrauen, weil hierbei oftmals Interessenkollisionen gegeben sind.

Wie muss der Vertreter seine Vertretungsberechtigung nachweisen?
Eine Vollmacht, die den Vertreter eines Wohnungseigentümers berechtigt, dessen Rechte und Pflichten in der Eigentümerversammlung wahrzunehmen, kann grundsätzlich formfrei, also auch mündlich erteilt werden. Bestehen allerdings Zweifel an der Vertretungsberechtigung, so kann der Versammlungsvorsitzende oder die Eigentümerversammlung verlangen, dass der Vertreter seine Berechtigung nachweist. Dies kann er in der Regel nur durch eine schriftliche Vollmacht.

Was passiert, wenn der Vertreter keine Vollmacht vorlegt?
Wenn berechtigte Zweifel über das tatsächliche Vorliegen einer Bevollmächtigung vorliegen, kann der Versammlungsvorsitzende über die Teilnahme des Vertreters an der Versammlung durch Geschäftsordnungsbeschluss abstimmen lassen.

Welchen Inhalt muss eine Vollmacht haben?
Aus der Vollmachtsurkunde muss die Person des Vertretenen und des Vertreters hervorgehen.

Die Vollmacht kann zeitlich, zum Beispiel auf eine bestimmte Versammlung, sowie inhaltlich beschränkt werden. So kann das Stimmrecht auf den Vertreter auch nur für einzelne Tagesordnungspunkte übertragen werden. Außerdem kann die Vollmacht bestimmte Weisungen enthalten, an diese sich der Vertreter zu halten hat.

Welche Rechte hat der Vertreter?
Der Vertreter hat alle Rechte und Pflichten, die der Wohnungseigentümer selbst auch hätte. Er darf nicht vom Stimmrecht, sondern auch vom Rede- und Antragsrecht in der Eigentümerversammlung Gebrauch machen. Ist der Wohnungseigentümer von seinem Stimmrecht ausgeschlossen, dann ist auch der Vertreter hiervon ausgeschlossen.

1.7 Teilnahme Dritter an der Versammlung

Lässt die Gemeinschaftsordnung nicht ausdrücklich die Teilnahme dritter Personen an der Eigentümerversammlung zu, so sind außenstehende Dritte und Berater regelmäßig wegen des Grundsatzes der Nichtöffentlichkeit der Versammlung ausgeschlossen. Die Wohnungseigentümer haben ein schutzwürdiges Interesse daran, fremden Einfluss von der Versammlung fernzuhalten und dass interne Angelegenheiten nicht in die Öffentlichkeit getragen werden (BGH, 29.1.1993, V ZB 24/92; BayObLG, 16.5.2002, 2Z BR 32/02; OLG Frankfurt/Main, 7.4.1995, 20 W 16/95). Es ist jedoch zulässig, dass sich Wohnungseigentümer von Dritten vertreten lassen. Der Vertretene selbst hat dann der Versammlung fernzubleiben.

Liegt eine Vereinbarung vor, so ist deren Einhaltung vom Verwalter zwingend zu überprüfen, zudem ist er verpflichtet, im Rahmen seines Hausrechts Dritte von der Versammlung auszuschließen. Besteht keine Vereinbarung in der Gemeinschaftsordnung, so kann der Verwalter den Ausschluss von der Versammlung vornehmen oder die Wohnungseigentümergemeinschaft kann durch einen Antrag zur Geschäftsordnung entscheiden, ob die Teilnahme geduldet wird oder ob die dritte Person die Versammlung verlassen muss. Wenn sämtliche Wohnungseigentümer mit der Teilnahme einverstanden sind, dürfen Gäste bei der Versammlung anwesend sein (OLG Köln, 22.6.2009, 16 Wx 266/08).

ARBEITSHILFE ONLINE

MUSTER: Antrag auf Ausschluss einer dritten Person von der Versammlung

Es wird folgender Antrag gestellt: Der Besucher A/der Rechtsanwalt B/die dritte Person C wird wegen des Grundsatzes der Nichtöffentlichkeit der Eigentümerversammlung von der weiteren Durchführung der Versammlung ausgeschlossen und des Saales verwiesen.

Wird der Beschluss dahingehend gefasst, dass der Externe der Versammlung nicht beiwohnen darf, so hat der Versammlungsleiter dafür zu sorgen, dass dieser die Versammlung verlässt. Gegen solch einen Geschäftsordnungsbeschluss gibt es keinen Rechtsschutz, das heißt, er ist nicht anfechtbar. Ein Beschluss, der die grundsätzliche Teilnahme von Mietern an der Eigentümerversammlung zulässt, ist jedoch anfechtbar (AG Bochum, 30.10.2008, C 26/08).

Ein Ausschluss ist dann nicht möglich, wenn ein berechtigtes Interesse des Wohnungseigentümers an der Teilnahme der dritten Person besteht. Ob ein berechtigtes Interesse vorliegt, ist im Einzelfall nach Treu und Glauben und unter Abwägung der Interessen des einzelnen Wohnungseigentümers gegenüber den Interessen der restlichen Wohnungseigentümer auf Ausschluss der Öffentlichkeit zu beurteilen (BGH, 29.1.1993, V ZB 24/92, NJW 1993, 1329; BayObLG, 16.5.2002, 2 Z BR 32/02, ZMR 2002, 844).

!

Beispiel: Berechtigtes Interesse

Ein berechtigtes Interesse des Wohnungseigentümers kann sich aus einem in der Person des Eigentümers liegenden Umstand ergeben: etwa aus hohem Alter, geistiger Gebrechlichkeit, Krankheit oder dem besonderen Schwierigkeitsgrad der in der Tagesordnung angekündigten Beschlussgegenstände. Ein Ausländer hat zum Beispiel ein berechtigtes Interesse daran, einen Dolmetscher mitzubringen (BayObLG, 16.5.2002, 2 Z BR 32/02, ZMR 2002, 844; BGH, 29.1.1993, V ZB 24/92; AG Wiesbaden, 27.7.2012, 92 C 217/11). Dem Dolmetscher ist es jedoch untersagt, eigene Redebeiträge zu leisten oder seine persönliche Meinung einzubringen.

Die Teilnahme eines Rechtsanwalts als Berater eines Wohnungseigentümers ist im Normalfall unzulässig (BayObLG, 16.5.2002, 2 Z BR 32/02, ZMR 2002, 844) und wird, selbst bei älteren Wohnungseigentümern, regelmäßig abgelehnt, wenn nicht ein besonderer Umstand hinzukommt, zum Beispiel die besondere Schwierigkeit der Beratungsgegenstände. Dem Wohnungseigentümer kann zugemutet werden, dass er bei Bedarf bereits im Vorfeld der Wohnungseigentümerversammlung fachlichen Rat von einem Dritten einholt. Sofern der Berater durch Redebeiträge auf die übrigen Wohnungseigentümer Einfluss nehmen oder in sonstiger Weise die Interessen eines einzelnen Eigentümers in der Diskussion vertreten soll, kann der Eigentümer dem Berater Stimmvollmacht erteilen und ihm damit Zugang zur Versammlung verschaffen (AG Rosenheim, 9.9.2014, 12 C 322/14). Allerdings muss dann der Eigentümer selbst den Versammlungsraum verlassen. Die Vertretung durch einen Berater kann unzulässig sein, wenn die Gemeinschaftsordnung eine sogenannte Vertreterklausel vorsieht, nach der nur bestimmte Personen zur Vertretung berechtigt sein sollen, zum Beispiel Ehegatten, andere Eigentümer oder der Verwalter.

Tipp: Umgang mit Beratern !

Der allgemeine Ausschluss von Beratern einzelner Miteigentümer ist oftmals nicht sachgerecht. Kompetente Berater können durch das Erteilen von Informationen und die Mitwirkung in den Diskussionen durchaus nützlich und daher für den zu entscheidenden Gegenstand dienlich sein. Solange daher keine Störungen zu erwarten sind, sollte ein Berater zunächst stillschweigend oder durch Geschäftsordnungsbeschluss zugelassen werden. Ein späterer Ausschluss, wenn der Berater die Versammlung stört oder ein Eigentümer ihn beantragt, ist immer noch möglich. Weigert sich ein Verwalter von vornherein, einen Berater zuzulassen, so kann der betreffende Eigentümer beantragen, dass ein Geschäftsordnungsbeschluss herbeigeführt wird, der entscheidet, ob der Berater zugelassen oder ausgeschlossen wird. Entscheidet sich die Eigentümerversammlung durch Geschäftsordnungsbeschluss für den Ausschluss des Beraters, so kann ihn der jeweilige Miteigentümer mit seiner Vertretung beauftragen. Der Berater übt dann das Stimmrecht aus, der jeweilige Eigentümer muss jedoch die Versammlung verlassen.

Die Zerstrittenheit einzelner Eigentümer in der Wohnungseigentümergemeinschaft allein begründet noch kein berechtigtes Interesse an der Zuziehung eines Rechtsbeistands (OLG Hamm, 28.10.2003, 15 W 203/02, NZM 2005, 185).

Dem Mitglied eines Verwaltungsbeirats, das nicht zugleich Wohnungseigentümer ist, steht ein Anwesenheitsrecht in der Eigentümerversammlung jedenfalls in dem Umfang zu, in dem der Aufgabenbereich des Verwaltungsbeirats betroffen ist (OLG Hamm, ZMR 2007, 133).

Eine Ausnahme bei der Teilnahme dritter Personen lässt die Rechtsprechung im Hinblick auf Mitarbeiter des Verwalters oder einen ihn beratenden Dritten zu: Die Anwesenheit von Mitarbeitern der Verwaltung ist zulässig (vgl. BayObLG, 11.4.2001, 2 Z BR 27/01, ZWE 2001, 490; KG Berlin, 15.9.2000, 24 W 3301/00, ZWE 2001, 75), denn sie sind zum einen im Rahmen ihres Arbeitsverhältnisses zu Verschwiegenheit verpflichtet und zum anderen zum Führen einer ordnungsgemäßen Verwaltung insbesondere bei größeren Verwaltungsbüros erforderlich. So ist oftmals der die Buchhaltung ausführende Mitarbeiter mit Einzelheiten der Jahresabrechnung vertraut und kann daher Fragen der Wohnungseigentümer besser beantworten.

Der Verwalter darf zur Versammlung auch sach- oder rechtskundige Personen als Berater hinzuziehen, insbesondere dann, wenn aufgrund der Tagesordnung damit zu rechnen ist, dass Fragen an den Verwalter gestellt werden, zu deren Beantwortung er in sachlicher oder rechtlicher Hinsicht der Beratung bedarf. Der Grundsatz der Nichtöffentlichkeit der Wohnungseigentümerversammlung hindert den Verwalter nicht daran, im Interesse der Gesamtheit der Wohnungseigentümer in Hinblick auf bestimmte Tagesordnungspunkte einen Rechtsanwalt als Berater zur Information und Meinungsbildung hinzuzuziehen. Das gilt, solange nicht ein konkreter Interessengegensatz zwischen einem einzelnen Wohnungseigentümer hervortritt und kein Wohnungseigentümer der Anwesenheit des Dritten widerspricht. Notwendig, aber auch hinreichend ist in diesem Fall, dass der Beratungsbedarf gerade in der Versammlung besteht, nur hier sachgerecht erfüllt werden kann und die Beratung bei objektiver Betrachtung allen anwesenden Eigentümern zugutekommt (OLG Köln, 22.6.2009, 16 Wx 266/08; OLG München, 18.9.2006, 34 Wx 89/06). Nimmt ein Rechtsanwalt als Prozessbevollmächtigter zum Zweck der Beratung der in einem Anfechtungsverfahren beklagten Eigentümer an einer Eigentümerversammlung teil, liegt kein Verstoß gegen das Nichtöffentlichkeitsgebot vor (LG Frankfurt/Main, 21.9.2011, 2-13 S 118/10). Allerdings entspricht die Unterbrechung einer Versammlung – bei Ausschluss des anfechtenden Wohnungseigentümers – zu dem Zweck, den von einem Beschlussanfechtungsverfahren betroffenen Wohnungseigentümern ein Informationsgespräch mit ihrem Rechtsanwalt zu ermöglichen, regelmäßig nicht einer ordnungsgemäßen Durchführung der Versammlung (BGH, 8.7.2016, V ZR 261/15). Zwar liegt es im Interesse der Wohnungseigentümer, sich über einen laufenden Anfechtungsprozess und dessen Ausgang, mögliche Konsequenzen und die weitere Vorgehensweise zu informieren und rechtlich beraten zu lassen. Eine sachgerechte Beratung hierzu erfordert es aber nicht, das Mandantengespräch auf den Zeitpunkt einer bereits laufenden Eigentümerversammlung zu legen. Nur bei Vorliegen besonderer Umstände, etwa wenn ein Beratungsbedarf erst aufgrund der in der Eigentümerversammlung geführten Diskussion entsteht, kann eine solche Unterbrechung für ein Mandantengespräch in Betracht kommen. Eine ermessensfehlerhafte Unterbrechung der Eigentümerversammlung kann zur Anfechtbarkeit der im Anschluss an die Unterbrechung gefassten Beschlüsse führen.

Ist der Verwalter gemäß dem Verwaltervertrag zur Beauftragung eines Rechtsanwalts ermächtigt, so kann dieser nicht ausgeschlossen werden, selbst wenn er unangekündigt zur Eigentümerversammlung erscheint (AG Schöneberg, 30.3.2006, 76 II 577/05 WEG). In einem solchen Fall wird davon auszugehen sein, dass aus Gründen der »Waffengleichheit« auch der Berater eines einzelnen Eigentümers zur Versammlung zuzulassen ist.

Rechtsfolge bei unberechtigter Teilnahme

Nimmt eine Person an der Versammlung teil, obwohl sie hierzu nicht berechtigt ist, sind sämtliche Beschlüsse, die bei der Versammlung gefasst werden, anfechtbar. Die unberechtigte Teilnahme allein reicht jedoch für eine erfolgreiche Anfechtung nicht aus. Die Anwesenheit dieser Person muss sich vielmehr konkret auf das Abstimmungsergebnis ausgewirkt haben. Dies kann bereits dann der Fall sein, wenn feststeht, dass sich die Anwesenheit des Nichteigentümers auf die Meinungsbildung der übrigen Eigentümer derart ausgewirkt hat, dass sie hierdurch ihr Stimmverhalten verändert haben. Verhält sich der Anwesende still und mischt sich nicht in die Versammlung ein, so reicht dies für eine Ungültigerklärung der Beschlüsse nicht aus (OLG Hamm, 14.6.1996, 15 W 15/96, ZMR 1996, 677). Wer jedoch von der Anwesenheit des Dritten bei der Versammlung Kenntnis hat und den Verstoß nicht rügt, verzichtet konkludent auf sein Recht, dass diese Person von der Versammlung ausgeschlossen wird (OLG Hamburg, 11.4.2007, 2 Wx 2/07; LG Düsseldorf, 16.3.2011, 25 S 56/10; AG München, 30.11.2012, 481 C 15837/12).

Der Widerspruch nur eines (anwesenden) Eigentümers gegen die Anwesenheit eines Gastes genügt, um diesen auszuschließen. Werden trotzdem Gäste zugelassen, so sind alle auf der Versammlung in deren Gegenwart gefasste Beschlüsse für ungültig zu erklären, und zwar ohne Kausalitätsprüfung (LG Frankfurt/Main, 21.9.2011, 2-13 S 118/10; AG München, 19.12.2013, 483 C 33043/12).

Lässt sich ein Eigentümer in der Versammlung vertreten, hängt es von der Person des Vertreters ab, ob eine unzulässige Beeinflussung der Willensbildungs- und Entschließungsfreiheit durch den unberechtigten Versammlungsteilnehmer anzunehmen ist. War der Vertreter mit der Anwesenheit des Unberechtigten einverstanden, kann der vertretene Eigentümer sich nicht mehr auf einen Verstoß gegen den Grundsatz der Nichtöffentlichkeit berufen (LG Berlin, 5.2.2013, 85 S 31/12).

Rechtsfolge bei unberechtigtem Ausschluss

Wurde ein Vertreter oder Begleiter, der zuzulassen ist, ausgeschlossen und soll ein Eigentümer auf diese Weise gezielt von der Versammlung ausgeschlossen werden, kann jeder auf der Versammlung gefasste Beschluss angefochten und für nichtig erklärt werden (OLG Köln, 17.12.2004, 16 Wx 191/04, NZM 2005, 149). Gleiches gilt, wenn ein Beschluss gefasst wird, der den Ausschluss auch für künftige Eigentümerversammlungen vorsieht (BayObLG, 7.12.1995, 2Z BR 72/95, WuM 1996, 113).

2 Ablauf der Eigentümerversammlung

Damit eine Eigentümerversammlung ordnungsgemäß abläuft, müssen einige Punkte berücksichtigt werden.

2.1 Leitung der Versammlung

Der Verwalter führt gemäß §25 Abs. 4 WEG den Vorsitz in der Wohnungseigentümerversammlung, sofern die Gemeinschaftsordnung keine andere Regelung vorsieht. Ist der Verwalter eine natürliche Person, so ist er grundsätzlich persönlich zur Versammlungsleitung berechtigt und verpflichtet (OLG Schleswig, 4.12.1996, 2 W 85/96, MDR 1997, 821). Handelt es sich bei der Verwaltung um eine juristische Person oder eine Personengesellschaft, so gilt dies für deren gesetzlichen Vertreter, zum Beispiel den Geschäftsführer einer GmbH, den Prokuristen oder den vertretungsberechtigten Gesellschafter.

Der Verwalter ist allerdings auch berechtigt, sich Erfüllungsgehilfen zu bedienen und die Aufgabe der Versammlungsleitung im Einzelfall auf eine dritte Person, zum Beispiel Mitarbeiter, Sachbearbeiter, Rechtsberater etc., durch Bevollmächtigung zu übertragen, wenn sie in seinen Geschäftsbetrieb eingegliedert sind (OLG München, 7.6.2005, 32 Wx 32/05, NJW-RR 2005, 964; BayObLG, 11.4.2001, 2Z BR 27/01, ZWE 2001, 490; KG Berlin, 15.9.2000, 24 W 3301/00, ZWE 2001, 75; LG Berlin, 3.9.1986, 191 T 67/86, WuM 1989, 203).

Jedenfalls sind die Wohnungseigentümer, die sich rügelos auf eine solche Versammlungsleitung durch einen Mehrheitsbeschluss einlassen, mit ihr einverstanden, zumal ihnen §24 Abs. 5 WEG die Möglichkeit eröffnet, einen anderen Vorsitzenden zu bestimmen (BayObLG, 11.4.2001, 2 Z BR 27/01, ZWE 2001, 490).

Der Verwalter führt den Vorsitz auch dann, wenn die Eigentümerversammlung durch einen Dritten – einen Eigentümer oder den Verwaltungsbeiratsvorsitzenden – einberufen wird.

Die Wohnungseigentümer haben zudem die Möglichkeit, einen Beschluss zu fassen (Geschäftsordnungsbeschluss), dass eine andere Person als die des Verwalters die Versammlung leitet.

Beispiele: Mögliche Versammlungsleiter

Als Versammlungsleiter kommen neben dem Verwalter in Betracht:

- ein Mitglied des Verwaltungsbeirats,
- ein Miteigentümer,
- eine dritte Person, zum Beispiel ein Rechtsanwalt.

Tipp: Besondere Umstände

Eine andere Person zum Vorsitzenden zu wählen, kann dann sinnvoll sein, wenn in der Versammlung

- Vorwürfe gegen den Verwalter erörtert werden sollen oder
- geplant ist, den Verwalter abzuberufen, oder
- ein neuer Verwalter gewählt werden soll.

Die Übertragung der Versammlungsleitung muss nicht zwingend für die ganze Versammlung erfolgen. Sie kann auch nur für einzelne Tagesordnungspunkte an eine andere Person übergeben werden. Wie der Vorsitzende die Versammlung führt, liegt in seinem pflichtgemäßen Ermessen, das heißt, er muss für eine sachgerechte Behandlung der Tagesordnung und eine ungestörte Willensbildung der Wohnungseigentümer sorgen. Zu den Aufgaben des Vorsitzenden zählen insbesondere

- die Eröffnung und die Schließung der Versammlung,
- die Feststellung der Beschlussfähigkeit,
- das Ausfüllen der Teilnehmerliste,
- die Sicherstellung der Nichtöffentlichkeit,
- die Registrierung und Überprüfung von Vertretungsvollmachten/Teilnahmerechten,
- für einen störungsfreien Ablauf der Versammlung zu sorgen (Ordnungsrecht), zum Beispiel auch durch einen Saalverweis,
- dafür zu sorgen, dass jeder Eigentümer ausreichend rechtliches Gehör erhält, und zwar durch Einräumung und Entzug des Rederechts,
- die Überprüfung von Stimmrechtsausschlüssen,
- der Aufruf der Tagesordnungspunkte,
- die Beschlussantragsformulierung,
- die Durchführung der Abstimmung sowie die Bestimmung des Abstimmungsmodus,
- die Feststellung und Verkündung der gefassten Beschlüsse,
- die Kontrolle der ordnungsgemäßen Protokollierung,
- die Unterzeichnung des Protokolls sowie
- die Führung der Beschlusssammlung.

2.2 Begrüßung und Feststellung der Beschlussfähigkeit

§25 Abs. 3 WEG
»Die Versammlung ist nur beschlussfähig, wenn die erschienenen stimmberechtigten Wohnungseigentümer mehr als die Hälfte aller Miteigentumsanteile, berechnet nach der im Grundbuch eingetragenen Größe dieser Anteile, vertreten.«

Zu Beginn einer jeden Versammlung sollte der Verwalter, der den Vorsitz der Versammlung führt, feststellen, ob diese ordnungsgemäß einberufen wurde. Zudem muss er überprüfen, ob die Versammlung beschlussfähig ist.

Tipp: Teilnehmerliste !

Bereits bei der Vorbereitung zur Versammlung sollte der Verwalter eine Teilnehmerliste erstellen. Die entsprechenden Miteigentumsanteile sind neben den Namen der Miteigentümer zu notieren. Werden Eigentümer vertreten, so ist die Person des Vertreters ebenfalls zu ergänzen. Mit einer übersichtlichen Teilnehmerliste kann der Verwalter bei der Feststellung der Beschlussfähigkeit und der Auszählung der Abstimmungsergebnisse erheblich Zeit einsparen und Fehler vermeiden.

Die Versammlung ist gemäß §25 Abs. 3 WEG dann beschlussfähig, wenn die erschienenen stimmberechtigten Wohnungseigentümer mit mehr als der Hälfte der Miteigentumsanteile (MEA) vertreten sind. Hierbei werden diejenigen Eigentümer, die nicht erschienen sind bzw. vertreten werden, aber nicht stimmberechtigt sind, nicht mitgezählt (OLG Düsseldorf, 16.11.1998, 3 Wx 393/98, NZM 1999, 269).

Tipp: Prüfung der Beschlussfähigkeit !

Es ist zu überwachen, ob Personen die laufende Versammlung verlassen, und dann erneut zu überprüfen, ob die Versammlung ohne deren Miteigentumsanteile noch beschlussfähig ist. Das kann bedeuten, dass erforderlichenfalls vor jedem einzelnen Beschluss die Beschlussfähigkeit erneut überprüft werden muss (vgl. OLG Köln, 1.10.2002, 16 Wx 13/02, ZMR 2003, 608; OLG Zweibrücken, 11.3.2002, 3 W 184/01, NZM 2002, 345; BayObLG, 27.2.1981, BReg 2 Z 23/80, ZMR 1981, 249). Ganz grundsätzlich sind die Eigentümer zur Teilnahme an einer Eigentümerversammlung nicht verpflichtet. Jeder Eigentümer kann daher die Eigentümerversammlung nach Belieben verlassen, auch wenn diese hierdurch beschlussunfähig wird (LG Nürnberg-Fürth, 5.7.2016, 14 S 6933/15).

Werden Beschlüsse trotz mangelnder Beschlussfähigkeit gefasst, sind diese nicht nichtig, aber binnen Monatsfrist gerichtlich anfechtbar.

Es ist die Pflicht des Verwalters, die Beschlussfähigkeit der Eigentümerversammlung vor jeder Beschlussfassung zu überprüfen. Stellt der Verwalter trotz Beschlussunfähigkeit von der Versammlung gefasste Beschlüsse fest und verkündet sie, so können ihm gemäß §49 Abs. 2 WEG im Fall der Anfechtung der Beschlüsse die Kosten des Verfahrens auferlegt werden, sofern ihn für die Pflichtverletzung ein grobes Verschulden trifft. Ein grobes Verschulden dürfte dann zu bejahen sein, wenn ihm die Beschlussunfähigkeit bekannt ist.

Sind bei Eröffnung der Versammlung nicht mehr als die Hälfte der stimmberechtigten Miteigentumsanteile vorhanden, so bestimmt §24 Abs. 4 WEG, dass eine Zweitversammlung oder Wiederholungsversammlung (siehe Kapitel 1.1.7 und 1.1.8) mit gleichem Gegenstand einzuberufen ist. Diese ist dann ohne Rücksicht auf die Höhe der vertretenen Anteile beschlussfähig, worauf bei der Einberufung hinzuweisen ist.

Die Regelung des §25 Abs. 3 WEG findet dann keine Anwendung, wenn mindestens die Hälfte der Eigentümer vom Stimmrecht objektiv und unabänderlich ausgeschlossen sind (KG Berlin, 25.8.2003, 24 W 110/02, ZMR 2004, 144; BayObLG, 19.12.2001, 2Z BR 15/01, ZMR 2002, 527; OLG Düsseldorf, 16.11.1998, 3 Wx 393/98, ZMR 1999, 274). Dann wäre die Erstversammlung in jedem Fall beschlussfähig, da bei unabänderlichem Stimmrechtsausschluss die Einberufung einer Zweitversammlung eine übertriebene Befolgung von Formvorschriften wäre.

Durch eine Vereinbarung in der Teilungserklärung/Gemeinschaftsordnung kann die Vorschrift des §25 Abs. 3 WEG abbedungen werden. Es kann vereinbart werden, dass die Erstversammlung in jedem Fall, also unabhängig von den erschienenen bzw. vertretenen Miteigentumsanteilen, beschlussfähig ist (LG Berlin, 11.5.2012, 55 S 322/11; BayObLG, 15.2.1995, 2 Z BR 1/95, NJW-RR 1995, 203). Gleichfalls kann vereinbart werden, dass bei der Mehrheitsberechnung auf die Kopfzahl der Eigentümer oder die Anzahl der von ihnen gehaltenen Wohnungseinheiten abgestellt wird (vgl. KG Berlin, 10.11.1993, 24 W 6075/92, 24 W 6297/92, NJW-RR 1994, 659).

Rechtsfolge bei mangelnder Beschlussfähigkeit

Sieht die Gemeinschaftsordnung keine von §25 Abs. 3 WEG abweichende Regelung vor, so ist ein trotz Beschlussunfähigkeit erfolgter Beschluss zwar nicht nichtig, aber anfechtbar (BayObLG, 5.5.1993, 2Z BR 29/93WE 1994, 184; Bärmann, Kommentar WEG, §25 Rn. 109).

2.3 Der Umgang mit der Tagesordnung

Zusätzlich zum Einladungsschreiben wird den Wohnungseigentümern bei der Einberufung der Eigentümerversammlung die Tagesordnung übersendet. Für die Gültigkeit von Beschlüssen ist es erforderlich, dass ihr Gegenstand in der Einladung zur Versammlung ausreichend bezeichnet wurde.

2.3.1 Aufruf der Tagesordnungspunkte

Der Versammlungsleiter ruft die Punkte der Tagesordnung gemäß der in der Einladung angekündigten Reihenfolge auf. Ein neuer Tagesordnungspunkt darf erst dann aufgerufen werden, wenn die Diskussion und Abstimmung zum vorhergehenden beendet ist.

Der Vorsitzende sollte die Teilnehmer über den Sachstand bezüglich der aufgerufenen Tagesordnungspunkte informieren und die Notwendigkeit einer Entscheidung der Versammlung durch Beschluss erläutern, zum Beispiel indem er Informationen zum Stand einer Sanierungsmaßnahme gibt und die Erforderlichkeit einer Sonderumlage erläutert.

Der Vorsitzende wird dann die Teilnehmer um Wortbeiträge bitten bzw. die Diskussion mit einer Frage an die Anwesenden einleiten. Die Diskussions- und Beratungsphase dient dazu, eine Entscheidung zu finden, die dem Interesse der Wohnungseigentümergemeinschaft entspricht. Zum Ende der Diskussion empfiehlt sich eine Zusammenfassung der Wortbeiträge, wobei wichtige Punkte herauszustellen sind.

2.3.2 Formulierung des Beschlussantrags

Ist die Meinungsbildung zu einem Tagesordnungspunkt abgeschlossen, so führt der Vorsitzende die Abstimmung zur Beschlussfassung durch. Er formuliert einen Beschlussvorschlag, liest ihn vor und stellt ihn zur Abstimmung.

Der Beschlussantrag muss hinreichend bestimmt sein, damit Auseinandersetzungen über den Inhalt des Beschlusses vermieden werden können (OLG Düsseldorf, 4.9.1996, 3 Wx 125/96, ZMR 1997, 91). Zunächst muss deutlich erkennbar sein, dass es sich um einen Beschlussantrag handelt und nicht nur etwa um einen Hinweis. Lässt sich mangels Klarheit und Bestimmtheit auch durch Auslegung der Sinn des Beschlusses nicht ermitteln, so ist dieser nichtig (herrschende Meinung, BayObLG, .2004, 2Z BR 016/04, WuM 2004, 425; BayObLG, 6.6.2002, 2Z BR 124/01, NZM 2002, 875).

! **Tipp: Formulierung von Beschlüssen**

Bei Beschlüssen ist darauf zu achten, dass

- der Beschluss klar, bestimmt, vollständig und möglichst auslegungsfrei formuliert wird,
- der Beschlussgegenstand exakt erfasst wird,
- die Art und Weise der Ausführung genau bestimmt wird,
- ein Kostenrahmen und die Finanzierung festgelegt wird und
- ggf. eine Kostentragungsregelung enthalten ist.

Ein Beschlussantrag sollte nach Möglichkeit positiv formuliert werden. Zwar ist ein negativer Beschluss ebenso zulässig (siehe Kapitel 4.3.5), dennoch ist aus Gründen der Allgemeinverständlichkeit die negative Formulierung zu vermeiden, da diese oft zu Verwirrungen führt.

! **Beispiele: Formulierung von Beschlüssen**

Positive Formulierung: »Der Anstrich des Treppenhauses in der bisherigen Ausführung bis Ende des Jahres wird genehmigt. Mit der Durchführung beauftragt wird die Firma Maier gemäß vorliegendem Kostenvoranschlag.«
Negative Formulierung: »Bis Ende des Jahres wird kein neuer Anstrich des Treppenhauses genehmigt.«

Es zählt zu den Pflichten des Verwalters, einen Beschlussantrag ordnungsgemäß zu formulieren. Verletzt er diese Pflicht schuldhaft, indem die Beschlussvorlage zu unbestimmt formuliert wird, so kann er sich gegenüber der Wohnungseigentümergemeinschaft schadensersatzpflichtig machen und ihm können ggf. die Kosten eines gerichtlichen Verfahrens auferlegt werden (BGH, 9.10.1997, V ZB 3/97, NJW 1998, 755; OLG Oldenburg, 5.4.2005, 5 W 194/04, ZMR 2005, 814).

! **Tipp: Beschlussvarianten**

Besonders bei schwierigen Beschlussfassungen sollte der Verwalter die Beschlussformulierung bereits vor der Versammlung gut durchdenken und – wenn erforderlich – verschiedene Beschlussvarianten vorbereiten. Bereits bei der Einberufung können die Beschlussvorschläge mit in die Tagesordnung aufgenommen werden.

2.3.3 Abstimmung über einen Beschluss

Die Beschlussfassung in der Wohnungseigentümergemeinschaft erfolgt durch Abstimmung über den Beschlussantrag; gesetzliche Regelungen zum

Verfahren der Abstimmung existieren nicht. Wenn nicht bereits die Gemeinschaftsordnung eine Vereinbarung zum Abstimmungsverfahren enthält, können die Wohnungseigentümer hierzu einen sogenannten Geschäftsordnungsbeschluss fassen. Damit legen die Wohnungseigentümer das Verfahren der Abstimmung fest, beispielsweise die Reihenfolge der Fragen nach Zustimmung, Ablehnung oder Enthaltung, die Reihenfolge der Beschlussanträge, die Wahl einer geheimen Abstimmung mit Stimmzetteln oder einer offenen Abstimmung mit Stimmkarten oder Handzeichen. Liegt weder eine Vereinbarung noch ein Geschäftsordnungsbeschluss vor, so entscheidet über Fragen zum Verfahren der Abstimmung der Versammlungsvorsitzende nach pflichtgemäßem Ermessen. Hierbei hat er darauf zu achten, ob die Abstimmung nach dem Kopf-, Wert- oder Objektprinzip erfolgen muss.

Er hat die Wahl, ob er die Abstimmung

- offen durch Handzeichen, Zuruf oder Stimmkarten oder
- geheim durch Stimmzettel mit/ohne Unterschrift

durchführt.

Die geheime Abstimmung hat den Vorteil, dass jeder Eigentümer sein Stimmrecht unbefangen ausüben kann, da der Inhalt seiner Stimmrechtserklärung nicht offenkundig ist (wie bei einem Handzeichen). Wird nach dem Wertprinzip gestimmt, ist es unbedingt erforderlich, dass auf den Stimmzetteln die Höhe des Miteigentumsanteils vermerkt ist. Probleme bereitet insbesondere eine völlig anonyme Abstimmung mit Stimmzetteln, die nicht zugeordnet werden können, dann, wenn es von Bedeutung ist, wie bestimmte Miteigentümer abgestimmt haben, zum Beispiel bei der Zustimmung zu einer baulichen Veränderung.

Tipp: Stimmzettel verwenden !

Bei komplizierten Abstimmungen ist dem Verwalter zu raten, Stimmzettel zu verwenden, auf denen die Einheit des Miteigentümers sowie der Wert seines Stimmrechts vermerkt sind. Die Stimmabgabe erfolgt durch Ankreuzen von »Ja«, »Nein« oder »Enthaltung«. So kann jeder Eigentümer zunächst seine Stimme unbefangen abgeben und der Verwalter kann erforderlichenfalls die Stimmabgabe konkreten Eigentümern zuordnen. Die Stimmzettel können schon mit der Einladung zur Eigentümerversammlung verschickt werden.

Oftmals wird die Frage nach der Annahme oder Ablehnung eines Beschlusses vom Vorsitzenden so gewählt, dass zur Ermittlung des Ergebnisses in der offenen Abstimmung zunächst nach der zu erwartenden Minderheit gefragt wird und dann eine Rückrechnung auf die verbliebene Mehrheit erfolgt. Diese sogenannte Subtraktionsmethode ist zwar grundsätzlich zulässig (BGH,

19.9.2002, V ZB 37/02), solange ein Abstimmungsergebnis sicher festgestellt werden kann, sie ist jedoch nicht unbedenklich. Denn hier werden Stimmrechtsverbote und Enthaltungen meist nicht berücksichtigt und oftmals wagen es einzelne Wohnungseigentümer, die sich in der Minderheit befinden, nicht, ihr Handzeichen abzugeben und ihre Stimme entgegen der Mehrheit abzugeben.

!

Tipp: Abstimmungsmodalitäten festlegen

Um solche Situationen zu vermeiden, kann ein Antrag zur Geschäftsordnung dahingehend gestellt werden, dass bestimmte Abstimmungsmodalitäten einzuhalten sind, beispielsweise regelmäßig erst alle Ja-Stimmen, dann die Nein-Stimmen und zuletzt die Enthaltungen gezählt werden. In Betracht kommt auch, vor der Abstimmung Stimmzettel zu verteilen und die Abstimmung geheim durchzuführen.

Die Abstimmung erfolgt durch

- Zustimmung, Ja-Stimmen,
- Ablehnung, Nein-Stimmen und
- Enthaltung.

Der Vorsitzende stellt die Ja-Stimmen, die Nein-Stimmen und die Enthaltungen fest. Bei der Feststellung des Abstimmungsergebnisses kommt es nur auf die abgegebenen Ja- und Nein-Stimmen an (BGH, 8.12.1988, V ZB 3/88). Stimmenthaltungen bleiben hierbei außer Betracht, sie sind bei der Bestimmung der Mehrheit nicht mitzuzählen. Ist für einen bestimmten Beschluss Einstimmigkeit im Sinne von Allstimmigkeit erforderlich, so scheitert ein Beschlussantrag bereits an einer einzigen Stimmenthaltung. Durch Vereinbarung kann abweichend geregelt werden, dass Stimmenthaltungen grundsätzlich als abgegebene Stimmen zu berücksichtigen und als Nein-Stimmen zu werten sind.

!

Tipp: Stimmabgabe dokumentieren

Bei schwierigen Beschlussfassungen, bei knappen Ergebnissen, zu erwartenden Beschlussanfechtungen und insbesondere dann, wenn es um die Geltendmachung von Folgenbeseitigungsansprüchen oder um die erforderliche Zustimmung bestimmter Eigentümer geht, zum Beispiel bei baulichen Veränderungen, ist es dringend anzuraten, die Stimmabgabe der jeweiligen Eigentümer namentlich zu dokumentieren. Sind sich die Wohnungseigentümer nicht über den Umfang oder die Art und Weise einer vorzunehmenden Maßnahme einig, so sollte der Versammlungsvorsitzende zuerst über den weitestgehenden Beschlussantrag abstimmen lassen.

Probeabstimmung

Ist sich der Verwalter unschlüssig, zu welcher Meinungsbildung die Teilnehmer der Eigentümerversammlung neigen, kann er zunächst eine Probeabstimmung durchführen. Dies ist auch dann sinnvoll, wenn ein Beschluss nur mit qualifizierter Mehrheit festgestellt werden kann. Dass es sich lediglich um eine Probeabstimmung handelt, sollte der Verwalter vorher zur Vermeidung von Unklarheiten ausdrücklich feststellen.

2.3.4 Beschlussfeststellung und -verkündung

Nach Auszählung des Abstimmungsergebnisses stellt der Versammlungsleiter das Beschlussergebnis fest, gibt es bekannt und muss es in das Protokoll der Eigentümerversammlung aufnehmen. Bei der schriftlichen Beschlussfassung (Umlaufverfahren) findet die Verkündung des Beschlusses durch eine entsprechende Mitteilung des Verwalters an die Eigentümer statt. Dies kann in Form eines Rundschreibens erfolgen.

Der Beschluss kommt regelmäßig erst mit der Feststellung und Bekanntgabe des Beschlussergebnisses durch den Versammlungsleiter zustande (BGH, 23.8.2001, V ZB 10/01, NZM 2001, 961). Die Feststellung und Bekanntgabe des Beschlusses hat damit konstitutive Wirkung. Das bedeutet: Erst mit der Beschlussfeststellung wird aus einer Willensäußerung der Wohnungseigentümer ein Beschluss der Eigentümerversammlung. Dies gilt sowohl für positive als auch für negative Beschlüsse.

Bereits in der Versammlung soll für die Wohnungseigentümer erkennbar sein, mit welchem Ergebnis der Beschluss zustande gekommen ist. Wegen der kurzen Anfechtungsfrist von einem Monat sollen die Eigentümer schon in der Versammlung beurteilen können, ob der Beschluss in ihrem Interesse liegt oder ob sie ihn anfechten wollen.

Beispiele: Beschlussformulierung !

- »Der Beschlussantrag wurde angenommen.«
- »Der Beschlussantrag wurde abgelehnt.«
- »Der Beschluss wurde mit der vorgeschriebenen doppelt qualifizierten Mehrheit angenommen.«
- »Der Beschluss wurde mangels Erreichens der vorgeschriebenen doppelt qualifizierten Mehrheit abgelehnt.«

Die konstitutive Verkündung des Beschlussergebnisses ist von der anschließenden Protokollierung in der Niederschrift zu unterscheiden. Die Protokollierung ist für die Entstehung eines Beschlusses nicht konstitutiv, also keine Voraussetzung für das wirksame Zustandekommen eines Beschlusses. Die Missachtung einer Regelung der Gemeinschaftsordnung, wonach zur Gültigkeit eines Wohnungseigentümerbeschlusses die Eintragung des Beschlusses in ein Beschlussbuch erforderlich ist, führt grundsätzlich nicht zur Nichtigkeit, sondern lediglich zur Anfechtbarkeit des nicht in das Beschlussbuch eingetragenen Wohnungseigentümerbeschlusses (LG Saarbrücken, 27.10.2010, 5 S 7/10).

Sind die Beschlussverkündung in der Versammlung und die protokollierte Beschlussfassung nicht inhaltsgleich, kann dem Protokoll keine konstitutive Wirkung beigemessen werden (OLG Düsseldorf, 30.4.2000, 3 Wx 465/99).

In der Praxis kommt es häufig vor, dass eine ausdrückliche Feststellung und Bekanntgabe des Beschlussergebnisses unterbleibt. In diesen Fällen kann bei einem eindeutigen Abstimmungsergebnis mangels entgegenstehender Anhaltspunkte von einer konkludenten Feststellung und Bekanntgabe des Beschlusses ausgegangen werden (BGH, 23.8.2001, V ZB 10/01, NZM 2001, 961; LG Hamburg, 29.2.2012, 318 S 96/11).

Wurde ein Beschluss fehlerhaft verkündet, so ist er im Interesse der Rechtssicherheit dennoch vorläufig verbindlich, solange er nicht auf fristgerechte Klage im gerichtlichen Beschlussmängelverfahren für ungültig erklärt wird.

!

Achtung: Ausdrückliches und eindeutiges Beschlussergebnis

Um Haftungsrisiken zu vermeiden, sollte auf bestehende Zweifel in der Versammlung hingewiesen und diese auch im Protokoll vermerkt werden. Zur Vermeidung von Streitigkeiten muss der Versammlungsleiter darauf achten, das Beschlussergebnis ausdrücklich und eindeutig zu verkünden.

In Fällen, in denen der Verwalter nicht weiß, ob Stimmen treuwidrig, entgegen einem Stimmverbot oder aufgrund einer möglicherweise nicht ausreichenden Vollmacht abgegeben wurden, darf der Verwalter ausnahmsweise von einer Beschlussfeststellung absehen und die Wohnungseigentümer auf den Weg einer positiven Beschlussfeststellungsklage verweisen.

Handelt es sich um offensichtlich nichtige Beschlüsse, zum Beispiel wegen mangelnder Beschlusskompetenz, so darf und sollte der Verwalter auf eine Beschlussfeststellung verzichten. (Nur) rechtswidrige Beschlüsse müssen vom Versammlungsleiter grundsätzlich festgestellt und verkündet werden (strittig). Dieser Verpflichtung darf er sich nur entziehen, wenn er sich hierzu wegen tatsächlicher oder rechtlicher Schwierigkeiten bei der Bewertung des Abstimmungsergebnisses außerstande sieht.

Gleiches gilt für Fälle, in denen die erforderliche Mehrheit für eine positive Beschlussfassung nicht erzielt werden konnte. Stellt der Verwalter dennoch ein positives Beschlussergebnis fest und verkündet es, ist der Beschluss zwar nicht nichtig, jedoch anfechtbar.

Unterlässt ein Versammlungsleiter die Verkündung des Beschlussergebnisses, sei es pflichtwidrig oder weil er sich zur Verkündung wegen tatsächlicher oder rechtlicher Schwierigkeiten bei der Bewertung des Abstimmungsergebnisses außerstande sieht, kann in einem Verfahren gemäß §43 Nr. 4 WEG Klage auf Feststellung des Beschlussergebnisses erhoben werden. Die rechtskräftige Feststellung des Beschlussergebnisses durch das Gericht ersetzt die unterbliebene Feststellung des Versammlungsleiters und komplettiert so den Tatbestand für das Entstehen eines Eigentümerbeschlusses (vgl. LG Itzehoe, 19.1.2016, 11S 61/14).

Weigert sich der Versammlungsleiter pflichtwidrig, einen Beschluss festzustellen, können die Eigentümer im Wege eines sogenannten Geschäftsordnungsbeschlusses einen anderen Versammlungsleiter wählen. Dieser stellt dann den Beschluss fest oder veranlasst die Feststellung des Beschlusses durch das Gericht.

Achtung: Grobe Pflichtverletzung !

Der Verwalter trägt als Versammlungsleiter das Risiko, dass ihm im Fall einer fehlerhaften oder pflichtwidrig unterlassenen Beschlussverkündung die Kosten eines dadurch veranlassten Beschlussmängelverfahrens auferlegt werden (§49 Abs. 2 WEG), falls die Pflichtverletzung auf grobem Verschulden beruht (BGH, 18.8.2010, V ZB 164/09). Eine grobe Pflichtverletzung soll jedoch nicht vorliegen, wenn der Verwalter auf erforderliche Stimmrechtserfordernisse hingewiesen hat, sich aber dem ausdrücklichen Willen der Mehrheit der Wohnungseigentümer gebeugt und trotz Nichterreichens der erforderlichen Stimmenmehrheit einen Beschluss als angenommen verkündet hat (LG Berlin, 17.2.2009, 55 T 34/08).

Beispiele: Keine Beschlussverkündung !

- Die Eigentümer möchten mehrheitlich eine bauliche Veränderung beschließen. Wegen Abwesenheit einiger Eigentümer kann der Beschluss nicht mit der erforderlichen Zustimmung all der Eigentümer, die in ihren Rechten betroffen sind, gefasst werden, worauf der Versammlungsleiter hinweist. Gleichwohl wird dieser rechtswidrige (aber nicht nichtige, sondern nur anfechtbare) Beschluss von der Eigentümerversammlung gefasst. Der Verwalter darf und sollte in diesem Fall die Feststellung und Verkündung des Beschlussergebnisses verweigern, wenn die erforderlichen Zustimmungen nicht vorliegen. Kommt bei einem Beschlussantrag über eine bauliche Veränderung zwar ein Mehrheitsbeschluss zustande, stimmen aber nicht alle beeinträchtigten Wohnungseigentümer zu, ist der Versammlungsleiter nicht verpflichtet, den Beschluss positiv zu verkünden (LG München I, 27.4.2009, 1 S 19129/08; a. A. AG Oberhausen, 22.12.2009, 34 C 55/09).

- Die Eigentümergemeinschaft möchte beschließen, dass für künftige Eigentümerbeschlüsse nicht das in der Gemeinschaftsordnung für das Stimmrecht verankerte Wertprinzip, sondern das Objektprinzip gelten soll. Ein solcher Beschluss wäre mangels Beschlusskompetenz der Eigentümergemeinschaft nichtig und der Verwalter muss und sollte diesen Beschluss nicht feststellen und verkünden.

Welche Möglichkeiten gibt es, wenn der Versammlungsleiter sich weigert, einen Beschluss festzustellen?

- Die Eigentümer können im Wege eines sogenannten Geschäftsordnungsbeschlusses einen anderen Versammlungsleiter wählen und diesen den Beschluss feststellen lassen.
- Die Eigentümer können die Feststellung des Beschlusses durch das Gericht veranlassen (BayObLG, 13.3.2003, 2Z BR 85/02, ZMR 2004, 125; LG Berlin, 18.12.2001, 85 T 182/01, ZMR 2003, 139). Ein solcher Antrag an das Gericht ist nicht fristgebunden.

2.4 Geschäftsordnungsbeschluss zum Ablauf der Versammlung

Die Gemeinschaft kann über alle Angelegenheiten bestimmen, die den Ablauf der Versammlung und die Geschäftsordnung betreffen, beispielsweise die Versammlungsleitung, die Reihenfolge der Behandlung der Tagesordnungspunkte, die Redezeit und die Abstimmungsmodalitäten durch einen Geschäftsordnungsbeschluss (ausführlich siehe Kapitel 4.3.5).

Regeln über die Geschäftsordnung können bereits in der Gemeinschaftsordnung enthalten sein oder mehrheitlich beschlossen werden. Ein Beschluss über die Geschäftsordnung muss nicht in der Tagesordnung angekündigt werden und ist nicht selbstständig anfechtbar (BayObLG, 10.7.1987, 2 Z 47/87, NJW-RR 1987, 1363; LG Köln, 30.6.2011, 29 S 246/10).

2.5 Rede- und Antragsrecht

Das Antrags- und das Rederecht eines Wohnungseigentümers oder dessen Vertreters gehören zum Inhalt seines auf dem Mitverwaltungsrecht beruhenden Teilnahmerechts. In der Versammlung ist jeder Wohnungseigentümer berechtigt, einen Antrag zur Beschlussfassung zu stellen. Im Regelfall sollten die

Wohnungseigentümer die Beschlussantragsformulierung aber dem Verwalter überlassen, da zumindest ein professioneller Verwalter Übung in der Abfassung verständlicher und hinreichend bestimmter Beschlüsse haben sollte.

Durch ihr Rederecht können die Versammlungsteilnehmer Einfluss auf die Meinungsbildung nehmen. Jedem Teilnehmer muss es möglich sein, sich an der Diskussion und der Meinungsbildung zu beteiligen und die Argumente vorzutragen, die seiner Ansicht nach für oder gegen den Beschlussantrag sprechen. Auch Stimmrechtsvertreter und diejenigen Eigentümer, die mit ihrem Stimmrecht ausgeschlossen sind, haben das Antrags- und Rederecht; Letztere dürfen bei der Abstimmung allerdings nicht mitwirken. Wird das Rede- und Antragsrecht eines Wohnungseigentümers zu Unrecht beschnitten, kann dies einen formellen Grund für eine Anfechtungsklage darstellen.

Bei großen Wohnungseigentümergemeinschaften und vielen Wortmeldungen hat der Vorsitzende jedoch das Recht, die Redezeit des einzelnen Wohnungseigentümers zu beschränken, um eine zumutbare Dauer der Versammlung sicherzustellen. Die Beschränkung der Redezeit hat sich an der Bedeutung und der Schwierigkeit des Diskussionsgegenstands sowie der Anzahl der Versammlungsteilnehmer zu orientieren (BayObLG, 22.4.1999, 2Z BR 9/99, NZM 1999, 852; OLG Stuttgart, 30.4.1986, 8 W 531/85, ZMR 1986, 370; AG Koblenz, 18.5.2010, 133 C 3201/09) und muss alle Wohnungseigentümer gleich behandeln. Ein Wohnungseigentümerbeschluss, der eine generelle Regelung über die Beschränkung der Redezeit bei Wohnungseigentümerversammlungen enthält, ist im Gegensatz zu einfachen Geschäftsordnungsbeschlüssen, die sich mit dem Ablauf einer Versammlung erledigen, separat anfechtbar (LG Frankfurt/Main, 5.6.2014, 2-09 S 6/13). In seltenen Fällen enthält bereits die Gemeinschaftsordnung eine Vereinbarung über die Dauer der Redezeit.

Tipp: Redezeitbeschränkung !

Eine Beschränkung der Redezeit zu einem einzelnen Tagesordnungspunkt auf fünf Minuten pro Eigentümer dürfte sachgerecht und zulässig sein.

Hält sich ein Versammlungsteilnehmer nicht an seine Redezeit, so kann ihm nach vorheriger Abmahnung das Wort entzogen werden. Des Weiteren kommt ein Wortentzug in Betracht, wenn sich ein Teilnehmer in beleidigender oder offenkundig unsachlicher Art und Weise äußert. Unangemessenes Benehmen und ein Verstoß gegen allgemeine Anstandsregeln können nicht nur zum Wortentzug führen, sondern der betreffende Wohnungseigentümer kann auch von der Teilnahme an der Wohnungseigentümerversammlung ausgeschlossen werden. Dies darf jedoch nur als letztes Mittel in Betracht gezogen werden, die Störung der Versammlung muss erheblich sein.

!

Beispiele: Ausschluss von der Versammlung

- Stört ein Wohnungseigentümer den Versammlungsablauf, etwa durch beleidigende Zwischenrufe, Lärmen, Missachtung des Wortentzugs oder gar durch tätliche Angriffe auf andere Versammlungsteilnehmer, so sollte er zunächst mündlich ermahnt werden. Wenn der weitere ordnungsgemäße Ablauf der Eigentümerversammlung gefährdet ist, kann er bei vorheriger Androhung des Ausschlusses aus der Versammlung verwiesen werden.
- Werden von einem Eigentümer heimlich Tonbandmitschnitte vorgenommen und weigert sich der aufnehmende Anwesende, dies zu unterlassen und vorhandene Aufnahmen nachprüfbar zu löschen, so kann er des Saales verwiesen werden. Die heimliche Vornahme von Mitschnitten ist unzulässig. Eine Aufzeichnung der Versammlung ist nur zulässig, wenn alle Versammlungsteilnehmer dem zustimmen. Liegt eine Zustimmung nicht vor, kann der Vorsitzende die Herausgabe der Aufnahme verlangen.

Der Saalverweis ist der schwerwiegendste Eingriff in die Rechte eines Wohnungseigentümers und sollte daher nur als letztes Mittel gewählt werden, wenn anders der störungsfreie Ablauf der Versammlung nicht gewährleistet werden kann (vgl. OLG Saarbrücken, 28.8.2003, 5 W 11/03–4, ZMR 2004, 67; Bärmann, Kommentar WEG, § 24 Rn. 105).

2.6 Schluss der Versammlung

Sind alle Tagesordnungspunkte vollständig erörtert und alle Beschlüsse verkündet, schließt der Versammlungsleiter formell die Eigentümerversammlung. Eigenmächtig darf der Verwalter die Versammlung nicht vorzeitig beenden. Zum Abbruch oder zur Vertagung einer Eigentümerversammlung bedarf es eines entsprechenden Mehrheitsbeschlusses der Eigentümer.

!

Tipp: Ende der Versammlung

Um deutlich zu machen, dass im Anschluss an die Versammlung möglicherweise stattfindende Diskussionen und Feststellungen nicht mehr Gegenstand dieser sind, sollte der Verwalter das Ende der Versammlung deutlich und unter Angabe der Uhrzeit förmlich feststellen.

Die Feststellung der Schließung der Versammlung ist insbesondere dann wichtig, wenn mangels Beschlussfähigkeit der ersten Versammlung eine Zweitversammlung einberufen wird (OLG Frankfurt/Main, 24.8.2006, 20 W 214/06, 20 W 215/06, ZWE 2007, 84, 90).

2.7 Checkliste zum Ablauf der Versammlung

Welche Unterlagen muss der Verwalter für die Versammlung vorbereiten?

- Anwesenheitsliste,
- Vollmachten von Eigentümern,
- Einladungsschreiben, Tagesordnung,
- Geschäftsordnung, soweit vorhanden,
- Teilungserklärung/Gemeinschaftsordnung,
- Unterlagen zu einzelnen Tagesordnungspunkten, zum Beispiel Gutachten, Kostenvoranschläge etc.,
- Protokolle vergangener Versammlungen, Beschlusssammlung,
- Beschlussantragsentwürfe,
- Stimmkarten,
- Arbeitsmaterialien wie Taschenrechner, Schreibblock, Diktiergerät etc.

Wer leitet die Versammlung?

Sieht die Gemeinschaftsordnung keine andere Regelung vor, so führt den Vorsitz der Versammlung der Verwalter. Durch Geschäftsordnungsbeschluss können die Wohnungseigentümer auch eine andere Person als die des Verwalters bestimmen.

Welche Aufgaben hat der Versammlungsvorsitzende?

- Eröffnung und Schließung der Versammlung,
- Feststellung der Beschlussfähigkeit, auch während der Dauer der Versammlung, wenn Teilnehmer hinzukommen oder die Versammlung verlassen,
- Überprüfung der Teilnahmeberechtigung der erschienenen Personen und Entgegennahme von Vollmachten,
- Sicherstellung der Nichtöffentlichkeit,
- Überprüfung von Stimmrechtsausschlüssen zu jeder einzelnen Beschlussfassung,
- Behandlung der Tagesordnungspunkte,
- Durchführung der Abstimmung,
- Feststellung und Verkündung der gefassten Beschlüsse,
- ordnungsgemäße Erstellung und Unterzeichnung des Protokolls,
- Führung der Beschlusssammlung.

Was bedeutet Beschlussfähigkeit?

Nach der Eröffnung der Eigentümerversammlung muss die Beschlussfähigkeit festgestellt werden. Die Versammlung ist beschlussfähig, wenn die erschienenen stimmberechtigten Wohnungseigentümer mit mehr als der Hälfte der Miteigentumsanteile vertreten sind. Im Lauf der Versammlung ist vor jeder einzelnen Beschlussfassung immer zu überprüfen, ob die Versammlung noch beschlussfähig ist.

Was passiert, wenn die Versammlung beschlussunfähig geworden ist und dennoch Beschlüsse gefasst werden?
Die Beschlüsse sind binnen Monatsfrist gerichtlich anfechtbar.

Wie verläuft die Abstimmung?
Der Versammlungsvorsitzende formuliert den Beschlussantrag und stellt ihn zur Abstimmung. Die Abstimmung kann offen oder geheim, mittels Handzeichen oder Stimmzetteln erfolgen. Den Abstimmungsmodus bestimmt der Versammlungsvorsitzende nach seinem Ermessen. Ebenso kann die Versammlung hierzu einen Geschäftsordnungsbeschluss fassen, nach dem die Abstimmung auf bestimmte Art und Weise zu erfolgen hat.

Die Abstimmung erfolgt durch Auszählung der abgegebenen Ja- und Nein-Stimmen sowie Enthaltungen. Ein Beschluss ist dann zustande gekommen, wenn mehr Ja-Stimmen als Nein-Stimmen abgegeben wurden. Enthaltungen bleiben mangels anderslautender Regelung in der Teilungserklärung bei der Bestimmung außer Betracht. Sie zählen weder als Ja- noch als Nein-Stimme.

Nach Auszählung des Abstimmungsergebnisses stellt der Versammlungsleiter das Beschlussergebnis fest und verkündet es.

Was sind Geschäftsordnungsbeschlüsse?
Die Gemeinschaft kann über alle Angelegenheiten, die den Ablauf der Versammlung und die Geschäftsordnung betreffen, etwa die Versammlungsleitung, die Reihenfolge der Behandlung der Tagesordnungspunkte, die Redezeit und die Abstimmungsmodalitäten, durch Beschluss bestimmen. Der sogenannte Geschäftsordnungsbeschluss kann von jedem Eigentümer jederzeit auf der Versammlung beantragt werden.

Wann endet die Versammlung?
Der Versammlungsvorsitzende schließt die Versammlung

- bei Beschlussunfähigkeit,
- wenn die Versammlung hierüber beschließt,
- nach der Behandlung aller Tagesordnungspunkte.

3 Nach der Versammlung – das Protokoll

§24 Abs. 6 WEG
»Über die in der Versammlung gefassten Beschlüsse ist eine Niederschrift aufzunehmen. Die Niederschrift ist von dem Vorsitzenden und einem Wohnungseigentümer und, falls ein Verwaltungsbeirat bestellt ist, auch von dessen Vorsitzenden oder seinem Vertreter zu unterschreiben. Jeder Wohnungseigentümer ist berechtigt, die Niederschrift einzusehen.«

Über die Wohnungseigentümerversammlung ist eine Niederschrift zu fertigen. Die Protokollierung ist allerdings keine Voraussetzung für die Wirksamkeit der Beschlüsse. Der Beschluss liegt dann vor, wenn der Versammlungsleiter verkündet und feststellt, dass ein Beschluss zustande gekommen ist (BayObLG, 13.10.2004, 2Z BR 152/04, ZMR 2005, 462; BGH, 23.8.2001, V ZB 10/01, NZM 2001, 961). Macht jedoch die Teilungserklärung die Gültigkeit der Beschlüsse der Gemeinschaft von der Protokollierung und der Unterzeichnung des Protokolls von zwei Wohnungseigentümern abhängig, muss das Protokoll von zwei verschiedenen natürlichen Personen unterzeichnet werden, die entweder selbst Wohnungseigentümer sind oder für sich oder andere Wohnungseigentümer handeln (BGH, 30.3.2012, V ZR 178/11).

Falls in der Gemeinschaftsordnung nicht anders geregelt, ist von der Versammlung lediglich ein Ergebnisprotokoll zu erstellen, das heißt, der Verlauf oder etwa auch Wortbeiträge einzelner Wohnungseigentümer müssen nicht, können aber in das Protokoll aufgenommen werden.

Tipp: Inhalte des Protokolls !

Zur besseren Verständlichkeit sollten nicht nur die Beschlussergebnisse, sondern auch eine kurze Darstellung des Sachverhalts und wichtige Diskussionsbeiträge in das Protokoll aufgenommen werden.

Wer für die Erstellung des Protokolls zuständig ist, ist nicht gesetzlich geregelt. Jedoch ist anzunehmen, dass der Vorsitzende der Wohnungseigentümerversammlung zur Anfertigung der Niederschrift berechtigt und verpflichtet ist, solange die Wohnungseigentümer nicht durch Mehrheitsbeschluss eine andere Person hierzu bestimmt haben. Selbst wenn der Versammlungsleiter diese Aufgabe einer Hilfsperson, zum Beispiel einem Mitarbeiter der Verwaltung oder einem Miteigentümer, übertragen hat, bleibt er verantwortlich für die Richtigkeit des Protokolls (BayObLG, 5.12.1989, BReg 2 Z 121/89, WuM 1990, 173).

Die Protokollurschriften der Versammlung nebst Teilnehmerlisten und Stimmrechtsvollmachten gehören zu den Verwaltungsunterlagen der Wohnungseigentümergemeinschaft. Sämtliche Protokolle sind unbefristet aufzubewahren.

3.1 Inhalt des Protokolls

Das Protokoll dient der Information über Inhalt und Zustandekommen von Beschlüssen. Sie hat Beweisfunktion und ist daher möglichst sorgfältig zu erstellen. Hierbei wird dem Versammlungsleiter ein Ermessensspielraum eingeräumt, solange die Protokollierung den Grundsätzen ordnungsmäßiger Verwaltung im Sinne von §21 Abs. 4 WEG entspricht.

Folgende Punkte sollten mindestens im Protokoll festgehalten werden:

- Bezeichnung der Wohnungseigentümergemeinschaft,
- Versammlungstag und -ort,
- Zeitpunkt der Eröffnung der Versammlung,
- Angabe des Versammlungsleiters, ggf. seiner Hilfspersonen,
- Anwesenheit von Gästen oder Beratern,
- Feststellung der ordnungsgemäßen Einberufung der Versammlung und Beschlussfähigkeit unter Angabe der anwesenden oder vertretenen Stimmen,
- Bezeichnung des Tagesordnungspunkts,
- kurze Inhaltsangabe des Tagesordnungspunkts und zum Verständnis erforderliche Erläuterungen oder Diskussionsbeiträge,
- genaue Formulierung des Beschlussantrags,
- Abstimmungsergebnisse (Ja-/Nein-Stimmen, Enthaltungen),
- Beschlussfeststellung durch den Versammlungsleiter,
- Zeitpunkt der Schließung der Versammlung,
- Unterschriften.

!

Tipp: Schwierige Abstimmung

Bei knappen oder schwierigen Abstimmungen sowie bei Beschlüssen über bauliche Veränderungen sollten die Namen der einzelnen Wohnungseigentümer und ihr Stimmverhalten genau festgehalten werden.

Weiter ist darauf zu achten, dass Schriftstücke, auf die im Beschlusstext Bezug genommen wird, dem Protokoll und der Beschlusssammlung als Anlage beigefügt werden müssen (BGH, 8.4.2016, V ZR 104/15).

3.2 Form des Protokolls

Das Protokoll muss gemäß §24 Abs. 6 WEG schriftlich verfasst und vom Vorsitzenden der Eigentümerversammlung, einem Wohnungseigentümer und, soweit ein Verwaltungsbeirat vorhanden ist, vom Vorsitzenden oder seinem Vertreter unterschrieben werden. Ist eine dieser Personen in Doppelfunktion tätig, muss sie nur einmal unterschreiben. Die erforderliche Unterschrift eines Wohnungseigentümers kann auch von einem Mitglied des Verwaltungsbeirats geleistet werden (OLG Hamm, 8.7.2011, I-15 W 183/11). Sie sind aber nur dann zur Unterschriftsleistung verpflichtet, wenn sie auch selbst an der Eigentümerversammlung teilgenommen haben. Denn durch die Unterschrift der genannten Personen soll die inhaltliche Richtigkeit des Protokolls bestätigt werden (vgl. AG Hamburg-Wandsbek, 21.9.2006, 715 II 53/05). Fehlen auf dem Protokoll Unterschriften, so mindert das seinen Beweiswert.

Achtung: Unterschrift unter dem Protokoll !

Nimmt der Verwalter oder der Verwaltungsbeiratsvorsitzende an der Versammlung nicht teil, so kann er auch nicht das Protokoll unterzeichnen. Ist der Vorsitzende des Verwaltungsbeirats zugleich Versammlungsleiter, so ist seine Unterschrift als Versammlungsleiter ausreichend, er muss nicht noch in seiner Funktion als Beiratsvorsitzender unterschreiben. Die Unterschrift kann in diesem Fall sein Stellvertreter leisten, sofern dieser an der Versammlung teilgenommen hat.

Fehlt die Unterschrift eines Wohnungseigentümers oder des Verwaltungsbeiratsvorsitzenden oder seines Stellvertreters, so kommt ein gefasster Beschluss dennoch zustande. Die Unterzeichnung des Protokolls ist hierfür keine Wirksamkeitsvoraussetzung. Etwas anderes gilt dann, wenn die Gemeinschaftsordnung der WEG eine Vereinbarung darüber enthält, dass die Protokollierung und Unterzeichnung Gültigkeitsvoraussetzung der Beschlussfassung ist (sogenannte qualifizierte Protokollierungsklausel). Ein Verstoß gegen diese Bestimmung führt dann zur Anfechtbarkeit und Ungültigerklärung des Beschlusses (BGH, 30.3.2012, V ZR 178/11). Macht die Teilungserklärung die Gültigkeit der Beschlüsse der Wohnungseigentümer von der Protokollierung und der Unterzeichnung durch den Verwalter und zwei von der Versammlung bestimmten Wohnungseigentümern abhängig (sogenannte qualifizierte Protokollierungsklausel), ist in der Versammlung aber nur der Verwalter anwesend, der zugleich Mehrheitseigentümer ist, genügt es, wenn er das Protokoll unterzeichnet (BGH, 25.9.2015, V ZR 203/14). Ein Verstoß gegen die konstitutive Regelung der Gemeinschaftsordnung, dass zur Gültigkeit von Beschlüssen der Eigentümergemeinschaft die Protokollierung und die Unterschrift von zwei von der Gemeinschaft bestimmten Wohnungseigentümern erforderlich ist, hat die Anfechtbarkeit der Beschlüsse zur Folge. Selbst bei unberechtigter

Verweigerung der Unterschrift muss ein Verfahren gegen den verweigernden Eigentümer auf Leistung der entsprechenden Unterschrift geführt werden; dies kann mit dessen Beschlussanfechtungsklage verbunden werden (LG Dortmund, 16.8.2016, 1 S 35/16).

!

Beispiele: Fehler im Protokoll

Fehler bei der Unterzeichnung
Die Gemeinschaftsordnung enthält die Regelung, dass für die Gültigkeit der in der Versammlung gefassten Beschlüsse das Versammlungsprotokoll vom Verwalter und einem von der Versammlung bestimmten Wohnungseigentümer zu unterzeichnen ist. Tatsächlich wird das Protokoll nicht von einem von der Versammlung bestimmten Eigentümer unterzeichnet, sondern von einem nicht bestellten Verwaltungsbeirat. Folge: Auf Anfechtung hin sind die Beschlüsse für ungültig zu erklären (OLG Hamburg, 7.2.2005, 2 Wx 45/02).

Fehlende Unterschrift
Die Gemeinschaftsordnung bestimmt, dass zur Gültigkeit eines Beschlusses die Unterschrift des Versammlungsvorsitzenden und auch die Unterschriften von zwei Miteigentümern oder Verwaltungsbeiräten auf dem Protokoll erforderlich sind. Tatsächlich hat nur ein Wohnungseigentümer das Protokoll unterschrieben. Folge: Die gefassten Beschlüsse sind auf Anfechtung hin für ungültig zu erklären, wenn nicht die Unterschrift im gerichtlichen Verfahren nachgeholt wird (OLG München, 7.8.2007, 34 Wx 3/05, NZM 2007, 772).

Gleichermaßen kann durch Vereinbarung geregelt werden, dass die Niederschrift notariell beurkundet werden muss oder die Unterschriften zu beglaubigen sind. Enthält die Gemeinschaftsordnung die Regelung, dass im Fall der Veräußerung eines Sondereigentums die Zustimmung des Verwalters erforderlich ist, so muss dieser seine Verwalterstellung gemäß §29 Grundbuchordnung (GBO) in notariell beglaubigter Form nachweisen können. Bei den Kosten der Unterschriftsbeglaubigung handelt es sich um Gemeinschaftskosten.

3.3 Frist

Eine gesetzlich geregelte Frist, in der das Protokoll anzufertigen ist, existiert nicht. In der Rechtsprechung hat sich jedoch die Ansicht durchgesetzt, dass die Niederschrift in angemessener Frist vor Ablauf der Anfechtungsfrist – diese beträgt einen Monat – gemäß §46 Abs. 1 Satz 2 WEG, spätestens jedoch eine Woche vor deren Ablauf, vorzulegen ist (BayObLG, 20.3.2001, 2Z BR 101/00, NZM 2001, 754; OLG Frankfurt/Main, 23.8.1990, 20 W 165/90, WuM 1990, 461).

Achtung: Beginn der Frist

Die Beschlussanfechtungsfrist von einem Monat beginnt zum Zeitpunkt der jeweiligen Beschlussfassung und nicht erst mit Kenntnisnahme des Protokolls.

!

Auch wenn ein Eigentümer nicht an der Versammlung teilgenommen hat, ist es ihm zuzumuten, dass er rechtzeitig vor Ablauf der Anfechtungsfrist Erkundigungen über die gefassten Beschlüsse einholt. Die Vorgehensweise der vorsorglichen Anfechtung sämtlicher in der Eigentümerversammlung gefassten Beschlüsse für den Fall, dass das Protokoll vom Verwalter nicht rechtzeitig zur Verfügung gestellt wird, ist seit Einführung der sogenannten Beschlusssammlung nur noch eingeschränkt möglich (LG München I, 6.2.2008, 1 T 22613/07). Eigentümer müssen zunächst von ihrem Einsichtsrecht in die Beschlusssammlung Gebrauch machen, denn der Versammlungsvorsitzende ist verpflichtet, sämtliche in der Versammlung gefassten Beschlüsse mit ihrem genauen Wortlaut unverzüglich nach der Versammlung darin einzutragen. Wenn ein Eigentümer also sein Einsichtsrecht in die Beschlusssammlung oder das Versammlungsprotokoll nachweislich eingefordert hat, verweigert aber der Verwalter die Einsichtnahme pflichtwidrig und droht der Ablauf der Anfechtungsfrist von einem Monat, so ist eine vorsorgliche Anfechtung aller in der Versammlung gefassten Beschlüsse denkbar.

Die Eigentümer haben gemäß §24 Abs. 6 Satz 3 WEG jederzeit das Recht, das Protokoll einzusehen. Dieses Recht kann auf Dritte übertragen werden, etwa Kaufinteressenten oder Mieter, und umfasst auch die Anfertigung von Abschriften. Erstellt der Verwalter Kopien des Protokolls, so ist der Eigentümer zur Kostenerstattung hierfür verpflichtet.

Strittig ist, ob die Wohnungseigentümer lediglich ein Einsichtsrecht in die Niederschrift haben oder ob der Verwalter die Protokolle an die Wohnungseigentümer übersenden muss. Die gesetzliche Regelung des §24 Abs. 6 WEG sieht nur vor, dass die Wohnungseigentümer berechtigt sind, die Niederschrift einzusehen. Eine Pflicht zur Versendung des Protokolls hat der Verwalter jedenfalls dann, wenn die Gemeinschaftsordnung oder der Verwaltervertrag dies vorsieht oder in der Vergangenheit eine entsprechende Übung bestand.

Tipp: Vereinbarung im Verwaltervertrag

Oftmals lassen sich Verwalter mit der Erstellung des Protokolls sehr viel Zeit, sodass die Wohnungseigentümer die Niederschrift erst Wochen oder Monate nach der Versammlung erhalten. Zu diesem Zeitpunkt kann bereits die Frist zur Anfechtung von Beschlüssen von einem Monat abgelaufen sein. Sofern die Gemeinschaftsordnung keine Regelung über die Versendung des Protokolls enthält, ist es empfehlenswert, eine Vereinbarung hierüber in den Verwaltervertrag aufzunehmen.

!

3.4 Fehlerhaftes Protokoll

Wird die Versammlungsniederschrift nicht richtig oder unvollständig erstellt, kann jeder Wohnungseigentümer einen Anspruch auf Berichtigung geltend machen, erforderlichenfalls auch einen Berichtigungsantrag beim Wohnungseigentumsgericht stellen. Ein Berichtigungsanspruch besteht, wenn

- ein Wohnungseigentümer durch den Inhalt des Protokolls rechtswidrig beeinträchtigt wird, zum Beispiel Verletzung des Persönlichkeitsrechts gemäß §§823, 1004 BGB oder
- eine von ihm abgegebene rechtsgeschäftliche erhebliche Willenserklärung falsch protokolliert wurde oder
- der Inhalt der Niederschrift nicht den Grundsätzen ordnungsgemäßer Verwaltung entspricht.

Bei jedem Berichtigungsbegehren muss geprüft werden, ob ein falsch wiedergegebener Beschlusstext Auswirkung auf das Beschlussergebnis hat; falls nicht, ist das Berichtigungsbegehren unerheblich, es fehlt das Rechtsschutzbedürfnis (LG Hamburg, 31.8.2012, 318 S 8/12). Ein Rechtsschutzinteresse an der gerichtlichen Geltendmachung eines Protokollberichtigungsanspruchs ist nur gegeben, wenn sich die Rechtsposition durch die begehrte Änderung verbessern oder zumindest rechtlich erheblich ändern würde. Dies ist insbesondere nicht der Fall, wenn wegen Bagatellen inhaltlicher oder formeller Art Berichtigungen verlangt werden, die auf die Auslegung von Wohnungseigentümerbeschlüssen keine Auswirkung haben (LG Dresden, 22.5.2013, 2 S 311/12; KG Berlin, 20.3.1989, 24 W 3239/88, WuM 1989, 347; LG Frankfurt/Main, 12.10.2017, 2-13 S 107/17).

Kein Berichtigungsanspruch besteht wegen unerheblicher sprachlicher Feinheiten, ebenfalls bei falscher Wiedergabe der abgegebenen Ja- und Nein-Stimmen, wenn sich dies nicht auf das Abstimmungsergebnis ausgewirkt hat (BayObLG, 28.2.1991, 2Z 144/90). Dem Verwalter ist es gestattet, Schreibfehler in der Niederschrift zu berichtigen (AG Freising, 14.1.2005, 2 UR II 9/04, WE 2005, 152). Für eine Berichtigung der Niederschrift in Bezug auf die Abstimmung besteht auch kein Rechtsschutzinteresse, wenn unstreitig protokollierte Beschlüsse mit bestimmtem Inhalt verkündet und diese nicht mit der Anfechtungsklage angegriffen wurden, sondern bestandskräftig sind (LG Frankfurt/Main, 23.12.2016, 2-13 S 100/15).

Ob auch für den Berichtigungsanspruch die Monatsfrist des §46 Abs. 1 WEG gilt, ist umstritten. Im Fall der Geltendmachung eines Berichtigungsanspruchs sollte sie daher jedenfalls vorsorglich beachtet werden. Zudem ist zu beachten, dass in diesem Fall Beklagter die Verwaltung ist und nicht die Wohnungseigentümergemeinschaft, da diese mangels Beschlusskompetenz hierfür überhaupt nicht zuständig ist (AG Freising, 14.1.2005, 2 UR II 9/04, WE 2005, 152; AG Kassel, 28.4.2004, 800 II 114/03, ZMR 2004, 711).

Beispiel: Verstoß gegen den Grundsatz ordnungsgemäßer Verwaltung

!

Wird der Beschlussinhalt im Protokoll völlig falsch, unvollständig oder überhaupt nicht wiedergegeben, so liegt ein Verstoß gegen den Grundsatz der ordnungsgemäßen Verwaltung gemäß §21 Abs. 4 WEG und dem hieraus abgeleiteten Ermessen des Versammlungsleiters zur Erstellung der Niederschrift vor (BayObLG, 21.2.1991, 2Z BR 2/91).

MUSTER: Protokoll

ARBEITSHILFE ONLINE

Josef Steinmann Hausverwaltungs GmbH | Arnoldstr. 30 | 80123 München

Tel. 089 123456 | Fax 089 123457

An die

Eigentümer der WEG

Tannstr. 100

80123 München

München, 8.5.2018

Protokoll der ordentlichen Eigentümerversammlung der Wohnungseigentümergemeinschaft Tannstraße 100, 80123 München vom Donnerstag, 8.5.2018 um 18.00 Uhr in der Gaststätte »Zur Eiche«, Tannstraße 1, 80123 München.

Teilnehmer: Die Josef Steinmann Hausverwaltungs GmbH als Verwalterin, vertreten durch Herrn Steinmann (Versammlungsleiter) und Frau Müller, sowie Teilnehmer gemäß Anwesenheitsliste und Vollmachten, die dem Originalprotokoll beiliegen.

Tagesordnung laut Einladung

1. Begrüßung, Feststellung der ordnungsgemäßen Einberufung und der Beschlussfähigkeit der Versammlung
2. Bericht des Verwalters und des Verwaltungsbeirats über die Jahresabrechnung 2017 sowie Genehmigung der Gesamt- und Einzelabrechnungen 2017
3. Entlastung der Verwaltung für das Wirtschaftsjahr 2017
4. Entlastung des Verwaltungsbeirats für das Wirtschaftsjahr 2017
5. Genehmigung des Wirtschaftsplans 2018
6. Sicherheitstechnische Bewertung durch TÜV/Mängelbeseitigung
7. Instandhaltungsmaßnahme hofseitige Fassade
   - Art, Umfang, Ausführungszeitraum und Auftragsvergabe der Maßnahme
   - Finanzierung der Maßnahme
8. Streichen des Treppenhauses
9. Mängelgewährleistung Tiefgarage
   - Reparaturbedarf, Investitionsvolumen, Auftragsvergabe

10. Neuwahl/Wiederwahl des Verwalters zum 1.1.2019
11. Sonstiges

Zu TOP 1

Herr Steinmann stellt fest, dass die Einladung zur Eigentümerversammlung form- und fristgerecht mit Schreiben vom 12.4.2018 erfolgte. Es sind 543/1000stel Miteigentumsanteile und hiermit 24 von 40 Wohnungseigentümern anwesend bzw. durch Vollmachten vertreten. Die Versammlung ist somit zu Beginn um 18.15 Uhr beschlussfähig. Ab 18.55 Uhr sind 590/1000stel Miteigentumsanteile und hiermit 26 von 40 Wohnungseigentümern vertreten. Ab 21.05 Uhr sind nur noch 520/1.000stel Miteigentumsanteile und 23 von 40 Wohnungseigentümern anwesend oder vertreten. Beschlussfähigkeit lag bis zum Ende der Versammlung vor. Für die vertretenen Miteigentumsanteile wurden dem Versammlungsvorsitzenden Vollmachten vorgelegt, die dem Originalprotokoll als Anhang beigefügt werden.

Zu TOP 2

Der Verwaltungsbeiratsvorsitzende Herr Meier berichtet über die Prüfung der Abrechnungsunterlagen, die am 14.3.2018 vorgenommen wurde. Beanstandungen wurden, soweit vorhanden, von der Verwaltung berichtigt. Der Verwalter erläutert im Weiteren die den Eigentümern vorab übersandte Abrechnung, insbesondere die Positionen mit Kostensteigerungen, und beantwortet Fragen einzelner Eigentümer.

Beschluss Nr. 1: Die vorgelegten Gesamt- und Einzelabrechnungen 2017 werden genehmigt.

Abstimmung: Ja-Stimmen: 543/1000stel, Nein-Stimmen: 0, Enthaltungen: 0

Beschlussfeststellung: Der Beschluss ist einstimmig angenommen.

Zu TOP 3

Pflichtverletzungen des Verwalters oder Schadensersatzansprüche gegen den Verwalter aus seiner Amtstätigkeit im Jahr 2017 sind nicht ersichtlich. Daher ist es angemessen, dem Verwalter Entlastung zu erteilen.

Beschluss Nr. 2: Der Verwaltung wird für das Wirtschaftsjahr 2017 Entlastung erteilt.

Abstimmung: Ja-Stimmen: 543/1000stel, Nein-Stimmen: 0, Enthaltungen: 0

Beschlussfeststellung: Der Beschluss ist einstimmig angenommen.

Zu TOP 4

Pflichtverletzungen des Verwaltungsbeirats oder Schadensersatzansprüche gegen den Verwaltungsbeirat aus seiner Amtstätigkeit im Jahr 2017 sind nicht ersichtlich. Daher ist es angemessen, dem Verwaltungsbeirat Entlastung zu erteilen. Der Verwalter bedankt sich für das große Engagement und die gute Zusammenarbeit von Verwaltung und Beirat.

Beschluss Nr. 3: Die Mitglieder des Verwaltungsbeirats werden für das Wirtschaftsjahr 2017 entlastet.

Abstimmung: Ja-Stimmen: 427/1000stel, Nein-Stimmen: 29/1000stel, Enthaltungen: 87/1000stel (Beirat)

Beschlussfeststellung: Der Beschluss ist mehrheitlich angenommen.

Zu TOP 5

Gemäß dem den Eigentümern vorab übersandten vorliegenden Wirtschaftsplan für 2018 sind Einnahmen in Höhe von 100.000 EUR vorgesehen, denen Ausgaben von ca. 120.000 EUR gegenüberstehen. Daraus ergibt sich ein Fehlbetrag in Höhe von 20.000 EUR, der primär aus der Erhöhung der Heizkosten resultiert. Es wird empfohlen, das Wohngeld gemäß den vorliegenden Einzelwirtschaftsplänen anzupassen.

Der Verwalter stellt fest, dass nunmehr 190/1.000stel Miteigentumsanteile anwesend bzw. vertreten sind.

Beschluss Nr. 4: Der Gesamtwirtschaftsplan und die Einzelwirtschaftspläne 2018 werden genehmigt. Das in den Einzelwirtschaftsplänen ausgewiesene Wohngeld wird ab dem 1.7.2018 fällig gestellt. Dieser Wirtschaftsplan gilt auch für das Folgejahr fort, bis ein neuer beschlossen wird.

Abstimmung: Ja-Stimmen: 571/1000stel, Nein-Stimmen: 0, Enthaltungen: 19/1000stel

Beschlussfeststellung: Der Beschluss ist ohne Gegenstimmen angenommen.

Zu TOP 6

Die Empfehlung des TÜV zur Beseitigung der festgestellten Mängel sieht eine Frist von fünf Jahren vor. In Betracht kommt eine Voll- oder Teilsanierung des Aufzugs. Hierzu ist ein Ortstermin mit dem Aufzugsdienst zur Beratung der weiteren Vorgehensweise ratsam.

Beschluss Nr. 5: Noch in diesem Jahr wird mit dem Aufzugsdienst, dem Verwaltungsbeirat und der Verwaltung bei einem Ortstermin erörtert, welche Mängel zwingend in diesem Jahr zu beheben sind. Diese Arbeiten werden in Absprache mit dem Verwaltungsbeirat in Auftrag gegeben. Im Hinblick auf die übrigen Mängel soll ein Zeitplan mit Kostenübersicht in der nächsten ordentlichen Eigentümerversammlung vorgelegt werden.

Abstimmung: Ja-Stimmen: 590/1000stel, Nein-Stimmen: 0, Enthaltungen: 0

Beschlussfeststellung: Der Beschluss ist einstimmig angenommen.

Zu TOP 7

Die Verwaltung erläutert, dass die Sanierung der hofseitigen Fassade dringend erforderlich ist. Herr Kober von der Firma Blitzsanierung wurde zur Versammlung eingeladen, um Fragen der Wohnungseigentümer zu beantworten. Laut Vorgabe in der letzten Eigentümerversammlung liegt ein Angebot für die Sanierung in Höhe von ca. 65.000 EUR vor.

Der Eigentümer Meier erläutert seine Ansicht, dass eine Sanierung erst in fünf Jahren fällig sei, und bemängelt, dass keine weiteren Angebote eingeholt wurden. Das vorgelegte Angebot gehe von völlig falschen Abmessungen aus und die Art und Weise der Ausführung entspräche nicht den neuesten Methoden. Er kündigt bereits jetzt an, dass er eine positive Beschlussfassung anfechten werde.

Nach eingehender Diskussion ergeht dennoch folgender Antrag:

Beschluss Nr. 6: Die Verwaltung wird beauftragt, die Firma Blitzsanierung mit der Sanierung der hofseitigen Fassade laut vorliegendem Angebot zu beauftragen. Die Arbeiten sollen im Juni 2018 beginnen. Die Finanzierung der Maßnahme erfolgt aus der Rücklage.

Abstimmung: Ja-Stimmen: 512/1000stel, Nein-Stimmen: 78/1000stel, Enthaltungen: 0

Beschlussfeststellung: Der Beschluss ist mehrheitlich angenommen.

Zu TOP 8

Das Treppenhaus bedarf eines neuen Anstrichs. Die Kosten für das Streichen von Decken und Wänden betragen circa 6.000 EUR. Seitens der Eigentümer wird angesprochen, dass primär eine Erneuerung der Haustür notwendig ist. Aufgrund der derzeitigen finanziellen Lage der Eigentümergemeinschaft wäre die Durchführung der Arbeiten nur durch eine Sonderumlage finanzierbar.

Beschluss Nr. 7: Der Verwalter wird beauftragt, die Malerarbeiten zum Streichen des Treppenhauses bis zu einem Kostenaufwand in Höhe von 6.000 EUR in Auftrag zu geben.

Abstimmung: Ja-Stimmen: 72/1000stel, Nein-Stimmen: 498/1000stel, Enthaltungen: 20/1000stel

Beschlussfeststellung: Der Beschluss ist mehrheitlich abgelehnt.

Zu TOP 9

Der Verwalter erläutert, dass nach der Großsanierung der Tiefgarage im Jahr 2016 an den Wänden zum Nachbaranwesen Tannstr. 102 immer wieder großflächige Feuchtigkeitsflecken auftreten. Die Mängelgewährleistungsfrist gegenüber der die Sanierung durchführenden Firma Bandel ist noch nicht abgelaufen. Zunächst wäre es empfehlenswert, einen Sachverständigen mit der Mängelbegutachtung zu beauftragen.

Beschluss Nr. 8: Der Verwalter wird beauftragt, einen vereidigten Bausachverständigen mit der Begutachtung der Feuchtigkeitsschäden in der Tiefgarage zu beauftragen. Er wird vorsorglich ermächtigt, ein selbstständiges Beweissicherungsverfahren im eigenen Namen oder im Namen der Wohnungseigentümergemeinschaft einzuleiten sowie Gewährleistungsansprüche gegen die Firma Bandel außergerichtlich sowie gerichtlich mithilfe eines zu beauftragenden Rechtsanwalts geltend zu machen.

Abstimmung: Ja-Stimmen: 590/1000stel, Nein-Stimmen: 0, Enthaltungen: 0

Beschlussfeststellung: Der Beschluss ist einstimmig angenommen.

Zu TOP 10

Der bestehende Verwaltervertrag läuft zum 31.12.2018 aus. Die Josef-Steinmann-Hausverwaltungs-GmbH würde die Verwaltung gerne weiter fortführen und bietet die Verlängerung zu folgenden Konditionen an: Verwaltervergütung in Höhe von 17,30 EUR pro Wohneinheit und 3,50 EUR pro Teileigentum zuzüglich der gesetzlichen Mehrwertsteuer für die Zeit vom 1.1.2019 bis 31.12.2021. Der Verwaltungsbeirat erläutert, dass die Firma Josef-Steinmann-Hausverwaltungs-GmbH großartige Arbeit leiste und aus diesem Grund keine Alternativangebote eingeholt wurden. Einzelne Eigentümer äußern sich zur Arbeit der Verwaltung. Sie sind im Großen und Ganzen zufrieden, möchten jedoch die Verlängerung des Verwaltervertrags auf zwei Jahre beschränken.

Die Eigentümer Bauer, Gruber und Müller verlassen noch vor der Beschlussfassung die Eigentümerversammlung. Der Versammlungsleiter stellt fest, dass nunmehr noch 520/1.000stel Miteigentumsanteile und 23 von 40 Wohnungseigentümern anwesend oder vertreten sind, die Versammlung ist damit nach wie vor beschlussfähig.

Beschluss Nr. 9: Die Josef-Steinmann-Hausverwaltungs-GmbH wird für die Zeit vom 1.1.2019 bis 31.12.2020 zu Kosten in Höhe von monatlich 17,30 EUR je Wohneigentum und 3,50 EUR je Teileigentum zuzüglich Mehrwertsteuer zum Verwalter bestellt. Der bestehende Verwaltervertrag verlängert sich entsprechend.

Abstimmung: Ja-Stimmen: 480/100stel, Nein-Stimmen: 40/1000stel, Enthaltungen: 0

Beschlussfeststellung: Der Beschluss ist mehrheitlich angenommen.

Zu TOP 11

Es wird darum gebeten, alle drei Müllcontainer gleichmäßig zu befüllen und nicht den Müll neben den Containern abzustellen.

Die Eigentümer werden aufgefordert, die Ruhezeiten gemäß der Hausordnung einzuhalten. Dies gilt auch, wenn Wohnungen renoviert werden. Vermietende Eigentümer informieren bitte entsprechend ihre Mieter.

Der Eigentümer Herr Schlau weist darauf hin, dass mittelfristig die Sanierung der straßenseitigen Balkone erforderlich werden wird.

Eine Beschlussfassung erfolgt im **TOP »Sonstiges«** nicht.

Nachdem keine weiteren Wortmeldungen mehr erfolgen, bedankt sich der Verwalter bei den anwesenden Eigentümern für die rege Teilnahme an der Versammlung und schließt diese um 21.46 Uhr.

....

[Ort, Datum]

....

[Unterschrift Verwalter]

....

[Ort, Datum]

....

[Unterschrift Beiratsvorsitzender]

....

[Ort, Datum]

....

[Unterschrift Eigentümer]

3.5 Checkliste zum Protokoll

1. Von der Versammlung muss ein schriftliches Protokoll erstellt werden. Dies kann ein reines Ergebnis- oder Beschlussprotokoll sein. Ein genaues Ablaufprotokoll ist nicht erforderlich.
2. Zuständig und verantwortlich für die ordnungsgemäße Protokollerstellung ist der Versammlungsvorsitzende. Die Wohnungseigentümer können dies jedoch durch Beschluss an jemanden übergeben.
3. Den Inhalt des Protokolls kann der Versammlungsvorsitzende nach seinem pflichtgemäßen Ermessen bestimmen. Folgendes sollte jedoch enthalten sein:
   - Bezeichnung der Wohnungseigentümergemeinschaft,
   - Versammlungstag und -ort,
   - Zeitpunkt der Eröffnung der Versammlung,
   - Angabe des Versammlungsleiters, ggf. seiner Hilfspersonen,
   - Anwesenheit von Gästen oder Beratern,
   - Feststellung der ordnungsgemäßen Einberufung der Versammlung und Beschlussfähigkeit unter Angabe der anwesenden oder vertretenen Stimmen,
   - Bezeichnung des Tagesordnungspunkts,
   - kurze Inhaltsangabe des Tagesordnungspunkts und zum Verständnis erforderliche Erläuterungen oder Diskussionsbeiträge,
   - genaue Formulierung des Beschlussantrags,
   - Abstimmungsergebnisse (Ja-, Nein-Stimmen, Enthaltungen),
   - Beschlussfeststellung durch den Versammlungsleiter,
   - Zeitpunkt der Schließung der Versammlung,
   - Unterschriften.
4. Das Protokoll sollte spätestens eine Woche vor Ablauf der Beschlussanfechtungsfrist zur Einsichtnahme bereitliegen. Besteht eine Versendungspflicht, zum Beispiel nach der Gemeinschaftsordnung, dem Verwaltervertrag oder jahrelanger Übung, muss es bis dahin den Wohnungseigentümern zugegangen sein. Achtung: Die Beschlussanfechtungsfrist beginnt mit dem Zeitpunkt der Beschlussfassung und nicht erst mit dem Zugang des Versammlungsprotokolls.
5. Für weitere Form- und Fristvorschriften immer bestehende Regelungen der Gemeinschaftsordnung beachten!
6. Die Protokolle geben die Beschlusslage der Gemeinschaft wieder, die darin enthaltenen Beschlüsse wirken auch gegen Rechtsnachfolger. Sie zählen daher zu den Verwaltungsunterlagen der Wohnungseigentümergemeinschaft und sind unbefristet aufzubewahren.
7. Jedem Wohnungseigentümer steht das Recht zu, in die Versammlungsniederschrift Einsicht zu nehmen.

4 Rund um die Beschlüsse

Der Leiter der Versammlung muss wissen, wie er mit den Beschlüssen in einer Eigentümerversammlung umzugehen hat. Dabei sind einige Dinge zu beachten.

4.1 Die Beschlusssammlung

§24 Abs. 7 WEG

»Es ist eine Beschlusssammlung zu führen. Die Beschlusssammlung enthält nur den Wortlaut

- *der in der Versammlung verkündeten Beschlüsse mit Angabe von Ort und Datum der Versammlung,*
- *der schriftlichen Beschlüsse mit Angabe von Ort und Datum der Verkündung,*
- *der Urteilsformeln der gerichtlichen Entscheidungen in einem Rechtsstreit gemäß §43 mit Angabe ihres Datums, des Gerichts und der Parteien,*

soweit diese Beschlüsse und gerichtlichen Entscheidungen nach dem 1.7.2007 ergangen sind. Die Beschlüsse und gerichtlichen Entscheidungen sind fortlaufend einzutragen und zu nummerieren. Sind sie angefochten oder aufgehoben worden, so ist dies anzumerken. Im Fall einer Aufhebung kann von einer Anmerkung abgesehen und die Eintragung gelöscht werden. Eine Eintragung kann auch gelöscht werden, wenn sie aus einem anderen Grund für die Wohnungseigentümer keine Bedeutung mehr hat. Die Eintragungen, Vermerke und Löschungen gemäß den Sätzen 3 bis 6 sind unverzüglich zu erledigen und mit Datum zu versehen. Einem Wohnungseigentümer oder einem Dritten, den ein Wohnungseigentümer ermächtigt hat, ist auf Verlangen Einsicht in die Beschlusssammlung zu geben.

§24 Abs. 8 WEG

Die Beschlusssammlung ist von dem Verwalter zu führen. Fehlt ein Verwalter, so ist der Vorsitzende der Wohnungseigentümerversammlung verpflichtet, die Beschlusssammlung zu führen, sofern die Wohnungseigentümer durch Stimmenmehrheit keinen anderen für diese Aufgabe bestellt haben.«

Der Verwalter ist gemäß §24 Abs. 7, 8 WEG verpflichtet, eine Beschlusssammlung zu führen. Sie dient der Information und der besseren Übersicht über die in einer Wohnungseigentümergemeinschaft gefassten Beschlüsse. Insbesondere Rechtsnachfolger, für die gemäß §10 Abs. 4 WEG alle gefassten Beschlüsse bindend sind, können sich durch die Beschlusssammlung vor ihrem Eintritt in die Wohnungseigentümergemeinschaft über ihre Rechte und Pflichten informieren. Dies ist umso wichtiger bei Beschlüssen, die aufgrund einer Öffnungsklausel gefasst wurden, die Gemeinschaftsordnung abgeändert haben und mangels der Verpflichtung zur Eintragung in das Grundbuch für den Rechtsnachfolger nicht offensichtlich sind – zum Beispiel Änderung der Kostenverteilung oder Regelungen über Zahlungsverpflichtungen. Auch für alle anderen Wohnungseigentümer gibt die Beschlusssammlung Aufschluss über Beschlüsse, die sie nicht mehr nachvollziehen können.

Die Verpflichtung zur Eintragung gilt erst für ab dem 1.7.2007 gefasste Beschlüsse, sodass über »Altbeschlüsse« nur die Protokollsammlung einen Überblick geben kann. Die vorhandenen »Altbeschlüsse« müssen nicht in die Beschlusssammlung aufgenommen werden.

!

Tipp: Beschlusssammlung

Auch wenn der Gesetzgeber nicht vorschreibt, dass alte Beschlüsse in die Beschlusssammlung aufgenommen werden müssen, empfiehlt sich diese Vorgehensweise trotz des erheblichen Verwaltungsaufwands. In vielen Fällen können Verwalter alte Beschlüsse der Gemeinschaft selbst nicht mehr nachvollziehen, oftmals wenn der Verwalter gewechselt hat und möglicherweise die Verwaltungsunterlagen nicht vollständig sind. Ein eindeutiger Überblick über die Beschlusslage in der Eigentümergemeinschaft kann Fehler vermeiden und die Verwaltung erleichtern. Ferner können die Wohnungseigentümer einen Beschluss fassen und dem Verwalter diese Aufgabe übertragen, auch wenn der Verwalter nicht zur Aufnahme von »Altbeschlüssen« in die Beschlusssammlung verpflichtet ist. Ein solcher Beschluss entspricht ordnungsgemäßer Verwaltung. Da diese Aufgabe aber nicht zu den regelmäßigen Verwalteraufgaben zählt, wird ihm hierfür eine Sondervergütung zuzubilligen sein.

!

Achtung: Protokoll

Die Führung der Beschlusssammlung entbindet den Versammlungsvorsitzenden nicht von seiner Verpflichtung, ein ordnungsgemäßes Protokoll über die Eigentümerversammlung zu erstellen. Das Protokoll ergänzt die Beschlusssammlung, da sie umfangreichere Informationen zu den Beschlussgegenständen wiedergibt.

4.1.1 Was muss in der Beschlusssammlung stehen?

In die Beschlusssammlung müssen gemäß §24 Abs. 7 Satz 2 WEG

- alle in Wohnungseigentümerversammlungen verkündeten Beschlüsse mit Angabe von Ort und Datum der Versammlung,

- alle schriftlichen Beschlüsse gemäß §23 Abs. 3 WEG sowie
- alle Urteilsformeln wohnungseigentumsrechtlicher Entscheidungen gemäß §43 WEG

eingetragen werden.

4.1.1.1 Beschlüsse

In die Beschlusssammlung sind alle Beschlüsse der Wohnungseigentümergemeinschaft mit ihrem genauen Wortlaut einzutragen. Dies gilt unabhängig davon, ob sie auf einer ordentlichen oder außerordentlichen Eigentümerversammlung oder im schriftlichen Umlaufverfahren zustande gekommen sind.

Hiervon erfasst sind auch die sogenannten Negativbeschlüsse. Es müssen nicht nur die Beschlüsse eingetragen werden, die positiv zustande gekommen sind, sondern auch die Beschlussanträge, die abgelehnt wurden. Nichtige Beschlüsse sind nicht einzutragen. Da der Verwalter oftmals nicht zweifelsfrei erkennen kann, ob ein Beschluss bereits nichtig oder nur anfechtbar ist, sollte im Zweifel auch ein solcher Beschluss in die Beschlusssammlung aufgenommen werden.

Bei den Beschlüssen sind Angaben zu Ort und Datum der Eigentümerversammlung zu vermerken (AG München, 28.6.2008, 485 C 602/07). Bei schriftlichen Beschlüssen sind der Ort und das Datum der Verkündung, zum Beispiel Versendung des Rundschreibens an die Eigentümer, anzugeben. Zudem hat eine Eintragung zu erfolgen, ob der Beschluss angenommen oder abgelehnt, bestandskräftig, aufgehoben oder gelöscht ist.

Weiter ist darauf zu achten, dass Schriftstücke, auf die im Beschlusstext Bezug genommen wird, der Beschlusssammlung als Anlage beigefügt werden müssen (BGH, 8.4.2016, V ZR 104/15). Dies können zum Beispiel sein:

- Abrechnungen,
- Wirtschaftspläne,
- Angebote,
- Beschreibungen,
- Gutachten,
- Lichtbilder,
- Stellungnahmen,
- Verträge,
- Zeichnungen und Pläne.

! **Achtung: Öffnungsklauselbeschlüsse**

Beschlüsse, die aufgrund einer Öffnungsklausel gefasst werden, ändern abdingbare gesetzliche Regelungen oder Vereinbarungen der Teilungserklärung/Gemeinschaftsordnung und sind daher von ganz wesentlicher Bedeutung. Solche Beschlüsse sollten in der Beschlusssammlung besonders hervorgehoben werden, zum Beispiel durch Fettdruck. Auch bei Beschlüssen, die aufgrund einer Öffnungsklausel gefasst werden, handelt es sich um Beschlüsse, die in die Beschlusssammlung eingetragen werden müssen. §10 Abs. 4 WEG könnte diesbezüglich in die Irre führen, die Regelung stellt jedoch lediglich klar, dass solche Beschlüsse auch gegen Sondernachfolger wirken, ohne dass eine Eintragung in das Grundbuch zu erfolgen hat. Die Eintragung in die Beschlusssammlung ist in jedem Fall erforderlich.

4.1.1.2 Ausnahme für Geschäftsordnungsbeschlüsse?

Beschlüsse zur Geschäftsordnung (siehe auch Kapitel 2.4 und 4.3.5) erledigen sich in der Regel mit Ende der Eigentümerversammlung und haben aus diesem Grund keine wesentliche Bedeutung für die Zukunft. Daher erscheint es fraglich, ob auch sie in die Beschlusssammlung aufgenommen werden müssen.

Eine isolierte Anfechtung von Geschäftsordnungsbeschlüssen wird zumindest dann für zulässig erachtet, wenn ihr Inhalt in die Zukunft wirkt. Wird ein gerichtliches Verfahren angestrengt und ein Urteil gefällt, so liegt eine gerichtliche Entscheidung vor, die in jedem Fall in die Beschlusssammlung aufzunehmen ist. Zudem sieht der Wortlaut des §24 Abs. 7 Satz 2 Nr. 1 WEG keine Differenzierung von Geschäftsordnungsbeschlüssen und sonstigen Beschlüssen vor.

Wegen des geringen Aufwands ist es daher zu empfehlen, auch Geschäftsordnungsbeschlüsse, sofern sie nicht völlig bedeutungslos sind, aus Gründen der Vollständigkeit in die Beschlusssammlung mit aufzunehmen. Damit die Beschlusssammlung übersichtlich bleibt, ermöglicht es §24 Abs. 7 Satz 6 WEG, dass Eintragungen, die für die Wohnungseigentümer keine Bedeutung mehr haben, gelöscht werden, zum Beispiel nach Ablauf der Anfechtungsfrist.

4.1.1.3 Gerichtliche Entscheidungen

In die Beschlusssammlung sind alle Gerichtsentscheidungen gemäß §43 Nr. 1 bis 5 WEG unabhängig von ihrer Rechtskraft aufzunehmen. Hierzu zählen Streitigkeiten

- über die sich aus der Gemeinschaft der Wohnungseigentümer und aus der Verwaltung des gemeinschaftlichen Eigentums ergebenden Rechte und Pflichten der Wohnungseigentümer untereinander,

- über die Recht und Pflichten zwischen der Gemeinschaft der Wohnungseigentümer und einzelnen Wohnungseigentümern,
- über die Rechte und Pflichten des Verwalters bei der Verwaltung des gemeinschaftlichen Eigentums,
- über die Gültigkeit von Beschlüssen der Wohnungseigentümer und
- über Klagen Dritter, die sich gegen die Gemeinschaft der Wohnungseigentümer oder gegen einzelne Wohnungseigentümer richten und sich auf das gemeinschaftliche Eigentum, seine Verwaltung oder das Sondereigentum beziehen.

Die teilrechtsfähige Gemeinschaft der Wohnungseigentümer kann auch gemäß §43 Nr. 6 WEG ein gerichtliches Mahnverfahren einleiten, zum Beispiel bei rückständigen Hausgeldern. Wird ein Mahnbescheid erlassen, so handelt es sich hierbei nicht um ein Urteil. Jedoch steht ein hierauf zu beantragender Vollstreckungsbescheid einem vorläufig vollstreckbar erklärten Versäumnisurteil gemäß §700 Abs. 1 Zivilprozessordnung (ZPO) gleich. Insoweit ist deshalb die Eintragung von erwirkten Vollstreckungsbescheiden geboten (Deckert/Kappus, NZM 2007, 745, 749).

In die Beschlusssammlung muss nur die Urteilsformel eingetragen werden, also der Tenor des Urteils. Hierzu gehören die Sachentscheidung, die Kostenentscheidung sowie die Entscheidung über die vorläufige Vollstreckbarkeit. Ergänzend müssen Angaben zum Datum der Entscheidung, dem Gericht und den Parteien gemacht werden. Die Angabe der Parteien kann dabei durch namentliche Bezeichnung erfolgen. Eine Angabe der Anschrift ist nicht notwendig. Ist die Wohnungseigentümergemeinschaft als rechtsfähiger Verband Partei, ist sie mit »Wohnungseigentümergemeinschaft (Grundstücksanschrift)« zu bezeichnen. Nach den gesetzlichen Vorschriften nicht erforderlich ist die Angabe des Aktenzeichens, der Vollständigkeit halber ist sie aber zu empfehlen. Nur die genaue Bezeichnung einer gerichtlichen Entscheidung ermöglicht auch ihre Auffindung.

Beispiel: Eintrag zu einem Urteil !

AG München, 21.6.2018, Az.: 245 C 87/18,
in Sachen Müller ./. Wohnungseigentümergemeinschaft Tannstr. 100, 80123 München, zugestellt am 28.6.2018:

1. Der Beschluss der Eigentümerversammlung vom 8.5.2018 zu TOP 14 wird für ungültig erklärt.
2. Die Kosten des Verfahrens werden der Beklagten auferlegt.
3. Das Urteil ist vorläufig vollstreckbar.

! **Tipp: Klageabweisung**

Handelt es sich um Urteile, durch welche eine Klage abgewiesen wird, so lautet die Entscheidung: »Die Klage wird abgewiesen.« Allein die Eintragung dieses Tenors lässt nicht erkennen, worum gestritten wurde. In solchen Fällen ist ergänzend auch der Klageantrag in die Beschlusssammlung einzutragen, damit die Rechtslage erkennbar wird.

4.1.1.4 Vergleiche

Ob neben den gerichtlichen Entscheidungen auch Vergleiche mit in die Beschlusssammlung aufzunehmen sind, ist gesetzlich nicht geregelt. Wird ein gerichtlicher Vergleich geschlossen, so sind hieran nur die Parteien des Rechtsstreits gebunden, allerdings nicht Sondernachfolger der Wohnungseigentümergemeinschaft.

Aus diesem Grund lässt sich die Ansicht vertreten, Vergleiche seien nicht in die Beschlusssammlung einzutragen, denn aus ihr allein wäre nicht ersichtlich, wem gegenüber der Vergleich überhaupt noch rechtsverbindlich ist. Die Aufnahme könnte allenfalls zu Unübersichtlichkeit der Beschlusssammlung führen.

Nach anderer Ansicht bestimmen auch Vergleiche die Rechtslage der Wohnungseigentümergemeinschaft, zum Beispiel wenn sie den Ausgangsbeschluss abändern. Vergleiche können sogar durch Beschlussgenehmigung Bindungswirkung entfalten, sodass sie einzutragen sind.

! **Tipp: Vergleiche**

Solange Uneinigkeit über die Frage besteht, ob Vergleiche einzutragen sind oder nicht, wird empfohlen, vorsorglich auch Vergleiche in die Beschlusssammlung aufzunehmen, in jedem Fall dann, wenn es sich um (schuldrechtliche) Vereinbarungen zwischen allen Wohnungseigentümern handelt oder eine Partei des Vergleichs die Wohnungseigentümergemeinschaft selbst ist. Aus der Eintragung sollte sich klar und deutlich ergeben, dass es sich um einen Vergleich und eben nicht um eine gerichtliche Entscheidung handelt. Zur Bindung der Sonderrechtsnachfolger der Wohnungseigentümer kann im Rahmen der Beschlusskompetenz der Wohnungseigentümer ein entsprechender Mehrheitsbeschluss gefasst werden. Dieser müsste dann ohnehin in die Beschlusssammlung aufgenommen werden.

4.1.1.5 Vermerke

Sind Beschlüsse oder gerichtliche Entscheidungen angefochten oder aufgehoben worden, so ist dies nach §24 Abs. 7 Satz 4 WEG anzumerken. Eine solche Anmerkung dient der Aktualität der Sammlung.

Angefochten ist ein Beschluss, wenn Klage auf Erklärung seiner Ungültigkeit gemäß §46 WEG erhoben wurde. Eine gerichtliche Entscheidung ist angefochten, wenn gegen sie ein Rechtsmittel eingelegt wurde.

Aufgehoben ist ein Beschluss, wenn er durch Beschluss der Wohnungseigentümer ausdrücklich aufgehoben wurde; auch durch einen Zweitbeschluss kann die Regelung eines früheren Beschlusses aufgehoben werden. Wird ein Beschluss durch gerichtliche Entscheidung für ungültig erklärt, ist dies zwar keine Aufhebung in wohnungseigentumsrechtlicher Terminologie. Versteht man aber den Begriff »Aufhebung« als Oberbegriff für außergerichtliche und gerichtliche Gestaltungen, kann auch die gerichtliche Ungültigerklärung eines Beschlusses hierunter subsumiert werden. Ein entsprechender Vermerk beim angefochtenen Beschluss ist daher erforderlich, aber auch sinnvoll, denn er dient der Übersichtlichkeit der Sammlung.

Eine gerichtliche Entscheidung ist aufgehoben, wenn sie durch die Rechtsmittelinstanz aufgehoben, etwa durch Klageabweisung, oder geändert wird.

Für den einzutragenden Vermerk reicht der Hinweis, dass ein Beschluss angefochten, durch Beschluss aufgehoben, durch Urteil für ungültig erklärt oder gegen eine gerichtliche Entscheidung ein Rechtsmittel, etwa Berufung, eingelegt wurde. Die Anmerkung ist bei dem Beschluss oder der Entscheidung anzubringen, die von ihr betroffen ist. Bei einer entsprechenden Anmerkung lässt sich so der Stand der aktuellen Beschluss- und Rechtslage aus der Beschlusssammlung ersehen (Merle, ZWE 2007, 272, 277).

Beispiele: Für den Vermerk ausreichende Bezeichnungen !

- »Aufgehoben durch Zweitbeschluss 4.7.2018.«
- »Angefochten mit Klage vom 28.3.2018 vor dem AG München, 245 C 87/18, zugestellt am 31.3.2018.«
- Zu einer Gerichtsentscheidung: »Zugestellt am 28.4.2018, rechtskräftig« oder »Zugestellt am 28.4.2018, rechtshängig in 2. Instanz«.
- »Gelöscht aufgrund rechtskräftiger gerichtlicher Ungültigkeitserklärung.«

4.1.1.6 Löschungen

Aus Gründen der Übersichtlichkeit der Beschlusssammlung eröffnet §24 Abs. 7 Satz 5 und 6 WEG die Möglichkeit, unter bestimmten Voraussetzungen Eintragungen aus der Beschlusssammlung zu löschen . Ob der Verwalter einen Eintrag löschen möchte, steht hierbei in seinem pflichtgemäßen Ermessen.

Eine Löschung darf dann erfolgen, wenn ein Beschluss oder eine gerichtliche Entscheidung aufgehoben wird oder eine Eintragung für die Wohnungseigentümer keine Bedeutung mehr hat. Bedeutungslos werden kann eine Eintragung, wenn sie durch eine spätere Regelung überholt ist oder sich durch Ausführung oder Zeitablauf erledigt hat.

!

Beispiele: Vermerk einer Löschung

- »Gelöscht am ...«
- »Gelöscht aufgrund rechtskräftiger gerichtlicher Ungültigkeitserklärung.«
- »Gelöscht, da bedeutungslos geworden.«

Wurde eine Eintragung gelöscht, so ist dies gemäß §24 Abs. 7 Satz 7 WEG unter Datumsangabe zu vermerken. Die laufende Nummer in der Beschlusssammlung bleibt bestehen. Wird eine Beschlusssammlung in Papierform geführt, kann der Text der Eintragung durchgestrichen, bei einer elektronischen Sammlung vollständig gelöscht werden. In beiden Fällen ist es wichtig, die Löschung zu vermerken.

!

Tipp: Löschung nur bei Bedeutungslosigkeit

Die Löschung einer Eintragung bei Bedeutungslosigkeit sollte nur dann vorgenommen werden, wenn die Eintragung offensichtlich keinerlei Bedeutung mehr für die Wohnungseigentümergemeinschaft hat. In Zweifelsfällen ist hiervon eher abzusehen, denn auch die Bewertung, ob eine Eintragung noch Bedeutung hat oder haben kann, ist oftmals schwierig.

4.1.2 In welcher Form muss eingetragen werden?

Bei der Form der Eintragung ist zunächst Sinn und Zweck der Beschlusssammlung zu beachten. Sie dient der Übersicht und der Information zur Rechtslage in der Wohnungseigentümergemeinschaft. Daher sollte sie auch klar strukturiert und übersichtlich sein. Überflüssige Informationen und Anmerkungen sind zu vermeiden. Die Beschlüsse und gerichtlichen Entscheidungen sind

- fortlaufend in zeitlicher Reihenfolge einzutragen und
- zu nummerieren.

Die fortlaufende Eintragung und Nummerierung dienen der Kontrolle der Vollständigkeit der Beschlusssammlung.

Werden Beschlüsse angefochten oder aufgehoben, ist dies anzumerken. Im Fall einer Aufhebung kann jedoch von einer Anmerkung abgesehen und die Eintragung gelöscht werden. Dies kommt dann in Betracht, wenn ein Beschluss rechtskräftig für ungültig oder nichtig erklärt wurde. Eine Eintragung kann auch gelöscht werden, wenn sie aus anderen Gründen für die Wohnungseigentümer keine Bedeutung mehr hat, beispielsweise dann, wenn sich die Angelegenheit wegen Zeitablaufs erledigt hat.

Bei Beschlüssen sind der Beschlusswortlaut, die Angabe der Versammlung mit Art und Datum sowie die Angabe des Tagesordnungspunkts einzutragen. Handelt es sich um eine schriftliche Beschlussfassung, so ist dies mit Angabe des Zeitpunkts, Orts und der Form der Verkündung des Umlaufbeschlusses zu vermerken. Im Fall der gerichtlichen Entscheidung sind das Gericht, das Datum der Entscheidung, das Aktenzeichen, die Parteien und der Tenor einzutragen.

Ergänzend ist jeweils ein Vermerk vorzunehmen, durch wen und zu welchem Zeitpunkt eine Eintragung stattgefunden hat.

Tipp: Wichtige Eintragungen hervorheben !

Eintragungen, die für die Wohnungseigentümergemeinschaft von besonderer Bedeutung sind, sollten optisch hervorgehoben werden, zum Beispiel durch Fettdruck oder sonstige Markierung.

Weitere Formvorschriften sind gesetzlich nicht normiert. Daher steht es dem Verwalter frei, ob er die Beschlusssammlung handschriftlich oder auch elektronisch führen möchte. Bei elektronischer Führung der Beschlusssammlung ist in jedem Fall darauf zu achten, dass sich der Verwalter ausreichend vor Datenverlust, -vernichtung oder -veränderung schützt.

4.1.3 Wann muss eingetragen werden?

Den Zeitpunkt, zu dem die Beschlüsse nach ihrer Entstehung in die Beschlusssammlung einzutragen sind, legt §24 Abs. 7 Satz 7 WEG nicht klar fest. Die erforderlichen Eintragungen sollen vom Verwalter unverzüglich vorgenommen und mit Datum versehen werden. »Unverzüglich« bedeutet, dass die Eintragung ohne schuldhaftes Verzögern (§121 Abs. 1 Satz 1 BGB) vorgenommen werden muss. Ob die Formulierung »unverzüglich« nur den Tag der Versammlung, den darauffolgenden Werktag oder bis zu drei Tage danach ausreichen lässt, wurde bislang nicht höchstrichterlich entschieden. Das LG Karlsruhe (21.2.2012, 11 S 46/11) erachtet einen Zeitraum von maximal drei Tagen als unverzüglich. Nach anderer Ansicht ist die Eintragung eines Beschlusses der Wohnungseigentümergemeinschaft in die Beschlusssammlung binnen einer Woche noch als unverzüglich zu erachten (LG Berlin, 7.10.2009, 85 S 101/08; LG München I, 6.2.2008, 1 T 22613/07). Ein Zeitraum von sechs Wochen ist hingegen keinesfalls mehr als unverzüglich anzusehen (LG Hamburg, 23.3.2011, 318 S 72/10).

!

Tipp: Eintragung der Beschlüsse

Eigentümerversammlungen dauern oft bis in den späten Abend. Die Eintragung der Beschlüsse am selben Abend kann daher nicht verlangt werden. Die Eintragung der Beschlüsse am folgenden Werktag erscheint aber als durchaus angemessen und sollte daher auch so vorgenommen werden.
Die Eintragung in die Beschlusssammlung ist nicht an die Erstellung des Protokolls gekoppelt. Der Verwalter kann sich nicht dadurch entschuldigen, dass die erforderlichen Unterschriften zum Protokoll noch nicht vorgelegen haben.
Auch eine gerichtliche Anfechtung eines Beschlusses oder die Ankündigung dieses Vorhabens eines Wohnungseigentümers macht die unverzügliche Eintragung nicht entbehrlich. Beschlüsse sind so lange gültig, bis sie durch eine gerichtliche Entscheidung aufgehoben werden.

4.1.4 Wer führt die Beschlusssammlung?

Die Aufgabe des Führens der Beschlusssammlung obliegt gemäß §24 Abs. 8 WEG dem Verwalter. Er Verwalter kann diese Aufgabe an Hilfspersonen seines Geschäftsbetriebs delegieren. Das Führen der Beschlusssammlung kann nicht durch Mehrheitsbeschluss der Wohnungseigentümergemeinschaft auf eine andere Person übertragen werden. Wechselt der Verwalter, so ist die Beschlusssammlung nebst aller anderen Verwaltungsunterlagen an den neuen Verwalter herauszugeben. Auch nach Niederlegung seines Amts hat der alte Verwalter Berichtigungen und Ergänzungen der Beschlusssammlung aus seiner Amtszeit, für die er zuständig war, durchzuführen. Von der Versammlung an, in der der neue Verwalter bestellt wird, muss dieser die Beschlusssammlung fortführen (AG Schöneberg, 9.1.2014, 772 C 24/13).

Existiert jedoch kein Verwalter, so hat der Vorsitzende der Eigentümerversammlung die Beschlusssammlung zu führen und erforderliche Eintragungen vorzunehmen. Die Wohnungseigentümergemeinschaft hat in diesem Fall die Möglichkeit, hierzu eine andere Person durch Mehrheitsbeschluss zu bestimmen.

4.1.5 Wer darf die Beschlusssammlung einsehen?

Das Recht zur Einsichtnahme in die Beschlusssammlung gemäß §24 Abs. 7 Satz 8 WEG ist dem Recht zur Einsicht in das Versammlungsprotokoll dem Wortlaut nach gleich ausgestaltet. Jeder Wohnungseigentümer hat das Recht, die Beschlusssammlung einzusehen. Dieses Recht kann er auf Dritte, beispielsweise

Kaufinteressenten, übertragen. Die Einsichtnahme findet im Büro des Verwalters statt (OLG Köln, 7.6.2006, 16 Wx 241/05, NZM 2006, 702). Hierzu bedarf es der vorherigen Terminabsprache.

Das Recht eines Wohnungseigentümers auf Einsichtnahme in die Beschlusssammlung ist an keine weiteren besonderen Voraussetzungen geknüpft. Ein berechtigtes Interesse oder sonstiges Interesse muss nicht geltend gemacht werden. Kommt die Verwaltung einem Einsichtsverlangen nicht nach, so kann der Anspruch auch im Klageweg geltend gemacht werden (LG Hamburg, 18.1.2016, 318 T 65/15).

Ein Anspruch auf Herausgabe der Beschlusssammlung besteht aufgrund des damit verbundenen Risikos von Verlust oder Manipulation nicht. Von der Beschlusssammlung darf der Wohnungseigentümer oder der Bevollmächtigte jedoch selbst Abschriften vornehmen oder Ausdrucke oder Kopien vom Verwalter verlangen. Hierfür darf der Verwalter, ggf. über Vorkasse, ein Sonderhonorar verlangen. Für die Anfertigung von Kopien aus Verwaltungsunterlagen wird pro Kopie ein Betrag von 0,50 EUR zzgl. MwSt. als zulässig erachtet (BayObLG, 19.12.2002, 2Z BR 104/02). Ab erwünschter 51. Kopie ist eine Ermäßigung entsprechend dem Rechtsanwaltsvergütungsgesetz (RVG) auf 0,15 EUR angemessen (OLG Hamm, 19.10.2000, 15 W 133/00). Für Farbkopien sieht das RVG 1 EUR für die ersten 50 Seiten und 0,30 EUR für die weiteren Seiten vor.

Wird die Einsichtnahme verweigert, kann gegen den Verwalter gemäß §43 Nr. 3 WEG auf Gewährung der Einsicht geklagt werden.

4.1.6 Fehler in der Beschlusssammlung

Ist eine Beschlusssammlung inhaltlich fehlerhaft, so muss sie berichtigt werden. Hierzu ist der Verwalter verpflichtet und berechtigt. Nimmt der Verwalter die Berichtigung nicht selbstständig vor, besteht die Möglichkeit, ihn dazu in einem Verfahren nach §43 Nr. 3 WEG anzuhalten (vgl. Drasdo, ZMR 2007, 501, 507). Die Geltendmachung des Berichtigungsanspruchs steht jedem Wohnungseigentümer zu und richtet sich gegen denjenigen, der bei Geltendmachung des Anspruchs zur Führung der Beschlusssammlung verpflichtet ist. Jeder Verwalter einer Wohnungseigentümergemeinschaft muss während seiner Amtszeit die Beschlusssammlung ordnungsgemäß führen und eventuell notwendige Korrekturen durchführen. Der entsprechende Anspruch eines jeden Wohnungseigentümers besteht gegen den als Versammlungsleiter amtierenden Verwalter unabhängig von einem späteren Verwalterwechsel (LG Berlin, 11.1.2017, 85 S 39/15).

Als Fehler kommen in Betracht:

- Schreibfehler,
- Eintragung von Redebeiträgen,
- Eintragung von nichtigen Beschlüssen und sonstigen unzulässigen Eintragungen,
- sonstige offenbare Unrichtigkeiten,
- Nichteintragung oder falsche Eintragung eines Beschlusses.

Die Nichteintragung eines Beschlusses berührt allerdings dessen Wirksamkeit nicht. Die Eintragung in die Beschlusssammlung hat keine konstitutive Wirkung. Ein Beschluss wird zu dem Zeitpunkt, zu dem er festgestellt und verkündet wird, wirksam.

Kommt der Verwalter seiner Aufgabe zur ordnungsgemäßen Führung der Beschlusssammlung nicht nach, so stellt dies einen wichtigen Grund für seine Abberufung dar (§26 Abs. 1 Satz 4 WEG). Geringste Fehler rechtfertigen allerdings nicht die sofortige Abberufung, Mängel bei der Führung der Beschlusssammlung müssen ein gewisses Gewicht haben (LG Hamburg, 13.11.2013, 318 S 23/13; LG Berlin, 7.10.2009, 85 S 101/08). Ein Verwalter kann abberufen werden, wenn er entgegen seiner Verpflichtung zum Führen der Beschlusssammlung gegen ihn ergangene Entscheidungen nicht in die Beschlusssammlung aufgenommen hat (LG Karlsruhe, 21.2.2012, 11 S 46/11).

Generell kann ein wichtiger Grund zur vorzeitigen Abberufung des Hausverwalters gegeben sein, wenn er die erforderliche Beschlusssammlung nicht ordnungsgemäß führt. Wenn sonstige Umstände hinzukommen, zum Beispiel die Missachtung einer einstweiligen Verfügung, stellt dies sogar einen derart schwerwiegenden Grund dar, dass ein Anspruch des einzelnen Mitglieds der Wohnungseigentümergemeinschaft auf Abberufung besteht (AG München, 28.7.2008, 485 C 602/07; LG München I, 36 S 17544/08).

Der Verwalter haftet gegenüber den Wohnungseigentümern bei nicht ordnungsmäßiger Führung der Beschlusssammlung.

Enthält die Beschlusssammlung Fehler, zum Beispiel falsche Eintragungen, oder fehlen gar Beschlüsse, kommt eine Schadensersatzpflicht des Verwalters in Betracht, wenn er diese Pflichtverletzung zu vertreten hat. Den Schadensersatzanspruch sollen aber nur Wohnungseigentümer und nicht (Neu)Erwerber geltend machen können, da zwischen dem Verwalter und dem Erwerber bei der Einsicht in die Beschlusssammlung noch keine schuldrechtlichen Beziehungen bestanden haben (BT-Drucks. 16/887, 34; Abramenko, §2 Rn.87; Demharter, NZM 2006, 489, 493).

MUSTER: Beschlusssammlung

ARBEITSHILFE ONLINE

Lfd. Nr.	Beschluss	Eigentümerversammlung (Art/Ort/Datum/TOP) bzw. Umlaufbeschluss (Datum der Verkündung)	Gerichtsentscheidung (Gericht/Datum/Az/Tenor/Parteien)	Vermerke (angenommen/abgelehnt, bestandskräftig, aufgehoben, gelöscht, bedeutungslos/rechtskräftig)	Eintragungsvermerk (Name des Verwalters bzw. Versammlungsleiters, Datum, Unterschrift)
1	»Die vorgelegten Gesamt- und Einzelabrechnungen 2017 werden genehmigt.«	Ordentliche Eigentümerversammlung am 8.5.2018, Tannstr. 1, 80123 München, zu TOP 2		Einstimmig angenommen	Verwalter (Name), 9.5.2018 (Datum), (Unterschrift)
2	»Der Verwaltung wird für das Wirtschaftsjahr 2017 Entlastung erteilt.«	Ordentliche Eigentümerversammlung am 8.5.2018, Tannstr. 1, 80123 München, zu TOP 3		Einstimmig angenommen	Verwalter (Name), 9.5.2018 (Datum), (Unterschrift)
3	»Die Mitglieder des Verwaltungsbeirats werden für das Wirtschaftsjahr 2017 entlastet.«	Ordentliche Eigentümerversammlung am 8.5.2018, Tannstr. 1, 80123 München, zu TOP 4		Mehrheitlich angenommen	Verwalter (Name), 9.5.2018 (Datum), (Unterschrift)
4	Der Gesamtwirtschaftsplan und die Einzelwirtschaftspläne 2018 werden genehmigt. Das in den Einzelwirtschaftsplänen ausgewiesene Wohngeld wird ab dem 1.7.2018 fällig gestellt. Dieser Wirtschaftsplan gilt auch für das Folgejahr fort, bis ein neuer beschlossen wird.«	Ordentliche Eigentümerversammlung am 8.5.2018, Tannstr. 1, 80123 München, zu TOP		Angenommen ohne Gegenstimmen	Verwalter (Name), 9.5.2018 (Datum), (Unterschrift)

Lfd. Nr.	Beschluss	Eigentümerversammlung (Art/Ort/Datum/TOP) bzw. Umlaufbeschluss (Datum der Verkündung)	Gerichtsentscheidung (Gericht/Datum/Az/Tenor/Parteien)	Vermerke (angenommen/abgelehnt, bestandskräftig, aufgehoben, gelöscht, bedeutungslos/rechtskräftig)	Eintragungsvermerk (Name des Verwalters bzw. Versammlungsleiters, Datum, Unterschrift)
5	»Noch in diesem Jahr wird mit dem Aufzugsdienst, dem Verwaltungsbeirat und der Verwaltung bei einem Ortstermin erörtert, welche Mängel zwingend in diesem Jahr zu beheben sind. Diese Arbeiten werden in Absprache mit dem Verwaltungsbeirat in Auftrag gegeben. Im Hinblick auf die übrigen Mängel soll ein Zeitplan mit Kostenübersicht in der nächsten ordentlichen Eigentümerversammlung vorgelegt werden.«	Ordentliche Eigentümerversammlung am 8.5.2018, Tannstr. 1, 80123 München, zu TOP		Einstimmig angenommen	Verwalter (Name), 9.5.2018 (Datum), (Unterschrift)
6	»Die Verwaltung wird beauftragt, die Firma Blitzsanierung mit der Sanierung der hofseitigen Fassade laut vorliegendem Angebot zu beauftragen. Die Arbeiten sollen im Juni 2018 beginnen. Die Finanzierung der Maßnahme erfolgt aus der Rücklage.«	Ordentliche Eigentümerversammlung am 8.5.2018, Tannstr. 1, 80123 München, zu TOP		Mehrheitlich angenommen Angefochten mit Klage vom 4.6.2018 vor dem AG München, 481 UR II 89/18, zugestellt am 12.6.2018 Aufgehoben gemäß lfd. Nr.	Verwalter (Name), 9.5.2018 (Datum), (Unterschrift) Verwalter (Name), 12.6.2018 (Datum), (Unterschrift) Verwalter (Name), 20.8.2018 (Datum), (Unterschrift)

Lfd. Nr.	Beschluss	Eigentümerversammlung (Art/Ort/Datum/TOP) bzw. Umlaufbeschluss (Datum der Verkündung)	Gerichtsentscheidung (Gericht/Datum/Az/Tenor/Parteien)	Vermerke (angenommen/abgelehnt, bestandskräftig, aufgehoben, gelöscht, bedeutungslos/rechtskräftig)	Eintragungsvermerk (Name des Verwalters bzw. Versammlungsleiters, Datum, Unterschrift)
7	»Der Verwalter wird beauftragt, die Malerarbeiten zum Streichen des Treppenhauses bis zu einem Kostenaufwand in Höhe von 6.000 EUR in Auftrag zu geben.«	Ordentliche Eigentümerversammlung am 8.5.2018, Tannstr. 1, 80123 München, zu TOP 8		Mehrheitlich abgelehnt	Verwalter (Name), 9.5.2018 (Datum), (Unterschrift)
8	»Der Verwalter wird beauftragt, einen vereidigten Bausachverständigen mit der Begutachtung der Feuchtigkeitsschäden in der Tiefgarage zu beauftragen. Er wird vorsorglich ermächtigt, ein selbstständiges Beweissicherungsverfahren im eigenen Namen oder im Namen der Wohnungseigentümergemeinschaft einzuleiten sowie Gewährleistungsansprüche gegen die Firma Bandel außergerichtlich sowie gerichtlich mithilfe eines zu beauftragenden Rechtsanwalts geltend zu machen.«	Ordentliche Eigentümerversammlung am 8.5.2018, Tannstr. 1, 80123 München, zu TOP 9		Einstimmig angenommen	Verwalter (Name), 9.5.2018 (Datum), (Unterschrift)
9	»Die J. Steinmann HV GmbH wird für die Zeit vom 1.1.2019 bis 31.12.2020 zu Kosten in Höhe von mtl. 17,30 EUR je Wohneigentum und 3,50 EUR je Teileigentum zzgl. MwSt. zum Verwalter bestellt. Der bestehende Verwaltervertrag verlängert sich entsprechend.«	Ordentliche Eigentümerversammlung am 8.5.2018, Tannstr. 1, 80123 München, zu TOP		Mehrheitlich angenommen Notarielle Beglaubigung der Unterschriften auf dem Protokoll erfolgt am 13.6.2018	Verwalter (Name), 9.5.2018 (Datum), (Unterschrift) Verwalter (Name), 15.6.2018 (Datum), (Unterschrift)

Lfd. Nr.	Beschluss	Eigentümerversammlung (Art/Ort/Datum/TOP) bzw. Umlaufbeschluss (Datum der Verkündung)	Gerichtsentscheidung (Gericht/Datum/Az/Tenor/Parteien)	Vermerke (angenommen/abgelehnt, bestandskräftig, aufgehoben, gelöscht, bedeutungslos/rechtskräftig)	Eintragungsvermerk (Name des Verwalters bzw. Versammlungsleiters, Datum, Unterschrift)
10	Zu lfd. Nr. 6		AG München, 13.8.2018, 481 UR II 89/07, in Sachen Meier ./. WEG Tannstr. 100, München, zugestellt am 18.8.2018: I. Der Beschluss der Eigentümerversammlung vom 8.5.2018 zu TOP 7 wird für ungültig erklärt. II. Die Kosten des Verfahrens werden der Beklagten auferlegt. III. Das Urteil ist vorläufig vollstreckbar.		Verwalter (Name), 20.8.2018 (Datum), (Unterschrift)
				Rechtskräftig	Verwalter (Name), 20.9.2018 (Datum), (Unterschrift)

Lfd. Nr.	Beschluss	Eigentümerversammlung (Art/Ort/Datum/TOP) bzw. Umlaufbeschluss (Datum der Verkündung)	Gerichtsentscheidung (Gericht/Datum/Az/Tenor/Parteien)	Vermerke (angenommen/abgelehnt, bestandskräftig, aufgehoben, gelöscht, bedeutungslos/rechtskräftig)	Eintragungsvermerk (Name des Verwalters bzw. Versammlungsleiters, Datum, Unterschrift)
11	»Die WEG duldet eine bislang nicht vorgesehene Einzäunung der den EG-Wohnungen zugeordneten Terrassenflächen (Sondernutzungsrecht) mit grünem Maschendrahtzaun. Die Kosten der erstmaligen Errichtung sowie der Instandsetzung und Instandhaltung trägt der jeweilige Sondernutzungsberechtigte.«	Umlaufbeschluss im schriftlichen Verfahren. Verkündet durch Schreiben an alle Wohnungseigentümer vom 21.6.2018		Einstimmig angenommen	Verwalter (Name), 14.6.2018 (Datum), (Unterschrift)

4.2 Checkliste zur Beschlusssammlung

Wann beginnt die Eintragungsverpflichtung?
In die Beschlusssammlung müssen alle ab dem 1.7.2007 gefassten Beschlüsse und gerichtlichen Entscheidungen eingetragen werden. Beschlüsse und Entscheidungen vor diesem Zeitpunkt können, müssen aber nicht aufgenommen werden.

Wie ist das Verhältnis zum Versammlungsprotokoll?
Die Beschlusssammlung ersetzt nicht die ordnungsgemäße Erstellung des Protokolls. Die Beschlusssammlung und das Protokoll stehen unabhängig nebeneinander und ergänzen sich.

Wer ist für die Beschlusssammlung verantwortlich?

Der Verwalter ist zur Führung der Beschlusssammlung verpflichtet. Gibt es in der Wohnungseigentümergemeinschaft keinen Verwalter, nimmt diese Aufgabe der Versammlungsvorsitzende wahr oder die Wohnungseigentümergemeinschaft kann hierfür eine Person durch Mehrheitsbeschluss bestimmen.

Welche Eintragungen sind in der Beschlusssammlung vorzunehmen?
In die Beschlusssammlung müssen sämtliche von der Wohnungseigentümergemeinschaft gefassten Beschlüsse, auch die im schriftlichen Umlaufverfahren zustande gekommenen, sowie alle gerichtlichen Entscheidungen aufgenommen werden.

Kommt ein Beschluss erst mit Eintragung in die Beschlusssammlung zustande?
Nein! Die Eintragung des Beschlusses in die Beschlusssammlung ist keine Voraussetzung für die Wirksamkeit eines Beschlusses. Ein Beschluss kommt zustande, wenn er festgestellt und verkündet wird.

Wann muss die Eintragung vorgenommen werden?
Der Verwalter ist verpflichtet, die Eintragungen in die Beschlusssammlung »unverzüglich« vorzunehmen. Wie viele Tage »unverzüglich« bedeutet, ist noch nicht höchstrichterlich geklärt. Die Eintragung bis zu drei Werktage nach der Beschlussfassung oder Zustellung der gerichtlichen Entscheidung reicht aus.

Wann können Einträge gelöscht werden?
Einträge können gelöscht werden, wenn ein Beschluss oder eine gerichtliche Entscheidung aufgehoben wurde oder eine Eintragung bedeutungslos gewor-

den ist. Die Löschung kann durch Durchstreichen des Textes und im Fall der elektronischen Führung der Beschlusssammlung durch Entfernen des Textes erfolgen. Eine Löschung kann, muss aber nicht erfolgen. Von der Möglichkeit der Löschung sollte zurückhaltend Gebrauch gemacht werden. In jedem Fall ist ein Löschungsvermerk vorzunehmen.

Was passiert bei Fehlern in der Beschlusssammlung?
Wird die Beschlusssammlung nicht ordnungsgemäß geführt, kann dies einen wichtigen Grund für die Abberufung des Verwalters darstellen. Fehler in der Beschlusssammlung dürfen vom Verwalter berichtigt werden. Weigert er sich, dies zu tun, so kann jeder Wohnungseigentümer einen Berichtigungsanspruch gerichtlich geltend machen.

Muss Einsicht in die Beschlusssammlung gewährt werden?
Ja! Jeder Wohnungseigentümer oder eine von ihm hierzu bevollmächtigte dritte Person darf Einsichtnahme in die Beschlusssammlung beanspruchen sowie Kopien (gegen Kostenerstattung) fertigen lassen.

4.3 Der Beschluss

§23 Abs. 1 WEG bestimmt, dass die Angelegenheiten, über die die Wohnungseigentümer nach dem Wohnungseigentumsgesetz oder nach einer Vereinbarung durch Beschluss entscheiden können, durch Beschlussfassung in einer Eigentümerversammlung geordnet werden. Ohne Versammlung ist ein Beschluss nur gültig, wenn alle Wohnungseigentümer ihre Zustimmung zu diesem Beschluss schriftlich erklären, und zwar in einem sogenannten Umlaufverfahren.

In seiner Rechtsnatur ist der Beschluss ein mehrseitiges Rechtsgeschäft eigener Art, ein sogenannter Gesamtakt (BGH, 19.9.2002, V ZB 37/02, NZM 2002, 992; BayObLG, 2.8.2001, 2Z BR 144/00, NZM 2001, 1037). Er ist kein Vertrag, sondern das in Worte gefasste Ergebnis der internen, kollektiven Willensbildung der Wohnungseigentümer.

Aus der Rechtsnatur des Beschlusses ergibt sich, dass ein Beschluss nur dann gefasst werden kann, wenn mindestens eine aus zwei Wohnungseigentümern bestehende Gemeinschaft – auch die werdende Wohnungseigentümergemeinschaft – vorliegt. »Ein-Mann-Beschlüsse« des teilenden Eigentümers oder seines Rechtsnachfolgers im gesamten Eigentum sind unbeachtlich und können Wohngeldansprüche nicht begründen.

Eine werdende Eigentümergemeinschaft kann erst entstehen, wenn der Anspruch mindestens eines Erwerbers auf Eigentumsverschaffung an einzelnen Einheiten durch Auflassungsvormerkung gesichert ist. Sie entsteht nicht, wenn das in Wohnungseigentum aufgeteilte Eigentum insgesamt an einen Erwerber übertragen wird (OLG München, 9.1.2006, 34 Wx 089/05).

4.3.1 Der Unterschied zwischen Vereinbarung und Beschluss

Zwischen einer Vereinbarung im Sinne des § 10 WEG und Beschlüssen gemäß § 23 WEG ist zu unterscheiden. Beschlüsse beruhen auf gleichgerichteten Willenserklärungen, Vereinbarungen haben gegenseitige korrespondierende Verpflichtungen zum Gegenstand. Bedeutung gewinnt die Frage der Abgrenzung dann, wenn ein einstimmiger Beschluss vorliegt. Ob nun eine von den Wohnungseigentümern einstimmig getroffene Regelung einen Beschluss oder eine Vereinbarung darstellt, ist im Wege der Auslegung zu ermitteln. Hierbei ist nicht entscheidend, wie die Regelung bezeichnet ist, beispielsweise als »Beschluss«, sondern der jeweilige Inhalt.

!

Achtung: Faustformel

Was zu vereinbaren ist, kann nicht beschlossen werden, außer es liegt eine Vereinbarung vor, die den Wohnungseigentümern Beschlusskompetenz zuweist.

Eine Vereinbarung ist regelmäßig dann anzunehmen, wenn der Gegenstand einer Regelung durch Mehrheitsbeschluss nicht möglich ist, eine Beschlusskompetenz der Wohnungseigentümer damit nicht vorliegt.

Eine Vereinbarung kann mündlich oder schriftlich geschlossen werden, jedoch wirkt sie aufgrund ihres schuldrechtlichen Charakters gegenüber in die Wohnungseigentümergemeinschaft neu eintretende Wohnungseigentümer (Sonderrechtsnachfolger) nur dann, wenn sie in das Grundbuch eingetragen ist (§ 10 Abs. 3 WEG).

Wirksame Beschlüsse der Wohnungseigentümer gemäß § 23 WEG und gerichtliche Entscheidungen in einem Rechtsstreit gemäß § 43 WEG binden dagegen den Sonderrechtsnachfolger eines Wohnungseigentümers auch ohne Grundbucheintragung (§ 10 Abs. 4 Satz 1 WEG; siehe auch Kapitel 4.3.8).

!

Beispiele: Regelungsgegenstände, die eine Vereinbarung erfordern

- Änderungen der Gemeinschaftsordnung, zum Beispiel Einführung der Eventualeinladung zu einer Zweitversammlung,

- Umstellung des Abstimmungsmodus/Stimmkraftprinzips vom Kopfprinzip auf das Wertprinzip,
- Begründung oder Entzug von Sondernutzungsrechten,
- Veränderung der Zweckbestimmung von Gemeinschaftseigentum, zum Beispiel Bestimmung der Nutzung des Fahrradkellers als Hobbyraum,
- Bestimmung, Stimmenthaltungen in bestimmter Weise zu zählen,
- Einführung einer Ladungsfiktion.

4.3.2 Wann hat die Gemeinschaft Beschlusskompetenz?

Die Wohnungseigentümergemeinschaft kann grundsätzlich nur dann einen Beschluss fassen, wenn ihr die Gemeinschaftsordnung im Rahmen einer Öffnungsklausel oder das Wohnungseigentumsgesetz Beschlusskompetenz zuweist. Das Wohnungseigentumsgesetz weist Beschlusskompetenz bei folgenden Angelegenheiten zu:

- Wirtschaftsplan, Genehmigung der Jahresabrechnung und Rechnungslegung des Verwalters (§28 Abs. 5 WEG),
- Verlangen nach Rechnungslegung durch den Verwalter (§28 Abs. 4 WEG),
- Maßnahmen zur ordnungsgemäßen Instandhaltung und Instandsetzung des Gemeinschaftseigentums (§21 Abs. 3 WEG),
- Maßnahmen ordnungsgemäßer Verwaltung des Gemeinschaftseigentums, zum Beispiel Aufstellung der Hausordnung, Sach- und Haftpflichtversicherung der Wohnungseigentümer,
- Einleitung eines Verfahrens zur Entziehung des Wohnungseigentums (§18 Abs. 3 WEG),
- Gebrauchsregeln bezüglich des Sondereigentums und des Gemeinschaftseigentums, wenn die Gemeinschaftsordnung keine entgegenstehende Regelung enthält (§15 Abs. 2 WEG), zum Beispiel Nutzungsregelungen für Gemeinschaftsflächen oder Regelungen der Hausordnung,
- Benutzung von Waschküche, Spiel- und Hofflächen,
- Aufhebung von Veräußerungsbeschränkungen (§12 Abs. 4 WEG),
- Bestellung des Verwaltungsbeirats (§29 Abs. 1 Satz 1 WEG),
- Bildung, Höhe und Anlage einer Instandhaltungsrücklage,
- Bestellung und Abberufung des Verwalters (§26 Abs. 1 Satz 1 WEG),
- Geltendmachung von Ansprüchen durch den Verwalter (§27 Abs. 2 Nr. 3 WEG),
- Kostenverteilung von Betriebs- und Verwaltungskosten (§16 Abs. 3 WEG),
- Kostenverteilung bei Instandhaltung, Instandsetzung und baulichen Veränderungen (§16 Abs. 4 WEG),
- Geldangelegenheiten (§21 Abs. 7 WEG),
- bauliche Veränderungen (§22 Abs. 1 WEG).

! **Beispiele: Hier fehlt die Beschlusskompetenz**

- Nachträgliche Umwandlung von Gemeinschaftseigentum in Sondereigentum,
- Zweckbestimmungsänderungen des Gemeinschaftseigentums,
- Begründung oder Beschränkung von Sondernutzungsrechten,
- Zusammenfassung mehrerer Wohnungseigentümergemeinschaften zu einer,
- Gebrauchsentzug von Gemeinschaftseigentum zulasten einzelner Wohnungseigentümer,
- dauerhafte Einführung einer Eventualeinberufung oder von Stimmrechtsbeschränkungen,
- generelle Regelung über eine vom Gesetzestext abweichende Anzahl von Beiräten (gesetzlich: drei) oder von Außenstehenden als Mitglieder des Beirats,
- Bestimmung, Stimmenthaltungen in bestimmter Weise zu zählen, zum Beispiel als Nein-Stimmen,
- dauerhafte Änderungen hinsichtlich Form und Frist der Einberufung von Eigentümerversammlungen,
- Änderung der Beschlussfähigkeit,
- Abänderung des Stimmkraftprinzips, zum Beispiel vom Kopf- zum Wertprinzip,
- nachträgliche Einführung einer Veräußerungs- oder Vermietungszustimmung,
- Einschränkung der nach der Teilungserklärung erlaubten gewerblichen Nutzung eines Teileigentums.

Trifft die Eigentümerversammlung dennoch Beschlüsse, obwohl ihr weder die Gemeinschaftsordnung noch das Wohnungseigentumsgesetz entsprechende Beschlusskompetenz zuweist, so können diese Beschlüsse nichtig oder aber wirksam, jedoch anfechtbar sein. Zur Frage, wann der Eigentümergemeinschaft die Beschlusskompetenz fehlt, ein Beschluss nichtig oder nur anfechtbar ist, siehe Kapitel 4.5 und 4.6.

4.3.3 Wichtige Beschlusskompetenzen im Einzelnen

Insbesondere durch die WEG-Reform 2007 hat der Gesetzgeber für die Wohnungseigentümer wichtige Beschlusskompetenzen eingeführt, die es ermöglichen, von gesetzlichen Regelungen oder Vereinbarungen in der Teilungserklärung/Gemeinschaftsordnung abzuweichen.

4.3.3.1 Kostenverteilung der Betriebs- und Verwaltungskosten (§16 Abs. 3 WEG)

§16 Abs. 3 WEG ermöglicht die Änderung des Kostenverteilungsschlüssels bei Betriebskosten des gemeinschaftlichen Eigentums oder des Sondereigentums im Sinne von §556 Abs. 1 BGB, die nicht unmittelbar gegenüber Dritten abgerechnet werden, sowie bei Kosten der Verwaltung nach Verbrauch oder Verursachung oder einen anderen Maßstab durch einen einfachen Mehrheitsbeschluss. Der von der Wohnungseigentümergemeinschaft neu festgelegte Verteilungsschlüssel muss dabei den Grundsätzen ordnungsmäßiger Verwaltung entsprechen. Ein (Mehrheits)Beschluss der Wohnungseigentümer über die Änderung des Kostenverteilungsschlüssels gemäß §16 Abs. 3 WEG erfordert keinen sachlichen Grund; die Änderung darf nur nicht gegen das Willkürverbot verstoßen. Den Wohnungseigentümern steht bei der Änderung ein weiter Gestaltungsspielraum zu (BGH, 16.9.2011, V ZR 3/11; BGH, 1.4.2011, V ZR 162/10).

Die Regelung betrifft Betriebskosten im Sinne des §556 Abs. 1 BGB oder Kosten der Verwaltung. Als Betriebskosten nach §556 BGB gelten diejenigen, die der jeweilige Eigentümer auf einen möglichen Mieter umlegen kann (§2 BetrKV). Hierzu zählen im Wesentlichen diese:

- Laufende öffentliche Lasten des Grundstücks, zum Beispiel Grundsteuer (§2 Nr. 1 BetrKV),
- Kosten der Wasserversorgung (§2 Nr. 2 BetrKV),
- Kosten der Entwässerung (§2 Nr. 3 BetrKV),
- Kosten des Betriebs der zentralen Heizungsanlage einschließlich der Abgasanlage, zum Beispiel Heizöl oder Gas, unter Berücksichtigung der zwingenden Vorschriften der Heizkostenverordnung, Kosten des Betriebsstroms der Zentralheizung, Bedienungskosten, Kosten der Überwachung und Pflege der Anlage, Wartungskosten, Kaminkehrerkosten,
- Kosten der eigenständig gewerblichen Lieferung von Wärme, zum Beispiel Fernwärmeversorgung (§2 Nr. 4c BetrKV),
- Kosten des Betriebs des Personen- oder Lastenaufzugs (§2 Nr. 7 BetrKV),
- Kosten der Straßenreinigung und Müllbeseitigung (§2 Nr. 8 BetrKV),
- Kosten der Gebäudereinigung und Ungezieferbekämpfung (§2 Nr. 9 BetrKV),
- Kosten der Gartenpflege (§2 Nr. 10 BetrKV),
- Kosten der Beleuchtung, zum Beispiel für Außenbeleuchtung, Zugänge, Flure, Treppen, Keller, Waschküchen (§2 Nr. 11 BetrKV),
- Kosten der Schornsteinreinigung (§2 Nr. 12 BetrKV),
- Kosten der Sach- und Haftpflichtversicherung (§2 Nr. 13 BetrKV),
- Kosten für den Hauswart (§2 Nr. 14 BetrKV),
- Kosten des Betriebs der Gemeinschaftsantennenanlage (§2 Nr. 15a, 15b BetrKV, Breitbandkabelnetz).

Soweit eine Abrechnung dieser Betriebskosten durch Dritte erfolgt, fehlt es an der Beschlusskompetenz der Wohnungseigentümer. Dies gilt für die

Grundsteuer sowie für Strom- und Gaslieferungen, die direkt an die einzelnen Wohnungen erfolgen.

!

Hinweis: Kosten der Verwaltung

Der Begriff »Kosten der Verwaltung« ist nach herrschender Meinung weit auszulegen und umfasst neben den Verwalterkosten die Kosten für Eigentümerversammlung und Geldverkehr.

Der Mehrheitsbeschluss der Wohnungseigentümergemeinschaft zur Änderung des Verteilungsschlüssels der oben genannten Betriebskosten und Kosten der Verwaltung setzt voraus, dass die Änderung am tatsächlichen Verbrauch und/oder an der Verursachung ausgerichtet wird.

Eine am Verbrauch orientierte Kostenverteilung ist immer dann möglich, wenn Messeinrichtungen, zum Beispiel Wasseruhren, vorhanden sind. Fehlen Messeinrichtungen, um den Verbrauch zu erfassen, können Zuordnungen nach der Verursachung bzw. dem Gebrauch vorgenommen werden, Letzteres zum Beispiel bei Aufzugsanlagen oder Tiefgaragenstellplätzen, die nicht jeder Wohnungseigentümer nutzen kann.

Ein Beschluss der Wohnungseigentümergemeinschaft zur Änderung der Kostenverteilung muss grundsätzlich in zwei Schritten erfolgen:

- In einem ersten Schritt hat die Wohnungseigentümergemeinschaft die Kosten nach Verursachung oder Verbrauch zu erfassen.
- In einem zweiten Schritt muss sie über den neuen Verteilungsschlüssel beschließen.

Die Änderung des Verteilungsschlüssels muss ausdrücklich beschlossen werden, der Beschluss muss klar und bestimmt sein und die einzelnen Kostenpositionen ausdrücklich enthalten. Der Rückgriff auf Sammelbegriffe wie »zuordnungsfähige Kosten« genügt nicht.

Der von der Wohnungseigentümergemeinschaft neu festgelegte Verteilermaßstab muss den Grundsätzen ordnungsgemäßer Verwaltung entsprechen. Dazu reicht es aus, wenn eine höhere Kostengerechtigkeit erreicht wird.

Oft schreibt die Gemeinschaftsordnung in Wohnungseigentümergemeinschaften den Verteilungsschlüssel nach Miteigentumsanteilen vor, sodass einzelne Wohnungseigentümer, die über eine kleine Wohnfläche verfügen, einen Verteilungsschlüssel nach Wohnfläche vorschlagen. Derartige Beschlüsse können, ohne dass sie eine wesentliche Veränderung der Zuordnung erreichen, auch dann gerechtfertigt sein, wenn die Umstellung auf den Wohnflächenschlüssel zu mehr Praktikabilität bei der Jahresabrechnung für mietrechtliche Betriebskosten führt. Die Regel, die Betriebskosten nach einem Personenzahlschlüssel zu verteilen, erscheint jedoch unzweckmäßig, da die tatsächliche Nutzerzahl, vor allem bei größeren Wohnungseigentumsanlagen, weder überprüfbar noch feststellbar ist.

Beispiele: Änderung des Verteilungsschlüssels nach §16 Abs. 3 WEG !

- In einer Wohnungseigentümergemeinschaft wird zusätzlicher Wohnraum durch den Dachgeschossausbau geschaffen. Der in der Gemeinschaftsordnung festgelegte Verteilungsschlüssel berücksichtigt die zusätzlich geschaffene Wohnfläche nicht. In derartigen Fällen besteht ein sachlicher Grund zur Änderung des Verteilungsschlüssels nach Wohnfläche.
- Durch Beschluss der Wohnungseigentümergemeinschaft werden die Kosten der Müllentsorgung durch ein modernes Wiegesystem erfasst. Auch hier besteht ein sachlicher Grund für die Änderung des Verteilungsschlüssels nach dem tatsächlichen Verbrauch.
- Die Eigentümer beschließen, dass die Verwaltervergütung künftig nicht nach Miteigentumsanteilen, sondern pro Wohnung abgerechnet wird.

Die Änderung des Verteilungsschlüssels kann immer nur Wirkung für die Zukunft haben. Beschließen die Wohnungseigentümergemeinschaften dennoch eine rückwirkende Änderung des Verteilungsschlüssels, sind die entsprechenden Beschlüsse anfechtbar.

Die Beschlusskompetenz nach §16 Abs. 3 kann weder durch die Gemeinschaftsordnung noch durch Vereinbarungen eingeschränkt werden. Auch steht den Wohnungseigentümern das Recht zu, später über eine erneute Abänderung zu beschließen. Die von Gesetzes wegen eingeräumte Beschlusskompetenz wird nicht durch einen einmaligen Beschluss aufgebraucht.

Das Kopfstimmprinzip nach §25 Abs. 2 WEG ist auch im Sachbereich des §16 Abs. 3 WEG abdingbar (BGH, 10.7.2015, V ZR 198/14). Das bedeutet: Wenn die Teilungserklärung ein anderes als das gesetzliche Stimmprinzip nach Köpfen vorsieht, zum Beispiel nach Miteigentumsanteilen, ist auch dieses Stimmprinzip im Rahmen eines Beschlusses nach §16 Abs. 3 WEG anzuwenden.

Beispiele: Rechtsprechung !

- Nur durch einen ausdrücklich den Kostenverteilungsschlüssel ändernden Beschluss kann für noch nicht abgerechnete Zeiträume eine neue Art der Aufteilung durchgeführt werden. Eine beiläufige Änderung im Abrechnungsbeschluss scheidet aus (AG Aachen, 30.4.2014, 119 C 78/13).

- Der Kostenverteilungsschlüssel kann nicht konkludent im Beschluss über die Einzelabrechnungen geändert werden. Nach Ablauf des Wirtschaftsjahres entspricht auch eine ausdrückliche Änderung des Verteilungsschlüssels nicht ordnungsmäßiger Verwaltung (LG Itzehoe, 15.4.2014, 11 S 32/13).
- Eine rückwirkende Änderung des Heizkostenverteilungsschlüssels ist nicht ordnungsmäßig. §6 Abs. 4 Satz 3 HeizkV sieht ein Rückwirkungsverbot vor (LG Hamburg, 9.4.2014, 318 S 66/13).
- §16 Abs. 3 WEG eröffnet den Wohnungseigentümern die Möglichkeit, auch einen im Wege der Vereinbarung festgelegten Umlageschlüssel betreffend Betriebs- und Verwaltungskosten durch Mehrheitsbeschluss zu ändern. §16 Abs. 3 WEG gibt aber keine Kompetenz für einen Beschluss, der auch die Änderung des Verteilungsschlüssels für Instandhaltungskosten umfasst (LG München I, 13.1.2014, 1 S 1817/13).
- Auch wenn die Gemeinschaftsordnung für deren Änderung eine Dreiviertelmehrheit vorschreibt, können Beschlüsse im Anwendungsbereich des §16 Abs. 3 WEG mit einfacher Mehrheit gefasst werden. §16 Abs. 3 WEG verbietet willkürliche Änderungen des Verteilungsschlüssels bei ansonsten weitem Gestaltungsspielraum. Unzulässig ist eine Verteilung der Heizkosten nach (beheizbarer) Fläche (LG Berlin, 3.12.2013, 55, S 127/12).
- Den Wohnungseigentümern ist bei Änderungen des Umlageschlüssels nach §16 Abs. 3 WEG aufgrund ihres Selbstorganisationsrechts ein weiter Gestaltungsspielraum eingeräumt. Ein sachlicher Grund muss für die Änderung des Kostenverteilungsschlüssels nicht vorliegen, sie darf nur nicht gegen das Willkürverbot verstoßen. Eine Änderung des Umlageschlüssels stellt sich als willkürlich dar, wenn sie offenbar keinen anderen Zweck verfolgt, als dass sich die Eigentümer der größeren Miteigentumsanteile auf Kosten der Eigentümer kleinerer Miteigentumsanteile schadlos halten können. Die Umstellung des Kostenverteilungsschlüssels für Hausreinigung und Winterdienst von Miteigentumsanteile auf Wohneinheiten wird nicht dem Umstand gerecht, dass üblicherweise größere Wohnungen auch von mehr Personen bewohnt werden. Das führt wiederum in der Regel zu einer größeren Nutzung auch des Gemeinschaftseigentums und damit zu höherem Hausreinigungsbedarf (AG Nürnberg, 20.9.2013, 16 C 5504/12).
- Die Änderung des im bestandskräftigen Wirtschaftsplan angewandten Kostenverteilungsschlüssels kommt für die Jahresabrechnung derselben Wirtschaftsperiode nicht in Betracht (LG Berlin, 13.8.2013, 85 S 177/12; entgegen LG Hamburg, 22.2.2013, 318 S 32/12).
- §16 Abs. 3 WEG räumt lediglich die Beschlusskompetenz ein, im Rahmen einer dem Grunde nach bereits bestehenden Kostentragungsverpflichtung einen anderen Verteilungsmaßstab zu wählen. Die Bestimmung begründet hingegen nicht die Befugnis, einen Wohnungseigentümer, der nach einer bestehenden Vereinbarung von bestimmten Kosten oder der Kostentragungspflicht insgesamt befreit ist, durch Beschluss erstmals an den Kosten zu beteiligen (BGH, 1.6.2012, V ZR 225/11; LG Düsseldorf, 6.3.2013, 25 S 99/12).
- Die Umstellung des Kostenverteilungsschlüssels von Wohnungseinheiten auf Miteigentumsanteile kann zu einer ungerechtfertigten Benachteiligung einzelner

Wohnungseigentümer führen und deshalb unwirksam sein. So wenn eine Wohnungseigentümerin bei einer Abrechnung nach Miteigentumsanteilen doppelt so viel zahlen müsste wie bei der Abrechnung nach Einheiten. Es spricht kein Grund für eine solche Benachteiligung (LG Lüneburg, 10.1.2012, 5 S 61/11).

- Ein (Mehrheits)Beschluss der Wohnungseigentümer über die Änderung des Kostenverteilungsschlüssels gemäß §16 Abs. 3 WEG bedarf keines sachlichen Grundes; sie darf nur nicht gegen das Willkürverbot verstoßen. Den Wohnungseigentümern steht aufgrund ihres Selbstorganisationsrechts ein weiter Gestaltungsspielraum zu. So dürfen sie jeden Maßstab wählen, der den Interessen der Gemeinschaft und der einzelnen Wohnungseigentümer angemessen ist und insbesondere nicht zu einer ungerechtfertigten Benachteiligung einzelner Eigentümer führt. Von daher ist der Beschluss, dass die Kosten für Müllabfuhr, Straßenreinigung, Schneebeseitigungsmittel, Hausreinigung, Gartenpflege, Versicherungen, Schädlingsbekämpfung, Niederschlagswasser sowie die Wartungskosten für die Notstrom- und Brandsicherung in Zukunft nicht mehr nach Miteigentumsanteilen, sondern nach der Fläche der jeweiligen Sondereigentumseinheiten abgerechnet werden, während es hinsichtlich der Kosten für Aufzug, Hausbeleuchtung, Waschanlage, Haustelefon und Hauswart bei einer Verteilung nach Miteigentumsanteilen und hinsichtlich der Heiz- und Wasserkosten bei einer Verteilung nach Verbrauch verbleiben soll, nicht zu beanstanden. Er entspricht ordnungsmäßiger Verwaltung (BGH, 16.9.2011, V ZR 3/11).
- Ein Beschluss über die Installation von Wärmemengenzählern zur Verbrauchserfassung und eine Änderung des entsprechenden Kostenverteilungsschlüssels in eine verbrauchsabhängige Heizkostenverteilung sowie die Finanzierung der Maßnahme über eine Sonderumlage entspricht den Grundsätzen ordnungsmäßiger Verwaltung, wenn die entstehenden Kosten nicht unverhältnismäßig hoch sind. Dabei sind die Kosten für die Installation der Messeinrichtungen samt Folgekosten (Wartung, Eichkosten) sowie der Mess- und Abrechnungsaufwand im Verhältnis zur zu erwartenden Einsparung gegenüberzustellen. Bei der Annahme eines Zeitraums von zehn Jahren für die Amortisation von Installations- und Wartungskosten an einer Heizungsanlage können nicht die bisherigen Energiekosten mit einem Einsparungspotenzial von 15% zugrunde gelegt werden. Die Annahme einer jährlichen Heizkostensteigerung von 5% ist realistisch (LG Lüneburg, 31.5.2011, 9 S 77/10).
- Eine Vereinbarung der Wohnungseigentümer, Heizkosten ausschließlich nach Verbrauch abzurechnen, kann durch Mehrheitsbeschluss geändert werden (BGH, 16.7.2010, V ZR 221/09).
- Auch ein durch Vereinbarung festgelegter Umlageschlüssel kann durch Mehrheitsbeschluss nach §16 Abs. 3 WEG geändert werden. Eine solche Abänderung muss transparent gestaltet werden; hierfür genügt es nicht, dass einer Abrechnung oder einem Wirtschaftsplan lediglich der neue Schlüssel zugrunde gelegt wird. Eine rückwirkende Änderung des Umlageschlüssels nach §16 Abs. 3 WEG entspricht in der Regel nicht den Grundsätzen einer ordnungsgemäßen Verwaltung (BGH, 9.7.2010, V ZR 202/09).
- Wurde bereits ein Mehrheitsbeschluss mit Zweidrittelmehrheit aufgrund einer Öffnungsklausel in der Teilungserklärung über die Verteilung von Aufzugskos-

ten gefasst, kann dieser seit Inkrafttreten der WEG-Reform mit einfacher Mehrheit geändert werden (LG Berlin, 2.7.2010, 85 S 47/10).
- §16 Abs. 3 WEG erfasst über seinem Wortlaut hinaus die Kompetenz der Wohnungseigentümer, mit Mehrheitsbeschluss einen durch Vereinbarung festgelegten Kostenverteilungsschlüssel abzuändern (LG Hamburg, 30.6.2010, 318 S 138/09; OLG Düsseldorf, 23.7.2009, I-3 Wx 28/09).
- Eine Beschlussfassung nach §16 Abs. 3 WEG muss hinreichend bestimmt sein. Der Begriff »Wartungskosten für Duplex-Parker« ist nicht hinreichend bestimmt, weil unklar ist, welche zu wartenden Teile der Duplex-Parker von der Regelung erfasst sein sollen, das heißt, welche »Wartungskosten« für welche Teile künftig (abweichend vom Kostenverteilungsschlüssel) verteilt werden sollen (LG München I, 18.3.2010, 36 S 4706/09).
- Kabel-TV-Kosten können nach Einheiten verteilt werden, Aufzugskosten nach »Aufzugspunkten«. Es widerspricht in der Regel ordnungsgemäßer Verwaltung, wenn die Hausmeister- und Hausreinigungskosten nach Einheiten umgelegt werden (LG Nürnberg-Fürth, 25.3.2009, 14 S 7627/08).
- Für Änderungen des Kostenverteilungsschlüssels nach Flächenanteilen durch die Wohnungseigentümergemeinschaft bedarf es zuvor der Feststellung der anzurechnenden Flächen, ansonsten ist der Beschluss wegen Unbestimmtheit nichtig (AG Charlottenburg, 2.10.2008, 74 C 60/08).

Den Wohnungseigentümern steht das Selbstorganisationsrecht zu, im Wege einer Ermessensentscheidung darüber zu beschließen, ob eine verbrauchsabhängige Abrechnung stattfinden soll. Im Einzelfall kann sich hier im Wege der Auslegung eine Ermessensreduktion auf null ergeben, sodass dem einzelnen Wohnungseigentümer ein Anspruch auf verbrauchsabhängige Kostenverteilung nach den Grundsätzen ordnungsgemäßer Verwaltung zusteht. Derartige Fälle werden jedoch nur dann gegeben sein, wenn zum Beispiel bereits Verbrauchserfassungsgeräte vorhanden sind, diese jedoch nicht zur Abrechnung genutzt werden, oder der Einbau von Wasserzählern durch die Bauordnung der Länder vorgeschrieben wird. Gleiches gilt, wenn die gewählte Abrechnungsmethode zu grob unbilligen Ergebnissen kommt. Ein einklagbarer Anspruch auf Durchsetzung einer Änderung des Verteilungsschlüssels wird daher nur in Ausnahmefällen zu bejahen sein.

4.3.3.2 Kostenverteilung bei Instandhaltung, Instandsetzung und baulichen Veränderungen (§16 Abs. 4 i.V.m. §22 Abs. 1, 2 WEG)

§16 Abs. 4 WEG ermöglicht die Änderung des Kostenverteilungsschlüssels abweichend von der Gemeinschaftsordnung bei folgenden Maßnahmen:
- Instandhaltungen,
- Instandsetzungen,

- modernisierende Instandsetzungen,
- bauliche Veränderungen.
- Modernisierungen und Anpassungen des Gemeinschaftseigentums an den Stand der Technik.

Sofern die Gemeinschaftsordnung eine Vereinbarung zum Kostenverteilungsschlüssel enthält, kann dieser aufgrund der Beschlusskompetenz der Eigentümer nach §16 Abs. 4 WEG abgeändert werden. Ist in der Gemeinschaftsordnung keine Vereinbarung über den Kostenverteilungsschlüssel zu finden, kann ebenso der gesetzliche Kostenverteilungsschlüssel (§16 Abs. 2 WEG) abgeändert werden. Die Voraussetzung für einen entsprechenden Beschluss nach §16 Abs. 4 WEG sind:

- Es muss sich um einen konkreten Einzelfall handeln, es können also keine generellen Regelungen mit Wirkung für die Zukunft beschlossen werden.
- Der abweichende Kostenverteilungsmaßstab muss dem Gebrauch oder der Möglichkeit des Gebrauchs Rechnung tragen.
- Bei der Abstimmung wird die doppelt qualifizierte Mehrheit (siehe Kapitel 4.3.5) erreicht.

!

Beispiele: Mögliche Verteilung von Kosten

- Anbringung von Markisen nach Anzahl,
- Änderung von Bodenbelägen, Wandanstrichen oder Verkleidungen in gemeinschaftlichen Räumen,
- Kosten des Neueinbaus oder Anstrichs von Fenstern nach Anzahl,
- Einbau von Aufzügen nach Anzahl,
- Anbringung von Balkonen und Verteilung dieser Kosten nur auf Wohnungen, die über einen Balkon verfügen,
- Instandhaltungsarbeiten an Garagen oder Stellplätzen und Verteilung der Kosten dafür nach Wohneinheiten, die über einen Garagen- oder Stellplatz verfügen.

Der Kostenverteilungsschlüssel kann also nicht generell geändert werden, sondern nur im Hinblick auf einen ganz bestimmten, aktuell zu regelnden Einzelfall. Für generelle Regelungen fehlt die Beschlusskompetenz, sodass derartige Beschlüsse nichtig sind (BGH, 9.7.2010, V ZR 202/09; LG München I, 13.2.2012, 1 S 8790/11; a.A. AG Hildesheim, 17.9.2013, 44 C 15/13). Ein solcher Einzelfall im Sinne des §16 Abs. 4 WEG liegt nicht vor, wenn die Kosten der Instandhaltung, zum Beispiel von Terrassenfenstern und -türen, nicht nur für die einzelne konkret anstehende Reparatur, sondern dauerhaft auf die einzelnen Wohnungseigentümer abgewälzt werden sollen. Solche Regelungen sind von der Beschlusskompetenz nach §16 Abs. 4 WEG nicht umfasst. Den Wohnungseigentümern fehlt die Kompetenz, Beschlüsse dieser Art zu treffen.

Nachdem hierdurch unzulässigerweise die Teilungserklärung geändert werden würde, sind entsprechende Beschlüsse nichtig (BGH, 25.9.2009, V ZR 33/09).

Ein Beschluss über die abweichende Verteilung der Kosten einer einzelnen Instandsetzungsmaßnahme ist nicht schon dann von § 16 Abs. 4 WEG gedeckt, wenn er dem dort vorgeschriebenen Gebrauchsmaßstab entspricht und die in § 16 Abs. 4 Satz 2 WEG bestimmte Mehrheit findet. Vielmehr muss nach § 21 Abs. 3, 4 WEG das Handeln der Wohnungseigentümergemeinschaft insgesamt den Grundsätzen ordnungsgemäßer Verwaltung entsprechen. Diesen genügt ein Beschluss dann nicht, wenn er auf eine verdeckte dauernde Änderung der Teilungsklärung hinausläuft, die § 16 Abs. 4 WEG nicht erlaubt (BGH, 18.6.2010, V ZR 164/09, zur Unzulässigkeit der Auferlegung von Kosten für eine Dachsanierung an einem von mehreren Häusern nur auf die Eigentümer des zu sanierenden Hauses).

Ordnungsgemäßer Verwaltung entspräche eine nach § 16 Abs. 4 WEG im Einzelfall abweichende Kostenverteilung nur dann, wenn für alle gleichgelagerten Instandsetzungsmaßnahmen unter dem Gesichtspunkt der Maßstabskontinuität eine entsprechende abweichende Kostenverteilung beschlossen würde. Dies soll jedoch mit der Regelung des § 16 Abs. 4 WEG gerade nicht erreicht werden, sodass ein solcher Beschluss nicht den Grundsätzen ordnungsgemäßer Verwaltung entspricht. Ein Beschluss nach § 16 Abs. 4 WEG, der gegen die Grundsätze ordnungsgemäßer Verwaltung verstößt, ist nicht nichtig, sondern lediglich anfechtbar (BGH, 18.6.2010, V ZR 164/09).

Weitere Voraussetzung für einen Beschluss nach § 16 Abs. 4 WEG ist, dass die Kosten bei einer abweichenden Regelung nach dem Gebrauch oder der Möglichkeit des Gebrauchs durch die Wohnungseigentümer verteilt werden müssen. Der maßgebliche Gebrauch stellt nicht auf den alleinigen Gebrauch ab, sondern auch auf die tatsächliche Gebrauchshäufigkeit und die Gebrauchsmöglichkeit oder auf die Anzahl der nutzenden Personen oder auf vergleichbare Umstände (BGH, 18.6.2010, V ZR 164/09; BGH, 15.1.2010, V ZR 114/09). Die Belastung nur einzelner Eigentümer mit Kosten ist daher nur zulässig, wenn diese eigennützigen Gebrauch machen oder machen können, was den von den Kosten freigestellten Eigentümern nicht oder so nicht möglich ist (BGH, 18.6.2010, V ZR 164/09; LG Hamburg, 25.5.2011, 318 S 21/11).

Die Änderung des Verteilungsschlüssels für die oben genannten Maßnahmen der Instandhaltung, Instandsetzung und baulichen Veränderung bedarf einer sogenannten doppelt qualifizierten Mehrheit. Das bedeutet Folgendes:

- Dem Beschluss müssen drei Viertel aller stimmberechtigten Wohnungseigentümer zustimmen. Dabei ist zu beachten, dass die Abstimmung nach dem gesetzlichen Kopfprinzip gemäß §25 Abs. 2 WEG zu erfolgen hat.
- Gleichzeitig müssen diese Wohnungseigentümer mehr als die Hälfte aller Miteigentumsanteile repräsentieren.

Fehlt es bei einem Beschluss nach §16 Abs. 4 WEG an der erforderlichen doppelt qualifizierten Mehrheit oder entspricht er nicht ordnungsmäßiger Verwaltung, so ist ein dennoch gefasster und verkündeter Beschluss wirksam, wenn er nicht innerhalb eines Monats nach Beschlussfassung bei dem zuständigen Wohnungseigentumsgericht angefochten wird.

Beispiele: Rechtsprechung !

- Die Verteilung der Kosten für das Streichen von Fenstern nach Anzahl der Fenster oder Verteilung der Sanierungskosten der im Gemeinschaftseigentum stehenden Balkone nur auf die Eigentümer deren Wohnungen auch Balkone besitzen (BGH, 15.1.2010, V ZR 114/09), ist zulässig.
- Einer wirksamen Änderung des Kostenverteilungsschlüssels zur Ansammlung der Instandhaltungsrücklage steht bereits entgegen, dass die Regelung nicht lediglich einen Einzelfall im Sinne von §16 Abs. 4 WEG betrifft. Der angefochtene Beschluss regelt nicht nur eine einzelne Maßnahme und erschöpft sich nicht in deren Vollzug (BGH, 9.7.2010, V ZR 202/09).
- Wohnungseigentümer können im Beschlusswege nur für den Einzelfall und nur die Kostenverteilung für die Sanierung von Fenstern regeln, nicht jedoch die Entscheidung für Unterhaltung und Instandsetzung auf die einzelnen Eigentümer übertragen, die generell nach eigenem Gutdünken eine Sanierung auf eigene Kosten durchführen sollen (AG Nürtingen, 8.10.2012, 19 C 972/12).
- Die Sanierung der wegen Korrosionsfortschritt durch eindringendes Tauwasser entstandenen Schäden in der Tiefgarage stellt einen Einzelfall im Sinne des §16 Abs. 4 WEG dar (LG Stuttgart, 29.6.2011, 10 S 19/10).
- Beim Anbau eines Außenlifts für einen gehbehinderten Nutzer handelt es sich um eine bauliche Veränderung. In diesem Fall ist eine Kostentragungsregelung für den Außenlift zulasten des Bauwilligen selbst mit dessen Einverständnis nichtig; insoweit bedarf es einer Vereinbarung, da es sich um eine Dauerregelung handelt (LG München I, 23.6.2014, 1 S 13821/13).
- Die Wohnungseigentümer haben bei der Bestimmung eines abweichenden Kostenverteilungsschlüssels nach §16 Abs. 4 WEG zwar ein nur eingeschränkt überprüfbares Gestaltungsermessen. Das aber ist dann überschritten, wenn der Kostenverteilungsschlüssel nicht vom Gebrauchsmaßstab, sondern von anderen Gesichtspunkten bestimmt wird (BGH, 18.6.2010, V ZR 164/09).
- Das Merkmal »Möglichkeit des Gebrauchs« (§16 Abs. 4 Satz 1 WEG) für die Verteilung von Kosten einer Maßnahme kann objektbezogen verstanden werden, solange eine Verteilungsgerechtigkeit hergestellt wird. Entscheidend ist, ob ein Bezug zum Gebrauch der jeweiligen Wohneinheit herzustellen bzw.

ob der Gebrauch diesem Objekt zuzuordnen ist (AG Halle, 2.3.2010, 120 C 4092/09).

- Eine Kostenverteilung nach Wohneinheiten ist keine Verteilung nach Gebrauch oder Gebrauchsmöglichkeit (AG Düsseldorf, 29.5.2017, 290a C 14/17).

4.3.3.3 Bauliche Veränderungen und instandhaltende/ instandsetzende Aufwendungen (§22 Abs. 1 WEG)

Gemäß §22 Abs. 1 WEG können bauliche Veränderungen und Aufwendungen, die über die ordnungsmäßige Instandhaltung und Instandsetzung des gemeinschaftlichen Eigentums hinausgehen, beschlossen oder verlangt werden, wenn jeder Wohnungseigentümer zustimmt, dessen Rechte durch die Maßnahme über das in §14 Nr. 1 WEG bestimmte Maß hinaus beeinträchtigt werden. Zunächst ist daher eine klare Abgrenzung zwischen Maßnahmen der ordnungsmäßigen Instandhaltung und Instandsetzung, die der mehrheitlichen Beschlussfassung unterliegen, und darüber hinausgehende Maßnahmen, bei denen ausdrücklich auf das Erfordernis der Zustimmung der beeinträchtigten Eigentümer abzustellen ist, erforderlich. Im Weiteren müssen bauliche Veränderungen von Modernisierungsmaßnahmen und Anpassungen des Gemeinschaftseigentums an den Stand der Technik nach §22 Abs. 2 WEG abgegrenzt werden. Maßnahmen, die eine Modernisierung darstellen, können durchaus auch eine bauliche Veränderung bedeuten. Umgekehrt werden einige Maßnahmen, die zwar eine bauliche Veränderung darstellen, als Modernisierungsmaßnahme zu qualifizieren sein.

Die Art der Maßnahme entscheidet darüber, welche Mehrheit für den Beschluss erforderlich ist. Bei einem Beschluss über eine Modernisierungsmaßnahme nach §22 Abs. 2 WEG reicht die sogenannte doppelt qualifizierte Mehrheit aus. Dahingegen kann bei baulichen Veränderungen durchaus die Zustimmung aller Eigentümer erforderlich sein, wenn die Maßnahme sämtliche Eigentümer beeinträchtigt. Grundsätzlich reicht für eine bauliche Veränderung nach §22 Abs. 1 WEG jedoch ein einfacher Mehrheitsbeschluss aus, wenn diejenigen Eigentümer zustimmen, die durch die Maßnahme beeinträchtigt werden. Handelt es sich beispielsweise um eine Maßnahme an der Außenfassade und verändert diese den optischen Gesamteindruck des Anwesens, so sind regelmäßig die Interessen aller Eigentümer betroffen und alle müssen zustimmen. Soll eine bauliche Veränderung durchgeführt werden, die nur einem Wohnungseigentümer ausschließlich oder überwiegend zugutekommt, ist dieser grundsätzlich nicht von seinem Stimmrecht ausgeschlossen (BayObLG, 25.9.2003, 2Z BR 161/03).

Stimmen dem Beschluss nicht alle Eigentümer zu, zum Beispiel weil der ein oder andere bei der Versammlung gar nicht anwesend ist, kommt dennoch ein Mehrheitsbeschluss zustande, der in Bestandskraft erwächst, wenn er nicht binnen Monatsfrist gerichtlich angefochten wird. Das bedeutet: Hat ein Wohnungseigentümer einer ihn benachteiligenden baulichen Veränderung nicht zugestimmt und ist ein Mehrheitsbeschluss dennoch zustande gekommen, muss er den Beschluss gerichtlich anfechten, da dieser anderenfalls wirksam wird und auch den benachteiligten Wohnungseigentümer bindet (§10 Abs. 5 WEG). In diesem Fall kann eine Beseitigung der baulichen Veränderung nicht mehr verlangt werden. Dies gilt auch für den Rechtsnachfolger eines Wohnungseigentümers, er ist ebenfalls an den Beschlussinhalt gebunden.

Sieht die Gemeinschaftsordnung vor, dass bauliche Änderungen der Zustimmung des Verwalters bedürfen, ist diese Regelung regelmäßig dahingehend auszulegen, dass dieses Erfordernis zusätzlich zur und nicht anstelle der Zustimmungspflicht der Eigentümer nach §22 Abs. 1 und §14 Nr. 1 WEG besteht (LG München I, 20.6.2011, 1 S 23256/10).

Nach dem Gesetzeswortlaut können bauliche Veränderungen nicht nur beschlossen, sondern auch verlangt werden, zum Beispiel wenn ein Eigentümer einen Anspruch auf Zustimmung zu einer baulichen Veränderung geltend macht. Dieser kann gegeben sein, wenn die konkrete Maßnahme die übrigen Wohnungseigentümer nicht beeinträchtigt oder eine Verpflichtung zur Duldung der baulichen Veränderung besteht, etwa bei Maßnahmen, die behinderten Menschen barrierefreies Wohnen ermöglichen. In einem solchen Fall kann der Wohnungseigentümer einen entsprechenden Antrag zur Tagesordnung stellen, um die erforderliche Beschlussfassung herbeizuführen. Wird der

Beschlussantrag abgelehnt, liegt ein sogenannter Negativbeschluss (siehe Kapitel 4.3.5.8) vor, der angefochten werden kann. Im gerichtlichen Anfechtungsverfahren wird dann überprüft, ob der jeweilige Eigentümer einen Anspruch auf Zustimmung zur baulichen Veränderung hat. Die Vorbefassung in einer Eigentümerversammlung ist jedoch grundsätzlich erforderlich und nur dann entbehrlich, wenn sie dem die Zustimmung verlangenden Eigentümer nicht zugemutet werden kann, weil im konkreten Fall zweifelsohne keinerlei Nachteil im Sinne von §14 Nr. WEG vorliegt, oder wenn davon auszugehen ist, dass die übrigen Wohnungseigentümer die Zustimmung in der Versammlung verweigern werden (LG München I, 16.11.2009, 1 S 4964/09).

! **Beispiele: Bauliche Veränderungen**

- Anbau eines Aufzugs (BayObLG, 23.7.1992, 2Z BR 39/92; AG Konstanz, 13.3.2008, 12 C 17/07; LG München I, 23.6.2014, 1 S 13821/13, jedoch Abgrenzung zur Modernisierung gemäß § 22 Abs. 2 WEG).
- Anbau eines Balkons (LG Lüneburg, 31.5.2011, 9 S 75/10, bei unbilliger Benachteiligung; BayObLG .1994, 2 Z BR 125/93).
- Verglasung von Balkonen oder Loggien (BayObLG, 4.11.1993, 2 Z BR 89/93; OLG Düsseldorf, 20.1.1995, 3 Wx 483/94, ggf. jedoch Abgrenzung zur Modernisierung gemäß § 22 Abs. 2 WEG; so auch AG Hannover, 26.10.2010, 483 C 3145/10).
- Anbringen einer Parabolantenne am Gemeinschaftseigentum.
- Anbringen von Außenrollläden/Außenjalousien (BayObLG, 14.3.1991, BReg. 2 Z 168/90; OLG Düsseldorf, 10.7.1995, 3Wx 99/95, ggf. aber Abgrenzung zur Modernisierung nach § 22 Abs. 2 WEG, wenn an sämtlichen Fenstern der Wohnanlage Außenrollläden/Außenjalousien angebracht werden sollen).
- Ausbau eines Speichers zu Wohnzwecken.
- Errichtung Außenkamin (OLG Köln, 11.2.2000, 16 Wx 9/00).
- Beseitigen von Bäumen, wenn sie den Gesamteindruck der Wohnanlage prägen (OLG Düsseldorf, 30.4.2003, 3 Wx 97/03).
- Aufstellen von Blumentrögen auf gemeinschaftlichen Flächen (BayObLG, 12.9.2002, 2Z BR 21/02).
- Bohrungen durch gemeinschaftliche Außenwände.
- Errichtung eines Carports (BayObLG, 14.11.2002, 2 Z BR 107/02).
- Dachfenster, nachträglicher Einbau (OLG Karlsruhe, 14.1.1985, 11 W 102/84).
- Funkantenne auf dem Dach (BGH, 24.1.2014, V ZR 48/13; BayObLG, 23.5.1996, 2Z BR 19/96).
- Fassadenneuanstrich, der das Gesamterscheinungsbild des Gebäudes verändert (LG München I, 20.9.2012, 36 S 1982/12).
- Garten- oder Gewächshäuser (BayObLG, 17.12.1987, BReg. 2 Z 84/87; OLG Oldenburg, 11.3.1997, 5 W 18/97, BayObLG, 26.7.2001, 2 Z BR 73/01; LG Düsseldorf, 9.10.2001, 24 S 203/91).
- Errichtung eines Grillplatzes.
- Anschluss eines Kamins oder Kaminofens an einen gemeinschaftlichen Schornstein (BayObLG, 7.8.1997, 2 Z BR 62/97).
- Katzennetz auf einem Balkon (OLG Zweibrücken, 9.3.1998, 3 W 44/98).
- Anbringung einer Parabolantenne (BGH, 22.1.2004, V ZB 51/03).
- Anbau einer Markise oder Pergola (LG Frankfurt/Main, 30.4.2014, 2-13 S 38/13; BayObLG, 11.9.1985, BReg. 2 Z 63/85; KG Berlin, 1.4.1987, 24 W 5286/86; a. A. OLG Düsseldorf, 6.9.1989, 3 Wx 191/89, wenn sich die Markise unauffällig in die Optik des Gesamtgebäudes einpasst).
- Verlegung einer Mülltonnenanlage.
- Die Anlage einer Terrasse sowie die Erweiterung eines Plattenbelags (BayObLG, 25.11.1997, 2 Z BR 99/97; OLG Celle, 28.11.2001, 4 W 203/01).
- Terrassenüberdachung (BGH, 7.2.2014, V ZR 25/13).
- Verglasung einer Loggia oder von Balkonen.

- Errichtung von Sandkasten und Schaukel (LG Frankfurt/Main, 12.6.2014, 2-9 S 79/13).
- Einbau eines Treppenhauslifts, jedoch ggf. Duldungspflicht, um den barrierefreien Zugang für behinderte Wohnungseigentümer zu gewährleisten (OLG München, 12.7.2005, 32 Wx 051/05).
- Anbringung einer Videokamera (OLG München, 11.3.2005, 32 Wx 002/05; a. A. KG Berlin, 26.6.2002, 24 W 309/01, im Klingeltableau).
- Errichtung eines Wintergartens (BayObLG, 5.11.1993, 2 Z BR 83/93; OLG Düsseldorf, 2.9.1992, 3 Wx 175/92).

4.3.3.4 Beschluss über Veräußerungsbeschränkung

Existiert in der Gemeinschaftsordnung eine Vereinbarung gemäß §12 Abs. 1 WEG, nach der ein Wohnungseigentümer für die Veräußerung seines Wohnungseigentums die Zustimmung aller anderen Wohnungseigentümer oder eines Dritten bedarf, so kann nun nach neuem Recht diese Veräußerungsbeschränkung durch Beschluss aufgehoben werden (§12 Abs. 4 WEG).

4.3.3.5 Erweiterte Beschlusskompetenz in Zahlungsangelegenheiten (§21 Abs. 7 WEG)

Eine weitere Beschlusskompetenz zur Änderung des gesetzlichen oder in der Gemeinschaftsordnung vereinbarten Kostenverteilungsschlüssels ist in §21 Abs. 7 WEG geregelt. Hiernach können die Wohnungseigentümer mit Stimmenmehrheit über die Regelung von Geldangelegenheiten beschließen. Ein entsprechender Beschluss muss jedoch ordnungsmäßiger Verwaltung entsprechen, anderenfalls ist er anfechtbar.

Art und Weise von Zahlungen
Die Wohnungseigentümer können beschließen, in welcher Art und Weise die Beitragszahlungen – darunter Hausgeld, Saldo aus der Jahresabrechnung oder Sonderumlagen – an die Gemeinschaft zu leisten sind. So kann zum Beispiel beschlossen werden, dass ein Dauerauftrag eingerichtet oder eine Einzugsermächtigung erteilt werden muss oder generell das Lastschriftverfahren eingeführt wird.

Fälligkeit
Die Wohnungseigentümer können über die Fälligkeit der Beitragszahlungen an die Gemeinschaft beschließen. Es ist möglich, dass sie diese Bestimmungen aufgrund der bestehenden Beschlusskompetenz gemäß §21 Abs. 7 WEG mit einer Verfallklausel oder einer Vorfälligkeitsregelung versehen. Eine Verfall-

klausel ordnet grundsätzlich die Fälligkeit der gesamten Hausgelder nach dem Wirtschaftsplan gleich zu Beginn des Jahres an, billigt den Wohnungseigentümern aber – regelmäßig monatliche – Teilzahlungen zu, solange sie nicht mit einer bestimmten Menge von Raten in Rückstand geraten (LG Köln, 20.2.2014, 29 S 181/13). So kann zum Beispiel auch beschlossen werden, dass das gesamte Hausgeld für das Abrechnungsjahr fällig wird, sobald ein Wohnungseigentümer mit der Zahlung von drei Hausgeldraten in Verzug kommt. Die Wohnungseigentümer können Guthaben/Nachzahlungen auch sofort fällig stellen und bei den Eigentümern, die am Lastschriftverfahren teilnehmen, Auszahlungen/ Verrechnungen bzw. Abbuchungen mit der nächsten Lastschrift vorsehen (LG Köln, 8.5.2014, 29 S 241/13).

Folgen des Verzugs

Die Wohnungseigentümer können zudem Verzugsfolgen vereinbaren, zum Beispiel Vertragsstrafen oder die Bestimmung, dass bei Verzug übergesetzliche oder pauschalierte Verzugszinsen anfallen, die unabhängig von Eintritt und Höhe eines tatsächlichen Schadens über den in § 288 BGB vorgesehenen Prozentsatz hinausgehen. Eine solche Regelung entspricht selbst dann ordnungsmäßiger Verwaltung, wenn sie über einen tatsächlich zu erwartenden Schaden hinaus einen gewissen Abschreckungseffekt erzielen soll. Hingegen sind Beschlüsse zu sittenwidrig überhöhten Zinsen gemäß § 138 BGB nichtig.

Kosten für besondere Nutzungen des gemeinschaftlichen Eigentums

Besondere Nutzungen im Sinne von § 21 Abs. 7 WEG sind solche, die mit einer gesteigerten Inanspruchnahme des Gemeinschaftseigentums einhergehen und zumindest bei typisierender Betrachtung den Anfall besonderer Kosten wahrscheinlich machen (BGH, 1.10.2010, V ZR 220/09). Bezugsgröße ist dabei der sich hinsichtlich des gemeinschaftlichen Eigentums besonders schonend und sparsam verhaltende Wohnungseigentümer. Es kommt nicht entscheidend darauf an, ob die Nutzung den nach § 13 Abs. 2 WEG zulässigen Gebrauch übersteigt (BGH, a. a. O.). So kann zum Beispiel eine Umzugskostenpauschale beschlossen werden, da Umzüge in Treppenhäusern und Aufzügen gewöhnlich zu stärkeren Verschmutzungen und zu Beschädigungen führen. Solche Pauschalen müssen jedoch angemessen sein und dürfen nicht zu einer ungerechtfertigten Ungleichbehandlung der Wohnungseigentümer führen (BGH, a. a. O.).

Kosten für besonderen Verwaltungsaufwand

Entstehen der Wohnungseigentümergemeinschaft Kosten durch einen übermäßigen Verwaltungsaufwand, der deutlich über das übliche Maß hinausgeht, können die Wohnungseigentümer beschließen, dass der Wohnungseigentümer, der dies verursacht, die Kosten zu ersetzen hat. Hierbei kann es sich um folgende Ausgaben handeln:

- Mahngebühr,
- Gebühr für die gerichtliche Geltendmachung von Hausgeldforderungen,
- Gebühr für die prozessbedingte Zusatzarbeit bei Rechtsanwaltsbeauftragungen,
- Gebühr für die Erteilung einer Veräußerungszustimmung nach § 12 WEG,
- Gebühr für die Erstellung von Bescheinigungen aus steuerlichen Gründen,
- Kosten, die durch das Anfertigen und Versenden gesondert erbetener Kopien von Verwaltungsunterlagen im Rahmen des Einsichtsrechts entstanden sind,
- Rücklastschriftgebühren,
- Kosten für die Tätigkeit eines Ersatzzustellungsvertreters. Sind diese Tätigkeiten des Verwalters durch die gemäß § 27 WEG festgelegten Aufgaben bereits mit der normalen Vergütung abgegolten, liegt kein besonderer Verwaltungsaufwand vor (LG München I, 8.3.2012, 36 T 26007/11).

Die Festsetzung einer Sondervergütung für das Ausweisen haushaltsnaher Dienstleistungen in der Jahresabrechnung in Höhe von 1 EUR pro Wohnung/Abrechnungseinheit und Monat ist zumindest bei einer relativ kleinen Wohnungseigentümergemeinschaft nicht überzogen und entspricht daher ordnungsgemäßer Verwaltung. Die Festsetzung einer Sondervergütung für die Bearbeitung von Zahlungen, die nicht per Lastschrift eingezogen werden, entspricht nur dann ordnungsgemäßer Verwaltung, wenn sie sich der Höhe nach in angemessenem Rahmen hält. Das ist nicht mehr der Fall, wenn sie pro Wohnung und Monat mehr als 5 EUR beträgt. Eine Vergütung von 3 EUR pro Buchung lässt die Möglichkeit offen, dass pro Wohnung und Monat mehr als 5 EUR fällig werden und wird daher dem Angemessenheitserfordernis nicht gerecht (LG Karlsruhe, 16.6.2009, 11 S 25/09).

4.3.4 Was sind Öffnungsklauseln?

Oftmals enthalten Gemeinschaftsordnungen Öffnungsklauseln, im Rahmen derer durch qualifizierten Mehrheitsbeschluss, zum Beispiel mit Zweidrittel- oder Dreiviertel-Mehrheit, von den abdingbaren gesetzlichen Bestimmungen oder den getroffenen Vereinbarungen in der Teilungserklärung oder der Gemeinschaftsordnung abgewichen werden kann. Solche Öffnungsklauseln erleichtern die Neuregelung von Gegenständen, die sonst nur durch Vereinbarung geregelt werden dürfen, und sind grundsätzlich zulässig.

Soll eine Vereinbarung aufgrund einer Öffnungsklausel geändert werden, ist jedoch zwingend erforderlich,

- dass die Öffnungsklausel hinreichend bestimmt ist,
- dass ein sachlicher Grund für die Änderung vorliegt,
- dass kein Eigentümer gegenüber der bisherigen Regelung unbillig benachteiligt wird und
- dass die Änderung den Grundsätzen ordnungsmäßiger Verwaltung entspricht (BGH, 10.6.2011, V ZR 2/10; BGH, 1.4.2011, V ZR 162/10; BGH, 27. 6.1985, VII ZB 21/84; BGH, ZMR 1995, 34; BayObLG, 21.10.1999 2 Z BR 126/99, BayObLG, ZMR 2004, 211; OLG Hamm, 22.12.2003, 15 W 396/03, ZMR 2004, 852).

Fehlt es an diesen Voraussetzungen, ist der Beschluss zwar nicht von vornherein nichtig, jedoch erfolgreich anfechtbar (BGH, 12.12.2014, V ZR 53/14). Gleiches gilt, wenn die Öffnungsklausel ein qualifiziertes Stimmenquorum voraussetzt, dieses bei der Beschlussfassung aber nicht erreicht wird und der Versammlungsvorsitzende gleichwohl einen positiven Beschluss verkündet (LG München I, 3.11.2010, 36 S 12714/10). Ob die aufgrund einer Öffnungsklausel getroffene Vereinbarung billig ist, kann gerichtlich überprüft werden.

!

Beispiele: Vereinbarungsänderungen durch Öffnungsklausel

- Im Rahmen eines auf einer Öffnungsklausel beruhenden qualifizierten Mehrheitsbeschlusses wird dem Wohnungseigentümer A ein ihm eingeräumtes Sondernutzungsrecht entzogen. A hat jedoch im Vertrauen auf das ihm eingeräumte Sondernutzungsrecht erhebliche Vermögensdispositionen getroffen. A kann nun die Billigkeit gerichtlich überprüfen lassen, insbesondere die Verletzung von Treuepflichten und des Rücksichtnahmegebots der anderen Wohnungseigentümer.
- Stimmrechtsfragen (Wert-/Kopfprinzip).
- Änderung der Kostenverteilung für die Fälle, die nicht bereits von §16 Abs. 3, 4 WEG erfasst sind.

Um keine Öffnungsklausel handelt es sich bei der Regelung, dass zum Beispiel der Alleineigentümer nach Entstehung der Wohnungseigentümergemeinschaft noch Gemeinschafts- in Sondereigentum oder von Teil- in Wohnungseigentum umwidmen kann. Will der Alleineigentümer nach Entstehung der Wohnungseigentümergemeinschaft das Recht behalten, die Teilungserklärung einseitig zu verändern, so kann er sich dies in den Erwerbsverträgen durch eine entsprechende Vollmacht einräumen lassen (OLG Hamburg, 6.12.2002, 2 Wx 27/99, ZMR 2003, 697; BayObLG, 12.9.2002, 2Z BR 75/02, ZMR 2002, 953; OLG Hamm, 9.9.1999, 15 W 157/99, ZWE 2000, 83).

Eine Öffnungsklausel kann abstrakt-generell (allgemeine Öffnungsklausel) formuliert sein, zum Beispiel »Die Bestimmungen der Gemeinschaftsordnung können, durch die Zustimmung von drei Vierteln aller im Grundbuch eingetragenen Wohnungseigentümer abgeändert werden«. Oder die Öffnungsklausel kann sich auf bestimmte Bereiche (konkrete Öffnungsklausel) beschränken, so zum Beispiel »Die Verteilung der Verwalterkosten kann durch Zustimmung von zwei Dritteln der im Grundbuch eingetragenen Wohnungseigentümer abweichend von der in dieser Vereinbarung bestimmten Kostenverteilung abgeändert werden.«

Die durch eine Öffnungsklausel legitimierte Mehrheitsmacht wird materiellrechtlich unter anderem durch unentziehbare, aber verzichtbare Mitgliedschaftsrechte begrenzt. Ein in solche Rechte ohne Zustimmung der nachteilig betroffenen Wohnungseigentümer eingreifender Beschluss ist schwebend unwirksam. Zu den unentziehbaren, aber verzichtbaren Mitgliedschaftsrechten gehört das sogenannte Belastungsverbot, das jeden Wohnungseigentümer vor der Aufbürdung neuer (originärer) Leistungspflichten – solche, die sich weder aus dem Gesetz noch aus der bisherigen Gemeinschaftsordnung ergeben – schützt. Auch eine Öffnungsklausel erlaubt es daher nicht, Wohnungseigentümern gegen ihren Willen zusätzliche Leistungen aufzuerlegen (BGH, 10.10.2014, V ZR 315/13, zu einem Beschluss, der den Sondernutzungsberechtigten von sehr großen Gartenflächen die alleinige Instandhaltungsverpflichtung übertragen sollte). Auch Individualrechte, die zwar zu den unentziehbaren Mitgliedschaftsrechten gehören, aber verzichtbar sind, begrenzen die durch eine Öffnungsklausel legitimierte Mehrheitsmacht. Es ist nur dann von der Wirksamkeit eines in diese Rechte eingreifenden Beschlusses auszugehen, wenn die hiervon nachteilig betroffenen Wohnungseigentümer ihre Zustimmung erklären; bis dahin ist der Beschluss schwebend unwirksam (LG Karlsruhe, 21.3.2017, 11 S 88/16).

§10 Abs. 4 WEG
»Beschlüsse der Wohnungseigentümer gemäß §23 und gerichtliche Entscheidungen in einem Rechtsstreit gemäß §43 bedürfen zu ihrer Wirksamkeit gegen den Sondernachfolger eines Wohnungseigentümers nicht der Eintragung in das Grundbuch. Dies gilt auch für die gemäß §23 Abs. 1 aufgrund einer Vereinbarung gefassten Beschlüsse, die vom Gesetz abweichen oder eine Vereinbarung ändern.«

§10 Abs. 4 Satz 2 WEG stellt klar, dass aufgrund einer Vereinbarung gefasste Beschlüsse, die vom Gesetz abweichen oder eine Vereinbarung ändern, nicht ins Grundbuch eingetragen werden müssen. Vielmehr sind sie erst gar nicht eintragungsfähig (OLG München, 13.11.2009, 34 Wx 100/09). Wird jedoch aufgrund einer Öffnungsklausel eine Vereinbarung in der Gemeinschaftsordnung durch Beschluss abgeändert, so ist dieser Beschluss gemäß §26 Abs. 7 Satz 2 Nr. 1 WEG in die Beschlusssammlung aufzunehmen. Er wirkt auch ohne Eintragung in das Grundbuch bei Ausscheiden eines Wohnungseigentümers aus der Gemeinschaft gegen den neuen Wohnungseigentümer.

Im Hinblick auf vorhandene Öffnungsklauseln ist im Fall einer Beschlussfassung zur abweichenden Kostenverteilung gemäß §16 Abs. 4 oder §22 Abs. 2 WEG zu beachten, dass, falls die Öffnungsklausel geringere Anforderungen (zum Beispiel Zweidrittelmehrheit) an die Abänderung der Kostenverteilung stellt, diese Regelung einschlägig ist. Werden jedoch nach der Öffnungsklausel höhere Anforderungen an eine Abänderung der Kostenverteilung gestellt, ist die Bestimmung des §16 Abs. 4 oder §22 Abs. 2 WEG vorrangig anzuwenden (LG Berlin, 2.7.2010, 85 S 47/10).

Öffnungsklauseln können auch nachträglich vereinbart werden, um eine leichtere Abänderbarkeit und Anpassung der Teilungserklärung oder Gemeinschaftsordnung zu ermöglichen. Die nachträgliche Vereinbarung bedarf der Zustimmung aller im Grundbuch eingetragenen Eigentümer und der Eintragung in das Grundbuch. Die Zustimmung eines Drittberechtigten, zum Beispiel eines Grundpfandrechtsgläubigers, ist nicht notwendig, da dessen dingliche Rechtsposition durch die Öffnungsklausel noch nicht beeinträchtigt wird (OLG Düsseldorf, 30.1.2004, I-3 Wx 329/03, ZMR 2004, 284).

!

Beispiel: Formulierung für eine Öffnungsklausel

Liegt eine nach dem Gesetz oder dieser Gemeinschaftsordnung vereinbarungsbedürftige Angelegenheit vor, können die Wohnungseigentümer die Angelegenheit durch Beschluss regeln, wenn eine Mehrheit von mindestens drei Vierteln der abgegebenen Stimmen und mehr als der Hälfte der im Grundbuch eingetragenen Miteigentumsanteile (alternativ: eine Mehrheit von mindestens zwei Dritteln aller im Grundbuch eingetragenen Miteigentumsanteile) vorliegt, für die Änderung ein sachlicher Grund besteht und kein Eigentümer unbillig benachteiligt wird.

!

Beispiele: Rechtsprechung

- Besteht eine allgemeine Öffnungsklausel in der Gemeinschaftsordnung, kann beschlossen werden, dass eine Vermietung für weniger als 14 Tage nicht zulässig sein soll. Dies greift nicht unzulässig in den Kernbereich des Sondereigentümers ein (LG Berlin, 23.9.2014, 55 S 89/13).
- Eine Öffnungsklausel mit Vierfünftelmehrheit kann auch Beschlusskompetenz für die Änderung des Kostenverteilungsschlüssels bei Instandsetzungen verleihen. Wird das nach der Gemeinschaftsordnung erforderliche Quorum (vier Fünftel) nicht erreicht und dennoch ein positiver Beschluss verkündet, ist dieser nicht nichtig. Allein der Umstand, dass die Öffnungsklausel ein bestimmtes Mehrheitserfordernis vorgibt und damit ein gewisser Bestandsschutz der bestehenden Regelungen erreicht werden soll, führt nicht dazu, dass eine

Öffnungsklausel stets dahingehend auszulegen wäre, dass die Beschlusskompetenz als solche bereits an das Erreichen des Quorums geknüpft wäre (LG München I, 13.1.2014, 1 S 1817/13; BGH, 10.10.2014, V ZR 315/13).

- Beschlüsse, die aufgrund einer in der Gemeinschaftsordnung enthaltenen Öffnungsklausel eine Vereinbarung der Wohnungseigentümer abändern, sind im Grundbuch weder eintragungsbedürftig noch eintragungsfähig (OLG München, 13.11.2009, 34 Wx 100/09).
- Ist in der Teilungserklärung/Gemeinschaftsordnung keine Bezugsbasis für die nach der Öffnungsklausel erforderliche qualifizierte Mehrheit genannt, ist eine Auslegung dahingehend vorzunehmen, dass zur Erreichung des Quorums die Mehrheit aller im Grundbuch eingetragenen Wohnungseigentümer und nicht nur die Mehrheit der bei der Versammlung anwesenden Eigentümer erforderlich ist (BGH, 10.6.2011, V ZR 2/10).
- Um keine Öffnungsklausel handelt es sich bei der Regelung, dass zum Beispiel der Alleineigentümer nach Entstehung der Wohnungseigentümergemeinschaft noch Gemeinschafts- in Sondereigentum oder Teil- in Wohnungseigentum umwidmen kann. Will der Alleineigentümer nach Entstehung der Wohnungseigentümergemeinschaft das Recht behalten, die Teilungserklärung einseitig zu verändern, so kann er sich dies in den Erwerbsverträgen durch eine entsprechende Vollmacht einräumen lassen (OLG Hamburg, 6.12.2002, 2 Wx 27/99).
- Durch einen Mehrheitsbeschluss kann das Stimmrecht nicht entzogen oder das geltende Stimmprinzip nicht abgeändert werden. Auch eine etwaige in der Teilungserklärung enthaltene Öffnungsklausel gibt hierfür keine Beschlusskompetenz (LG Karlsruhe, 21.3.2017, 11 S 88/16).
- Beinhaltet die Gemeinschaftsordnung eine sogenannte Öffnungsklausel und fasst eine Wohnungseigentümergemeinschaft einen Beschluss über die Änderung des Kostenverteilungsschlüssels dahin, dass zukünftig die Kostenverteilung nach der tatsächlich genutzten Wohnfläche erfolgen soll, so ist dieser Beschluss im Anfechtungsverfahren für unwirksam zu erklären. Ihm fehlt die inhaltliche Bestimmtheit insofern, als aus dem Beschluss nicht ersichtlich ist, was unter der tatsächlich genutzten Wohnfläche zu verstehen ist, insbesondere ob etwa leerstehende Wohnungen auch darunterfallen (LG Frankfurt/Oder, 21.11.2016, 16 S 85/16).

4.3.5 Welche Beschlussarten gibt es?

Es können folgende Beschlussarten unterschieden werden:

- einfacher Mehrheitsbeschluss,
- qualifizierter Mehrheitsbeschluss,
- Mehrheitsbeschluss bei baulichen Veränderungen,
- allstimmiger Beschluss,
- einstimmiger Beschluss,
- Nichtbeschluss,

- positiver Beschluss,
- negativer Beschluss,
- Zweitbeschluss,
- Geschäftsordnungsbeschlüsse,
- Organisationsbeschlüsse,
- Standardbeschlüsse.

4.3.5.1 Einfacher Mehrheitsbeschluss

Angelegenheiten des Gebrauchs des Gemeinschaftseigentums und der laufenden Verwaltung können grundsätzlich mit einfacher Mehrheit beschlossen werden. Ein einfacher Mehrheitsbeschluss kommt dann zustande, wenn für einen Beschlussantrag mehr Ja- als Nein-Stimmen abgegeben werden. Hierfür maßgeblich sind allein die in der Eigentümerversammlung abgegebenen Stimmen. Eine nachträglich zu einem Beschluss erklärte Zustimmung ist ohne Belang (BayObLG, 22.5.1998, 2Z BR 38/98). Bei der Feststellung des Abstimmungsergebnisses kommt es nur auf die abgegebenen Ja-Stimmen und Nein-Stimmen an. Stimmenthaltungen bleiben hierbei außer Betracht, sie sind bei der Bestimmung der Mehrheit nicht mitzuzählen (BGH, 8.12.1988, V ZB 3/88; OLG Köln, 16.2.2001, 16 Wx 4/01).

!

Beispiel: Geltung des Kopfprinzips

Bei der Eigentümerversammlung sind 16 von 20 Wohnungseigentümern erschienen. Zwei sind nicht stimmberechtigt und dürfen bei der Abstimmung zur Genehmigung der Jahresabrechnung nicht mitwirken. Von den restlichen 14 Wohnungseigentümern stimmen acht mit Ja, vier mit Nein und zwei enthalten sich der Stimme.
Abstimmungsergebnis: acht Ja-Stimmen, vier Nein-Stimmen und zwei Enthaltungen.
Verkündung des Beschlussergebnisses: Der Antrag ist mehrheitlich angenommen.

Allerdings kann durch Vereinbarung abweichend geregelt werden, dass Stimmenthaltungen grundsätzlich als abgegebene Stimmen zu berücksichtigen und als Nein-Stimmen zu werten sind.

Wird ein Beschlussantrag angenommen, so liegt ein sogenannter positiver Beschluss vor, wird er abgelehnt, so handelt es sich um einen sogenannten negativen Beschluss.

Durch einfachen Mehrheitsbeschluss können insbesondere folgende Angelegenheiten geregelt werden:

- Wirtschaftsplan, Genehmigung der Jahresabrechnung und Rechnungslegung des Verwalters (§28 Abs. 5 WEG),

- Verlangen nach Rechnungslegung durch den Verwalter (§28 Abs. 4 WEG),
- Maßnahmen zur ordnungsgemäßen Instandhaltung und Instandsetzung des Gemeinschaftseigentums (§21 Abs. 3 WEG),
- Beschlüsse über die Kostenverteilung von Betriebs- und Verwaltungskosten (§16 Abs. 3 WEG),
- Einleitung eines Verfahrens zur Entziehung des Wohnungseigentums (§18 Abs. 3 WEG),
- Gebrauchsregeln bezüglich des Sondereigentums und des Gemeinschaftseigentums, wenn die Gemeinschaftsordnung keine entgegenstehende Regelung enthält (§15 WEG),
- Bestellung des Verwaltungsbeirats (§29 Abs. 1 Satz 1 WEG),
- Maßnahmen ordnungsgemäßer Verwaltung des Gemeinschaftseigentums, zum Beispiel Aufstellung der Hausordnung, Abschluss von Sach- und Haftpflichtversicherungen der Wohnungseigentümer,
- Bildung, Höhe und Anlage einer Instandhaltungsrücklage,
- Bestellung und Abberufung des Verwalters (§26 Abs. 1 Satz 1 WEG),
- Beschlüsse zur Geschäftsordnung in der Eigentümerversammlung,
- Beschlüsse über die Verfolgung und Durchsetzung von Baumängelgewährleistungsansprüchen bezüglich des Gemeinschaftseigentums.

4.3.5.2 Qualifizierter Mehrheitsbeschluss

Anders als der einfache Mehrheitsbeschluss erfordert der qualifizierte Mehrheitsbeschluss eine bestimmte, entweder durch Gesetz oder Vereinbarung geregelte Mehrheit. Die Gemeinschaftsordnung kann auch qualifizierte Mehrheitserfordernisse bestimmen, dann ist der sogenannte qualifizierte Mehrheitsbeschluss nötig. Ist solch eine qualifizierte Mehrheit für das Zustandekommen eines Beschlusses erforderlich, reicht die einfache Mehrheit nicht aus.

Das Gesetz sieht Beschlusskompetenzen vor, bei denen eine sogenannte doppelt qualifizierte Mehrheit erforderlich ist.

- §22 Abs. 2: Modernisierungsmaßnahmen oder Anpassung an den Stand der Technik des Gemeinschaftseigentums.
- §16 Abs. 4 WEG: Kostenverteilung bei Instandhaltungs-, Instandsetzungs-, Modernisierungsmaßnahmen und baulichen Veränderungen im konkreten Einzelfall.

Bei der qualifizierten Beschlussfassung gemäß §16 Abs. 4 und §22 Abs. 2 WEG ist zwingend zu beachten, dass nicht nur eine Dreiviertelmehrheit der in der Eigentümerversammlung erschienenen bzw. vertretenen Wohnungseigentümer ausreicht, sondern vielmehr eine Dreiviertelmehrheit sämtlicher im Grundbuch eingetragenen und stimmberechtigten Wohnungseigentümer erforderlich ist (LG Hamburg, 29.12.2010, 318 S 206/09; LG Köln, 4.10.2012, 29 S 91/12). Diese müssen gleichzeitig mehr als die Hälfte der Miteigentumsanteile repräsentieren.

Darüber hinaus muss die Abstimmung zwingend nach dem Kopfprinzip des §25 Abs. 2 WEG erfolgen. Auch wenn die Gemeinschaftsordnung das Objektprinzip beim Stimmrecht regelt, ist wegen §16 Abs. 5 WEG die doppelt qualifizierte Mehrheit nach §16 Abs. 4 WEG mit 75% nach Köpfen und mehr als 50% nach Miteigentumsanteilen zu berechnen (LG Köln, 4.10.2012, 29 S 91/12; LG Stuttgart, 29.6.2011, 10 S 19/10). Ist ein Eigentümer vom Stimmrecht ausgeschlossen, berechnet sich die qualifizierte Mehrheit aus den »verbleibenden« Köpfen.

Erfordert eine bestimmte Beschlussfassung die (doppelt) qualifizierte Mehrheit, sollte der Verwalter in der Eigentümerversammlung vor der Abstimmung darüber aufklären, welche Mehrheit für das Zustandekommen vorausgesetzt wird. Kann die erforderliche Mehrheit nicht erreicht werden, liegt ein negativer Beschluss vor. Das Beschlussergebnis lautet dann zum Beispiel: »Ein nach §16 Abs. 3 WEG erforderlicher qualifizierter Mehrheitsbeschluss ist nicht zustande gekommen.«

Wurde die qualifizierte Mehrheit nicht erreicht, der Beschluss dennoch positiv verkündet, so ist der Beschluss nicht nichtig, sondern lediglich binnen Monatsfrist anfechtbar (LG München, 13.1.2014, 1 S 1817/13; BT-Drucks. 16/887, 25). Gleiches gilt, wenn entgegen §25 Abs. 2 WEG nicht nach dem Kopfprinzip abgestimmt, vom Versammlungsvorsitzenden aber dennoch ein positiver Beschluss festgestellt und verkündet wurde. Hingegen wäre ein selbst mit qualifizierter Mehrheit zustande gekommener Beschluss nichtig, der die Kostenverteilung von Modernisierungsmaßnahmen, baulichen Veränderungen oder Instandsetzungsmaßnahmen dauerhaft abweichend vom Gesetz oder einer Vereinbarung regeln würde. Eine Beschlussfassung nach §16 Abs. 4 WEG darf immer nur für einen konkreten Einzelfall erfolgen (BGH, 9.7.2010, V ZR 202/09; BGH, 25.9.2009, V ZR 33/09; LG München I, 13.2.2012, 1 S 8790/11).

Neben den gesetzlichen Beschlusskompetenzen kann das Erfordernis einer qualifizierten Mehrheit zu bestimmten Beschlussgegenständen durch Vereinbarung in der Gemeinschaftsordnung in Form einer sogenannten Öffnungsklausel (siehe Kapitel 4.3.4) enthalten sein. Öffnungsklauseln sind in der Teilungserklärung/Gemeinschaftsordnung enthaltene Vereinbarungen, nach denen durch qualifizierten Mehrheitsbeschluss von den abdingbaren gesetzlichen

Bestimmungen oder den getroffenen Vereinbarungen in der Teilungserklärung oder der Gemeinschaftsordnung abgewichen werden kann.

Sieht eine Öffnungsklausel strengere Anforderungen an eine bestimmte Beschlussfassung vor als das Wohnungseigentumsgesetz, ist allein die gesetzliche Regelung maßgeblich, zum Beispiel §16 Abs. 3, 4 und §22 Abs. 2 WEG. Legt die Öffnungsklausel hingegen geringere Anforderungen an die Beschlussfassung fest, gilt der Inhalt der Öffnungsklausel als maßgeblich. Wird dieses geringere Quorum nicht erreicht, ist der Beschluss zwar nicht nichtig, jedoch anfechtbar (BGH, 10.6.2011, V ZR 2/10).

4.3.5.3 Mehrheitsbeschluss (bei baulichen Veränderungen)

Nach §22 Abs. 1 WEG können bauliche Veränderungen beschlossen oder verlangt werden, wenn jeder Wohnungseigentümer zustimmt, dessen Rechte durch die Maßnahme über das in §14 Nr. 1 WEG bestimmte Maß hinaus beeinträchtigt werden. Als Beeinträchtigung im Sinne des §14 WEG gilt hier jeder nicht ganz unerhebliche Nachteil, infrage kommen zum Beispiel:

- Immissionen in Form von Gerüchen oder Geräuschen,
- Beeinträchtigungen von Stabilität und konstruktiver Sicherheit,
- deutliche und nachteilige Veränderungen des äußeren Erscheinungsbildes der Wohnanlage, auch ästhetische Kriterien sind mit einzubeziehen,
- Beeinträchtigung des Mitgebrauchs.

Bauliche Veränderungen, die nicht die Rechte aller Wohnungseigentümer beeinträchtigen, bedürfen daher gemäß §22 Abs. 1 WEG der Zustimmung nur derjenigen Wohnungseigentümer, die von der beabsichtigten Maßnahme in ihren Rechten betroffen werden. Insofern reicht ein Mehrheitsbeschluss der betroffenen Wohnungseigentümer aus. Wird von der Eigentümerversammlung ein Beschluss gefasst, zum Beispiel über eine bauliche Veränderung, der nicht alle hierdurch beeinträchtigten Wohnungseigentümer zugestimmt haben, und wird dieser Beschluss als positiver Mehrheitsbeschluss verkündet, so ist er nicht von vornherein nichtig, sondern binnen Monatsfrist gerichtlich anfechtbar. Ohne Anfechtung wird der Beschluss bestandskräftig.

Beispiel: Geltung des Kopfprinzips !

Bei der Eigentümerversammlung sind alle 14 Wohnungseigentümer erschienen. Eigentümer A möchte eine Pergola anbauen. Der Verwalter weist darauf hin, dass wegen des Grundsatzes der Einheitlichkeit der Fassade durch den Beschlussantrag des Miteigentümers A alle Wohnungseigentümer beeinträchtigt sein können.

Beschlussantrag: »Dem Wohnungseigentümer A wird gestattet, auf seiner Terrasse eine Pergola gemäß der beigefügten Planskizze nach den anerkannten Regeln des Handwerks und der Technik durch eine Fachfirma anbringen zu lassen.«
Abstimmungsergebnis: acht Ja-Stimmen, vier Nein-Stimmen, zwei Enthaltungen
Verkündung des Beschlussergebnisses: Der Beschlussantrag ist wegen fehlender Allstimmigkeit abgelehnt.

4.3.5.4 Allstimmige Beschlüsse

Der allstimmige Beschluss ist von der Vereinbarung abzugrenzen. Ist für einen bestimmten Beschluss Allstimmigkeit erforderlich, so scheitert ein Beschlussantrag bereits an einer einzigen Stimmenthaltung. Er setzt die Zustimmung aller Wohnungseigentümer voraus, nicht nur die Zustimmung derjenigen, die bei der Versammlung anwesend sind. Ein allstimmiger Beschluss ist bei folgenden Angelegenheiten erforderlich:

- Vereinbarungen, für die die Zustimmung aller Wohnungseigentümer gefordert ist,
- Gebrauchsregelungen und Verwaltungsmaßnahmen, die über den ordnungsgemäßen Gebrauch gemäß §15 Abs. 2 WEG bzw. über die ordnungsmäßige Verwaltung gemäß §21 Abs. 3 WEG hinausgehen,
- bauliche Veränderungen und Aufwendungen gemäß §22 Abs. 1 WEG, die über die ordnungsmäßige Instandhaltung oder Instandsetzung des gemeinschaftlichen Eigentums hinausgehen, jedoch keine Modernisierung oder Anpassungen an den Stand der Technik gemäß §22 Abs. 2 WEG darstellen und alle Wohnungseigentümer in dem in §14 WEG bestimmten Maß beeinträchtigen.

Durch entsprechende Vereinbarung in der Gemeinschaftsordnung ist es grundsätzlich möglich, dass die Wohnungseigentümer abweichend von dem Mehrheitsprinzip ein Einstimmigkeitsprinzip vereinbaren, zum Beispiel bei sehr kleinen Wohnungseigentumsanlagen. Hiervon ausgenommen sind nur die Fälle, in denen nach dem Gesetz das Mehrheitsprinzip nicht ausgeschlossen werden kann (OLG Hamm, 19.8.2008, I-15 Wx 89/08). Zwingendes Recht in Bezug auf das Mehrheitsprinzip ist in folgenden Regelungen enthalten:

- Die Regelungen in §12 Abs. 4 Satz 1 WEG zur Veräußerungsbeschränkung (§12 Abs. 4 Satz 2 WEG),
- Regelungen in §16 Abs. 3, 4 WEG zur abweichenden Kostenverteilung bei Betriebskosten, Instandhaltungen und Instandsetzungen (gemäß §16 Abs. 5 WEG),

- Regelungen zum Anspruch nach §22 Abs. 2 Satz 1 WEG bei Maßnahmen der Modernisierung oder Anpassung an den Stand der Technik (§22 Abs. 2 Satz 2 WEG),
- Regelungen zum Anspruch hinsichtlich der Bestellung und Abberufung des Verwalters nach §26 Abs. 1 WEG (§26 Abs. 1 Satz 5 WEG).

Allstimmige Beschlüsse, die auf Dauer für die Instandsetzung und Instandhaltung einen vom Gesetz oder der Gemeinschaftsordnung (im Teilungsvertrag oder in der Teilungserklärung) abweichenden Verteilerschlüssel in Bezug auf genehmigte bauliche Veränderungen festlegen und nicht nur punktuell im Einzelfall einen fortbestehenden Schlüssel durchbrechen, sind keine Vereinbarungen und deshalb mangels Beschlusskompetenz nichtig (LG Hamburg, 4.3.2016, 318 S 109/15).

4.3.5.5 Einstimmiger Beschluss

Um einen einstimmigen Beschluss handelt es sich, wenn sich alle in der Versammlung vertretenen Stimmen für den Beschlussantrag aussprechen. Dabei ist nicht entscheidend, ob alle Eigentümer in der Versammlung vertreten sind.

Beispiel: Einstimmiger Beschluss !

Bei der Eigentümerversammlung sind 16 von 20 Wohnungseigentümern erschienen. Bei der Abstimmung stimmen 16 Wohnungseigentümer mit Ja. Nein-Stimmen oder Enthaltungen gibt es nicht. Das Abstimmungsergebnis lautet: Der Antrag ist mit 16 Ja-Stimmen einstimmig angenommen.

4.3.5.6 Nichtbeschluss

Vom Negativbeschluss ist der sogenannte Nichtbeschluss abzugrenzen. Im Fall des sogenannten Nichtbeschlusses oder Scheinbeschlusses liegt ein Beschluss gar nicht vor. Dies kann der Fall sein, wenn das Verfahren der Beschlussfassung unter erheblichen Mängeln leidet. Einer Anfechtung bedarf es hier nicht, da der Nichtbeschluss keinerlei rechtliche Wirkung erzeugt (BayObLG, 10.10.1996, 2Z BR 108/96). Wird ein Nichtbeschluss irrtümlich als negativer Beschluss verkündet, liegt wegen der konstitutiven Wirkung der Beschlussfeststellung zunächst ein wirksamer Beschluss vor. Dieser ist der gerichtlichen Überprüfung zugänglich; so entschieden im Fall eines Beschlussantrags, bei dem sich alle Versammlungsteilnehmer der Stimme enthalten haben, aber dennoch festgestellt und verkündet wurde, dass der Beschlussantrag abgelehnt worden sei (OLG München, 21.2.2007, 34 Wx 100/03).

! Beispiele: Nichtbeschlüsse

- Ein Beschluss wurde außerhalb einer ordnungsgemäßen Eigentümerversammlung gefasst, zum Beispiel im Rahmen einer bloßen Zusammenkunft aller Wohnungseigentümer.
- Es handelte sich um eine Probeabstimmung.
- Eine Abstimmung lag gar nicht vor.
- Eine Abstimmung wurde durchgeführt, aber alle haben sich der Stimme enthalten.
- Im schriftlichen Verfahren nach § 23 Abs. 3 WEG liegt die Zustimmung nicht von allen Wohnungseigentümern vor.

4.3.5.7 Positiver Beschluss

Um einen positiven Beschluss handelt es sich, wenn der zur Abstimmung gestellte Antrag mehrheitlich angenommen wurde. Dabei kann der Beschlussantrag entweder positiv oder negativ formuliert sein. Ob eine positive Beschlussfassung tatsächlich zustande gekommen ist, hängt davon ab, ob der Beschluss die erforderliche Mehrheit, zum Beispiel die einfache oder qualifizierte, erreicht hat.

! Beispiel: Positiver Beschluss mit einfacher Mehrheit (Wertprinzip)

Beschlussantrag: Die Gesamt- sowie die Einzelabrechnungen 2017 werden genehmigt.
Abstimmungsergebnis: 566/1.000stel Ja-Stimmen, 142/1.000stel Nein-Stimmen, 80/1.000stel Enthaltungen
Beschlussverkündung: Der Beschluss ist mehrheitlich angenommen.

! Beispiel: Positiver Beschluss mit doppelt qualifizierter Mehrheit

Vor der Abstimmung sind zwingend die anwesenden oder vertretenen Miteigentümer und die Miteigentumsanteile festzustellen.
Anwesende oder vertretene Miteigentümer: 14 von 16
Anwesende oder vertretene Miteigentumsanteile: 750 von 1.000 MEA
Beschlussantrag: »Die Kosten der unter TOP 6 beschlossenen Terrassensanierung werden abweichend von dem in der Gemeinschaftsordnung vereinbarten Kostenverteilungsschlüssel (nach Miteigentumsanteilen) zu gleichen Teilen auf die sechs Wohnungseinheiten, die eine Terrasse aufweisen, umgelegt.«
Abstimmungsergebnis: 13 Ja-Stimmen, eine Nein-Stimme; 711 MEA Ja-Stimmen, 39 MEA Nein-Stimmen; null Enthaltungen
Beschlussverkündung: Der Beschlussantrag ist mit der gemäß § 16 Abs. 4 WEG erforderlichen doppelt qualifizierten Mehrheit angenommen.

4.3.5.8 Negativbeschluss

Ein Negativbeschluss liegt vor, wenn die Mehrheit den Beschlussantrag abgelehnt hat oder die erforderliche Mehrheit bei der Abstimmung nicht erreicht wurde. Hierbei handelt es sich um einen echten Beschluss (BayObLG, 25.7.2002, 2Z BR 63/02; BayObLG, 20.11.2003, 2Z BR 133/03), nur hat die Willensbildung der Wohnungseigentümer dazu geführt, dass sie den Beschlussantrag ablehnen möchten. Ein Negativbeschluss ist anfechtbar (BGH, 15.1.2010, V ZR 114/09) und kann mit dem Feststellungsantrag verbunden werden, dass ein positiver Beschluss zustande gekommen ist, wenn beispielsweise ein Wohnungseigentümer die Feststellung eines ablehnenden Beschlussergebnisses aufgrund einer fehlerhaften Stimmenauszählung für unrichtig hält (BGH, 23.8.2001, V ZB 10/01; BGH, 19.9.2002, V ZB 30/2).

Eine Anfechtung des Beschlusses ist auch dann möglich, wenn der Wohnungseigentümer geltend machen kann, dass die Ablehnung ordnungsmäßiger Verwaltung widerspricht und er einen Anspruch auf eine positive Beschlussfassung hat (LG Hamburg, 23.7.2014, 318 S 78/13). Begehrt ein Wohnungseigentümer beispielsweise die Zustimmung zur Durchführung einer baulichen Veränderung und erreicht der Beschluss nicht die erforderliche Mehrheit, muss der Wohnungseigentümer den Beschluss mit einer Anfechtungsklage bei Gericht anfechten und den Antrag stellen, die übrigen Wohnungseigentümer zur Zustimmung zu verurteilen.

Wenn das Ermessen der Wohnungseigentümergemeinschaft, einen Anspruch klageweise geltend zu machen, nicht auf null reduziert ist, entspricht der Negativbeschluss ordnungsmäßiger Verwaltung. Ein negativer Beschluss entfaltet keine Sperrwirkung, das heißt, es kann jederzeit über die Angelegenheit neu beschlossen werden. Eine Anfechtung ist daher nicht zwingend erforderlich. Auch ist es nicht erforderlich, dass im Fall der Anfechtung zugleich der Antrag auf Vornahme einer bestimmten Handlung gestellt wird. Wird ein negativer Beschluss aber nicht in der Frist des §46 Abs. 1 WEG angefochten, so kann der bestandskräftig gewordene Beschluss regelmäßig einem späteren Verpflichtungsantrag entgegengehalten werden (LG München I, 24.3.2016, 36 S 12134/15; LG Hamburg, 2.6.2016, 318 S 75/15).

Beispiel: Geltung des Wertprinzips !

Beschlussantrag: Der Anstrich im Treppenhaus des Anwesens Tannstraße 100 wird erneuert. Die Kosten betragen circa 4.100 EUR. Die Finanzierung erfolgt aus der Instandhaltungsrücklage.
Abstimmungsergebnis: 21/1.000stel Ja-Stimmen, 767/1.000stel Nein-Stimmen, null Enthaltungen
Beschlussverkündung: Der Beschluss ist mehrheitlich abgelehnt.

!

Beispiel: Negativer Beschluss mit doppelt qualifizierter Mehrheit

Vor der Abstimmung sind zwingend die anwesenden oder vertretenen Miteigentümer und die Miteigentumsanteile festzustellen.
Anwesende oder vertretene Miteigentümer: 14 von 16
Anwesende oder vertretene Miteigentumsanteile: 750 von 1.000 MEA
Beschlussantrag: Die Kosten der unter TOP 6 beschlossenen Terrassensanierung werden abweichend von dem in der Gemeinschaftsordnung vereinbarten Kostenverteilungsschlüssel (nach Miteigentumsanteilen) zu gleichen Teilen auf die sechs Wohnungseinheiten, die eine Terrasse aufweisen, umgelegt.
Abstimmungsergebnis: acht Ja-Stimmen, drei Nein-Stimme; 635 MEA Ja-Stimmen; 115 MEA Nein-Stimmen, drei Enthaltungen
Beschlussverkündung: Der Beschlussantrag ist mangels Vorliegen der gemäß §16 Abs. 4 WEG erforderlichen doppelt qualifizierten Mehrheit abgelehnt.

4.3.5.9 Zweitbeschluss

Ein Zweitbeschluss – auch Wiederholungsbeschluss genannt – liegt vor, wenn die Wohnungseigentümer zu einer bereits durch Beschluss geregelten Angelegenheit erneut einen Beschluss fassen. Die Bestandskraft des Erstbeschlusses steht einer erneuten Beratung, Willensbildung und Beschlussfassung der Wohnungseigentümer in derselben Angelegenheit grundsätzlich nicht entgegen. Hierbei spielt es keine Rolle, aus welchen Gründen eine Wohnungseigentümergemeinschaft über die Angelegenheit erneut beschließen will. Der neue Beschluss kann mit dem Erstbeschluss inhaltsgleich sein, ihn ergänzen oder abändern. Durch objektiv-normative Auslegung ist zu ermitteln, ob ein Zweitbeschluss den Erstbeschluss in jedem Fall aufheben will oder nur verstärken soll (LG Hamburg, 23.7.2014, 318 S 19/14).

Von einem bestätigenden Zweitbeschluss spricht man, wenn er inhaltlich mit einem bereits gefassten Beschluss identisch ist. Mit dem bestätigenden Zweitbeschluss sollen in der Regel formelle oder materielle Mängel bei der früheren Beschlussfassung korrigiert werden. Eine inhaltsgleiche Beschlussfassung ist jedoch dann nicht möglich, wenn der Erstbeschluss in einem gerichtlichen Anfechtungsverfahren rechtskräftig aufgehoben wurde und sich die tatsächlichen oder rechtlichen Umstände nicht wesentlich geändert haben. Gab es beim Erstbeschluss formelle Fehler und wurde dieser daraufhin im Rahmen einer Anfechtungsklage für ungültig erklärt, steht dies einer erneuten inhaltsgleichen Beschlussfassung nicht entgegen (LG Köln, 21.6.2012, 29 S 225/11).

Beispiel: Zweitbeschluss

!

Bei der Beschlussfassung zu einem bestimmten Antrag sind formelle Fehler aufgetreten, zum Beispiel wurde ein Wohnungseigentümer bei der Abstimmung ausgeschlossen, obwohl tatsächlich kein Stimmrechtsverbot vorlag oder ein solches auf der Tagesordnung zur Eigentümerversammlung nicht hinreichend berücksichtigt war. Die Wohnungseigentümer fassen daraufhin einen neuen Beschluss gleichen Inhalts, um den Rechtsfehler des Erstbeschlusses zu beseitigen. Erhält dieser Wiederholungsbeschluss Bestandskraft, weil er nicht angefochten wird, ersetzt der Zweitbeschluss den Erstbeschluss.

Ein ergänzender Zweitbeschluss liegt vor, wenn dieser einen bereits gefassten Beschluss nicht abändert oder wiederholt, jedoch inhaltlich auf ihn Bezug nimmt oder in bestimmter Weise von diesem abhängt.

Beispiel: Ergänzender Zweitbeschluss

!

Beschlussantrag: In der letzten Eigentümerversammlung wurde die bislang noch nicht ausgeführte Sanierung der Südbalkone gemäß Kostenvoranschlag der Firma Maier beschlossen. Die Finanzierung soll zulasten der Instandhaltungsrücklage erfolgen. Die Sanierung soll auf die Nordbalkone gemäß ergänzendem Gesamtangebot der Firma Maier erweitert werden. Die Kosten der Gesamtsanierung gehen zulasten der Instandhaltungsrücklage.

Unter einem abändernden Zweitbeschluss versteht man einen Beschluss, der denselben Gegenstand wie ein früherer Beschluss hat und die durch den Erstbeschluss getroffene Regelung ändert oder aufhebt.

Beispiel: Abändernder Zweitbeschluss

!

Einem Miteigentümer wurde durch einen rechtmäßig zustande gekommenen rechtskräftigen Beschluss eine bauliche Veränderung genehmigt. Im Nachhinein möchte ihm die Eigentümerversammlung durch Zweitbeschluss Auflagen für die Durchführung der damit verbundenen Maßnahmen machen. Ein solcher Zweitbeschluss wäre nur dann rechtmäßig, wenn hierfür ein sachlicher Grund vorliegt und die Interessen des betreffenden Miteigentümers hierdurch nicht unzumutbar beeinträchtigt werden, zum Beispiel weil er schon erhebliche Aufwendungen getätigt hat, die sich mit dem Zweitbeschluss als nutzlos erweisen würden.

Wird ein Erstbeschluss durch einen Wiederholungsbeschluss ergänzt oder abgeändert, kann jeder Wohnungseigentümer verlangen, dass schutzwürdige Belange hinsichtlich Inhalt und Wirkung des Erstbeschlusses zu berücksichtigen sind (BGH, 20.12.1990, V ZB 8/90). Das bedeutet, kein Eigentümer darf gegenüber der zunächst beschlossenen Regelung unbillig benachteiligt werden. Schutzwürdige Belange können insbesondere dann beeinträchtigt sein, wenn der Erstbeschluss ein subjektives Recht eines Wohnungseigentümers begründet, das durch den Zweitbeschluss wieder entzogen werden soll. Dies ist dann der Fall, wenn der Wohnungseigentümer einen rechtlichen Nachteil im Verhältnis zum Erstbeschluss erleidet. Das bedeutet jedoch nicht, dass durch den abändernden Beschluss etwaige tatsächliche Vorteile erhalten bleiben müssen, die ein Wohnungseigentümer nach dem Erstbeschluss gehabt hätte (LG Hamburg, 23.7.2014, 318 S 43/14). Ob schutzwürdige Belange vorliegen, richtet sich nach den Umständen des Einzelfalls, wobei auch der Grundsatz von Treu und Glauben nach § 242 BGB zu berücksichtigen ist.

!

Beispiele: Rechtsprechung

- Nach Ansicht des OLG Frankfurt/Main (24.2.2006, 20 W 229/03) ist das Vorliegen eines sachlichen Grundes erforderlich, der jedenfalls dann vorliegt, wenn der aufzuhebende Erstbeschluss der Gemeinschaftsordnung widerspricht.
- Wurde in der Vergangenheit (zeitlich vor dem Beschluss des BGH vom 20.9.2000) ein mehrheitlicher Eigentümerbeschluss gefasst, demzufolge jeder Wohnungseigentümer die Kosten für die Sanierung seines Balkons bis zur Betonplatte selbst zu tragen hat, ist die Gemeinschaft auch dann nicht gehindert, im Wege eines abändernden Zweitbeschlusses die Instandhaltungslast insoweit wieder in eigene Regie zurückzuübernehmen, wenn ein einzelner Miteigentümer Kosten für die Sanierung des zu seiner Wohnung gehörenden Balkons zwischenzeitlich bereits aufgewendet hat. Eine solche Beschlussfassung entspricht dann ordnungsgemäßer Verwaltung, wenn sie sich nicht darauf beschränkt, die geänderte Regelung für die Zukunft in Kraft zu setzten. Vielmehr muss sie zusätzlich eine Übergangsregelung für die bereits durchgeführte Balkonsanierung treffen, die dem Grundsatz der notwendigen Gleichbehandlung der Miteigentümer sowie der Gewährung von Vertrauensschutz gegenüber früher getroffenen gemeinschaftlichen Regelungen Rechnung trägt. Eine danach erforderliche Regelung über die Erstattung der von einem einzelnen Wohnungseigentümer bereits aufgewendeten Kosten kann nicht abgewehrt und kann durch gerichtliche Entscheidung nach § 43 Abs. 2 WEG ersetzt werden (OLG Hamm, 20.11.2006, 15 W 166/06).
- Schutzwürdige Belange werden nicht verletzt, wenn im Wege eines Zweitbeschlusses eine Jahresabrechnung korrigiert wird, die die Heizkosten wegen fehlerhaft arbeitender Messgeräte falsch verteilte. Gegenüber diesem abändernden Zweitbeschluss kann sich der durch die fehlerhafte Abrechnung Begünstigte nicht auf Vertrauensschutz zulasten der Gemeinschaft berufen (OLG Düsseldorf, 22.10.1999, 3 Wx 141/99).
- Eine Abänderung der Kostenverteilung durch Zweitbeschluss ist für eine bestandskräftig beschlossene Sanierungsmaßnahme nicht möglich (LG Itzehoe, 16.8.2011, 11 S 42/10).
- Wird eine Veräußerungsbeschränkung durch Beschluss gemäß § 12 Abs. 4 WEG aufgehoben, so kann diese nicht durch einen Zweitbeschluss wieder eingeführt werden (OLG München, 4.4.2014, 34 Wx 62/14).

- Das Rechtsschutzinteresse für die Anfechtung des Zweitbeschlusses fehlt nur bei Inhaltsgleichheit und Bestandskraft des Erstbeschlusses (LG München I, 13.4.2017, 36 T 3922/17).
- Wenn sich die Wohnungseigentümer anhand eines eingeholten Gutachtens mit der Materie beschäftigt und das Kostenrisiko eines Prozesses gegen den Bauträger als zu hoch bewertet haben, ist die Fassung eines positiven Zweitbeschlusses zwar unter Einschränkungen möglich (vgl. BGH, 20.12.1990, V ZB 8/90, ZMR 1991, 146), dessen Ablehnung aber ermessensfehlerfrei (LG Lüneburg, 1.9.2016, 1 S 5/16).

4.3.5.10 Geschäftsordnungsbeschluss

Enthält die Gemeinschaftsordnung keine Vereinbarungen über den Ablauf der Versammlung, können sich die Wohnungseigentümer auf Antrag des Versammlungsleiters oder eines Eigentümers durch einfachen Mehrheitsbeschluss selbst eine Geschäftsordnung geben. Anträge zur Geschäftsordnung können insbesondere zu folgenden Angelegenheiten gestellt werden:

- Wer den Vorsitz der Versammlung führt (§ 24 Abs. 5 WEG),
- erneute Feststellung der Beschlussfähigkeit vor weiteren Abstimmungen,
- Teilnahmeberechtigung dritter Personen,
- Abstimmungsmodalitäten,
- Ausschluss eines Wohnungseigentümers oder dritten Personen von der Teilnahme an der Eigentümerversammlung,
- Reihenfolge der Behandlung der Tagesordnungspunkte,
- Vertagung über die Beschlussfassung zu einem bestimmten Tagesordnungspunkt,
- Beschränkung der Redezeit/Entzug des Rederechts,
- Unterbrechung, Abbruch und Fortsetzung der Versammlung.

Ein Beschluss über die Geschäftsordnung muss nicht in der Tagesordnung angekündigt werden und ist nicht selbstständig anfechtbar, da er mit Beendigung der Eigentümerversammlung gegenstandslos wird (BayObLG, 10.7.1987, BReg. 2 Z 47/87; BayObLG, 19.2.2004, 2Z BR 219/03; KG Berlin, 15.1.2003, 24 W 129/01; LG Köln, 30.6.2011, 29 S 246/10). So kann die Eigentümerversammlung mit einfacher Mehrheit durch Geschäftsordnungsbeschluss über die Zulassung eines Dritten zur Versammlung (unanfechtbar) befinden, sogar ohne Verkündung und Beschlussfeststellung, da lediglich der Folgebeschluss anfechtbar wäre (LG Karlsruhe, 27.7.2010, 11 S 70/09). Wird zum Beispiel ein Vertreter durch Geschäftsordnungsbeschluss nicht zur Versammlung zugelassen, muss nicht der Geschäftsordnungsbeschluss, sondern müssen die nach ordnungswidrigem Ausschluss gefassten Beschlüsse angegriffen werden (AG Rosenheim,

9.9.2014, 12 C 322/14). Handelt es sich jedoch um einen Geschäftsordnungsbeschluss, der eine für die Wohnungseigentümerversammlung grundsätzliche Frage betrifft und auch für die Zukunft wirken soll, kann dieser isoliert angefochten werden (LG Frankfurt/Main, 5.6.2014, 2-09 S 6/13, zur Anfechtbarkeit eines Beschlusses über die generelle Beschränkung der Redezeit bei Wohnungseigentümerversammlungen).

Ist die getroffene Regelung rechtswidrig, so kann sie, wenn sich der Fehler entsprechend auf sonstige Beschlüsse auswirkt, bei rechtzeitiger Anfechtung zur Ungültigkeit der sonstigen in der Versammlung gefassten Beschlüsse führen (BayObLG, 16.5.2002, 2Z BR 32/02; OLG Köln, 16.8.2000, 16 Wx 87/00). Maßnahmen der Geschäftsordnung können ausnahmsweise in folgenden Fällen gerichtlich überprüft werden:

- Es handelt sich um eine in der Gemeinschaft aufgetretene grundsätzliche Frage,
- die aller Voraussicht nach auch künftig immer wieder auftreten wird und
- daher einer gerichtlichen Überprüfung bedarf (KG Berlin, 15.1.2003, 24 W 129/01; BayObLG, 7.12.1995, 2Z BR 72/95).

!

Beispiele: Rechtswidrige Geschäftsordnungsbeschlüsse

- Zulassung nicht teilnahmeberechtigter Personen an der Versammlung,
- Ausschluss von der Abstimmung,
- Ergänzung der Tagesordnung durch Geschäftsordnungsbeschluss; die ergänzende Beschlussfassung ist anfechtbar, da sie nicht ordnungsgemäß angekündigt wurde (OLG München, 19.9.2005, 34 Wx 76/05).

4.3.5.11 Organisationsbeschluss

Mit sogenannten Organisationsbeschlüssen wird die Verwaltung strukturiert, insbesondere was folgende Belange angeht:

- Vorgehensweise bei Abrechnungsguthaben,
- Mitwirkungspflichten von Wohnungseigentümern bei Schadenseintritten,
- Vertretungsregelungen, Vertretungs-/Zustellvollmachten, Vorlagepflicht von Vollmachten,
- Art und Weise der Geldanlagen,
- Beschlüsse in Geldangelegenheiten gemäß §21 Abs. 7 WEG,
- Ermächtigung des Verwalters, die Wohnungseigentümer vor Gericht zu vertreten (§27 Abs. 2 Nr. 3 WEG),
- Ermächtigung zur Rechtsanwaltsbeauftragung durch den Verwalter,
- Bestimmungen zur Form von Jahresabrechnung und Wirtschaftsplan,
- Regelung zur Aufbewahrung von Verwaltungsunterlagen.

4.3.5.12 Standardbeschluss

Unter einem Standardbeschluss versteht man solche Beschlüsse, die regelmäßig bei der ordentlichen Eigentümerversammlung auf der Tagesordnung stehen.

Beispiel: Themen für Standardbeschlüsse

!

- Jahresabrechnung,
- Wirtschaftsplan,
- Verwalter- und Verwaltungsbeiratswahl,
- Instandhaltungs- und Instandsetzungsmaßnahmen,
- Hausordnung.

4.3.6 Wie müssen Beschlüsse formuliert werden, damit sie gültig sind?

Ein Beschluss muss, insbesondere weil ein Sonderrechtsnachfolger nach §10 Abs. 4 WEG daran gebunden ist, inhaltlich hinreichend bestimmt sein. Sowohl der Beschlussantrag als auch der verkündete Beschluss muss bei einer Auslegung »aus sich heraus«, also objektiv und normativ (vgl. BGH, 10.9.1998, V ZB 11/98), inhaltlich ausreichend bestimmt sein. Schon aufgrund des Antrags müssen sich die Eigentümer sorgfältig auf die Eigentümerversammlung und die Abstimmung vorbereiten können, damit sie wissen, was auf sie zukommt. Ferner muss der Beschluss einen durchführungsfähigen Inhalt haben, damit er nach – positiver – Abstimmung in die Praxis umgesetzt werden kann; dabei dürfen keine Zweifel bestehen bleiben. Jedenfalls bei größeren (Bau)Maßnahmen am gemeinschaftlichen Eigentum, wozu sowohl (modernisierende) Instandsetzungs- oder Instandhaltungsmaßnahmen gemäß §21 Abs. 5 Nr. 2 und §22 Abs. 3 WEG als auch Modernisierungen gemäß §22 Abs. 2 WEG zählen können, müssen die Eigentümer auch über deren Finanzierung Beschluss fassen. Sie müssen also darüber entscheiden, ob die Kosten der jeweiligen Maßnahme durch Erhebung einer Sonderumlage oder durch Rückgriff auf die gebildete Instandhaltungsrücklage gedeckt werden sollen; außerdem darüber, welcher Verteilungsschlüssel zur Anwendung gelangt (LG Hamburg, 28.3.2012, 318 S 17/11). Knüpft ein Beschluss der Wohnungseigentümer an die tatsächlich nicht wirksam gefassten und somit nicht existenten Vorbeschlüsse zur Verteilung der Kosten auf die Sondereigentumsgruppen an und trifft hierzu keine eigene Regelung, so ist der Beschluss hinsichtlich der Rechtsfolgenbestimmung unklar und mangels hinreichender Bestimmtheit nichtig (LG Düsseldorf, 19.7.2011, 16 S 60/10).

Um Schwierigkeiten zu vermeiden, sollten folgende Anforderungen erfüllt sein:

- Der Beschluss ist klar, bestimmt, vollständig und möglichst auslegungsfrei formuliert.
- Der Beschlussgegenstand, die konkrete Maßnahme ist exakt erfasst.
- Die Art und Weise der Ausführung ist genau bestimmt.
- Ausführungszeitpunkt.
- Ein Kostenrahmen und die Grundlage für die Kosten, zum Beispiel Pauschale oder Einheitspreise, wurden festgelegt.
- Finanzierung der Maßnahme.
- Eine Kostentragungsregelung ist ggf. enthalten.

! **Beispiele: Rechtsprechung**

- Nimmt ein Beschluss der Wohnungseigentümer auf ein Dokument Bezug, das weder Teil des Beschlusstextes noch des Protokolls ist, erfordert das Gebot der inhaltlichen Klarheit und Bestimmtheit, dass das in Bezug genommene Dokument zweifelsfrei bestimmt ist. Nur dann ist sichergestellt, dass ein Dritter, insbesondere ein Rechtsnachfolger eines Wohnungseigentümers, dem Beschluss entnehmen kann, welchen Inhalt er hat. Die Publizität der auch gegen Sonderrechtsnachfolger wirkenden Beschlüsse wird dadurch gewährleistet, dass das in Bezug genommene Schriftstück in die Beschlusssammlung oder als Anlage zu dieser aufzunehmen ist, wenngleich dies keine konstitutive Wirkung für das Zustandekommen des Beschlusses hat (BGH, 8.4.2016, V ZR 104/15).
- Wird die Verwaltung ermächtigt, Teile des Gemeinschaftseigentums an einen Teileigentümer zu vermieten, müssen die Eckpunkte des Mietvertrags, insbesondere die Mietzinshöhe und die Mietdauer, bereits im Ermächtigungsbeschluss festgehalten werden. Anderenfalls ist der Beschluss wegen mangelnder inhaltlicher Bestimmtheit nichtig. Die Eigentümergemeinschaft muss die Entscheidung über die Höhe des zu vereinbarenden Mietzinses selbst treffen und darf sie nicht an den Verwalter delegieren (AG Niebüll, 31.8.2010, 18 C 27/10).
- Ebenfalls sind die Eckdaten bei der Verwalterbestellung zwingend erforderlich. Die Bestellung des Verwalters entspricht grundsätzlich nur dann ordnungsmäßiger Verwaltung, wenn in derselben Eigentümerversammlung, in der die Bestellung erfolgt, auch die Eckpunkte des abzuschließenden Verwaltervertrags (Laufzeit und Vergütung) in wesentlichen Umrissen geregelt werden; hiervon kann nur unter besonderen Umständen übergangsweise abgewichen werden (BGH, 27.2.2015, V ZR 114/14).
- Ein Eigentümerbeschluss, nach dem eine Baumaßnahme »in Abstimmung mit« dem Bauausschuss oder »bedarfsorientiert« beauftragt werden soll, ist wegen Unbestimmtheit nichtig (AG Hamburg-Blankenese, 24.6.2015, 539 C 31/14).
- Ein Beschluss wie »Die Eigentümer nutzen die ihnen gemäß TE und gemäß den aktuellen Markierungen zustehenden Flächen« ist zu unbestimmt. Auch ein Beschluss wie »Die Flächen, die mit der Nr. 5 und 6 gekennzeichnet sind, sollen als Gästeparkplätze für alle Eigentümer genutzt werden. Die Eigentümer selbst

dürfen die Parkplätze nur kurzfristig nutzen« ist im Schlusssatz zu unbestimmt und insgesamt für ungültig zu erklären (LG Itzehoe, 21.2.2017, 11 S 6/16).

- Durch einen Beschluss, in dem »die Verwaltung zur gerichtlichen Durchsetzung beauftragt und bevollmächtigt wird« erfolgt dagegen in der Regel eine Vergemeinschaftung der Ansprüche, da die Eigentümer im Zweifel wirksame Beschlüsse fassen wollen (LG Aurich, 24.7.2017, 4 S 49/17). Wird die Hausverwaltung qua Beschluss ermächtigt und beauftragt, nach fruchtlosem Fristablauf einen Rechtsanwalt mit dem Einzug der Hausgeldrückstände zu beauftragen, so ist dies eine ausreichende Ermächtigung zur Prozessführung im Namen des Verbandes (LG Aurich, 3.3.2017, 4 S 226/16).
- Selbst rein deklaratorische Beschlüsse sind nur unbedenklich, wenn sie eine klarstellende Funktion haben und kein Zweifel an der Rechtslage aufkommen lassen (vgl. BGH, 28.10.2016, V ZR 91/16) und sich der deklaratorische Inhalt aus dem Beschluss oder seiner Auslegung eindeutig ergibt (LG München I, 13.7.2017, 36 S 13356/16).
- Ein Grund- oder Vorbereitungsbeschluss ist dann zu unbestimmt und auch nicht hinreichend bestimmbar, wenn für einen außenstehenden Dritten unklar bleibt, auf welches von mehreren (inhaltlich nicht identischen) vorliegenden Leistungsverzeichnissen er (der Architekten) Bezug nimmt. Es muss präzise feststehen, für welches Leistungsverzeichnis der Architekt oder Verwalter Angebote einholen soll. Insoweit gelten auch hier die Grundsätze des BGH über die Bestimmtheit von Eigentümerbeschlüssen (BGH, 8.4.2016, V ZR 104/15; LG Berlin, 13.12.2016, 85 S 23/15).
- Beinhaltet die Gemeinschaftsordnung eine sogenannte Öffnungsklausel und fasst eine Wohnungseigentümergemeinschaft einen Beschluss über die Änderung des Kostenverteilungsschlüssels dahin, dass zukünftig die Kostenverteilung nach der tatsächlich genutzten Wohnfläche erfolgen soll, so ist dieser Beschluss im Anfechtungsverfahren für unwirksam zu erklären. Ihm fehlt die inhaltliche Bestimmtheit insofern, als aus dem Beschluss nicht ersichtlich ist, was unter der tatsächlich genutzten Wohnfläche zu verstehen ist, insbesondere ob etwa leerstehende Wohnungen auch darunterfallen (LG Frankfurt/Oder, 21.11.2016, 16 S 85/16).
- Ein Beschluss der Wohnungseigentümerversammlung ist nichtig, soweit der Verwaltungsbeirat namens und im Auftrag der Eigentümergemeinschaft bzw. auch namens und im Auftrage der einzelnen Eigentümer dazu bevollmächtigt wird, mit der H.-Verwaltung GmbH einen neuen Verwaltervertrag über den Fünfjahresbestellungszeitraum abzuschließen. Ein Verstoß gegen das Transparenzgebot kann zur Unbestimmtheit und Nichtigkeit des Beschlusses führen (LG Dortmund, 24.5.2016, 1 S 42/16).
- Formulierungen in Eigentümerbeschlüssen wie »noch zu verhandelnde« Angebote, eine Obergrenze (im Klammerzusatz) von »max. ca. … €« oder dass »bei Wegfall von Treppenhausfenster und Kellerfenster und Gefährdung der KfW-Förderung überlegt werden soll, wenn es wirtschaftlich ist, die verbleibenden Fenster auch auszutauschen« sind unklar und zu unbestimmt. Eine Beschlussfassung, die nur den gesetzlichen Verteilerschlüssel mit anderen Worten

unklarer wiederholt, ist überflüssig und entspricht nicht ordnungsmäßiger Verwaltung. Eine Sonderumlage für erst in mehr als sechs Monaten geplante Maßnahmen sollte den Fälligkeitszeitpunkt nennen; sie ist ggf. dahin auszulegen, dass sonst sofortige Fälligkeit gegeben ist (LG Hamburg, 23.12.2015, 318 T 61/15).

!

Hinweis: Keine Delegation bei Beschlüssen

Bei der Beschlussfassung ist von Delegationen grundsätzlich abzuraten, da diese Beschlüsse anfechtbar sind bzw. sogar nichtig sein können. Auch wenn Eigentümergemeinschaften einen vertrauensvollen Verwaltungsbeirat oder Bauausschuss eingerichtet haben, verbleibt die Kompetenz, Beschlüsse zu fassen, und auch die weitere Auftragsvergabe Angelegenheit der Wohnungseigentümer. Liegen zum Beispiel zu einer Bau- oder Sanierungsmaßnahme nicht alle notwendigen Informationen und drei Vergleichsangebote vor, so muss – wollen die Wohnungseigentümer nicht bis zur Versammlung im Folgejahr warten – eben der Verwalter beauftragt werden, eine außerordentliche Versammlung einzuberufen.

Rechtsfolge bei nicht hinreichend bestimmten Beschlüssen: Ein unbestimmter Beschluss entspricht nicht ordnungsgemäßer Verwaltung. Lässt sich mangels Klarheit und Bestimmtheit auch durch Auslegung nicht der Sinn des Beschlusses ermitteln, so wird die Frage, ob ein solcher Beschluss nichtig oder nur anfechtbar ist, in der Rechtsprechung unterschiedlich beantwortet (nichtig: herrschende Meinung; BayObLG, .2004, 2Z BR 016/04; BayObLG, 6.6.2002, 2Z BR 124/01; anfechtbar: vgl. BayObLG, 24.6.1992, 2Z BR 28/93; OLG Düsseldorf, 14.10.1998, 3 Wx 169/98; AG Aachen, 25.4.2002, 12 UR II 218/01; AG Köln, 19.3.2002, 202 II 132/01).

4.3.7 Das schriftliche Beschlussverfahren/Umlaufverfahren

§23 Abs. 3 WEG
»Auch ohne Versammlung ist ein Beschluss gültig, wenn alle Wohnungseigentümer ihre Zustimmung zu diesem Beschluss schriftlich erklären.«

Die Wohnungseigentümergemeinschaft hat gemäß §23 Abs. 3 WEG die Möglichkeit, ihre Willensbildung auch außerhalb der Eigentümerversammlung vorzunehmen, und zwar im sogenannten Umlaufverfahren. Steht nur ein einziger Tagesordnungspunkt zur Debatte, für den anderenfalls eine außerordentliche Eigentümerversammlung einberufen werden müsste, so ist dieses Verfahren zweckmäßig, da es die Verwaltung erheblich erleichtert.

Die schriftliche Beschlussfassung kann von jedem Eigentümer oder dem Verwalter initiiert werden. Es reicht nicht aus, wenn die Eigentümer lediglich zur

Meinungsäußerung aufgefordert werden (OLG Celle, 8.6.2006, 4 W 82/06). Für jeden Eigentümer muss ersichtlich sein, dass eine verbindliche Entscheidung und nicht nur eine unverbindliche Meinungsäußerung herbeigeführt werden soll. Eine angemessene Fristsetzung zur Abgabe der Erklärung ist hierbei zulässig und aus Gründen der Rechtssicherheit zu empfehlen.

Bei der Abgabe der Erklärung können alle Eigentümer auf einer einheitlichen Urkunde ihre Unterschrift leisten. Jedoch kann auch jeder einzelne Eigentümer eine eigene Erklärung abgeben. Um eine unvoreingenommene Stimmabgabe zu ermöglichen, ist letztere Variante vorzuziehen.

Die Erklärung muss sich allerdings eindeutig als Zustimmung zu einem bestimmten Beschlussantrag zuordnen lassen. Die Zustimmung muss zudem eigenhändig unterzeichnet sein. Ein Telefax, Telegramm, E-Mail oder eine SMS reichen daher nicht aus (Schmidt, ZWE 2000, 155; Drasdo, Rn. 981; Bärmann, Kommentar WEG, §23 Rn. 108; a.A. AG Hamburg-Barmbek, 16.3.2007, 881 II 34/06, wonach eine Zustimmungserklärung, die dennoch per Telefax übermittelt wird, nicht zur Nichtigkeit, sondern allenfalls zur Anfechtbarkeit des zustande gekommenen Beschlusses führt; strittig).

Neben der Zustimmung zum Beschlussantrag ist auch erforderlich, dass sich die Wohnungseigentümer ausdrücklich mit der Beschlussfassung im schriftlichen Verfahren einverstanden erklären. Allerdings wird man in der schriftlichen Zustimmung zum Beschlussinhalt zugleich die konkludente Zustimmung zur schriftlichen Beschlussfassung sehen müssen (Bärmann, Kommentar WEG, §23 Rn. 110).

Rechtswirksam ist ein schriftlicher Beschluss dann, wenn alle Zustimmungserklärungen in schriftlicher Form durch eigenhändige Unterzeichnung dem Empfangsberechtigten (im Regelfall dem Verwalter) zugegangen sind. Maßgeblicher Zeitpunkt für das Zustandekommen des Beschlusses dürfte daher der Eingang der letzten Zustimmungserklärung sein. Nach neuerer Ansicht ist dies erst dann der Fall, wenn eine Mitteilung an die Wohnungseigentümer über das Beschlussergebnis ergangen ist (OLG Celle, 8.6.2006, 4 W 82/06; BGH, 23.8.2001, V ZB 10/01, ZWE 2001, 530, 532).

Die Verkündung des Umlaufbeschlusses erfolgt durch Mitteilung des Verwalters an die Eigentümer, beispielsweise in Form eines Rundschreibens.

Die Zustimmungserklärung im schriftlichen Beschlussverfahren ist widerruflich, bis der Beschlussinitiator das Zustandekommen des Beschlusses festgestellt und eine an alle Wohnungseigentümer gerichtete Mitteilung über das Beschlussergebnis veranlasst hat (§23 Abs. 3 WEG).

! **Achtung: Allstimmigkeit**

Im schriftlichen Verfahren ist es erforderlich, dass alle Wohnungseigentümer zustimmen (LG München I, 18.7.2013, 36 S 20429/12). Dies gilt auch dann, wenn die Angelegenheit durch Mehrheitsbeschluss geregelt werden könnte. Die von §23 Abs. 3 WEG geforderte Allstimmigkeit stellt eine Rechtsvorschrift dar, auf deren Einhaltung rechtswirksam nicht verzichtet werden kann. Daher ist ein Beschluss, bei dem es an der Allstimmigkeit fehlt, gemäß §23 Abs. 4 Satz 1 WEG nichtig (BayObLG, 26.7.2001, 2Z BR 73/01; OLG Zweibrücken, 21.11.2002, 3 W 179/02).

Streitig ist, wie sich ein Stimmrechtsverbot im schriftlichen Verfahren auswirkt. Einerseits wird vertreten, dass die Teilnahme eines nicht Stimmrechtsberechtigten nicht erforderlich ist, da er auch im mündlichen Beschlussverfahren nicht zur Abstimmung berechtigt sei. Jedoch könne er hier wenigstens auf die allgemeine Willensbildung in der Wohnungseigentümerversammlung Einfluss nehmen. Daher hält die herrschende Rechtsauffassung das Stimmrechtsverbot im schriftlichen Verfahren nicht für anwendbar, sodass auch der nicht stimmberechtigte Wohnungseigentümer zustimmen muss (BayObLG, 26.7.2001, 2Z BR 73/01, ZMR 2002, 138; Drasdo, Rn.977; Bärmann, Kommentar WEG, §23 Rn.112).

! **Tipp: Schriftliches Beschlussverfahren**

Zweckmäßig ist die Durchführung des schriftlichen Beschlussverfahrens oftmals in kleineren Wohnungseigentümergemeinschaften, da so der Aufwand und die Kosten für eine außerordentliche Eigentümerversammlung nicht erforderlich werden. In größeren Wohnungseigentümergemeinschaften kann das Verfahren nicht empfohlen werden, denn es ist unwahrscheinlich, dass alle Wohnungseigentümer ihre Zustimmung erklären, sodass hierdurch nur Kosten, aber keine Beschlüsse entstehen.

Beim schriftlichen Beschluss fehlt der Meinungsaustausch in der Eigentümerversammlung. Derjenige, der einen solchen Beschluss initiiert, sollte daher den Beschlussgegenstand und alles Wissenswerte hierzu möglichst konkret bezeichnen, damit sich die Wohnungseigentümer eine Meinung bilden können.

MUSTER: Beschlussfassung im schriftlichen Verfahren

ARBEITSHILFE ONLINE

Josef Steinmann Hausverwaltungs GmbH | Arnoldstr. 30 | 80123 München
Tel. 089 123456 | Fax 089 123457

Herrn
Max Mustereigentümer
Tannstr. 100
80123 München

München, 23.5.2018

Wohnungseigentümergemeinschaft Tannstr. 100, 80123 München
Beschluss im schriftlichen Umlaufverfahren gemäß §23 Abs. 3 WEG

Beschlussfassung im schriftlichen Verfahren

Begründung: Den Wohnungseinheiten im Erdgeschoss der Wohnungseigentümergemeinschaft Tannstr. 100, 80123 München sind gemäß Teilungserklärung Grünflächen als Sondernutzungsrecht zugeteilt. Wegen Eindringens von Personen und Tieren von der Straße auf die Grünflächen haben mehrfach Eigentümer in der Vergangenheit ihre Bereiche eingezäunt. Eine entsprechende Regelung ist in der Teilungserklärung/Gemeinschaftsordnung nicht vorgesehen. Eine Erlaubnis hierzu durch die Wohnungseigentümergemeinschaft liegt bislang nicht vor. Daher haben die Eigentümer Müller, Hauser und Kleingärtner folgenden Antrag gestellt:

»Die WEG duldet eine bislang nicht vorgesehene Einzäunung der den EG-Wohnungen zugeordneten Terrassenflächen (Sondernutzungsrecht) mit grünem Maschendrahtzaun. Die Kosten der erstmaligen Errichtung sowie der Instandsetzung und Instandhaltung trägt der jeweilige Sondernutzungsberechtigte.«

Mit meiner/unserer Unterschrift erkläre(n) ich/wir die Zustimmung/Ablehnung zu dem vorstehenden Beschluss und zur Beschlussabgabe im schriftlichen Verfahren.

....

[Ort, Datum]

....

[Wohnungseinheiten]

....

[Unterschrift(en)]

Hinweise: Ein Beschluss im schriftlichen Umlaufverfahren wird nur wirksam, wenn sämtliche Wohnungseigentümer diesem zustimmen. Die Rücksendung des unterzeichneten Beschlussantrags erbitten wir bis 6.6.2018. Gehört eine Wohnungseinheit mehreren Eigentümern, müssen entweder alle von ihnen unterschreiben oder die Unterzeichner gemäß einer beizufügenden Originalvollmacht bevollmächtigt sein.

Kommt der Beschluss im schriftlichen Umlaufverfahren wirksam zustande, bindet er die Wohnungseigentümer und ihre Rechtsnachfolger ebenso wie ein in einer Eigentümerversammlung gefasster Beschluss. Der Verwalter wird das Beschlussergebnis feststellen und an alle Wohnungseigentümer mittels Rundschreiben versenden.

Mit freundlichen Grüßen

Josef Steinmann Hausverwaltungs GmbH

ARBEITSHILFE ONLINE

MUSTER: Mitteilung Ergebnis des Umlaufbeschlusses 1

Josef Steinmann Hausverwaltungs GmbH | Arnoldstr. 30 | 80123 München

Tel. 089 123456 | Fax 089 123457

Herrn

Max Mustereigentümer

Tannstr. 100

80123 München

München, 21.6.2018

Sehr geehrte Damen und Herren,

unter Bezugnahme auf unser Schreiben vom 23.5.2018 teilen wir Ihnen mit, dass alle Miteigentümer Ihre Zustimmung zu dem Beschlussantrag schriftlich erklärt haben.

Nachfolgend nochmals aufgeführter Umlaufbeschluss ist somit gemäß §23 Abs. 3 WEG zustande gekommen:

Beschlussfassung: »Die WEG duldet eine bislang nicht vorgesehene Einzäunung der den EG-Wohnungen zugeordneten Terrassenflächen (Sondernutzungsrecht) mit grünem Maschendrahtzaun. Die Kosten der erstmaligen Errichtung sowie der Instandsetzung und Instandhaltung trägt der jeweilige Sondernutzungsberechtigte.«

Abstimmungsergebnis: Stimmberechtigt sind 28 Eigentümer, Zustimmungen 28 Eigentümer, Ablehnungen 0 Eigentümer, Enthaltungen 0 Eigentümer

Mit freundlichen Grüßen

Hausverwaltung

Alternativ

MUSTER: Mitteilung Ergebnis des Umlaufbeschlusses 2

ARBEITSHILFE ONLINE

Josef Steinmann Hausverwaltungs GmbH | Arnoldstr. 30 | 80123 München

Tel. 089 123456 | Fax 089 123457

Herrn

Max Mustereigentümer

Tannstr. 100

80123 München

München, 21.6.2018

Sehr geehrte Damen und Herren,

unter Bezugnahme auf unser Schreiben vom 23.5.2018 haben wir Ihnen nachfolgend das Ergebnis des Umlaufbeschlusses aufgeführt:

Abstimmungsergebnis: Stimmberechtigt sind 28 Eigentümer, Zustimmungen 26 Eigentümer, Ablehnungen 0 Eigentümer, Enthaltungen 2 Eigentümer

Aufgrund der eingegangenen Enthaltungen wurde die erforderliche Allstimmigkeit nicht erreicht. Der Beschlussantrag ist somit abgelehnt, da die Bestimmungen des §23 Abs. 3 WEG nicht erfüllt sind.

Die Einberufung einer außerordentlichen Eigentümerversammlung ist somit unumgänglich. Eine entsprechende Einladung inklusive Tagesordnung wird Ihnen in den nächsten Tagen zugesandt.

Mit freundlichen Grüßen

Hausverwaltung

4.3.8 Bindungswirkung von Beschlüssen für einen Rechtsnachfolger

§10 Abs. 4 Satz 1 WEG
»Beschlüsse der Wohnungseigentümergemeinschaft gemäß §23 und gerichtliche Entscheidungen in einem Rechtsstreit gemäß §43 bedürfen zu ihrer Wirksamkeit gegen den Sondernachfolger eines Wohnungseigentümers nicht der Eintragung in das Grundbuch.«

Die von einer Wohnungseigentümergemeinschaft gefassten Beschlüsse wirken auch gegen Dritte, die in die Wohnungseigentümergemeinschaft neu eintreten. Hierzu ist es nicht erforderlich, dass die Beschlüsse in das Grundbuch eingetragen werden. Sinn und Zweck der Regelung ist es, dass einmal gefasste Beschlussgegenstände nicht bei Eintritt eines neuen Miteigentümers umgeworfen werden können oder sogar hinfällig werden.

Beschlüsse müssen aber in die im Rahmen der WEG-Reform neu geschaffene Beschlusssammlung nach §24 Abs. 7, 8 WEG eingetragen werden. Hierdurch wird dem Informationsbedürfnis eines in die Wohnungseigentümergemeinschaft Eintretenden hinreichend Rechnung getragen, da das ordnungsgemäße Führen der Beschlusssammlung zwingend ist.

Handelt es sich allerdings um Beschlüsse, die Vereinbarungscharakter haben, sind diese nichtig und der Sondernachfolger nicht an sie gebunden. Eine Ausnahme gilt hier gemäß §10 Abs. 4 Satz 2 WEG für Beschlüsse, die aufgrund einer Öffnungsklausel in der Gemeinschaftsordnung (siehe Kapitel 4.3.4) gefasst wurden. Hierbei handelt es sich nicht um Vereinbarungen, sondern um echte Beschlüsse, sodass eine Eintragung in das Grundbuch nicht stattfindet. Mit der Eintragung in die Beschlusssammlung ist dem Informationsbedürfnis von Sondernachfolgern Genüge getan.

Werden Beschlussanträge abgelehnt – sogenannter Negativbeschluss –, hat dies Beschlussqualität. Ein Negativbeschluss kann dementsprechend angefochten werden, obwohl er oftmals keine sachliche Regelung enthält und keine Sperrwirkung und damit keine Bindungswirkung für eine spätere Beschlussfassung über denselben Gegenstand entfaltet (BGH, 15.1.2010, V ZR 114/09; LG Hamburg, 23.7.2014, 318 S 78/13).

4.3.9 Vollzug von Beschlüssen und einstweiliger Rechtsschutz

Beschlüsse der Wohnungseigentümer sind grundsätzlich gültig, solange sie nicht rechtskräftig für ungültig erklärt wurden, durch einen Zweitbeschluss aufgehoben wurden oder nicht ohnehin nichtig sind. Die Anfechtung von Beschlüssen entfaltet keine aufschiebende Wirkung (BGH, 4.4.2014, V ZR 167/13).

Der Verwalter ist verpflichtet und berechtigt den Beschluss zu vollziehen. Es ist nicht entscheidend, ob die Beschlussfassung fehlerhaft ist oder nicht ordnungsgemäßer Verwaltung entspricht (LG München I, 8.8.2008, 1 T 13169/08). Beschlüsse sind, sofern sie inhaltlich keinen Zeitpunkt bestimmen, durch den Verwalter sofort zu vollziehen. Der Beschluss ist für den Verwalter bindend. Insoweit ist es nicht relevant, wenn ein Beschluss ggf. sogar nichtig ist. Hinsichtlich der Ausführungspflicht ändert die Nichtigkeit eines Beschlusses nichts, weil das Gesetz in diesem Zusammenhang keine Differenzierung zwischen einer bloßen Anfechtbarkeit und Nichtigkeit vornimmt und die Rechtsfolgen (Unwirksamkeit »ex tunc«) identisch sind (So LG Dortmund, 24.4.2017, 1 S 53/17 wegen unzulässiger Delegation oder fehlender Bestimmtheit). Der Verwalter macht sich weder im Innenverhältnis gegenüber den Wohnungseigentümern noch im Außenverhältnis gegenüber Dritten schadensersatzpflichtig, wenn ein durch ihn ausgeführter Beschluss später für ungültig erklärt wird (LG Dortmund, a.a.O.)

Ein Beschluss über die Erhebung einer einmaligen Sonderumlage ist so lange als gültig zu behandeln, bis er durch rechtskräftiges Urteil für ungültig erklärt wird. Erst das rechtskräftige Urteil beendet die Bindungswirkung, sodass trotz Anfechtung des Beschlusses über die Sonderumlage die Zahlungspflicht bis zum rechtskräftigen Abschluss des Anfechtungsverfahrens bestehen bleibt. Dem steht auch nicht entgegen, dass die Ungültigerklärung des Beschlusses Rückwirkung entfaltet. Für diese Zeit, in der die fälligen Forderungen dem Gläubiger vorenthalten werden, ist der hierdurch entstehende wirtschaftliche Nachteil durch Ersatz des Zinsschadens zu leisten (LG Düsseldorf, 31.5.2017, 25 S 52/16).

Nach Ansicht des LG Frankfurt/Main (15.2.2017, 2-13 S 128/16) ist ein Wohnungseigentümer nicht berechtigt, durch eine Klage den Verwalter zur Durchführung von Beschlüssen der Wohnungseigentümergemeinschaft zu zwingen. Das LG Frankfurt hat hierbei unter anderem Bezug auf die Rechtsprechung des BGH genommen, wonach gerade aus §27 WEG folgt, dass die Umsetzung von Beschlüssen ausschließlich dem Verwalter obliegt, der dem Verband der Wohnungseigentümer – und nicht dem einzelnen Wohnungseigentümer – auf Erfüllung und ggf. auf Schadensersatz haftet (BGH, 13.7.2012, V ZR 94/11). Einzelne Wohnungseigentümer seien nicht berechtigt, durch Klage gegen den Verwalter die Durchführung beschlossener Maßnahmen zu erzwingen. Dies obliege einzig dem Verband der Wohnungseigentümer. Der Verwaltervertrag sei zwischen dem Verwalter und der Wohnungseigentümergemeinschaft geschlossen worden. Lediglich sekundäre Ansprüche – wie die eigenen Schadensersatzansprüche – könne der einzelne Wohnungseigentümer direkt geltend machen. Es müsse demnach bei dem Verband der Wohnungseigentümer darauf hingewirkt werden, dass dieser tätig wird. Die die Wohnungseigentümergemeinschaft als solche betreffende Frage der Beschlussumsetzung könne nicht auf Einzelstreitigkeiten einzelner Wohnungseigentümer mit dem Verwalter verlagert werden. Wie sich diese Rechtsprechung durchsetzen wird, bleibt abzuwarten.

Will ein Wohnungseigentümer trotz ggf. laufendem Anfechtungsverfahren unterbinden, dass ein Beschluss vollzogen wird, so kann er dies im einstweiligen Rechtsschutzverfahren versuchen und eine Unterlassungsverfügung gegen die Umsetzung des Beschlusses erwirken. Voraussetzung für eine erfolgreiche einstweilige Verfügung ist, dass ein Verfügungsgrund und ein Verfügungsanspruch bestehen. Ein Verfügungsgrund liegt immer dann vor, wenn nach objektiven Gesichtspunkten eines durchschnittlichen Wohnungseigentümers die Gefahr besteht, dass mit der Durchführung des angegriffenen Beschlusses die Rechte des Antragstellers vereitelt oder wesentlich beeinträchtigt werden und zur Abwendung dieser wesentlichen Nachteile die vorläufige Suspendierung des Beschlusses erforderlich ist. Ein Verfügungsgrund kann jedoch entfallen, wenn mit den Einwendungen zu lange gewartet wird. Dies gilt insbesondere dann, wenn die Anfechtungsfrist für den betreffenden Beschluss abgelaufen ist und dieser damit bestandskräftig wurde, hingegen nicht, wenn der Beschluss ausnahmsweise nichtig ist.

!

Beispiele: Rechtsprechung

- Ein Verfügungsgrund besteht nur, wenn im Fall einer späteren gerichtlichen Ungültigerklärung des umzusetzenden Beschlusses das Recht des Anfechtenden ohne – qua einstweiliger Verfügung erreichbaren – Baustopp vereitelt oder wesentlich erschwert würde. Bei der Anbringung von Heizstrahlern inklusive Verkabelung ist der Eingriff in die Gebäudesubstanz überschaubar (LG Itzehoe, 11.4.2017, 11 T 20/17).
- Ein Beschluss zur Bestellung eines Verwalters widerspricht den Grundsätzen ordnungsgemäßer Verwaltung, wenn er die Eckpunkte des abzuschließenden Verwaltervertrags in wesentlichen Umrissen nicht regelt und auch sonst in der Wohnungseigentümerversammlung ein Beschluss betreffend die Eckpunkte des abzuschließenden Verwaltervertrags in seinen wesentlichen Umrissen nicht gefasst wurde und zudem keine Alternativangebote anderer Verwaltungen vorlagen. Die Wirkung des §23 Abs. 4 Satz 2 WEG darf nur dann vorläufig außer Kraft gesetzt werden, eine einstweilige Verfügung daher nur dann erlassen werden, wenn dem Anfechtenden ein Abwarten einer rechtskräftigen Hauptsacheentscheidung nicht zumutbar ist. Ein wesentlicher Nachteil des anfechtenden Wohnungseigentümers ist bereits dann anzunehmen, wenn er für die Zeit bis zum Abschluss des Hauptsacheverfahrens anteilig zur Zahlung einer Verwaltervergütung für den bestellten Verwalter verpflichtet wäre (LG München I, 30.11.2016, 1 T 18932/16).

4.4 Checkliste zu Beschlüssen

Was ist ein Beschluss?

In seiner Rechtsnatur ist der Beschluss ein mehrseitiges Rechtsgeschäft eigener Art. Die Wohnungseigentümer regeln ihre Angelegenheiten, soweit sie nicht bereits durch Vereinbarung in der Teilungserklärung/Gemeinschaftsordnung geregelt sind, durch Beschlüsse.

Wann darf die Wohnungseigentümergemeinschaft beschließen?
Die Wohnungseigentümergemeinschaft kann grundsätzlich nur dann einen Beschluss fassen, wenn ihr Beschlusskompetenz zugewiesen ist. Dies kann durch Regelung in der Gemeinschaftsordnung oder durch Zuweisung durch das Wohnungseigentumsgesetz der Fall sein. Durch einen Beschluss kann nicht von gesetzlichen oder in der Teilungserklärung enthaltenen Regelungen abgewichen werden. Eine Ausnahme gilt, wenn eine Öffnungsklausel vorliegt.

Welche Beschlussarten gibt es?
- Einfache und qualifizierte Mehrheitsbeschlüsse,
- einstimmige und allstimmige Beschlüsse,
- Geschäftsordnungsbeschlüsse,
- Organisationsbeschlüsse,
- Standardbeschlüsse,
- Nichtbeschlüsse,
- positive und negative Beschlüsse,
- Wiederholungs-/Zweitbeschlüsse.

Wie muss ein Beschluss formuliert werden?
Ein Beschluss muss hinreichend bestimmt sein, das heißt, er muss klar, vollständig und möglichst auslegungsfrei formuliert und der Beschlussgegenstand exakt erfasst werden.

Wann kommt ein Beschluss zustande?
Ein einfacher Mehrheitsbeschluss kommt dann zustande, wenn bei der Abstimmung für einen Beschlussantrag mehr Ja- als Nein-Stimmen abgegeben werden. Stimmenthaltungen bleiben außer Betracht.

Wann wird ein Beschluss wirksam?
Nach der Feststellung des Abstimmungsergebnisses muss der Versammlungsvorsitzende das Beschlussergebnis feststellen und verkünden. Hierdurch wird der Beschluss wirksam, nicht bereits durch die Verkündung des Abstimmungsergebnisses. Die Beschlussfeststellung und -verkündung hat konstitutive Wirkung.

Können Beschlüsse auch außerhalb einer Eigentümerversammlung gefasst werden?
Die Wohnungseigentümergemeinschaft kann Beschlüsse grundsätzlich nur auf einer Eigentümerversammlung fassen. Eine Ausnahme gilt für das schriftliche Beschlussverfahren, das Umlaufverfahren: Ein solcher Beschluss wird dann gültig, wenn alle Wohnungseigentümer ihre Zustimmung zu diesem Be-

schluss schriftlich erklären. Verweigert bereits ein Miteigentümer seine Zustimmung oder enthält er sich bei der Beschlussfassung, ist kein Beschluss zustande gekommen.

Was ist bei Beschlussfassungen zu beachten, die eine doppelt qualifizierte Mehrheit erfordern?

Bei der qualifizierten Beschlussfassung gemäß §16 Abs. 4 und §22 Abs. 2 WEG ist zwingend zu beachten, dass nicht nur eine Dreiviertelmehrheit der in der Eigentümerversammlung erschienenen bzw. vertretenen Wohnungseigentümer ausreicht, sondern vielmehr eine Dreiviertelmehrheit sämtlicher im Grundbuch eingetragener und stimmberechtigter Wohnungseigentümer erforderlich ist, die gleichzeitig mehr als die Hälfte der Miteigentumsanteile repräsentieren müssen. Darüber hinaus muss die Abstimmung zwingend nach dem Kopfprinzip des §25 Abs. 2 WEG erfolgen.

Wird die erforderliche Mehrheit nicht erreicht, ist ein entsprechender Negativbeschluss zu verkünden. Verkündet der Verwalter einen positiven Beschluss, obwohl die doppelt qualifizierte Mehrheit nicht erreicht wurde, so können ihm im Anfechtungsverfahren gemäß §49 Abs. 2 WEG die Verfahrenskosten auferlegt werden.

Wie können Beschlüsse über bauliche Veränderungen gefasst werden?

Bei baulichen Veränderungen und Aufwendungen gemäß §22 Abs. 1 WEG, die über die ordnungsmäßige Instandhaltung oder Instandsetzung des gemeinschaftlichen Eigentums hinausgehen, jedoch keine Modernisierung oder Anpassung an den Stand der Technik gemäß §22 Abs. 2 WEG darstellen, müssen all die Wohnungseigentümer der Maßnahme zustimmen, die durch sie über das in §14 WEG bestimmte Maß beeinträchtigt sind.

Tagesordnungspunkt »Verschiedenes«

Achtung: Unter diesem Tagesordnungspunkt dürfen keine Beschlüsse gefasst werden, allenfalls solche, die von völlig untergeordneter Bedeutung sind. Werden dennoch wichtige Beschlüsse gefasst, sind diese binnen Monatsfrist gerichtlich anfechtbar.

Für und gegen wen wirken Beschlüsse?

Bestandskräftige Beschlüsse haben Bindungswirkung, das bedeutet, dass sie im Fall des Wechsels eines Miteigentümers auch für den in die Wohnungseigentümergemeinschaft neu Eintretenden gelten. Eine erneute Beschlussfassung von Angelegenheiten ist nicht erforderlich. Die geltenden Beschlüsse wirken gegen den Sondernachfolger auch, ohne dass sie in das Grundbuch eingetragen wurden.

Wie werden Beschlüsse dokumentiert?
Sämtliche auf der Eigentümerversammlung gefassten Beschlüsse sind ins Protokoll der Versammlung aufzunehmen. Zudem müssen sie nebst den Beschlüssen, die im schriftlichen Verfahren gefasst wurden, in die Beschlusssammlung der Wohnungseigentümergemeinschaft aufgenommen werden.

4.5 Beschlussfehler/Beschlussmängel

Um das richtige Vorgehen gegen einen Beschluss der Wohnungseigentümergemeinschaft zu überprüfen, müssen verschiedene Vorfragen geklärt werden.

Vorliegen eines Beschlusses/Nichtbeschlusses
Von einem fehlerhaften Beschluss kann erst dann gesprochen werden, wenn überhaupt eine Willensäußerung der Wohnungseigentümergemeinschaft in Form eines Beschlusses vorliegt. Damit von einem mangelhaften Beschluss gesprochen werden kann, müssen also sämtliche Entstehungsvoraussetzungen eines Beschlusses erfüllt sein. Liegt nur ein Nichtbeschluss – auch Scheinbeschluss genannt – vor, so fehlt es bereits an der Beschlussqualität. Die Erhebung eines Rechtsmittels gegen diesen Beschluss ist dann nicht erforderlich, da er keine Bindungswirkung entfaltet. Ein Nichtbeschluss in diesem Sinne ist vor allem dann gegeben, wenn Entscheidungen mehrerer, aber nicht sämtlicher Wohnungseigentümer außerhalb einer Eigentümerversammlung getroffen werden (vgl. hierzu im Einzelnen und weiterführend Kapitel 4.3.5).

4.5.1 Wann ist ein Beschluss nichtig?

Mangelt es einem Beschluss nicht an der Beschlussqualität, sondern ist er mit einem Makel, sei dieser formell oder materiell, behaftet, so unterscheidet das WEG-Recht zwischen nichtigen und anfechtbaren Beschlüssen. Die Kernregelung zum Beschlussmangelrecht bildet dabei §23 Abs. 4 WEG.

Ein Beschluss, der gegen eine Rechtsvorschrift verstößt, auf deren Einhaltung rechtwirksam nicht verzichtet werden kann, ist nichtig. Im Übrigen ist ein Beschluss gültig, solange er nicht durch rechtskräftiges Urteil für ungültig erklärt ist (§23 Abs. 4 WEG).

Der Gesetzgeber hat sich hier klar dafür entschieden, dass nichtige Beschlüsse keine Rechtswirkung entfalten und ipso jure (von Gesetzes wegen) nichtig sind. Die Nichtigkeit eines Beschlusses kann von jedem jederzeit und in jedem möglichen Gerichtsverfahren eingewandt werden, ohne dass gegen den Beschluss ein Rechtsmittel erhoben werden müsste.

Grundsätzlich kann zwar die Nichtigkeit in einem Gerichtsverfahren festgestellt werden. Das Feststellungsurteil hat jedoch nur deklaratorische Bedeutung, da der Beschluss bereits nach den gesetzlichen Regelungen nicht zu beachten ist.

Ausnahme

§48 Abs. 4 WEG regelt eine Ausnahme zur allgemeingültigen Nichtigkeit von Beschlüssen. Danach kann die Nichtigkeit des Beschlusses nicht mehr geltend gemacht werden, wenn durch Urteil eine Anfechtungsklage als unbegründet abgewiesen wurde. Das Gericht prüft in dem Gerichtsverfahren der Anfechtungsklage auch mögliche Nichtigkeitsgründe, sodass es zur Rechtssicherheit und aufgrund der Einheitlichkeit des Streitgegenstands bei der getroffenen Entscheidung bleiben muss.

Gründe für die Nichtigkeit eines Beschlusses

In §23 Abs. 4 Satz 1 WEG hat sich der Gesetzgeber für eine Generalklausel entschieden und von einer Aufzählung der Nichtigkeitsgründe Abstand genommen. Für den Anwender bedeutet dies, dass sämtliche Rechtsvorschriften des allgemeinen zivilen und öffentlichen Rechts hinsichtlich des Kernbereichs, der unabänderbar ist, überprüft werden müssen. Rechtsvorschriften im Sinne des §23 Abs. 4 Satz 1 WEG sind die unabdingbaren Vorschriften des WEG, des allgemeinen Zivil- und öffentlichen Rechts sowie die unabdingbaren Prinzipien des Wohnungseigentumsrechts.

Zeitpunkt der Beurteilung der Nichtigkeit

Zur Beurteilung, ob ein Beschluss nichtig ist, ist auf den Zeitpunkt der Beschlussfassung abzustellen. Ein einmal nichtiger Beschluss kann durch später eintretende Umstände nicht geheilt werden.

Verstoß gegen unabdingbare Vorschriften und Prinzipien des WEG

Wie oben beschrieben, sind Beschlüsse, die gegen eine unabdingbare Vorschrift des WEG verstoßen, nichtig. Unabdingbare Vorschriften des Wohnungseigentumsrechts sind solche, auf die auch nicht im Wege einer Vereinbarung nach §10 Abs. 2 Satz 2 WEG verzichtet werden kann.

Diese unverzichtbaren Vorschriften ergeben sich in der Regel direkt aus dem Wohnungseigentumsgesetz. Hierzu im Einzelnen:

- §5 Abs. 2 WEG: Nicht Gegenstand des Sondereigentums können Teile des Gebäudes sein, die für dessen Bestand oder Sicherheit erforderlich sind, sowie Anlagen und Einrichtungen, die dem gemeinschaftlichen Gebrauch der Wohnungseigentümer dienen.

- §6 WEG: keine Trennung von Miteigentumsanteilen an Grund und Boden und Sondereigentum.
- §11 WEG: Unauflösbarkeit der Gemeinschaft, kein Wohnungseigentümer kann die Aufhebung der Gemeinschaft verlangen.
- §12 Abs. 2 WEG: Die Zustimmung zur Veräußerung des Wohnungseigentums darf nur aus einem wichtigen Grund versagt werden.
- §12 Abs. 4 Satz 2 WEG: Befugnis der Wohnungseigentümergemeinschaft, eine Veräußerungsbeschränkung gemäß §12 Abs. 1 WEG aufzuheben. Diese Befugnis darf nicht eingeschränkt werden.
- §16 Abs. 5 WEG: keine Erschwerung oder Einschränkung der Beschlusskompetenz der Wohnungseigentümergemeinschaft zur Änderung der Kostenverteilung gemäß §16 Abs. 3, 4 WEG.
- §18 Abs. 1, 4 WEG: Der Anspruch auf Entziehung des Wohnungseigentums bei schweren Pflichtverletzungen eines Wohnungseigentümers kann nicht eingeschränkt werden, ebenso nicht das Recht auf Beschlussfassung nach §18 Abs. 3.
- §20 Abs. 2 WEG: kein Ausschluss der Bestellung eines Verwalters. Eine Vereinbarung, durch die das Verwalterhonorar der Höhe nach für die Zukunft unabdingbar festgelegt wird, verstößt gegen die unabdingbare Vorschrift des §20 Abs. 2 WEG und soll daher nichtig sein (KG Berlin, 19.11.1993, 24 W 1118/93).
- §21 Abs. 7 WEG: keine Erschwerung der Regelungen von Zahlungsmodalitäten durch Beschluss.
- §22 Abs. 2 Satz 2 WEG: keine Einschränkung der Beschlusskompetenz zur Durchführung von Modernisierungen.
- §24 Abs. 2 Satz 2 WEG: keine Einschränkung des Rechts auf Einberufung einer Eigentümerversammlung, sofern dies von einem Viertel aller Wohnungseigentümer verlangt wird.
- §24 Abs. 7 WEG: Führung einer Beschlusssammlung.
- §26 Abs. 1 WEG: Beschränkungen der Verwalterbestellung über den im Gesetz niedergelegten Rahmen hinaus.
- §27 Abs. 4 WEG: keine Einschränkung der Aufgaben und Befugnisse des Verwalters gemäß §27 Abs. 1–3 WEG.
- §28 WEG: Abrechnung, Wirtschaftsplan, Rechnungslegung.
- §§43 ff. WEG: Zuständigkeit und Verfahren in Wohnungseigentumssachen, zum Beispiel das Recht eines Miteigentümers, Beschlüsse der Wohnungseigentümergemeinschaft anzufechten.

Verstoß gegen unabdingbare Prinzipien des WEG – fehlende Beschlusskompetenz

Nach herrschender Auffassung führen Verstöße gegen unabdingbare Prinzipien des Wohnungseigentumsrechts zur Nichtigkeit des jeweiligen Beschlusses. Der Wohnungseigentümerversammlung steht in diesen Fällen keine Beschlusskompetenz zu. Diese allgemeinen Prinzipien des Wohnungseigentumsrechts ergeben sich jedoch lediglich aus der Verbindung der Wohnungseigentümer zu einer Gemeinschaft. Welche Prinzipien dazu zählen, ist noch nicht endgültig geklärt, sodass derzeit nur der Rückgriff auf die Rechtsprechung möglich ist. Hierzu zählen vor allem:

- Beschluss der Wohnungseigentümergemeinschaft bei einer absoluten Unzuständigkeit dieser (BGH, 20.9.2000, V ZB 58/99).
- Eingriff eines Beschlusses in Sondereigentumsrechte (OLG Düsseldorf, 27.2.2002, 3 Wx 348/01; OLG Köln, 5.12.2000, 16 Wx 121/00) und Eingriff eines Beschlusses in Sondernutzungsrechte.
- Umwandlung von Gemeinschaftseigentum in Sondereigentum
- Eingriff in die einheitliche Ausübung der Verwaltung.
- Die Verwaltung kann nur einer einzelnen Person übertragen werden; Beschlüsse, die die Verwaltung auf mehrere Personen übertragen, sind nichtig (BGH, 26.1.2006, 5 ZB 132/05).
- Das Amt des Verwalters kann nicht mit einem Mitglied des Verwaltungsbeirats besetzt werden.
- Der Anspruch des einzelnen Wohnungseigentümers auf ordnungsgemäße Verwaltung kann nicht ausgeschlossen werden (Bärmann/Pick, WEG §21 Rn. 39).
- Das Mitwirkungsrecht des einzelnen Wohnungseigentümers an der Verwaltung darf nicht beschränkt oder vereitelt werden (BGH, 5 ZB 2/93, NJW 1994, 3230).
- Die Minderheitsrechte der einzelnen Wohnungseigentümer dürfen nicht beeinträchtigt werden.
- Dem Verwalter dürfen keine Rechte zugewiesen werden, die das Sondereigentum betreffen.

Verstoß gegen gesetzliche Verbote/sonstige gesetzliche Vorschriften

Aus der Regelung des §23 Abs. 4 WEG ergibt sich, dass sämtliche allgemeinen zivil- und öffentlich-rechtliche Verbotsnormen zu beachten sind. Grundsätzlich gilt: Werden diese bei einem Beschluss missachtet, so ist der Beschluss nichtig. Zivilrechtliche Verbotsnormen:

- Verstoß gegen ein gesetzliches Verbot (§134 BGB): Unter diese Gruppe fallen insbesondere Beschlüsse, die ein durch ein Strafgesetz sanktioniertes Verhalten gestatten oder den Verwalter zu einem derartigen Verhalten verpflichten, zum Beispiel die Vergabe von Instandsetzungsarbeiten an Schwarzarbeiter.

- Sittenwidrigkeit (§ 138 BGB): Gemäß § 138 BGB ist ein Beschluss nichtig, der gegen die guten Sitten verstößt (BGH, 4.5.1995, V ZB 5/95, NJW 1995, 2036). Ob ein Sittenverstoß vorliegt, ist wertend nach dem Anstandsgefühl aller Billig- und Gerechtdenkenden zu ermitteln. Dabei ist nicht nur auf den objektiven Gehalt des Beschlusses, sondern auch auf die Motive des Wohnungseigentümers und den Zweck der Regelung abzustellen.

Beispiele: Sittenverstöße !

- Vollständiges Verbot des Musizierens in der Wohnung (BGH, 10.9.1998, V ZB 11/98, NJW 1998, 3713)
- Ein Beschluss, der das Abstellen eines Rollstuhls im Treppenhaus verbietet, verstößt gegen die guten Sitten, wenn es keine andere Abstellmöglichkeit für den Rollstuhl gibt (OLG Düsseldorf, 21.12.1983, 3 W 227/83, ZMR 1984, 161).
- Ausnutzung einer Stimmenmehrheit in sachwidriger Art und Weise auf Kosten der Gemeinschaft. Dies kann je nach Einzelfall gegen die guten Sitten verstoßen und ausnahmsweise nach § 138 Abs. 1 BGB nichtig sein (OLG Schleswig, 16.11.2005, 2 W 267/04, NZM 2006, 384).

- Verstoß gegen zwingende Vorschriften des öffentlichen Rechts.
- Sämtliche Regelungen der ZPO, des Gerichtsverfassungsgesetzes (GVG) und des Gesetz über die Zwangsversteigerung und die Zwangsverwaltung (ZVG).
- Wertentscheidungen der Verfassung, die sich aus dem Grundgesetz und den Länderverfassungen ergeben.
- Regelungen des Baurechts, der Energieeinsparverordnung (EnEV) und der Heizkostenverordnung (HeizkV), soweit sich aus diesen Gesetzen ein zwingender Charakter ergibt.
- Beschluss mit dem Inhalt, eine gerichtliche Entscheidung abzuändern oder aufzuheben.

Bestimmtheit/Unverständlichkeit des Beschlusses

Ein Beschluss kann auch dann nichtig sein, wenn er inhaltlich unbestimmt ist oder widersprüchlich, sodass sich daraus keine durchführbare Regelung ergibt.

Beispiele: Ungenaue Regelungen !

- Ein Beschluss untersagt das Singen und Musizieren außerhalb von Ruhezeiten nur in nicht »belästigender Weise und Lautstärke« (BGH, 10.9.1998, V ZB 11/98, NJW 1998, 3713).
- Ein Beschluss genehmigt eine bauliche Veränderung, ohne diese hinreichend zu bestimmen oder zu beschreiben (BGH, 10.9.1998, V ZB 11/98, NJW 1998, 3713).

!

Achtung: Durchführbare Regelung

Soweit der Beschluss eine durchführbare Regelung erkennen lässt, ist er dennoch wirksam und muss fristgerecht mit der Anfechtungsklage (vgl. Kapitel 4.6) angegriffen werden.

Fehlende Beschlusskompetenz

Grundsätzlich gilt: Wohnungseigentümer können Beschlüsse nur in solchen Angelegenheiten fassen, in denen ihnen eine Beschlusskompetenz zusteht. Die Beschlusskompetenz wird den Wohnungseigentümern entweder durch das Wohnungseigentumsgesetz direkt oder durch eine Vereinbarung eingeräumt (§23 Abs. 1 WEG).

Bis zur Entscheidung des BGH im September 2000 (20.9.2000, V ZB 58/99, NJW 2000, 3500) war ständige Rechtsprechung, dass Mehrheitsbeschlüsse in Angelegenheiten, in denen den Wohnungseigentümern keine Beschlusskompetenz zustand, zwar fehlerhaft waren und erfolgreich angefochten werden konnten, jedoch nicht die Nichtigkeit nach sich zogen. Unterließ man es hier, die Anfechtungsklage fristgerecht zu erheben, wurden derartige Beschlüsse bestandskräftig.

Rechtsprechung des BGH – Definition der Beschlusskompetenz

Höchstrichterlich ist seit dieser Entscheidung des BGH geklärt, dass Beschlüsse nur dann bestandskräftig werden können, wenn den Eigentümern für die zu regelnde Angelegenheit eine Beschlusskompetenz zustand, anderenfalls ist der Beschluss nichtig (»Zitterbeschluss«).

Seit der Entscheidung des BGH sind die Gerichte mit der teilweise sehr schwierigen Frage konfrontiert, in welchen Fällen den Wohnungseigentümern überhaupt Beschlusskompetenz durch das Gesetz oder eine Vereinbarung eingeräumt wurde. Der BGH stellt zur Beschlusskompetenz der Wohnungseigentümergemeinschaft Folgendes fest: Das Wohnungseigentumsgesetz räumt den Wohnungseigentümern nur in Angelegenheiten der Verwaltung (§21 Abs. 1, 3 WEG) und des Gebrauchs (§15 Abs. 2 WEG) eine Beschlusskompetenz ein.

Angelegenheiten der Verwaltung

Der BGH definiert die Angelegenheiten der Verwaltung wie folgt: Angelegenheiten der Verwaltung sind sämtliche Maßnahmen und Entscheidungen, die in tatsächlicher oder rechtlicher Hinsicht auf eine Änderung des bestehenden Zustands der Wohnanlage abzielen oder sich als Geschäftsführung zugunsten der Wohnungseigentümer in Bezug auf das Gemeinschaftseigentum darstellen. Unter den Begriff »Verwaltung« fallen sowohl Verwaltungsentscheidungen als auch Verwaltungsmaßnahmen. Entscheidend kommt es darauf an, dass es sich um konkrete Verwaltungsmaßnahmen und Regelungen des Einzelfalls handelt.

Beispiele: Konkrete Angaben !

- Bestellung und Abberufung des Verwalters,
- Genehmigung des Wirtschaftsplans und der Jahresabrechnung,
- Durchführung einer Sanierungsmaßnahme,
- Beauftragung eines Handwerkers.

Achtung: Anfechtbarkeit wegen Fehlerhaftigkeit !

Für die Beschlusskompetenz der Wohnungseigentümergemeinschaft ist es ohne Bedeutung, ob sich die getroffene Verwaltungsentscheidung im Rahmen ordnungsgemäßer Verwaltung bewegt oder nicht. So besteht die Beschlusskompetenz auch in den Fällen der Genehmigung einer fehlerhaften Jahresabrechnung, zum Beispiel bei Anwendung eines falschen Kostenverteilungsschlüssels. Diese Fehlerhaftigkeit führt lediglich zur Anfechtbarkeit, nicht aber zur Nichtigkeit des Beschlusses (BayObLG, 24.11.2004, 2 Z BR 156/04, ZMR 2005, 638).

Angelegenheiten des Gebrauchs

Die Beschlusskompetenz der Wohnungseigentümer gilt auch für Regelungen über den Gebrauch des Sonder- oder Gemeinschaftseigentums, sofern nicht eine bestehende Vereinbarung (Teilungserklärung) abgeändert wird oder einem Eigentümer der Gebrauch von Bereichen des Gemeinschaftseigentums vollständig entzogen wird.

Beispiele: Beschlusskompetenz der Wohnungseigentümer !

- Beschluss über Ruhezeiten im Haus,
- Beschluss über die Tierhaltung,
- Beschluss über die Nutzung von Gemeinschaftsräumen, zum Beispiel Kellerabteil, Stellplätze.

Auch hier ist es ohne Bedeutung für die Beschlusskompetenz, ob die Regelungen die Grenzen des ordnungsgemäßen Gebrauchs einhalten oder überschreiten. Werden die Grenzen der ordnungsgemäßen Verwaltung und des ordnungsgemäßen Gebrauchs überschritten, so sind die Beschlüsse lediglich anfechtbar. Eine Nichtigkeit liegt nicht vor.

Erweiterung der Beschlusskompetenz der Wohnungseigentümer durch die Änderung des WEG zum 1.7.2007

Zum Zeitpunkt der Entscheidung des BGH im Jahr 2000 sah das Wohnungseigentumsgesetz noch keine Beschlusskompetenzen vor, die das sogenannte Gemeinschaftsgrundverhältnis der Wohnungseigentümer betraf. Angelegenheiten des Gemeinschaftsgrundverhältnisses sind solche, mit denen die Wohnungseigentümer ihre Rechtsbeziehungen untereinander in Abweichung oder Ergänzung der Gesetzesnormen regeln. Solche Bestimmungen können grundsätzlich nur durch Vereinbarungen im Sinne von §10 Abs. 3 WEG getroffen werden.

Seit der WEG-Reform aus dem Jahr 2007 steht den Wohnungseigentümern folgende erweiterte Beschlusskompetenz im Bereich des Gemeinschaftsgrundverhältnisses zu:

- §12 Abs. 4 WEG sieht vor, dass eine vereinbarte Veräußerungsbeschränkung durch Beschluss mit einfacher Stimmenmehrheit aufgehoben werden kann.
- §16 Abs. 3, 4 WEG: Änderungen des Kostenverteilungsschlüssels (vgl. Kapitel 5.7).
- §21 Abs. 7 WEG: Regelungen von Geldangelegenheiten.

Kompetenzzuweisung durch Vereinbarung

Nach der Regelung des §23 Abs. 1 WEG kann den Wohnungseigentümern auch eine Beschlusskompetenz durch eine Vereinbarung eingeräumt werden. Vielfach sehen Teilungserklärungen hier Öffnungsklauseln vor (vgl. eingehend Kapitel 4.3.4). Legt eine Öffnungsklausel sachliche Grenzen fest, so ist ein Beschluss, der die sachlichen Grenzen der Öffnungsklausel überschreitet, mangels Beschlusskompetenz nichtig (Niedenführ/Kümmel/Vandenhouten, 10. Auflage, 2013, §23 Rn. 11).

!

Achtung: Nichtigkeit

Ein Verstoß gegen die Beschlusskompetenzen führt unmittelbar zur Nichtigkeit des Beschlusses.

Fallgruppen fehlender Beschlusskompetenz

Die Ermittlung der fehlenden Beschlusskompetenz der Wohnungseigentümergemeinschaft erschließt sich am besten anhand von Fallgruppen.

- Gesetzes- oder vereinbarungsändernde Beschlüsse: Beabsichtigen Wohnungseigentümer, im Wege des Beschlusses vom Gesetz abzuweichen, oder wollen sie eine Vereinbarung abändern und soll die so abgeänderte gesetzliche oder vereinbarte Bestimmung Grundlage weiterer Angelegenheiten sein, ist der Beschluss nichtig (BGH, 20.9.2000, V ZB 58/99, NJW 2000, 3500).

Achtung: Erweiterte Beschlusskompetenz

!

Die WEG-Reform hat hier Veränderungen mit sich gebracht und den Wohnungseigentümern in §12 Abs. 4, §16 Abs. 3, 4 und §21 Abs. 7 WEG erweiterte Beschlusskompetenzen eingeräumt.

Regel zur Abgrenzung gesetzesändernder Beschlüsse von Verwaltungsentscheidungen: Eine vom Gesetz abweichende Regelung zeichnet sich dadurch aus, dass sich im Fall ihrer Nichtigkeit eine gesetzliche Bestimmung finden lässt, die an ihre Stelle tritt. Bei konkreten Verwaltungsentscheidungen ist dies gerade nicht der Fall.

Beispiele: Zur Abgrenzung

!

Gesetzesändernde Beschlüsse

- Verteilung der Stimmkraft abweichend von §25 Abs. 2 Satz 1,
- generelle Beschlussfähigkeit der Eigentümerversammlung,
- generelle Übertragung von Aufgaben auf den Beirat,
- dauerhafte Änderungen hinsichtlich Form und Frist der Einberufung von Eigentümerversammlungen und Einführung einer Ladungsfiktion.

Vereinbarungsändernder Beschluss: Ein Beschluss der Wohnungseigentümerversammlung, der die laut Teilungserklärung erlaubte gewerbliche Nutzung eines Teileigentümers einschränkt, ist als vereinbarungsändernder Beschluss mangels Beschlusskompetenz der Wohnungseigentümer nichtig (OLG Düsseldorf, 16.7.2003, 3 Wx 149/03, ZMR 2003, 861).

- Gesetzes- oder vereinbarungswidrige Beschlüsse: Gesetzes- oder vereinbarungswidrige Beschlüsse, mit denen die Wohnungseigentümer bei einer konkreten Verwaltungsentscheidung gegen das Gesetz oder eine bestehende Vereinbarung (Gemeinschaftsordnung) verstoßen, sind lediglich anfechtbar und nicht nichtig.
  Derartige Beschlüsse überschreiten die Grenze der Ordnungsgemäßheit der Verwaltung und sind daher rechtswidrig. Da der Beschluss eine konkrete Verwaltungsentscheidung zum Inhalt hat, besteht jedoch Beschlusskompetenz und die Beschlüsse sind lediglich anfechtbar. In diese Fallgruppe gehören auch Mehrheitsbeschlüsse über bauliche Veränderungen.
  Nachdem den Wohnungseigentümern nach §22 Abs. 1 WEG ausdrücklich die Beschlusskompetenz für bauliche Veränderungen zusteht, ist ein Mehrheitsbeschluss hierzu nur anfechtbar und nicht nichtig, auch wenn eine nachteilige Beeinträchtigung anderer Wohnungseigentümer im Sinne des §14 WEG vorliegt (BayObLG, 30.11.2000, 2 Z BR 81/00, ZMR 2001, 292).

!

Beispiele: Gesetzes- oder vereinbarungswidrige Beschlüsse

- Beschluss über eine Sonderumlage mit einem unrichtigen Kostenverteilungsschlüssel,
- Bestellung eines Beirats mit mehr oder weniger als drei Mitgliedern,
- Übertragung von Entscheidungsbefugnissen auf den Beirat im Rahmen einer konkreten Sanierungsmaßnahme.

- Im Gegensatz hierzu ist es aber nicht möglich, den einzelnen Wohnungseigentümern außerhalb der gemeinschaftlichen Kosten und Lasten Leistungspflichten aufzuerlegen. Für derartige Beschlüsse fehlt den Wohnungseigentümern die absolute Beschlusskompetenz. Diese sind daher nicht nur anfechtbar, sondern nichtig.

!

Beispiele: Leistungspflichten

- Die Wohnungseigentümergemeinschaft beschließt, dass ein Wohnungseigentümer eine bauliche Veränderung beseitigen muss.
- Die Wohnungseigentümergemeinschaft beschließt, dass ein Wohnungseigentümer Schadensersatz leisten muss, obwohl er keinen Schaden verursacht hat.
- Die Wohnungseigentümergemeinschaft beschließt, dass die Wohnungseigentümer turnusmäßige das Treppenhaus reinigen müssen.

Entgegen teilweise anderslautender Rechtsprechung hat der BGH mit 18.6.2010 entschieden, dass aus der Kompetenz, den Gebrauch (§ 15 WEG), die Verwaltung (§ 21 WEG) und die Instandhaltung oder Instandsetzung des gemeinschaftlichen Eigentums (§ 22 WEG) durch Mehrheitsbeschluss zu regeln, nicht die Befugnis folgt, dass den Wohnungseigentümern außerhalb der gemeinschaftlichen Kosten und Lasten Leistungspflichten auferlegt werden können. Derartige Beschlüsse sind nichtig.

!

Achtung: Fristgebundene Anfechtungsklage

Um später Streit über die rechtlich teils schwierige Problematik einer Nichtigkeit zu vermeiden, sollte ein Wohnungseigentümer, dem persönliche Leistungspflichten durch Mehrheitsbeschluss auferlegt wurden, einen solchen Beschluss durch die fristgebundene Anfechtungsklage (ein Monat) bei Gericht anfechten.

- Eingriff in das Sondereigentum: Den Wohnungseigentümern fehlt die Beschlusskompetenz für Regelungen zur Verwaltung des Sondereigentums. Die Verwaltung des Sondereigentums steht ausschließlich dem jeweiligen Wohnungseigentümer zu. Mangels Beschlusskompetenz sind Beschlüsse, die das Verwaltungsrecht des Sondereigentums betreffen, nichtig.

Beispiel: Nichtiger Beschluss

!

Nichtig ist ein Beschluss, der die Wohnungseigentümer zum Abschluss eines Mietvertrags über ihr Sondereigentum mit einem bestimmten Dritten verpflichtet.

4.5.2 Wann können Beschlüsse angefochten werden?

Sonstige Beschlussfehler, die nicht die Nichtigkeit des Beschlusses zur Folge haben, lassen die Wirksamkeit des Beschlusses unberührt. Dabei kann es sich um die formale oder auch eine materielle Fehlerhaftigkeit des Beschlusses handeln. Soll die Rechtswirkung eines derartigen Beschlusses aufgehoben werden, muss eine Anfechtungsklage erhoben werden (vgl. Kapitel 4.6).

In Abweichung zu den nichtigen Beschlüsse sind anfechtbare Beschlüsse trotz ihrer Fehlerhaftigkeit gültig. Anfechtbare Beschlüsse sind erst dann ungültig, wenn ein Gericht den Beschluss durch rechtskräftiges Urteil für ungültig erklärt (§23 Abs. 4 Satz 2 WEG). Erst durch das Urteil wird der Beschluss rückwirkend aufgehoben. Da die Erhebung der Anfechtungsklage die Wirksamkeit des Beschlusses noch unberührt lässt (§46 Abs. 1 WEG), ist der Verwalter bis zur Entscheidung des Gerichts verpflichtet, den angefochtenen Beschluss durchzuführen. Wird ein angefochtener Beschluss bereits vor der endgültigen Entscheidung des Gerichts vollzogen und obsiegt der Anfechtungskläger vor Gericht, kann der Anfechtungskläger einen Folgenbeseitigungsanspruch gegen die übrigen Wohnungseigentümer oder die Gemeinschaft geltend machen.

Formelle Fehlerhaftigkeit des Beschlusses
Ein formeller Mangel führt nicht dazu, dass der Beschluss ungültig, also nichtig wäre. Auch eine Mehrzahl formeller Beschlussmängel kann eine Nichtigkeit nicht herbeiführen. Beschlüsse, die an einem formellen Mangel leiden, sind daher nur anfechtbar.

Anfechtungsklagen wegen formeller Beschlussmängel sind jedoch nicht erfolgversprechend, wenn feststeht, dass der Beschluss bei ordnungsgemäßer Handhabung genauso gefasst worden wäre.

Beispiel: Gleicher Beschluss

!

Wurde ein Wohnungseigentümer nicht geladen, so muss der klagende Wohnungseigentümer ausführen, dass er gerade aufgrund seines Abstimmungsverhaltens und des zu erwartenden Diskussionsverlaufs der Eigentümergemeinschaft Einfluss auf die Entscheidung genommen hätte.

! **Beispiele: Ursachen für formale Beschlussmängel**

- Ein Beschlussgegenstand wird erst in der Eigentümerversammlung benannt.
- Der Einladende verstößt gegen die Ladungsfrist des §24 Abs. 4 Satz 2 WEG.
- Der Einladende lädt nicht sämtliche Stimmberechtigte.
- Die Versammlungszeit ist unangemessen, zum Beispiel in den früheren Morgenstunden.
- Der Versammlungstag ist nicht angemessen, zum Beispiel an einem Feiertag.
- Bei der Beschlussfassung sind Stimmberechtigte nicht beteiligt worden.
- Bei der Beschlussfassung haben nicht Stimmberechtigte mitgewirkt.
- Ein Beschluss ist nicht bestimmt genug, aber nicht völlig unbestimmt, sodass sich noch ein Regelungsinhalt ergibt.
- Verstoß gegen den Grundsatz der Nichtöffentlichkeit bei Teilnahme von fremden Dritten.
- Ein wichtiger Beschluss wird unter dem Punkt »Verschiedenes/Sonstiges« gefasst.
- Das Protokoll wurde nicht ordnungsgemäß unterzeichnet, obwohl die Gemeinschaftsordnung dies vorschreibt.

Materielle Fehler

Ein materieller Beschlussmangel liegt vor, wenn der Beschluss nicht dem ordnungsgemäßen Gebrauch (§15 Abs. 2 WEG) oder der ordnungsgemäßen Verwaltung (§21 Abs. 4 WEG) entspricht. Auch ist ein Beschluss materiell mangelhaft, wenn er gegen ein Gesetz oder eine Vereinbarung verstößt. Der Beschluss kann darüber hinaus an einem Ermessensfehler leiden, zum Beispiel bei der Durchführung von Instandhaltungs- und Instandsetzungsmaßnahmen größeren Umfangs. In derartigen Fällen müssen die Wohnungseigentümer vorab umfassend über die Sanierungsmaßnahme und deren Kosten informiert werden, damit sie das ihnen eingeräumte Ermessen ordnungsgemäß ausüben können.

Ein Beschluss ist also materiell mangelhaft, wenn er gegen die Grundsätze der ordnungsgemäßen Verwaltung verstößt (§21 Abs. 5 WEG). Zur ordnungsgemäßen Verwaltung gehören insbesondere

- das Aufstellen einer Hausordnung,
- die ordnungsgemäße Instandhaltung und Instandsetzung des gemeinschaftlichen Eigentums,
- die Ansammlung einer Instandhaltungsrücklage und
- die Aufstellung eines Wirtschaftsplans und einer Jahresabrechnung.

Sonderproblem: Negativbeschluss

Wie in Kapitel 4.3.5 ausgeführt, hat auch ein Negativbeschluss Beschlussqualität. Auch ein Negativbeschluss, bei dem der Beschlussantrag nicht die erforderliche Mehrheit gefunden hat, entfaltet grundsätzlich Bindungswirkung. Die Ablehnung des Beschlussantrags lässt jedoch die Rechtslage unverändert.

Obwohl der Negativbeschluss grundsätzlich keine Sperrwirkung entfaltet, ist ein Rechtsschutzbedürfnis zur Erhebung einer Anfechtungsklage zu bejahen, wenn der Anfechtungskläger einen materiell rechtlichen Anspruch auf eine positive Beschlussfassung hat. In diesen Fällen kann der Wohnungseigentümer die Anfechtungsklage mit einem Antrag verbinden, der auf gerichtliche Feststellung eines positiven Beschlussergebnisses gerichtet ist.

Die Gemeinschaftsordnung weist die Pflicht zur Instandhaltung und Instandsetzung von Fenstern nebst Rahmen in den räumlichen Bereich des Sondereigentums den einzelnen Wohnungseigentümern zu. Der Außenanstrich ist aber ausgenommen.

Beispiel: Fensteraustausch !

Ein Eigentümer beantragt aufgrund des irreparablen Zustands seiner Fenster im Rahmen der Eigentümerversammlung, dass die Fenster vollständig ausgetauscht werden. Die Eigentümer lehnen dies unter Hinweis auf die Regelungen in der Gemeinschaftsordnung ab. Der Eigentümer erhebt innerhalb der einmonatigen Frist Anfechtungsklage nach §46 Abs. 1 WEG und beantragt, den ablehnenden Beschluss (Negativbeschluss) für ungültig zu erklären. Er verbindet diese Klage mit dem Antrag, die übrigen Wohnungseigentümer zu verurteilen, einem vollständigen Austausch der Fenster auf Kosten der Gemeinschaft zuzustimmen. Der BGH gibt dem anfechtenden Eigentümer recht: Nur bei einer klaren und eindeutigen Regelung in der Gemeinschaftsordnung ist ein Eigentümer verpflichtet, den vollständigen Fensteraustausch auf eigene Kosten vorzunehmen. Fenster stehen zwingend im gemeinschaftlichen Eigentum. Nachdem in der Gemeinschaftsordnung aber nur die Erneuerung des Außenanstrichs geregelt ist, nicht aber die vollständige Erneuerung der Fenster, fehlt es an einer solchen eindeutigen Regelung. Der ablehnende Mehrheitsbeschluss (Negativbeschluss) wird daher in dritter Instanz beim BGH für ungültig erklärt, die Eigentümer werden verpflichtet, die vollständige Erneuerung der Fenster auf Kosten der Gemeinschaft durchzuführen (BGH, 2.3.2012, V ZR 174/11).

Sonderproblem: Geschäftsordnungsbeschlüsse

Sogenannte Geschäftsordnungsbeschlüsse, die lediglich die Organisation der konkreten Eigentümerversammlung betreffen, zum Beispiel Vorziehen eines Tagesordnungspunkts, sind nicht anfechtbar. Geschäftsordnungsbeschlüsse zeichnen sich dadurch aus, dass sie mit dem Ende der Versammlung gegenstandslos werden.

4.6 Die Anfechtung von Beschlüssen

Will sich ein Wohnungseigentümer gegen einen Beschluss der Wohnungseigentümergemeinschaft wehren, da er der Meinung ist, dieser Beschluss sei fehlerhaft, so muss zwischen folgenden Beschlussqualitäten unterschieden werden:

- Ist der Beschluss nichtig (vgl. Kapitel 4.3.5), ist er unwirksam und bedarf grundsätzlich keiner Anfechtung.
- Handelt es sich um einen Nicht- oder Scheinbeschluss, entfaltet dieser keine Rechtswirkung, sodass eine Anfechtung unterbleiben kann.

!

Tipp: Schwierige Unterscheidung

Da die Unterscheidung zwischen Nichtigkeit und Anfechtbarkeit sowie Nichtbeschluss und Anfechtbarkeit oftmals schwer zu treffen ist, wird bei Zweifeln über die Qualifizierung dieser Eigentümerentscheidung empfohlen eine Anfechtungsklage zu erheben.

Unterlässt der Wohnungseigentümer die Erhebung einer Anfechtungsklage und stellt sich später heraus, dass der von ihm vermeintlich für nichtig gehaltene Beschluss lediglich anfechtbar war, wird der Beschluss bestandskräftig, ist vom Verwalter und der Wohnungseigentümergemeinschaft zu beachten und kann nicht mehr angegriffen werden.

Die Anfechtung eines Beschlusses kann sowohl mit formellen als auch mit materiellen Beschlussfehlern begründet werden. Leidet ein Beschluss der Wohnungseigentümer an Mängeln, können die Wohnungseigentümer die Rechtswirkung des Beschlusses nur durch eine gerichtliche Entscheidung beseitigen, die den Beschluss für ungültig erklärt. Um eine derartige Entscheidung des Gerichts einzuholen, müssen die Wohnungseigentümer innerhalb der Anfechtungsfrist eine Klage auf Ungültigerklärung des Beschlusses erheben (Anfechtungsklage; §46 WEG).

Auch Negativbeschlüsse (siehe Kapitel 4.3.5) können eine rechtsgeschäftliche Wirkung entfalten und daher Gegenstand einer Anfechtungsklage sein.

Sonderproblem: Ergänzung der Anfechtungsklage um eine Beschlussfeststellungsklage

Nach der Rechtsprechung des BGH kommt ein Beschluss der Wohnungseigentümer nicht vor Abschluss des Abstimmungsvorgangs zustande. Erst mit Feststellung und Verkündung des Abstimmungsergebnisses durch den Versammlungsleiter ist die Beschlussfassung abgeschlossen und der Inhalt des Beschlusses rechtsverbindlich. Fehler des Versammlungsleiters in der Feststellung oder

Verkündung des Beschlusses können nur mit einer Anfechtungsklage beseitigt werden. Bei derartigen Anfechtungsklagen gegen die Feststellung und Verkündung eines Beschlusses muss das Gericht das zutreffende Beschlussergebnis feststellen, damit der Beschluss Geltung erhält. In diesen Fällen ist die Anfechtungsklage um eine Beschlussfeststellungsklage zu ergänzen.

4.6.1 Wer darf anfechten oder klagen?

Nur die Wohnungseigentümer und der Verwalter sind zur Anfechtung von Beschlüssen berechtigt. Die Anfechtungsbefugnis zählt neben dem Stimmrecht, dem Teilnahmerecht und dem Auskunftsrecht zu den sogenannten mitgliedschaftlichen Mitverwaltungsrechten.

Anfechtungsberechtigte Wohnungseigentümer
Anfechtungsberechtigt ist jeder Wohnungseigentümer, der als solcher im Grundbuch eingetragen ist. Erwirbt jemand eine Eigentumswohnung im Wege der Zwangsvollstreckung, so wird er bereits mit Zuschlag Wohnungseigentümer und ist ab diesem Zeitpunkt anfechtungsberechtigt. Gleiches gilt für den Erben einer Eigentumswohnung, da dieser unmittelbar aufgrund der Vorschrift des §1922 BGB Eigentümer der Eigentumswohnung ist.

Steht das Wohnungseigentum mehreren Personen zu, zum Beispiel beim Bruchteilseigentum, bei der Gesellschaft bürgerlichen Rechts oder einer Erbengemeinschaft, gilt Folgendes: Bei einer Bruchteilsgemeinschaft und der Erbengemeinschaft ist jeder einzelne Beteiligte allein berechtigt, eine Anfechtungsklage zu erheben.

!

Achtung: BGB-Gesellschaft

Anders jedoch bei der BGB-Gesellschaft: Hier ist der einzelne Gesellschafter grundsätzlich nicht berechtigt, einen Eigentümerbeschluss anzufechten. Etwas anderes gilt bei der BGB-Gesellschaft nur dann, wenn es sich um eine Maßnahme der Notgeschäftsführung im Sinne von §744 Abs. 2 BGB handelt. Dies ist jedoch die Ausnahme.

Scheidet ein Wohnungseigentümer aus der Wohnungseigentümergemeinschaft aus, zum Beispiel durch Veräußerung des Wohnungseigentums, so ist er für die Beschlüsse, die vor seinem Ausscheiden aus der Gemeinschaft gefasst wurden, nach wie vor anfechtungsberechtigt. Die Anfechtungsberechtigung entfällt jedoch für den veräußernden Wohnungseigentümer für diejenigen Beschlüsse, die nach seinem Ausscheiden aus der Gemeinschaft gefasst wurden.

! **Beispiel: Beschluss über die Jahresabrechnung**

Die Eigentümergemeinschaft beschließt über die Jahresabrechnung 2017. Die Beschlussfassung erfolgt am 28.4.2018. Zu diesem Zeitpunkt hat der Wohnungseigentümer seine Wohnung bereits veräußert. Der neue Eigentümer ist im Grundbuch eingetragen. Da der neue Eigentümer zum Zeitpunkt der Beschlussfassung bereits im Grundbuch eingetragen war, ist der ehemalige Eigentümer nicht mehr berechtigt, den Beschluss über die Jahresabrechnung 2017 anzufechten – obwohl er im Jahr 2017 noch Eigentümer war und die Jahresabrechnung diesen Zeitraum betrifft.

Steht die Eigentumswohnung unter Zwangsverwaltung oder ist ein Insolvenzverwalter bestellt, ist der Wohnungseigentümer nicht mehr anfechtungsberechtigt. Inhaber des Stimmrechts sowie des Anfechtungsrechts sind in derartigen Fällen der Zwangsverwalter oder/und der Insolvenzverwalter.

Auch den Nießbrauchsberechtigten an einer Eigentumswohnung steht weder ein Stimmrecht noch ein Anfechtungsrecht zu.

Anfechtungsberechtigung des WEG-Verwalters

Anfechtungsberechtigt ist auch der WEG-Verwalter, sofern der Beschluss seine eigene Rechtsposition berührt.

! **Beispiel: Abberufung durch Mehrheitsbeschluss**

Der Verwalter wird durch Mehrheitsbeschluss abberufen und sein Verwaltervertrag gekündigt.

In diesem Fall hat der Verwalter ein eigenes Anfechtungsrecht. Dem Verwalter steht aber nicht das Recht zu, andere Eigentümerbeschlüsse anzufechten, zum Beispiel weil er diese für nicht ordnungsgemäß hält. Das Recht auf die Überprüfung der Beschlüsse im Hinblick auf das Gebot der ordnungsgemäßen Verwaltung steht vielmehr nur den einzelnen Wohnungseigentümern zu.

Wird durch einen Eigentümerbeschluss nicht in die Rechtsposition des Verwalters eingegriffen, kann der Verwalter nicht gegen die gefassten Eigentümerbeschlüsse vorgehen. Es fehlt in diesem Fall an der sogenannten Selbstbetroffenheit. Sein Anfechtungsrecht endet jedoch mit seiner Abberufung. Ausnahme: Der abgewählte Verwalter ist berechtigt, seinen Abberufungsbeschluss anzufechten.

4.6.2 Welche Frist muss eingehalten werden?

Die Anfechtungsklage ist binnen eines Monats nach der Beschlussfassung zu erheben. Die Anfechtungsfrist ist eine materiell-rechtliche Ausschlussfrist, mit deren Ablauf eine Anfechtungsklage nicht mehr erfolgversprechend erhoben werden kann. Die verspätete Anfechtungsklage ist als unbegründet abzuweisen.

Die gesetzlich vorgeschriebene Anfechtungsfrist von einem Monat kann weder durch die Gemeinschaftsordnung noch durch eine Beschlussfassung verkürzt oder verlängert werden. Die Fristversäumnis führt kraft Gesetzes zum Wegfall der Anfechtungsbefugnis.

Fristbeginn

Die einmonatige Anfechtungsfrist beginnt mit der Beschlussfassung. Die einmonatige Anfechtungsfrist beginnt mit der Beschlussfassung.

Achtung: Beginn der Frist !

Es ist ein weit verbreiteter Irrtum, dass die Anfechtungsfrist erst mit der Übersendung des Beschlussprotokolls durch den Verwalter beginnt. Die Beschlussfassung erfolgt in der Versammlung. Ab diesem Zeitpunkt läuft die Klagefrist.

Beispiel: Klageeinreichung bei Gericht !

Wenn die Versammlung am 15.3.2018 stattgefunden hat, muss die Klage spätestens am 15.4.2018 bei Gericht eingereicht werden, gleichgültig ob das Protokoll der Eigentümerversammlung schon vorliegt oder nicht. Anderenfalls wird der Beschluss bestandskräftig. Beschlussmängel können in diesem Fall grundsätzlich nicht mehr gerügt werden, es sei denn, der Eigentümerbeschluss ist nichtig (vgl. Kapitel 4.5.1).

Der Eigentümer, der sich nicht sicher ist, ob und welche Beschlüsse gefasst wurden, muss sich nach der Rechtsprechung daher zur Einhaltung der Klagefrist von einem Monat ggf. bei Miteigentümern erkundigen, ob und welche Beschlüsse gefasst wurden. Es steht ihm außerdem frei, Einsichtnahme in die sogenannte Beschlusssammlung nach §24 Abs. 7 WEG zu nehmen. Der Verwalter ist hiernach verpflichtet, den wesentlichen Inhalt der in der Eigentümerversammlung verkündeten Beschlüsse mit Angabe von Ort und Datum der Versammlung in die Beschlusssammlung einzutragen. Er hat dies unverzüglich zu erledigen und mit einem Datum zu versehen. Eintragungen in die Beschlusssammlung hat der Verwalter nach Ablauf von einer Woche nach der Wohnungseigentümerversammlung vorzunehmen (LG München I, 6.2.2008, 1 T 22613/07, NJW 2008, 1823).

Tipp: Beschlusssammlung per E-Mail !

Die Einsichtnahme in die Beschlusssammlung hat regelmäßig in den Geschäftsräumen des Verwalters zu erfolgen. Üblicherweise sind die Verwalter aber auch dazu bereit, die Beschlusssammlung, die heutzutage ohnehin meistens in digitalisierter Form vorliegt, per E-Mail zu übersenden.

Anhand der Beschlusssammlung kann sich der Eigentümer ein Bild davon machen, in welchem Umfang eine gerichtliche Anfechtungsklage nach §46 WEG erhoben werden soll. Die Berechnung der einmonatigen Klagefrist richtet sich nach den §§186 ff. BGB.

Fristende

Die Frist endet mit dem Ablauf des Tages, der im folgenden Kalendermonat seiner Zahl nach dem Datum der Beschlussfassung entspricht. Für kurze Monate ist hier zu beachten:

- Beschlussfassung: 31.8.,
- Fristende: 30.9.

Fällt das Fristende auf einen Sonntag, einen Feiertag oder einen Sonnabend, so läuft die Frist erst mit dem Ende des nächsten Werktags ab. Hemmungen oder Unterbrechungen wie bei der Verjährungsfrist gibt es bei der Anfechtungsfrist nicht.

Beschluss in einer Versammlung

Wird der Beschluss in einer Versammlung der Wohnungseigentümergemeinschaft gefasst, so beginnt die Frist mit dem Tag der Beschlussfassung.

Beschluss im schriftlichen Verfahren (sogenannter Umlaufbeschluss; §23 Abs. 3 WEG)

Bei einem Beschluss im schriftlichen Verfahren ist der Fristbeginn der Tag, an dem das Ergebnis der schriftlichen Abstimmung festgestellt und die Mitteilung des Abstimmungsergebnisses an alle Wohnungseigentümer versandt wurde. Der Beschluss ist zu dem Zeitpunkt existent geworden, zu dem mit seiner Kenntnisnahme durch die Wohnungseigentümer den Umständen nach gerechnet werden konnte.

Der Beschluss im schriftlichen Verfahren – sogenanntes Umlaufverfahren oder sogenannter Umlaufbeschluss – ist in wohnungseigentumsrechtlichen Entscheidungen die Ausnahme, da grundsätzlich die Beschlüsse in der Eigentümerversammlung gefasst werden. Ein Beschluss im Umlaufverfahren ist nur zulässig, wenn jeder Eigentümer sowohl dem schriftlichen Umlaufverfahren als auch dem Beschlussantrag zustimmt. Das Verfahren erfordert also eine doppelte Zustimmung und bedarf damit grundsätzlich der Einstimmigkeit. In der Praxis kommen derartige Beschlüsse insbesondere bei größeren Eigentümergemeinschaften äußerst selten vor.

4.6.3 Welche Rechtsfolgen hat eine Anfechtung?

Die Erhebung der Anfechtungsklage hat keine aufschiebende Wirkung. Der Beschluss der Wohnungseigentümergemeinschaft muss von dem Verwalter und den Wohnungseigentümern so lange beachtet und erfüllt werden, bis das Gericht den Beschluss durch Gerichtsbeschluss für ungültig erklärt hat. Erst mit dem rechtskräftigen Beschluss des Gerichts ist der Beschluss aufgehoben und unbeachtlich.

In eilbedürftigen, in der Praxis jedoch seltenen Fällen kann das Gericht auch im Wege der einstweiligen Verfügung angerufen werden, um die Durchführung des Beschlusses bis zur Beendigung des Verfahrens aufzuschieben.

Die Aussetzung der Vollziehung eines Beschlusses kommt nur ausnahmsweise und im Rahmen einer umfassenden Abwägung der Interessen zwischen dem anfechtenden Eigentümer und den übrigen Wohnungseigentümern in Betracht. Im Rahmen eines solchen einstweiligen Verfügungsverfahrens ist zunächst Voraussetzung, dass eine Anfechtungsklage erhoben wurde.

Die Anfechtungsklage hat aber grundsätzlich keine aufschiebende Wirkung. Deshalb ist das Interesse der übrigen Wohnungseigentümer am sofortigen Vollzug des gefassten Eigentümerbeschlusses höher zu bewerten als das Interesse des anfechtenden Miteigentümers an der Aussetzung der Vollziehung (LG München I, 9.12.2013, 1 T 25152/13, ZWE 2014, 371).

Ein Verfügungsgrund ist nur dann gegeben, wenn glaubhaft gemacht wird, dass dem Anfechtungskläger ein Warten auf den Ausgang des Anfechtungsprozesses, etwa wegen drohender irreparabler Schäden oder offenkundiger Rechtswidrigkeit des Beschlusses nicht zugemutet werden kann (LG München I, a.a.O.). Die Gerichte sind bei dem Erlass solcher einstweiliger Verfügungen äußerst zurückhaltend. Im Endeffekt kommen diese nur in Betracht, wenn der Beschluss ganz offenkundig rechtswidrig oder nichtig ist.

4.7 Checkliste zur Anfechtung von Beschlüssen

- Vorprüfung, ob Beschluss nichtig
- Vorprüfung, ob Wohnungseigentümergemeinschaft überhaupt Beschlusskompetenz zustand

- Prüfung der formellen oder materiellen Beschlussmängel; Beachtung der Anfechtungsfrist
- Konkrete Antragstellung in der Klageschrift nebst Benennung eines Ersatzzustellungsbevollmächtigten und Angaben zum Streitwert

4.8 Wie sieht das gerichtliche Verfahren aus?

Mit der letzten WEG-Novelle im Jahr 2007 hat der Gesetzgeber festgelegt, dass auch für die Verfahren im Wohnungseigentumsrecht die Vorschriften der ZPO Anwendung finden. Weiter sind die Sonderregelungen der §§ 43 ff. WEG für das gerichtliche Verfahren in Wohnungseigentumssachen zu beachten.

Die Umstellung von dem Verfahren der freiwilligen Gerichtsbarkeit auf das Verfahren nach der ZPO hat viele Änderungen mit sich gebracht. Die wesentlichen Unterschiede sind nachfolgend kurz zusammengefasst:

- Das Gericht kann gemäß §§ 330 ff. ZPO durch Versäumnisurteil entscheiden.
- Die Vorschriften über die Zurückweisung verspäteten Vorbringens haben Geltung.
- Die strengeren Vorschriften des Beweisantritts der ZPO finden Anwendung.
- Der einstweilige Rechtsschutz wird durch die einstweilige Verfügung der §§ 935 ff. ZPO oder den Arrest gemäß §§ 916 ff. ZPO geregelt. Die einstweilige Anordnung ist weggefallen.
- Gesetzliche Einlassungs- und Ladungsfristen sind zu beachten.
- Die Rechtsmittel sind Berufung und Revision, sofern die Berufungsinstanz diese zugelassen hat; ferner seit 1.1.2016 die Nichtzulassungsbeschwerde zum BGH.

Nach § 43 Abs. 1 Nr. 4 ist ausschließlich das Amtsgericht, in dessen Bezirk das Grundstück gelegen ist, für Streitigkeiten über die Ungültigkeit von Beschlüssen der Wohnungseigentümer zuständig.

Die Anfechtungsfrist von einem Monat ist durch Erhebung der Klage innerhalb der Monatsfrist gewahrt. Die Erhebung der Klage erfolgt durch ihre Zustellung an die beklagten Wohnungseigentümer. Sofern die Zustellung noch demnächst erfolgt, tritt diese Wirkung bereits mit Eingang des Antrags beim zuständigen Gericht ein.

4.8.1 Klageantrag

Um die einmonatige Anfechtungsfrist zu wahren, muss der klagende Wohnungseigentümer in seiner Klageschrift zum Ausdruck bringen, welche Beschlüsse der Wohnungseigentümer Gegenstand seiner Anfechtungsklage sind. Die Beschlüsse müssen genau bezeichnet werden.

Achtung: Bestimmtheit des Klageantrags !

Bei fehlender Bestimmtheit des Klageantrags besteht die Gefahr, dass die Anfechtungsfrist nicht gewahrt ist.

Bei der Anfechtungsklage bezieht sich der Antrag auf Ungültigerklärung des konkret zu bezeichnenden Beschlusses.

Beispiele: Konkrete Benennung von Beschlüssen !

- Der in der Eigentümerversammlung vom 25.1.2018 zu Tagesordnungspunkt 7 gefasste Beschluss über die Genehmigung des Wirtschaftsplans 2019 wird für ungültig erklärt.
- Der in der Eigentümerversammlung vom 25.1.2018 zu Tagesordnungspunkt 5 gefasste Beschluss über den Anbau eines Wintergartens, gelegen in der Sondernutzungsfläche des Wohnungseigentümers A, wird für ungültig erklärt.

4.8.2 Prozessparteien/Klageschrift

Die Klage auf Ungültigerklärung eines Eigentümerbeschlusses ist gegen sämtliche Wohnungseigentümer mit Ausnahme des Klägers zu richten. Die namentliche Bezeichnung aller Wohnungseigentümer hat spätestens bis zum Schluss der mündlichen Verhandlung zu erfolgen (§44 Abs. 1 Satz 2 WEG). Die Anfechtungsklage ist nicht gegen die Wohnungseigentümergemeinschaft zu richten. Weiter muss in der Klageschrift der Verwalter als Zustellungsvertreter der Wohnungseigentümer benannt werden (§45 Abs. 1 WEG).

Achtung: Zustellungsvertreter und Streitwert !

Der klagende Wohnungseigentümer muss dringend darauf achten, dass neben dem Verwalter als Zustellungsvertreter der Wohnungseigentümer auch ein Ersatzzustellungsvertreter im Sinne des §45 Abs. 2 WEG benannt wird. Wurde ein Ersatzzustellungsvertreter von der Wohnungseigentümergemeinschaft noch nicht gewählt, sollte vorsorglich der Vorsitzende des Verwaltungsbeirats benannt werden. Auch müssen in der Klageschrift Angaben zum Streitwert enthalten sein.

Im Verfahren vor dem Amtsgericht in erster Instanz besteht keine Anwaltspflicht. Anderes gilt jedoch für die Verfahren vor dem Landgericht: Hier herrscht Anwaltszwang.

4.8.3 Kostenentscheidung

Grundsätzlich richtet sich die Kostenentscheidung nach dem Verhältnis des Obsiegens und Unterliegens. Wer verliert, trägt die Kosten des gesamten Rechtsstreits: die Kosten des Gegenanwalts, des eigenen Anwalts und der festgesetzten Gerichtskosten. Bei einem teilweisen Obsiegen findet in der Regel eine Quotelung nach dem Verhältnis des Obsiegens und Unterliegens statt (§§91 ff. ZPO).

!

Tipp: Kostentragungspflicht

Die Vorschriften der §§91 ff. ZPO zu der Kostentragungspflicht zwingen den klagenden Wohnungseigentümer, vor Erhebung einer Anfechtungsklage die Erfolgsaussichten eingehend zu überprüfen. Verliert der Wohnungseigentümer den Anfechtungsprozess, muss er nicht nur seine eigenen Rechtsanwaltskosten, sondern auch die Rechtsanwaltskosten der Gegner sowie die Gerichtskosten allein tragen.

Nach §50 WEG sind den beklagten Wohnungseigentümern jedoch nur die Kosten eines einzigen bevollmächtigten Rechtsanwalts zu erstatten. Die Regelung des §50 WEG schützt den klagenden Wohnungseigentümer davor, für jeden einzelnen beklagten Wohnungseigentümer Rechtsanwaltskosten übernehmen zu müssen.

4.8.4 Kostenlast des Verwalters

Gemäß §49 Abs. 2 WEG können auch dem Verwalter die Prozesskosten auferlegt werden, soweit die Tätigkeit des Gerichts durch ihn veranlasst wurde und ihn ein grobes Verschulden trifft.

Die Auferlegung der Prozesskosten gegenüber dem Verwalter liegt aber im pflichtgemäßen Ermessen des entscheidenden Gerichts. Sie kommt nur in Betracht bei einer grob verschuldeten Pflichtwidrigkeit des Verwalters, in der Regel bei Vorsatz oder zumindest grober Fahrlässigkeit. Grobe Fahrlässigkeit setzt voraus, dass der Verwalter in ungewöhnlich grobem Maß die erforderliche Sorgfalt verletzt hat und dasjenige nicht beachtet hat, was jedem hätte einleuchten oder sich aufdrängen müssen. Es muss sich um eine subjektiv schlechthin unentschuldbare Pflichtverletzung handeln, wobei generell an einen erfahrenen Berufsverwalter bei Ausübung seiner Tätigkeit höhere Anforderungen zu stellen sind als an einen nicht professionell tätigen Verwalter aus der Reihe der Wohnungseigentümer (LG München I, ZWE 2010, 415). Der BGH hat einen schwerwiegenden Verstoß für den Fall bejaht, dass ein Eigentümer aufgrund des Verhaltens des Verwalters faktisch von der Ausübung seines Stimmrechts ausgeschlossen wurde. Bei einem solchen Verstoß gegen elementare Teilnahme- und Mitwirkungsrechte eines Eigentümers kann das Gericht dem Verwalter die Kosten des Rechtstreits auferlegen (BGH, 7.7.2016, V ZB 15/14, ZWE 2015, 555). In der Praxis machen die Gerichte von der Möglichkeit, dem Verwalter die Kosten des Rechtstreits aufzuerlegen, eher selten Gebrauch.

Beispiele: Grobes Verschulden !

- Der Verwalter bereitet die Eigentümerversammlung fehlerhaft und unzureichend vor, weil er es bewusst unterlässt, Wohnungseigentümer zur Versammlung zu laden.
- Fehlerhafte Erstellung einer Jahresabrechnung und zusätzlich Verweigerung der Einsichtnahme in die Abrechnungsbelege durch den Verwalter (LG Stuttgart, 7.4.2015, 19 T 54/15, ZWE 2016, 50).

4.8.5 Klagearten

Klage auf Feststellung der Nichtigkeit eines Beschlusses

Verstoßen Beschlüsse gegen eine Rechtsvorschrift, auf deren Einhaltung nicht verzichtet werden kann, so ist ein Beschluss nichtig (vgl. hierzu weiterführend Kapitel 4.5.1). Jeder einzelne Eigentümer kann die Feststellung der Nichtigkeit durch das Wohnungseigentumsgericht beantragen. Der Antrag auf Feststellung der Nichtigkeit ist im Gegensatz zur Anfechtungsklage nicht fristgebunden und wird in Form einer Feststellungsklage geltend gemacht.

Ein möglicher Klageantrag lautet hier wie folgt: Es wird festgestellt, dass der Beschluss der Wohnungseigentümergemeinschaft vom 25.1.2018 zu TOP 7 mit dem Wortlaut »Den Wohnungseigentümern der Wohnungseigentümergemeinschaft XY wird untersagt, Tiere gleich welcher Art zu halten« nichtig ist.

Anspruch auf Aufnahme von Tagesordnungspunkten in die Ladung der Wohnungseigentümergemeinschaft

Das Recht, einen bestimmten Punkt auf die Tagesordnung setzen zu lassen, steht jedem Wohnungseigentümer auch ohne Vereinbarung unter dem Gesichtspunkt der ordnungsgemäßen Verwaltung zu. Da die Eigentümerversammlung das Gremium ist, in dem die Wohnungseigentümer ihre Angelegenheiten regeln, muss im Zweifel jeder Punkt, den ein Wohnungseigentümer für wichtig erachtet und den er kurz begründet, erörtert werden.

Hat ein Wohnungseigentümer die Aufnahme eines Tagesordnungspunkts ausreichend vor der Eigentümerversammlung beantragt und weigert sich der Verwalter, einen bestimmten Beschlussgegenstand auf die Tagesordnung zu nehmen, so kann der Wohnungseigentümer in dem Verfahren gemäß § 43 Nr. 3 WEG auf Aufnahme in die Tagesordnung klagen.

Bei eilbedürftigen Angelegenheiten kann dem Wohnungseigentümer auch ausnahmsweise die Möglichkeit zustehen, den Anspruch auf Aufnahme eines bestimmten Tagesordnungspunkts im einstweiligen Rechtsschutz durchzusetzen.

Dies kommt aber nur in seltenen Fällen und nur dann in Betracht, wenn die Behandlung eines bestimmten Punkts so dringend ist, dass ein Eigentümer, der bei seinem Einberufungsverlangen ein ordentliches Hauptsachverfahren abwartet, unverhältnismäßig großen, gar irreparablen Schaden erleidet. Dann kann der Verwalter – im Ausnahmefall – dazu verpflichtet werden, eine außerordentliche Eigentümerversammlung einzuberufen (LG München I, 16.5.2011, 1 S 5166/11).

Anspruch auf Protokollberichtigung

Wird ein Wohnungseigentümer durch den Inhalt der Niederschrift/des Protokolls rechtswidrig beeinträchtigt oder wird eine rechtlich erhebliche Erklärung falsch protokolliert, hat der Wohnungseigentümer einen Anspruch auf Protokollberichtigung (zur Protokollerstellung siehe eingehend Kapitel 3).

Weigert sich der Verwalter, ein Protokoll, das den Grundsätzen der ordnungsgemäßen Verwaltung nicht entspricht, zu berichtigen, so steht dem Wohnungseigentümer das Recht zu, in einem gerichtlichen Verfahren nach § 43 Nr. 1, 3 WEG die Protokollberichtigung gerichtlich einzufordern.

!

Achtung: Berichtigungsanspruch

Der Berichtigungsanspruch ist gegen die Personen zu richten, die mit ihrer Unterschrift für die Richtigkeit des Protokolls einzustehen haben.

5 Bei der Beschlussfassung zu beachten

Es gibt einige Beschlüsse, die in Eigentümergemeinschaften große Bedeutung haben. Dabei gilt es, das im Folgenden Ausgeführte besonders zu beachten.

5.1 Wahl des Verwalters

Nach §26 Abs. 1 WEG wird der Verwalter durch die Wohnungseigentümer mit Stimmenmehrheit bestellt. Durch die Novelle des Wohnungseigentumsrechts wurde in die Regelung des §26 Abs. 1 aufgenommen, dass die Erstbestellung des Verwalters die Höchstdauer von drei Jahren nicht überschreiten darf. Diese Regelung findet ihre Rechtfertigung vor allem in folgender Problematik: Früher war auch für den Erstverwalter die Höchstdauer der Bestellung auf fünf Jahre beschränkt. Bei neu errichteten Eigentumswohnungen beträgt die Verjährungsfrist von Baumängeln in der Regel ebenso fünf Jahre. Da der Bauträger bei der Begründung des Wohnungseigentums in der Regel den Erstverwalter bestellt hat, hat sich durch den Gleichlauf der Bestelldauer des Verwalters und der Verjährungsfrist eine Interessenkollision aufgebaut. Vielfach haben die Verwalter des Wohnungseigentums die gerichtliche Geltendmachung von Baumängeln über die Fünfjahresfrist hinaus verschleppt, sodass diese verjährten. Um diesen Missstand zu verhindern, wurde bei der WEG-Novelle entsprechend reagiert und die Erstbestellung des Verwalters auf höchstens drei Jahre beschränkt.

Die Höchstdauer der weiteren Verwalterbestellungen ist nach wie vor auf fünf Jahre begrenzt.

In den §26 Abs. 1 Satz 4 wurde durch die WEG-Novelle ein wichtiger Grund zur Abberufung des Verwalters aufgenommen. Danach liegt ein wichtiger Grund zur Abberufung des Verwalters vor, wenn die Beschlusssammlung nicht ordnungsgemäß geführt wird.

Rechtsstellung des Verwalters durch Wahl
In Rechtsprechung und Literatur ist umstritten, ob der gewählte Verwalter bereits mit der Wahl die Rechtsstellung des Verwalters innehat oder ob es hierzu erforderlich ist, dass der Verwalter und die Wohnungseigentümergemeinschaft neben dem Bestellungsbeschluss den Verwaltervertrag abgeschlossen haben. Die herrschende Meinung geht davon aus, dass der Verwalter bereits mit Bestellung (Bestellungsbeschluss) das Amt des Verwalters innehat.

Person des Verwalters

Grundsätzlich kann jede geschäftsfähige natürliche oder juristische Person zum Verwalter bestellt werden. Eine bestimmte Ausbildung oder Qualifikation ist weiterhin nicht vorgeschrieben. Obwohl Verbraucherschutzverbände die Einführung von Standards für die Berufszulassung wie bei Finanzanlagen- und Immobiliendarlehensvermittler gefordert haben, wurde hierauf im Rahmen der letzten Änderung der Gewerbeordnung verzichtet. Es wurde lediglich die Verpflichtung für Wohnimmobilienverwalter – das sind WEG-Verwalter und Mietverwalter –, eingeführt, sich innerhalb von drei Jahren mindestens 20 Stunden fortzubilden. Hierdurch wurde der im ursprünglichen Gesetzentwurf vorgesehene Sachkundenachweis ersetzt. Eingeführt wurde indessen eine Zulassungspflicht für Wohnimmobilienverwalter. Voraussetzung für die Erteilung einer Erlaubnis ist die Verlässlichkeit des Verwalters, geordnete Vermögensverhältnisse und der Nachweis des Abschlusses einer Berufshaftpflichtversicherung. Nach bisherigem Recht musste ein Verwalter lediglich den Beginn seiner Berufsausübung nach der Gewerbeordnung beim örtlichen Gewerbeamt anzeigen.

Zwar hat sich der Sachkundenachweis nicht durchgesetzt, allerdings ist eine vollkommen schrankenlose Zulassungsmöglichkeit nun nicht mehr gegeben.

!

Tipp: Qualifikation des Verwalters

Die Wohnungseigentümer sind daher weiterhin gezwungen, sich vor der Wahl des Verwalters über dessen berufliche Qualifikation ein eigenes Bild zu machen. Dies sollte von den Wohnungseigentümern sorgfältig durchgeführt werden. Bei der persönlichen Vorstellung des Verwalters in der Eigentümerversammlung empfiehlt es sich daher, besonderes Augenmerk auf die Berufsausbildung und die Berufserfahrung des Verwalters zu legen. Auch Nachfragen hinsichtlich der bereits verwalteten Wohnanlagen sollten nicht gescheut werden.

Auch Personengesellschaften können zum Verwalter gewählt werden, soweit sie im Handelsregister eingetragen sind. Gesellschaften bürgerlichen Rechts können hingegen nicht zum Verwalter bestellt werden. Derartige Beschlüsse sind nichtig (BGH, 26.1.2006, V ZB 132/05, ZWE 2006, 183). Da die Gesellschaften bürgerlichen Rechts im Handelsregister nicht eingetragen werden, ist für die Wohnungseigentümer ein Gesellschafteraustausch nicht erkennbar. Aus diesem Grund ist die Verwalterbestellung einer Gesellschaft bürgerlichen Rechts nichtig.

Bestellung/Wahl des Verwalters

Grundsätzlich gilt: Der Verwalter kann durch einen Mehrheitsbeschluss in der Eigentümerversammlung bestellt werden. Dies ist der Regelfall (§26 Abs. 1 Satz 1 WEG).

Dabei ist auch ein Wohnungseigentümer, der zum Verwalter bestellt werden soll, stimmberechtigt (BGH, NZM 2002, 995 ff.). Auch genügt das Stimmenübergewicht eines Wohnungseigentümers bei der Entscheidung über seine Bestellung zum Verwalter allein nicht, um einen Stimmrechtsmissbrauch zu begründen (siehe oben). Bei der Bestellung zum Erstverwalter ist die höchstens dreijährige Amtsdauer zu beachten. In den übrigen Fällen kann der Verwalter für einen Zeitraum von bis zu fünf Jahren eingesetzt werden.

Sonderprobleme bei der Wahl des Erstverwalters

Bei der Wahl des Erstverwalters einer neu begründeten Wohnungseigentümergemeinschaft tritt in der Praxis häufig folgender Fall auf: Es ist grundsätzlich zulässig, bereits in der Teilungserklärung den Erstverwalter zu bestellen. Dies ermöglicht es dem teilenden Eigentümer, einen ihm angenehmen Verwalter zu bestellen. Die Amtszeit des in der Teilungserklärung bestellten ersten Verwalters darf jedoch die festgelegte Höchstdauer von drei Jahren nicht überschreiten. Eine Bestellung für einen längeren Zeitraum ist unwirksam. Unzulässig ist es, in der Teilungserklärung die Verwalterbestellung einem Dritten zu übertragen.

Ladung zur ersten Eigentümerversammlung und Verwalterwahl

Nach §24 Abs. 2 WEG ist die Eigentümerversammlung vom Verwalter einzuberufen. Bei einer neu gegründeten Wohnungseigentümergemeinschaft besteht die Möglichkeit, dass ein Verwalter noch nicht bestellt wurde. Wird in derartigen Fällen die Eigentümerversammlung zur Wahl des Verwalters durch einen Wohnungseigentümer einberufen, liegt ein Fall der Einberufung der Eigentümerversammlung durch eine unzuständige Person vor, damit sind die gefassten Beschlüsse aufgrund des Einberufungsmangels anfechtbar. Unter Umständen kann in derartigen Fällen auch das Gericht angerufen werden mit dem Antrag, einen Wohnungseigentümer zur Ladung der ersten Eigentümerversammlung zu ermächtigen.

In den Fällen der Neuerstellung von Wohnungseigentumsanlagen hat sich der aufteilende Gebäudeeigentümer oftmals das Recht vorbehalten, die erste Eigentümerversammlung einzuberufen. Dieses Recht steht ihm jedoch erst dann zu, wenn die werdende Wohnungseigentümergemeinschaft entstanden ist. Beschließt der teilende Gebäudeeigentümer in derartigen Fällen allein und hat nur sich selbst zur Versammlung eingeladen, liegt eine Nichtversammlung vor. Die Beschlüsse sind Nichtbeschlüsse und entfalten keine Wirkung (OLG München, 9.1.2006, 34 Wx 89/05, ZMR 2006, 308; siehe Kapitel 4.3.5).

Wiederwahl

Ein Verwalter kann auch wiederholt bestellt werden. Eine Verlängerung der Amtszeit des Verwalters ohne einen neuen Beschluss ist unwirksam, soweit die Bestellungszeit insgesamt fünf Jahre übersteigt.

! **Achtung: Unwirksame Bestellung**

Die Bestellung wird also erst unwirksam, wenn der Fünfjahreszeitraum (bei Erstwahl der Dreijahreszeitraum) überschritten wird.

5.1.1 Was passiert, wenn es mehrere Kandidaten gibt?

Im Allgemeinen sollten mehrere Kandidaten zur Verwalterwahl vorgeschlagen werden. Bei der Einholung mehrerer Konkurrenzangebote sollten diese den Wohnungseigentümern vor der Versammlung zugehen (OLG Köln, 14.3.2005, 16 Wx 23/05, NZM 2005, 428).

Werden mehrere Kandidaten zur Wahl gestellt, muss die gewählte Person die absolute Mehrheit der abgegebenen Stimmen erreichen (BayObLG, 13.3.2003, 2 Z BR 85/02, NZM 2003, 444).

Soweit keine der zu wählenden Personen die geforderte absolute Mehrheit erreicht, ist eine Stichwahl unter den beiden Kandidaten durchzuführen, die die meisten Stimmen im ersten Wahlgang erhielten. Bei einer Abstimmung von nur zwei Kandidaten genügt – wie im Gesetz festgelegt – die einfache Mehrheit.

Inhalt des Beschlusses zur Verwalterwahl

Die Bestellung des Verwalters entspricht grundsätzlich nur dann ordnungsmäßiger Verwaltung, wenn in derselben Eigentümerversammlung, in der die Bestellung erfolgt, auch die Eckpunkte des abzuschließenden Verwaltervertrags (Laufzeit und Vergütung) in wesentlichen Umrissen geregelt werden (BGH, 27.2.2015, V ZR 114/14, NJW 2015, 1378).

Stimmrechte bei der Wahl des Verwalters

Auch der Wohnungseigentümer, der zum Verwalter bestellt werden soll, ist stimmberechtigt (BGH, 19.9.2002, V ZB 30/02, NZM 2002, 1000). Verfügt ein Wohnungseigentümer über ein Stimmenübergewicht, müssen weitere Umstände hinzutreten, um einen Stimmrechtsmissbrauch zu begründen, der die abgegebenen Stimmen unwirksam machen würde (BGH, 19.9.2002, V ZB 30/02, NZM 2002, 1000).

5.1.2 Wann ist die Verwalterwahl nichtig oder anfechtbar?

Die Bestellung des Verwalters, die gegen das Beschränkungsverbot des §26 Abs. 1 Satz 4 WEG verstößt, ist nichtig.

Beispiel: Nichtige Regelungen !

Nichtig sind Regelungen, die eine qualifizierte Mehrheit zur Verwalterwahl vorsehen oder zur Bestellung eines bestimmten Verwalters verpflichten.

Anfechtbarkeit/Anfechtungsgründe

Der Beschluss über die Bestellung des Verwalters ist eine Angelegenheit der ordnungsgemäßen Verwaltung und damit anfechtbar. Derartige Beschlüsse sind für ungültig zu erklären, wenn ein wichtiger Grund vorliegt, der gegen die Bestellung des Verwalters spricht, zum Beispiel wenn sachliche Gründe für die Ungeeignetheit des Verwalters sprechen.

Bei der Anfechtung der Erstwahl des Verwalters sind jedoch strenge Maßstäbe für die Ungeeignetheit des Verwalters anzusetzen, da sich das Gericht nicht ohne weiteres über die Mehrheitsentscheidung der Wohnungseigentümer hinwegsetzen kann.

Beispiel: Anfechtungsgründe !

Bei der Wiederwahl eines Verwalters liegen Anfechtungsgründe vor, wenn der Verwalter in den vergangenen Jahren nicht zufriedenstellende Leistungen erbracht hat, zum Beispiel:

- Er hat gravierende Defizite der Jahresabrechnungen nicht ausgeräumt (OLG Düsseldorf, 21.9.2005, 3 Wx 123/05, ZMR 2006, 144),
- bei den Jahresabrechnungen einen unrichtigen Verteilungsschlüssel in Ansatz gebracht,
- sich strafbare Vermögensverfehlungen (OLG Schleswig, 30.10.2002, 2 W 149/02, NJW-RR 2003, 877) zuschulden kommen lassen und/oder
- bewusst falsch protokolliert (BayObLG, 17.9.2003, 2 Z BR 135/03, NZM 2004, 108).

5.1.3 Kann ein Notverwalter bestellt werden?

Fehlt ein Verwalter, so kann jeder Eigentümer in dringenden Fällen die Bestellung eines Notverwalters durch das Wohnungseigentumsgericht beantragen. Durch die Novellierung des Wohnungseigentumsgesetzes wurde §26 Abs. 3 WEG, der die Notverwalterbestellung ausdrücklich vorsah, gestrichen. Danach können außenstehende Dritte die Bestellung eines Notverwalters nicht mehr einfordern.

Den einzelnen Wohnungseigentümern steht jedoch nach wie vor das Recht zu, einen Notverwalter gerichtlich nach §43 Nr. 1 WEG einsetzen zu lassen oder dies ggf. im Wege einer einstweiligen Verfügung nach §935 ff. ZPO zu verfolgen. Zuvor ist aber erforderlich, dass sich ein Einzeleigentümer vom Gericht ermächtigen lässt, eine Eigentümerversammlung mit dem Tagesordnungspunkt »Bestellung einer Verwaltung« einzuberufen.

5.2 Wahl des Verwaltungsbeirats

Den Wohnungseigentümern steht es frei, ob sie einen Verwaltungsbeirat durch Beschluss wählen.

Wahl/Bestellung
Der Verwaltungsbeirat wird durch Mehrheitsbeschluss der Wohnungseigentümer bestellt. §29 Abs. 1 Satz 1 WEG. Dabei ist die einfache Mehrheit der anwesenden Stimmberechtigten maßgebend.

Bei der Wahl des Verwaltungsbeirats sind sowohl der zu bestellende als auch ein Verwalter, der zugleich Wohnungseigentümer ist, stimmberechtigt.

Bei der Ankündigung der Neuwahl des Verwaltungsbeirats sollten die Namen der zur Wahl stehenden Verwaltungsbeiratsmitglieder genannt werden.

Vielfach üblich ist die sogenannte Blockwahl, bei der sämtliche Verwaltungsbeiräte in einem Wahlverlauf gewählt werden. Soweit kein Wohnungseigentümer die einzelne Abstimmung einfordert, dürfte dieses Verfahren ordnungsgemäßer Verwaltung entsprechen (a.A. OLG Düsseldorf, 6.5.2004, 19 T 42/04, NZM 2004, 468).

Wählbar zum Verwaltungsbeirat ist jeder geschäftsfähige Wohnungseigentümer. Ein Verwalter kann nicht gleichzeitig Mitglied des Verwaltungsbeirats sein.

Kann ein Außenstehender Verwaltungsbeirat werden?
Nach dem gesetzlichen Leitbild des §29 Abs. 1 Satz 2 WEG ist die Mitgliedschaft in der Wohnungseigentümergemeinschaft Voraussetzung für die Bestellung zum Verwaltungsbeirat. Andere Regelungen sind nur durch Vereinbarung zulässig. Wird daher ein Außenstehender bei Fehlen einer entsprechenden Vereinbarung zum Verwaltungsbeirat gewählt, ist ein derartiger Beschluss anfechtbar. Nach Ablauf der Anfechtungsfrist erlangt dieser Beschluss jedoch Bestandskraft.

Wird die Bestellung des Verwaltungsbeirats auf unbestimmte Zeit gefasst, so muss dem einzelnen Eigentümer nach §23 Abs. 4 WEG wohl ein Anspruch auf Neubesetzung des Beirats zustehen, sofern ein Außenstehender bestandskräftig zum Mitglied des Beirats gewählt wurde.

Scheidet ein Wohnungseigentümer, der zum Verwaltungsbeirat bestellt wurde, aus der Eigentümergemeinschaft aus, so scheidet er gleichzeitig aus dem Verwaltungsbeirat aus (BayObLG, 5.11.1992, 2 Z BR 77/92, ZMR 1993, 127).

Zusammensetzung des Verwaltungsbeirats
Soweit die Wohnungseigentümergemeinschaft keine anderweitige Vereinbarung getroffen hat, besteht der Verwaltungsbeirat nach §29 Abs. 1 Satz 2 WEG aus drei Wohnungseigentümern, von denen einer Vorsitzender ist und die beiden anderen Beisitzer sind. Der Vorsitzende wird dabei vom Verwaltungsbeirat selbst oder durch die Wohnungseigentümerversammlung bestimmt.

Beachtet der Beschluss zur Wahl des Verwaltungsbeirats die gesetzlichen Vorschriften der Zusammensetzung nicht und wählt zum Beispiel nur zwei Wohnungseigentümer zum Verwaltungsbeirat, ist ein derartiger Beschluss lediglich anfechtbar. Gleiches gilt, wenn mehr Mitglieder als Verwaltungsbeirat gewählt werden.

Laufzeit und Organisation des Verwaltungsbeirats
Da gesetzliche Regelungen zu Laufzeit und Organisation des Verwaltungsbeirats fehlen, ist dringend zu empfehlen, dass die Wohnungseigentümer selbst weitere Einzelheiten hierzu regeln, zum Beispiel:

- Dauer der Amtszeit,
- Nachrücken von Ersatzmitgliedern,
- Vergütung oder Aufwendungsersatz der Beiratsmitglieder,
- Geschäftsordnung des Verwaltungsbeirats.

Trifft die Wohnungseigentümergemeinschaft bei der Bestellung des Verwaltungsbeirats keine weiteren Bestimmungen, so ist der Verwaltungsbeirat selbst berechtigt, sich eine Geschäftsordnung zu geben und seinen Vorsitzenden zu wählen (vgl. hier vor allem Armbrüster, ZWE 2001, 463 ff.).

5.3 Genehmigung der Jahresabrechnung

Nach §28 Abs. 3 WEG ist der Verwalter der Wohnanlage verpflichtet, eine Abrechnung über die gesamten Einnahmen und Ausgaben der Wohnungseigentümergemeinschaft zu erstellen.

5.3.1 Welche Funktion hat die Jahresabrechnung?

Die Jahresabrechnung dient insbesondere der Kontrolle des Verwalters durch die Wohnungseigentümer (LG München I, 30.11.2009, 1 S 23229/08, ZWE 2010, 138). Aus diesem Grund muss die Jahresabrechnung eine Übersicht über alle tatsächlichen Einnahmen und Ausgaben sowie den Anfangs- und Endbestand der Bankkonten enthalten.

Aufgrund dieser Angaben kann die rechnerische Schlüssigkeit von den Wohnungseigentümern nachvollzogen werden. Der Saldo zwischen den tatsächlichen Einnahmen und Ausgaben muss auch auf den mitzuteilenden Bankkonten ersichtlich sein.

Grundsätzlich gilt: Aus der Gesamtabrechnung ergibt sich die Schlüssigkeit. Eine Jahresabrechnung muss nach der Rechtsprechung für einen durchschnittlichen Eigentümer ohne sachkundige Hilfe vollständig und nachvollziehbar sein. Sie muss deshalb schlüssig sein. Dazu ist erforderlich, dass in der Jahresabrechnung die Anfangs- und Endbestände der Gemeinschaftskonten angegeben sind. Fehlt dies, so ist die Abrechnung nicht nachvollziehbar. Ansonsten setzt die Schlüssigkeitsprüfung Folgendes voraus:

- Anfangsbestand aller Gemeinschaftskonten
- zzgl. aller Einnahmen gemäß Gesamtabrechnung
- abzgl. aller Ausgaben gemäß Gesamtabrechnung
- = Endbestand aller Bankkonten

Genügt die Jahresabrechnung dieser Schlüssigkeitsprüfung nicht, so ist der Beschluss über die Genehmigung der Gesamtabrechnung insgesamt für ungültig zu erklären. Eine Ergänzung der Jahresabrechnung kommt im Fall fehlender Schlüssigkeit nicht in Betracht. Die Genehmigung der Jahresabrechnung ist vielmehr insgesamt für ungültig zu erklären, wenn sie rechnerisch unschlüssig, mit durchgehenden Mängeln behaftet oder hinsichtlich wesentlicher Bestandteile lückenhaft ist. Die teilweise Ungültigerklärung oder bloße Ergänzungsansprüche kommen nur bei Mängeln einzelner Positionen in Betracht (LG Hamburg, 3.11.2010, 318 S 110/10, ZWE 2011,129). In der Praxis scheitern Abrechnungen immer wieder daran, dass die nach der Rechtsprechung gebotene Schlüssigkeitsprüfung nicht möglich ist. Bei einer Anfechtung der Jahresabrechnung ist in diesen Fällen der Beschluss über die Genehmigung der Jahresabrechnung insgesamt für ungültig zu erklären.

Weiter hat die Jahresabrechnung jeden Wohnungseigentümer darüber zu informieren, in welcher Höhe er zu den Lasten und Kosten des gemeinschaftlichen Eigentums herangezogen wird. Aus diesem Grund sind die Einnahmen und Ausgaben aus der Gesamtabrechnung nach dem jeweiligen Verteilungsschlüssel auf die einzelnen Wohnungseigentümer zu verteilen. Daraus ergibt sich die Einzelabrechnung, die damit die konkrete Belastung des jeweiligen Eigentümers ausweist.

5.3.2 Form und Inhalt der Abrechnung

Die Jahresabrechnung muss neben den gesamten Einnahmen und Ausgaben (Gesamtabrechnung) den jeweiligen Verteilungsschlüssel enthalten und die Einnahmen und Ausgaben auf den einzelnen Wohnungseigentümer verteilen (Einzelabrechnung). Sie muss vollständig, übersichtlich und nachvollziehbar sein.

Damit eine Abrechnung den oben genannten Grundsätzen, der Vollständigkeit, Übersichtlichkeit und Nachvollziehbarkeit entspricht, muss der Verwalter eine Buchführung wählen, die den wesentlichen Grundsätzen einer ordnungsgemäßen Buchhaltung entspricht. Die Aufzeichnungen über die Einnahmen und Ausgaben und über den Stand der Gemeinschaftskonten müssen vollständig und richtig sowie zeitlich und nach Sachgruppen geordnet sein.

Einnahmen-Ausgaben-Rechnung

Die Jahresabrechnung ist nicht in Form einer Bilanz aufzustellen, sondern als einfache Einnahmen-Ausgaben-Rechnung nach Zufluss- und Abflussprinzip. Dabei sind nur die tatsächlich geleisteten Ausgaben und die tatsächlich erzielten Einnahmen einander gegenüberzustellen. Das Einstellen von Verbindlichkeiten und Forderungen in die Jahresabrechnung ist unzulässig.

Beispiel: Nicht einzustellende Kosten !

Fällig gewordene, aber im betreffenden Wirtschaftsjahr noch nicht beglichene Rechnungen sind in die Jahresabrechnung nicht einzustellen, zum Beispiel Wasser-, Strom- oder Handwerkerrechnungen (OLG Karlsruhe, 10.9.1997, 4 W 71/97, WuM 1998, 240). Hier gilt das Zufluss- und Abflussprinzip.

Soweit ein Wohnungseigentümer mit den Wohngeldzahlungen oder den fälligen Jahresabrechnungen der Vorjahre in Zahlungsverzug ist, darf diese Kostenposition nicht in die Jahresabrechnung eingestellt und auf alle Wohnungseigentümer umgelegt werden. Die Forderungen gegenüber den einzelnen Wohnungseigentümern sind nicht in die Einnahmen-Ausgaben-Rechnung einzustellen (BayObLG, 10.4.2002, 2 Z BR 70/01, NZM 2002, 531). Zur Beseitigung derartiger Deckungslücken muss die Wohnungseigentümergemeinschaft eine

Sonderumlage beschließen (vgl. weiterführend Niedenführ/Kümmel/Vandenhouten, §28 Rn. 36 ff.).

Beitragsrückstände eines Eigentümers sind kein notwendiger Bestandteil einer Jahresabrechnung im Sinne des §28 Abs. 3 WEG. Die Jahresabrechnung ist eine Abrechnung der Einnahmen und Ausgaben des betreffenden Kalenderjahres. Dazu hat der Verwalter eine geordnete und übersichtliche Einnahmen-und-Ausgaben-Rechnung vorzulegen. Diese hat nicht die geschuldeten Zahlungen, sondern nur die tatsächlichen Einnahmen und Ausgaben auszuweisen. Die Darstellung der Jahresabrechnung muss die Wohnungseigentümer in die Lage versetzen, die Vermögenslage der Wohnungseigentümergemeinschaft zu erfassen und auf ihre Plausibilität hin zu überprüfen. Die Eigentümer müssen nachvollziehen können, was mit den eingezahlten Mitteln geschehen ist, insbesondere ob sie entsprechend den Vorgaben des Wirtschaftsplans eingesetzt wurden. Die Jahresabrechnung ist im Übrigen die Grundlage für die Festlegung der endgültigen Höhe der von den Eigentümern zu leistenden Beiträge (BGH, 27.10.2017, V ZR 189/16). Eine Übersicht über die Abrechnungsergebnisse aller Wohnungen und die den Abrechnungszeitraum betreffenden Hausgeldrückstände ist nicht notwendiger Bestandteil der Jahresabrechnung im Sinne des §28 Abs. 3 WEG. Auch wenn der Verwalter in der Abrechnung die Beitragsrückstände einzelner Eigentümer darstellt, so ist dies nicht notwendiger Bestandteil der Jahresabrechnung (BGH, a. a. O.).

Demgegenüber sind aber sämtliche tatsächlich getätigten Ausgaben in die Jahresabrechnung einzustellen. Dies gilt auch für Ausgaben, die zu Unrecht erfolgt sind.

!

Beispiel: Unberechtigte Ausgaben

Der Verwalter tätig eine Zahlung an eine Handwerkerfirma, auf die der Handwerksbetrieb keinen Anspruch hat. Nachdem die Bezahlung vom Gemeinschaftskonto erfolgte, ist die – zu Unrecht – vorgenommene Zahlung als Ausgabe in die Jahresabrechnung einzustellen. Ob die Ausgabe zu Recht oder zu Unrecht erfolgt ist, spielt keine Rolle. Jede Ausgabe ist in die Jahresabrechnung aufzunehmen. Sofern sich Eigentümer gegen unberechtigte Zahlungen wenden wollen, so hilft es ihnen nichts, die Jahresabrechnung mit der Anfechtungsklage anzufechten, da auch unberechtigte Ausgaben in die Jahresabrechnung gehören. Eine solche Jahresabrechnung ist daher rechtmäßig, da sie alle Ausgaben – auch die nicht berechtigten – einhält. Will sich ein Eigentümer gegen unberechtigte Ausgaben wehren, so muss er nicht die Jahresabrechnung – die ja richtig ist – anfechten, sondern den Beschluss über die Entlastung des Hausverwalters.

Eine Durchbrechung des strengen Zu- und Abflussprinzips gilt jedoch für folgende Kostenpositionen:

- Heizkosten: Eine Durchbrechung des strengen Zu- und Abflussprinzips wurde bei den Heizkosten von der herrschenden Meinung zugelassen (BayObLG, 7.8.2003, 2 Z BR 47/03, NZM 2003, 900). Der BGH hat aber durch Urteil vom 17.2.2012 (V ZR 251/10, NZM 2012, 344) klargestellt, dass die Vorschriften der Heizkostenverordnung auch in Wohnungseigentümergemeinschaften unmittelbar gelten. Einer Vereinbarung oder eines Beschlusses über ihre Geltung bedarf es nicht. Nach der Entscheidung des BGH sind alle im Abrechnungszeitraum geleisteten Zahlungen aufzunehmen, die im Zusammenhang mit der Anschaffung von Brennstoff stehen. Auch bei der Heizkostenabrechnung gilt daher das strenge Zu- und Abflussprinzip. In die Jahresgesamtabrechnung sind daher sämtliche Ausgaben für Brennstoffe, zum Beispiel Öl oder Gas, aufzunehmen. In der jeweiligen Einzelabrechnung sind dagegen die Kosten des im Abrechnungszeitraum tatsächlich verbrauchten Brennstoffs maßgeblich (BGH, a. a. O.).
- Dies sind die Heizkosten, die regelmäßig von Abrechnungsfirmen nach einer erfolgten Heizungsablesung ermittelt und nach Grund- und Verbrauchskosten verteilt werden. Nach der BGH-Entscheidung ist der Unterschiedsbetrag in der Abrechnung verständlich zu erläutern.
- Darstellung der Instandhaltungsrücklage in der Jahresabrechnung: Der BGH hat mit einer grundlegenden Entscheidung (4.12.2009, V ZR 44/09) der jahrelangen Abrechnungspraxis im Hinblick auf die Instandhaltungsrücklage eine Absage erteilt. Bisher wurden die nach dem Wirtschaftsplan geschuldeten Zahlungen der Eigentümer als Sollzahlungen in die Jahresabrechnung eingestellt, auch wenn diese von den Eigentümern tatsächlich nicht geleistet wurden. Bei der Darstellung der sogenannten Entwicklung der Instandhaltungsrücklage wurden bisher ebenfalls Sollbeträge angegeben. Diese Abrechnungspraxis lässt der BGH nicht mehr zu. In die Jahresabrechnungen der Wohnungseigentümergemeinschaft sind nach dem Urteil nur noch die tatsächlich gezahlten Beträge einzustellen. Auch die Umbuchung der Zahlungen der Wohnungseigentümergemeinschaft vom Giro- oder Hausgeldkonto auf das Rücklagenkonto dürfen nicht mehr als Ausgaben dargestellt werden, denn es handelt sich hierbei lediglich um einen buchungstechnischen Vorgang ohne einen tatsächlichen Geldabfluss. Die Darstellung der Entwicklung der Instandhaltungsrücklage in der Abrechnung soll es den Wohnungseigentümern ermöglichen, die tatsächliche Vermögenslage ihrer Gemeinschaft zu erkennen. Eine Prüfung der Abrechnung ist aber nur anhand des tatsächlichen Bestands der Instandhaltungsrücklage möglich und wenn erkennbar ist, in welchem Umfang die Wohnungseigentümer mit ihren Zahlungen in Rückstand sind (BGH,

a.a.O.). Deshalb sind nur die tatsächlich geleisteten Beträge einzustellen, da ansonsten der Bestand der Rücklage nicht ersichtlich ist (BGH, a.a.O.).

Die Zinserträge aus der Instandhaltungsrücklage sind als Einnahmen bei der Rücklagenentwicklung auszuweisen. Dabei sind die Zinserträge um die Kostenpositionen »Kapitalertragsteuer« und »Solidaritätszuschlag« zu mindern. Beschlüsse der Wohnungseigentümergemeinschaft, die eventuelle Guthaben aus der Jahreseinzelabrechnung der Rücklage zuführen, sind nichtig.

5.3.3 Grundsätze einer ordnungsgemäßen Abrechnung

Zu einer vollständigen und ordnungsgemäßen Jahresabrechnung gehören:

- Darstellung der tatsächlich geflossenen Einnahmen und Ausgaben für die gesamte Wohnanlage (Gesamtabrechnung),
- Einzelabrechnung und Zuweisung der Einnahmen und Ausgaben auf den jeweiligen Eigentümer durch die Angabe des Kostenverteilungsschlüssels,
- Heizkostenabrechnung,
- Bankkontenentwicklung: Übersicht über die Gemeinschaftskonten,
- Entwicklung der Instandhaltungsrücklage.

Daneben kann die Jahresabrechnung nachrichtlich folgende Angaben enthalten:

- Übermittlung einer Saldenliste der Einzelabrechnungen,
- Darstellung von Forderungen und Verbindlichkeiten.

Bei diesen Ergänzungen handelt es sich jedoch um rein informatorische Angaben, über die kein Beschluss gefasst wird, da diese Positionen nicht in die Jahresabrechnung einzustellen sind.

Einzelfragen: Darstellung der umlagefähigen Betriebskosten/haushaltsnahen Dienstleistungen

Neben diesen von der Rechtsprechung entwickelten Grundsätzen zur ordnungsgemäßen Abrechnung ergibt sich für die Wohnungseigentümer oftmals noch folgende Frage: Kann der einzelne Wohnungseigentümer vom Verwalter die Darstellung der umlagefähigen Betriebskosten für vermietete Eigentumswohnungen fordern?

In den meisten Fällen erstellen die Hausverwalter die Jahresabrechnung bereits getrennt nach umlagefähigen Betriebskosten und den Kostenpositionen, die der Wohnungseigentümer zu tragen hat. Dabei werden von den Verwaltern jedoch oftmals Kostenpositionen, zum Beispiel Strom, Wasser und

Abwasser oder die gesamten Sach- und Haftpflichtversicherungen, in einer Kostenposition zusammengefasst. Da dies nicht den Vorgaben des Mietrechts zu einer ordnungsgemäßen Betriebskostenabrechnung entspricht, ist der einzelne Wohnungseigentümer auf eine Auskunft der Hausverwaltung angewiesen, um eine ordnungsgemäße Betriebskostenabrechnung zu erstellen.

Ohne eine entsprechende Vereinbarung im Verwaltervertrag ist der Verwalter nicht verpflichtet, die Einzelabrechnung des jeweiligen Wohnungseigentümers so darzustellen, dass daraus ohne weitere Nachfrage eine ordnungsgemäße Betriebskostenabrechnung gegenüber dem Mieter gefertigt werden kann (BayObLG, 4.4.2005, 2 Z BR 198/04, ZMR 2005, 564). Nach der Rechtsprechung des BGH kann der vermietende Wohnungseigentümer von der Verwaltung zumindest einfordern, dass die Abrechnung so strukturiert ist, dass er mit deren Hilfe die Betriebskostenabrechnung für seinen Mieter erstellen kann (BGH, 23.11.1981, VIII ZR 298/80, ZMR 1982, 108).

Die gleiche Problematik ist durch die Regelung des §35a EStG entstanden, der die Steuerbegünstigung von haushaltsnahen Dienstleistungen für Eigennutzer – seien sie Eigentümer oder Mieter – festlegt. Nach der wohl herrschenden Meinung, hat der Verwalter die Jahresabrechnung so auszuarbeiten, dass die Wohnungseigentümer mögliche Steuervorteile abschöpfen können. Dies ergibt sich aus der Treuepflicht des Verwalters. Im Gegenzug wird ein Anspruch des Verwalters auf eine Zusatzvergütung für diese Tätigkeit bejaht (Jennißen, WEG, 4. Auflage, 2015, §28 Rn. 97).

5.3.4 Genehmigung durch die Wohnungseigentümergemeinschaft

Nach §28 Abs. 5 WEG beschließen die Wohnungseigentümer die Jahresabrechnung mit Stimmenmehrheit. Dabei haben grundsätzlich alle Wohnungs- und Teileigentümer abzustimmen. Dies gilt auch, wenn die Jahresabrechnung einzelne Positionen enthält, die nur eine abgeschlossene Gruppe der Wohnungseigentümer betrifft (vgl. Kapitel 6).

Verzicht auf den Beschluss zur Jahresabrechnung durch Vereinbarung

Ob auf den Beschluss zur Genehmigung der Jahresabrechnung durch Vereinbarung verzichtet werden kann, ist strittig. Teilweise wird es als zulässig erachtet, auf den Beschluss über die Jahresabrechnung durch Vereinbarung zu verzichten. Mit guten Gründen ist diese Meinung abzulehnen, denn ein derartiger Verzicht würde bedeuten, dass dem Verwalter einseitig das Recht eingeräumt wird, die Jahresabrechnungen ohne Beschluss fällig zu stellen. Eine Überprüfung des Verwalters und der Verwaltung des fremden Geldes ist nicht mehr möglich. Auch bliebe die Feststellung von Fehlern des Hausverwalters ohne Folgen, da mangels Beschlussfassung die Wohnungseigentümer auch nicht negativ die Unrichtigkeit der Abrechnung feststellen könnten (Jennißen, § 28 Rn. 142). Derartige Regelungen verletzen den Kernbereich eines jeden Wohnungseigentümers.

Genehmigungsfiktion der Abrechnungen

Unter dem oben genannten Blickwinkel sind auch Klauseln in der Gemeinschaftsordnung als nichtig anzusehen, wonach die Jahresabrechnung als anerkannt gilt, wenn ihr nicht innerhalb von vier Wochen nach Absendung schriftlich widersprochen wird. Die Nichtigkeit beruht hier auf mehreren Umständen:

- Eine derartige Regelung ist zu unbestimmt, da sowohl der Fristbeginn als auch das Fristende nicht zweifelsfrei festgestellt werden können. Wann die Beschlussfiktion eintreten soll, lässt sich nicht klar ermitteln (Jennißen, § 28 Rn. 142a). Aus diesen Gründen kann auch die Anfechtungsfrist des § 46 WEG nicht korrekt berechnet werden.
- Weiter kennt das Wohnungseigentumsgesetz einen Beschluss durch einfaches Schweigen nicht. Durch Schweigen wird nach dem Wohnungseigentumsgesetz keine Willenserklärung des einzelnen Wohnungseigentümers abgegeben (Jennißen, § 28 Rn. 142a).

Delegation der Genehmigung

Fraglich ist, ob die Wohnungseigentümergemeinschaft die Genehmigung der Jahresabrechnung an ein anderes Organ der Wohnungseigentümergemeinschaft delegieren darf, zum Beispiel an den Verwaltungsbeirat. Eine Delegation der Genehmigung der Jahresabrechnung durch einen einfachen Mehrheitsbeschluss ist nach wohl herrschender Meinung nichtig (Niedenführ/Kümmel/Vandenhouten, § 28 Rn. 112).

Eine Delegation der Beschlusskompetenz für die Jahresabrechnung in der Teilungserklärung dürfte jedoch nach der wohl herrschenden Meinung rechtswirksam sein. Der Meinungsrechtsstreit ist in diesem Punkt noch nicht abgeschlossen, da vielfach die Genehmigung der Jahresabrechnung als eine Kernkompetenz der Wohnungseigentümer angesehen wird.

Darf die Jahresabrechnung unter Vorbehalt genehmigt werden?

Die herrschende Meinung in der Rechtsprechung (so das BayObLG) geht davon aus, dass die Genehmigung unter einer aufschiebenden Bedingung zulässig sein soll, zum Beispiel in den Fällen, in denen die Wohnungseigentümer die Jahresabrechnung vorbehaltlich einer Prüfung durch den Verwaltungsbeirat genehmigen (BayObLG, 14.8.1996, 2 Z BR 77/96, WuM 1996, 722). In derartigen Fällen beginnt die Anfechtungsfrist erst mit der Billigung der Abrechnung durch den Verwaltungsbeirat. Aufgrund der Unbestimmtheit der Berechnung der Anfechtungsfristen wird in der Literatur auch eine starke Gegenmeinung vertreten (Jennißen, §28 Rn. 143).

Bedeutung der Genehmigung/des Beschlusses

Der Beschluss der Wohnungseigentümer über die Jahresabrechnung legt im Verhältnis der Wohnungseigentümer untereinander bindend fest, welche Einnahmen und Ausgaben gemäß §16 Abs. 2 WEG durch die einzelne Abrechnung auf die Wohnungseigentümer nach dem jeweiligen Verteilungsschlüssel umzulegen sind.

Ohne Beschluss über die Jahresabrechnung werden die Abrechnungsspitzen nicht fällig. Der Beschluss erstreckt sich auf alle Bestandteile der Jahresabrechnung, sofern diese nicht nur rein informatorisch mitgeteilt wurden. Er billigt nur die formelle und zahlenmäßige Richtigkeit des Abrechnungswerks. Eine Entlastungswirkung des Verwalters hat der Beschluss über die Jahresabrechnung nicht (siehe auch Kapitel 5.3).

5.3.5 Wann ist der Genehmigungsbeschluss nichtig oder anfechtbar?

Wegen absoluter Unzuständigkeit der Eigentümerversammlung kann der Beschluss zur Genehmigung der Jahresabrechnung nichtig sein, zum Beispiel wenn ein Beschluss über die Jahresabrechnung einen Zeitraum (Bauherrenphase) betrifft, in dem die Wohnungseigentümergemeinschaft noch nicht entstanden war.

Achtung: Anfechtbarer Beschluss !

Anders ist es jedoch, soweit in dem Abrechnungsjahr die Wohnungseigentümergemeinschaft, wenn auch nur für einen geringen Zeitraum, bereits entstanden war. Derartige Beschlüsse sind nur anfechtbar (KG Berlin, 15.4.1992, 24 W 2066/91, WuM 1992, 388).

Anfechtbarkeit des Genehmigungsbeschlusses

Die Anfechtung des Genehmigungsbeschlusses kann von den Wohnungseigentümern auf einzelne selbstständige Rechnungspositionen beschränkt werden.

Der Eigentümer, der den Beschluss über die Jahresabrechnung anfechten will, sollte genau prüfen, inwieweit die Anfechtung erfolgen soll. Wenn nur einzelne Positionen in der Jahreseinzelabrechnung betroffen sind, so dürfen auch nur diese angefochten werden.

!

Beispiel: Aufteilung der Verwaltungskosten

Die Verwaltungskosten werden nach Wohnungseinheiten verteilt, obwohl dies in der Gemeinschaftsordnung nicht vorgesehen ist. Die Gemeinschaftsordnung sieht vielmehr vor, dass auch die Verwaltungskosten nach Miteigentumsanteilen zu verteilen sind.

In diesem Fall ist die Jahresgesamtabrechnung nicht zu beanstanden, denn sie beinhaltet die gesamten Verwalterkosten. Der Eigentümerbeschluss ist nur insoweit fehlerhaft, als in der Jahreseinzelabrechnung eine Aufteilung der Verwalterkosten nach Miteigentumsanteilen nicht erfolgt ist. Will der betroffene Eigentümer hiergegen eine Anfechtungsklage erheben, so muss er, um im Rechtsstreit nicht teilweise zu unterliegen, nur die konkrete Kostenverteilung in den Jahreseinzelabrechnungen – hier der Verwaltungskosten – anfechten. Nachdem die Jahresgesamtabrechnung ordnungsgemäß ist, da sie sämtliche ausgegebenen Kosten für die Hausverwaltung beinhaltet, darf der Eigentümer in derartigen Fällen nicht den Beschluss über die Jahresgesamtabrechnung anfechten, da diese richtig ist.

Ein Klageantrag sollte deshalb in derartigen Fällen wie folgt lauten: »Der Beschluss über die Genehmigung der Jahresabrechnung 2017 wird im Hinblick auf die Position Verwaltungskosten in den Einzelabrechnungen für ungültig erklärt.« Damit ist klargestellt, dass die Anfechtung nur auf selbstständige Rechnungspositionen beschränkt wird und der Beschluss über die Genehmigung der Jahresgesamtabrechnung nicht angegriffen wird.

!

Achtung: Vorbehalt

Wird die Anfechtungsklage auf einzelne Rechnungspositionen beschränkt, kann nach Ablauf der Anfechtungsfrist die Anfechtungsklage nicht auf weitere Anfechtungsgründe gestützt werden, die über die gewählte Beschränkung hinausgehen. Der anfechtende Wohnungseigentümer sollte daher bei der Rüge einzelner Abrechnungspositionen deutlich machen, dass er die Jahresabrechnung auch im Übrigen gerichtlich überprüft wissen will, sofern er den Vorbehalt weiterer Rügen aufrechterhalten möchte. Hier muss jedoch aufgrund der Höhe des Streitwerts einer möglichen Anfechtungsklage und dem damit verbundenen Kostenrisiko eine genaue Abwägung vorgenommen werden.

!

Tipp: Rechtliche Beratung

Vor Erhebung einer Anfechtungsklage sollte zur Vermeidung von Kostenrisiken dringend eine rechtliche Beratung eingeholt werden.

Auch kann der Beschluss über die Jahresabrechnung insgesamt angefochten werden. Soweit sich Fehler auf einzelne Positionen der Jahresabrechnung beschränken, wird das Gericht den Genehmigungsbeschluss nur hinsichtlich einzelner mangelhafter Positionen für ungültig erklären. Ergibt sich jedoch, dass die Gesamtabrechnung rechnerisch nicht schlüssig nachvollzogen werden kann, so ist der Beschluss über die Jahresabrechnung insgesamt für ungültig zu erklären (OLG Düsseldorf, 16.11.1998, 3 Wx 397/97, WuM 1999, 357).

Wird die Richtigkeit einer Kostenposition angezweifelt, ist die Gesamtabrechnung betroffen und in diesem Fall der Beschluss über die gesamte Jahresabrechnung für ungültig zu erklären. Richtet sich dagegen die Anfechtung gegen den Kostenverteilungsschlüssel, wirkt sich dies nur auf die Einzelabrechnung aus. Die Gesamtabrechnung wird bestandskräftig.

Anfechtungsgründe

- Die Anfechtung kann auf sämtliche formelle und materielle Beschlussfehler gestützt werden (vgl. Kapitel 4.6).
- Ist die Jahresabrechnung unvollständig und fehlen Bestandteile in der Jahresabrechnung, ist wie folgt zu unterscheiden:
  - Ein Beschluss über Einzelabrechnungen ist für ungültig zu erklären, wenn nicht spätestens gleichzeitig die Gesamtabrechnung beschlossen wurde, auf der die Einzelabrechnung beruht (BayObLG, 3.3.1994, 2 Z BR 129/93, WuM 1994, 568).
  - Fehlt die erforderliche Genehmigung über die Einzelabrechnung, bewirkt dies nicht, dass der Beschluss über die Jahresgesamtabrechnung für ungültig zu erklären ist.
  - Fehlen wesentliche Bestandteile in der Jahresgesamtabrechnung, hat der jeweilige einzelne Wohnungseigentümer lediglich einen Anspruch auf Ergänzung der Jahresabrechnung (OLG Hamm, 25.4.1998, 15 W 13/98, NZM 1998, 923). So zum Beispiel in den Fällen, in denen die Jahresabrechnung lediglich eine Abrechnung über die Ausgaben und ihre Verteilung auf die einzelnen Wohnungseigentümer enthält. In derartigen Fällen besteht lediglich ein Anspruch auf Ergänzung der Beschlussfassung über die Einnahmen und den Abschlusssaldo (BayObLG, 7.5.1992, 2 Z BR 26/92, WuM 1992, 395).
  - Fehlen Angaben über Kontostände, ist der Beschluss über die Genehmigung der Jahresabrechnung im Fall der Erhebung einer Anfechtungsklage für ungültig zu erklären. Die fehlenden Angaben über die Kontostände auf den Gemeinschaftskonten am Anfang und am Ende des Abrechnungszeitraums führen dazu, dass die Abrechnung unvollständig ist. Eine Schlüssigkeitsprüfung im Sinne eines Vergleichs des Saldos zwischen den tatsächlichen Einnahmen und Ausgaben sowie den Kon-

tostănden zum Jahresanfang und Jahresende ist dann nicht möglich. Der Beschluss über die Jahresabrechnung ist auf eine Anfechtung hin deshalb insgesamt für ungültig zu erklären (LG München I, 6.10.2011, 36 S 17150/10, ZWE 2012, 140).

- Greift ein Wohnungseigentümer seine Einzelabrechnung an, weil ein falscher Verteilungsschlüssel zugrunde gelegt wurde, ist nicht die Gesamtabrechnung der Wohnungseigentümergemeinschaft für ungültig zu erklären.
- Ein Beschluss, durch den noch gar nicht vorliegende Einzelabrechnungen unter der Bedingung genehmigt werden, dass sie richtig sind, widerspricht den Grundsätzen ordnungsgemäßer Verwaltung.
- Wurde ein Anspruch auf Abänderung der Kostenverteilung nach §16 Abs. 3 WEG noch nicht geltend gemacht und umgesetzt, führt dies nicht dazu, dass der Beschluss über die Jahresabrechnung für ungültig erklärt wird. Es gelten die bisherigen Kostenverteilungsschlüssel fort.

5.3.6 Besteht Anspruch auf eine Jahresabrechnung?

Da die Einzelabrechnungen als Teil der Jahresabrechnung den auszugleichenden Saldo des Wohnungseigentümers feststellen, hat jeder einzelne Wohnungseigentümer einen individuellen Anspruch auf Erstellung der Jahresabrechnung und kann diesen gemäß §43 Nr. 3 WEG geltend machen.

Recht auf Einsicht in die Verwaltungs- und Abrechnungsunterlagen/Unterrichtung der Wohnungseigentümer über die Abrechnung vor Beschlussfassung
Jeder einzelne Wohnungseigentümer hat das Recht, in die Aufzeichnungen und Belege der Abrechnung Einsicht zu nehmen. Das Recht auf Einsicht in die Belege muss dem jeweiligen Wohnungseigentümer eine angemessene Zeit vor der Beschlussfassung gewährt werden. Weiter besteht das Recht auf Einsicht in die Belege und Abrechnungsunterlagen auch nach Genehmigung der Jahresabrechnung.

Der Verwalter ist verpflichtet, die Abrechnungen den einzelnen Wohnungseigentümern vor der Eigentümerversammlung zuzusenden. Jeder Eigentümer soll vor der Eigentümerversammlung die Möglichkeit haben, die Abrechnung zu überprüfen.

5.4 Genehmigung des Wirtschaftsplans

Nach §28 Abs. 1 WEG ist der Verwalter verpflichtet, einen Wirtschaftsplan aufzustellen, der wie eine Art Haushaltsplan das Budget der Eigentümergemeinschaft festlegt. Der genehmigte Wirtschaftsplan stellt die Anspruchsgrundlage für die Verpflichtung der einzelnen Wohnungseigentümer dar, Wohngeldvorschüsse zu entrichten.

Hinweis: Gültigkeit des Wirtschaftsplans !

Wenn der Verwalter sich weigert, einen Wirtschaftsplan aufzustellen und hierüber Beschluss zu fassen, so kann der Wohnungseigentümer seine Hausgeldzahlungen einstellen. Ein Beschluss über den Wirtschaftsplan ist Voraussetzung für die Fälligkeit von Hausgeldern. Etwas anderes gilt, wenn ein Wirtschaftsplan beschlossen wurde und der Beschluss beinhaltet, dass der Wirtschaftsplan so lange gilt, bis ein neuer Wirtschaftsplan aufgestellt wird. In diesem Fall ist die Rechtsgrundlage für die Fälligkeit der Beitragszahlungen weiterhin der alte Wirtschaftsplan bis zur Aufstellung eines neuen Wirtschaftsplans.

5.4.1 Was muss im Wirtschaftsplan stehen?

In den Wirtschaftsplan sind die geschätzten Gesamteinnahmen und -ausgaben einzustellen (Gesamtwirtschaftsplan). Weiter muss der Wirtschaftsplan die anteiligen Kosten der einzelnen Wohnungseigentümer unter Angabe des Verteilungsschlüssels bestimmen (Einzelwirtschaftsplan). Beide Wirtschaftspläne, der Gesamtwirtschaftsplan und der einzelne Wirtschaftsplan, können zusammengefasst werden. Beide Bestandteile sind jedoch für einen ordnungsgemäßen Wirtschaftsplan unverzichtbar.

Der Verwalter hat sämtliche absehbaren Kosten und Einnahmen der Wohnungseigentümergemeinschaft in den Wirtschaftsplan einzustellen. Bei der Kostenschätzung muss der Verwalter darauf achten, dass Nachforderungen in der Jahresabrechnung möglichst vermieden werden. Zu knapp kalkulierte Wirtschaftspläne verstoßen gegen die Grundsätze ordnungsgemäßer Verwaltung und sind anfechtbar. Ein ausgeglichener Wirtschaftsplan sollte weder mit wesentlichen Nachzahlungen noch mit wesentlichen Guthabenbeträgen zugunsten der einzelnen Wohnungseigentümer enden. Er muss ein ausgeglichenes Ergebnis darstellen. Die Wohnungseigentümer haben hinsichtlich der Festlegung der Höhe der Wohngeldvorschüsse einen weiten Ermessungsspielraum. Sie können zur Vermeidung von Liquiditätsengpässen die Höhe großzügig bemessen.

5.4.2 Wie wird der Wirtschaftsplan genehmigt?

Nach §28 Abs. 5 WEG sind sämtliche Wohnungs- und Teileigentümer beim Beschluss über den Wirtschaftsplan stimmberechtigt. Sie haben den Wirtschaftsplan durch Beschluss zu genehmigen. Ein Verwalter, der auch Wohnungseigentümer ist, kann beim Beschluss über den Wirtschaftsplan mitwirken.

Rechtswirkung des Beschlusses
Der Beschluss über den Wirtschaftsplan stellt die Anspruchsgrundlage zum Einfordern von Wohngeldvorschüssen dar. Aus diesem Grund muss sich aus dem Wirtschaftsplan unmittelbar die Höhe des Vorschusses für den jeweiligen einzelnen Eigentümer ergeben. Die Wohngeldvorschüsse werden ohne Beschluss über den Einzelwirtschaftsplan nicht fällig (BayObLG, ZMR 2005, 348 ff.).

Da der Wirtschaftsplan den Jahresetat der Eigentümergemeinschaft festlegt, gibt er auch den wirtschaftlichen Handlungsspielraum für den Verwalter vor. Aufgrund dieser Vorschau sollte der Wirtschaftsplan für die Wohnungseigentümergemeinschaft frühzeitig im Kalenderjahr aufgestellt werden. Wird ein Wirtschaftsplan erst gegen Ende des Kalenderjahres vorgelegt und beschlossen, so kann dieser nicht mehr den Zweck einer vorausschauenden Kostenkalkulation erfüllen. Da, wie ausgeführt, der Wirtschaftsplan die Rechtsgrundlage zum Einfordern von Wohngeldvorschüssen ist, ist ein derartiger Beschluss dennoch notwendig, um die Rechtsgrundlage für die bereits geforderten Wohngeldvorschüsse zu schaffen. Auch nach Ablauf des Kalenderjahres sind rückwirkende Beschlüsse über einen Wirtschaftsplan nicht nichtig.

5.4.3 Wann ist der Beschluss nichtig bzw. anfechtbar?

- Ein Beschluss, der die Erstellung des Wirtschaftsplans und die Feststellung seiner Verbindlichkeit generell auf den Verwaltungsbeirat überträgt, ist nichtig. Eine Übertragung im Einzelfall ist anfechtbar (Beck OGK/Hermann, §28, Rn. 225).
- Die Erhebung einer fristgerechten Anfechtungsklage gegen den Wirtschaftsplan bewirkt nicht, dass die Zahlungsverpflichtung des einzelnen Wohnungseigentümers hierdurch bereits entfallen würde.

!

Tipp: Wohngeldvorschüsse

Ein beschlossener Wirtschaftsplan muss vom Verwalter bis zur Rechtskraft des Anfechtungsbeschlusses umgesetzt und die Wohngeldvorschüsse müssen eingefordert werden. Wird im Gerichtsverfahren der Beschluss für ungültig erklärt, so ist ein Bereicherungsanspruch gegen die Wohnungseigentümergemeinschaft der gleichwohl gezahlten Wohngeldvorschüsse ausgeschlossen. In der Regel ist die Wohnungseigentümergemeinschaft auch entreichert, da die Gelder wieder für die laufende Verwaltung ausgegeben wurden.

In der Praxis hat die Anfechtung des Beschlusses auf Genehmigung des Wirtschaftsplans geringe Bedeutung, da es sich hierbei nur um geschätzte Einnahmen und Ausgaben handelt und erst die Jahresabrechnung die tatsächlichen Kosten wiedergibt.

- Ein Wirtschaftsplan verstößt regelmäßig gegen die Grundsätze ordnungsgemäßer Verwaltung, wenn er entweder zu wesentlich überhöhten Vorschüssen oder zu erheblichen Nachzahlungen führt.
- Bemisst der Wirtschaftsplan ein zu geringes Volumen, kann das Gericht einen Wirtschaftsplan nur dann für ungültig erklären, wenn auch zugleich ersatzweise ein Wirtschaftsplan mit höheren Ansätzen bestimmt wird. Anderenfalls wäre die Wohnungseigentümergemeinschaft ohne Grundlage für Vorschusszahlungen.

Abweichen vom Wirtschaftsplan

In der Praxis kommt es häufig vor, dass die im Wirtschaftsplan festgesetzten Vorschüsse für die Ausgaben des laufenden Wirtschaftsjahres nicht ausreicht – zum Beispiel bei unvorhergesehenen Reparaturaufwendungen oder Wohngeldausfällen. Die Wohnungseigentümergemeinschaft und der Verwalter haben dann mehrere Möglichkeiten zu reagieren:

- Aufstellen eines neuen Wirtschaftsplans,
- Erhebung einer Sonderumlage,
- Kreditaufnahme.

Das Aufstellen eines neuen Wirtschaftsplans wird in der Praxis vorwiegend nicht durchgeführt, da hier die gesamten Kostenpositionen neu kalkuliert werden müssten. In der Regel werden Liquiditätsengpässe durch die Erhebung einer Sonderumlage ausgeglichen. Diese stellt einen Nachtrag zum Wirtschaftsplan dar. Treten in der Wohnungseigentümergemeinschaft finanzielle Engpässe auf, so ist sie verpflichtet, den unvorhergesehenen Bedarf der Gemeinschaft zu decken. Der Nachtrag zum Wirtschaftsplan durch Sonderumlage bedarf eines einfachen Mehrheitsbeschlusses. Die festzusetzende Höhe der Sonderumlage richtet sich an dem geschätzten Finanzbedarf aus. Der Beschluss über eine Sonderumlage ist nur rechtmäßig, wenn er neben der Summe des insgesamt zu erhebenden Betrags auch den Verteilungsschlüssel und somit den Anteil eines jeden Wohnungseigentümers enthält. Ein Beschluss, der einen von der Teilungserklärung nicht gedeckten Verteilungsschlüssel anwendet, ist nicht nichtig, sondern lediglich anfechtbar (BayObLG, 31.7.2003, 2 Z BR 125/03, NZM 2004, 659). Gegen die Erhebung einer Sonderumlage kann nicht eingewandt werden, dass (Reparatur)Arbeiten mangelhaft ausgeführt wurden.

Auch die Aufnahme eines Kredits ist im Wohnungseigentumsrecht zur Schließung von finanziellen Lücken möglich. Es kann ordnungsgemäßer Verwaltung entsprechen, wenn die Wohnungseigentümer eine Darlehensaufnahme für einen längeren Zeitraum beschließen. Dabei ist zu beachten, dass eine Kreditaufnahme das letzte Mittel sein sollte. Sie kommt in Betracht, wenn die finanzielle Deckungslücke nicht durch eine Sonderumlage ausgeglichen werden kann. Auch die Aufnahme eines langfristigen, hohen Kredits durch die Wohnungseigentümergemeinschaft kann ordnungsgemäßer Verwaltung entsprechen. Voraussetzung ist allerdings, dass das Risiko einer Nachschusspflicht der Wohnungseigentümer vor der Beschlussfassung erörtert wurde. Dies muss aus dem Protokoll der Eigentümerversammlung hervorgehen. Ob ein Beschluss über eine Kreditaufnahme sich im Übrigen in den Grenzen des den Wohnungseigentümern zustehenden Gestaltungsermessens bewegt, kann nicht generell, sondern nur anhand der konkreten Umstände des Einzelfalls unter Abwägung der allseitigen Interessen bestimmt werden (BGH, 25.9.2015, V ZR 244/14, GWR 2015, 494). Ein Mehrheitsbeschluss, der diese Grundsätze nicht beachtet, ist anfechtbar.

Der Verwalter ist ohne Ermächtigung der Wohnungseigentümer nicht befugt, einen Kredit zulasten der Gemeinschaft aufzunehmen. Ein Mehrheitsbeschluss, der den einzelnen Wohnungseigentümer zur Kreditaufnahme verpflichten würde, wäre mangels Beschlusskompetenz nichtig.

5.5 Instandhaltungen/Instandsetzungen

Zur ordnungsgemäßen Verwaltung gehört auch die Instandhaltung und Instandsetzung des gemeinschaftlichen Eigentums (§21 Abs. 5 Nr. 2 WEG). Sinn und Zweck dieser Vorschrift ist es, eine unzureichende Instandhaltung des Gebäudes und damit verbundenen Wertverlust zu verhindern. Auch eine regelmäßige Wartung, soweit dies aufgrund der technischen Vorgaben zur Instandhaltung erforderlich ist, entspricht ordnungsgemäßer Verwaltung.

Die Begriffe »Instandhaltung« und »Instandsetzung« werden wie folgt definiert:

- Instandhaltung: Unter diesen Begriff fallen alle pflegenden, erhaltenden und vorsorgenden Maßnahmen, die der Erhaltung, Verbesserung oder Zweckbestimmung des ursprünglichen Zustands des Gemeinschaftseigentums dienen. Dazu gehören auch vorbeugende Maßnahmen, die eine Gebäudebesitzerhaftung nach §836 BGB verhindern, zum Beispiel die vorbeugende Erneuerung von Bauteilen, um deren Herabstürzen zu vermeiden.

- Instandsetzung: Unter »Instandsetzung« ist die Wiederherstellung des ursprünglichen ordnungsgemäßen Zustands des Gemeinschaftseigentums, aber auch dessen erstmalige Herstellung zu verstehen. Als Maßnahme zur Wiederherstellung eines früheren Zustands gilt auch der Rückbau einer unzulässigen baulichen Veränderung. Ebenso ist die erstmalige Herstellung des gemeinschaftlichen Eigentums entsprechend dem Aufteilungsplan und den Bauplänen darunter zu verstehen.

Zur Begriffsbestimmung siehe zudem die jeweiligen Stichwörter in Kapitel 7.

5.5.1 Entscheidungskompetenzen der Wohnungseigentümer

Der Wohnungseigentümergemeinschaft steht die Entscheidungskompetenz darüber zu, ob eine Instandhaltungs- oder Instandsetzungsmaßnahme durchgeführt wird und in welcher Art und Weise dies geschieht. Die Wohnungseigentümergemeinschaft trifft diese Entscheidungen durch mehrheitlichen Beschluss. Dabei können die Wohnungseigentümer dem Verwaltungsbeirat oder einem gewählten Bauausschuss durch Mehrheitsbeschluss beratende und vorbereitende Aufgabenbereiche übertragen. In diesem Fall ist die Entscheidungsbefugnis der Wohnungseigentümer nicht berührt (Niedenführ/Kümmel/Vandenhouten, § 21 Rn. 60).

Unzulässig ist jedoch die Übertragung der Entscheidungskompetenz über das Ob und Wie einer Instandhaltungsmaßnahme auf lediglich zwei Wohnungseigentümer als Arbeitskreis (OLG Düsseldorf, 30.8.2002, 3 Wx 213/02, NZM 2002, 1031). Gleiches gilt für die Übertragung der Beschlusskompetenz auf den Verwaltungsbeirat, ohne dass eine Vereinbarung hierzu vorliegen würde. Solche Beschlüsse sind nicht nichtig, aber anfechtbar.

Bestandsaufnahme
Eine ordnungsgemäße Verwaltung erfordert vor dem Beschluss über das Ob und das Wie einer Sanierungsmaßnahme eine Bestandsaufnahme über den Umfang der Schäden und deren mögliche Ursachen. Ansonsten kann die Wohnungseigentümergemeinschaft keine sachgerechte Entscheidung treffen.

Aufgrund dieser Überlegungen entspricht es auch ordnungsgemäßer Verwaltung, einen Sachverständigen mit den Sanierungsuntersuchungen und der Erstellung eines Sanierungsplans zu beauftragen, wenn sowohl die Ursachenforschung als auch die Entwicklung der Schadensbeseitigung umfassend ist, zum Beispiel bei der Beseitigung schädlicher Bodenverunreinigungen oder bei größeren Fassadensanierungsarbeiten.

! **Tipp: Beschluss in zwei Schritten**

Die Wohnungseigentümer können den Beschluss über die Sanierung, das heißt über die Frage, ob eine Sanierung notwendig ist, isoliert fassen (sogenannter Grundlagenbeschluss). In einem zweiten Schritt wird erst die Auftragsvergabe beschlossen. Diese Vorgehensweise ist für die Praxis empfehlenswert. Zwischen dem ersten Beschluss darüber, ob eine Sanierung überhaupt notwendig ist, und dem zweiten Beschluss muss ausreichend Zeit liegen, um entsprechende Vergleichsangebote einzuholen. Diese werden dann bei der zweiten Versammlung beim Beschluss der Auftragsvergabe den Wohnungseigentümern zur Information vorgelegt. Auch kann bei einem derartigen Vorgehen der zweite Beschluss über die Auftragsvergabe nicht mehr mit der Begründung angefochten werden, dass ein Instandhaltungs- und Instandsetzungsbedarf gar nicht bestehen würde. Bei dieser Vorgehensweise ist jedoch darauf zu achten, dass sich die Auftragsvergabe im Rahmen des Sanierungsbeschlusses hält.

Eigener Ermessens- und Beurteilungsspielraum der Wohnungseigentümer

Bei den Beschlussfassungen über notwendige Sanierungsmaßnahmen steht den Wohnungseigentümern ein weitreichender Ermessens- und Beurteilungsspielraum zu. Die Wohnungseigentümer können sich dabei für haltbare, aber preiswerte Lösungen entscheiden oder aber eine teure umfassende Sanierung beschließen. Beide Entscheidungen sind grundsätzlich nicht zu beanstanden.

Aufgrund des den Eigentümern zustehenden weitreichenden Ermessensspielraums dürfen Gerichte in dieses Ermessen grundsätzlich nicht eingreifen. Wenn mehrere Maßnahmen der Instandhaltung oder Instandsetzung in Betracht kommen, so ist es ausschließlich Sache der Eigentümer, über die konkrete Maßnahme zu entscheiden (Beurteilungsspielraum).

So können die Eigentümer durch einfache Mehrheit entscheiden, wenn sie beispielsweise im Rahmen eines Instandsetzungsbedarfs von Fenstern entscheiden, ob sie die ursprünglich vorhandenen Holzfenster durch solche aus Holz ersetzen oder eine moderne Kombination aus Holz– und Alurahmen wählen. Gleichermaßen können die Eigentümer beschließen, dass eine instandsetzungsbedürftige Heizungsanlage nicht lediglich repariert wird, sondern eine modernere Heizungsanlage, zum Beispiel mit Gasbrennwerttechnik statt der bisherigen Ölheizung, eingebaut wird.

Einholung von Vergleichsangeboten

Vor der Vergabe eines Auftrags zur Durchführung von Instandsetzungs-/ Instandhaltungsarbeiten am Gemeinschaftseigentum ist der Verwalter verpflichtet, mehrere vergleichbare Angebote einzuholen. Kein Wohnungseigentümer kann verpflichtet werden, der Vergabe von Sanierungsarbeiten auf der

Grundlage von Konkurrenzangeboten zuzustimmen, die erst noch eingeholt werden müssen (BayObLG, 26.1.1999, 2 Z BR 130/98, NZM 1999, 767).

Ein Beschluss der Wohnungseigentümer über die Vergabe von (größeren) Aufträgen zur Durchführung von Instandsetzungs- oder Instandhaltungsmaßnahmen verstößt regelmäßig gegen die Grundsätze ordnungsgemäßer Verwaltung, wenn nicht zuvor mehrere Vergleichsangebote eingeholt wurden. Es besteht aber keine generelle Pflicht zur Versendung von Vergleichsangeboten an sämtliche Wohnungseigentümer (LG München I, 6.10.2014, 1 S 21342/13 WEG, ZWE 2015, 423). Maßgeblich ist, ob den Wohnungseigentümern aufgrund mehrerer Angebote ausreichende Informationsmöglichkeiten gegeben werden, um die zu treffende Entscheidung über die Instandsetzungs- oder Instandhaltungsmaßnahmen zu treffen. In dem vorgenannten Fall hat das LG München I bei einem Kostenvolumen von etwa 14.000 EUR im Rahmen einer größeren Wohnungseigentumsanlage mit 222 Wohnungen entschieden, dass die Anforderungen an die Entscheidungsgrundlage nicht überspannt werden dürfen. Den interessierten Wohnungseigentümer ist ggf. zuzumuten, sich die entsprechenden Informationen im Wege der Einsicht in die Verwaltungsunterlagen zu beschaffen. Der Verwalter ist aber nicht generell verpflichtet, vor Durchführung der Eigentümerversammlung alle Angebote den Eigentümern zu übersenden.

Ein Eigentümerbeschluss über eine größere Instandhaltungsmaßnahme, ohne dass vorher Konkurrenzangebote eingeholt wurden, entspricht aber regelmäßig nicht ordnungsgemäßer Verwaltung. Derartige Beschlüsse sind anfechtbar.

Beispiele: Zulässige Beschlüsse !

Zulässig sind Beschlüsse über die folgenden Instandsetzungs- und Instandhaltungsmaßnahmen:

- Gartenpflegemaßnahmen,
- Anlage eines befestigten Fußwegs, um einen sicheren Zugang zum Gemeinschaftseigentum für alle Eigentümer zu schaffen,
- Beseitigung asbesthaltiger Pflanzentröge,
- Beseitigung eines korrosionsgefährdeten Boilers,
- nachträgliche Schallisolierung,
- Versetzung von Zäunen oder Garagen nach Maßgabe des Aufteilungsplans,
- Reparatur eines undichten Dachs,
- Reparatur des Betonestrichs in Tiefgaragen.

5.5.2 Was bedeutet »modernisierende Instandsetzung«?

Noch zur Instandsetzung werden Maßnahmen gerechnet, die über die bloße Reparatur oder Wiederherstellung des früheren Zustands hinausgehen und technisch bessere oder wirtschaftlich sinnvollere Lösungen darstellen. Hier sind vor allem die Fälle angesprochen, in denen dem jeweiligen Stand der Technik Rechnung getragen wird (vgl. zur Begriffsdefinition auch die Stichwörter in Kapitel 7).

Der Gesetzgeber hat im Rahmen der letzten Änderung des Wohnungseigentumsgesetzes in §22 Abs. 3 die modernisierende Instandsetzung ausdrücklich anerkannt. Weitere Definitionen gibt der Gesetzgeber jedoch nicht.

Modernisierende Instandsetzung/bauliche Veränderung
Nach wie vor ist es jedoch erforderlich, die modernisierende Instandsetzung, die mit einfacher Mehrheit beschlossen werden kann, von der baulichen Veränderung, die mit Ausnahme der Neuregelung des Gesetzgebers in der Regel Einstimmigkeit erfordert, abzugrenzen.

Eine bauliche Veränderung liegt vor, wenn auf Dauer angelegte gegenständliche Eingriffe in die Substanz des gemeinschaftlichen Eigentums vorgenommen werden, die einen neuen Zustand schaffen und über die Pflege und Erhaltung des gegenwärtigen Zustands einschließlich der modernisierenden Instandsetzung oder einer erstmaligen Herstellung hinausgehen. Weiter liegen bauliche Veränderungen vor, wenn auf die äußere Gestaltung des Gemeinschaftseigentums nachhaltig eingewirkt wird.

Die Abgrenzung von modernisierender Instandhaltung/Instandsetzung und baulichen Veränderungen ist von großer Bedeutung für die Praxis. In diesem Bereich häufen sich die Gerichtsverfahren und Streitfragen innerhalb der Wohnungseigentümergemeinschaften.

! **Beispiele: Zulässige Beschlüsse**

Zulässig sind Beschlüsse über die folgenden modernisierenden Instandsetzungs- und Instandhaltungsmaßnahmen:

- Ersatz morscher Holzpfosten eines Zauns durch Stahlpfosten (OLG Düsseldorf, 7.3.1986, MDR 1986, 677),
- Installation eines Balkongeländers anstelle einer massiven Balkonbrüstung (OLG Hamburg, 4.8.2003, ZMR 2003, 866 ff.),
- Veränderung der Dachkonstruktion, zum Beispiel der Dachart (BayObLG, 12.3.1998, NZM 1998, 338),
- Neueindeckung des Dachs mit hochwertigeren Dachziegeln,
- Sanierung einer durchfeuchteten Fassade durch Anbringung einer Wärmedämmung (BayObLG, 25.9.2001, ZMR 2002, 209),
- Sanierung einer 30 Jahre alten Eternitfassade (OLG Düsseldorf, 8.11.2002, NZM 2003, 28 ff.),

- Erneuerung von Fenstern, zum Beispiel Ersatz einfacher Holzfensterrahmen durch Kunststofffensterrahmen mit Isolierverglasung (OLG Köln, 14.4.1997, ZMR 1998, 49).

Eine modernisierende Instandsetzung liegt beim Austausch der Heizungsanlage dann noch vor, wenn die alte Anlage nicht mehr funktionstüchtig, völlig veraltet und unwirtschaftlich ist (BayObLG, 25.9.2001, ZMR 2002, 209). Entspricht die Anlage nicht mehr den gesetzlichen Anforderungen der Energieeinsparverordnung, so hat die Rechtsprechung eine modernisierende Instandhaltung auch dann angenommen, wenn der Austausch einer Ölheizung gegen eine Gasheizung durch Mehrheitsbeschluss gebilligt wurde (KG Berlin, 27.6.1994, NJW-RR 1994, 1358). Die Umstellung von (Öl)Zentralheizung auf Fernwärme kann eine modernisierende Instandsetzung sein. Voraussetzung ist, dass die Fernwärme bei einem Vergleich zwischen dem wirtschaftlichen Erfolg, den künftigen Kosten, der langfristigen Sicherung des Energiebedarfs und der Umweltverträglichkeit gegenüber der Erneuerung der Ölheizung sinnvoll und vorteilhaft ist. Hierbei ist der Maßstab eines vernünftigen, wirtschaftlich denkenden und erprobten Neuerungen gegenüber aufgeschlossenen Eigentümers anzulegen, der gerade bei der technischen Ausstattung des Gebäudes nicht zu eng an dem bestehenden Zustand ausgerichtet werden darf (LG Nürnberg-Fürth, 28.7.2010, 14 S 438/10 WEG, ZWE 2010, 466). Das Gericht kam unter Hinzuziehung eines Sachverständigengutachtens zu dem Ergebnis, dass unter Einbeziehung aller Folgekosten die Investitionskosten für Fernwärme günstiger sind und deshalb eine Maßnahme der modernisierenden Instandsetzung vorliegt.

Keine modernisierende Instandsetzung ist das Ersetzen einzelner im Sondereigentum stehender Nachtspeicheröfen durch eine gemeinschaftliche Heizungsanlage (OLG Hamm, 26.5.1994, NJW-RR 1995, 909).

Eine Maßnahme der modernisierenden Instandsetzung kann mit einfacher Mehrheit und der Rechtsprechung des BGH unter folgenden Gegebenheiten beschlossen werden: Die Maßnahme der ordnungsgemäßen Instandhaltung und Instandsetzung darf über die bloße Reparatur oder Wiederherstellung des früheren Zustands hinausgehen, sie muss allerdings eine technisch bessere oder wirtschaftlich sinnvollere Lösung darstellen. Der Maßstab eines vernünftigen, wirtschaftlich denkenden und erprobten Neuerungen gegenüber aufgeschlossenen Hauseigentümers darf dabei nicht zu eng an dem bestehenden Zustand ausgerichtet werden, wenn die im Wohnungseigentum stehenden Gebäude nicht zum Schaden aller Eigentümer vorzeitig veralten und an Wert verlieren sollen. Von besonderer Bedeutung ist insoweit eine Kosten-Nutzen-Analyse. Die Mehraufwendungen für die modernisierende Instandsetzung müssen sich innerhalb eines angemessenen Zeitraums amortisieren, regelmäßig innerhalb von zehn Jahren (BGH, 14.12.2012, V ZR 224/11, ZWE 20136, 172).

Medienversorgung

Auch bei der Medienversorgung stellt sich oftmals die Frage, ob es sich bei ihrer Erneuerung, zum Beispiel beim Umstellen von der Gemeinschaftsantenne auf Breitbandkabel, um eine modernisierende Instandsetzung oder eine bauliche Veränderung handelt. Ähnlich wie bei der Problematik des Heizungsaustauschs wird hier auf die Reparaturbedürftigkeit der derzeitigen Medienversorgung abgestellt, zum Beispiel:

- Eine modernisierende Instandsetzung wird angenommen, wenn der Ersatz einer Gemeinschaftsantenne durch Breitbandkabel erfolgt und die Gemeinschaftsantenne stark reparaturbedürftig ist (Bärmann/Merle, WEG, § 21 Rn. 127 f.).
- Im Gegensatz dazu ist der Ersatz eines funktionsfähigen, nicht reparaturbedürftigen Anschlusses an das Breitbandkabel durch eine Gemeinschafts-Satellitenempfangsanlage als bauliche Veränderung anzusehen. In derartigen Fällen wird es jedoch an der Zustimmungspflicht fehlen, wenn sich das Angebot für die Fernseh- und Radiosender nicht nachteilig verändert und die Kostenbelastung nicht zunimmt (BayObLG, 20.4.2000, NZM 2000, 679).

Soll die Medienversorgung auf ein anderes System umgestellt werden, so hat der Verwalter grundsätzlich vor der Beschlussfassung Angebote für die verschiedenen konkurrierenden Systeme, zum Beispiel Satellitenschüssel, Kabel und Antenne, einzuholen (OLG München, 27.6.2006, ZMR 2006, 799).

Die Umstellung der Medienversorgung kann unter Umständen auch mit der qualifizierten Mehrheit für privilegierte Modernisierungsmaßnahmen beschlossen werden (vgl. Kapitel 5.6.4).

5.5.3 Anspruch des einzelnen Wohnungseigentümers auf Instandhaltung

Der einzelne Wohnungseigentümer hat einen Anspruch auf Instandhaltung, den er gerichtlich geltend machen kann.

5.6 Bauliche Veränderungen/ Modernisierungsmaßnahmen

Bauliche Veränderungen, die ein einzelner Wohnungseigentümer durchführen möchte oder bereits ohne Zustimmung der Wohnungseigentümergemeinschaft durchgeführt hat, führen häufig zu langwierigen Streitigkeiten unter den Wohnungseigentümern. Dabei sind die Streitpunkte vielfältig: Sei es, dass ein Mehrheitseigentümer nach Gutdünken Umbaumaßnahmen am Gemeinschaftseigentum vornimmt oder die Wohnungseigentümer der Erdgeschosseinheiten die Gartengestaltung nach Belieben vornehmen, zum Beispiel Gartenhäuser aufstellen, Markisen anbringen und Terrassenflächen erweitern.

Bauliche Veränderungen können von den Wohnungseigentümern beschlossen werden, wenn jeder Wohnungseigentümer zustimmt, dessen Rechte durch die Maßnahme über das in §14 Nr. 1 WEG bestimmte Maß hinaus beeinträchtigt werden. Die Zustimmung ist nicht erforderlich, soweit die Rechte eines Wohnungseigentümers nicht beeinträchtigt sind.

5.6.1 Wann liegt eine bauliche Veränderung vor?

Leider hält das Gesetz eine Definition zum Begriff »bauliche Veränderungen« nicht bereit. Eine bauliche Veränderung fordert folgende Voraussetzung: Sie ist ein auf Dauer angelegter gegenständlicher Eingriff in die Substanz des Gemeinschaftseigentums, der nach Entstehung des Wohnungseigentums durchgeführt wurde und einen neuen Zustand/eine Umgestaltung des Gemeinschaftseigentums herbeigeführt hat.

Keine baulichen Veränderungen liegen daher in folgenden Fällen vor:

- Maßnahmen am Sondereigentum,
- erstmalige ordnungsgemäße Herstellung, das heißt vollständige Errichtung und Ausstattung des Gemeinschaftseigentums entsprechend dem Aufteilungsplan und den bauordnungsrechtlich genehmigten Bauplänen,
- Maßnahmen zur erstmaligen Herstellung einer Fernsprechteilnahmeeinrichtung, Rundfunk- und Fernsehempfangsanlage oder eines Energieversorgungsanschlusses nach §21 Abs. 5 Nr. 6 WEG,

Maßnahmen der Instandhaltung und Instandsetzung liegen dagegen in folgenden Fällen vor:

- Veränderungen an unbebauten Grundstücksteilen zur Umsetzung der Zweckbestimmung des Grundstücksteils, zum Beispiel Anbringen von Markierungsstreifen zur Herstellung einer Parkordnung auf den Kfz-Abstellflächen,

- Aufstellen einer Wäschespinne, die nicht fest und dauerhaft installiert ist; hier fehlt es an der dauerhaften Änderung,
- Auch das Aufstellen von Biertischen, Bänken und Schirmen, die mit dem Boden nicht fest verankert sind, stellen keine baulichen Veränderungen dar.

!

Beispiele: Bauliche Veränderungen

- Einbau eines Aufzugs,
- Aufstockung des Gebäudes,
- Anbau eines Balkons,
- Anbringung einer Verglasung am Balkon,
- Errichtung eines Wintergartens,
- Errichtung eines Carports,
- Aufstellen eines Gartenhäuschens,
- Anbringen von Markisen oder Rollläden,
- Umwandlung eines Müllcontainerplatzes in einen Parkplatz,
- Neuerrichtung von Sonnenkollektoren,
- Ausbau eines Speichers zu Wohnzwecken,
- Erweiterung einer Terrassenüberdachung nach Vergrößerung einer Terrasse.

Zur Begriffsbestimmung siehe auch die jeweiligen Stichwörter in Kapitel 7.

5.6.2 Welche Beschlusskompetenz haben die Wohnungseigentümer?

Die grundsätzliche Beschlusskompetenz bei baulichen Veränderungen liegt ebenfalls bei der Wohnungseigentümergemeinschaft und somit bei den einzelnen Wohnungseigentümern. Die Beschlusskompetenz ergibt sich aus §22 Abs. 1 WEG. Danach können bauliche Veränderungen, die über die ordnungsgemäße Instandhaltung des gemeinschaftlichen Eigentums hinausgehen, mehrheitlich beschlossen und verlangt werden. Allerdings müssen diejenigen Eigentümer zustimmen, deren Rechte über das in §14 WEG bestimmte Maß hinaus beeinträchtigt werden und die durch die bauliche Veränderung Nachteile erleiden. Ein Nachteil liegt regelmäßig vor, wenn Änderungen des optischen oder architektonischen Gesamteindrucks des Gebäudes beabsichtigt sind. In diesen Fällen können bauliche Veränderungen nur rechtmäßig beschlossen werden, wenn alle Eigentümer der Maßnahme zustimmen. Liegt ausnahmsweise keine Beeinträchtigung vor, ist deren Zustimmung entbehrlich; die bauliche Veränderung kann in diesem Fall mehrheitlich beschlossen werden. Nach überwiegender Rechtsprechung reicht die alleinige formfreie Zustimmung der beeinträchtigten Wohnungseigentümer aber nicht aus. Eine Zustimmung durch außerhalb der Eigentümerversammlung abgegebene Erklärungen ist damit ausgeschlossen (LG Berlin, 29.10.2010, 55 S 155/10 WEG, ZWE 2011, 181).

Nach der Rechtsprechung des LG München I (6.7.2015, 1 S 22070/14 WEG) ist eine isolierte Zustimmung außerhalb eines Beschlussverfahrens grundsätzlich bedeutungslos. Der BGH hat die Frage, ob eine Zustimmung formfrei möglich sein soll, in der Entscheidung vom 7.2.2014 (15 ZR 25/13) sowie in einer weiteren Entscheidung vom 28.10.2016 (5 ZR 91/16) offengelassen.

Das Gesetz stellt weiter darauf ab, dass eine bauliche Veränderung dann rechtmäßig vorgenommen werden kann, wenn sämtliche Wohnungseigentümer zugestimmt haben, die durch die Maßnahme über das in § 14 Nr. 1 WEG bestimmte Maß hinaus beeinträchtigt werden. Im Regelfall werden die Wohnungseigentümer durch bauliche Veränderungen, vor allem an der Außenfassade, beeinträchtigt, sodass die Zustimmung aller Wohnungseigentümer erforderlich ist.

Achtung: Bauliche Veränderung !

Vor der Durchführung einer baulichen Veränderung hat der Wohnungseigentümer die Beeinträchtigungen der Miteigentümer zu überprüfen. Kommt er zu dem Ergebnis, dass diese beeinträchtigt sind, hat er deren Zustimmung zur baulichen Veränderung einzuholen. Verfügt er über die Zustimmung, ist es erforderlich, dass der Wohnungseigentümer vor Durchführung der Eigentümerversammlung einen entsprechenden Antrag an den Hausverwalter übermittelt mit der Bitte um Aufnahme in die Ladung zur Eigentümerversammlung. Die geplante Baumaßnahme sollte in der Eigentümerversammlung von den jeweiligen Wohnungseigentümern unter Berücksichtigung der Belange der anderen Wohnungseigentümer vorgestellt werden.

Erleiden eines Nachteils/Zustimmungsbedürftigkeit

Für die Beurteilung der Zustimmungsbedürftigkeit der anderen Wohnungseigentümer zu der geplanten baulichen Veränderung ist es entscheidend, ob den anderen Wohnungseigentümern in vermeidbarer Weise Nachteile erwachsen. Dabei sind nur konkrete und objektive Beeinträchtigungen zu berücksichtigen. Unerhebliche Beeinträchtigungen genügen hierfür nicht. Es findet grundsätzlich keine Interessenabwägung zwischen den Vorteilen und den Nachteilen der baulichen Veränderungen innerhalb der Wohnungseigentümergemeinschaft statt.

Mögliche Beeinträchtigungen der Wohnungseigentümer können sein:

Nachteilige Veränderungen des optischen Gesamteindrucks
Eine nachteilige Veränderung des optischen Gesamteindrucks liegt vor allem in den Fällen vor, in denen der architektonische Gesamteindruck der Anlage verändert wird, so häufig bei Anbau einer Loggia bzw. bei Balkonverglasung oder beim Anbau von Markisen. Entscheidend ist hier lediglich, dass die Veränderung von außen sichtbar ist. Ob der einzelne Wohnungseigentümer die bauliche Veränderung aus seiner Wohnung wahrnehmen kann, ist dabei unerheblich (OLG Hamm, 21.10.1994, 15 W 275/94, WuM 1995, 220; OLG Zweibrücken, 21.11.2002, 3 W179/02, ZMR 2004, 60 ff.).

Ein häufiger Streitpunkt in der Wohnungseigentümergemeinschaft ist auch die Farbgebung der Außenfassade. Eine Beeinträchtigung kann hier darin liegen, dass die Fassade einheitliche und neutrale orange Streifen erhalten soll (LG München I, 20.9.2012, 36 S 1982/12 WEG).

Wenn mit der baulichen Maßnahme eine erhebliche optische Veränderung des gesamten Gebäudes einhergeht, ist ein Nachteil regelmäßig anzunehmen und die Zustimmung aller Wohnungseigentümer erforderlich (BGH, 14.12.2012, V ZR 224/11, ZWE 20136, 172).

Denn ob eine erhebliche optische Veränderung des Gebäudes ein Vor- oder ein Nachteil ist, können im Regelfall auch verständige Wohnungseigentümer unterschiedlich bewerten, selbst wenn die Maßnahme dem gängigen Zeitgeschmack entspricht. Die Minderheit muss sich dem Geschmack der Mehrheit nicht fügen (BGH, a.a.O.).

Zu prüfen ist allerdings, ob zum Beispiel andere Beschlusskompetenzen einschlägig sind, etwa für modernisierende Instandsetzungen (einfache Mehrheit) oder Modernisierungen nach §22 Abs. 2 WEG (doppelt qualifizierte Mehrheit). Sind derartige Beschlusskompetenzen eröffnet, so können unter Umständen auch bauliche Veränderungen mehrheitlich beschlossen werden, zum Beispiel der Ersatz von schadhaften massiven Balkonbrüstungen durch moderne Leichtmetallgeländer (OLG München, 14.11.2005, 34 Wx 105/05). In der Regel darf bei diesen Maßnahmen die Eigenart der Wohnanlage ebenfalls nicht verändert werden.

Unzulässige Nutzung
Eine zu beachtende Beeinträchtigung ist in den Fällen gegeben, in denen die bauliche Veränderung eine Nutzung ermöglicht, die der Zweckbestimmung des Sondereigentums widerspricht, zum Beispiel die Nutzung gewerblicher Räume zu Wohnzwecken.

Unter diese Gruppe fällt auch die häufig auftretende Problematik eines Spitzbodens. Dieser steht im Gemeinschaftseigentum und ist in der Regel nur von einer einzigen Wohnung aus erreichbar. Der Eigentümer dieser Wohnung hat nicht das Recht, den Spitzboden nach Belieben zu nutzen. Er darf ihn letztlich nur so nutzen, wie ihn die übrigen Wohnungseigentümer mitbenutzen dürften, wenn sie Zugang zum Spitzboden hätten. Daher darf ein Spitzboden allenfalls als Abstellraum benutzt werden. Die Lage des Spitzbodens berechtigt den Wohnungseigentümer nicht zu Baumaßnahmen, die eine Nutzung als Wohnraum oder wohnungsähnlichen Raum erlauben würden.

Weitere Fälle von nachteiligen Veränderungen:

- Beschränkung des Rechts auf Mitgebrauch des gemeinschaftlichen Eigentums,
- Lärm- und Geruchsemissionen, zum Beispiel Einbau von Klimageräten für den Betrieb einer Arztpraxis,
- Beeinträchtigung der Stabilität und statischen Sicherheit des Gebäudes,
- Beseitigung einer Einrichtung, die allen Wohnungseigentümern dient, zum Beispiel Schwimmbad, Aufzug,
- konkrete Erhöhung der Wartungs- und Reparaturanfälligkeit,
- Verstoß gegen öffentlich-rechtliche Vorschriften: Ein solcher Verstoß stellt jedoch nur dann eine zu beachtende Beeinträchtigung dar, wenn die öffentlich-rechtliche Vorschrift gerade den Schutz des einzelnen Wohnungseigentümers bezweckt. Wird hingegen die Rechtsstellung des Wohnungseigentümers durch einen Verstoß gegen öffentlich-rechtliche Vorschriften nicht beeinträchtigt, so ist dieser Verstoß unschädlich (BayObLG, 26.8.2004, 2 Z BR 88/04, NZM 2005, 109),
- Möglichkeit der intensiveren Nutzung,
- erschwerte Möglichkeit der Schadenserkennung,
- Gefährdung der Sicherheit anderer Wohnungseigentümer,
- Ungewissheit möglicher gesundheitlicher Beeinträchtigungen,
- gesteigerte Nutzungsfrequenz.

5.6.3 Häufige Fälle aus der Praxis

Wand- oder Deckendurchbruch

Vielfach gestalten die einzelnen Wohnungseigentümer ihr Sondereigentum um, entfernen Wände und schaffen Deckendurchbrüche, zum Beispiel auch in den Fällen, in denen ein Wohnungseigentümer zwei nebeneinanderliegende Wohnungen durch Wand- und Deckendurchbrüche verbindet und somit baulich eine Wohnung schafft.

Der Wohnungseigentümer schafft in diesen Fällen einen baulichen Zustand, der nicht der Teilungserklärung entspricht. Dies stellt jedoch noch keinen zu beachtenden Nachteil der anderen Wohnungseigentümer dar. Die Öffnung einer Trennwand hat jedoch bei einer tragenden Wand einen wesentlichen Einfluss auf die Substanz des Gemeinschaftseigentums. In diesen Fällen entsteht für die sonstigen Wohnungseigentümer nur dann kein zu beachtender Nachteil, wenn keine Gefahr für die konstruktive Stabilität des Gebäudes und dessen Brandsicherheit geschaffen wurde.

!

Tipp: Statikgutachten

Der einzelne Wohnungseigentümer hat daher beim Entfernen einer tragenden Wand darauf zu achten, dass er vor Durchführung der Baumaßnahme ein Statikgutachten einholt, um nachzuweisen, dass die Interessen der anderen Wohnungseigentümer nicht betroffen sind.

Etwas anderes gilt beim Entfernen von nicht tragenden Wänden. Hier scheidet ein Eingriff in die Substanz des Gemeinschaftseigentums aus und es fehlt an einer baulichen Veränderung.

Aufstellen von Parabolantennen

Mit der Frage, ob ein Wohnungseigentümer eine Parabolantenne auf dem Dach oder im Garten einer Wohnanlage befestigen darf, haben sich die Gerichte in der Vergangenheit bereits intensiv beschäftigen müssen.

Grundsätzlich stellt die Befestigung einer Parabolantenne auf dem Dach oder im Garten einer Wohnanlage regelmäßig eine bauliche Veränderung dar. Der Wohnungseigentümer darf eine derartige bauliche Veränderung daher nur vornehmen, wenn alle Wohnungseigentümer einverstanden sind. Die Zustimmung der anderen Wohnungseigentümer kann entbehrlich sein, wenn die Parabolantenne von außen nicht sichtbar ist und auch sonst ein Nachteil der übrigen Wohnungseigentümer nicht in Betracht kommt (OLG München, NZM 2006, 345).

Bauliche Veränderungen können durchgeführt werden, wenn jeder Wohnungseigentümer zugestimmt hat, dessen Rechte durch die Maßnahmen beeinträchtigt werden. Dies kann in Form eines Beschlusses geschehen. Die Zustimmung zu einer baulichen Veränderung ist an keine Form gebunden. Sie kann auf jede denkbare Weise erfolgen. Die Zustimmung kann auch konkludent durch schlüssiges Verhalten erfolgen.

5.6.4 Was ist eine »privilegierte Modernisierungsmaßnahme«?

Durch die Novelle des Wohnungseigentumsrechts wurde für die Wohnungseigentümer eine erweiterte Beschlusskompetenz für Modernisierungsmaßnahmen geschaffen. In der Vergangenheit war es nicht möglich, die Anpassung an einen modernen Standard ohne konkreten Instandsetzungsbedarf durch Mehrheitsbeschluss zu regeln. Jetzt können aufgrund der Neuregelung des Gesetzgebers Modernisierungen auch ohne konkreten Reparaturbedarf in den nachfolgend dargestellten Fällen durch eine doppelt qualifizierte Mehrheit (drei Viertel aller stimmberechtigten Wohnungseigentümer nach Köpfen und mehr als die Hälfte der Miteigentumsanteile) beschlossen werden (vgl. Kapitel 5.7.2).

Eine Modernisierung nach §22 Abs. 2 WEG liegt vor, wenn die Maßnahme der Anpassung des gemeinschaftlichen Eigentums an den Stand der Technik dient oder eine Modernisierung im Sinne des §555b Nr. 1–5 BGB gegeben ist. §555b BGB entstammt dem Bereich des Mietrechts. Danach sind Modernisierungsmaßnahmen bauliche Veränderungen,

- durch die nachhaltig Endenergie eingespart wird (energetische Modernisierung; §555b Nr. 1 BGB),
- durch die nicht erneuerbare Primärenergie nachhaltig eingespart wird oder das Klima nachhaltig geschützt wird (§555b Nr. 2 BGB),
- durch die der Wasserverbrauch nachhaltig reduziert wird (§555b Nr. 3 BGB),
- durch die der Gebrauchswert des gemeinschaftlichen Eigentums nachhaltig erhöht wird (§555b Nr. 4 BGB) oder
- durch die die allgemeinen Wohnverhältnisse auf Dauer verbessert werden (§555b Nr. 5 BGB).

Beispiele: Modernisierungen !

- Einbau einer Warmwasserversorgungsanlage,
- Einbau von Schallschutzfenstern,
- Verstärkung der Elektrosteigleitungen,
- Einbau einer Gegensprechanlage,
- Anbringung einer Wärmedämmung,
- Einbau von Kalt- oder Warmwasserzählern,
- Einbau einer Zentralheizung,
- Einbau einer Alarmanlage,
- Aufstellen von Fahrradständern.

Jedoch ist zu beachten, dass eine Modernisierung dann nicht vorliegt, wenn die Eigenart der Wohnanlage verändert wird oder eine Umgestaltung der Wohnanlage stattfindet. Die bisherige Rechtsprechung ist hierbei sehr streng und hat in folgenden Fallkonstellationen jeweils Modernisierungsmaßnahmen verneint:

Der Ausbau von Speicher zu Wohnraum stellt eine wesentliche Umgestaltung des inneren Bestands und damit der Eigenart der Wohnanlage im Sinne des § 22 Abs. 2 WEG dar (LG München I, 18.7.2013, 36 S 20429/12 WEG).

Das Anbringen von Balkonen stellt eine unzulässige Veränderung der Eigenart der Wohnanlage dar (LG Lüneburg, 31.5.2011, 9 S 75/10). Es handelt sich dabei um eine reine bauliche Veränderung, die nur beschlossen werden kann, wenn alle beeinträchtigten Wohnungseigentümer der Maßnahme zugestimmt haben. Nachdem die Anbringung von Balkonen in das optische Erscheinungsbild der Außenfassade eingreift, kann der Anbau von Balkonen nur beschlossen werden, wenn sämtliche Wohnungseigentümer dieser Maßnahme zugestimmt haben. Alle Maßnahmen, die zu einer Umgestaltung der Wohnanlage führen, etwa Anbau, Aufstockung, Abriss von Gebäudeteilen oder vergleichbare Änderungen, können daher nicht als Modernisierungsmaßnahme nach § 22 Abs. 2 WEG beschlossen werden (BGH, 11.11.2011, V ZR 65/11).

Die Anbringung von Außenrollos ist nach einem Hinweisbeschluss des LG München I (15.10.2015, 36 S 6846/14) eine bauliche Veränderung und keine Modernisierungsmaßnahme. Sie kann daher nicht lediglich mit der doppelt qualifizierten Mehrheit des § 22 Abs. 2 WEG beschlossen werden. Vielmehr handelt es sich nach der Entscheidung des LG München I um eine bauliche Veränderung. Die Anbringung von Außenrollos kann daher im Ergebnis nur beschlossen werden, wenn sämtliche Wohnungseigentümer hierfür ihre Zustimmung erteilt haben. Es könne dahinstehen, ob eine Gebrauchswerterhöhung durch Wärme-, Schall-, Licht- und Wetterschutz bzw. eine mögliche Energieeinsparung dazu führt, das erstmalige Anbringen von Außenrollos als Maßnahme anzusehen, die der Modernisierung entsprechend § 555b Nr. 1–5 BGB dient. Denn selbst wenn man dies bejahte, scheitert eine Modernisierung daran, dass mit einer für jeden Eigentümer freigestellten Anbringung von Außenrollos eine Änderung der Eigenart der Wohnanlage eintritt. Bei einer drohenden Uneinheitlichkeit, wie es in dem zugrunde liegenden Beschluss der Fall war, weil es jedem Eigentümer selbst überlassen blieb, ob er ein Außenrollo anbringt oder nicht, werde der optische Gesamteindruck erheblich nachteilig beeinträchtigt. Deshalb kann auch dann, wenn dem Grunde nach Modernisierungsmaßnahmen vorliegen, kein Beschluss dahingehend gefasst werden, dass es jedem Eigentümer überlassen bleibt, ob er die Maßnahme selbst durchführt oder nicht.

Der Einbau eines Personenaufzugs ist eine bauliche Veränderung, die nur mit der Zustimmung aller übrigen Wohnungseigentümer durchgeführt werden darf, selbst wenn der Eigentümer gehbehindert ist und sich verpflichtet, eine Haftpflichtversicherung abzuschließen. Ein Personenaufzug im Treppenhaus ändert nicht nur den optischen Gesamteindruck des gemeinschaftlichen Eigentums, sondern führt auch dazu, dass Platz im Treppenhaus (Gemeinschaftseigentum) verloren geht. Dies ist ein Nachteil im Sinne des §14 WEG. Eine solche Maßnahme kann daher nur beschlossen werden, wenn sämtliche Wohnungseigentümer zustimmen. Damit auch gehbehinderte Eigentümer ihre Wohnung erreichen können, wurde schon mehrfach entschieden, dass beispielsweise der Einbau eines Treppenlifts durch einen gehbehinderten Eigentümer beansprucht werden kann (LG Karlsruhe, 13.7.2012, 11 S 242/11, ZWE 2013, 37).

Im Rahmen der Prüfung eines Anspruchs auf Duldung einer solchen baulichen Veränderung sind unter dem Begriff des Nachteils gemäß §14 WEG betroffene Grundrechte der Wohnungseigentümer bezogen auf den konkreten Einzelfall gegeneinander abzuwägen (OLG München, 22.2.2008, 34 Wx 66/07, NJW-RR 2008, 1332). Nach einer Entscheidung des Bayerischen Oberlandesgerichts (25.9.2003, 2 Z BR 161/03) kann die Zustimmung der übrigen Wohnungseigentümer zum Einbau eines Treppenlifts entbehrlich sein, wenn die bauordnungsrechtlichen Belange gewahrt sind und die Gebrauchsmöglichkeiten des Treppenhauses für die übrigen Wohnungseigentümer nicht über das unvermeidliche Maß hinaus beeinträchtigt werden. In diesem Rahmen kann auch hinnehmbar sein, dass für den Einbau des Treppenlifts der vorhandene zweite Handlauf abmontiert werden muss (BayObLG, a.a.O.).

In diesem Fall sind den Eigentümern rechtzeitig vor der Beschlussfassung mögliche bauliche Alternativen darzustellen. Ansonsten fehlt es an einer ausreichenden Entscheidungsgrundlage. Wer die Duldung eines behindertengerechten Umbaus des Gemeinschaftseigentums begehrt, muss seine Behinderung, deren Auswirkungen und die beabsichtigten Baumaßnahmen im Einzelnen beschreiben und die bauordnungsrechtlichen Zulässigkeiten nachweisen (AG München, 5.7.2017, 482 C 26378/16 WEG).

5.7 Änderung des Kostenverteilungsschlüssels

§16 WEG regelt die Verteilung der Nutzungen, Lasten und Kosten des gemeinschaftlichen Eigentums zwischen den Wohnungseigentümern. Bis zur Änderung des Wohnungseigentumsgesetzes zum 1.7.2007 war eine Veränderung des Kostenverteilungsschlüssels gegenüber einer bereits bestehenden Vereinbarung durch Beschluss nicht möglich. Es bestand für die Wohnungseigentümerversammlung keine Beschlusskompetenz. Dies wurde vom Gesetzgeber durch §16 Abs. 3, 4 WEG geändert. Hierdurch wird das Selbstorganisationsrecht der Wohnungseigentümer gestärkt. Die Wohnungseigentümergemeinschaft hat nunmehr die Möglichkeit, auf Kostenungerechtigkeiten zu reagieren.

5.7.1 Welche Beschlusskompetenz haben die Wohnungseigentümer?

Die Wohnungseigentümergemeinschaft hat die Möglichkeit, abweichend von der Gemeinschaftsordnung eine Änderung der Verteilung der Betriebskosten des gemeinschaftlichen Eigentums oder des Sondereigentums im Sinne der mietrechtlichen Vorschriften des §556 Abs. 1 BGB und/oder die Kosten der Verwaltung durch einfachen Mehrheitsbeschluss zu ändern. Es muss sich dabei um Betriebskosten im Sinne des §556 Abs. 1 BGB oder Kosten der Verwaltung handeln.

Die Betriebskosten nach §556 BGB sind die Kosten, die der jeweilige Eigentümer auf einen möglichen Mieter nach §2 Betriebskostenverordnung (BetrKV) umlegen kann. Es muss sich um Betriebskosten des gemeinschaftlichen Eigentums oder des Sondereigentums handeln (vgl. Anlage §2 BetrKV im Wortlaut).

Soweit eine Abrechnung dieser Betriebskosten durch Dritte erfolgt, fehlt es an der Beschlusskompetenz der Wohnungseigentümer. Dies gilt für die Grundsteuer sowie Strom- und Gaslieferungen, die direkt an die einzelnen Wohnungen erfolgen.

Der Begriff »Kosten der Verwaltung« ist nach herrschender Meinung weit auszulegen und umfasst neben den Verwalterkosten die Kosten der Eigentümerversammlung und des Geldverkehrs.

Der Mehrheitsbeschluss der Wohnungseigentümergemeinschaft zur Änderung des Verteilungsschlüssels der oben genannten Betriebskosten und Kosten der Verwaltung setzt voraus, dass die Änderung am tatsächlichen Verbrauch, an der Verursachung oder einem anderen Maßstab ausgerichtet wird.

!

Tipp: Messeinrichtungen

Eine am Verbrauch orientierte Kostenverteilung ist immer dann möglich, wenn Messeinrichtungen vorhanden sind, zum Beispiel Wasseruhren.

Fehlen Messeinrichtungen, um den Verbrauch nach Verursachung zu erfassen, so können auch Zuordnungen nach der Verursachung bzw. dem Gebrauch vorgenommen werden, zum Beispiel bei Aufzugsanlagen, die nicht jedem Wohnungseigentümer die Nutzung ermöglichen, oder bei Tiefgaragenstellplätzen, die nicht von jedem Wohnungseigentümer genutzt werden können.

Gemäß § 16 Abs. 3 WEG kommen auch andere Maßstäbe in Betracht, zum Beispiel die Verteilung nach den Wohn- oder Nutzflächen, nach Personen oder nach der Anzahl der Wohnungen, zum Beispiel:

- Die Kosten der Verwaltung können nach Einheiten verteilt werden, da der Verwaltungsaufwand für unterschiedliche Einheiten gleich groß ist, egal ob diese zum Beispiel über 20 m^2 oder über 120 m^2 verfügen.
- Bei der Verteilung der Kosten nach Wohn- und Nutzflächen müssen auch Garageneinheiten miteinbezogen werden (vgl. LG München I, S 21214/14).
- Auch die Kosten des Kabelfernsehens können nach der Anzahl der Wohneinheiten verteilt werden.

Die Verteilung nach Personenzahl ist jedenfalls bei größeren Wohnanlagen kein praktikabler Maßstab. Dem Verwalter wird es regelmäßig nicht möglich sein, die jeweiligen Bewohner der Wohneinheiten festzustellen und hier ordnungsgemäß abzurechnen.

Nach der Rechtsprechung des BGH dürfen die Wohnungseigentümer bei der Änderung des Kostenverteilungsschlüssels jeden Maßstab wählen, der den Interessen der Gemeinschaft und der einzelnen Wohnungseigentümer angemessen ist und nicht zu einer ungerechtfertigten Benachteiligung Einzelner führt (BGH, 16.9.2011, V ZR 3/11, NZM 2012, 28).

Den Wohnungseigentümern wurde bei Änderung des Umlageschlüssels nach § 16 Abs. 3 WEG aufgrund ihres Selbstorganisationsrechts ein weiter Gestaltungsspielraum eingeräumt. Lediglich das Ob und das Wie der Änderung dürfen nicht willkürlich sein (BGH, 1.4.2011, V ZR 162/10, NZM 2011, 514). An die Auswahl eines angemessenen Kostenverteilungsschlüssels dürfen nicht zu strenge Anforderungen gestellt werden, weil sich jede Änderung des Verteilungsmaßstabs zwangsläufig auf die Kostenlast des einen oder des anderen Wohnungseigentümers auswirkt (BGH, a. a. O.). Eines sachlichen Grundes dahingehend, dass eine Änderung des Kostenverteilungsschlüssels nur in Betracht kommt, wenn der bisherige Kostenverteilungsschlüssel ungerecht war, bedarf es nicht.

Der BGH hat in dieser Entscheidung (1.4.2011, V ZR 162/10, NZM 2011, 514) die Umstellung des Kostenverteilungsschlüssels für die »hier in Rede stehenden

Betriebskosten« von der Wohnfläche auf Wohneinheiten grundsätzlich als unbedenklich erachtet: Schornsteinfeger, Emissionsmessung, Reinigung der Tiefgarage und Gehwege, Betriebskosten Tiefgarage, Kabelfernsehen und Verwaltungskosten.

Auch die Änderung des Kostenverteilungsschlüssels von Miteigentumsanteilen auf einen anderen Verteilungsschlüssel, etwa Wohn-oder Nutzfläche, ist dem Grunde nach nicht zu beanstanden. Der Verteilungsmaßstab darf aber nicht willkürlich sein (LG München I, 1 S 21214/14). In der Entscheidung hatte das LG München I über einen Beschluss zu befinden, der eine Änderung des Kostenverteilungsschlüssels von Miteigentumsanteilen auf Wohnflächen vorgesehen hatte. Die Änderung bezog sich aber nur auf die Wohnflächen. Deshalb waren nach dem Beschlussinhalt die Garageneinheiten von der Tragung der Betriebskosten ausgenommen. Hierfür gab es nach der Entscheidung des LG München I keinen nachvollziehbaren Grund, sodass die Änderung des Kostenverteilungsschlüssels willkürlich war und der Beschluss deshalb aufgehoben wurde.

!

Beispiele: Änderung des Verteilungsschlüssels

- In einer Wohnungseigentümergemeinschaft wird zusätzlicher Wohnraum durch den Dachgeschossausbau geschaffen. Die Gemeinschaftsordnung und der darin festgelegte Verteilungsschlüssel berücksichtigen die zusätzlich geschaffene Wohnfläche nicht. In derartigen Fällen besteht ein Grund zur Änderung des Verteilungsschlüssels nach Wohnfläche.
- Durch Beschluss der Wohnungseigentümergemeinschaft werden die Kosten der Müllentsorgung durch ein modernes Wiegesystem erfasst.

Beschluss nur mit Wirkung für die Zukunft?

Die Frage, ob die Änderung des Kostenverteilungsschlüssels rückwirkend erfolgen kann, hängt davon ab, ob eine Änderung im laufenden Wirtschaftsjahr oder in einem bereits abgeschlossenen Wirtschaftsjahr erfolgt. Für die letztgenannte Fallkonstellation hat der BGH entschieden, dass ein Wohnungseigentümer darauf vertrauen darf, dass die bis zu einer Änderung des Verteilungsschlüssels angefallenen Kosten nach dem bis dahin geltenden Schlüssel umgelegt werden. Deshalb darf in der Regel nicht in bereits abgeschlossene Abrechnungszeiträume rückwirkend eingegriffen werden. Dies gebietet der Vertrauensschutzgedanke. Die Abweichung hiervon kommt nur ausnahmsweise bei Vorliegen besonderer Umstände in Betracht, etwa wenn der bisherige Schlüssel unbrauchbar oder in hohem Maß unpraktikabel ist oder dessen Anwendung zu grob unbilligen Ergebnissen führt (BGH, 9.7.2010, V ZR 202/09). Hingegen kommt eine Änderung des Kostenverteilungsschlüssels im laufenden Wirtschaftsjahr in Betracht. Dass von der Beschlusskompetenz rückwirkende Regelungen ausgenommen sein sollen, lässt sich dem Gesetz nicht entnehmen. Eine solche Einschränkung widerspräche auch der im Gesetzgebungsverfahren betonten Stärkung der Privatautonomie der Wohnungseigentümer (BGH, a. a. O.).

Ein strenges Rückwirkungsverbot gilt nur für die Heiz- und Warmwasserkosten, nicht aber für die Änderung des Kostenverteilungsschlüssels für Betriebs- und Verwaltungskosten im laufenden Wirtschaftsjahr. Eine rückwirkende Änderung des Umlageschlüssels in einem abgelaufenen Wirtschaftsjahr entspricht in der Regel jedoch nicht den Grundsätzen ordnungsgemäßer Verwaltung (BGH, a. a. O.).

Unabänderbarkeit der Beschlusskompetenz
Die Beschlusskompetenz nach § 16 Abs. 3 kann weder durch die Gemeinschaftsordnung noch durch Vereinbarungen eingeschränkt werden. Die Neuregelung verleiht der Wohnungseigentümergemeinschaft die Kompetenz, Verteilungsschlüssel gegenüber den Regelungen der Gemeinschaftsordnung abzuändern.

Auch steht den Wohnungseigentümern das Recht zu, später über eine erneute Abänderung zu beschließen. Die von Gesetzes wegen eingeräumte Beschlusskompetenz wird nicht durch einen einmaligen Beschluss aufgebraucht.

Einfache Stimmenmehrheit
Eine Änderung des Kostenverteilungsschlüssels für die Betriebskosten nach § 556 Abs. 1 BGB und die Kosten der Verwaltung bedarf nur der einfachen Stimmenmehrheit.

Anspruch auf Änderung des Kostenverteilungsschlüssels für Betriebskosten und Kosten der Verwaltung

Den Wohnungseigentümern steht das Selbstorganisationsrecht zu, im Wege einer Ermessensentscheidung darüber zu beschließen, ob eine verbrauchsabhängige Abrechnung stattfinden soll. Im Einzelfall kann sich hier im Wege der Auslegung eine Ermessensreduktion auf null ergeben, sodass dem einzelnen Wohnungseigentümer ein Anspruch auf verbrauchsabhängige Kostenverteilung nach den Grundsätzen der ordnungsgemäßen Verwaltung zustehen kann.

Zu beachten ist aber, dass ein Wohnungseigentümer keinen Anspruch auf Befreiung von der Pflicht zur anteiligen Tragung von Kosten hat, wenn er bestimmte Einrichtungen nicht nutzt. Jeder Eigentümer muss in gleicher Weise auch dann für Betriebskosten aufkommen, wenn er beispielsweise Treppenhaus, Aufzug, Kinderspielplatz, Fahrradkeller, Waschmaschinen oder

Tischtennisräume nicht nutzt (BGH, 28.6.1984, VII ZB 15/83, NJW 1984, 2576). Es besteht kein Grundsatz dahingehend, dass ein Wohnungseigentümer Kosten für Einrichtungen nicht oder nur in einem geringeren Umfang zu tragen hat, wenn ihm diese persönlich keinen Nutzen bereiten (BGH, a. a. O.; LG Frankfurt/Main, 27.4.2017, 2 – 13 S 168/16, ZWE 2017, 315, für die Kosten der Müllentsorgung, die jeder Wohnungseigentümer unabhängig von der Möglichkeit der Benutzung zu tragen hat).

Dieser Anspruch ergibt sich aus §10 Abs. 2 Satz 3 WEG. Danach kann jeder Wohnungseigentümer die Anpassung des Kostenverteilungsschlüssels verlangen, soweit ein Festhalten an der geltenden Regelung aus schwerwiegenden Gründen unter Berücksichtigung aller Umstände des Einzelfalls, insbesondere der Rechte und Interessen der anderen Wohnungseigentümer, unbillig erscheint. Dies soll durch die Gesetzesbegründung gegeben sein, wenn die Wohn- oder Nutzfläche an dem für die Kostenverteilung maßgeblichen Miteigentumsanteil um mehr als 25% abweicht (KG Berlin, 14.6.2004, 24 W 32/04, NZM 2004, 549).

Eine starre Grenze hierfür gibt es nicht. Nur bei Vorliegen schwerwiegender Gründe kann jeder Wohnungseigentümer eine Anpassung der Kostenverteilung verlangen. Der BGH hat dies bei einer Kostenmehrbelastung von etwa 13% verneint (BGH, 11.6.2010, V ZR 174/09, NJW-Spezial 2010, 579).

5.7.2 Beschlusskompetenz bei Instandhaltung, Instandsetzung und baulichen Veränderungen

Die Novelle des Wohnungseigentumsgesetzes zum 1.7.2007 hat auch im Bereich der Instandhaltungen, Instandsetzungen und baulichen Veränderungen eine erweiterte Beschlusskompetenz der Wohnungseigentümer geschaffen. Nach dieser Regelung können die Wohnungseigentümer die Kosten für folgende Maßnahmen abweichend vom geltenden Kostenverteilungsschlüssel in der Gemeinschaftsordnung regeln (zu den Begriffsbestimmungen siehe Kapitel 7):

- Instandhaltung,
- Instandsetzung,
- modernisierende Instandsetzungen,
- bauliche Veränderungen,
- Modernisierungen,
- Anpassungen des Gemeinschaftseigentums an den Stand der Technik,
- Aufwendungen über die ordnungsgemäße Instandhaltung und Instandsetzung des gemeinschaftlichen Eigentums.

Die Beschlusskompetenz der Wohnungseigentümergemeinschaft besteht nur für einen konkreten Einzelfall der oben genannten Maßnahmen. Für generelle Regelungen, die über den Einzelfall hinausgehen, fehlt der Wohnungseigentümergemeinschaft die Beschlusskompetenz.

Beispiel: Beschlusskompetenz für den Einzelfall !

Die Wohnungseigentümergemeinschaft beschließt in einer Mehrhausanlage, dass künftig die Instandhaltungskosten je Haus gesondert abzurechnen sind. Sie kann sich bei derartigen Regelungen nicht auf ihre Beschlusskompetenz nach §16 Abs. 4 WEG stützen. Die Beschlusskompetenz reicht nur für den Einzelfall und muss im Zusammenhang mit der Beschlussfassung über eine Maßnahme der Instandhaltung, Instandsetzung, baulichen Veränderung etc. getroffen werden.

Wahl des Verteilungsschlüssels

Der abweichende Kostenverteilermaßstab muss sich am individuellen Gebrauch oder der Möglichkeit des Gebrauchs orientieren. In Abweichung zu der Änderung des Verteilungsschlüssels der Betriebskosten, bei der jeder Verteilermaßstab denkbar ist, der ordnungsgemäßer Verwaltung entspricht, sind die Möglichkeiten der abweichenden Kostenverteilung bei Instandhaltungs- und Instandsetzungskosten eingeschränkt.

Beispiele: Abweichende Kostenverteilung !

- Kosten des Neuanstrichs der Fenster verteilt nach deren Anzahl,
- Reparaturarbeiten an den Balkonen und Verteilung dieser Kosten nur auf Wohnungen, die über einen Balkon verfügen,
- Instandhaltungsarbeiten der Garagen oder Stellplätze und Verteilung dieser Kosten anhand der Wohnungen, die über einen Garagen- oder Stellplatz verfügen.

Ist ein Wohnungseigentümer alleiniger Nutzungsberechtigter, so eröffnet die Gesetzesnovelle auch die Beschlusskompetenz der Wohnungseigentümer, die Kosten der Instandsetzung und Instandhaltungskosten lediglich auf einen Nutzungsberechtigten zu verteilen.

Beschlussqualität

Die Änderung des Verteilungsschlüssels für die oben genannten Maßnahmen der Instandhaltung, Instandsetzung und baulichen Veränderungen bedarf einer doppelt qualifizierten Mehrheit:

- Es müssen drei Viertel aller stimmberechtigten Wohnungseigentümer der Änderung zustimmen und
- diese müssen mehr als die Hälfte aller Miteigentumsanteile auf sich vereinen.

Zur Bestimmung der Dreiviertelmehrheit: Jeder Wohnungseigentümer hat eine Stimme (qualifizierte Kopfmehrheit). Erforderlich ist zunächst die qualifizierte Kopfmehrheit von drei Vierteln aller, nicht nur der in der Versammlung vertretenen stimmberechtigten Wohnungseigentümer.

Weiter erforderlich ist die einfache Mehrheit aller Miteigentumsanteile. Fehlt es an der erforderlichen Stimmenzahl, so ist ein gleichwohl gefasster Mehrheitsbeschluss wirksam und bedarf der Anfechtung.

Die Einhaltung der qualifizierten Mehrheit soll verhindern, dass Großeigentümer die Wohnungseigentümergemeinschaft überstimmen. Sie dient also dem Minderheitenschutz.

Wie oben ausgeführt, ist Voraussetzung für die Änderung des Kostenverteilungsschlüssels bei Instandhaltungs- und Instandsetzungsmaßnahmen, dass der Beschluss sich auf einen konkreten Einzelfall bezieht. Daneben ist nach der Rechtsprechung des BGH (18.6.2010, V ZR 164/09) erforderlich, dass der Beschluss ordnungsgemäßer Verwaltung entspricht. Daran fehlt es, wenn die für den Einzelfall beschlossene Änderung des Kostenverteilungsschlüssels einen Anspruch der betroffenen Wohnungseigentümer auf Gleichbehandlung in künftigen Fällen auslöst und dadurch der allgemeine Kostenverteilungsschlüssel unterlaufen wird. Zugrunde lag folgender Sachverhalt: Im Rahmen einer sogenannten Mehrhausanlage, bestehend aus einer alten Villa und zwei Neubauten, haben die Eigentümer beschlossen, dass eine Dachsanierung der Altbauvilla zu erfolgen hat. Mit der doppelt qualifizierten Mehrheit nach § 16 Abs. 4 Satz 2 WEG wurde darüber hinaus beschlossen, dass nur die Eigentümer der in der Villa gelegenen Wohneinheiten die Kosten der Sanierung zu tragen haben. Der BGH hat hierzu entschieden, dass dieser Beschluss nicht ordnungsgemäßer Verwaltung entspricht, da durch den Beschluss dauerhaft – und nicht für den konkreten Einzelfall – die Kostenverteilung geändert werde. Ein solcher Beschluss führt nach Auffassung des BGH dazu, dass die Eigentümer der Altbauvilla die Sanierung ihres Dachs zunächst selbst zahlen müssen, jedoch im Fall der Sanierung der Dächer der Neubauten mitbezahlen müssten. Hierdurch wäre, so der BGH, das Prinzip der Gesamtverantwortung aller Wohnungseigentümer für Mängel am Gemeinschaftseigentum unterlaufen. Dies entspricht nicht ordnungsgemäßer Verwaltung (BGH, 18.6.2010, V ZR 164/09).

5.8 Hausordnung

In der Hausordnung regelt die Wohnungseigentümergemeinschaft die wesentlichen Grundzüge zur Aufrechterhaltung von Sicherheit und Ordnung und der Gewährleistung des Hausfriedens. Die Hausordnung enthält somit Gebrauchs- und Verwaltungsregelungen und kann grundsätzlich mit einfacher Mehrheit beschlossen werden.

5.8.1 Wie kann die Hausordnung geändert werden?

Bei Änderung oder Ergänzung einer Hausordnung ist Folgendes zu unterscheiden: Wurde die ursprüngliche Hausordnung durch einen Mehrheitsbeschluss erlassen, so kann sie auch durch einen Mehrheitsbeschluss geändert werden. Dies gilt nicht, wenn die Hausordnung durch eine Vereinbarung aller Eigentümer erlassen wurde. In diesen Fällen muss auch die Änderung durch eine Vereinbarung durchgeführt werden.

Tipp: Änderungen in der Hausordnung !

Werden Hausordnungen durch eine Vereinbarung der Wohnungseigentümer geregelt, so sollte diese unbedingt entsprechende Öffnungsklauseln enthalten, wonach Änderungen durch einen einfachen Mehrheitsbeschluss geregelt werden können.

Übertragung der Kompetenz zum Aufstellen der Hausordnung oder deren Änderung

Die Kompetenz der Wohnungseigentümergemeinschaft zur Aufstellung einer Hausordnung oder zu deren Änderung kann im Rahmen der Gemeinschaftsordnung durch Vereinbarung auf den Verwaltungsbeirat oder den Verwalter übertragen werden. Den Wohnungseigentümern steht jedoch jederzeit das Recht zu, eine vom Verwalter aufgestellte Hausordnung zu ändern oder aufzuheben.

Keine Drittwirkung

Die Hausordnung entfaltet nur gegenüber den Wohnungseigentümern Geltung, nicht jedoch gegenüber Dritten, zum Beispiel den Mietern von Wohnungseigentumswohnungen.

Tipp: Keine unmittelbare Drittwirkung !

Da die Hausordnung keine unmittelbare Drittwirkung entfaltet, sollte der vermietende Wohnungseigentümer unbedingt darauf achten, dass die Hausordnung der Gemeinschaft wirksamer Bestandteil des Mietvertrags wird.

5.8.2 Was darf in der Hausordnung stehen?

Der Gegenstand der Hausordnung darf nur den ordnungsgemäßen Gebrauch des gemeinschaftlichen Eigentums umfassen. Eine Regelung der Hausordnung, die den ordnungsgemäßen Gebrauch des Sondereigentums umfasst, ist nicht zulässig.

!

Achtung: Ausreichend bestimmte Regelungen

Es ist dringend darauf zu achten, dass die Regelungen der Hausordnung ausreichend bestimmt sind. Allgemeine Floskeln, zum Beispiel dass der Verwalter grobe Verstöße gegen die Hausordnung gerichtlich zu ahnden hat, sind mangels Bestimmtheit unter Umständen sogar nichtig (BayObLG, 13.12.2001, 2 Z BR 156/01, NZM 2002, 171). Auch dürfen die Regelungen der Hausordnung nicht gegen wesentliche Grundgedanken eines gesetzlichen Leitbildes verstoßen, beispielsweise eine verschuldensunabhängige Verursachungshaftung einführen (BayObLG, 13.12.2001, 2 Z BR 156/01, NZM 2002, 171).

Dürfen durch die Hausordnung den einzelnen Wohnungseigentümern Leistungspflichten auferlegt werden?

Eine persönliche Leistungspflicht, das heißt, eine Verpflichtung des Wohnungseigentümers durch Beschluss, zum Beispiel künftig die Räum- und Streupflicht mit anderen Wohnungseigentümern im Wechsel zu erfüllen, kann durch einfachen Mehrheitsbeschluss nicht begründet werden. Hierfür ist eine Vereinbarung erforderlich, zum Beispiel in der Gemeinschaftsordnung. Die Wohnungseigentümer verfügen über keine Beschlusskompetenz, dem einzelnen Wohnungseigentümer außerhalb der gemeinschaftlichen Kosten und Lasten Leistungspflichten aufzuerlegen (BGH, 9.3.2012, V ZR 161/11, ZWE 2012, 268; BGH, 18.6.2010, V ZR 193/09, NJW 2010, 2801). Dies gilt auch für anderweitige Leistungspflichten, etwa für Anspruchsbegründungen. Auch hierfür fehlt den Wohnungseigentümern die Beschlusskompetenz. Selbst wenn Ansprüche offenkündig gegen einen Einzeleigentümer bestehen, so kann der jeweilige Eigentümer nicht durch einen einfachen Mehrheitsbeschluss verpflichtet werden, solche Ansprüche zu erfüllen.

!

Beispiel: Schadensersatz von einzelnen Eigentümern

Den Wohnungseigentümern fehlt die Beschlusskompetenz darüber zu entscheiden, dass ein einzelner Wohnungseigentümer der Wohnungseigentümergemeinschaft Schadensersatz in einer bestimmten Höhe schuldet. Derartige Beschlüsse sind nichtig. Möglich ist nur, dass die Wohnungseigentümer in solchen Fällen beschließen, Schadensersatzansprüche gegen den Wohnungseigentümer gerichtlich – ggf. durch Einschaltung eines Rechtsanwalts – durchzusetzen. Der Anspruch als solches kann aber nicht begründet werden, da die Wohnungseigentümer hierüber keine Beschlussmacht haben.

Darf die Hausordnung Strafen vorsehen und Missverhalten sanktionieren?
Hierfür kommen vor allem sogenannte Vertragsstrafen in Betracht, die von dem Eigentümer im Fall eines Verstoßes gegen die Hausordnung zu bezahlen sind. Dies wird aber nur aufgrund einer Vereinbarung möglich sein, zum Beispiel im Rahmen der Gemeinschaftsordnung. Die Beschlusskompetenz hierfür ist zu verneinen (Jennißen, §21 Rn.61).

!

Beispiele: Regelungen in der Hausordnung

- Benutzungsregelungen zum gemeinschaftlichen Eigentum, zum Beispiel für Aufzüge, Treppenhäuser, Gänge und Grünflächen, die Waschküche, Trockenräume und Wäschetrockner, Regelungen über das Abstellen von Kinderwägen, Fahrrädern, Schuhen, Abstellen von Gegenständen im Treppenhaus, Öffnen und Schließen der Haus- und Hoftüren.
- Regelungen zum Schutz des Gemeinschaftseigentums, zum Beispiel Betrieb von Grillgeräten oder Verwendung von offenem Licht, Regelung zur Vermeidung der Frostgefahr.
- Regelungen zur Haustierhaltung: Hier ist zu beachten, dass der vollständige Ausschluss der Tierhaltung in einem einfachen Beschluss zur Hausordnung nicht geregelt werden kann. Die Tierhaltung kann nur mittels Vereinbarung ausgeschlossen werden. Das Halten von besonders gefährlichen Haustieren, zum Beispiel von Kampfhunden, Schlangen etc., kann jedoch durch einfachen Mehrheitsbeschluss ausgeschlossen werden.
- Häusliche Ruhe: In der Hausordnung kann eine absolutes Musizierverbot nicht geregelt werden. Derartige Regelungen sind unwirksam (BGH, 10.9.1998, V ZB 11/98, NJW 1998, 3713). Es können jedoch in der Hausordnung Ruhezeiten geregelt werden. Ebenso lassen sich Grenzwerte für die Lautstärke von akustischen Geräten niederlegen.

Die mehrheitlich beschlossene Hausordnung darf nur solche Regeln enthalten, die dem ordnungsgemäßen Gebrauch dienen. Darüber hinausgehende Eingriffe in das Sondereigentum sind nicht statthaft.

5.9 Entlastung des Verwalters

In der Praxis der Wohnungseigentümergemeinschaften findet sich noch immer auf der Einladung zur Wohnungseigentümergemeinschaft auch der Tagesordnungspunkt »Entlastung des Verwalters«. Eine Entlastung des Verwalters ist im Wohnungseigentumsgesetz nicht vorgesehen. Sie erfolgt durch Beschluss in der Eigentümerversammlung und dient der Vertrauenskundgebung der Wohnungseigentümergemeinschaft gegenüber dem Verwalter.

Erteilung der Entlastung

Die Entlastung des Verwalters kann ausdrücklich oder konkludent erfolgen. Vielfach wird die Meinung vertreten, dass in dem Beschluss über die Jahresabrechnung auch die Entlastung des Verwalters enthalten sei. Letztlich muss dies durch Auslegung ermittelt werden. Die Genehmigung der Jahresabrechnung führt nicht zwingend zur Entlastung des Verwalters (LG München I, 11.9.2014, 1 T 15087/14, ZMR 2015, 146).

Eine konkludente Verwalterentlastung ist nur dann gegeben, wenn sich hierfür im Rahmen der Beschlussauslegung entsprechende Anhaltspunkte finden. Maßgeblich sind der Beschlusswortlaut und auch der übrige Inhalt des Protokolls, ggf. auch die Ladung zur Eigentümerversammlung. Wenn beispielsweise im Tagesordnungspunkt bereits die Entlastung der Verwaltungsbeiräte angekündigt ist, kann dies zu einer konkludenten Entlastung des Verwalters führen. Allein die Beschlussfassung, dass der Verwaltungsbeirat entlastet wird, führt aber nicht dazu, dass hiermit automatisch der Verwalter entlastet wird. Letztlich ist die Frage, ob der Verwalter entlastet wurde, anhand der konkreten Umstände des Einzelfalls zu ermitteln. Diese Problematik ist deshalb von besonderer Bedeutung, da durch eine ausdrückliche – oder konkludente – Entlastung die Geschäftsführung der Verwaltung gebilligt wird.

Wirkung der Entlastung

Nach höchstrichterlicher Rechtsprechung bewirkt die Entlastung ein negatives Schuldanerkenntnis nach §397 Abs. 2 BGB, sodass den Wohnungseigentümern keine Ansprüche gegenüber dem Verwalter wegen solcher Vorgänge zustehen, die bekannt oder bei zumutbarer Sorgfalt erkennbar waren (BayObLG, 1.2.2001, 2 Z BR 122/00, NZM 2001, 388).

Die Entlastungswirkung kann sich jedoch nur auf solche Abrechnungspositionen in der Jahresabrechnung erstrecken, die sich in der Abrechnung niederschlagen. Die Entlastung erstreckt sich auch auf Entnahmen aus der Instandhaltungsrücklage.

Ein Entlastungsbeschluss berührt nicht individuelle Schadensersatzansprüche eines Wohnungseigentümers gegen den Verwalter, die sich auf Beschädigung seines Sondereigentums gründen. Die Wohnungseigentümer können nur über Schäden am gemeinschaftlichen Eigentum verfügen, sodass derartige Beschlüsse entweder das Sondereigentum nicht umfassen oder als nichtig anzusehen sind. Die Entlastung kann auch nicht Schadensersatzansprüche der Gemeinschaft wegen eines strafbaren Verhaltens des Verwalters ausschließen.

Die Entlastung befreit den Verwalter jedoch von der Pflicht, zur weiteren Klärung bereits beschlossener Vorgänge in der Jahresabrechnung beizutragen.

Anfechtbarkeit des Entlastungsbeschlusses
Die Verwalterentlastung kann unter folgenden Voraussetzungen erfolgversprechend angefochten werden: Der Eigentümerbeschluss über die Verwaltung entspricht nicht Grundsätzen ordnungsgemäßer Verwaltung, wenn bereits Ansprüche gegen den Verwalter erkennbar sind, zum Beispiel bei objektiven Pflichtverletzungen des Verwalters.

Stimmrecht des Verwalters
Der Verwalter, der gleichzeitig Wohnungseigentümer ist, ist bei einem Beschluss, durch den ihm für eine Jahresabrechnung oder Rechnungslegung Entlastung erteilt werden soll, nicht stimmberechtigt (Bärmann/Pick, WEG, §28 Rn.40).

5.10 Beschlüsse unter »Sonstiges« bzw. »Verschiedenes«

Der Tagesordnungspunkt »Verschiedenes«/»Sonstiges« lässt nur Beschlüsse über Gegenstände zu, die von untergeordneter Bedeutung sind und mit denen jeder Eigentümer vernünftigerweise noch rechnen durfte oder musste. Bei der Beurteilung der Frage nach der untergeordneten Bedeutung muss auf den Einzelfall abgestellt werden.

Beispiele: Keine untergeordnete Bedeutung !

- Beschluss über die Instandsetzung des Treppenhauses (OLG München, 19.9.2005, 34 Wx 76/05, NZM 2005, 825),
- Genehmigung der Errichtung einer Satellitenempfangsanlage,
- Festlegung der Vergütung des Hausmeisters,
- Vergabe von Gartenarbeiten.

Wird ein Beschlussgegenstand nur unzureichend angekündigt, hat der Beschluss dennoch Gültigkeit. Nach der herrschenden Meinung liegt hier ein formaler Beschlussmangel vor, der zur Anfechtbarkeit des Beschlusses führt.

6 Mehrhausanlage

Unter einer Mehrhausanlage versteht man eine Eigentümergemeinschaft, die aus mehreren Gebäuden – auch gemischt genutzten Gebäuden – besteht, zum Beispiel die Bebauung mit drei größeren Wohnkomplexen und einem gesonderten Tiefgaragenkomplex. Gerade bei unterschiedlicher Nutzung der einzelnen selbstständigen Gebäude besteht vielfach bei den Wohnungseigentümern eine unterschiedliche Interessenlage in Bezug auf die Nutzung und vor allem die Bewirtschaftung sowie die Kosten der Instandhaltung.

6.1 Das Wohnungseigentumsgesetz ist maßgebend

Trotz der unterschiedlichen Interessenlage ist das Wohnungseigentumsgesetz vollumfänglich anzuwenden. Dies bedeutet im Einzelnen:

- Es muss ein Verwalter bestellt werden.
- Die Eigentümerversammlung ist das oberste Verwaltungsorgan.
- Wirtschaftsplan und Jahresabrechnung sind zu erstellen.
- Ein Verwaltungsbeirat ist zu wählen.
- Die Eigentümergemeinschaft hat ein gemeinsames Konto.

6.2 Eigentümerversammlung

Selbst wenn die Wohnanlage der Eigentümergemeinschaft aus verschiedenen Gebäuden und Baukomplexen besteht, verbleibt es bei einer gemeinsamen Eigentümerversammlung. Sofern die Gemeinschaftsordnung keine Einzelregelungen enthält, sind alle Miteigentümer dieser Mehrhauseigentümergemeinschaft zur Eigentümerversammlung zu laden. Dies gilt auch dann, wenn teilweise nur Angelegenheiten eines oder einzelner Gebäude zur Beschlussfassung anstehen.

Achtung: Teilversammlungen !

Lässt die Gemeinschaftsordnung es zu, dass Teilversammlungen einer genau abgrenzbaren Gruppe von Wohnungseigentümern abgehalten werden, so ist dies nicht zu beanstanden, wenn die zugewiesenen Angelegenheiten allein die abgegrenzte Gruppe von Wohnungseigentümern betreffen. Derartige Teilversammlungen sind jedoch nur in einem eng umgrenzten Umfang zulässig. Es darf nicht sein, dass die übrigen Eigentümer dadurch von einer Angelegenheit, die sie betrifft, ausgeschlossen werden.

Eine Teilversammlung ist zulässig, sofern dies in der Gemeinschaftsordnung vereinbart ist. Ist in der Gemeinschaftsordnung lediglich eine wirtschaftliche Trennung der einzelnen Gebäude vorgesehen, folgt daraus noch nicht zwangsläufig die Zulässigkeit von Teilversammlungen (Rüscher, ZWE 2015, 237). Sogenannte echte Untergemeinschaften bestehen nur dann, wenn die Teilungserklärung oder Gemeinschaftsordnung der Mehrhausanlage Vereinbarungen über die getrennte Bewirtschaftung und Verwaltung einzelner Gebäude oder Baukörper der Mehrhausanlage enthält. Allein die Existenz einer Mehrhausanlage führt noch nicht zu einer Bildung und Existenz von Untergemeinschaften (Rüscher, a.a.O.).

6.3 Kostentrennung

Da auch die Mehrhausanlage eine normale Eigentümergemeinschaft darstellt, sind über die Rechnungslegung und den Wirtschaftsplan sowie die Kostenverteilung gemeinschaftliche Beschlüsse zu treffen. In die Abrechnung sind sämtliche Kosten – für alle Gebäude oder Grundstücke – einzustellen und entsprechend dem Verteilungsschlüssel aufzuteilen. Gerade in diesem Bereich kommt der Regelung des §16 Abs. 3 WEG – erweiterte Beschlusskompetenz der Wohnungseigentümergemeinschaft bei der Kostenverteilung – eine besondere Bedeutung zu (vgl. Kapitel 5.7).

Nach dieser Bestimmung ist es bei Mehrhausanlagen nunmehr möglich, mit einfacher Mehrheit über die Verteilung der Betriebskosten des Gemeinschafts- sowie des Sondereigentums und der Kosten der Verwaltung abweichend vom Gesetz oder einer Vereinbarung zu beschließen. Ein derartiger Mehrheitsbeschluss muss jedoch den Grundsätzen ordnungsgemäßer Verwaltung entsprechend und als Maßstab der Kostenverteilung muss der Verbrauch oder die Verursachung herangezogen werden.

Getrennte Kostenregelung in der Gemeinschaftsordnung

Sehen Gemeinschaftsordnungen von Mehrhausanlagen bereits eine unterschiedliche Verteilung der Lasten und Kosten vor, so ist dies zu beachten. In der Praxis finden sich hier vielfach Regelungen, die die Kosten nach dem Verursachungsprinzip den einzelnen Gebäuden zuordnen.

Wenn nach der Gemeinschaftsordnung einzelne Untergemeinschaften über die Verteilung bestimmter Kosten zu entscheiden haben, ohne dass vorgesehen ist, dass die Untergemeinschaften eigenständige Jahresabrechnungen erstellen, so empfiehlt sich folgendes dreistufiges Vorgehen (LG München I, 2.6.2014, 1 S 3223/12):

- Genehmigung der Gesamtjahresabrechnung und Zuweisung bestimmter Kosten zu den Untergemeinschaften durch die Gesamtgemeinschaft entsprechend den Vorgaben der Gemeinschaftsordnung
- Verteilung der zugewiesenen Kosten durch die jeweiligen Untergemeinschaften
- Genehmigung der Einzeljahresabrechnungen durch die Gemeinschaft unter Übernahme der durch die Untergemeinschaft vorgegebenen Kostenverteilung für die der Untergemeinschaft zugewiesenen Kosten

6.4 Stimmrecht

Auch hinsichtlich des Stimmrechts gilt, dass die Wohnungseigentümergemeinschaft einer Mehrhausanlage eine normale Eigentümergemeinschaft ist und grundsätzlich jedem Wohnungseigentümer ein Stimmrecht zusteht. Etwas anderes gilt nur dann, wenn die Gemeinschaftsordnung hier abweichende Regelungen vorsieht, die zum Beispiel festlegen, dass bei bestimmten Angelegenheiten, die nur ein Gebäude betreffen, etwa die Instandhaltung eines Gebäudes, nur diejenigen Eigentümer stimmrechtsberechtigt sind, die auch Eigentümer des infrage stehenden Gebäudes sind. Die Stimmrechtsbeschränkung auf bestimmte Gebäudeteile ist jedoch nur dann zulässig, wenn die betroffenen Eigentümer die Kosten der zu beschließenden Maßnahme allein zu tragen haben.

Stehen Maßnahmen zum Beschluss an, die alle Miteigentümer betreffen, zum Beispiel Instandhaltung der Gartenanlage, Anstellung und Abberufung des Hausmeisters oder Wahl und Bestellung des gemeinsamen Verwalters, sind alle Miteigentümer der Mehrhausanlage stimmberechtigt.

6.5 Verwaltung

Eine Mehrhausanlage hat einen gemeinsamen Verwalter. Dieser wird durch die Beschlussfassung aller Miteigentümer der beschlussfähigen Eigentümerversammlung bestellt.

7 Die Eigentümerversammlung von A bis Z

Abrechnung

Die Jahresabrechnung wird vom Verwalter erstellt und von der Eigentümergemeinschaft durch Mehrheitsbeschluss in der Eigentümerversammlung genehmigt. Es handelt sich hierbei um eine Einnahmen-Ausgaben-Rechnung, bei der das Zu- und Abflussprinzip gilt. Die Abrechnung ist nach Ablauf des Wirtschaftsjahres nach ungefähr weiteren drei bis spätestens sechs Monaten (vgl. OLG Düsseldorf, 17.4.2002, 3 Wx 8/02; LG Landau/Pfalz, 1.9.2016, 3 S 26/16; Bärmann, Kommentar WEG, §28 Rn. 58 m. w. N.) zunächst dem Verwaltungsbeirat zur Belegprüfung sowie anschließend der Eigentümerversammlung zur Beschlussfassung vorzulegen. Jedem einzelnen Miteigentümer steht ein individueller Anspruch auf Abrechnung zu (OLG Saarbrücken, 9.11.2009, 5 W 204/09).

Die Abrechnungsperiode umfasst grundsätzlich das Kalenderjahr. Das kann geändert werden, indem die Wohnungseigentümer eine vom Kalenderjahr abweichende Wirtschaftsperiode vereinbaren. Das ist allerdings jedenfalls dauerhaft nicht im Wege der Beschlussfassung möglich, denn der Eigentümerversammlung fehlt dafür die Beschlusskompetenz.

Die Jahresabrechnung besteht aus einer Aufstellung der Ausgaben und Einnahmen. Zur Aufteilung der Ausgaben und Einnahmen auf die einzelnen Wohnungseigentümer ist der nach der Gemeinschaftsordnung geltende Kostenverteilungsschlüssel oder, sofern diese keinen enthält, der gesetzliche Kostenverteilungsschlüssel gemäß §16 WEG anzuwenden. Neben der Gesamtabrechnung erhält jeder Wohnungseigentümer eine Einzelabrechnung (siehe »Einzelabrechnung«) sowie eine Heizkosteneinzelabrechnung (siehe »Heiz- und Warmwasserkosten«).

Sollte eine fehlerhafte Jahresabrechnung dennoch von der Eigentümerversammlung beschlossen werden, ist es erforderlich, den Genehmigungsbeschluss binnen Monatsfrist beim zuständigen Amtsgericht anzufechten, da anderenfalls die Abrechnung bestandskräftig wird und eine Korrektur von Fehlern nicht mehr möglich ist.

Falls der Verwalter im Lauf oder zum Ende eines Wirtschaftsjahres oder Kalenderjahres ausscheidet, hat der neue Verwalter die Abrechnung, wenn sie in dem Zeitpunkt seiner Bestellung fällig ist, für diesen Zeitraum zu erstellen (BayObLG, 20.12.1994, 2Z BR 106/94).Anders formuliert: Es muss derjenige Verwalter die Jahresabrechnung aufstellen, der bei Fälligkeit der Abrechnung Amtsinhaber ist (LG Landau/Pfalz, 1.9.2016, 3 S 26/16).

Zur Jahresabrechnung siehe Kapitel 5.3.

Abstimmung

Die Beschlussfassung in der Wohnungseigentümergemeinschaft erfolgt durch Abstimmung über den Beschlussantrag. Gesetzliche Regelungen zum Verfahren der Abstimmung existieren nicht. Wenn nicht bereits die Gemeinschaftsordnung eine Vereinbarung zum Abstimmungsverfahren enthält, können die Wohnungseigentümer hierzu einen sogenannten Geschäftsordnungsbeschluss fassen. Hierin können die Wohnungseigentümer das Verfahren der Abstimmung regeln, beispielsweise die Reihenfolge der Fragen nach Zustimmung, Ablehnung oder Enthaltung, die Reihenfolge der Beschlussanträge, die Wahl einer geheimen Abstimmung mittels Stimmzetteln oder einer offenen Abstimmung mit Stimmkarten oder Handzeichen. Liegt eine Vereinbarung oder ein Geschäftsordnungsbeschluss nicht vor, so entscheidet der Versammlungsvorsitzende über Fragen zum Verfahren der Abstimmung nach pflichtgemäßem Ermessen.

Das Abstimmungsergebnis wird durch Auszählung der abgegebenen Ja- und Nein-Stimmen sowie Enthaltungen vom Versammlungsvorsitzenden ermittelt. Stimmenthaltungen haben keinen Einfluss auf das Abstimmungsergebnis. Entscheidend für die Frage, ob ein Beschlussantrag angenommen ist, ist, dass die Anzahl der abgegebenen Ja-Stimmen die Nein-Stimmen übersteigen.

Weitere Informationen finden sich im Kapitel 2.3.3.

Anfechtung von Beschlüssen

Werden bei einer Eigentümerversammlung Beschlüsse gefasst, können sich Wohnungseigentümer, die der Meinung sind, diese seien fehlerhaft, durch Anfechtung dagegen wehren. Anfechtungsberechtigt ist jeder Wohnungseigentümer, der als solcher im Grundbuch eingetragen ist, unabhängig davon, ob er an der Eigentümerversammlung teilgenommen hat oder nicht. Ein Wohnungseigentümer verliert seine Beschlussanfechtungsbefugnis nicht schon deshalb, weil er in der Versammlung für den von ihm angefochtenen Beschluss gestimmt hat, da aus einer solchen Zustimmung nicht auf einen rechtsgeschäftlichen Verzichtswillen geschlossen werden kann (LG Dortmund, 28.2.2013, 11 S 232/12). Auch der Verwalter ist berechtigt, Beschlüsse anzufechten, zum Beispiel den Beschluss über seine Abberufung. Ein Beschluss wird vom Gericht dann für ungültig erklärt, wenn er formell oder materiell rechtswidrig ist. Solange dies nicht erfolgt ist, bleibt er gültig und muss vom Verwalter vollzogen werden. Das bedeutet, dass die Erhebung einer Anfechtungsklage keine aufschiebende Wirkung hat.

Beschlüsse können nur binnen einer Frist von einem Monat (§46 Abs. 1 Satz 2 HS 1 WEG) durch Erhebung einer Anfechtungsklage beim zuständigen Amtsgericht (Wohnungseigentumsgericht) angefochten werden, um sie auf ihre Ordnungsmäßigkeit hin überprüfen zu lassen. Örtlich und sachlich ausschließlich zuständig ist das Amtsgericht des Belegenheitsorts der Wohnanlage. Eine Anfechtungsklage muss stets gegen die »übrigen« Wohnungseigentümer und nicht etwa gegen die teilrechtsfähige Wohnungseigentümergemeinschaft gerichtet werden. Wird die Frist von einem Monat nicht eingehalten, werden die in der Eigentümerversammlung gefassten Beschlüsse bestandskräftig und es kann nicht mehr gegen sie vorgegangen werden.

Weiter gilt, dass die Anfechtungsklage innerhalb einer weiteren Frist von zwei Monaten nach der Beschlussfassung zu begründen ist. Wird die Frist zur Klagebegründung versäumt, muss die Anfechtungsklage ohne weitere sachliche Prüfung als unbegründet abgewiesen werden (§46 Abs. 1 Satz 2 HS 2 WEG). Die Anfechtungsfrist beginnt mit dem Tag der Beschlussfeststellung in der Wohnungseigentümerversammlung ohne Rücksicht darauf, ob der Kläger an dieser teilgenommen oder sonst Kenntnis von dem Beschluss erlangt hat (LG München I, 13.1.2014, 1 S 1817/13). Nur in Ausnahmefällen kann bei unverschuldetem Fristversäumnis die sogenannte Wiedereinsetzung in den vorigen Stand gewährt werden (§233 ff. ZPO).

Beschlüsse können dann angefochten werden, wenn ihnen formelle oder materielle Fehler anhaften. Zu den formellen Beschlussmängeln zählen zum Beispiel diese:

- Die Ladungsfrist zur Eigentümerversammlung von zwei Wochen wird nicht eingehalten.
- Ein Eigentümer oder mehrere wurden nicht zur Versammlung eingeladen.
- Beschlussunfähigkeit.
- Es wird ein Beschluss gefasst, obwohl der Beschlussgegenstand nicht auf der Tagesordnung angekündigt wurde.
- Ein wichtiger Beschluss wird unter dem Punkt »Verschiedenes/Sonstiges« gefasst.
- Stimmrechtsausschlüsse (siehe »Stimmrecht«) wurden nicht berücksichtigt oder zu Unrecht vorgenommen.
- Es lag ein Verstoß gegen den Grundsatz der Nichtöffentlichkeit der Versammlung wegen Teilnahme dritter Personen vor.

Bei den formellen Beschlussmängeln ist zu beachten, dass eine Anfechtungsklage in der Regel keinen Erfolg haben wird, wenn feststeht, dass der Beschluss bei ordnungsgemäßer Handhabung genauso gefasst worden wäre.

Die Rechtsfolge bei erfolgreicher Anfechtung ist, dass das Gericht den Beschluss für ungültig erklärt. Eine Ausnahme gilt für sogenannte nichtige Beschlüsse. Nichtig ist ein Beschluss, der gegen eine Rechtsvorschrift verstößt, auf deren Einhaltung rechtwirksam nicht verzichtet werden kann (§23 Abs. 4 WEG). Solche Beschlüsse entfalten per se keine Rechtswirkung und müssen nicht erst angefochten werden.

Anwesenheitsliste

Zu Beginn der Eigentümerversammlung ist festzuhalten, welche Eigentümer an der Versammlung teilnehmen bzw. sich vertreten lassen. Anhand dieser Anwesenheitsliste kann der Versammlungsvorsitzende ermitteln, ob die Versammlung beschlussfähig ist, das heißt, ob gemäß §25 Abs. 3 WEG die erschienenen stimmberechtigten Wohnungseigentümer mehr als die Hälfte der Miteigentumsanteile vertreten.

Lässt sich ein Wohnungseigentümer durch eine dritte Person vertreten, so sollte dies vermerkt und die Vollmacht der Anwesenheitsliste beigefügt werden. Ferner ist in der Anwesenheitsliste unter Angabe des Zeitpunkts zu vermerken, wenn ein Teilnehmer die Versammlung vorzeitig verlässt. Ist dies der Fall, muss der Versammlungsvorsitzende vor der nächsten Beschlussfassung erneut die Beschlussfähigkeit der Versammlung feststellen.

Bei der Beschlussfassung dient die Anwesenheitsliste dem Versammlungsvorsitzenden der exakten Feststellung des Abstimmungsergebnisses.

Aufbewahrung von Unterlagen

Die handels- und steuerrechtlichen Vorschriften zur Dauer der Aufbewahrungspflichten in Bezug auf Belege und Buchhaltungsunterlagen sind auf Wohnungseigentümer entsprechend anzuwenden, um die entsprechenden Vorgänge noch eine gewisse Zeit zurückverfolgen zu können. Der Verwalter ist daher verpflichtet, sämtliche Unterlagen, die im Zusammenhang mit der Verwaltung des gemeinschaftlichen Eigentums stehen, aufzubewahren. Insoweit gilt für Jahresabrechnungen, Wirtschaftspläne, Buchungsbelege und Kontounterlagen eine Aufbewahrungspflicht von zehn Jahren, für Schriftverkehr, Geschäftspost und sonstige Verwaltungsunterlagen von sechs Jahren (§257 Handelsgesetzbuch [HGB], §147 Abgabenordnung [AO]). Diese Fristen betreffen die Wohnungseigentümergemeinschaft, aber nicht zwingend den Verwalter. Ein Mehrheitsbeschluss, der zugunsten des Verwalters eine kürzere Aufbewahrungsfrist einräumt, kann dahingehend ausgelegt werden, dass nach deren Ablauf die Unterlagen an die Gemeinschaft auszuhändigen sind. Wird der Verwalter hingegen durch Beschluss ermächtigt, die Unterlagen vorzeitig zu vernichten, ist dieser Beschluss wegen Verstoßes gegen zwingendes Recht nichtig (OLG München, 20.3.2008, 34 Wx 46/07, 34 Wx 046/07). Soweit die gesetzlichen Aufbewahrungsfristen beachtet werden, können die Wohnungseigentümer über die Dauer der Aufbewahrung durch mehrheitliche Beschlussfassung entscheiden.

Wichtige Unterlagen, darunter zum Beispiel Teilungserklärung, Gemeinschaftsordnung, Abgeschlossenheitsbescheinigung, Aufteilungspläne, Versammlungsprotokolle, Beschlusssammlung sowie alle Unterlagen, die auf Dauer für die Verwaltung des gemeinschaftlichen Eigentums von Bedeutung sind, müssen unbefristet aufbewahrt werden.

Auftragsvergabe

Aufträge zur Durchführung von Instandhaltungsmaßnahmen werden in der Regel nach erfolgter Beschlussfassung der Eigentümergemeinschaft in der Eigentümerversammlung vergeben. Sodann ist der Verwalter aufgrund seiner Pflicht zum Vollzug von Beschlüssen gehalten, entsprechende Aufträge an dritte Personen oder Unternehmen zu erteilen. Lediglich bei kleineren und untergeordneten Maßnahmen im Rahmen der laufenden Verwaltung ist eine vorherige Beschlussfassung entbehrlich. Darunter fällt unter anderem die Beschaffung von kleineren Arbeitsgeräten, Kleinteilen oder Betriebsmitteln, zum Beispiel Putzmittel für die Hausreinigung. Die Kosten hierfür können der Instandhaltungsrücklage entnommen werden.

Größere Aufträge

Außergewöhnliche und nicht dringliche Aufträge größeren Umfangs im Namen der Wohnungseigentümergemeinschaft bedürfen stets der Beschlussfassung (BGH, 21.10.1976, VII ZR 193/75; OLG Hamm, 19.10.1994; 12 U 47/94). Bei dringenden Instandhaltungs- oder Instandsetzungsmaßnahmen, die keinen Aufschub dulden, ist der Verwalter aber gemäß §27 Abs. 1 Nr. 3 und §27 Abs. 3 Nr. 4 WEG verpflichtet, diese auch ohne vorherige Beschlussfassung zu veranlassen. Um dringende Fälle handelt es sich, wenn aufgrund der Eilbedürftigkeit eine vorherige Einberufung und Ladung zur Eigentümerversammlung und Beschlussfassung nicht möglich ist (BayObLG, 27.3.1997, 2Z BR 11/97). Im Rahmen der grundsätzlichen Verkehrssicherungspflicht der Wohnungseigentümergemeinschaft und im Sinne der Gefahrenabwehr treffen den Verwalter hier unter Umständen gesonderte Pflichten, entsprechende Maßnahmen und Vorkehrungen ggf. selbstständig und in eigener Regie zu beauftragen und zu verantworten.

Vertragspartner
Grundsätzlich wird bei der Auftragsvergabe der Verband der Wohnungseigentümergemeinschaft im Sinne des §10 Abs. 6 WEG Vertragspartner des jeweiligen Auftragnehmers. Vergibt der Verwalter einen Auftrag ohne entsprechende Beschlussfassung der Eigentümergemeinschaft, tritt er in der Regel im eigenen Namen auf und trägt damit nach den Regelungen der Geschäftsführung ohne Auftrag das Risiko der persönlichen Haftung in vollem Umfang, sofern die Wohnungseigentümergemeinschaft eine größere Maßnahme nicht beschlossen hat und auch nicht nachträglich genehmigt (BGH, 21.10.1976, VII ZR 193/75). In solchen Fällen wird der Verwalter unter Umständen gegenüber der Wohnungseigentümergemeinschaft bzw. den betroffenen Sondereigentümern schadensersatzpflichtig. Allerdings kann hier ein Anspruch des Verwalters auf nachträgliche Genehmigung bestehen, sofern er nach den Regeln der Geschäftsführung ohne Auftrag im berechtigten Interesse der jeweils Betroffenen gehandelt hat (BayObLG, 10.4.2002, 2Z BR 70/01).

Überwachung
Nach erfolgter Auftragsvergabe ist der Verwalter nicht gleichzeitig Bauleiter oder Aufsichtsperson, da er vordergründig nur für die wirtschaftlichen Belange der Gemeinschaft zuständig und eben gerade kein technischer Sachverständiger ist. Allerdings ergibt sich aus §27 WEG dann die Verpflichtung zur Überwachung der beauftragten Firmen sowie zur Abnahme der entsprechenden Gewerke, wenn der Verwalter hierfür entweder vertraglich oder durch besondere Beschlussfassung der Wohnungseigentümergemeinschaft extra verpflichtet wurde (KG Berlin, 19.10.1998, 24 W 4300/98).

Auskunftspflicht des Verwalters

Den Verwalter treffen gegenüber der von ihm aufgrund seiner Bestellung vertretenen Wohnungseigentümergemeinschaft Auskunftspflichten im Sinne des §666 BGB aus dem Verwaltervertrag. Die entsprechenden Auskünfte sind in der Regel im Rahmen der Eigentümerversammlung zu erteilen. Das gilt vor allem für Angelegenheiten, über die die Wohnungseigentümer durch Beschluss entscheiden können (§23 Abs. 1 WEG). Das bedeutet, dass der Verwalter grundsätzlich nur gegenüber der Wohnungseigentümergemeinschaft, die sich zur Willensbildung in der Eigentümerversammlung trifft, an sich rechenschaftspflichtig ist. Die Auskunftspflicht des Verwalters ist im Wohnungseigentumsgesetz nicht gesondert oder näher geregelt.

Neben den allgemeinen Auskunftsansprüchen der Wohnungseigentümergemeinschaft kommt ein Individualanspruch der Miteigentümer auf Auskunft durch den Verwalter in Betracht, wenn dies nach Treu und Glauben angesichts der Umstände des Einzelfalls geboten erscheint und der einzelne Wohnungseigentümer ein berechtigtes Interesse und nachweisbares individuelles Bedürfnis hat. Daher besteht ein individueller Auskunftsanspruch eines jeden Miteigentümers gegenüber dem Verwalter, wenn es sich um Angelegenheiten handelt, die ausschließlich den Miteigentümer selbst betreffen (BGH, 11.2.2011, V ZR 66/10). Dies umfasst insbesondere Auskünfte über Namen und Anschriften sämtlicher übriger Wohnungseigentümer, darüber hat der Verwalter wahrheitsgemäß Auskunft zu geben (OLG Saarbrücken, 29.8.2006, 5 W 72/06).

Gegenüber sonstigen Dritten, zum Beispiel Mietern oder Kaufinteressenten, ist der Verwalter grundsätzlich nicht zur Auskunft über Angelegenheiten der Wohnungseigentümer und damit der Wohnungseigentümergemeinschaft verpflichtet und auch nicht berechtigt. Etwas anderes gilt, wenn der veräußernde oder vermietende Miteigentümer den Verwalter ausdrücklich dazu ermächtigt hat, dem Mieter oder Kaufinteressenten Einsicht in die Unterlagen zu geben. Das gilt sogar für den Fall, dass die Teilungserklärung einen Vorbehalt der Verwalterzustimmung zur Veräußerung von Teileigentum enthält.

Wenn der Verwalter Auskunft erteilt, hat er sich an die Vorschriften des Bundesdatenschutzgesetzes (BDSG) zu halten, das gemäß §1 Abs. 2 BDSG auch im nicht öffentlichen Verkehr gilt, soweit dort Daten in Dateien oder aus Dateien im Geschäftsbetrieb für berufliche/gewerbliche Zwecke verarbeitet oder genutzt werden.

Außerordentliche Eigentümerversammlung

Neben der ordentlichen Eigentümerversammlung, die nur einmal jährlich stattfindet, kann bei besonderen Verwaltungsbelangen und eilbedürftigen Entscheidungsprozessen eine außerordentliche Versammlung erforderlich werden. Dies entscheidet der Verwalter nach den Grundsätzen ordnungsmäßiger Verwaltung nach §21 Abs. 4 WEG. Unter anderem kann unter folgenden Umständen eine außerordentliche Eigentümerversammlung einberufen werden:

- Probleme bei einer beschlossenen und aktuell stattfindenden Reparaturmaßnahme, die einen erheblichen Kostenmehraufwand bewirken,

- dringende Sonderumlage,
- anstehende Entscheidung, ob ein Rechtsmittel eingelegt oder ob ein gerichtlicher Vergleich geschlossen werden soll,
- Abschluss von Verwalter- oder Hausmeisterverträgen nach Kündigung.

Es ist üblich und zulässig, dass dem Verwalter bei Durchführung einer außerordentlichen Eigentümerversammlung eine Sondervergütung zugebilligt wird. Allerdings hat er hierauf nur Anspruch, wenn dies im Verwaltervertrag so vorgesehen ist oder durch einen entsprechenden Beschluss genehmigt wurde. Ruft der Verwalter die Versammlung grundlos ein, so riskiert er, für die nutzlos entstandenen Kosten aufkommen zu müssen. (Es ist üblich und zulässig, dass dem Verwalter bei Durchführung einer außerordentlichen Eigentümerversammlung eine Sondervergütung zugebilligt wird. Allerdings hat er hierauf nur Anspruch, wenn dies im Verwaltervertrag so vorgesehen ist oder durch einen entsprechenden Beschluss genehmigt wurde. Ruft der Verwalter die Versammlung grundlos ein, so riskiert er, für die nutzlos entstandenen Kosten aufkommen zu müssen, BayObLG, 4.11.1993, 2Z BR 89/93.)

Bauliche Veränderung

Eine bauliche Veränderung ist jede Umgestaltung des Gemeinschaftseigentums, die vom Aufteilungsplan oder früheren Zustand des Gebäudes nach Fertigstellung abweicht und über die ordnungsgemäße Instandhaltung und Instandsetzung hinausgeht. Dies setzt eine auf Dauer angelegte gegenständliche Veränderung des Gemeinschaftseigentums voraus, was jedoch nicht bedeutet, dass zwingend eine feste Verbindung mit dem Grundstück oder einem Bauteil vorhanden sein muss. Erforderlich ist allein, dass der Gegenstand dauerhaft in seiner Position verbleiben soll, zum Beispiel auf Balkon oder Terrasse.

Eine bauliche Veränderung im Sinne von §22 Abs. 1 WEG kann erst nach Entstehen der Wohnungseigentümergemeinschaft vorgenommen werden, weil §22 Abs. 1 WEG das Vorhandensein einer Wohnungseigentümergemeinschaft voraussetzt. Es muss also wenigsten eine werdende Wohnungseigentümergemeinschaft existieren. Werden bauliche Maßnahmen bereits vor diesem Zeitpunkt, zum Beispiel noch vom teilenden Eigentümer in Abweichung von der Teilungserklärung durchgeführt, können die Wohnungseigentümer die erstmalige Herstellung eines ordnungsgemäßen Zustands verlangen oder, nachdem keine bauliche Veränderung im Sinne des Gesetzes vorliegt, mit Mehrheit über diesen geänderten Status quo entscheiden. Veränderungen oder Umbauten im Sondereigentum, zum Beispiel die Entfernung von Innentüren, der

Durchbruch einer nicht tragenden Innenwand, die Entfernung oder Änderung des Bodenbelags (ohne Estrich), stellen keine bauliche Veränderung dar, da sie sich ausschließlich auf das Sondereigentum beziehen.

Schließlich muss die bauliche Maßnahme die ordnungsgemäße Instandhaltung oder Instandsetzung des gemeinschaftlichen Eigentums gemäß §21 Abs. 3 WEG überschreiten. Wenn eine wesentliche Baumaßnahme geplant ist, die zur Umgestaltung des gemeinschaftlichen Eigentums führt, liegt dennoch keine bauliche Veränderung im Sinne von §22 Abs. 1 WEG vor, wenn sich diese Maßnahme im Rahmen einer ordnungsgemäßen Instandhaltung und Instandsetzung des Gemeinschaftseigentums bewegt. Für die Abgrenzung der baulichen Veränderung von Maßnahmen der Instandsetzung und Instandhaltung ist darauf abzustellen, ob der ursprüngliche Zustand erhalten oder wiederhergestellt oder ob darüber hinausgehend ein neuer und geänderter Zustand geschaffen werden soll.

Beispiele: Bauliche Veränderungen !

- Anbau eines Aufzugs (BayObLG, 23.7.1992, 2Z BR 39/92; AG Konstanz, 13.3.2008, 12 C 17/07; LG München I, 23.6.2014, 1 S 13821/13; BGH, 13.1.2017, V ZR 96/16).).
- Anbau eines Balkons (LG Lüneburg, 31.5.2011, 9 S 75/10, bei unbilliger Benachteiligung; BayObLG .1994, 2 Z BR 125/93). Verglasung von Balkonen oder Loggien (BayObLG, 4.11.1993, 2 Z BR 89/93; OLG Düsseldorf, 20.1.1995, 3 Wx 483/94, ggf. jedoch Abgrenzung zur Modernisierung gemäß §22 Abs. 2 WEG; so auch AG Hannover, 26.10.2010, 483 C 3145/10).
- Anbringen einer Parabolantenne am Gemeinschaftseigentum.
- Anbringen von Außenrollläden/Außenjalousien (BayObLG, 14.3.1991, BReg. 2 Z 168/90; OLG Düsseldorf, 10.7.1995, 3Wx 99/95, ggf. aber Abgrenzung zur Modernisierung nach §22 Abs. 2 WEG, wenn an sämtlichen Fenstern der Wohnanlage Außenrollläden/Außenjalousien angebracht werden sollen); Außenjalousien an der Rückseite des Baukörpers im obersten Stockwerk stellen im Einzelfall nur eine belanglose, nicht erhebliche Beeinträchtigung der Mitwohnungseigentümer dar (LG Aurich, 18.12.2015, 4 S 188/15).
- Ausbau eines Speichers zu Wohnzwecken.
- Errichtung Außenkamin (OLG Köln, 11.2.2000, 16 Wx 9/00).
- Beseitigen von Bäumen, wenn sie den Gesamteindruck der Wohnanlage prägen (OLG Düsseldorf, 30.4.2003, 3 Wx 97/03).
- Bei der ersatzlosen Fällung eines Baums ist eine bauliche Veränderung im Sinne von §22 Abs. 1 WEG nur dann anzunehmen, wenn der zu fällende Baum für die Gartenanlage prägenden Charakter hat (OLG Schleswig, 3.5.2007, 2 W 25/07). Eine 90-jährige Roteiche mit einer Höhe von 28 Metern und einem Kronendurchmesser von 26 Metern prägt – bei einem Laubbaumbestand von lediglich drei Laubbäumen auf dem streitgegenständlichen Grundstück (Buche, Kastanie und Roteiche) – den Charakter der Gartenanlage sicherlich entscheidend mit. Auch

bei Annahme einer fehlenden Prägung der Roteiche für die Gartenanlage mit der Folge einer fehlenden baulichen Veränderung im Sinne von §22 Abs. 1 WEG wäre der Beschluss zur Fällung für ungültig zu erklären. Denn er entspräche dann jedenfalls nicht ordnungsgemäßer Verwaltung im Sinne des §21 Abs. 3, 4 WEG, da eine ordnungsgemäße Instandsetzung nach §21 Abs. 5 Nr. 2 WEG in diesem Fall nicht vorläge (OLG Düsseldorf, 30.4.2003, I-3 Wx 97/03). Die Beseitigung des Baums ohne Ersatzanpflanzung stellt auch keine Instandsetzung des Baums dar. Diese Maßnahme ist demzufolge im Rahmen des §21 Abs. 5 Nr. 2 WEG ausnahmsweise nur dann gerechtfertigt, wenn von dem Baum eine Gefahr ausgeht und weniger einschneidende Gefahrenabwehrmaßnahmen als die Fällung nicht gegeben sind, was hier aufgrund der über die nächsten Jahre gewährleisteten Bruchfestigkeit des Baums zu verneinen ist (OLG Köln, 25.2.2000, 16 Wx 29/2000; LG Berlin, 2.2.2016, 53 S 69/15).

- Aufstellen von Blumentrögen auf gemeinschaftlichen Flächen (BayObLG, 12.9.2002, 2Z BR 21/02).
- Bohrungen durch gemeinschaftliche Außenwände.
- Errichtung eines Carports (BayObLG, 14.11.2002, 2 Z BR 107/02).
- Dachfenster, nachträglicher Einbau (OLG Karlsruhe, 14.1.1985, 11 W 102/84).
- Fällen von Bäumen, wenn mit den zu fällenden Bäumen (hier: zwei große Kiefern) gerade nicht geplant wurde, nur zwei Bäume aus einer Baumgruppe zu entfernen, was ohne spürbare Auswirkungen auf die Gesamtoptik bleiben kann, sondern wenn zwei gezielt von Architekten als Gartengestalter geplante und gepflanzte sowie gepflegte Bäume, die nicht nachweislich krank sind, zum Fällen vorgesehen werden. (AG Hamburg-Blankenese, 18.5.2016, 539 C 32/15).
- Funkantenne auf dem Dach (BGH, 24.1.2014, V ZR 48/13; BayObLG, 23.5.1996, 2Z BR 19/96).
- Fassadenneuanstrich, der das Gesamterscheinungsbild des Gebäudes verändert (LG München I, 20.9.2012, 36 S 1982/12).
- Garten- oder Gewächshäuser (BayObLG, 17.12.1987, BReg. 2 Z 84/87; OLG Oldenburg, 11.3.1997, 5 W 18/97, BayObLG, 26.7.2001, 2 Z BR 73/01; LG Düsseldorf, 9.10.2001, 24 S 203/91).
- Errichtung eines Grillplatzes.
- Anschluss eines Kamins oder Kaminofens an einen gemeinschaftlichen Schornstein (BayObLG, 7.8.1997, 2 Z BR 62/97).
- Katzennetz auf einem Balkon (OLG Zweibrücken, 9.3.1998, 3 W 44/98).
- Aufstellen einer Kinderschaukel (strittig; siehe auch Kinderspielplatz).
- Anbringung einer Parabolantenne (BGH, 22.1.2004, V ZB 51/03).
- Anbau einer Markise oder Pergola (LG Frankfurt/Main, 30.4.2014, 2-13 S 38/13; BayObLG, 11.9.1985, BReg. 2 Z 63/85, KG Berlin, 1.4.1987, 24 W 5286/86; a. A. OLG Düsseldorf, 6.9.1989, 3 Wx 191/89, wenn sich die Markise unauffällig in die Optik des Gesamtgebäudes einpasst).
- Verlegung einer Mülltonnenanlage.
- Die Anlage einer Terrasse sowie die Erweiterung eines Plattenbelags (BayObLG, 25.11.1997, 2 Z BR 99/97; OLG Celle, 28.11.2001, 4 W 203/01).
- Terrassenüberdachung (BGH, 7.2.2014, V ZR 25/13).

- Aufstellen eines Trampolins (LG Hamburg, 27.1.2016, 318 S 5/15).
- Verglasung einer Loggia oder von Balkonen.
- Errichtung von Sandkasten und Schaukel (LG Frankfurt/Main, 12.6.2014, 2-9 S 79/13).
- Einbau eines Treppenhauslifts, jedoch ggf. Duldungspflicht, um den barrierefreien Zugang für behinderte Wohnungseigentümer zu gewährleisten (OLG München, 12.7.2005, 32 Wx 051/05).
- Anbringung einer Videokamera (OLG München, 11.3.2005, 32 Wx 002/05; a.A. KG Berlin, 26.6.2002, 24 W 309/01, im Klingeltableau).
- Errichtung eines Wintergartens (BayObLG, 5.11.1993, 2 Z BR 83/93; OLG Düsseldorf, 2.9.1992, 3 Wx 175/92).
- Der Austausch einer Stahltür gegen eine Tür mit verglasten Elementen sowie der Abbau von Fenstergittern stellen jeweils eine einfache bauliche Veränderung dar; diese Maßnahmen allein führen nicht zu einer intensiveren Nutzung oder einem sonstigen nicht hinnehmbaren Nachteil im Sinne des §14 Nr. 1 WEG und müssen im Einzelfall geduldet werden (LG Hamburg, 1.3.2017, 318 S 62/16).
- Bringt der Gewerberaummieter eine von der Wohnungseigentümergemeinschaft nicht genehmigte Klimaanlage in der von ihm angemieteten Teileigentumseinheit sichtbar an der Gebäudefassade an, ist er zu deren Beseitigung verpflichtet, da es sich um eine genehmigungsbedürftige bauliche Veränderung handelt (LG Berlin, 25.11.2016, 85 S 103/15 WEG).
- Eine bauliche Veränderung im Sinne des §22 Abs. 1 WEG ist die gegenständliche Umgestaltung des gemeinschaftlichen Eigentums durch Eingriff in die Substanz oder die Veränderung des Erscheinungsbildes des gemeinschaftlichen Eigentums. Eine Veränderung des Erscheinungsbildes des gemeinschaftlichen Eigentums kann – wie vorliegend – durch eine gut sichtbare Bretterwand erfolgen. Mangels einer Legalisierung der ursprünglichen baulichen Maßnahme allein durch Verjährung stellt jede Veränderung an der baulichen Maßnahme – vorliegend Ersetzung von Pfosten und nicht nur völlig untergeordnete Reparaturmaßnahmen an der ursprünglichen Bretterwand – einen erneuten Eingriff dar, der erneut zu einem Beseitigungsanspruch führt (vgl. LG Frankfurt/Main, 30.4.2014, 2-13 S 38/13; LG München I, 10.11.2016, 36 S 5792/16 WEG).
- Das Anlegen eines bzw. einer mit Steinplatten und Pflastersteinen befestigten Weges oder Terrasse auf einer Rasenfläche stellt eine bauliche Veränderung im Sinne von §22 Abs. 1 WEG dar. Ein Substanzeingriff ist keine Voraussetzung für das Vorliegen einer baulichen Veränderung im Sinne von §22 Abs. 1 WEG, wenn die Umgestaltung auf Dauer angelegt ist. Eine Beeinträchtigung der übrigen Wohnungseigentümer besteht infolge der intensiveren Nutzung des Mitgebrauchsrechts am Garten durch die Verlegung der Steinplatten. Insoweit wird dort faktisch ein Sondernutzungsrecht ausgeübt (LG Berlin, 13.9.2016, 53 S 107/15).
- Bei der Aufstellung eines Whirlpools auf der Dachterrasse einer Eigentumswohnung ist angesichts des Gewichts der Befüllung mit 1.000 Liter Wasser von einer Verbundenheit mit dem Untergrund auszugehen, weshalb auch aufgrund der Ausmaße der Installation auf der Dachterrasse im Ergebnis eine Umgestaltung des Gemeinschaftseigentums vorliegt, die als bauliche Veränderung im Sinne von §22 Abs. 1 WEG bewertet werden muss, sodass eine Zustimmung der

betroffenen anderen Wohnungseigentümer erforderlich ist. Unabhängig davon stellen die mit dem Betrieb des Whirlpools verbundenen Lärmimmissionen einen Nachteil dar, der das in §14 Nr. 1 WEG bestimmte Maß übersteigt, wenn von dem Whirlpoolmotor ein dunkler Brummton wahrnehmbar ausgeht, der sich als störend und dem schützenswerten Ruhebedürfnis der anderen Wohnungseigentümer zuwiderlaufend auswirkt (LG Stuttgart, 11.5.2016, 19 S 66/15).

Die Regelung in der Teilungserklärung »Jeder Wohnungseigentümer ist berechtigt, (...) sein Wohnungseigentumsrecht nebst Sondernutzungsrechten nach seinen Wünschen um- oder auszubauen, und zwar auch dann, wenn dadurch in das Gemeinschaftseigentum eingegriffen wird, sofern die übrigen Wohnungseigentümer hierdurch nicht unzumutbar auf Dauer beeinträchtigt werden« ist dahingehend auszulegen, dass nur solche baulichen Maßnahmen bzw. Veränderungen von dieser Regelung gedeckt sind, die an oder innerhalb der vorhandenen Gebäudehülle vorgenommen werden, nicht aber solche, die durch den Abbruch nebst Neuerrichtung von Außenmauern eine neue Form des Baukörpers schaffen (LG Hamburg, 29.2.2012, 318 S 236/10).

Gemäß §22 Abs. 1 WEG können bauliche Veränderungen und Aufwendungen, die über die ordnungsmäßige Instandhaltung und Instandsetzung des gemeinschaftlichen Eigentums hinausgehen, beschlossen oder verlangt werden, wenn jeder Wohnungseigentümer zustimmt, dessen Rechte durch die Maßnahme über das in §14 Nr. 1 WEG bestimmte Maß hinaus beeinträchtigt werden. Zunächst ist daher eine klare Abgrenzung zwischen Maßnahmen der ordnungsmäßigen Instandhaltung und Instandsetzung, die der mehrheitlichen Beschlussfassung unterliegen, und darüber hinausgehende Maßnahmen, bei denen ausdrücklich auf das Erfordernis der Zustimmung der beeinträchtigten Eigentümer abzustellen ist, erforderlich. Im Weiteren müssen bauliche Veränderungen von Modernisierungsmaßnahmen und Anpassungen des Gemeinschaftseigentums an den Stand der Technik nach §22 Abs. 2 WEG abgegrenzt werden. Maßnahmen, die eine Modernisierung darstellen, können durchaus auch eine bauliche Veränderung bedeuten. Umgekehrt werden einige Maßnahmen, die eine bauliche Veränderung darstellen, als Modernisierungsmaßnahme zu qualifizieren sein.

Die Art der Maßnahme entscheidet darüber, welche Mehrheit für den Beschluss erforderlich ist. Bei einem Beschluss über eine Modernisierungsmaßnahme nach §22 Abs. 2 WEG reicht die sogenannte doppelt qualifizierte Mehrheit aus. Dahingegen kann bei baulichen Veränderungen durchaus die Zustimmung aller Eigentümer erforderlich sein, wenn die Maßnahme sämtliche Eigentümer beeinträchtigt. Grundsätzlich reicht für eine bauliche Veränderung nach §22 Abs. 1 WEG jedoch ein einfacher Mehrheitsbeschluss aus, wenn diejenigen Eigentümer zustimmen, die durch die Maßnahme beeinträchtigt werden. Handelt es sich beispielsweise um eine Maßnahme an der Außenfassade und verändert diese den optischen Gesamteindruck des Anwesens, so sind regelmäßig die Interessen aller Eigentümer betroffen und alle müssen zustimmen. Soll eine bauliche Veränderung durchgeführt werden, die nur einem Wohnungseigentümer ausschließlich oder überwiegend zugutekommt, ist dieser grundsätzlich nicht von seinem Stimmrecht ausgeschlossen (BayObLG, 25.9.2003, 2Z BR 161/03).

Stimmen dem Beschluss nicht alle Eigentümer zu, zum Beispiel weil der ein oder andere bei der Versammlung gar nicht anwesend ist, kommt dennoch ein Mehrheitsbeschluss zustande, der in Bestandskraft erwächst, wenn er nicht binnen Monatsfrist gerichtlich angefochten wird. Das bedeutet: Hat ein Wohnungseigentümer einer ihn benachteiligenden baulichen Veränderung nicht zugestimmt und ist ein Mehrheitsbeschluss dennoch zustande gekommen, muss er den Beschluss gerichtlich anfechten, da dieser anderenfalls wirksam wird und auch den benachteiligten Wohnungseigentümer bindet (§10 Abs. 5 WEG). In diesem Fall kann eine Beseitigung der baulichen Veränderung nicht mehr verlangt werden. Dies gilt auch für den Rechtsnachfolger eines Wohnungseigentümers, er ist ebenfalls an den Beschlussinhalt gebunden.

Hinweis: Form der Zustimmung !

Ob die Zustimmung zu einer baulichen Veränderung formlos, also nicht im Beschlusswege, erfolgen kann, ist strittig und wurde auch in letzter Entscheidung des BGH (7.2.2014, V ZR 25/13, m.w.N.) nicht abschließend geklärt.

Kommt bei einem Beschlussantrag über eine bauliche Veränderung zwar ein Mehrheitsbeschluss zustande, stimmen aber nicht alle beeinträchtigten Wohnungseigentümer zu, so ist der Versammlungsleiter nicht verpflichtet, den Beschluss positiv zu verkünden (LG München I, 27.4.2009, 1 S 19129/08; a.A. AG Oberhausen, 22.12.2009, 34 C 55/09). Das Mehrheitserfordernis ist nicht erfüllt, wenn bei baulichen Veränderungen und erforderlicher Allstimmigkeit Gegenstimmen beeinträchtigter Wohnungseigentümer gegeben sind. Nur bei Allstimmigkeit darf der Verwalter als Versammlungsvorsitzender einen Positivbeschluss verkünden. Es ist anderenfalls nicht ermessensfehlerhaft, dem Verwalter die Kosten des Verfahrens im Fall einer Anfechtungsklage (anteilig) aufzuerlegen (LG Bamberg, 16.4.2015, 11 T 8/15).

Sieht die Gemeinschaftsordnung vor, dass bauliche Änderungen der Zustimmung des Verwalters bedürfen, ist diese Regelung regelmäßig dahingehend auszulegen, dass dieses Erfordernis zusätzlich zur und nicht anstelle der Zustimmungspflicht der Eigentümer nach §22 Abs. 1 und §14 Nr. 1 WEG besteht (LG München I, 20.6.2011, 1 S 23256/10).

Nach dem Gesetzeswortlaut können bauliche Veränderungen nicht nur beschlossen, sondern auch verlangt werden, zum Beispiel wenn ein Eigentümer einen Anspruch auf Zustimmung zu einer baulichen Veränderung geltend macht. Dies kann gegeben sein, wenn die konkrete Maßnahme die übrigen Wohnungseigentümer nicht beeinträchtigt oder eine Verpflichtung zur Duldung der baulichen Veränderung besteht, etwa bei Maßnahmen, die behinderten Menschen barrierefreies Wohnen ermöglichen. In einem solchen Fall kann der Wohnungseigentümer einen entsprechenden Antrag zur Tagesordnung stellen, um die erforderliche Beschlussfassung herbeizuführen. Wird der Beschlussantrag abgelehnt, liegt ein sogenannter Negativbeschluss vor, der angefochten werden kann. Im gerichtlichen Anfechtungsverfahren wird dann überprüft, ob der jeweilige Eigentümer einen Anspruch auf Zustimmung zur baulichen Veränderung hat. Die Vorbefassung in einer Eigentümerversammlung ist jedoch grundsätzlich erforderlich und nur dann entbehrlich, wenn sie dem die Zustimmung verlangenden Eigentümer nicht zugemutet werden kann, weil im konkreten Fall zweifelsohne keinerlei Nachteil im Sinne von §14 Nr. 1 WEG vorliegt, oder wenn davon auszugehen ist, dass die übrigen Wohnungseigentümer die Zustimmung in der Versammlung verweigern werden (LG München I, 16.11.2009, 1 S 4964/09).

Wurde die Maßnahme zunächst als bauliche Veränderung qualifiziert, ist in einem weiteren Schritt zu überprüfen, ob für die übrigen Wohnungseigentümer hieraus Nachteile oder Beeinträchtigungen im Sinne von §14 Nr. 1 WEG resultieren. §14 WEG regelt, dass jeder Wohnungseigentümer von seinem Sondereigentum und dem gemeinschaftlichen Eigentum nur in solcher Weise Gebrauch machen darf, dass dadurch keinem der anderen Wohnungseigentümer über das bei einem geordneten Zusammenleben unvermeidliche Maß hinaus ein Nachteil erwächst. Einwirkungen der Miteigentümer hat ein Wohnungseigentümer jedoch dann zu dulden, wenn sie Folge des zulässigen Gebrauchs des Sonder- oder Gemeinschaftseigentums sind.

Ob ein Nachteil im Sinne von §14 Nr. 1 WEG vorliegt, hängt nicht allein davon ab, ob es sich um eine erhebliche Beeinträchtigung oder Gefährdung handelt. Es genügt, wenn die Beeinträchtigung nicht ganz unerheblich sowie konkret und objektiv feststellbar ist. Als Maßstab dient hierbei die Verkehrsanschauung. Einen objektiven Nachteil bewirkt eine Maßnahme, durch die sich ein Wohnungseigentümer nach der Verkehrsanschauung verständlicherweise beeinträchtigt fühlen kann. Eine nur subjektiv als störend empfundene Veränderung oder eine geringfügige Beeinträchtigung reicht nicht aus. Die Frage der nachteiligen Beeinträchtigung ist regelmäßig im Rahmen baulicher Veränderungen zu überprüfen. Als Nachteile gemäß §14 Nr. 1 WEG gelten insbesondere die folgenden Faktoren.

Beeinträchtigungen der konstruktiven Stabilität und Sicherheit der gemeinschaftlichen Gebäudeteile, Anlagen und Einrichtungen
Bei Eingriffen in konstruktive, tragende Gebäudeteile, zum Beispiel bei einem Wand- oder Deckendurchbruch, handelt es sich um bauliche Veränderungen. Wird durch den Eingriff der Bestand, die Standsicherheit und die Sicherheit der Wohnungseigentumsanlage beeinträchtigt, liegt ein Nachteil im Sinne von §14 Nr. 1 WEG vor. Öffentlich-rechtliche Genehmigungen können die wohnungseigentumsrechtlich erforderliche Zustimmung der Eigentümer nicht ersetzen. Wird allerdings die Statik nicht beeinträchtigt und werden die baulichen Maßnahmen auf Basis fachkundiger technischer Planung und nach den anerkannten Regeln der Baukunst durchgeführt, stellt nicht jeder Mauerdurchbruch einer tragenden Wand einen maßgeblichen Eingriff im Sinne eines Nachteils gemäß §14 Nr. 1 WEG dar (BGH, 20.12.2000, V ZB 45/00); Gleiches gilt für den Umstand, dass sich nach einem Mauerdurchbruch die Zahl oder die Größe der Wohnungen verändern.

Veränderungen der architektonischen Gestaltung und des optischen Gesamteindrucks der Wohnanlage
Ein Nachteil liegt vor, wenn es sich um eine optisch wahrnehmbare Veränderung des architektonisch-ästhetischen Gesamteindrucks handelt, der das optische Bild des Gebäudes in ästhetischer Hinsicht tatsächlich verschlechtert oder gar verunstaltet. Entscheidend für die Beurteilung ist dabei, ob sich nach der Verkehrsanschauung ein Wohnungseigentümer in entsprechender Lage verständlicherweise beeinträchtigt fühlen kann (BGH, 14.12.2014, V ZR 224/11; BGH, 19.12.1991, V ZB 27/90; BayObLG, 30.3.2000, 2Z BR 2/99).

Ein nach §14 Nr. 1 WEG nicht hinzunehmender Nachteil liegt im Grundsatz auch vor, wenn eine bauliche Maßnahme am Sondereigentum auf den optischen Gesamteindruck des Gebäudes ausstrahlt und diesen erheblich verändert. Diese Feststellung erfordert einen Vorher-Nachher-Vergleich, bei dem in wertender Betrachtung der optische Gesamteindruck des Gebäudes vor der baulichen Maßnahme dem als Folge der baulichen Maßnahme entstandenen optischen Gesamteindruck gegenüberzustellen ist. Auf bauliche Maßnahmen am Sondereigentum, die nur wegen ihrer Ausstrahlung auf den optischen Gesamteindruck des Gebäudes für andere Wohnungseigentümer einen Nachteil darstellen, sind die Vorschriften des §22 Abs. 2, 3 WEG entsprechend anzuwenden. Handelt es sich bei der Maßnahme am Sondereigentum um eine Modernisierung oder modernisierende Instandsetzung, genügt es daher, wenn die in den genannten Vorschriften jeweils bestimmte Mehrheit der Wohnungseigentümer zustimmt (BGH, 18.11.2016, V ZR 49/16).

Über die Frage, ob tatsächlich eine erhebliche Beeinträchtigung vorliegt oder nicht, wird häufig Uneinigkeit bestehen. Bei dieser Beurteilung ist ein strenger Maßstab anzulegen, um die grundrechtlich geschützten Interessen aller Eigentümer an der Beibehaltung des äußeren Erscheinungsbildes ihrer Wohnanlage angemessen zu berücksichtigen. Dies gilt auch vor dem Hintergrund, dass verständige Wohnungseigentümer das Vorliegen eines Nachteils durch eine erhebliche optische Veränderung der Gebäudeansicht im Regelfall auch unterschiedlich bewerten können, selbst wenn die Veränderung dem gängigen Zeitgeschmack entspricht (BGH, 14.12.2012, V ZR 224/11). Im Streitfall entscheidet hierüber das Gericht.

Beschränkungen oder Entzug des Mitgebrauchs
Allen Wohnungseigentümern steht ein Recht am Mitgebrauch des gemeinschaftlichen Eigentums zu (§13 Abs. 2 WEG). Wird dieses Recht beeinträchtigt oder die Ausübung unmöglich gemacht, zum Beispiel durch eine bauliche Veränderung oder durch die dauerhafte ausschließliche Überlassung gemeinschaftlicher Flächen an einen Miteigentümer, so liegt ein Nachteil im Sinne von §14 Nr. 1 WEG vor. Bei der Beurteilung der Beeinträchtigung ist auf den bestimmungsmäßigen Gebrauch der Anlagen und Einrichtungen abzustellen, sodass nicht jede Gebrauchsbeeinträchtigung bereits einen Nachteil darstellt (vgl. BGH, 18.1.1979, VII ZB 19/78; OLG Stuttgart, 17.8.1979, 8 W 270/79).

Ermöglichen einer intensiveren oder zweckbestimmungswidrigen Nutzung
Wird eine Sonder- oder Teileigentumseinheit nicht gemäß ihrer in der Teilungserklärung festgelegten Zweckbestimmung genutzt, zum Beispiel Nutzung von Wohneigentum zu gewerblichen Zwecken, so kann ein Nachteil im Sinne von §14 Nr. 1 WEG vorliegen. Eine von der Zweckbestimmung abweichende Nutzung muss jedoch dann geduldet werden, wenn sie andere Wohnungseigentümer überhaupt nicht oder nicht mehr stört als eine der Zweckbestimmung entsprechende Nutzung. Grundsätzlich ist zum Beispiel eine freiberufliche Tätigkeit in einer gemäß der Teilungserklärung festgelegten Wohneinheit zulässig. Geht die konkrete Art der Nutzung im Einzelfall jedoch über eine übliche Wohnnutzung hinaus, liegen also Störungen oder Beeinträchtigungen vor, die bei einer »normalen« Wohnnutzung nicht entstehen, zum Beispiel erheblicher Parteiverkehr, ist ein Nachteil im Sinne des §14 Nr. 1 WEG gegeben und jeder einzelne Eigentümer kann einen Unterlassungsanspruch geltend machen.

Immissionen
Lärm-, Schmutz- und Geruchsbelästigungen stellen zumindest dann einen Nachteil im Sinne von §14 Nr. 1 WEG dar, wenn es sich um langfristige Beeinträchtigungen handelt, die nicht geduldet werden müssen. Hierbei gelten

kurzfristige, bei der Vornahme baulicher Veränderungen auftretende Lärm- oder Schmutzbelästigungen in der Regel nicht als Nachteil. Hingegen bedeuten dauerhafte und anhaltende, nicht auszuschließende Lärmbeeinträchtigungen einen Nachteil, der von den übrigen Wohnungseigentümern nicht geduldet werden muss.

Gefährdung von Wohnungseigentümern

Nimmt ein einzelner Wohnungseigentümer Maßnahmen vor, die die Sicherheit und Gesundheit von Miteigentümern beeinträchtigen können, zum Beispiel den Durchbruch einer Brandmauer, die Entfernung von Sicherheitseinrichtungen, die Verwendung gesundheitsgefährdender Materialien oder das Aufstellen einer Mobilfunkantenne (OLG Hamm, 3.1.2002, 15 W 287/01), liegt ein Nachteil im Sinne von §14 Nr. 1 WEG vor.

Kosten

Im Hinblick auf bauliche Veränderung gilt grundsätzlich §16 Abs. 2 WEG, wonach die anfallenden Kosten auf alle Wohnungseigentümer gemäß ihren Miteigentumsanteilen zu verteilen sind. §16 Abs. 6 WEG sieht jedoch eine Kostenbefreiung vor: Hiernach sind diejenigen Eigentümer von den Kosten befreit, die der baulichen Veränderung nicht zugestimmt haben. Sie dürfen jedoch auch keinerlei Nutzungen aus der Maßnahme ziehen. Umso wichtiger ist es daher, dass der Versammlungsleiter bei der Beschlussfassung eine genaue namentliche Dokumentation der Abstimmung vornimmt. Auch an Folgekosten muss sich der nicht zustimmende Eigentümer nicht beteiligen (BGH, 11.11.2011, V ZR 65/11).

Die Verteilung der Kosten einer beschlossenen baulichen Veränderung können die Wohnungseigentümer mit der qualifizierten Mehrheit gemäß §16 Abs. 4 WEG anders regeln, als es der gesetzliche oder vereinbarte Kostenverteilungsschlüssel vorgibt. Eine solche Abweichung muss jedoch den Grundsätzen ordnungsmäßiger Verwaltung entsprechen und dem Gebrauch oder der Möglichkeit des Gebrauchs durch die Wohnungseigentümer Rechnung tragen. Wird ein solcher Beschluss nach §16 Abs. 4 WEG gefasst, greift die Kostenbefreiung nach §16 Abs. 6 WEG nicht mehr.

Beseitigung

Jeder nachteilig betroffene Wohnungseigentümer kann auch ohne ermächtigende Beschlussfassung der Wohnungseigentümerversammlung die Beseitigung der baulichen Veränderung und die Wiederherstellung des ursprünglichen ordnungsmäßigen Zustands verlangen (§1004 Abs. 1 Satz 1 BGB i.V.m. §14 Nr. 1 und §15 Abs. 3 WEG). Jedoch kann auch die Wohnungseigentümergemeinschaft durch Vereinbarung oder Beschluss der Wohnungseigentümerversammlung den Beseitigungsanspruch an sich ziehen (gekorene Ausübungsbefugnis) und sodann in gesetzlicher Prozessstandschaft geltend machen. Hat die Gemeinschaft den Beseitigungsanspruch durch mehrheitliche Beschlussfassung an sich gezogen, begründet sie damit ihre alleinige Zuständigkeit für die gerichtliche Geltendmachung. Der einzelne Eigentümer ist dann nicht mehr prozessführungsbefugt und kann seinen individuellen Beseitigungsanspruch nicht mehr geltend machen. Dies gilt unabhängig davon, ob der einzelne Eigentümer seine Klage vor oder nach der Klageerhebung durch den Verband erhoben hat. Eigentümer, die nicht mit dem Vorgehen der Wohnungseigentümergemeinschaft einverstanden sind, können den Beschluss, mit dem die Gemeinschaft den Beseitigungsanspruch an sich gezogen hat, im Wege der Beschlussanfechtung überprüfen lassen (BGH, 5.12.2014, V ZR 5/14).

Anders als die Geltendmachung von Beseitigungs- oder Unterlassungsansprüchen fällt die Geltendmachung von Schadensersatz- sowie Wiederherstellungsansprüchen grundsätzlich als gemeinschaftsbezogener Anspruch in die ausschließliche Ausübungsbefugnis der Wohnungseigentümergemeinschaft (sogenannte geborene Ausübungsbefugnis gemäß § 10 Abs. 6 Satz 3 HS 1 WEG; BGH, 7.2.2014, V ZR 25/13; BGH, 5.12.2014, V ZR 5/14).

Für die rechtswirksame und erfolgreiche Geltendmachung des Beseitigungsanspruchs spielt es grundsätzlich keine Rolle, ob und welche Kosten der betreffende Eigentümer für die Herstellung bereits aufgewendet hat und für die nachträgliche Beseitigung bzw. Wiederherstellung des ursprünglichen Zustands noch aufwenden muss. Er muss die Kosten insgesamt tragen. Für Beseitigungsansprüche bei eigenmächtig vorgenommenen baulichen Veränderungen gilt gemäß § 195 BGB die Regelverjährungsfrist von drei Jahren (LG Hamburg, 6.2.2013, 318 S 57/12). Der Lauf der Verjährungsfrist beginnt mit der Kenntniserlangung bzw. der fahrlässigen Nichtkenntniserlangung des Beseitigungsanspruchs. Spätestens tritt die Verjährung nach zehn Jahren ein (OLG Hamm, 4.12.2008, 15 Wx 198/08). In die Verjährungsfrist des Anspruchs auf Beseitigung ist die Zeit nicht einzuberechnen, während der die bauliche Veränderung durch einen später für ungültig erklärten Beschluss der Wohnungseigentümer genehmigt war (LG Frankfurt/Main, 28.6.2017, 2-13 S 191/14). Ist der Anspruch auf Beseitigung der baulichen Veränderung zwar verjährt, nimmt aber der betreffende Wohnungseigentümer eine Veränderung an der baulichen Maßnahme vor, so entsteht mit jedem Eingriff erneut ein Beseitigungsanspruch (LG Frankfurt/Main, 30.4.2014, 2-13 S 38/13).

Bei einem Eigentümerwechsel hat der neue Eigentümer (als Zustandsstörer) die Beseitigung der vom Voreigentümer vorgenommenen baulichen Veränderungen am gemeinschaftlichen Eigentum zu dulden. Die Kosten gehen zulasten der Gemeinschaft, der neue Eigentümer muss sich nur anteilig in Höhe seines Miteigentumsanteils beteiligen. Im konkreten Einzelfall kann aber auch der neue Eigentümer als Zustandsstörer auf eigene Kosten zur Beseitigung der Störung (bauliche Veränderung) verpflichtet sein (BGH, 4.3.2010, V ZB 130/09). Wird die dreijährige Verjährungsfrist zur Geltendmachung der Beseitigung versäumt, braucht die Gemeinschaft den nicht genehmigten Zustand dennoch nicht auf Dauer hinzunehmen. Zwar muss der jeweilige Eigentümer den Rückbau selbst nicht veranlassen, aber er hat eine Duldungspflicht für den Fall, dass die Gemeinschaft beschließt, den Rückbau selbst vorzunehmen. Ein derartiger Rückbau wird als ordnungsmäßige Instandsetzung angesehen und ist vom Eigentümer zu dulden, ohne dass er sich auf die Verjährung berufen kann (BGH, 28.1.2011, V ZR 141/10). Zudem gilt, dass im Fall einer Instandhaltung bzw. Instandsetzung des Bauteils, an dem zuvor die bauliche Veränderung vorgenommen wurde, der betroffene Sondereigentümer keinen Wiederherstellungsanspruch gegen den Verband hat. Wenn die Entfernung der baulichen Veränderung nötig ist, um eine Instandsetzungsmaßnahme durchzuführen, besteht – anders als bei einer genehmigten baulichen Veränderung – keine Verpflichtung der Gemeinschaft, den vor der Instandhaltungsmaßnahme herrschenden Zustand wiederherzustellen (LG Lüneburg, 12.2.2008, 9 S 77/07).

Beschluss

§23 Abs. 1 WEG bestimmt, dass die Angelegenheiten, über die die Wohnungseigentümer nach dem Wohnungseigentumsgesetz oder nach einer Vereinbarung durch Beschluss entscheiden können, durch Beschlussfassung in einer Eigentümerversammlung geordnet werden. In seiner Rechtsnatur ist der Beschluss ein mehrseitiges Rechtsgeschäft eigener Art, ein sogenannter Gesamtakt (BGH, 19.9.2002, V ZB 37/02; BayObLG, 2.8.2001, 2Z BR 144/00).

Beschlüsse können nur in der ordentlichen sowie außerordentlichen Eigentümerversammlung und im schriftlichen Verfahren (Umlaufverfahren) gefasst werden.

Zu den einzelnen Beschlussarten siehe Kapitel 4.3.

Beschlussfähigkeit

Gemäß §25 Abs. 3 WEG ist die Wohnungseigentümerversammlung nur beschlussfähig, wenn die erschienenen stimmberechtigten Wohnungseigentümer mehr als die Hälfte der Miteigentumsanteile, berechnet nach der im Grundbuch eingetragenen Größe dieser Anteile, repräsentieren. Liegt die Beschlussfähigkeit bei der ersten einberufenen Versammlung nicht vor, wird nach §25 Abs. 4 WEG eine Zweitversammlung einberufen. Diese ist mit dem gleichen Gegenstand einzuberufen, also mit derselben Tagesordnung, und ohne Rücksicht auf die vertretenen Miteigentumsanteile beschlussfähig. Hierauf ist bei der Einberufung der Zweitversammlung hinzuweisen.

Weitere Informationen finden sich in Kapitel 2.2.

Beschlusskompetenz

Die Wohnungseigentümergemeinschaft kann nur dann einen Beschluss fassen, wenn ihr das Wohnungseigentumsgesetz oder die Gemeinschaftsordnung im Rahmen einer Öffnungsklausel Beschlusskompetenz zuweist. Mangelnde Beschlusskompetenz bei dauerhaft gesetzes- bzw. vereinbarungsändernden Beschlüssen führt zur Nichtigkeit der Beschlüsse. Beschlusskompetenz besteht regelmäßig für folgende Angelegenheiten:

- Wirtschaftsplan, Genehmigung der Jahresabrechnung und Rechnungslegung des Verwalters (§28 Abs. 5 WEG),
- Verlangen nach Rechnungslegung durch den Verwalter (§28 Abs. 4 WEG),
- Maßnahmen zur ordnungsgemäßen Instandhaltung und Instandsetzung des Gemeinschaftseigentums (§21 Abs. 3 WEG),
- Maßnahmen ordnungsgemäßer Verwaltung des Gemeinschaftseigentums, zum Beispiel Aufstellung der Hausordnung, Sach- und Haftpflichtversicherung der Wohnungseigentümer,
- Einleitung eines Verfahrens zur Entziehung des Wohnungseigentums (§18 Abs. 3 WEG),
- Gebrauchsregeln bezüglich des Sondereigentums und des Gemeinschaftseigentums, wenn die Gemeinschaftsordnung keine entgegenstehende Regelung enthält (§15 Abs. 2 WEG),
- Aufhebung von Veräußerungsbeschränkungen (§12 Abs. 4 WEG),
- Bestellung des Verwaltungsbeirats (§29 Abs. 1 Satz 1 WEG),
- Bildung, Höhe und Anlage einer Instandhaltungsrücklage,
- Bestellung und Abberufung des Verwalters (§26 Abs. 1 Satz 1 WEG)
- Geltendmachung von Ansprüchen durch den Verwalter (§27 Abs. 2 Nr. 3 WEG),
- Verteilung der Betriebs- und Verwaltungskosten (§16 Abs. 3 WEG),
- Kostenverteilung bei Instandhaltung, Instandsetzung und baulichen Veränderungen (§16 Abs. 4 WEG),
- Geldangelegenheiten (§21 Abs. 7 WEG),
- bauliche Veränderungen (§22 Abs. 1 WEG).

Beschlusssammlung

Der Verwalter ist gemäß §24 Abs. 7, 8 WEG verpflichtet, eine Beschlusssammlung zu führen. Sie dient der Information und der besseren Übersicht der in einer Wohnungseigentümergemeinschaft gefassten Beschlüsse. In die Beschlusssammlung müssen folgende Inhalte eingetragen werden:

- alle in Wohnungseigentümerversammlungen verkündeten Beschlüsse mit Angabe von Ort und Datum der Versammlung,
- alle schriftlichen Beschlüsse gemäß §23 Abs. 3 WEG,
- alle Urteilsformeln wohnungseigentumsrechtlicher Entscheidungen gemäß §43 WEG.

Ausführlich zur Beschlusssammlung siehe Kapitel 4.1.

Beseitigungs- und Unterlassungsansprüche

Abwehransprüche in Form von Beseitigung bzw. Unterlassung kann jeder Wohnungseigentümer geltend machen, wenn Wohnungs- oder Gemeinschaftseigentum entgegnen den gesetzlichen Regelungen, Vereinbarungen, Beschlüssen oder Interessen der Wohnungseigentümergemeinschaft gebraucht wird (§1004 Abs. 1 BGB i.V.m. §15 Abs. 3 WEG).

Anspruchsinhaber

Dabei handelt es sich nach zutreffender Auffassung des BGH bereits dem Wortlaut nach um einen Individualanspruch, der jedem einzelnen Wohnungseigentümer zusteht und von diesem unabhängig von den Miteigentümern geltend gemacht werden kann. Ein Beschluss der Wohnungseigentümergemeinschaft darüber ist nicht erforderlich (BGH, 4.7.2014, V ZR 183/13). Die Durchsetzung dieser Ansprüche kann jedoch nach herrschender Meinung über §10 Abs. 6 Satz 3 WEG der Wohnungseigentümergemeinschaft zur Ausübung und klageweisen Geltendmachung übertragen werden. Notwendig ist dazu ein Beschluss der Wohnungseigentümergemeinschaft. In diesen Fällen spricht man von einer Vergemeinschaftung der Individualansprüche an den Verband der Wohnungseigentümer, das ist die sogenannte gekorene Ausübungsermächtigung (vgl. zum Beispiel BGH, 13.11.2009, V ZR 10/09; BGH, 7.2.2014, V ZR 25/13; BGH, 4.7.2014, V ZR 183/13).

Die Wohnungseigentümer sind nicht verpflichtet, die Abwehransprüche an sich zu ziehen, diese Entscheidung liegt vielmehr im Ermessen der Wohnungseigentümergemeinschaft.

Solange die Wohnungseigentümergemeinschaft die Vergemeinschaftung nicht beschließt, kann jeder Wohnungseigentümer diese Rechte selbstständig gegen den Störer geltend machen, auch gerichtlich. Erfolgt allerdings die entsprechende Beschlussfassung, ist der einzelne Wohnungseigentümer nicht mehr dazu befugt (BGH, 5.12.2014, V ZR 5/14), eine solche Klage ist als unzulässig abzuweisen.

Bei der Beschlussfassung muss darauf geachtet werden, dass die Wohnungseigentümergemeinschaft nur die Geltendmachung der Rechtsverfolgung durch die Gemeinschaft beschließt, zum Beispiel in Form der Beschlussfassung über die Erhebung einer Beseitigungsklage, und nicht die beanstandete Störung selbst im Beschlusswege untersagt. Eine solche Beschlussfassung wäre als nichtig zu beurteilen, da der Wohnungseigentümergemeinschaft die Beschlusskompetenz fehlt, durch einen Beschluss eine eigenständige Anspruchsgrundlage zu schaffen.

Anspruchsgegner

Anspruchsgegner der Beseitigungs- und Unterlassungsansprüche ist der Wohnungseigentümer, aus dessen Sphäre die Beeinträchtigung resultiert, der sogenannte Störer. In der Rechtsprechung wird zwischen dem sogenannten Handlungs- und dem Zustandsstörer unterschieden.

Handlungsstörer ist derjenige, der durch sein Verhalten, also seine Handlungen oder sein Unterlassen, die Störung in adäquater Weise verursacht (BGH, 16.5.2014, V ZR 131/13); zudem derjenige, der die Störung durch eine adäquate Handlung eines Dritten zu verantworten hat (BGH, 7.4.2000, V ZR 39/99).

Als Zustandsstörer gilt derjenige Wohnungseigentümer oder Besitzer, der die Beeinträchtigung zwar nicht selbst verursacht hat, aber auf dessen Willen sie sich zumindest mittelbar zurückführen lässt. Notwendig ist dazu, dass der Handlungsstörer in tatsächlicher und rechtlicher Hinsicht Möglichkeiten hat, die eingetretene Störung abzustellen. Weiterhin muss bei einer wertenden Betrachtungsweise feststehen, dass durch seinen Willen die Störung zumindest aufrechterhalten wird (BGH, 1.12.2006, V ZR 112/06).

Hat ein Wohnungseigentümer sein Sondereigentum einem Dritten zur Nutzung überlassen, zum Beispiel einem Mieter, und gehen von diesem Störungen aus, weil er beispielsweise die gemietete Einheit unter Verstoß gegen die Gemeinschaftsordnung zweckwidrig nutzt, können die Wohnungseigentümer die Abwehransprüche sowohl gegen den vermietenden Wohnungseigentümer als auch unmittelbar gegen den Mieter geltend machen. Der Zustandsstörer muss, wenn Ansprüche gegen ihn gerichtet werden, nicht für die Beseitigung der Störung einstehen, sondern kann nur auf Duldung der Beseitigung der Störung in Anspruch genommen werden (KG Berlin, 19.3.2007, 24 W 317/06; LG München I, 9.3.2012, 36 T 1621/12).

Verjährung

Die Abwehransprüche gemäß §1004 Abs. 1 BGB i.V.m. §15 Abs. 3 WEG verjähren gemäß §195 BGB innerhalb der regelmäßigen Verjährungsfrist von drei Jahren (BGH, 12.12.2003, V ZR 98/03; BGH, 4.7.2014, V ZR 183/13). Die Verjährungsfrist beginnt erst zum Schluss des Jahres zu laufen, in dem der Anspruch entstanden ist oder der Gläubiger von den anspruchsbegründenden Tatsachen, zum Beispiel einer zweckwidrigen Nutzung des Gemeinschaftseigentums, Kenntnis erlangt hat oder ohne grobe Fahrlässigkeit hätte erlangen müssen (§199 Abs. 1 BGB).

Zurechnung von Wissen

Die Zurechnung von Wissen des Verwalters gemäß §166 BGB bezüglich einer Störung erfolgt nicht, solange ein einzelner Wohnungseigentümer als Individualanspruch von seinen Abwehrrechten gegen den störenden Wohnungseigentümer Gebrauch macht. Erst wenn die Wohnungseigentümergemeinschaft die Abwehransprüche an sich gezogen hat, also die Vergemeinschaftung erfolgt ist, und gegen den Störer als Verband vorgeht, muss sich der Verband das Wissen des Verwalters von der Störung zurechnen lassen. Allerdings wirkt die Zurechnung des Wissens des Verwalters in diesem Fall nicht zurück (BGH, 4.7.2014, V ZR 183/13).

Ohne Rücksicht auf die Kenntnis oder Kenntnisnahmemöglichkeit verjähren die Ansprüche spätestens innerhalb von zehn Jahren ab ihrer Entstehung (§199 Abs. 4 BGB). Handelt es sich um einen Unterlassungsanspruch, entsteht dieser mit der Zuwiderhandlung (§199 Abs. 5 BGB).

Dauerstörung

Diskutiert wird in der Rechtsprechung die Frage, was in Bezug auf die Verjährung gilt, wenn eine andauernde Störung vorliegt. Sobald eine Störungshandlung endet, ist davon auszugehen, dass die Verjährungsfrist zu eben diesem Zeitpunkt zu laufen beginnt.

Beispiel: Dauerstörung !

Der Wohnungseigentümer errichtet auf seinem Balkon eine massive Sichtschutzwand. Mit deren Errichtung ist die Störungshandlung beendet, darüber hinaus wirkt sie nicht fort.

Anders gestaltet sich die Situation, wenn die Störungshandlung selbst noch andauert oder sich wiederholt (sogenannte Dauerstörung). Wird zum Beispiel ein Hobbyraum zweckwidrig als Wohnraum genutzt, tritt solange keine Verjährung ein, wie diese zweckwidrige Nutzung aufrechterhalten wird, weil jeder Fall der Zuwiderhandlung eine neue Verjährung auslöst (BGH, 8.5.2015, V ZR 178/14). Besteht die Störung in der dauerhaften Inanspruchnahme einer Gemeinschaftsfläche durch den Störer, verjährt der Herausgabeanspruch gemäß §985 BGB nicht (§902 BGB; LG Hamburg, 9.4.2014, 318 S 117/13; BGH, 16.3.2007, V ZR 190/06).

Betretungsrecht des Verwalters

Es gehört zu den Kontrollpflichten des Verwalters, das gemeinschaftliche Eigentum regelmäßig zu besichtigen, um etwaige Mängel festzustellen. Zu diesem Zweck hat der Wohnungseigentümer gemäß §27 Abs. 1 Nr. 2 und §14 Nr. 4 WEG den Zutritt zu seiner Sondereigentumseinheit zu gestatten. Die Berechtigung des Verwalters auf Zutritt setzt voraus, dass objektiv betrachtet und nachprüfbar ausreichend Anhaltspunkte für die Notwendigkeit des Betretens zur Durchführung etwaiger Maßnahmen der Instandhaltung oder Instandsetzung vorliegen (OLG München, 22.2.2006, 34 Wx 133/05; BayObLG, 27.6.1996, 2Z BR 16/96, WuM 1996, 584). Hierbei darf der Verwalter auch dritte Personen wie Architekten, Sachverständige oder Handwerker hinzuziehen. Diese Personen sind ggf. zumindest nach Anzahl und mit dem jeweiligen Firmennamen dem betroffenen Sondereigentümer in dem Anschreiben anzukündigen, damit dieser sich darauf einstellen kann. Weigert sich ein Sondereigentümer, die Handwerker nach deren Beauftragung in die Wohnung zu lassen, kann die Gemeinschaft dies unter Umständen sogar im Rahmen einer einstweiligen Verfügung durchsetzen (LG Hamburg, 27.11.2013, 318 S 34/13; LG München I, 8.5.2014, 36 S 20940/12 WEG).

Bruchteilsgemeinschaft

Besitzen mehrere Personen gemeinsam eine Sache, so wird das Eigentum daran als »Bruchteilseigentum« oder »Miteigentum nach Bruchteilen« bezeichnet. Gesetzlich geregelt ist das Bruchteilseigentum in den §§1008 ff. BGB. Der individuelle Anteil der einzelnen Personen wird nach Bruchteilen bestimmt. Er ist rechtlich selbstständig und jeder Eigentümer darf selbst über ihn verfügen, wobei er ideell zu verstehen ist. Jeder Miteigentümer kann also seinen Anteil veräußern oder mit einem Pfandrecht belasten, zum Beispiel mit einer Grundschuld.

Im Hinblick auf das gemeinschaftliche Eigentum bilden alle Eigentümer eine Bruchteilsgemeinschaft. Im Wohnungseigentumsrecht findet sich die Bruchteilsgemeinschaft zudem, wenn ein Sonder- oder Teileigentum mehreren Personen gemeinsam gehört, zum Beispiel eine Wohnung zweier Ehegatten.

Häufig entstehen Bruchteilsgemeinschaften auch bei Duplexparkern (Doppel- oder Viererparker). Hierbei ist wohnungseigentumsrechtlich zu beachten, dass in der Regel nur ein Sonder- oder Teileigentum vorliegt. Das bedeutet, dass die Verwaltung lediglich eine Jahresabrechnung für die Einheit erstellen muss. Die Mitglieder einer Bruchteilsgemeinschaft können ihre Stimme in der Eigentümerversammlung nur einheitlich abgeben (LG Köln, 4.10.2012, 29 S 91/12). Fällt die Stimmabgabe nicht einheitlich aus, wird diese Stimme nicht berücksichtigt

Buchhaltung/Buchführung des Verwalters

Dem Verwalter obliegt gemäß §21 WEG die Pflicht zur ordnungsmäßigen Führung der Bücher, aus denen die Jahresabrechnung, die Rechnungslegung und auch der Wirtschaftsplan nachvollzogen und geprüft werden können. Hierbei sind die anerkannten Grundsätze einer ordnungsmäßigen Buchhaltung nach dem HGB und der AO entsprechend zu beachten. Die Buchführung des Verwalters genügt den Erfordernissen einer ordnungsmäßigen Verwaltung nur, wenn sie für die Wohnungseigentümer bei einer ihnen zumutbaren Sorgfalt verständlich und dadurch nachprüfbar ist. Beachtet er dies nicht, kann sich der Verwalter schadensersatzpflichtig machen (BayObLG, 30.7.1987, BReg. 2 Z 78/87).

Zu einer ordnungsmäßigen Buchführung zählt das geordnete Aufstellen aller Einnahmen und Ausgaben, die im Zusammenhang mit der Verwaltung des gemeinschaftlichen Eigentums stehen, und aller Vorgänge, die zu Veränderungen des Verwaltungsvermögens der Wohnungseigentümer führen. Der Verwalter ist gemäß §27 Abs. 5 Satz 1 WEG verpflichtet, das von ihm verwaltete Vermögen der Wohnungseigentümergemeinschaft von seinem eigenen Geschäfts- oder Privatvermögen getrennt zu halten. Auch muss er für jede Wohnungseigentümergemeinschaft eine selbstständige Buchführung mit separaten Konten einrichten.

Darlehen/Kreditaufnahme

Die Befugnis der Wohnungseigentümer, den Finanzbedarf der Wohnungseigentümergemeinschaft auch durch Aufnahme von Darlehen zu decken, ergibt sich zwar nicht ausdrücklich aus dem Wohnungseigentumsgesetz, wird von diesem jedoch vorausgesetzt. Über die Deckung des Finanzbedarfs des nunmehr rechtsfähigen Verbands (§ 10 Abs. 6 Satz 1 WEG) durch Beschluss zu befinden ist Sache der Wohnungseigentümer. Hierzu zählt auch die Entscheidung darüber, ob der Bedarf durch einen Rückgriff auf vorhandene Rücklagen, durch die Erhebung von Sonderumlagen oder durch die Aufnahme von Darlehen gedeckt werden soll (BGH, 21.4.1988, V ZB 10/87; BGH, 18.2.2011, V ZR 197/10; BGH, 28.9.2012, V ZR 251/11).

Fraglich ist die hiervon zu trennende Frage, ob und unter welchen Voraussetzungen die Aufnahme eines Kredits, bei dem es nicht allein um die Deckung eines kurzfristigen Finanzbedarfs in überschaubarer Höhe geht, den Grundsätzen einer ordnungsgemäßen Verwaltung entspricht. Auch die Aufnahme eines langfristigen hohen Kredits durch die Wohnungseigentümergemeinschaft kann ordnungsmäßiger Verwaltung entsprechen. Voraussetzung ist allerdings, dass das Risiko einer Nachschusspflicht der Wohnungseigentümer vor der Beschlussfassung erörtert wurde; dies muss aus dem Protokoll der Eigentümerversammlung hervorgehen. Ob ein Beschluss über eine Kreditaufnahme sich im Übrigen in den Grenzen des den Wohnungseigentümern zustehenden Gestaltungsermessens hält, kann nicht generell, sondern nur anhand der konkreten Umstände des Einzelfalls unter Abwägung der allseitigen Interessen bestimmt werden (BGH, 25.9.2015, V ZR 244/14).

Ein entsprechender von den Wohnungseigentümern gefasster Beschluss ist jedoch nicht von vornherein nichtig, sondern nur auf fristgerecht erhobene Anfechtungsklage (§ 46 Abs. 1 Satz 2 WEG) hin zu beanstanden und ggf. für ungültig zu erklären. Die Finanzierung einer dringlichen Fassadensanierung teils aus der Rücklage, teils über Bankkredit entspricht im Einzelfall ordnungsmäßiger Verwaltung, insbesondere wenn die Rückführung des Kredits binnen fünf Jahren erfolgen soll (so LG Düsseldorf, 12.6.2013, 25 S 152/12).

Vertragspartner des Kreditinstituts ist der teilrechtsfähige Verband. Im Fall eines Eigentümerwechsels tritt daher der neue Eigentümer in die Kreditverpflichtung ein, ohne dass es einer gesonderten Vereinbarung bedarf. Die Haftung der einzelnen Eigentümer für die Kreditverbindlichkeiten ist jedoch gemäß § 10 Abs. 8 WEG auf die Höhe ihres Miteigentumsanteils beschränkt.

Der Verwalter muss die Tilgungsbeträge einziehen und weiterleiten. Somit hat er die Kreditraten nach den Grundsätzen ordnungsmäßiger Verwaltung zwingend in die folgenden Wirtschaftspläne zusätzlich einzustellen und an das Kreditinstitut abzuführen. Werden Wohnungseigentümer zahlungsunfähig, müssen deren Kreditraten notwendigerweise von den übrigen Wohnungseigentümern ergänzend aufgebracht werden.

Eichpflicht

Früher wurde die Eichpflicht in der Eichordnung und im Eichgesetz geregelt, am 1.1.2015 ist das neue Mess- und Eichgesetz (MessEG) in Kraft getreten. Demnach müssen alle gewerblich genutzten Messgeräte in ganz Europa die gleichen Anforderungen erfüllen, wenn sie auf den Markt gebracht werden. Damit soll auch die Überwachung der Verwendung vereinfacht werden. Die in der Verwaltungspraxis wichtigste Neuerung ist die Anzeigepflicht gemäß §32 Abs. 1 MessEG. Diese betrifft den Verwender neuer oder erneuerter Messgeräte. Verwender im Sinne des Gesetzes ist derjenige, der auf Grundlage des Gesetzes gemäß Daten erhebt, um sie als Grundlage für eine Abrechnung zu verwenden. Das ist in der Regel der Eigentümer der Geräte, der diese zu seinen eigenen ggf. gesetzlich vorgeschriebenen Zwecken nutzt.

Im Rahmen der Jahresabrechnung ist nach den Vorschriften der Heizkostenverordnung verbrauchsabhängig abzurechnen. Auch der Verbrauch von Kaltwasser sollte erfasst und verbrauchsabhängig abgerechnet werden. Dies geschieht in der Regel durch geeichte Messgeräte. In der Praxis sind damit gemäß Gesetz umfangreiche Anzeigepflichten des Verwenders verbunden, was in §32 MessEG als zentraler Norm verankert ist. Als Verwender gilt entweder der einzelne Wohnungseigentümer oder die Wohnungseigentümergemeinschaft. Die neuen Vorschriften beziehen sich wohl bis auf weiteres nicht auf von Messunternehmen angemietete Geräte, da es in dem Fall der Wohnungseigentümergemeinschaft oder dem Wohnungseigentümer die Geräte lediglich zur Verfügung stellt und damit selbst Verwender ist. Das heißt, dass für den Verwalter bzw. den Eigentümer nur dann eine Anzeigepflicht besteht, wenn das entsprechende Gerät gekauft und nicht nur gemietet wurde.

Anzeigepflicht

Wenn die Wohnungseigentümergemeinschaft die Messgeräte gekauft hat, muss Folgendes beachtet werden: Da in einer Wohnungseigentümergemeinschaft die Erfassungsgeräte in der Regel gemeinschaftliches Eigentum sind, ist die Wohnungseigentümergemeinschaft Verwender der Geräte. Dementsprechend hat der Verwalter hier eine Informationspflicht, die Wohnungseigentümergemeinschaft über die neue Anzeigepflicht im Sinne des §32 MessEG zu informieren. Diese Informationspflicht besteht auch bei der Verwaltung von Sondereigentum/Teileigentum gegenüber den jeweiligen Sondereigentümern oder Teileigentümern. Die Erfassungsgeräte können unter Umständen sondereigentumsfähig sein bzw. zu Sondereigentum werden, sofern eine entsprechende Zuteilung erfolgt.

Das Gesetz sieht eine Anzeigepflicht für Geräte zur Erfassung des Verbrauchs von Warmwasser und Kaltwasser sowie thermischer Energie vor, die nach dem 1.1.2015 erneuert oder neu eingebaut wurden (§62 MessEG). Da aus Kostengründen sehr oft neue Geräte eingebaut werden, trifft die Anzeigepflicht nunmehr sehr viele Wohnungseigentümergemeinschaften.

Nach §32 Abs. 1 MessEG sind die Geräteart, der Hersteller, die DIN-Bezeichnung, das Jahr der Kennzeichnung der Messgeräte sowie die Anschrift desjenigen, der das Messgerät verwendet, im Rahmen der Anzeige anzugeben. Als »erneuert« sind solche Messgeräte zu betrachten, die bereits in Gebrauch waren, aber so wesentlich verändert wurden, dass nochmals eine Konformitätsbewertung stattfinden muss und eine Nacheichung nicht ausreicht. Dies steht im Ermessen der jeweiligen Eichbehörde.

Zudem gilt, dass nicht jedes einzelne Messgerät gemeldet werden muss. In der Praxis ist hier vor allem die Erleichterung des §32 Abs. 2 MessEG im Rahmen der laufenden Verwaltung anwendbar. Sechs Wochen nach Inbetriebnahme des ersten neuen oder erneuerten Messgeräts muss der Verwalter als der in der Regel Verantwortliche den Betrieb einer Messgeräteart melden. Notwendige Angaben sind dabei, welche Messgeräteart verwendet wird, sowie die Anschrift des Anzeigepflichtigen, also die Adresse der Wohnungseigentümergemeinschaft (§32 Abs. 2 Nr. 1 MessEG). Im Nachgang muss sichergestellt sein, dass Übersichten der verwendeten Messgeräte mit den genannten Angaben der zuständigen Behörde auf Anforderung unverzüglich zur Verfügung gestellt werden können (§32 Abs. 2 Nr. 2 MessEG). Darüber hinaus sollte ein Beleg für die Meldung an die Behörde zu den Akten genommen werden, zum Beispiel die Eingangsbestätigung der Behörde. Die Anzeige kann formlos bei der zuständigen Behörde oder über die Onlineplattform der Eichämter unter www.eichamt.de erfolgen (§32 Abs. 3 MessEG).

Da die Anzeigepflicht nach dem Gesetz auf Dritte übertragen werden darf, kann die Wohnungseigentümergemeinschaft sie an den Verwalter delegieren und/oder einen Dienstleister damit beauftragen (lassen). Letzteres stellt bezüglich der Ablesung von Verbrauchserfassungsgeräten eine einfache und praktikable Möglichkeit dar, vor allem da die Verletzung der Anzeigepflicht Bußgelder bis zu 20.000 EUR nach sich ziehen kann (§60 Abs. 1, 2 MessEG).

Messgeräte, Eichfrist
Für die Verbrauchserfassung dürfen nur geeichte Messgeräte verwendet werden (§37 Abs. 1 MessEG). Die Eichfrist beträgt nach der Mess- und Eichverordnung (Anlage 7 MessEV) für Kaltwasserzähler sechs Jahre, für Warmwasserzähler fünf Jahre.

Die Nacheichung bereits verwendeter Geräte bleibt im bisherigen Umfang den Eichbehörden der Länder bzw. den staatlich anerkannten Prüfstellen vorbehalten und ist nach wie vor möglich (§40 Abs. 1 MessEG). Im Fall der Nacheichung kann im Stichprobenverfahren nach §35 MessEV die Eichgültigkeit verlängert werden. Dazu müssen einzelne Zähler ausgebaut und geprüft werden, die aus dem gleichen Los stammen. Werden diese nicht beanstandet, gelten alle Zähler dieses Loses für weitere fünf Jahre bzw. sechs Jahre als geeicht. Das kann im Einzelfall sehr viel Aufwand und Kosten sparen.

Ist die Eichfrist abgelaufen, kann eine Nacheichung durch die Eichbehörden der Länder und die staatlich anerkannten Prüfstellen stattfinden. In §38 MessEG ist die verspätete Eichung geregelt. Ein Messgerät gilt demnach auch dann als geeicht, wenn mindestens zehn Wochen vor Ablauf der Eichfrist die Eichung beantragt wurde, der Verwender das zur Eichung seinerseits Erforderliche getan oder der Behörde gegenüber angeboten hat, die Behörde die Eichung aber nicht rechtzeitig durchführt. Bei einer späteren Beantragung kann die Behörde bei Überschreiten der Eichfrist das weitere Verwenden des Messgeräts bis zum Zeitpunkt der behördlichen Prüfung im Einzelfall gestatten (§38 Satz 2 MessEG). Insofern wird der Praxis Rechnung getragen, da die Eichämter oft nicht fristgerecht eichen können und damit theoretisch ein nicht verwertbares Messergebnis erzielt wird.

Der Verwender der betreffenden Messgeräte – in der Regel der Verwalter als Vertreter der Wohnungseigentümergemeinschaft – ist nach §33 MessEV allerdings dazu verpflichtet, die zur Eichung anstehenden Geräte vorab zu reinigen und ordnungsgemäß herzurichten. Für Messgeräte, die nicht bei der Behörde geeicht werden können, gilt, dass der Verwalter die Geräte am Prüfungsort zur Eichung vorführen, am Gebrauchsort den Zugang sowie ein ungehindertes und gefahrloses Betreten sicherstellen sowie Arbeitshilfe leisten muss. Arbeitsräume für die Prüfer sind ggf. zur Verfügung zu stellen.

Wichtig ist, dass zukünftig auf den Messgeräten nur noch der Beginn der Eichfrist vermerkt wird, der Ablauf der Frist muss nicht zwingend angegeben werden. Es empfiehlt sich daher, eine gesonderte Liste anzulegen, die sämtliche Verbrauchserfassungsgeräte samt Termin des Einbaus bzw. der erneuten Eichung aufführt und Vermerke zum Ablauf der jeweiligen Eichfrist und zur entsprechenden Wiedervorlage rechtzeitig vor Ende des Ablaufes dieser enthält.

Ein Beschluss, der die Benutzung eichpflichtiger Geräte nach Ablauf der Eichpflicht vorsieht, widerspricht ordnungsgemäßer Verwaltung (BayObLG, 26.3.1998, 2Z BR 154/97, NZM 1998, 486).

Die Heizkostenverordnung schreibt eine verbrauchsabhängige Abrechnung von Heiz- und Warmwasserkosten vor. Hierzu ist es erforderlich, dass in den Räumen Wärme- und Warmwasserzähler eingebaut sind. Solche Einrichtungen unterliegen gemäß § 1 EichG der Eichpflicht. Allerdings sind Verdunstungszähler von der Eichpflicht ausgenommen. Insofern Kaltwasserzähler vorhanden sind, gilt die Eichpflicht auch für diese. Kaltwasserzähler sind alle acht Jahre, Wärme und Warmwasserzähler alle fünf Jahre zu eichen.

Eigentümerversammlung

Die Wohnungseigentümerversammlung ist das oberste Verwaltungsorgan der Wohnungseigentümergemeinschaft. Gemäß § 23 WEG werden dort die Angelegenheiten geregelt, über die die Wohnungseigentümer nach dem Gesetz oder nach Vereinbarung der Wohnungseigentümer durch Beschluss entscheiden können. Darüber hinaus dient die Versammlung dem Informations- und Meinungsaustausch zwischen den Wohnungseigentümern und dem Verwalter. Sie schafft die Gelegenheit, Konflikte und Meinungsverschiedenheiten der Wohnungseigentümer untereinander auszutragen. Die Leitung der Versammlung obliegt dem Verwalter.

Eigentümerwechsel

Ein Eigentümerwechsel kann auf zweierlei Weise stattfinden: im Rahmen einer Gesamtrechtsnachfolge, also durch Erbschaft, oder in Form einer Sonderrechtsnachfolge, also durch einen rechtsgeschäftlichen Erwerb wie Kauf oder Schenkung. Bei einer Erbschaft tritt der Erbe als Rechtsnachfolger kraft Gesetzes in die Wohnungseigentümergemeinschaft ein. Er haftet gemäß § 1967 BGB für sämtliche Nachlassverbindlichkeiten, also zum Beispiel auch für Hausgeldrückstände des verstorbenen Wohnungseigentümers. Nach dem Erbfall fällig werdende oder durch Beschluss der Wohnungseigentümergemeinschaft begründete Hausgeldschulden sind (jedenfalls auch) Eigenverbindlichkeiten des Erben, wenn ihm das Halten der Wohnung als ein Handeln bei der Verwaltung des Nachlasses zugerechnet werden kann. Hiervon ist in der Regel spätestens dann auszugehen, wenn er die Erbschaft angenommen hat oder die Ausschlagungsfrist abgelaufen ist und ihm faktisch die Möglichkeit zusteht, die Wohnung zu nutzen (BGH, 5.7.2013, V ZR 81/12).

Da der Erbe unmittelbar in die Stellung des Erblassers eintritt, ist er an sämtliche Vereinbarungen, Beschlüsse oder gerichtliche Entscheidungen gebunden. Bei der Sonderrechtsnachfolge ist dies hingegen nicht zwangsläufig der Fall. Erwirbt jemand Wohnungseigentum durch ein Rechtsgeschäft, wird er Eigentümer in dem Zeitpunkt, in dem die Umschreibung des Eigentums im Grundbuch vollzogen wird. Bei der Ersteigerung von Wohnungseigentum geschieht dies mit dem Zuschlag im Rahmen der Zwangsversteigerung. Der Sonderrechtsnachfolger ist an alle im Grundbuch des Sondereigentums eingetragenen Vereinbarungen, die dinglich wirken, beispielsweise an die Teilungserklärung und Gemeinschaftsordnung, gebunden (§10 Abs. 3 WEG). Hiervon abzugrenzen sind schuldrechtliche Vereinbarungen unter Wohnungseigentümern, die nicht im Grundbuch stehen. In diese tritt der Sonderrechtsnachfolger nicht automatisch ein, da solche Vereinbarungen nur zwischen den Personen wirken, die den Vertrag miteinander geschlossen haben.

Die Rechtsprechung differenziert hier allerdings, ob die Vereinbarung für den Sonderrechtsnachfolger vorteilhaft oder nachteilig ist. Auf eine zu seinen Gunsten wirkende Vereinbarung soll sich der Sondernachfolger eines Wohnungseigentümers auch dann berufen können, wenn sie nicht in das Grundbuch eingetragen wurde. Hingegen wird eine nicht in das Grundbuch eingetragene, die Gemeinschaftsordnung ändernde Vereinbarung der Wohnungseigentümer, die eine nur für alle Wohnungseigentümer einheitlich zu beurteilende Regelung zum Gegenstand hat, hinfällig, wenn ein Sondernachfolger in die Gemeinschaft eintritt, zu dessen Ungunsten die Vereinbarung wirken würde. Dann gilt wieder die sich aus dem Gesetz oder der Gemeinschaftsordnung ergebende Regelung oder der Sondernachfolger unterwirft sich der betreffenden Vereinbarung rechtsgeschäftlich (BayObLG, 10.1.2002, 2Z BR 180/01; OLG Düsseldorf, 14.2.2001, 3 Wx 392/00). So erlischt zum Beispiel ein durch Vereinbarung begründetes, aber nicht im Grundbuch eingetragenes Sondernutzungsrecht (sogenanntes schuldrechtliches Sondernutzungsrecht), wenn ein neuer Wohnungseigentümer in die Gemeinschaft eintritt, der der bisherigen schuldrechtlichen Vereinbarung nicht beitritt. Die aus dem Grundbuch nicht ersichtliche Vereinbarung der bisherigen Wohnungseigentümer bindet ihn nicht automatisch (OLG Köln, 2.4.2001, 16 Wx 7/01).

An gerichtliche Entscheidungen und an Beschlüsse der Eigentümergemeinschaft ist der im Rahmen der Sonderrechtsnachfolge neu eintretende Wohnungseigentümer gemäß §10 Abs. 4 WEG gebunden. Auch an Beschlüsse die aufgrund einer Öffnungsklausel in der Teilungserklärung/Gemeinschaftsordnung erfolgen, sind für den Sonderrechtsnachfolger bindend. Solche Beschlüsse, die aufgrund einer in der Gemeinschaftsordnung enthaltenen Öffnungsklausel eine Vereinbarung der Wohnungseigentümer abändern, sind im Grundbuch weder eintragungsbedürftig noch eintragungsfähig (OLG München, 13.11.2009, 34 Wx 100/09).

Für bauliche Veränderungen gilt: Auch an Beschlüsse der Wohnungseigentümergemeinschaft, die die Zustimmung zu einer baulichen Veränderung zum Gegenstand haben, ist der Sonderrechtsnachfolger gebunden. Im Fall einer nicht genehmigten baulichen Veränderung ist zur Beseitigung dieser nur derjenige, der sie vorgenommen hat, als Handlungsstörer verpflichtet. Sein Sonderrechtsnachfolger muss als Zustandsstörer lediglich die Beseitigung dulden. Beseitigungs- und Duldungsanspruch sind verschiedene Verfahrensgegenstände (BayObLG, 27.3.2003, 2Z BR 122/02). Der Rechtsnachfolger eines Wohnungseigentümers, der ohne Genehmigung der Gemeinschaft den zu seinem Sondereigentum gehörenden Dachboden zur Wohnung ausgebaut hat, ist nicht verpflichtet, verbliebene Wände und Decken zu beseitigen. Kann der Rechtsnachfolger als unmittelbarer Besitzer des Dachbodens die verbliebenen Bauteile beseitigen, lässt dies aber nicht zu, wird er zum Zustandsstörer und ist auf Antrag der Wohnungseigentümergemeinschaft entsprechend zu verpflichten. Gegenstand der Duldungspflicht des Zustandsstörers ist die einheitliche Wiederherstellung des ordnungsgemäßen Zustands (OLG Düsseldorf, 9.4.2008, I-3 Wx 3/08).

Bei einem Eigentümerwechsel ist der veräußernde Wohnungseigentümer zur Eigentümerversammlung solange zu laden, bis der Erwerber im Grundbuch eingetragen ist. Der veräußernde Wohnungseigentümer hält das Stimmrecht bis zur Umschreibung des Grundbuchs, selbst wenn nach den Bestimmungen des Kaufvertrags Besitz, Nutzungen und Lasten übergegangen sind. Der Erwerber kann allerdings vom Veräußerer mittels einer Vollmacht ermächtigt werden, das Stimmrecht in der Eigentümerversammlung auszuüben.

Für die Lasten und Kosten haftet grundsätzlich der im Grundbuch eingetragene Eigentümer, und zwar derjenige, der zum Zeitpunkt der Beschlussfassung über die Zahlungsverpflichtung und die Fälligkeit der Forderung nach Wirtschaftsplan, Jahresabrechnung oder Sonderumlage als Wohnungseigentümer im Grundbuch eingetragen ist. Mit der Eintragung des Erwerbers im Grundbuch geht der Anspruch auf Abrechnung und Auszahlung von Guthaben auf den neuen Eigentümer über und kann folglich von dem früheren Eigentümer nicht mehr geltend gemacht werden. Ist allerdings der Veräußerer seiner Verpflichtung zur Hausgeldvorauszahlung nach einem beschlossenen

Wirtschaftsplan nicht nachgekommen und sind daher Hausgeldrückstände aufgelaufen, so haftet er auch nach seinem Ausscheiden aus der Wohnungseigentümergemeinschaft für diese. Der Erwerber muss Hausgeldvorschüsse erst ab erfolgter Eigentumsumschreibung bezahlen.

Von rückständigen Hausgeldvorschüssen ist die sogenannte Abrechnungsspitze zu unterscheiden. Ergibt sich aus der Jahresabrechnung ein Fehlbetrag, weil die tatsächlichen Kosten höher waren, als zunächst im Wirtschaftsplan veranschlagt, haftet für diesen Fehlbetrag, wer zum Zeitpunkt der Beschlussfassung über die Jahresabrechnung als Wohnungseigentümer im Grundbuch eingetragen ist.

Bei einem Eigentümerwechsel verbleiben die Gegenstände, Forderungen, Ansprüche und Verbindlichkeiten des Verwaltungsvermögens bei der teilrechtsfähigen Wohnungseigentümergemeinschaft. Dies gilt insbesondere auch für den Anteil des ausscheidenden Eigentümers an der Instandhaltungsrücklage

Einberufung der Eigentümerversammlung

Bei der Einberufung der Eigentümerversammlung sind folgende Formalitäten zu beachten:

Der Verwalter muss einmal pro Jahr einberufen; unterlässt er dies, kann der Verwaltungsbeiratsvorsitzende oder sein Stellvertreter einberufen. Ein einzelner Wohnungseigentümer hat kein Einberufungsrecht. Ausnahme: durch gerichtliche Ermächtigung. Ein Viertel aller Wohnungseigentümer kann durch schriftlichen Antrag und unter Angabe der Gründe und des Zwecks die Einberufung verlangen.

Die Einberufungsfrist soll zwei Wochen betragen. Ein Verstoß hiergegen führt nicht zwingend zur Ungültigerklärung von Beschlüssen. In dringenden Fällen ist eine kürzere Frist zulässig.

Die Versammlung soll am Ort der Wohnanlage oder ihrer näheren Umgebung stattfinden. Die Wahl des Zeitpunkts darf die Teilnahme an der Versammlung nicht erschweren, sollte daher verkehrsüblich sein.

Die Einladung muss in Textform erfolgen (auch Kopie, Fax, E-Mail) und Angaben über Ort, Zeit und die Tagesordnung enthalten. Die Tagesordnung muss den Beschlussgegenstand genau bezeichnen, wobei eine stichpunktartige Formulierung ausreicht.

Einsichtsrecht

Jeder Wohnungseigentümer ist berechtigt, in die Verwaltungsunterlagen, die Versammlungsprotokolle sowie in die Beschlusssammlung Einsicht zu nehmen (BGH, 11.2.2011, V ZR 66/10; LG Frankfurt/Main, 20.6.2016, 2-13 S 13/14). Für Protokoll und Beschlusssammlung ergibt sich dieses Recht aus §24 Abs. 6 Satz 3 WEG bzw. §24 Abs. 7 Satz 8 WEG, für die sonstigen Verwaltungsunterlagen, etwa Belege und Abrechnungsunterlagen, aus §259, §675 und §666 BGB sowie der Tatsache, dass alle diese Unterlagen Bestandteile des gemeinschaftlichen Verwaltungsvermögens sind. Der Verwalter hat die Verwaltungsunterlagen nur treuhänderisch in seinem Besitz. Da die Einsichtnahme auch zur Überprüfung der Verwaltertätigkeit dient, besteht das Einsichtsrecht nach der bestandskräftigen Genehmigung der Abrechnung und nach der Entlastung des Verwalters fort.

Ein Wohnungseigentümer darf auch wiederholt in die Verwaltungsunterlagen einsehen, wenn seinem Informationsbedürfnis nicht vollständig Rechnung getragen ist, und kann hierbei einen weiteren Miteigentümer und einen Rechtsanwalt hinzuziehen. Auf eine Verjährung möglicher Ansprüche kommt es für die Frage der Berechtigung der Einsichtnahme nicht an (LG Frankfurt/Main, 20.6.2016, 2-13 S 13/14). Seine Grenzen findet das Einsichtsrecht im Schikaneverbot (§266 BGB) sowie in den Grundsätzen von Treu und Glauben (§242 BGB) (BayObLG, 13.6.2000, 2Z BR 175/99).

Zur Einsichtnahme ist jeder einzelne Wohnungseigentümer berechtigt, ohne dass dafür ein vorheriger ermächtigender Mehrheitsbeschlusses erforderlich ist. Dies gilt auch für den bereits aus der Wohnungseigentümergemeinschaft ausgeschiedenen Eigentümer im Hinblick auf nachwirkende Rechte und Pflichten sowie auf einen vom Wohnungseigentümer hierzu Bevollmächtigten, der ein berechtigtes Interesse an der Einsichtnahme hat, etwa einen Mieter oder einen Kaufinteressenten. Der Eigentümer kann auch die Einsichtnahme bei berechtigtem Interesse zusammen mit einem Dritten als Unterstützung sowie mit weiteren Eigentümern verlangen (LG Hamburg, 5.10.2011, 318 S 7/11). Das Recht eines Wohnungseigentümers auf Einsichtnahme in die Beschlusssammlung ist an keine weiteren besonderen Voraussetzungen geknüpft. Ein berechtigtes Interesse oder sonstiges Interesse muss nicht geltend gemacht werden. Kommt die Verwaltung einem Einsichtsverlangen nicht nach, so kann der Anspruch auch im Klageweg geltend gemacht werden (LG Hamburg, 18.1.2016, 318 T 65/15).Außer dem Versammlungsprotokoll und der Beschlusssammlung dürfen sämtliche Verwaltungsunterlagen, beispielsweise die Abrechnungs- und Buchhaltungsunterlagen, Bankkonten, Einzelabrechnungen und bestehenden Verträge, eingesehen werden. Der Anspruch auf Einsicht in die Abrechnungsunterlagen für die Jahresabrechnung steht jedem Wohnungseigentümer einzeln zu. Zu seiner Geltendmachung muss kein besonderes rechtliches Interesse dargelegt werden (BayObLG, 4.7.2002, 2Z BR 139/01). Verweigert der Verwalter das Recht auf Einsichtnahme in die Unterlagen, kann dies ein wichtiger Grund für seine Abberufung sein.

Der Ort zur Einsichtnahme liegt regelmäßig in den Geschäftsräumen des Verwalters (BGH, 11.2.2011, V ZR 66/10). Auf die Bürozeiten und den Bürobetrieb des Verwalters ist Rücksicht zu nehmen, vorab sollte ein Termin vereinbart werden (OLG Köln, 7.6.2006, 16 Wx 241/05). Etwas anderes gilt, wenn sich die Verwaltung nicht am Ort oder wenigstens in der Nähe der Wohnungseigentümergemeinschaft befindet. Dann müssen die Verwaltungsunterlagen am Ort der belegenen Sache zur Verfügung gestellt werden (OLG Köln, 28.2.2001, 16 Wx 10/01).

Ein Anspruch auf Aushändigung von Originalunterlagen besteht nicht. Von den Verwaltungsunterlagen darf der Wohnungseigentümer oder der Bevollmächtigte selbst Abschriften vornehmen oder Ausdrucke oder Kopien vom Verwalter verlangen (BGH, 11.2.2011, V ZR 66/10). Hierfür darf der Verwalter, ggf. mit Vorkasse, ein Sonderhonorar verlangen. Für die Anfertigung von Kopien aus Verwaltungsunterlagen wird pro Kopie ein Betrag von 0,50 EUR zuzüglich Mehrwertsteuer als zulässig erachtet (BayObLG, 19.12.2002, 2Z BR 104/02). Ab erwünschter 51. Kopie ist eine Ermäßigung entsprechend dem Rechtsanwaltsvergütungsgesetz auf 0,15 EUR angemessen (OLG Hamm, 19.10.2000, 15 W 133/00; derzeit 0,15 EUR nach RVG). Zum Einsichtsrecht eines Wohnungseigentümers in das Grundbuchblatt eines anderen Wohnungseigentümers hat das KG Berlin (3.4.2014, 1 W 83/14) entschieden, dass Wohnungseigentümer regelmäßig nur zur Einsicht in das Bestandsverzeichnis und Abteilung I der Wohnungsgrundbücher anderer Mitglieder der Gemeinschaft berechtigt sind, nicht aber zur Kenntnisnahme der Belastungen in Abteilung II und III.

Einzelabrechnung

Aus der Verpflichtung des Verwalters, gemäß § 28 Abs. 3 WEG eine Jahresabrechnung aufzustellen, ergibt sich auch die allgemein anerkannte Verpflichtung des Verwalters, die jeweiligen Einzelabrechnungen für die Wohnungseigentümer anzufertigen. Falls der Verwalter ausschließlich die Gesamtjahresabrechnung liefert, führt ein entsprechender Genehmigungsbeschluss alleine nach herrschender Meinung nicht zur Fälligkeit möglicher Nachzahlungsansprüche der Wohnungseigentümergemeinschaft gegenüber den einzelnen Wohnungseigentümern (OLG Oldenburg, 6.4.2005, 5 W 204/04; BayObLG, 7.8.2001, 2Z BR 63/01; LG Dessau-Roßlau, 29.10.2009, 5 S 89/09).

Die Einzelabrechnungen ergeben sich durch die Aufteilung der Gesamtjahresabrechnung nach gesetzlichen, vereinbarten oder ggf. beschlossenen Regelungen zur Verteilung der Kosten auf die jeweiligen Miteigentümer. Die Einzelabrechnung muss genauso wie die Jahresabrechnung übersichtlich und transparent sein, sodass sie für den jeweiligen Einzeleigentümer ohne Zuziehung eines Sachverständigen verständlich und nachvollziehbar ist (BGH, 4.12.2009, V ZR 44/09).

Die Einzelabrechnung muss ebenso wie die Jahresabrechnung mindestens eine Übersicht über die Ausgaben (Gesamtkosten, Verteilungsschlüssel, Einzelanteil), die Einnahmen (Gesamteinnahmen, Verteilungsschlüssel, Einzelanteil an den Einnahmen), das Ergebnis aus Ausgaben und Einnahmen sowie ein Jahressaldo des einzelnen Miteigentümers (Rückerstattungsbetrag oder Nachzahlungsbetrag, Abzug der nach Wirtschaftsplan geschuldeten Zuführungen zur Instandhaltungsrücklage aus dem Wohngeld) enthalten. Das gilt auch bei einer kombinierten Gesamtjahres- und Einzelabrechnung (BGH, 4.12.2009, V ZR 44/09).

Hinsichtlich der Form macht das Gesetz keine besonderen Vorgaben; es sind die bereits dargestellten Punkte zu berücksichtigen, insbesondere die Ableitung der Einzelabrechnung aus der Gesamtabrechnung. Allerdings ist ein Verwalter eben gerade nicht verpflichtet, ohne gesonderte Vereinbarung eine Einzelabrechnung zu erstellen, die für eine vermietete Wohnung unverändert als im Sinne des §556 Abs. 3 BGB wirksame Betriebskostenabrechnung verwendet werden kann (OLG Frankfurt/Main, 16.10.2006, 20 W 278/03; BayObLG, 4.4.2005, 2Z BR 198/04).

Die Jahresabrechnung zielt nicht auf die Ermittlung des »eigentlichen« Beitragsanspruchs ab, sondern auf die Anpassung der laufend zu erbringenden Vorschüsse an die tatsächlichen Kosten. Anhand der Rechnungslegung des Verwalters über die tatsächlichen Einnahmen und Ausgaben wird der bestehende Beitragsanspruch der Gemeinschaft überprüft und in Form eines Nachzahlungsanspruchs der Gemeinschaft oder Erstattungsanspruchs des Wohnungseigentümers sowie durch Neufestsetzung der Vorschüsse korrigiert (BGH, 1.6.2012, V ZR 171/11).

Die Einzelabrechnungen sind neben der Jahresgesamtabrechnung gemäß §28 Abs. 5 WEG durch Beschlussfassung in der Eigentümerversammlung zu genehmigen. Anderenfalls sind die sich daraus ergebenden Forderungen gegenüber den einzelnen Miteigentümern nicht zur Zahlung fällig (BayObLG, 7.8.2001, 2Z BR 63/01).

Vor der Beschlussfassung müssen die einzelnen Miteigentümer die Gelegenheit haben, Einsicht in die Belege zu nehmen, die Grundlage der Jahresgesamtabrechnung sowie der Einzelabrechnungen – auch anderer Wohnungseigentümer – sind. Wird die Einsichtnahme in die Belege verweigert oder besteht für die einzelnen Eigentümer keine Möglichkeit, in zumutbarer und ausreichender Weise Einsicht zu nehmen, ist nach Ansicht des OLG Köln (24.8.2005, 16 Wx 80/05) der Beschluss über die Jahresabrechnung anfechtbar. Da das Ermöglichen des Einsichtsrechts eine gesetzlich angelegte Zuständigkeit des Verwalters ist, können ihm gemäß §49 Abs. 2 WEG die Kosten für etwaige Anfechtungsverfahren auferlegt werden. Sobald eine Einzelabrechnung mangels Anfechtung trotz materieller Fehlerhaftigkeit bestandskräftig geworden ist, kann der jeweilige Wohnungseigentümer als Schuldner in Anspruch genommen werden. Es ist ihm dann verwehrt, zum Beispiel eine Tilgung der Wohngeldschuld durch Zahlungen im Abrechnungszeitraum gegen eine dann bestehende Zahlungsverpflichtung einzuwenden und dem geltend gemachten Anspruch entgegenzuhalten (BayObLG, 8.4.2004, 2Z BR 193/03).

Entlastung des Verwalters

Die Entlastung des Verwalters in der Eigentümerversammlung umfasst nicht nur die Billigung der Tätigkeit im vergangenen Jahr, sondern drückt auch das Vertrauen in die zukünftige Tätigkeit des Verwalters durch die Wohnungseigentümergemeinschaft aus. Der aus dem Vereinsrecht stammende Begriff »Entlastung« ist im Wohnungseigentumsgesetz nicht gesondert definiert. Es besteht daher kein originärer gesetzlicher Anspruch des Verwalters auf Entlastung. Die Entlastung des Verwalters insgesamt ist allerdings die Regel, da auch er ein Interesse daran hat, das vergangene Wirtschaftsjahr abzuschließen. Die Wohnungseigentümer billigen durch Beschluss über die Entlastung die Geschäftsführung des Verwalters für den entsprechenden Zeitraum und bestätigen ihm, dass er den gesetzlichen Vorschriften, den Vorschriften der Gemeinschaftsordnung und seinen vertraglichen Pflichten entsprochen hat.

Nach herrschender Meinung setzt eine Entlastung voraus, dass der Verwalter eine ordnungsgemäße Jahresabrechnung erstellt und der Eigentümerversammlung zur Abstimmung vorgelegt hat, denn das ist von Gesetzes wegen Aufgabe des Verwalters gemäß §28 Abs. 3 WEG. Allerdings stellt die Genehmigung der Jahresabrechnung entgegen der weit verbreiteten Meinung keine gleichzeitige und konkludente Entlastung des Verwalters dar; genauso wenig wird mit der Entlastung des Verwalters automatisch die Jahresabrechnung genehmigt.

Die Jahresabrechnung an sich ist lediglich eine Zusammenstellung der gesamten realen Ausgaben und Einnahmen der Wohnungseigentümergemeinschaft; davon ist schon denklogisch die »Entlastung« der sonstigen Tätigkeit des Verwalters (Geschäftsführung, Verwaltung der laufenden Angelegenheiten usw.) zu trennen (OLG München, 7.2.2007, 34 Wx 147/06).

Wird ein Verwalter durch (Mehrheits)Beschluss entlastet, hat dies ein negatives Schuldanerkenntnis (§397 Abs. 2 BGB) der Wohnungseigentümer zur Folge. Dies bedeutet, dass die Wohnungseigentümer auf etwaige – nicht aus einer Straftat herrührende – Ersatzansprüche gegen den Verwalter aus seiner Verwaltertätigkeit verzichten (BGH, ZMR 2003, 750, 752; BGH, ZMR 1997, 308, 312; BayObLG, NZM 1999, 504, 505). Dies gilt insoweit, als dass die Ansprüche den Wohnungseigentümern bekannt waren oder hätten ihnen bekannt sein müssen. Erteilt die Wohnungseigentümergemeinschaft in der Versammlung dem Verwalter die Entlastung, entfällt damit dessen Rechnungslegungspflicht für den entsprechenden Zeitraum. Die gesonderte Entlastung betrifft grundsätzlich die gesamte Tätigkeit des Verwalters (BayObLG, 20.11.2003, 2Z BR 168/03).

Ist der Verwalter selbst Eigentümer, so ist er bei dem Beschluss über seine Entlastung gemäß §25 Abs. 5 Alt. 1 WEG ausgeschlossen (LG Itzehoe, 31.5.2013, 11 S 14/11; OLG Hamm, 20.7.2006, 15 W 142/05; AG Weimar, 1.3.2013, 5 C 839/11; OLG Zweibrücken, 7.3.2002, 3 W 184/01, ZMR 2002, 786). Dies gilt auch, wenn er von Wohnungseigentümern zur Stimmrechtsausübung bevollmächtigt wurde (AG Neuss, 28.1.2008, 101 C 442/07).

Bestehen Bedenken gegen die Rechtmäßigkeit des Verwalterhandelns oder ergeben sich Zweifel an der ordnungsmäßigen Verwaltung, sollte keine Entlastung des Verwalters erfolgen, da bei einer gesonderten Beschlussfassung über die Entlastung des Verwalters die gesamten Verwaltungstätigkeiten und nicht nur einzelne Bereiche betroffen sind (BayObLG, 31.1.2000, 2 Z BR 136/99).

Ersatzzustellungsvertreter

Gemäß §45 Abs. 1 WEG ist der Verwalter Zustellungsvertreter der Wohnungseigentümer, soweit ein gerichtliches Verfahren gegen sie betrieben wird oder sie in einem Rechtsstreit beizuladen sind. Dies gilt nicht, wenn er als Gegner der Wohnungseigentümer an dem Verfahren beteiligt ist oder aufgrund des Streitgegenstands die Gefahr besteht, dass der Verwalter die Wohnungseigentümer nicht sachgerecht unterrichten wird. In diesem Fall und wenn ein Verwalter ganz fehlt, müssen die Wohnungseigentümer gemäß §45 Abs. 2

WEG durch Mehrheitsbeschluss einen Ersatzzustellungsvertreter und dessen Vertreter bestellen.

Um die Informationsrechte der Eigentümer zu wahren, genügt es, den Verwalter nur dann als Zustellungsvertreter auszuschließen, wenn konkret ein Konflikt zwischen den Interessen des Verwalters und den übrigen von ihm vertretenen Wohnungseigentümern auftritt. Solange aber für das Gericht im Zeitpunkt der Entscheidung über die Durchführung der Zustellung keine in der Sache begründeten Umstände ersichtlich sind, die konkret die Gefahr einer nicht sachgerechten Information der Wohnungseigentümer rechtfertigen, ist der Verwalter tauglicher Zustellungsvertreter (BGH, 9.3.2012, V ZR 170/11; LG Karlsruhe, 21.2.2012, 11 S 46/11). Fehlt der Wohnungseigentümergemeinschaft ein Ersatzzustellungsvertreter oder ist die Zustellung nicht ausführbar, kann das Gericht einen Ersatzzustellungsvertreter bestellen.

Faktische/werdende Eigentümergemeinschaft

Wird durch die Vorratsteilung gemäß §8 WEG Wohnungseigentum geschaffen, stellt sich die Frage, ob die Bestimmungen des WEG auch dann auf die Erwerber als werdende Wohnungseigentümer anzuwenden sind, wenn aufgrund des zeitlichen Ablaufs des Entstehungsvorgangs im streng juristischen Sinne noch keine Wohnungseigentümergemeinschaft besteht. Denn dies geschieht gemäß §8 WEG unter anderem erst dann, wenn der erste Erwerber beim Kauf vom Aufteiler (Bauträger) des Grundstücks als Wohnungseigentümer in das Grundbuch eingetragen wurde.

Unklar ist demnach, welche Regelungen zwischen der Erstellung der Teilungserklärung und der Eintragung des ersten Erwerbers als Eigentümer im Grundbuch gelten sollen. In diesem Zeitraum haben bereits oft mehrere Käufer eine Wohnungseigentumseinheit erworben. Allerdings ist der Kauf erst durch eine notarielle Vormerkung im Grundbuch gesichert, der Eigentumserwerb also noch nicht vollendet. Die Gründe dafür liegen oft beim Grundbuchamt, das für den Vollzug der Eigentumseinträge eine gewisse Zeit braucht. Ein anderer Grund kann darin bestehen, dass mit dem Bauträger noch Streit über Mängel besteht, sodass dieser bis zur letzten Kaufpreiszahlung die Eigentumseintragung der Erwerber blockiert.

Bis der erste Erwerber ins Grundbuch als Eigentümer eingetragen ist, spricht die Rechtsprechung von der »faktischen« bzw. »werdenden Wohnungseigentümergemeinschaft«. In der Rechtsprechung ist anerkannt, dass in diesem Zeitraum die Vorschriften des WEG angewendet werden dürfen, damit sich eine gemeinschaftliche Verwaltung umsetzen lässt (BayObLG, 11.4.1990, BReg. 2 Z 7/90).

Die Erwerber sind mit »richtigen« Wohnungseigentümern vergleichbar, da sie durch den Einzug in ihre Wohnung den Besitz an ihrem Sondereigentum erhalten und aus dem Erwerbsvertrag bereits zur Zahlung der Lasten und Kosten verpflichtet sind. Die Erwerber verhalten sich also de facto wie Wohnungseigentümer und sollen auch so behandelt werden, obwohl sie noch nicht als solche im Grundbuch eingetragen sind. Eine faktische (werdende) WEG liegt unter folgenden Bedingungen vor:

- Der Erwerber hat den mittelbaren und unmittelbaren Besitz an der Sondereigentumseinheit erlangt. Das heißt, es genügt, wenn der Erwerber in der Lage ist, die tatsächliche Gewalt über das Kaufobjekt auszuüben.
- Zugunsten des Erwerbers wurde im Grundbuch eine Auflassungsvormerkung eingetragen.
- Ein wirksamer Erwerbsvertrag mit dem Erwerber liegt vor.
- Die Wohnungseigentumsgrundbücher wurden angelegt.

Sobald diese Voraussetzungen erfüllt sind, ergeben sich daraus für die faktischen (werdenden) Wohnungseigentümer bereits vor Eigentumsübergang folgende Rechte und Pflichten:

- Tragung der Lasten und Kosten des gemeinschaftlichen Eigentums (BGH, 11.5.2012, V ZR 196/11),
- Stimmrecht in der Wohnungseigentümerversammlung (BGH, 11.5.2012, V ZR 196/11),
- Rechte und Pflichten nach § 13 ff. WEG, wobei die faktischen Eigentümer unter anderem auch bei Fragen der baulichen Veränderungen zu beteiligen sind,
- Anfechtung von Beschlüssen.

Beendet wird die faktische WEG durch die Eintragung des ersten Erwerbers als Eigentümer in das Grundbuch. Bisher hatte der BGH die Frage offengelassen, ob ein Erwerber auch dann Mitglied der Wohnungseigentümergemeinschaft wird, wenn er seine gesicherte Erwerbsposition und damit seinen Status als werdender Wohnungseigentümer erst nach dem Entstehen der Gemeinschaft erworben hat, also erst nach der Eintragung des ersten Erwerbers in das Grundbuch. Wann der Erwerber in diese Position eintritt, hängt häufig vom Zufall ab, nämlich davon, wann die Auflassungsvormerkung für ihn ins Grundbuch eingetragen wird bzw. ob er den Besitz noch vor Eintragung des ersten Erwerbers im Grundbuch als Eigentümer erlangt. Bisher wurde die Auffassung vertreten, dass die Erwerber, die eine gesicherte Erwerbsposition erst nach Entstehung der Vollrechtsgemeinschaft erlangen – wenn also vor ihnen ein anderer Erwerber als Eigentümer neben dem aufteilenden Eigentümer ins Grundbuch eingetragen wurde –, nicht als werdende Wohnungseigentümer zu behandeln seien und erst mit Eigentumseintragung im Grundbuch ihre Mitgliedschaftsrechte erwerben. Dieser Auffassung hat sich der BGH nicht angeschlossen, sondern festgestellt, dass aus Gründen der Rechtssicherheit und der Gewährleistung von Mitwirkungsrechten dieser Personenkreis als werdende Wohnungseigentümer behandelt werden muss (BGH, 11.5.2012, V ZR 196/11).

Gebrauchs- und Nutzungsregelung

Gebrauchsregelungen zum Sondereigentum und zum gemeinschaftlichen Eigentum können gemäß § 15 WEG durch Vereinbarung, durch Mehrheitsbeschluss und aufgrund eines Einzelanspruchs auf ordnungsmäßigen Gebrauch durch richterliche Entscheidung aufgestellt werden. Häufig werden Gebrauchsregelungen zum gemeinschaftlichen Eigentum bereits in der Teilungserklärung bzw. der Gemeinschaftsordnung und dem Aufteilungsplan vereinbart. Stehen solche Regelungen dem nicht entgegen oder ist der vorgesehene Nutzungs- oder Gebrauchszweck zu unbestimmt, können die Wohnungseigentümer gemäß § 15 Abs. 2 WEG Gebrauchsregelungen über den ordnungsgemäßen Gebrauch durch einen Mehrheitsbeschluss herbeiführen. Es kann gemäß § 15 Abs. 1 WEG sowohl der Gebrauch des Sondereigentums als auch des Gemeinschaftseigentums durch Vereinbarung festgelegt werden.

Der Gebrauch des Sondereigentums wird durch die Zweckbestimmung eingeschränkt, die in der Teilungserklärung festgelegt ist. Darin kann bestimmt werden, ob Räume nur zu Wohnzwecken (Wohnungseigentum) oder beispielsweise auch zu gewerblichen Zwecken, als Laden, als Hobbyraum, als Werkstatt, als Gaststätte oder als Büro (Teileigentum) genutzt werden dürfen. Man spricht in diesen Fällen von einer Zweckbestimmung mit Vereinbarungscharakter.

Die in der Teilungserklärung festgelegte Zweckbestimmung, ob es sich um Wohnungseigentum oder Teileigentum handelt, lässt sich nicht durch eine Vereinbarung der Wohnungseigentümer gemäß § 10 Abs. 2 WEG abändern. Hierzu erforderlich wäre eine Änderung des dinglichen Rechtsakts, also gemäß § 873 und § 877 BGB, und zwar durch eine Einigung aller Wohnungseigentümer in Form der Auflassung und Eintragung in das Grundbuch. Jedoch ist es möglich, die Nutzung des Wohnungs- oder Teileigentums durch Gebrauchsregelungen zu konkretisieren, einzuschränken oder zu erweitern, zum Beispiel durch die Bezeichnung »Laden« oder »Büro«. Eintragungen des planenden Architekten in den Genehmigungsplänen kommt in der Regel nicht dadurch die Bedeutung einer Zweckbestimmung mit Vereinbarungscharakter zu, dass diese Vorgaben für den Aufteilungsplan genutzt werden (BGH, 15.1.2010, V ZR 40/09). Eine von der Zweckbestimmung abweichende Nutzung ist nur ausnahmsweise zulässig, wenn diese bei typisierender Betrachtung nicht mehr stört oder beeinträchtigt als die vorgesehene Nutzung (OLG München, 25.5.2005, 34 Wx 024/05; OLG Hamm, 23.10.2003, 15 W 372/02; BayObLG, 9.2.2005, 2 Z BR 170/04).

Benutzt ein Wohnungseigentümer sein Sondereigentum entgegen den gültigen Gebrauchsregelungen, insbesondere entgegen den in der Teilungserklärung enthaltenen Zweckbestimmungen, so kann jeder gestörte Wohnungseigentümer gemäß § 1004 BGB i. V. m. § 15 Abs. 3 und § 14 Abs. 1, 2 WEG die Unterlassung des jeweiligen Gebrauchs verlangen. Dieser Anspruch unterliegt grundsätzlich der regelmäßigen Verjährungsfrist von drei Jahren. Bei Verstößen gegen die zweckbestimmte Nutzung kann jedoch eine Verjährung nicht eintreten, solange der Verstoß andauert. Es kann aber zu einer Verwirkung des Unterlassungsanspruchs kommen.

Wenn ein Unterlassungsanspruch aus § 15 Abs. 3 WEG und § 1004 BGB wegen einer unzulässigen Nutzung bereits durch alle Wohnungseigentümer verwirkt ist, ist auch der Sonderrechtsnachfolger an die entstandene Rechtslage gebunden, da er als Rechtsnachfolger mangels besonderer gesetzlicher Bestimmungen keine weitergehenden Rechte hat, als seinem Rechtsvorgänger zuletzt zustanden.

Wird eine Teileigentumseinheit zweckwidrig als Wohnraum genutzt, verjährt der Unterlassungsanspruch der übrigen Wohnungseigentümer nicht, solange diese Nutzung anhält. Dies gilt unabhängig davon, ob der Sondereigentümer selbst oder dessen Mieter Nutzer ist. Der Anspruch der Wohnungseigentümer auf Unterlassung der langjährigen zweckwidrigen Nutzung einer Teileigentumseinheit als Wohnraum ist in der Regel jedenfalls dann nicht verwirkt, wenn in jüngerer Zeit eine Neuvermietung zu Wohnzwecken stattgefunden hat (BGH, 8.5.2015, V ZR 178/14).

!

Beispiele: Gebrauchs- und Nutzungsbeschränkungen im Sondereigentum

- Die Nutzung einer »Wohnung« als Büro für Freiberufler, zum Beispiel als Architektenbüro, Ingenieur-Planungsbüro oder Steuerberaterkanzlei, ist grundsätzlich zulässig, weil sie typischerweise nicht zu Störungen führt, die über das bei einer Wohnnutzung unvermeidliche Maß hinausgehen (KG Berlin, 8.6.1994, 24 W 5760/93; LG Berlin, 26.7.1994, 85 T 214/94; OLG Zweibrücken, 27.5.1997, 3 W 81/97). Anders gestaltet sich die Situation, wenn mit der jeweiligen Nutzung erheblicher Publikumsverkehr verbunden ist.

- Wenn das Teileigentum zweckbestimmungswidrig wiederholt als Wohnraum vermietet wird, stellt zumindest jede neue Vermietung eine neue – wenngleich auch weitgehend gleichartige – Störung im Sinne von § 1004 BGB sowie §§ 14, 15 WEG dar und löst erneut einen Unterlassungsanspruch aus. Die im Rahmen des Einwands der Verwirkung für die Beurteilung des Zeitmoments maßgebliche Frist beginnt daher mit jeder neuen Einwirkung jeweils neu zu laufen (LG Frankfurt/Main, 25.6.2014, 2-13 S 18/13).
- Die Nutzung eines in der Teilungserklärung als Teileigentum und Hobbyraum ausgewiesenen Raums zu (nicht nur vorübergehenden) Wohnzwecken ist unzulässig (BGH, 16.6.2011, V ZA 1/11; LG Frankfurt/Main, 25.6.2014, 2-13 S 18/13).
- Die kurzfristige Vermietung einer Wohnung an Feriengäste ist zulässig (BGH, 12.11.2010, V ZR 78/10).
- Auf einem »Stellplatz« dürfen keine Gegenstände dauerhaft gelagert werden, die nicht im Zusammenhang mit der Fahrzeugnutzung stehen (LG Hamburg, 12.11.2014, 318 S 107/13).
- Mit der Zweckbestimmung »Laden« in der Teilungserklärung und im Aufteilungsplan lässt es nicht vereinbaren, dass die Teileigentumseinheit samt dem mit Tischen und Sitzgelegenheiten ausgestatteten Vorgarten zum Verzehr von im Laden gekauften Waren, Speisen und Getränken genutzt wird (LG Berlin, 19.4.2013, 85 S 108/12). Auch eine Imbiss-Stube wäre unzulässig (BayObLG, 29.9.1999, 2Z BR 103/99).
- Wird hingegen in der Teilungserklärung eine Gewerbeeinheit im Aufteilungsplan als Ladenlokal bezeichnet, ist dies als eine örtliche Bezeichnung zu verstehen. Hierdurch erfolgt keine Nutzungseinschränkung, wenn die Gemeinschaftsordnung ansonsten jedes Gewerbe zulässt. Dann darf die Gewerbeeinheit auch als Gastronomiebetrieb mit warmer Küche betrieben werden (LG Berlin, 20.2.2013, 85 S 235/11).
- Die Nutzung eines in der Teilungserklärung als »Boden« bezeichneten Raums zu Wohnzwecken ist dann zulässig, wenn der Nutzungszweck, der diesem Raum nach den Vereinbarungen zugewiesen ist, dieser Nutzung nicht entgegensteht. Maßgeblich ist insoweit, ob diesem Raum die – auch dinglich wirkende – Zweckbestimmung »Boden« zugeteilt oder ob er dem Sondereigentum an einer Wohnung zugeordnet wurde, mit dem eine Nutzung zu Wohnzwecken verbunden ist (LG Hamburg, 6.2.2013, 318 S 57/12).
- Die Nutzung eines Teileigentums »Lokal« als Spielhalle stellt eine nicht zu duldende zweckbestimmungswidrige Nutzung dar (LG München I, 2.1.2012, 1 S 21470/09). Lässt jedoch die Teilungserklärung für die Gewerbeeinheiten den Betrieb eines Gewerbes uneingeschränkt zu, verstößt der Betrieb einer Spielothek nicht gegen die Zweckbestimmung der Teilungserklärung (LG Karlsruhe, 20.9.2010, 11 S 200/09).
- Der Betrieb einer Gaststätte in Räumen eines Teileigentums, die als »Praxis« bezeichnet sind, widerspricht der vereinbarten Zweckbestimmung und ist daher unzulässig (BayObLG, 22.1.2004, 2Z BR 229/03).
- Die Nutzung der Grünfläche, die als »Kinderspielplatz 300 m²« bezeichnet wird, durch Kinder der Kindertagesstätte ist unzulässig, weil damit keine allgemein

zugängliche öffentliche Spielfläche geschaffen werden sollte (LG Hamburg, 6.1.2016, 318 S 40/15).

- Die Nutzung eins »Büros« als Zahnarztpraxis kann zulässig sein, wenn von der insoweit abweichenden Nutzung keine größeren Störungen ausgehen als die, die auch bei einer Büronutzung üblicherweise auftreten (OLG Hamm, 23.10.2003, 15 W 372/02).
- Die Nutzung einer Wohnung zum Betrieb einer entgeltlichen Tagespflegestelle für bis zu fünf Kleinkinder stellt eine teilgewerbliche Nutzung dar und ist unzulässig (BGH, 13.7.2012, V ZR 204/11).
- Bei einem Verbot der Einrichtung und Inbetriebnahme vorhandener, nicht genehmigter Klimageräte mit der Aufforderung, diese Anlagen sofort zu entfernen, handelt es sich um eine Gebrauchsregelung durch Nutzungsbeschränkung. Eine solche Regelung darf nicht willkürlich sein. Das Verbot ist dem Mehrheitsbeschluss zugänglich und nicht zu beanstanden, wenn Klimaanlagen nicht generell verboten werden, sondern nur solche, die bisher genehmigt wurden, aber zu laut waren. Ob ein vollständiges Verbot von Klimageräten noch ordnungsgemäßen Gebrauch darstellt, wurde vom Gericht offengelassen (BayObLG, 20.3.2001, 2Z BR 45/01).
- Für einen Unterlassungsanspruch aus §1004 Abs. 1 BGB i.V.m. §15 Abs. 3 WEG bedarf es neben einer zweckbestimmungswidrigen Nutzung (hier: dauerhafte Nutzung eines Trimmraums als Wohnung) nicht der Feststellung einer dadurch eingetretenen konkreten Beeinträchtigung im Sinne des §14 Nr. 1 WEG (LG Hamburg, 19.10.2016, 318 T 33/16).
- Ob ein Unterlassungsanspruch wegen zweckbestimmungswidriger Nutzung eines Teileigentums als (vermietete) Wohnung besteht, bedarf auch bei typisierender Betrachtungsweise einer Einzelfallbetrachtung; generell ist eine Wohnnutzung nicht bereits unzulässig. Wenn das einzelne Teileigentumsrecht (an einem Einzelgebäude) nach der Teilungserklärung weitestgehend wie Realeigentum behandelt werden soll und nahezu jede gewerbliche Nutzung des Objekts (im Sperrbezirk) zulässig wäre, kann nicht als Vergleichsmaßstab auf ein Büro oder Atelier abgestellt werden; auch eine Kindertagesstätte, ein Gastronomiebetrieb oder ein Sportstudio wäre nach der Teilungserklärung zulässig und damit Vergleichsmaßstab (LG München I, 12.5.2016, 36 S 6246/15).

Zum Gebrauch des gemeinschaftlichen Eigentums ist jeder einzelne Wohnungseigentümer berechtigt. Der Mitgebrauch muss jedoch derart schonend ausgeübt werden, dass den anderen Wohnungseigentümern kein unvermeidlicher Nachteil im Sinne des §14 Nr. 1 WEG erwächst und ihnen der gleichberechtigte Mitgebrauch ermöglicht wird. Unzulässig ist daher jeder Gebrauch des gemeinschaftlichen Eigentums, der die anderen Wohnungseigentümer vom Mitgebrauch ausschließt. Gebrauchsregelungen können insbesondere zu Gemeinschaftsflächen wie Garten- und Rasenflächen, Parkplatz und Kfz-Stellplätze, Werbe- und Reklameeinrichtungen, Flur, Treppenhaus, Waschräume und Fahrradkeller aufgestellt werden.

Oftmals sind derartige Gebrauchsregelungen bereits in der Teilungserklärung oder Gemeinschaftsordnung enthalten. Ansonsten können Gebrauchsregelungen, die dem Interesse aller Wohnungseigentümer entsprechen, das Gebot der gegenseitigen Rücksichtnahme berücksichtigen und sich in den Grenzen ordnungsmäßiger Verwaltung bewegen, mehrheitlich beschlossen werden, zum Beispiel im Rahmen einer Hausordnung. Wegen eines Eingriffs in den Kernbereich des Wohnungseigentums ist es unzulässig, einen völligen Gebrauchsentzug zu beschließen. Zulässig ist dagegen die Vermietung oder Verpachtung gemeinschaftlicher Flächen oder Räume, wenn den Wohnungseigentümern dadurch kein Nachteil erwächst (BGH, 29.6.2000, V ZB 46/99).

Die Zuweisung im Gemeinschaftseigentum stehender Flächen an einzelne Wohnungseigentümer zur ausschließlichen Nutzung begründet auch dann ein Sondernutzungsrecht und erfordert daher eine Vereinbarung im Sinne von §10 Abs. 2 Satz 2 WEG, wenn alle Wohnungseigentümer eine gleichwertige Fläche zur alleinigen Nutzung erhalten (BGH, 20.9.2000, V ZB 58/99). Eine Regelung, die im Interesse eines geordneten Gebrauchs des Gemeinschaftseigentums dessen turnusmäßige Nutzung durch einzelne Wohnungseigentümer vorsieht, führt dagegen grundsätzlich nicht zu einem (befristeten) Sondernutzungsrecht; sie kann daher durch (Mehrheits)Beschluss getroffen werden (BGH, 8.4.2016, V ZR 191/15).

Ein Beschluss, der dem Hausmeister oder dessen Stellvertreter die ausschließliche Befugnis zum Öffnen und Schließen des Hausflurfensters überträgt, ist nichtig. Dieser Beschluss der Wohnungseigentümerversammlung hat nicht eine Konkretisierung des Gebrauchs, sondern den vollständigen Ausschluss vom Mitgebrauch des Gemeinschaftseigentums samt der damit verbundenen Gebrauchsvorteile zum Gegenstand. Ein solcher Gebrauchsentzug ist aber keine Regelung des Gebrauchs nach §15 WEG, weil diese den Mitgebrauch voraussetzt; er ändert vielmehr §13 Abs. 2 WEG ab. Ein solcher vollständiger Gebrauchsentzug eines Gegenstands des gemeinschaftlichen Eigentums ist einem Mehrheitsbeschluss nicht zugänglich; der Beschluss ist daher nichtig (LG Koblenz, 22.8.2016, 2 S 15/16).

Gemeinschaftseigentum

Das Wohnungseigentumsrecht differenziert zwischen Gemeinschaftseigentum und Sondereigentum. Das Gemeinschaftseigentum ist den einzelnen Wohnungseigentümern über ihren Miteigentumsanteil zugeordnet; diesbezüglich bilden die Wohnungseigentümer eine Bruchteilsgemeinschaft gemäß §741 ff. und §1008 ff. BGB. Das Gemeinschaftseigentum ist nicht dem teilrechtsfähigen Verband zuzuordnen. Zum Gemeinschaftseigentum gehören gemäß §1 Abs. 5 WEG folgende Bestandteile:

- Grundstück,
- Teile, Anlagen und Einrichtungen des Gebäudes, die nicht im Sondereigentum oder im Eigentum eines Dritten stehen.

Ferner gehören gemäß §5 Abs. 2 WEG zum gemeinschaftlichen Eigentum:

- Teile des Gebäudes, die für dessen Bestand oder Sicherheit erforderlich sind,
- Anlagen und Einrichtungen, die dem gemeinschaftlichen Gebrauch der Wohnungseigentümer dienen.

Sie gehören zwingend zum Gemeinschaftseigentum und können auch nicht durch eine Vereinbarung in der Teilungserklärung zu Sondereigentum erklärt werden. Umgekehrt besteht jedoch die Möglichkeit, dass Bestandteile des Gebäudes, die Gegenstand des Sondereigentums sein können, zum gemeinschaftlichen Eigentum gehören (§5 Abs. 3 WEG). Durch die Teilungserklärung kann Sondereigentum an wesentlichen Bestandteilen des Gebäudes nicht begründet werden; diese kann die Grenze zwischen dem gemeinschaftlichen Eigentum und dem Sondereigentum nur zugunsten, nicht aber zuungunsten des gemeinschaftlichen Eigentums verschieben (BGH, 26.10.2012, V ZR 57/12). Die Änderung der Aufteilung und Zuordnung von Gemeinschaftseigentum und Sondereigentum kann nie durch Beschluss erfolgen. Hierzu bedarf es einer Einigung aller Wohnungseigentümer in der Form der Auflassung gemäß §925 Abs. 1 BGB sowie der Eintragung der Änderung im Grundbuch.

ARBEITSHILFE ONLINE

Zuordnung zum Gemeinschafts- und Sondereigentum

	GE	SE	Anmerkung
Abflussrohr (Hauptleitung), siehe »Rohre«	x		
Abgasrohr		x	Ein Abgasrohr, das vom Sondereigentümer als Verbindung zum Schornsteinzug, zum Beispiel für einen Kaminofen oder eine Gastherme, genutzt wird, ist kein gemeinschaftliches Eigentum (AG Hamburg-St. Georg, 28.4.2017, 980b C 69/16).
Absperrventil (Strangabsperrung)	x		Absperrventile an Rohren und Leitungen, die zum Gemeinschaftseigentum gehören oder sich am Übergang zwischen Gemeinschaftseigentum und Sondereigentum befinden, gehören zum Gemeinschaftseigentum.

	GE	SE	Anmerkung
Absperrventil (Wohnung)		x	Absperrventile an Rohren und Leitungen, die zum Sondereigentum gehören, zählen zum Sondereigentum.
Abstellplatz (nicht Tiefgaragenplatz)	x		SNR möglich
Abwasserkanal	x		
Alarmanlage			Eine Alarmanlage, die nur der Sicherheit einer Wohnung dient, gehört zum SE; dient sie der Sicherheit mehrerer Wohnungen oder auch der Sicherheit des gemeinschaftlichen Grundstücks, steht sie im GE
Anschlussleitung, Hauptleitungen für Strom, Gas, Heizung und Abwasser	x		
Anschlussleitungen für Strom, Gas, Heizung und Abwasser ab Übergang in die Sondereigentumsräume		x	
Antenne (Gemeinschaftsantenne, Kabelanschluss, Satellitenschüssel)	x		
Antennenkabel		x	Soweit es nur der Versorgung einer Wohnung dient; dies gilt auch dann, wenn sich das Kabel außerhalb des räumlichen Bereichs des Sondereigentums befindet
Antennensteckdose		x	OLG Köln, 31.5.1989, 16 Wx 25/89
Armaturen		x	
Attika	x		BayObLG, 19.7.1989, 1b Z 29/88
Anstrich Fassade	x		BayObLG, 20.3.1991, BReg. 2 Z 8/91
Aufzug	x		BGH, 10.10.1980, V ZR 47/79
Außenjalousien, Rollläden	x		KG Berlin, 19.6.1985, 24 W 4020/84
Außenputz	x		BayObLG, 20.3.1991, BReg 2 Z 8/91
Außenwand	x		OLG Zweibrücken, 2.2.2000, 3 W 12/00
Bad- und Duscheinrichtungen		x	
Badezimmertür		x	BayObLG, 21.12.1999, 2Z BR 115/99, ZMR 2000, 241
Balkone			Erfordert Abgrenzung
a) Balkonraum		x	BGH, 15.1.2010, V ZR 114/09; OLG Düsseldorf, 21.12.1998, 3 Wx 418/98; OLG Karlsruhe, 5.5.2000, Wx 71/99

	GE	SE	Anmerkung
b) Konstruktive, der Sicherheit dienende Balkonbestandteile	x		BGH, 15.1.2010, V ZR 114/09; BGH, 25.1.2001, VII ZR 193/99; BayObLG, ZMR 1996, 503
c) Balkonbodenplatte, -gitter, -decken, -geländer, -brüstung, -tür und -fenster (ohne Innenseiten); äußere Balkonverkleidungen und Trennwände	x		BGH, 15.1.2010, V ZR 114/09; BGH 21.2.1985, VII ZR 72/84; BayObLG 16.5.1990, 1b Z 22/89; BayObLG, 25.9.1996, 2Z BR 79/96; OLG Düsseldorf, 9.8.1991, 22 U 20/91; OLG München, 30.1.2007, 34 Wx 116/06
d) Feuchtigkeitsisolierung, Abdichtungsanschlüsse zum Gebäude, Wassereinlauf und Abflussleitung, Regenrinne	x		BGH, NJW-RR 2001, 800; OLG Hamm, DWE 1995, 127; OLG Düsseldorf, NZM 1998, 269; OLG München, NZM 2007, 369
e) Boden-/Plattenbelag inklusive Mörtelbett und Estrich, innere Balkonverkleidungen; Innenanstrich der Balkonbrüstung, -umrandung und des Geländers		x	BGH, 15.1.2010, V ZR 114/09; BayObLG, 5.5.1993, 2Z BR 29/93; OLG Köln, 5.12.2000, 16 Wx 121/00
f) Balkonestrich, soweit dieser trittschall- oder wärmedämmende Funktion hat	x		OLG Hamm, ZMR 1997, 193
Belüftungsanlage	x		OLG Hamburg, 4.3.2003, 2 Wx 2/00
Bewässerungsanlage für gemeinschaftliche Gartenflächen	x		KG Berlin, .2003, 24 W 3/03
Blitzschutzanlage	x		
Blumen- und Pflanztröge, wenn von der Gemeinschaft angeschafft oder wenn sie auf Balkonen, Terrassen und Loggien als begrenzende Einfassungen die Brüstung oder Wandelemente ersetzen	x		
Bodenbeläge (Fliesen, Parkett, Teppich, Laminat) innerhalb der Wohnung		x	BayObLG, 15.1.1980, 2 Z 80/78; BayObLG, 16.12.1993, 2Z BR 113/93; BayObLG, 17.12.1993, 2Z BR 105/93
Brandmauer	x		BayObLG, 19.8.1971, 2Z 99/70
Briefkastenanlage	x		AG Pforzheim, 27.5.1994, 2 UR II 9/94 WEG
Carport	x		BayObLG, 6.2.1986, BReg. 2 Z 70/85, wenn fest mit dem Grundstück verbunden; Einräumung von SNR möglich
Dach, auch Dachbelag, Dachstuhl, Sparren, Latten, Unterspannbahn, Dämmung, Dampfsperre	x		BayObLG, 30.3.2000, 2Z BR 2/00
Dachrinne	x		BayObLG, 19.7.1989, BReg. 1 b Z 29/88; OLG Düsseldorf, 5.11.2003, I-3 Wx 235/03; OLG Frankfurt/Main, 9.7.1986, 20 W 357/85

	GE	SE	Anmerkung
Dachfenster	x		
Dachterrasse			Abgrenzung wie Balkone; BayObLG, 17.12.1993, 2Z BR 105/93; OLG Hamm, 3.7.1995, 15 W 93/95; DWE 1995, 127; nach LG Schwerin, 24.7.2008, 5 T 165/05 sondereigentumsfähig
Deckenputz		x	
Deckenverkleidung (Wohnung)		x	OLG Hamm, 13.8.1996, 15 W 115/96
Duplexparker (Doppelstockgaragen)			Strittig und in jedem Einzelfall genauestens anhand der Teilungserklärung zu überprüfen; OLG Düsseldorf, 22.3.1999, 3 Wx 14/99; OLG Celle, 19.8.2005, 4 W 162/05; AG München, 5.4.2006, 483 URII 1335/05; AG Rosenheim, 29.5.2008, 9 C 446/08; BGH, 21.10.2011, V ZR 75/11
Durchlauferhitzer		x	
Dusche		x	
Einbauküche		x	
Einbauschrank		x	BayObLG, 9.5.1996, 2Z BR 18/96
Elektrizitätsleitungen, Hauptleitungen bis zur Sondereigentumseinheit	x		
Entlüftungsanlage	x		OLG Hamburg, 14.3.2003, 2 Wx 2/00
Estrich, wenn dieser nicht verändert oder beseitigt werden kann, ohne das GE oder SE einer anderen Einheit zu beeinträchtigen, oder aber wenn er trittschallschützende Funktion hat	x		Abgrenzung nach Funktion; BGH, 6.6.1991, VII ZR 372/89; OLG München 12.3.1985, 9 U 4773/84; OLG Hamm, 3.7.1995, 15 W 93/95; OLG Düsseldorf, ZMR 1999, 726; NZM 2001, 958; BayObLG, ZMR 2003, 366
Estrich, ohne schalldämmende Funktion		x	
Etagenheizung (wenn sie nur einer Sondereigentumseinheit dient)		x	AG München, 20.12.1994, UR II 312/94
Fallrohr	x		BayObLG 19.7.1989, 1b Z 29/88
Fassade	x		BayObLG, 20.3.1991, BReg. 2 Z 8/91
Fenster			
a) Fensterrahmen, -flügel, -stöcke, -verglasung	x		BayObLG, 3.8.2000, 2Z BR 184/99; OLG Düsseldorf, 23.11.1998, 3 Wx 376/98
b) Innenanstrich und Beschläge		x	
c) Fensterbänke und -simse (nach außen gerichtet)	x		OLG Frankfurt/Main, 23.9.1975, 22 U 275/83

	GE	SE	Anmerkung
d) Fensterscharniere, -schließmechanik	x		OLG Köln, 24.9.1996, 16 Wx 86/96
e) Fenstergitter	x		KG Berlin, ZMR 1994, 169
Feuchtigkeitsisolierschicht	x		BayObLG, WuM 1991, 610; OLG Hamm, ZMR 1997, 193; OLG Düsseldorf, ZMR 1999, 726; OLG Köln, NZM 2002, 125
Freifläche	x		Zwingendes GE, es können aber SNR begründet werden
Feuerlöscher	x		BayObLG, 12.6.1991, BReg. 2 Z 36/91; OLG Frankfurt/Main, 27.4.2004, 20 W 183/02
Fundament	x		
Fußbodenbelag (Wohnung)		x	OLG Düsseldorf, 4.7.2001, 3 Wx 120/01
Fußbodenheizung	x		BayObLG, 8.9.1988, BReg. 2 Z 55/87; KG Berlin, 14.11.1988, 24 W 2933/88; LG Bonn 29.7.1997, 8 T 27/97; Zuweisung zum SE aber möglich nach BGH 8.7.2011, V ZR 176/10
Garage	Kann im GE, auch als Ganzes im SE stehen; Dach, Außenmauer, Boden, Bodenplatte, Garagentor sind jedoch zwingendes GE		
Garagenstellplätze			Begründung von SE oder SNR möglich
Garten	x		Einräumung von Sondernutzungsrechten möglich
Gegensprechanlage (bis zur Abzweigung in die Sondereigentumseinheit)	x		OLG Köln, 24.9.1996, 16 Wx 86/96; OLG Köln, 26.8.2002, 16 Wx 126/02
Gegensprechanlage, technische Vorrichtung in der Sondereigentumseinheit		x	LG München I, 5.11.2012, 1 S 1504/12; OLG Köln, 26.8.2002, 16 Wx 126/02
Geschossdecke	x		
Grundstücksfläche	x		Zwingend!
Hauptversorgungsleitungen (Gas, Wasser, Abwasser, Wärme, Strom) bis zur Sondereigentumseinheit	x		
Hauszugangsweg	x		Einräumung von SNR möglich
Hebeanlage			Je nachdem, wie vielen Einheiten sie dient, GE oder SE; OLG Düsseldorf, NZM 2001, 752; OLG Schleswig, ZMR 2007, 726
Heizkörper		x	BGH, 8.7.2011, V ZR 176/10; Zuordnung zum GE durch Vereinbarung möglich

	GE	SE	Anmerkung
Heizkörperventil	x		LG München I, 17.2.1987, 1 T 10773/86; BayObLG 11.8.1987, 2 Z 32/87; AG Wennigsen, 5.12.2008, 21 C 11/08
Heizkostenverteiler	x		OLG Karlsruhe, 27.8.1986, 11 W 39/86
Heizölvorrat	x		OLG Stuttgart, 17.1.1983, 8 W 451/82
Heizungsanlage	x	x	Beides möglich, abhängig davon, ob sie dem gemeinschaftlichen Gebrauch oder nur der Versorgung einer Sondereigentumseinheit dient
Heizungsraum	x		BGH, 2.2.1979, V ZR 14/77; BayObLG, 25.3.1992, 2Z BR 1/92
Heizungsrohre im Estrich	x		AG Würzburg, 20.1.2015, 30 C 444/14
Hof			Einräumung von SNR möglich
Innenanstrich (Wohnung, Balkon)		x	
Innenputz (Wohnung)		x	
Isolierglasfenster, siehe auch Fenster	x		BayObLG, 3.8.2000, 2Z BR 184/99
Isolierschichten in Parkhaus	x		AG Wilhelmshaven, 8.4.2014, 6 C 331/12
Kabelanschluss ab Abzweigung in die Sondereigentumseinheit		x	
Kabelanschlussdose		x	OLG Köln, 31.5.1989, 16 Wx 25/89
Kaltwasserzähler	x		Eichpflicht!
Kamin bis Abzweigung in die Sondereigentumseinheit	x		BayObLG, 20.8.1998, 2Z BR 44/98
Kellerdecke	x		
Kinderspielplatz	x		BayObLG, 25.6.1998, 2Z BR 10/98
Klimaanlage (Haus)	x		OLG Hamburg, 14.3.2003, 2 Wx 2/00
Klimaanlage (dient nur Wohnung)		x	OLG Köln, 28.7.2003, 16 Wx 37/03; BayObLG, 20.3.2001, 2Z BR 45/01
Klingelanlage bis Abzweigung in die Sondereigentumseinheit	x		OLG Köln, 24.9.1996, 16 Wx 86/96; OLG Köln, 26.8.2002, 16 Wx 126/02
Lichtkuppeln	x		
Lichtschacht	x		
Loggia			Wie Balkone
Luftschacht	x		

	GE	SE	Anmerkung
Markise	x		Da fassadengestaltendes Element; BayObLG, 11.9.1985, BReg. 2 Z 63/85; OLG Frankfurt/Main, 14.5.1985, 20 W 370/84, OLGZ 1986, 42; wenn vom Eigentümer nachträglich installiert, wohl in dessen Eigentum verbleibend
Mauerwerk	x		
Messgeräte	x		BGH, 25.9.2003, V ZB 21/03; OLG Hamm, 6.3.2001, 15 W 320/00
Müllabwurfanlage/Müllschlucker	x		
Rauchwarnmelder			Rauchwarnmelder, die die Wohnungseigentümergemeinschaft angeschafft hat, zählen zum Verwaltungsvermögen. Hat sie der Sondereigentümer selbst angeschafft, so gehören sie ihm.
Rohre	x		Versorgungs- und Entsorgungsrohre sowie Leitungen, die der Erschließung mehr als einer Sondereigentumseinheit dienen, stehen zwingend im Gemeinschaftseigentum. Gleiches gilt für Rohre und Leitungen, die nur der Erschließung einer Sondereigentumseinheit dienen, aber im räumlichen Bereich des Gemeinschaftseigentums verlaufen. Soweit diese Rohre oder Leitungen im räumlichen Bereich des Sondereigentums verlaufen, verlieren sie ihre Zugehörigkeit zum Gemeinschaftseigentum erst an dem Punkt, an dem sie sich durch eine Absperrvorrichtung unterbrechen lassen (BGH, 26.10.2012, V ZR 57/12). Dies kann im Einzelfall bedeuten, dass das gesamte Rohr bis zum Wasserhahn oder bis zum Ausguss im Gemeinschaftseigentum steht, wenn es im sonstigen Leitungsverlauf an einer Absperrvorrichtung fehlt.
Rollladen	x		Da fassadengestaltendes Element, nicht innenseitige Zugvorrichtungen (AG Würzburg, 22.1.2015, 30 C 1212/14; LG Dortmund, 1.4.2014; AG Syke, 18.1.2013, 10 C 748/12; OLG Frankfurt/Main, 12.6.2003, 20 W 558/00)
Schließanlage	x		
Schlüssel			Für Türen der Wohnanlage Zubehör und damit weder SE oder GE; der Schlüssel gehört jeder Person, der er übereignet wurde; Schlüssel, über die der Verwalter oder Hausmeister verfügt, gehören zum Verwaltungsvermögen

	GE	SE	Anmerkung
Steckdose		x	
Stromzähler		x	SE, wenn nur der Verbrauch einer Sondereigentumseinheit gezählt wird und er nicht im Eigentum des Stromversorgungsunternehmens steht
Schwimmbad	x		Zumindest in der Regel, SE auch möglich
Speicher	x		
Tankraum	x		KG Berlin, 14.11.1988, 24 W 2207/88
Tapeten		x	
Telefonanschluss		x	
Terrasse ebenerdig	x		Nach herrschender Meinung nein; siehe auch KG Berlin, 6.1.2015, 1 W 369/14, Begründung von SE möglich, wenn vertikale Abgrenzung; OLG Hamburg, 4.3.2003, 2 Wx 102/99, ohne Abgrenzung kein SE möglich; LG Frankfurt/Main, 4.3.1992, 2/9 T 142/92, jedoch Einräumung von SNR möglich
Thermostatventil	x		OLG Hamm, 6.3.2001, 15 W 320/00; OLG Karlsruhe, 16.1.1990, 11 W 233/89; OLG Stuttgart, ZMR 2008, 243
Tiefgarage	x		
Tragende Wände	x		BGH, 21.12.2000, V ZB 45/00; BayObLG, 2.2.1995, 2Z BR 71/94
Treppe	x		Da konstruktiver Bestandteil des Gebäudes (§ 5 Abs. 2 WEG)
Treppenhaus	x		BayObLG, 15.12.1981, 2 Z 89/81; BayObLG, 16.3.1995, 2Z BR 12/95
Trittschalldämmung	x		BGH, NJW 1991, 2480; OLG Düsseldorf, ZMR 1999, 726
Türen, Wohnungsabschlusstüren einschließlich Türrahmen, Klinke und Beschläge Außenseite	x		OLG Düsseldorf, 10.9.1999, 22 U 35/99; BayObLG, ZMR 2000, 241; BGH 25.10.2013, V ZR 212/12
Türen, Innenseite von Türblatt/-rahmen, Beschläge, Klinke, Schließzylinder		x	
Verbrauchserfassungsgeräte	x		OLG Hamburg, 22.4.1999, 2 Wx 389/99; KG Berlin, 8.9.1993, 24 W 5753/93
Verwaltungsunterlagen	x		
Wände, tragend	x		Auch dann, wenn sie sich im räumlichen Bereich des Sondereigentums befinden

	GE	SE	Anmerkung
Wände, nichttragend in derselben Sondereigentumseinheit		x	
Wände, nichttragend zwischen zwei Sondereigentumseinheiten		x	Stehen im gemeinsamen SE beider Sondereigentümer; BGH, NJW 2001, 1212; BayObLG, ZMR 1996, 618; OLG München, ZMR 2006, 300
Wände (zwischen dem räumlichen Bereich des Sondereigentums und des Gemeinschaftseigentums)	x		
Wandanstrich		x	
Wandputz		x	BayObLG, ZMR 2003, 366; OLGR Düsseldorf 2005, 148
Wärmedämmung	x		BayObLG, 20.3.1991, BReg. 2 Z 8/91; OLG Hamm, 3.7.1995, 15 W 93/95
Waschbecken		x	
Waschküche	x		
Waschmaschine/Trockner im gemeinschaftlichen Gebrauch	x		
Wasserhahn		x	
Wasserrohre, siehe »Rohre«			
Wasseruhr	x		Wenn sie der Erfassung und der Abrechnung des Wasserverbrauchs der WEG dient
Zaun	x		
Zwischenwände, nichttragend in Sondereigentumseinheit		x	

GE = Gemeinschaftseigentum, SE = Sondereigentum, SNR = Sondernutzungsrecht

Gemeinschaftsordnung

Die Gemeinschaftsordnung ist ein Bestandteil der Teilungserklärung. Sie ist vergleichbar mit der Satzung eines Vereins (BGHZ 88, 304) und regelt die Rechtsbeziehungen der Wohnungseigentümergemeinschaft im Innenverhältnis. In der Gemeinschaftsordnung können gemäß §10 Abs. 2 Satz 2 WEG von den Vorschriften des WEG abweichende Vereinbarungen getroffen werden, soweit diese nicht gegen zwingende Normen des Wohnungseigentumsrechts verstoßen. Diese gehen dann den Bestimmungen des WEG vor.

Gemeinschaftsordnungen enthalten oftmals Regelungen über die Modalitäten der Eigentümerversammlung, Stimmrechtsfragen, Regelungen zur Kosten- und Lastentragung, Nutzungs- und Gebrauchsvereinbarungen des Gemeinschaftseigentums, Zahlungsmodalitäten, Ansparung einer Instandhaltungsrückstellung sowie auch Bestimmungen zur Verwalterbestellung und Verwaltervertragsgestaltung.

Die Änderung der Gemeinschaftsordnung kann grundsätzlich nur durch Vereinbarung aller Wohnungseigentümer erfolgen. Ausnahmsweise kann dies jedoch durch Beschluss möglich sein oder dadurch, dass eine Öffnungsklausel in der Gemeinschaftsordnung enthalten ist.

Im Rahmen von Öffnungsklauseln kann den Wohnungseigentümern die Möglichkeit eröffnet werden, alle oder nur bestimmte Regelungen mit einer genau zu bezeichnenden Mehrheit abzuändern, zum Beispiel mit einer Zweidrittel- oder Dreiviertelmehrheit.

Durch Beschluss können folgende Angelegenheiten geregelt werden:

- Aufhebung einer bestehenden Veräußerungsbeschränkung (§12 Abs. 4 WEG)
- Verteilung der Betriebskosten im Sinne des §556 Abs. 1 BGB und der Kosten der Verwaltung (§16 Abs. 3 WEG)
- Verteilung von Kosten für Maßnahmen der Instandhaltung, Instandsetzung, Modernisierung des gemeinschaftlichen Eigentums und bauliche Veränderungen; beschränkt auf den Einzelfall und bei Vorliegen einer doppelt qualifizierten Mehrheit (§16 Abs. 4 WEG)
- Die Art und Weise von Zahlungen, die Fälligkeit und die Folgen des Verzugs sowie die Kosten für eine besondere Nutzung des gemeinschaftlichen Eigentums und die Verteilung der Kosten für einen besonderen Verwaltungsaufwand (§21 Abs. 7 WEG)

Letztlich kommt eine Änderung der Gemeinschaftsordnung in Betracht, wenn ein Wohnungseigentümer einen Änderungsanspruch gemäß §10 Abs. 2 Satz 3 WEG geltend macht. Danach kann jeder Wohnungseigentümer eine vom Gesetz abweichende Vereinbarung oder die Anpassung einer Vereinbarung verlangen, soweit ein Festhalten an der gesetzlichen Regelung aus schwerwiegenden Gründen unter Berücksichtigung aller Umstände des Einzelfalls, insbesondere der Rechte und Interessen der anderen Wohnungseigentümer, unbillig erscheint. Unbillig ist eine Regelung dann, wenn sie bei objektiver Betrachtung die unterschiedlichen Interessen der Wohnungseigentümer nicht in angemessenen Ausgleich bringt, weil einzelne Eigentümer übervorteilt oder ohne sachlichen Grund benachteiligt werden. Der Änderungsanspruch erstreckt sich nur auf Vereinbarungen, während sachenrechtliche Regelungen, also die Abgrenzung und Zuordnung von Sonder- und Gemeinschaftseigentum, nicht dem gesetzlichen Änderungsanspruch unterliegen.

Der häufigste Anwendungsfall wird eine erhöhte Kostenbelastung sein. Bei der Frage, ab welcher Kostenmehrbelastung Unbilligkeit und damit ein Abänderungsanspruch gegeben sein könnte, wird ein Schwellenwert von circa 25% herangezogen (BT-Drucks. 16/887, 17 f.; KG Berlin, 14.6.2004, 24 W 32/04). Dieser stellt jedoch keine feste Grenze dar, sondern dient nur zur Orientierung. Das Maß der Kostenmehrbelastung ist nicht das alleinige Kriterium bei der Entscheidung, ob das Festhalten an der geltenden Regelung unbillig sein könnte. Selbst wenn der Schwellenwert von 25% nicht erreicht wird, können Umstände vorliegen, die einen Anspruch auf Änderung des Kostenverteilungsschlüssels begründen. Umgekehrt gilt, dass auch bei Erreichen oder Überschreiten des Schwellenwerts von 25% Umstände vorliegen können, die eine Änderung des Kostenverteilungsschlüssels nicht rechtfertigen. Entscheidend sind stets alle Umstände des konkreten Einzelfalls, sie sind gegeneinander abzuwägen (BGH, 11.6.2010, V ZR 174/09). Für einen Änderungsanspruch können folgende Umstände sprechen:

- Aufgrund der bestehenden unbilligen Regelungen ist ein angemessener Gebrauch des Sondereigentums oder ein Mitgebrauch des Gemeinschaftseigentums nicht möglich; dass ein Wohnungseigentümer einen bestimmten Bereich des Gemeinschaftseigentums nicht nutzt oder nutzen kann, führt nicht allein dazu, dass er von den Kosten des Gebrauchs sowie der Instandhaltung und Instandsetzung freigestellt werden muss (OLG Hamburg, 29.11.2005, 2 Wx 46/05; OLG Schleswig, 26.4.2006, 2 W 234/05).
- Die Vereinbarung erweist sich von Anfang an als verfehlt oder unzweckmäßig (BGH, 17.12.2010, V ZR 131/10).
- Die tatsächlichen oder rechtlichen Umstände, die dem in der Gemeinschaftsordnung enthaltenen Verteilungsschlüssel zugrunde lagen, haben sich verändert (BGH, 17.12.2010, V ZR 131/10).
- Die Wohnungseigentumseinheit ist wegen der geltenden Kostenverteilungsregelung wirtschaftlich wertlos, da das zu zahlende Wohngeld die nachhaltig zu erzielende Miete dauerhaft und deutlich übersteigt.
- Die Unbilligkeit ist erst durch eine nachträgliche Änderung der Gemeinschaftsordnung entstanden, bei der die Wohnungseigentümer offensichtlich rechtlich oder tatsächlich bedeutsame Aspekte übersehen haben.

Gegen einen Änderungsanspruch spricht Folgendes:

- Die Auswirkungen einer unbilligen Regelung waren beim Erwerb des Wohnungseigentums erkennbar (LG München I, 8.6.2010, 36 S 19150/09).
- Die Ursache für die Unbilligkeit liegt im Risikobereich des betroffenen Wohnungseigentümers, zum Beispiel bei Scheitern eines geplanten Dachausbaus oder Leerstand von Räumen.

- Die mit einer unbilligen Regelung verbundenen Nachteile werden durch anderweitige Vorteile kompensiert, zum Beispiel indem ein Eigentümer bei einer Kostenart unbillig benachteiligt wird, bei einer anderen aber nur einen verhältnismäßig geringen Kostenanteil tragen muss.
- Bei einer gebotenen längerfristigen Betrachtungsweise ist zu erwarten, dass es zu einem wirtschaftlichen Ausgleich einer einmaligen Kostenmehrbelastung kommt.
- Die Gemeinschaftsordnung wurde bereits geändert, ohne die beanstandete Unbilligkeit zu beseitigen, woraus geschlossen werden könnte, dass die Wohnungseigentümer den rechtlichen Zustand gebilligt haben (LG Nürnberg-Fürth, 26.8.2009, 14 S 3582/09).

Wird ein Änderungsanspruch nach §10 Abs. 2 Satz 3 WEG geltend gemacht und haben die Wohnungseigentümer in dieser Angelegenheit nach dem Gesetz, zum Beispiel nach §16 Abs. 3, 4 WEG, oder nach einer ggf. vorhandenen Öffnungsklausel Beschlusskompetenz, so ist zunächst eine Vorbefassung durch die Eigentümerversammlung erforderlich. Demnach muss der Wohnungseigentümer, der eine Änderung beansprucht, versuchen, diese im Beschlussweg zu erreichen (BGH, 15.1.2010, V ZR 114/09). Verweigern die anderen Wohnungseigentümer die Zustimmung und kommt daher ein Negativbeschluss zustande, muss Anfechtungsklage gegen diesen Beschluss verbunden mit einer Gestaltungsklage gemäß §21 Abs. 8 WEG erhoben werden mit dem Ziel, durch eine gerichtliche Entscheidung einen abändernden Beschluss zu erwirken.

Welche Klageart die richtige ist, hängt davon ab, ob Beschlusskompetenz vorliegt. Besteht für den Gegenstand des Antrags Beschlusskompetenz, kommt nur die Gestaltungsklage gemäß §21 Abs. 8 WEG in Betracht, wenn der in der Eigentümerversammlung abgelehnte Antrag gerichtlich weiterverfolgt werden soll. Besteht hingegen keine Beschlusskompetenz und verweigern Eigentümer die Zustimmung zu einer vereinbarungsändernden Regelung, sind diese Eigentümer gemäß §10 Abs. 2 Satz 3 WEG auf Zustimmung zur beantragten Änderung in Anspruch zu nehmen.

Geschäftsordnung

Der Ablauf der Eigentümerversammlung ist gesetzlich nicht näher festgelegt. Lediglich §24 Abs. 5 WEG bestimmt, dass den Vorsitz in der Eigentümerversammlung, sofern diese nichts anderes beschließt, der Verwalter führt. Der formelle Ablauf der Versammlung kann im Rahmen einer Vereinbarung in der Gemeinschaftsordnung und, falls diese keine Regelungen hierzu enthält, durch Mehrheitsbeschluss von den Wohnungseigentümern als Geschäftsordnung festgelegt werden.

Gegenstände der Geschäftsordnung können insbesondere sein:
- Versammlungsleitung,
- Teilnahmerecht,
- Abstimmungsverfahren,
- Rederecht/-zeit,
- Reihenfolge der Behandlung der Tagesordnungspunkte,
- Bestimmung der Frist zur Erstellung des Protokolls und Art und Weise der Einsichtnahme, zum Beispiel Versand des Protokolls.

Ausführlich hierzu siehe Kapitel 2.4.

Haftung für Hausgeldrückstände

Das Hausgeld muss der zum jeweiligen Zeitpunkt der Beschlussfassung über die Zahlungsverpflichtung und die Fälligkeit der Forderung nach dem Wirtschaftsplan, der Jahresabrechnung oder von Sonderumlagen der im Grundbuch eingetragene Wohnungseigentümer zahlen. Sind mehrere Personen gemeinsam Wohnungseigentümer, haften sie für Hausgeldzahlungen als Gesamtschuldner nach §§421 ff. BGB.

Im Fall eines Eigentümerwechsels bedeutet dies, dass der Veräußerer so lange für die Zahlung des Hausgeldes haftet, bis der Erwerber im Grundbuch eingetragen ist. Der Erwerber ist zur Zahlung erst verpflichtet, wenn er im Grundbuch steht. Er haftet nicht für Hausgeldrückstände des Veräußerers.

Bei einer Zwangsversteigerung trägt der Ersteher die Lasten und Kosten ab dem Tag des Zuschlags. Mit der Eintragung des Erwerbers im Grundbuch geht der Anspruch auf Abrechnung und Auszahlung von Guthaben auf den neuen Eigentümer über und kann folglich von dem früheren Eigentümer nicht mehr geltend gemacht werden. Ist allerdings der Veräußerer seiner Verpflichtung zur Hausgeldvorauszahlung nach einem beschlossenen Wirtschaftsplan nicht nachgekommen und sind daher Hausgeldrückstände aufgelaufen, haftet er dafür auch nach seinem Ausscheiden aus der Wohnungseigentümergemeinschaft. Der Erwerber muss Hausgeldvorschüsse erst ab erfolgter Eigentumsumschreibung bezahlen.

Von rückständigen Hausgeldvorschüssen ist die sogenannte Abrechnungsspitze zu unterscheiden. Ergibt sich aus der Jahresabrechnung ein Fehlbetrag, weil die tatsächlichen Kosten höher waren, als zunächst im Wirtschaftsplan veranschlagt, haftet für diesen Fehlbetrag der Wohnungseigentümer, der zum Zeitpunkt der Beschlussfassung über die Jahresabrechnung im Grundbuch eingetragen ist. Für die Begründung einer Haftung des Erstehers für noch offene Beiträge aus dem Vorjahreswirtschaftsplan, die neben die Haftung des Voreigentümers aus dem Wirtschaftsplan tritt, fehlt den Miteigentümern die Beschlusskompetenz. Der Ersteher haftet nur für die sogenannte Abrechnungsspitze (LG München I, 20.12.2010, 1 S 4319/10; BGH, 23.9.1999, V ZB 13/99).

Können Hausgeldrückstände des Voreigentümers nicht mehr beigetrieben werden und muss die Wohnungseigentümergemeinschaft zu deren Deckung wegen Liquiditätsengpässen Beschlüsse fassen, ist ebenfalls derjenige Eigentümer zur Zahlung verpflichtet, der im Zeitpunkt der Beschlussfassung im Grundbuch eingetragen ist.

Hausgeld, Wohngeld

Gemäß §16 Abs. 2 WEG tragen die Wohnungseigentümer die Lasten des gemeinschaftlichen Eigentums sowie die Kosten der Instandhaltung, Instandsetzung, sonstigen Verwaltung und des gemeinschaftlichen Gebrauchs des gemeinschaftlichen Eigentums im Verhältnis ihrer Miteigentumsanteile. Die Zahlungsverpflichtung entsteht mit dem Beschluss über die Genehmigung des Wirtschaftsplans sowie der jeweiligen Einzelwirtschaftspläne. Wird ein Einzelwirtschaftsplan vom Verwalter nicht erstellt, so stellt dies einen Grund für die Beschlussanfechtung der Genehmigung des Gesamtwirtschaftsplans dar (BGH, 2.6.2005, V ZB 32/05, ZMR 2005, 547).

Die Wohnungseigentümer sind verpflichtet, dem Wirtschaftsplan entsprechende Vorschusszahlungen zu leisten, die durch den Verwalter abgerufen werden (§28 Abs. 2 WEG). Oftmals enthalten Gemeinschaftsordnungen Regelungen zur Fälligkeit des Hausgeldvorschusses, wie etwa die Fälligkeit am dritten Werktag eines Monats.

Nach der Regelung des §21 Abs. 7 WEG können die Wohnungseigentümer die Fälligkeit der Hausgeldzahlungen ebenso durch einen Mehrheitsbeschluss vereinbaren (LG München I, 18.9.2012, 1 T 9832/11). Dies gilt auch, wenn die Gemeinschaftsordnung bereits eine Regelung hierzu enthält.

Bezahlt ein Wohnungseigentümer das fällige Hausgeld nicht, so ist der Verwalter zuständig, für die Einziehung der Gelder Sorge zu tragen, also sofern erforderlich auch ein gerichtliches Verfahren anzustrengen, da der Anspruch auf Zahlung des Hausgeldes dem Verband der Wohnungseigentümer – nicht den einzelnen Eigentümern – zusteht. Dabei kommen ggf. auch Schadensersatzansprüche der Gemeinschaft ihm gegenüber – nicht von einzelnen Eigentümern – in Betracht (BGH, 10.2.2017, V ZR 166/16).

Einzelne Eigentümer, die aufgrund der Nichtzahlung von Hausgeldern durch einen Miteigentümer einen Schaden erleiden, können diesen Schaden ggf. nur gegenüber dem Verband geltend machen, sofern dieser die unterbliebene Durchsetzung der fälligen Hausgelder zu vertreten hat. Dies wäre dann der Fall, wenn der Verwalter es versäumt hat, eine erforderliche Sonderumlage zur Deckung der Liquiditätslücke beschließen zu lassen.

Hausgeldansprüche aufgrund eines beschlossenen Wirtschaftsplans oder Nachzahlungsansprüche aufgrund einer beschlossenen Jahresabrechnung verjähren gemäß §§ 195, 199 BGB in drei Jahren. Die Verjährung beginnt mit dem Schluss des Jahres, in dem der Anspruch entstanden ist und der Gläubiger von den anspruchsbegründenden Umständen sowie der Person des Schuldners Kenntnis erlangt oder ohne grobe Fahrlässigkeit hätte erlangen müssen. Ohne Rücksicht auf Kenntnis oder grob fahrlässige Unkenntnis verjähren Hausgeldansprüche der Gemeinschaft zehn Jahre nach ihrer Entstehung. Bei Ansprüchen aufgrund einer beschlossenen Jahresabrechnung beginnt die Frist mit Ablauf des Jahres der Beschlussfassung.

Hausordnung

Das Aufstellen einer Hausordnung gehört gemäß § 21 Abs. 5 Nr. 1 WEG zu den Maßnahmen ordnungsmäßiger Verwaltung. Durch sie soll ein geordnetes und friedliches Miteinander in der Wohnungseigentümergemeinschaft unter Wahrung der gegenseitigen Rechte und Pflichten gewährleistet werden. Bei der Hausordnung handelt es sich um eine Gebrauchsregelung (siehe »Gebrauchs- und Nutzungsregelung«) nach § 15 WEG.

Oftmals sind Regelungen zur Hausordnung bereits Bestandteil der Gemeinschaftsordnung; enthält diese keine Vereinbarungen hierzu, können die Wohnungseigentümer eine den Grundsätzen ordnungsmäßiger Verwaltung entsprechende Hausordnung mehrheitlich beschließen (BayObLG, 13.12.2001, 2Z BR 156/01, NZM 2002, 171; OLG Hamm, 3.7.2001, 15 W 444/00, NZM 2001, 1084). Kommt ein solcher Mehrheitsbeschluss nicht zustande, kann jeder Wohnungseigentümer im Rahmen seines Anspruchs auf ordnungsmäßige Verwaltung die Aufstellung einer Hausordnung verlangen und gerichtlich durchsetzen.

Bevor jedoch das Gericht gestalterisch tätig werden kann, muss die Eigentümergemeinschaft die Gelegenheit bekommen, eine Hausordnung zu schaffen, das heißt, eine Vorbefassung mit der Thematik in einer Eigentümerversammlung ist erforderlich. Die gerichtliche Entscheidung ist nachrangig (BGH, 15.1.2010, V ZR 114/09).

Selbst wenn die Gemeinschaftsordnung bereits eine Hausordnung beinhaltet, lässt sich diese in der Regel durch Mehrheitsbeschluss abändern (BayObLG, 20.11.1997, 2Z BR 93/97). Sowohl die Gemeinschaftsordnung oder eine nachträgliche Vereinbarung als auch ein Mehrheitsbeschluss kann den Verwalter ermächtigen, eine Hausordnung aufzustellen, die dann solange verbindlich ist, bis sie durch Mehrheitsbeschluss der Wohnungseigentümer geändert oder aufgehoben wird (BayObLG, 23.8.2001, 2Z BR 96/01). Nach anderer Ansicht kann diese Aufgabe nicht durch Beschlussfassung auf den Verwalter übertragen werden. Ein Beschluss, dem zufolge der Verwalter eine Hausordnung mit verbindlicher Wirkung aufzustellen und den Wohnungseigentümern bekannt zu geben hat, ist wegen fehlender Beschlusskompetenz nichtig (LG Frankfurt/Main, 11.6.2014, 2-13 S 168/13).

Der Gegenstand hat sich nach der Beschaffenheit des gemeinschaftlichen Eigentums und nach dem Interesse der Gesamtheit der Wohnungseigentümer zu richten, wobei auch Regelungen über den ordnungsgemäßen Gebrauch des gemeinschaftlichen Eigentums, etwa der gemeinschaftlichen Grundstücksflächen, getroffen werden können. Die Regelungen in der Hausordnung müssen daher ordnungsgemäßer Verwaltung im Sinne des §21 Abs. 3 WEG oder einem ordnungsgemäßen Gebrauch im Sinne des §15 Abs. 2 WEG entsprechen. Die Hausordnung kann sich daher auf die Verwaltung oder Nutzung des gemeinschaftlichen Eigentums beziehen, indem sie beispielsweise Nutzungszeiten für den Spielplatz vorgibt, ebenso des Sondereigentums, beispielsweise durch Musizierverbot in den Wohnungen für bestimmte Zeiten.

Auch der konkrete Gebrauch eines in der Teilungserklärung bestellten Sondernutzungsrechts unterliegt der Regelungskompetenz durch eine Hausordnung. Zu berücksichtigen sind zudem die öffentlich-rechtlichen Pflichten und die Verkehrssicherungspflichten. Zur tätigen Mithilfe, zum Beispiel im Bereich der Schneeräum- und Streupflicht oder der Reinigungspflicht, sind die Eigentümer nicht verpflichtet; das Einfordern von Eigenleistungen der Wohnungseigentümer in der Hausordnung ist nicht zulässig. Derartige Verpflichtungen können nur durch Vereinbarung begründet werden (BGH, 9.3.2012, V ZR 161/11).

Die Wohnungseigentümer haben einen weiten Ermessensspielraum bei der Aufstellung der Hausordnung, was die Notwendigkeit und Zweckmäßigkeit einer Regelung angeht (OLG Frankfurt/Main, 20.3.2006, 20 W 430/04). Dennoch müssen die Regelungen ordnungsmäßiger Verwaltung entsprechen, die Interessen der Gesamtheit der Wohnungseigentümer betreffen und dem Grundsatz Rechnung tragen, dass gemäß § 13 WEG jeder Eigentümer mit seinem Wohnungseigentum nach Belieben verfahren darf, solange keinem anderen Wohnungseigentümer ein über das unvermeidliche Maß hinausgehender Nachteil entsteht.

!

Beispiele: Regelungsinhalte

- Benutzungsregelungen: Benutzung von Gemeinschaftsräumen, Wäsche-/Trockenräumen, Treppenhaus, Fahrstuhl, Keller, Schwimmbad/Sauna, Garten, Spielplatz, Parkplatz, Hobbyräumen, Speicher etc.,
- Ruhezeitenregelungen: Einhaltung von Nacht-, Mittags- und Feiertagsruhe; zeitliche Beschränkungen für Gebrauch und Benutzung von Spielplatzanlagen, Wasch- und Trockenräumen sowie Hobbyräumen,
- Regelungen über das Auf- und Abstellen von Gegenständen wie Fahrräder, Kinderwagen, Spielgeräte,
- Räum- und Reinigungspflichten,
- Sorgfalts- und Sicherheitspflichten: Schließregelungen für Fenster und Türen, Feuerschutzregelungen,
- Tierhaltung,
- Musizieren,
- Grillen auf Balkon oder Terrasse.

Weitere Informationen finden sich in Kapitel 5.8.

Heizung

Dient eine Heizungsanlage der Versorgung einer Eigentumswohnanlage und ist sie wesentlicher Bestandteil des Gebäudes, so steht sie gemäß § 5 Abs. 2 WEG zwingend im gemeinschaftlichen Eigentum (BayObLG, 20.8.1998, 2Z BR 44/98). Dies gilt nebst den Bestandteilen der Anlage wie Kessel und Tank auch für den Heizungsraum (BGH, 2.2.1979, V ZR 14/77; BGH, 23.6.1989, V ZR 40/88).

Versorgt eine Heizungsanlage weitere außerhalb der Eigentumsanlage befindliche Gebäude, kann sie Gegenstand des Sondereigentums sein, da sie nicht nur dem gemeinschaftlichen Gebrauch der Wohnungseigentümer dient (BGH, NJW 1991, 2909). Gleichfalls kann Sondereigentum an Heizungsgeräten begründet werden, die nur der Versorgung eines Wohnungseigentums dienen, und zwar auch dann, wenn sie in einem gemeinschaftlichen Keller untergebracht sind (BayObLG, 24.2.2000, 2Z BR 155/99; LG Frankfurt/Main, 1.3.1989, 2/9 T 1212/88).

Die Art und Weise des Heizungsbetriebs können die Wohnungseigentümer, wenn keine Regelung in der Gemeinschaftsordnung vorliegt, durch Mehrheitsbeschluss im Rahmen einer Gebrauchsregelung gemäß §15 Abs. 2 WEG bestimmen. Hierbei sollte tagsüber eine Temperatur zwischen 19 Grad und 22 Grad Celsius und nachts eine Temperatur von mindestens 17 Grad Celsius berücksichtigt werden (vgl. OLG Celle, 29.12.1989, 2 U 200/88; LG Hamburg, 12.6.1987, 11 S 341/86). Die vollständige Abschaltung der Heizungsanlage ist nicht zulässig (LG Würzburg, 4.8.1983, 3 T 2104/82); eine Beheizung muss auch während der Sommermonate erfolgen, wenn dies erforderlich ist.

Heiz- und Warmwasserkosten

Nach der Heizkostenverordnung in der Fassung der Bekanntmachung vom 5.10.2009 sind bei Eigentumswohnungen die Kosten für Heizung und Warmwasser ebenfalls verbrauchsabhängig abzurechnen (§1 HeizkV). Geregelt ist in §1 Abs. 2 Nr. 3 HeizkV, dass bei Wohnungseigentum die Wohnungseigentümergemeinschaft im Verhältnis zum Wohnungseigentümer und bei Vermietung einer oder mehrerer Eigentumswohnungen der Wohnungseigentümer im Verhältnis zum Mieter dem Gebäudeeigentümer gleichzustellen sind. Das gilt unabhängig davon, ob die Wohnungseigentümer durch Vereinbarung oder durch Beschluss gemäß §2 HeizkV abweichende Regelungen über die Kostenverteilung getroffen haben (§3 HeizkV). Bei der Verteilung von Heiz- und Warmwasserkosten sind die Vorschriften in §§3, 4 HeizkV zu beachten. Gemäß §6 Abs. 1 HeizkV ist der Gebäudeeigentümer verpflichtet, die Kosten der Versorgung mit Wärme und Warmwasser auf Grundlage der Verbrauchserfassung und damit des konkreten Verbrauchs auf die einzelnen Nutzer bzw. Nutzergruppen zu verteilen. Es wird hier daher rein auf die tatsächlich verbrauchten Kosten abgestellt und nicht darauf, welche Kosten die Wohnungseigentümergemeinschaft für den Bezug von Wärme und Warmwasser bzw. der dafür benötigten Energieträger im jeweiligen Wirtschaftsjahr gezahlt hat. Dazu müssen der tatsächliche Verbrauch erfasst bzw. gemessen und das Ergebnis in die Abrechnung eingestellt werden. Das geschieht in der Regel durch sogenannte Erfassungsgeräte. Auch die Kosten für das Anbringen der Erfassungsgeräte sind nach den Vorschriften der Heizkostenverordnung zu verteilen.

Gemäß §7 Abs. 1 Satz 1 HeizkV sind die Kosten des Betriebs der zentralen Heizungsanlage mindestens zu 50% und maximal zu 70% nach dem erfassten Wärmeverbrauch der jeweiligen Nutzer zu verteilen. Die Grundkosten für den Betrieb der Heizung an sich sind dementsprechend mit 30 bis 50% anzusetzen (§7 Abs. 1 Satz 2 HeizkV). Die übrigen Kosten werden nach der Wohnfläche oder Nutzfläche oder nach dem umbauten Raum verteilt. Auch die Wohn-

oder Nutzfläche oder der umbaute Raum der beheizten Räume kann zur Grundlage der Abrechnung gemacht werden (§7 Abs. 1 Satz 3 HeizkV).

!

Hinweis: Abänderung des Verteilungsschlüssels

Die Heizkostenverordnung lässt gemäß §6 Abs. 4 HeizkV eine Abänderung des Verteilungsschlüssels auch noch nach Ablauf der ersten drei Abrechnungsperioden zu, solange ein sachgerechter und nicht willkürlicher Grund dafür vorliegt (BGH, 16.7.2010, V ZR 221/09).

Zu den aufzuteilenden Kosten zählen gemäß §7 Abs. 2 und §8 Abs. 2 HeizkV die Kosten

- der verbrauchten Brennstoffe und ihrer Lieferung,
- des Betriebsstroms,
- der Überwachung und Pflege,
- der Wartung (regelmäßige Prüfung der Betriebsbereitschaft und Betriebssicherheit),
- der Reinigung der Anlage und des Betriebsraums,
- immissionsschutzrechtlicher Messungen,
- der Verwendung von Verbrauchserfassungsgeräten sowie
- der Ablese- und Abrechnungskosten.

Keine hiernach aufzuteilenden Kosten wären solche für die Instandhaltung, Instandsetzung, Modernisierungen oder Erneuerung der Heizungsanlage. Hier erfolgt die Verteilung der Kosten nach dem gesetzlichen oder dem in der Gemeinschaftsordnung vereinbarten Kostenverteilungsschlüssel.

Kann in Sonderfällen der anteilige Wärme- oder Wasserverbrauch der jeweiligen Nutzer für einen Abrechnungszeitraum wegen eines Geräteausfalls oder aus anderen zwingenden Gründen nicht ordnungsgemäß erfasst werden, muss die Wohnungseigentümergemeinschaft auf Grundlage des Verbrauchs für die betroffenen Räume in vergleichbaren Zeiträumen oder für vergleichbare andere Räume im jeweiligen Abrechnungszeitraum oder auf Grundlage des Durchschnittsverbrauchs des Gebäudes oder einer entsprechenden Nutzergruppe den Verbrauch ermitteln und abrechnen (§9a HeizkV). Das Ergebnis daraus ist bei der Kostenverteilung anstelle des erfassten Verbrauchs zugrunde zu legen (§9a Abs. 1 HeizkV). Die so ermittelten Verbrauchswerte führen nur dann nicht zu einer Ordnungsmäßigkeit der Jahresabrechnung, wenn die Schätzung bzw. die Vergleichsabrechnung grob unrichtig ist (BayObLG, 28.3.2001, 2Z BR 52/00).

Insolvenz

Die Insolvenz (Zahlungsunfähigkeit) beschreibt das auf den Mangel an Zahlungsmitteln beruhende Unvermögen eines Schuldners, seine fälligen Verbindlichkeiten zu erfüllen. Nach der Insolvenzordnung ist sie in der Regel gegeben, wenn der Schuldner seine Zahlungen eingestellt hat. Ebenso wie die Überschuldung ist sie ein allgemeiner Grund für die Eröffnung des Insolvenzverfahrens. Die Eröffnung kann dabei auch vom Schuldner beantragt werden.

Im Rahmen der Vorbereitung der WEG-Reform wurde die Insolvenzfähigkeit der Gemeinschaft vielfach diskutiert und zunächst bejaht, letztlich aber abgelehnt.

> **§11 Abs. 3 WEG stellt klar:**
> *»Ein Insolvenzverfahren über das Verwaltungsvermögen der Gemeinschaft findet nicht statt.«*

Instandhaltung/Instandsetzung

Die Instandhaltung und Instandsetzung des Sondereigentums obliegt gemäß §14 Nr. 1 WEG dem jeweiligen Sondereigentümer, die des Gemeinschaftseigentums gemäß §21 Abs. 5 Nr. 2 WEG der Wohnungseigentümergemeinschaft. Instandhaltungsmaßnahmen sind dadurch gekennzeichnet, dass sie der Aufrechterhaltung des ursprünglichen Zustands und der Beseitigung von Abnutzungserscheinungen dienen.

Beispiele: Instandhaltungsmaßnahmen !

- Pflege- und Vorsorgemaßnahmen,
- Reinigungsmaßnahmen,
- Wartungen und Inspektionen,
- Schönheitsreparaturen,
- kleinere Reparaturen.

Mit Instandsetzungsmaßnahmen werden größere Schäden und Mängel beseitigt, die durch Alterung, Abnutzung, Unterlassung der laufenden Instandhaltung oder durch Einwirkung Dritter entstanden sind.

Beispiele: Instandsetzungsmaßnahmen !

- Altersbedingte Reparaturen,
- Sanierungen,
- größere bauliche Maßnahmen,
- notwendige Erneuerungen.

Von einer modernisierenden Instandsetzung gemäß §22 Abs. 3 WEG spricht man, wenn über die Reparatur hinaus eine Anpassung an den Stand der Technik oder wirtschaftlich bessere Standards beabsichtigt sind. Dabei werden vorhandene defekte, veraltete oder unzureichende Einrichtungen oder Anlagen nicht durch gleichartige, sondern durch technisch neuere, bessere und möglicherweise auch teurere ersetzt. Eine modernisierende Instandsetzung kann mit einfacher Mehrheit beschlossen werden, wenn die angestrebte Neuerung eine technisch bessere oder wirtschaftlich sinnvollere Lösung darstellt. Wie diese Bewertung ausfällt, hängt von einer anzustellenden Kosten-Nutzen-Analyse ab. Deren Ergebnis rechtfertigt einen entsprechenden Wohnungseigentümerbeschluss nur dann, wenn sich die Mehraufwendungen innerhalb eines angemessenen Zeitraums – grundsätzlich innerhalb von zehn Jahren – amortisieren würden (LG Saarbrücken, 28.3.2013, 5 S 182/12).

!

Beispiele: Modernisierende Instandsetzung

- Umstellung auf andere Heizungsart,
- Austausch von Holzfenstern durch Kunststofffenster mit Isolierverglasung,
- Anbringung einer Wärmedämmung im Rahmen einer Fassaden- oder Dachsanierung,
- Ersatz morscher Holzpfosten eines Zauns durch Stahlpfosten,
- Installation eines Balkongeländers anstelle einer massiven Balkonbrüstung,
- Neueindeckung des Dachs mit hochwertigeren Dachziegeln,
- Ersatz einer stark reparaturbedürftigen Gemeinschaftsantenne durch Breitbandkabel.

Zuletzt müssen noch die Modernisierungen unterschieden werden. Unter diesen Begriff fallen alle Maßnahmen im Sinne von §559 BGB, die den Gebrauchswert nachhaltig erhöhen, die allgemeinen Wohnverhältnisse auf Dauer verbessern oder zu nachhaltigen Einsparungen von Energie oder Wasser führen. Im Zuge der WEG-Reform im Jahr 2007 wurde den Wohnungseigentümern mit §22 Abs. 2 WEG die Beschlusskompetenz für reine Modernisierungen oder Anpassungen an den Stand der Technik gegeben. Auch ohne konkreten Reparaturbedarf können unter bestimmten Voraussetzungen Modernisierungen im Sinne von §559 BGB durch eine qualifizierte Mehrheit – also durch drei Viertel aller stimmberechtigten Wohnungseigentümer nach dem gesetzlichen Kopfprinzip und gleichzeitig mehr als die Hälfte der Miteigentumsanteile – beschlossen werden.

!

Beispiele: Modernisierungen

- Einbau einer Zentralheizung,
- Einbau eines Fahrstuhls,

- Einbau einer (Video)Gegensprechanlage,
- Einbau von Isolierglasfenstern oder Anbringen einer Wärmedämmung ohne konkreten Instandsetzungsbedarf.

Beschluss und Durchführung

Für die Durchführung von Instandhaltungs- und Instandsetzungsmaßnahmen sind primär die Wohnungseigentümer selbst zuständig; der Verwalter ist nur weisungsgebundener Sachwalter und Vollzugsorgan (LG Hamburg, 9.4.2014, 318 S 70/13). Das Delegieren der Entscheidungen über Maßnahmen der Instandhaltung und Instandsetzung an den Verwalter kommt nur in Ausnahmefällen in Betracht (LG München, 10.11.2008, 1 T 4472/08; LG München, 28.6.2007, 1 T 2063/07). Die Wohnungseigentümer können über die erforderlichen Maßnahmen gemäß § 21 Abs. 3 WEG durch Mehrheitsbeschluss entscheiden und bestimmen, ob und welche Arbeiten ausgeführt werden. Auch bei modernisierenden Instandsetzungen reicht ein einfacher Mehrheitsbeschluss aus, denn die ordnungsgemäße Instandhaltung und Instandsetzung ist nicht auf eine bloße Wiederherstellung des früheren Zustands beschränkt.

Die Frage der Ordnungsmäßigkeit einer Maßnahme richtet sich danach, ob die Instandhaltung oder Instandsetzung bei objektiv-vernünftiger Betrachtungsweise nützlich und nach der Verkehrsauffassung sowie der wirtschaftlichen Leistungsfähigkeit der Gemeinschaft vertretbar ist. Die Art und Weise der Ausführung muss einer technisch einwandfreien und erprobten Lösung entsprechen und zur dauerhaften Beseitigung der aufgetretenen Mängel und Schäden führen. Den Grundsätzen einer ordnungsgemäßen Verwaltung (§ 21 Abs. 3 WEG) genügt jedenfalls bei Vorliegen gravierender Mängel der Bausubstanz nur eine den allgemein anerkannten Stand der Technik sowie die Regeln der Baukunst berücksichtigende Sanierung.

Hinweis: DIN-Normen !

DIN-Normen tragen die Vermutung in sich, dass sie den Stand der allgemein anerkannten Regeln der Technik wiedergeben. Daher sind solche Sanierungen im Allgemeinen DIN-gerecht auszuführen (BGH, 24.5.2013, V ZR 182/12).

Die Gemeinschaft hat grundsätzlich einen Ermessensspielraum, ob und welche Maßnahmen sie zur Beseitigung von Mängeln am gemeinschaftlichen Eigentum ergreift. Im Hinblick auf die wirtschaftliche Leistungsfähigkeit der Gemeinschaft ist in jedem Fall eine Kosten-Nutzen-Analyse vorzunehmen. Zudem muss darauf geachtet werden, dass die beabsichtigte Maßnahme die einzelnen Wohnungseigentümer in finanzieller Hinsicht nicht überfordert. Dabei mag es im Einzelfall auch ordnungsgemäßer Verwaltung entsprechen, aus wirtschaftlichen Gründen keine schadensbeseitigenden Maßnahmen einzuleiten oder diese zurückzustellen. Daher kann die Ablehnung einer energetischen Sanierungsmaßnahme ordnungsgemäßer Verwaltung entsprechen. Andererseits ist es möglich, dass trotz hoher finanzieller Belastung der Wohnungseigentümer Instandsetzungsmaßnahmen angesichts einer fortschreitenden Verschlechterung des Bauzustands nicht verschoben werden können (LG Köln, 12.4.2010, 29 T 72/09).

Nach §27 Abs. 1 Nr. 2 WEG ist der Verwalter gegenüber den Wohnungseigentümern und gegenüber der Gemeinschaft der Wohnungseigentümer berechtigt und verpflichtet, die für die ordnungsmäßige Instandhaltung und Instandsetzung des gemeinschaftlichen Eigentums erforderlichen Maßnahmen zu treffen. Ihm obliegt die Verpflichtung, die Wohnungseigentümer darüber zu unterrichten und ihre Entscheidung über das weitere Vorgehen durch entsprechende Beschlüsse herbeizuführen. Verletzt der Verwalter schuldhaft diese ihm auferlegten Pflichten, haftet er gegenüber dem Verband der Wohnungseigentümer für den dadurch entstehenden Schaden (§280 Abs. 1 BGB); ebenso für Schäden, die einem einzelnen Wohnungseigentümer an seinem Sondereigentum entstanden sind. Lehnt es der Verwalter beispielsweise bei einer im Sondereigentum aufgetretenen Feuchtigkeit und Schimmelbildung ab, der Ursache nachzugehen, obgleich hierfür ein Mangel am Gemeinschaftseigentum nicht von vornherein auszuschließen war, handelt er pflichtwidrig. Stellt sich dann später ein Mangel im Gemeinschaftseigentum als Ursache heraus, hat der Verwalter dem geschädigten Eigentümer den entstandenen Schaden zu ersetzen (LG München I, 15.10.2012, 1 S 26801/11).

Die ihm gesetzlich auferlegte Pflicht nimmt der Verwalter als eigene Aufgabe wahr; sie beschränkt sich jedoch darauf, das gemeinschaftliche Eigentum regelmäßig auf Baumängel zu überprüfen bzw. überprüfen zu lassen (LG Hamburg, 10.4.2013, 318 S 91/12). Bevor der Verwalter einen Auftrag zur Durchführung von Instandsetzungs- und Instandhaltungsmaßnahmen am Gemeinschaftseigentum vergibt, muss er mehrere Konkurrenzangebote einholen. Kein Eigentümer kann verpflichtet werden, der Vergabe von Sanierungsarbeiten auf Grundlage von Konkurrenzangeboten zuzustimmen, die erst noch eingeholt werden (BayObLG, 26.1.1999, 2Z BR 130/98). Ein Beschluss über eine größere Instandhaltungsmaßnahme, ohne dass Konkurrenzangebote zur Beschlussfassung vorgelegen haben, entspricht regelmäßig nicht ordnungsmäßiger Verwaltung und ist damit anfechtbar.

Jeder einzelne Wohnungseigentümer kann von den anderen Wohnungseigentümern die erforderliche Mitwirkung verlangen, insbesondere die Zustimmung zu den erforderlichen Beschlüssen. Kommt also ein Mehrheitsbeschluss über eine notwendige Instandhaltungsmaßnahme nicht zustande, weil sich die Mehrheit weigert, diese durchführen zu lassen, so kann jeder einzelne Wohnungseigentümer im Rahmen seines individuellen Anspruchs auf ordnungsmäßige Verwaltung des gemeinschaftlichen Eigentums die Durchführung der Maßnahme gerichtlich durchsetzen. Eine Vorbefassung der Eigentümerversammlung ist jedoch vor der gerichtlichen Geltendmachung zwingend erforderlich (BGH, 15.1.2010, V ZR 114/09).

Keinerlei Ermessensspielraum, ob sie eine Sanierung der Einheit eines Wohnungseigentümers bzw. des in diesem Bereich belegenen Gemeinschaftseigentums vornehmen lassen, haben die Eigentümer dann, wenn trotz einer hohen finanziellen Belastung das Verschieben von Erhaltungsmaßnahmen angesichts einer fortschreitenden Verschlechterung des Bauzustands nicht mehr infrage kommt. In einem solchen Fall entspricht die weitere Zurückstellung nicht mehr ordnungsgemäßer Verwaltung (LG Hamburg, 10.4.2013, 318 S 91/12). Anders gesagt: Die Ablehnung eines Beschlussantrags (Negativbeschluss) entspricht ordnungsgemäßer Verwaltung, solange das Ermessen der Wohnungseigentümer nicht auf null reduziert war. Liegen bereits zwei Gutachten vor, kann im Einzelfall das Ermessen der Eigentümer auf eine Komplettsanierung beschränkt sein. Dies gilt insbesondere bei durch Feuchtigkeit bereits beschädigter Bausubstanz (LG Hamburg, 12.11.2014, 318 S 74/14). Lehnen die Eigentümer es ab, erforderliche Maßnahmen der Instandhaltung und Instandsetzung durchzuführen, können auch Schadensersatzansprüche drohen (OLG München, 18.2.2009, 32 Wx 120/08).

Entspricht nur die sofortige Vornahme einer zur Instandsetzung des gemeinschaftlichen Eigentums erforderlichen Sanierungsmaßnahme ordnungsmäßiger Verwaltung, bleibt für die Berücksichtigung finanzieller Schwierigkeiten oder des Alters einzelner Wohnungseigentümer kein Raum. Erleidet ein einzelner Wohnungseigentümer einen Schaden an seinem Sondereigentum, weil eine Beschlussfassung über die sofortige Vornahme derartiger Instandsetzungsmaßnahmen unterblieben ist, trifft die Verpflichtung zum Schadensersatz nicht den rechtsfähigen Verband, sondern diejenigen Wohnungseigentümer, die schuldhaft entweder untätig geblieben sind oder nicht für die erforderliche Maßnahme gestimmt bzw. sich enthalten haben (BGH, 17.10.2014, V ZR 9/14).

Hinweis: Duldungspflicht !

Die Wohnungseigentümer müssen das Betreten oder Benutzen ihres Sondereigentums im Rahmen von Instandhaltungs- oder Instandsetzungsmaßnahmen nach § 14 Nr. 4 WEG dulden, soweit dies zur Durchführung der Maßnahmen erforderlich ist.

Entsteht jedoch hierdurch ein Schaden, können sie diesen unabhängig von einem Verschulden der Gemeinschaft von ihr ersetzt verlangen.

Kostenverteilung

Die Kostenverteilung bei Instandhaltungs- und Instandsetzungsmaßnahmen sowie Modernisierungen erfolgt grundsätzlich gemäß § 16 Abs. 2 WEG nach dem Verhältnis der Miteigentumsanteile, sofern die Gemeinschaftsordnung hierfür keine andere Kostentragungsregelung vorsieht. Wird einem Sondereigentümer in der Gemeinschaftsordnung eine Instandsetzungs- oder Instandhaltungspflicht übertragen, hat er im Zweifel auch die ihm dadurch entstehenden Kosten zu tragen (BGH, 28.10.2016, V ZR 91/16). Nach § 16 Abs. 4 WEG ist es jedoch möglich, bei diesen Maßnahmen Beschlüsse über abweichende Kostenverteilungsregelungen zu treffen. Sofern die Gemeinschaftsordnung eine Vereinbarung zum Kostenverteilungsschlüssel enthält, kann dieser aufgrund der Beschlusskompetenz der Eigentümer nach § 16 Abs. 4 WEG abgeändert werden. Gibt die Gemeinschaftsordnung keinen Kostenverteilungsschlüssel vor, kann ebenso der gesetzliche Kostenverteilungsschlüssel (§ 16 Abs. 2 WEG) abgeändert werden. Die Voraussetzung für einen entsprechenden Beschluss nach § 16 Abs. 4 WEG sind:

- Es muss sich um einen konkreten Einzelfall handeln, es können also keine generellen Regelungen mit Wirkung für die Zukunft beschlossen werden.
- Der abweichende Kostenverteilungsmaßstab muss dem Gebrauch oder der Möglichkeit des Gebrauchs Rechnung tragen.
- Bei der Abstimmung wird die doppelt qualifizierte Mehrheit erreicht.

Der Kostenverteilungsschlüssel kann nicht generell geändert werden, sondern nur im Hinblick auf einen ganz bestimmten zu regelnden Einzelfall. Für generelle Regelungen fehlt die Beschlusskompetenz, sodass solche Beschlüsse nichtig sind (BGH, 9.7.2010, V ZR 202/09; LG München I, 13.2.2012, 1 S 8790/11; a. A. AG Hildesheim, 17.9.2013, 44 C 15/13). Ein solcher Einzelfall im Sinne des § 16 Abs. 4 WEG liegt nicht vor, wenn die Kosten der Instandhaltung, zum Beispiel von Terrassenfenstern und -türen, nicht nur für die einzelne konkret anstehende Reparatur, sondern dauerhaft auf die einzelnen Wohnungseigentümer abgewälzt werden sollen. Derartige Regelungen schließt die Beschlusskompetenz nach § 16 Abs. 4 WEG nicht ein. Damit fehlt den Wohnungseigentümern die Kompetenz, eine solche Regelung per Beschluss zu treffen. Nachdem mit einer solchen Entscheidung zudem unzulässigerweise die Teilungserklärung geändert werden würde, sind entsprechende Beschlüsse nichtig (BGH, 25.9.2009, V ZR 33/09).

Ein Beschluss über die abweichende Verteilung der Kosten einer einzelnen Instandsetzungsmaßnahme entspricht nicht schon dann §16 Abs. 4 WEG, wenn er den dort vorgegebenen Gebrauchsmaßstab berücksichtigt und die in §16 Abs. 4 Satz 2 WEG bestimmte Mehrheit findet. Vielmehr muss nach §21 Abs. 3, 4 WEG das Handeln der Wohnungseigentümergemeinschaft insgesamt den Grundsätzen ordnungsgemäßer Verwaltung entsprechen. Diesen genügt ein Beschluss dann nicht, wenn er auf eine verdeckte dauernde Änderung der Teilungsklärung hinausläuft, die §16 Abs. 4 WEG nicht erlaubt (BGH, 18.6.2010, V ZR 164/09, zur Unzulässigkeit der Auferlegung von Kosten für eine Dachsanierung eines von mehreren Häusern nur auf die Eigentümer des zu sanierenden Hauses).

Ordnungsgemäßer Verwaltung entspricht eine nach §16 Abs. 4 WEG im Einzelfall abweichende Kostenverteilung nur dann, wenn für alle gleichgelagerten Instandsetzungsmaßnahmen unter dem Gesichtspunkt der Maßstabskontinuität eine entsprechende abweichende Kostenverteilung beschlossen würde. Dies soll jedoch mit der Regelung des §16 Abs. 4 WEG gerade nicht erreicht werden, sodass ein solcher Beschluss nicht den Grundsätzen ordnungsgemäßer Verwaltung entspricht. Ein Beschluss nach §16 Abs. 4 WEG, der gegen die Grundsätze ordnungsgemäßer Verwaltung verstößt, ist nicht nichtig, sondern lediglich anfechtbar (BGH, 18.6.2010, V ZR 164/09).

Weitere Voraussetzung für einen Beschluss nach §16 Abs. 4 WEG ist, dass die Kosten bei einer abweichenden Regelung nach dem Gebrauch oder der Möglichkeit des Gebrauchs durch die Wohnungseigentümer verteilt werden müssen. Der maßgebliche Gebrauch stellt nicht auf den alleinigen Gebrauch ab, sondern auch auf die tatsächliche Gebrauchshäufigkeit und die Gebrauchsmöglichkeit oder auf die Anzahl der nutzenden Personen oder auf vergleichbare Umstände (BGH, 18.6.2010, V ZR 164/09; BGH, 15.1.2010, V ZR 114/09). Die Belastung nur einzelner Eigentümer mit Kosten ist daher nur zulässig, wenn diese eigennützig Gebrauch machen oder machen können, was den von den Kosten freigestellten Eigentümern nicht oder so nicht möglich ist (BGH, 18.6.2010, V ZR 164/09; LG Hamburg, 25.5.2011, 318 S 21/11).

Beispiele: Rechtsprechung !

- Verteilung der Kosten für das Streichen von Fenstern nach Anzahl der Fenster oder Verteilung der Sanierungskosten der im Gemeinschaftseigentum stehenden Balkone nur auf die Eigentümer, deren Wohnungen auch Balkone besitzen (BGH, 15.1.2010, V ZR 114/09).
- Einer wirksamen Änderung des Kostenverteilungsschlüssels zur Ansammlung der Instandhaltungsrücklage steht bereits entgegen, dass die Regelung nicht nur einen Einzelfall im Sinne von §16 Abs. 4 WEG betrifft. Der angefochtene

Beschluss regelt keine einzelne Maßnahme und erschöpft sich nicht in deren Vollzug (BGH, 9.7.2010, V ZR 202/09).

- Wohnungseigentümer können im Beschlussweg nur den Einzelfall und nur die Kostenverteilung für die Sanierung von Fenstern regeln, nicht jedoch die Entscheidung für Unterhaltung und Instandsetzung auf die einzelnen Eigentümer übertragen, die generell nach eigenem Gutdünken eine Sanierung auf eigene Kosten durchführen sollen (AG Nürtingen, 8.10.2012, 19 C 972/12).
- Die Sanierung der wegen Korrosionsfortschritt durch eindringendes Tauwasser entstandenen Schäden in der Tiefgarage stellt einen Einzelfall im Sinne des §16 Abs. 4 WEG dar (LG Stuttgart, 29.6.2011, 10 S 19/10).
- Beim Anbau eines Außenlifts für einen gehbehinderten Nutzer handelt es sich um eine bauliche Veränderung. In diesem Fall ist eine Kostentragungsregelung für den Außenlift zulasten des Bauwilligen selbst mit dessen Einverständnis nichtig; insoweit bedarf es einer Vereinbarung, da es sich um eine Dauerregelung handelt (LG München I, 23.6.2014, 1 S 13821/13).

Bei der Abstimmung ist für einen Beschluss nach §16 Abs. 4 WEG ein qualifizierter Mehrheitsbeschluss (siehe »Mehrheitsbeschluss, qualifizierter«) mit besonderen Voraussetzungen erforderlich. Hierdurch soll gewährleistet werden, dass ein Beschluss über eine Änderung der Kostenverteilung nur gefasst werden kann, wenn dies dem Willen der ganz überwiegenden Mehrheit entspricht.

Instandhaltungsrückstellung/-rücklage

Zur ordnungsmäßigen Verwaltung gehört gemäß §21 Abs. 5 Nr. 4 WEG, dass die Wohnungseigentümergemeinschaft eine angemessene Instandhaltungsrückstellung ansammelt. Zwar besteht keine gesetzliche Verpflichtung dazu, dies lässt sich jedoch als Maßnahme gemäß §21 Abs. 2 WEG mehrheitlich beschließen. Jeder einzelne Eigentümer kann die Bildung einer Instandhaltungsrückstellung gemäß §21 Abs. 4 WEG verlangen, sofern die Ansammlung nicht durch die Gemeinschaftsordnung oder eine nachträgliche Vereinbarung ausgeschlossen ist. Nach §28 Abs. 1 Nr. 3 WEG werden die Beiträge zur Instandhaltungsrückstellung als Bestandteil der Zahlungen nach dem Wirtschaftsplan geleistet. Diese Gelder zählen zum Verwaltungsvermögen und stellen sicher, dass auch bei einem unvorhergesehenen, plötzlich auftretenden Reparaturbedarf die erforderlichen Mittel zur Instandsetzung/Instandhaltung zur Verfügung stehen. Insbesondere für finanzschwächere Wohnungseigentümer ist es vorteilhaft, wenn eine laufende Ansparung stattfindet und nicht auf einmal größere Beträge, beispielsweise in Form einer Sonderumlage, fällig werden.

Verwendungszweck

Es ist möglich, die Instandhaltungsrückstellung für einen bestimmten Zweck anzusammeln oder eine allgemeine Rücklage anzusparen. Bei der Beschlussfassung kann die Wohnungseigentümergemeinschaft bestimmen, ob eine Maßnahme aus der Instandhaltungsrückstellung oder mittels einer Sonderumlage oder durch beides finanziert werden soll (BayObLG, 22.9.2004, 2Z BR 142/04). Die Wohnungseigentümer können eine Entnahme aus der Instandhaltungsrücklage nachträglich (auch konkludent) im Rahmen der Beschlussfassung über die Jahresendabrechnung genehmigen (LG Köln, 19.1.2012, 29 S 190/11).

Hinweis: Zweckbestimmung der Instandhaltungsrücklage !

Grundsätzlich widerspricht es der Zweckbestimmung einer Instandhaltungsrücklage, wenn diese für andere Maßnahmen verwendet wird, etwa zum Ausgleich von Wohngeldausfällen (OLG München, 20.12.2007, 34 Wx 76/07).

Eigentümerbeschlüsse zur Beauftragung eines Sachverständigen zu weiteren Sanierungsuntersuchungen und zur Sanierungsplanung, um schädliche Bodenverunreinigungen zu beseitigen, stellen eine Maßnahme ordnungsgemäßer Verwaltung dar. Gleiches gilt für die beschlussmäßige Beauftragung eines Rechtsanwalts mit der rechtsberatenden Begleitung der Sanierung, wenn beispielsweise wegen der Beteiligung mehrerer Grundstückseigentümer ein Abstimmungsbedarf besteht. Die Honorare für Sachverständige und Rechtsberater können in solchen Fällen grundsätzlich aus der Instandhaltungsrücklage entnommen werden (OLG München, 25.1.2006, 34 Wx 114/05).

Höhe der Rücklage

Welche Höhe für die Instandhaltungsrücklage als angemessen gilt, hat der Gesetzgeber nicht bestimmt. Bei der Bemessung der Rücklage für Instandsetzungs- und Modernisierungsmaßnahmen haben die Wohnungseigentümer ein Ermessen (LG Hamburg, 29.2.2012, 318 S 8/11). Bei der Ermittlung müssen sie objektive Maßstäbe anlegen; entscheidend ist, was ein verständiger und vorausschauender Eigentümer zur Pflege seines Eigentums zurücklegen würde. Als Beurteilungskriterien hierfür sind die konkreten Verhältnisse der jeweiligen Wohnanlage zu berücksichtigen, zum Beispiel Größe und Baujahr, baulicher Zustand, Reparaturanfälligkeit sowie das Vorhandensein gemeinschaftlicher Einrichtungen (Aufzug, Schwimmbad, Sauna etc.).

Bei der Bestimmung der Höhe der Instandhaltungsrückstellung können die Sätze des § 28 Abs. 2 der Zweiten Berechnungsverordnung (II. BV) Orientierung geben. Hiernach erscheint ein Betrag zwischen 7,10 und 11,50 EUR/m^2 und Jahr je nach Alter der Anlage und absehbarem Sanierungsbedarf angemessen.

Da den Wohnungseigentümern jedoch ein weiter Ermessensspielraum zugestanden wird, können diese Angaben nur als Anhaltspunkte dienen; lediglich wesentlich niedrigere oder deutlich höhere Beträge dürften den Grundsätzen ordnungsmäßiger Verwaltung widersprechen. Eine bei Erstellung der Teilungserklärung bzw. der Gemeinschaftsordnung der Höhe nach festgelegte Instandhaltungsrücklage kann später durch einen Mehrheitsbeschluss an die wirtschaftlichen Gegebenheiten angepasst werden.

Die tatsächlich erfolgten Zahlungen der Wohnungseigentümer zur Instandhaltungsrücklage sind eine Einnahme der Gemeinschaft, die in der Jahresabrechnung als solche erscheinen muss. Die Abrechnung soll den Wohnungseigentümern aufzeigen, welche Ausgaben und welche Einnahme die Wohnungseigentümergemeinschaft im Abrechnungszeitraum wirklich hatte. Dies erfordert auch, dass die Entwicklung der Instandhaltungsrücklage dargestellt wird. Dazu sind sowohl die Zahlungen auszuweisen, die die Wohnungseigentümer zur Instandhaltungsrücklage tatsächlich erbracht haben, als auch die Beträge, die sie schulden, aber noch nicht gezahlt haben (BGH, 4.12.2009, V ZR 44/09).

Der Anteil, den die Wohnungseigentümer zur Instandhaltungsrücklage beizutragen haben, richtet sich nach §16 Abs. 2 WEG, und zwar nach der Höhe ihrer Miteigentumsanteile. Eine Änderung des Verteilungsschlüssels für die Ansammlung von Instandhaltungsrücklagen ist nach §16 Abs. 4 WEG nicht möglich (BGH, 9.7.2010, V ZR 202/09; BGH, 1.4.2011, V ZR 162/10). Ausnahmsweise kann jedoch nach §10 Abs. 2 Satz 3 WEG eine Änderung des Verteilungsschlüssels verlangt werden. Das ist der Fall, wenn laut Teilungserklärung oder Gemeinschaftsordnung für die Rücklagenbildung als Verteilungsschlüssel die Zahl der Wohnungen zugrunde gelegt wird, die Kosten der Instandhaltung jedoch nach Miteigentumsanteilen verteilt werden, sodass sich eine unbillige Kostenmehrbelastung von mehr als 25% ergibt (LG Hamburg, 30.9.2009, 318 S22/09).

!

Hinweis: Anlegen der Instandhaltungsrücklage

Der Verwalter muss die Instandhaltungsrücklage möglichst gewinnbringend anlegen. Durch Mehrheitsbeschluss kann die Wohnungseigentümergemeinschaft beschließen, wie die Instandhaltungsrückstellung angelegt werden soll. In jedem Fall sollte eine sichere Anlage wie Festgelder, Tagesgeldkonten oder Bundesschatzbriefe gewählt werden.

Der Beschluss einer Wohnungseigentümerversammlung, nach dem eine Instandhaltungsrücklage anderweitig Verwendung finden soll, entspricht nur dann ordnungsgemäßer Verwaltung und ist wirksam, soweit eine »eiserne Reserve« verbleibt. Deren Höhe hängt von den Umständen des Einzelfalls ab, also von dem Zustand, dem Alter und der Reparaturanfälligkeit der Anlage (LG Köln, 24.11.2011, 29 S 111/11).

Ein Beschluss für die Verwendung eines Teils der Instandhaltungsrücklage zur Überwindung von Liquiditätsengpässen bei der Deckung der Bewirtschaftungskosten entspricht ordnungsgemäßer Bewirtschaftung (AG Brühl, 18.4.2011, 23 C 583/10). Gibt die Teilungserklärung vor, dass die Sondereigentümer »zur Ansammlung einer Instandhaltungsrücklage für das gemeinschaftliche Eigentum verpflichtet« sind und dass zur Bildung dieser Instandhaltungsrücklage von den Sondereigentümern ein vierteljährlicher Beitrag von 1,50 D-Mark/m^2 Sondereigentumsfläche zu entrichten ist, darf dabei keine Differenzierung zwischen dem Sondereigentum an einer Wohnung und dem Sondereigentum an einem Pkw-Einstellplatz erfolgen (LG Düsseldorf, 16.4.2014, 25 S 141/13).

Die Instandhaltungsrücklage ist Bestandteil des Verwaltungsvermögens, das der Wohnungseigentümergemeinschaft zugeordnet ist. Ein einzelner Eigentümer kann die Auszahlung seines Anteils an der Rücklage nicht verlangen. Wird eine Wohnung veräußert, geht die Beteiligung an einer Instandhaltungsrücklage gegenüber der Wohnungseigentümergemeinschaft kraft Gesetzes mit Übertragung des Eigentums an der Wohnung auf den Erwerber über. Dies hindert die Parteien nicht, für den Übergang dieses Anspruchs einen gesonderten Kaufpreis und im Gegenzug eine rechtsgeschäftliche Abtretung des Anteils an der Instandhaltungsrücklage zu vereinbaren (OLG Köln, 19.12.2013, I-19 U 133/13).

Jahresabrechnung

Siehe »Abrechnung und Einzelabrechnung«.

Kostenverteilungsschlüssel

Die Kosten und Lasten des gemeinschaftlichen Eigentums (siehe »Lasten und Kosten«) sowie die Kosten der Instandhaltung, Instandsetzung, sonstigen Verwaltung und des gemeinschaftlichen Gebrauchs des Gemeinschaftseigentums müssen nach einem bestimmten Maßstab auf die einzelnen Eigentümer verteilt werden. Der gesetzliche Maßstab des § 16 Abs. 2 WEG bestimmt, dass jeder Wohnungseigentümer die Kosten nach dem Verhältnis seines Miteigentumsanteils zu tragen hat. Von diesem gesetzlichen Kostenverteilungsschlüssel kann jedoch durch Vereinbarung in der Gemeinschaftsordnung abgewichen werden.

Abweichende Kostenverteilungsschlüssel können sein
- Aufteilung nach Wohnfläche,
- Aufteilung nach Köpfen,
- Aufteilung nach Anzahl der Wohnungen,
- Aufteilung nach Verbrauch.

Ausnahme
Bei der Verteilung von Heiz- und Warmwasserkosten sind die Vorschriften in §§3 und 4 HeizkV zu beachten. Hiernach hat die Verteilung von Heiz- und Warmwasserkosten zwingend verbrauchsabhängig zu erfolgen. Von den Kosten des Betriebs der zentralen Heizungsanlage sind mindestens 50%, höchstens 70% nach dem erfassten Wärmeverbrauch des Benutzers zu verteilen. Die übrigen Kosten (Grundkosten) sind nach der Wohn- oder Nutzfläche oder nach dem umbauten Raum zu verteilen. Die Kosten des Warmwassers sind mindestens zu 50%, höchstens zu 70% nach dem erfassten Warmwasserverbrauch, die übrigen Kosten nach der Wohn- oder Nutzfläche zu verteilen. Der gesetzliche oder vereinbarte Kostenverteilungsschlüssel kann nicht nur durch eine Vereinbarung oder eine Öffnungsklausel geändert werden, sondern auch durch Mehrheitsbeschluss, wenn Gegenstand der Beschlussfassung die Verteilung von Betriebs- oder Verwaltungskosten nach Verursachung gemäß §16 Abs. 3 WEG ist oder gemäß §16 Abs. 4 WEG über die Kostenverteilung in einem Einzelfall entschieden werden soll (BGH, 25.9.2009, V ZR 33/09 i.V.m. BGH, 20.9.2000, V ZB 58/99).

Weitere Informationen finden sich in den Kapiteln 4.3.3 und 5.7.

Lasten und Kosten

Jeder Eigentümer ist nach §16 Abs. 2 WEG verpflichtet, die Lasten des gemeinschaftlichen Eigentums sowie die Kosten der Instandhaltung, Instandsetzung, sonstigen Verwaltung und des gemeinschaftlichen Gebrauchs des Gemeinschaftseigentums nach dem Verhältnis seines Miteigentumsanteils oder dem in der Teilungserklärung bzw. Gemeinschaftsordnung vereinbarten Kostenverteilungsschlüssels zu tragen. Hierzu zählen nicht die Kosten des Sondereigentums, die ohnehin jeder Wohnungseigentümer selbst zu tragen hat, zum Beispiel Grundsteuer und individueller Stromverbrauch. Im Einzelnen handelt es sich um folgende Kosten und Lasten:

- Laufende Bewirtschaftungskosten:
  - Öffentliche Lasten des gesamten Grundstücks, zum Beispiel Kanalgebühren, Erschließungskostenbeiträge,
  - Wasserversorgung,
  - Entwässerung,
  - Aufzug,
  - Straßenreinigung,
  - Müllbeseitigung,
  - Gebäudereinigung,
  - Gartenpflege,
  - gemeinschaftliche Wascheinrichtungen,
  - Beleuchtung von Gemeinschaftsflächen,
  - Schornsteinreinigung,
  - Sach- und Haftpflichtversicherungen,
  - Hausmeister,
  - Antennenanlage/Kabelgebühren.
- Instandhaltungs- und Instandsetzungskosten,
- Beiträge zu Instandhaltungsrückstellung,
- Verwaltergebühren inklusive Porto, Sondervergütungen, Kontoführungsgebühren, Telefongebühren,
- Kosten zur Durchführung von Eigentümerversammlungen,
- Aufwandsentschädigungen an den Verwaltungsbeirat,
- Anwalts- und Gerichtskosten,
- Schadensersatzleistungen nach §14 Nr. 4 WEG,
- Sonderumlagen.

Majorisierung

Eine majorisierende Stimmenmehrheit liegt dann vor, wenn ein einzelner Eigentümer die Mehrheit aller berechtigten Stimmen auf sich vereinigt. Nach der gesetzlichen Vorgabe des §25 Abs. 2 WEG hat jeder Eigentümer bei der Abstimmung nur eine Stimme. Hiervon kann jedoch durch Vereinbarung in der Teilungserklärung/Gemeinschaftsordnung abgewichen werden.

Erfolgt die Stimmrechtsausübung nach dem Wert- oder Objektprinzip kann dies unter Umständen dazu führen, dass ein Eigentümer, der viele Sondereigentumsrechte besitzt, die Mehrheit der Stimmrechte allein innehat. Nutzt dieser Eigentümer seine Stimmenmehrheit rechtsmissbräuchlich aus, kann der Beschluss im Rahmen einer Anfechtung binnen Monatsfrist gerichtlich überprüft und ggf. für ungültig erklärt werden (siehe auch Kapitel 1.3.5).

Mehrhausanlage

Bei Mehrhausanlagen handelt es sich um Wohnungseigentümergemeinschaften, die sich über mehrere Gebäude erstrecken. Hierbei kann es sich um gleichartige Gebäude handeln, zum Beispiel Reihenhaussiedlungen, Einfamilienhäuser oder Wohnblöcke, aber auch um Gebäude ganz unterschiedlicher Bauart. Zu beachten ist, dass eine solche Mehrhauswohnanlage nur einheitlich verwaltet werden kann; es darf daher für die gesamte Anlage nur ein Verwalter bestellt werden (LG Düsseldorf, 22.10.2009, 19 S 40/09; BayObLG, WE 1996, 150). Auch hier gelten grundsätzlich die Regelungen des Wohnungseigentumsgesetzes. Jedoch können interessengerechtere Regelungen zur Abhaltung der Eigentümerversammlung, zum Beispiel Teilversammlungen, zur Stimmrechtsausübung und zur Kostentragung, zum Beispiel Kostenverteilung nach einzelnen Gebäuden oder Wirtschaftseinheiten, in der Gemeinschaftsordnung vereinbart werden

Näheres hierzu siehe Kapitel 6.

Mehrheitsbeschluss (einfacher)

Die Wohnungseigentümergemeinschaft regelt ihre Angelegenheiten, soweit sie nicht bereits durch Vereinbarung in der Gemeinschaftsordnung geregelt sind, durch Beschluss. Für das Zustandekommen eines einfachen Mehrheitsbeschlusses ist es erforderlich, dass mehr Ja- als Nein-Stimmen abgegeben werden (BayObLG, 15.10.1998, 2Z BR 126/98; BayObLG, 13.3.2003, 2Z BR 85/02). Enthaltungen bleiben bei der Auszählung außer Betracht. Durch einfachen Mehrheitsbeschluss können insbesondere folgende Angelegenheiten geregelt werden:

- Wirtschaftsplan, Genehmigung der Jahresabrechnung und Rechnungslegung des Verwalters (§28 Abs. 5 WEG),
- das Verlangen nach Rechnungslegung durch den Verwalter (§28 Abs. 4 WEG),
- Maßnahmen zur ordnungsgemäßen Instandhaltung und Instandsetzung des Gemeinschaftseigentums (§21 Abs. 3 WEG),
- Einleitung eines Verfahrens zur Entziehung des Wohnungseigentums (§18 Abs. 3 WEG),
- Gebrauchsregeln bezüglich des Sondereigentums und des Gemeinschaftseigentums, wenn die Gemeinschaftsordnung keine entgegenstehende Regelung enthält (§15 WEG),
- Bestellung des Verwaltungsbeirats (§29 Abs. 1 Satz 1 WEG),

- Maßnahmen ordnungsgemäßer Verwaltung des Gemeinschaftseigentums, zum Beispiel Aufstellung der Hausordnung, Sach- und Haftpflichtversicherung der Wohnungseigentümer,
- Bildung, Höhe und Anlage einer Instandhaltungsrücklage,
- Bestellung und Abberufung des Verwalters (§26 Abs. 1 Satz 1 WEG),
- Beschlüsse zur Geschäftsordnung in der Eigentümerversammlung,
- Beschlüsse über die Verfolgung und Durchsetzung von Baumängelgewährleistungsansprüchen bezüglich des Gemeinschaftseigentums.

Mehrheitsbeschluss (qualifizierter)

Im Gegensatz zum einfachen Mehrheitsbeschluss erfordert der qualifizierte Mehrheitsbeschluss eine bestimmte, entweder durch Gesetz oder Vereinbarung geregelte Mehrheit. Im Rahmen der WEG-Reform wurden neue Beschlusskompetenzen geschaffen, bei denen eine doppelt qualifizierte Mehrheit erforderlich ist:

- §22 Abs. 2: Modernisierungsmaßnahmen oder Anpassung an den Stand der Technik des Gemeinschaftseigentums,
- §16 Abs. 4 WEG: Kostenverteilung von Instandhaltungs-, Instandsetzungs-, Modernisierungsmaßnahmen und baulichen Veränderungen im konkreten Einzelfall.

Zur Beschlussfassung in diesen Angelegenheiten ist es erforderlich, dass drei Viertel aller stimmberechtigten Wohnungseigentümer, gerechnet nach dem gesetzlichen Kopfprinzip des §25 Abs. 2 WEG, für den Beschlussgegenstand stimmen und dass diese Mehrheit mehr als die Hälfte der Miteigentumsanteile repräsentiert.

Durch Vereinbarung kann das Erfordernis einer qualifizierten Mehrheit zu bestimmten Beschlussgegenständen in der Gemeinschaftsordnung in Form einer Öffnungsklausel enthalten sein.

Achtung: Maßgebliche Regelung !

Sieht eine Öffnungsklausel strengere Anforderungen an eine bestimmte Beschlussfassung vor als das Wohnungseigentumsgesetz, so ist allein die gesetzliche Regelung maßgeblich, zum Beispiel §16 Abs. 3, 4 und §22 Abs. 2 WEG. Sieht die Öffnungsklausel geringere Anforderungen an die Beschlussfassung vor, so ist der Inhalt der Öffnungsklausel maßgeblich.

Minderheitenschutz

Liegt ein Fall der Majorisierung vor, sind einzelne Wohnungseigentümer dadurch geschützt, dass sie unter Missbrauch des Stimmrechts zustande gekommene Beschlüsse wirksam anfechten können. Dem Schutz von Minderheiten dient auch das Erfordernis bei der schriftlichen Beschlussfassung gemäß §23 Abs. 3 WEG, dass alle Wohnungseigentümer zustimmen müssen, damit ein Beschluss zustande kommt.

Weiteren Schutz für Minderheiten bietet §24 Abs. 2 WEG, der bestimmt, dass die Versammlung vom Verwalter einberufen werden muss, wenn mehr als ein Viertel der Wohnungseigentümer schriftlich unter Angabe des Zwecks und der Gründe die Einberufung verlangt (Minderheitenquorum). Bei der Bemessung von »einem Viertel« kommt es allein auf die Kopfzahl der Wohnungseigentümer an. Dies gilt auch dann, wenn die Gemeinschaftsordnung ein abweichendes Stimmrechtsprinzip vorsieht. Unter dem Gesichtspunkt des Minderheitenschutzes und des Schikaneverbots kann es sich als rechtsmissbräuchlich darstellen, wenn die Wohnungseigentümer als Gemeinschaft bei der Geltendmachung von Beseitigungsansprüchen ohne sachlichen Grund zwischen einzelnen Wohnungseigentümern unterscheiden. Das kann zum Beispiel der Fall sein, wenn sie eine bauliche Veränderung eines Wohnungseigentümers ablehnt, aber die von einem anderen Wohnungseigentümer vorgenommene vergleichbare bauliche Veränderung ausdrücklich billigt (KG Berlin, 18.5.2009, 24 W 17/08).

Modernisierung

Bei Modernisierungsmaßnahmen nach §22 Abs. 2 WEG handelt es sich um Maßnahmen im Sinne von §559 BGB mit folgenden Zielen:

- nachhaltige Erhöhung des Gebrauchswerts des Wohnungseigentums,
- dauerhafte Verbesserung der allgemeinen Wohnverhältnisse,
- nachhaltige Einsparung von Energie und Wasser,
- Anpassungen an den Stand der Technik.

Nachhaltige Erhöhung des Gebrauchswerts

Die Erhöhung des Gebrauchswerts kann sowohl das Gemeinschaftseigentum als auch das Sondereigentum betreffen. Dabei geht es um Maßnahmen, die aus Sicht eines verständigen Wohnungseigentümers eine sinnvolle Neuerung darstellen und voraussichtlich dazu geeignet sind, den Gebrauchswert der Wohnung nachhaltig zu erhöhen, beispielsweise weil sie deren bestimmungsmäßige Nutzung bequemer, gesünder, sicherer, angenehmer oder weniger arbeitsaufwendig machen (LG Hamburg, 31.8.2012, 318 S 8/12). Auch eine optische Veränderung kann eine Gebrauchswerterhöhung bewirken.

Die Kosten solcher Maßnahmen dürfen nicht außer Verhältnis zum erzielten Vorteil stehen (BGH, 14.12.2012, V ZR 224/11). Außerdem muss die Gebrauchswerterhöhung nachhaltig sein, das bedeutet von Dauer.

Dauerhafte Verbesserung der allgemeinen Wohnverhältnisse
Dies bezieht sich auf Maßnahmen im gemeinschaftlichen Eigentum, die das Umfeld der Wohnungen verbessern und nicht nur vorübergehend wirken, zum Beispiel die Errichtung eines Kinderspielplatzes, von Grünanlagen, Sicherheitseinrichtungen, Stellplätzen und anderen Verkehrsanlagen, die Einrichtung eines Fahrradkellers oder Wäschetrockenraums oder die Anbindung der Regenentwässerung an das Abwassersystem der Straße.

Nachhaltige Einsparung von Energie und Wasser
Hierzu zählen alle Maßnahmen, die dauerhaft zur Senkung des Energieverbrauchs und zur Einsparung von Wasser beitragen, insbesondere die folgenden:

- Wärmedämmung von Fassaden, Dächern, Kellern und Fenstern,
- Reduzierung des Verbrauchs der zentralen Heiz- und Wasserversorgungsanlage,
- Anschluss an die Fernwärmeversorgung,
- Nutzung der Energie aus Wärmepumpen- und Solaranlagen,
- Einbau von Wasseruhren zur Verbrauchserfassung.

Anpassungen an den Stand der Technik
Damit sind Maßnahmen gemeint, die das Gemeinschaftseigentum an den Stand der Technik anpassen. Sie sorgen dafür, dass dessen technisches Niveau einer anerkannten und in der Praxis bewährten, fortschrittlichen technischen Entwicklung entspricht. Damit soll das gesetzlich vorgegebene Ziel – nämlich die dauerhafte Werterhaltung des langlebigen Wirtschaftsguts Wohn-/Geschäftshaus – erreicht werden (AG Nürnberg, 16.8.2013, 30 C 6675/12; BT-Drucks. 16/887, 30). Zu den entsprechenden Maßnahmen zählt zum Beispiel der Anschluss an das Breitbandkabelnetz ohne Instandsetzungsbedarf an der vorhandenen Gemeinschaftsantenne; zudem folgende Eingriffe:

- Einbau einer Zentralheizung,
- Einbau eines Fahrstuhls,
- Einbau von Kalt- oder Warmwasserzählern,
- Verstärkung elektrischer Steigleitungen,
- Einbau einer elektrischen Türöffnungsanlage und/oder einer (Video)Gegensprechanlage,

- Einbau von Isolierglasfenstern oder Anbringen einer Wärmedämmung ohne konkreten Instandsetzungsbedarf.

Beschlussfassung

Voraussetzung für einen Beschluss nach §22 Abs. 2 WEG ist, dass die Maßnahme die Eigenart der Wohnanlage nicht verändert und keinen Wohnungseigentümer unbillig benachteiligt. Die Eigenart der Wohnanlage wird nach dem inneren und äußeren Bestand beurteilt (AG Nürnberg, 16.8.2013, 30 C 6675/12). So sind beispielsweise ein Anbau wie ein Wintergarten, eine Aufstockung und der Abriss von Gebäudeteilen nicht vom Modernisierungsbegriff erfasst, da solche Maßnahmen geeignet sind, die Eigenart der Wohnanlage zu verändern. Auch Luxussanierungen oder der Ausbau eines nicht zu Wohnzwecken genutzten Speichers oder Kellerraums zu Wohnraum fallen nicht darunter. Allerdings darf die optische Veränderung des Gesamteindrucks der Wohnanlage nicht nur unerheblich nachteilig beeinträchtigen.

Bei der Frage, ob ein einzelner Wohnungseigentümer von einer solchen Maßnahme unbillig betroffen ist, muss geprüft werden, welches Maß die Beeinträchtigung im konkreten Einzelfall hat. Von einer unbilligen Beeinträchtigung kann man ausgehen, wenn es sich um Nachteile handelt, die bei wertender Betrachtung und in Abwägung mit den durch die Modernisierung verfolgten Vorteilen einem verständigen Wohnungseigentümer in zumutbarer Weise nicht abverlangt werden können. Zu prüfen ist daher, ob durch die Maßnahme einem oder mehreren Wohnungseigentümern größere Nachteile zugemutet werden als den anderen, also ob es zu einer treuwidrigen Ungleichbehandlung der Wohnungseigentümer untereinander kommt (BGH, 18.2.2011, V ZR 82/10).

Auch die Kosten einer Maßnahme können eine unbillige Beeinträchtigung darstellen. Das gilt dann, wenn sie das Maß der Aufwendungen übersteigen, die das gemeinschaftliche Eigentum in einen allgemein üblichen Zustand versetzen, zum Beispiel bei einer Luxussanierung. Die Belastung mit Kosten stellt jedoch nur in Ausnahmefällen einen Grund für eine unbillige Beeinträchtigung dar. Beispiel: Ein Wohnungseigentümer ist trotz entsprechender privater Rücklagenbildung nicht in der Lage, die Kosten aufzubringen, und wäre wegen der Modernisierungsmaßnahme gezwungen, sein Wohnungseigentum zu veräußern.

Modernisierungsmaßnahmen oder Anpassungen an den Stand der Technik können mit der sogenannten doppelt qualifizierten Mehrheit beschlossen werden. Bei der Beschlussfassung müssen drei Viertel aller im Grundbuch eingetragenen Wohnungseigentümer zustimmen, und zwar entsprechend §25 Abs. 2 WEG nach Köpfen, wobei diese Mehrheit mehr als die Hälfte aller Miteigentumsanteile repräsentieren muss. Sieht eine in der Teilungserklärung bzw.

Gemeinschaftsordnung enthaltene Öffnungsklausel geringere Anforderungen für die Beschlussfassung vor, so sind diese Bestimmungen maßgeblich.

Kostenverteilung

Die Kostenverteilung bei Modernisierungen erfolgt grundsätzlich nach dem Verhältnis der Miteigentumsanteile (§16 Abs. 2 WEG), sofern die Gemeinschaftsordnung hierfür keine andere Kostentragungsregelung vorsieht. Nach §16 Abs. 4 WEG ist es jedoch möglich, einen anderen Kostenverteilungsschlüssel zu bestimmen. Die Voraussetzung für einen entsprechenden Beschluss nach §16 Abs. 4 WEG sind:

- Es muss sich um einen konkreten Einzelfall handeln, es können keine generellen Regelungen mit Wirkung für die Zukunft beschlossen werden.
- Der abweichende Kostenverteilungsmaßstab muss dem Gebrauch oder der Möglichkeit des Gebrauchs Rechnung tragen.
- Bei der Abstimmung muss die doppelt qualifizierte Mehrheit erreicht werden.

Der Kostenverteilungsschlüssel kann also nicht generell geändert werden, sondern nur im Hinblick auf einen ganz bestimmten zu regelnden Einzelfall. Das dürfte bei einer konkreten Modernisierungsmaßnahme regelmäßig unproblematisch sein. Für generelle Regelungen fehlt die Beschlusskompetenz, sodass solche Beschlüsse nichtig sind (BGH, 9.7.2010, V ZR 202/09; LG München I, 13.2.2012, 1 S 8790/11; a.A. AG Hildesheim, 17.9.2013, 44 C 15/13).

Der maßgebliche Gebrauch stellt nicht auf den alleinigen Gebrauch ab, vielmehr kann er auf die tatsächliche Gebrauchshäufigkeit und die Gebrauchsmöglichkeit, die Anzahl der nutzenden Personen oder auf vergleichbare Umstände abstellen (BGH, 18.6.2010, V ZR 164/09; BGH, 15.1.2010, V ZR 114/09). Die Belastung von nur einzelnen Eigentümern mit Kosten ist daher nur dann zulässig, wenn diese Eigentümer eigennützig Gebrauch machen oder machen können, der den von den Kosten freigestellten Eigentümern nicht oder so nicht möglich ist (BGH, 18.6.2010, V ZR 164/09; LG Hamburg, 25.5.2011, 318 S 21/11).

Beispiele: Rechtsprechung !

- Der Ausbau eines Speichers zu Wohnraum ist keine Modernisierung im Sinne des §22 Abs. 2 WEG; er kann die Eigenart der Wohnanlage ändern (LG München I, 18.7.2013, 36 S 20429/12).
- Die Anschaffung eines sogenannten Blockheizkraftwerks in Kombination mit einer Gasbrennwerttherme (einheitlich konzipierte Maßnahme) stellt bei fehlender Erneuerungsbedürftigkeit der Altanlage eine Modernisierung im Sinne des §22 Abs. 2 WEG dar. Auch hier ist eine Kosten-Nutzen-Analyse zu

erstellen. Zudem wird durch diese Maßnahme der (Sach)Wert des Gemeinschaftseigentums erhöht (AG Pinneberg, 26.4.2013, 60 C 40/10).

- Der Austausch von Holz- durch Kunststofffenster stellt regelmäßig eine Modernisierungsmaßnahme im Sinne des §22 Abs. 2 WEG dar, da eine dauerhafte Gebrauchswerterhöhung vorliegt. Kunststofffenster sind verglichen mit Holzfenstern haltbarer und müssen nicht gestrichen werden, sie verursachen damit geringere Instandhaltungskosten und sind nicht von Schimmelbildung und Verfaulen bedroht (LG München I, 27.4.2009, 1 S 20171/08).
- Es liegt eine Modernisierung und keine bloße modernisierende Instandsetzung vor, wenn alle Holzfenster gegen Kunststofffenster ausgetauscht werden sollen und nur einige Fenster reparaturbedürftig sind (LG Itzehoe, 19.1.2016, 11 S 61/14).
- Bei einer Modernisierung bedarf es nicht generell einer Kosten-Nutzen-Analyse durch einen Gutachter; das Amortisationskriterium ist hier zu streng (LG Düsseldorf, 6.6.2012, 25 S 8/12; a.A. LG München I, 27.4.2009, 1 S 20171/08).
- Der Austausch einer über 30 Jahre alten Öl-Zentralheizung durch die Versorgung mit Fernwärme stellt eine modernisierende Instandsetzung dar (§22 Abs. 3 i.V.m. §21 Abs. 3 WEG), also keine Modernisierung (§22 Abs. 2 WEG), wenn der Vergleich des wirtschaftlichen Erfolgs, der künftigen Kosten, der langfristigen Sicherung des Energiebedarfs und der Umweltverträglichkeit beider Alternativen ergibt, dass die Umstellung sinnvoll und vorteilhaft ist. Dies kann insbesondere dann der Fall sein, wenn eine Umstellung auf Fernwärme einen langfristigen finanziellen Vorteil von circa 60.000 EUR innerhalb der nächsten 40 Jahre verspricht (LG Nürnberg-Fürth, 28.7.2010, 14 S 438/10).
- Der Ausbau des Dachgeschosses in Form einer Aufstockung des Gebäudes stellt eine bauliche Veränderung im Sinne des §22 Abs. 1 WEG dar, keine Modernisierung im Sinne des §22 Abs. 2 WEG (LG Hamburg, 16.12.2009, 318 S 49/09).
- Die Beschlussfassung über die Errichtung von Wintergärten auf Balkonflächen ist für unwirksam zu erklären, da die Umsetzung des Beschlusses eine nachteilige bauliche Veränderung gemäß §22 Abs. 1 WEG mit sich bringt und keine Modernisierungsmaßnahme nach §22 Abs. 2 WEG darstellt. Außerdem würde hierdurch die Eigenart der Anlage geändert werden.
- Die Beschlussfassung über die Errichtung von Außenaufzügen ist für unwirksam zu erklären, da die Umsetzung des Beschlusses eine nachteilige bauliche Veränderung im Sinne von §22 Abs. 1 WEG darstellt, die zwar eine Modernisierungsmaßnahme im Sinne von §22 Abs. 2 WEG zum Inhalt hat, jedoch die Eigenart der Anlage ändern würde.
- Die Beschlussfassung über den Einbau zusätzlicher Fenster ist für unwirksam zu erklären, da sie eine nachteilige bauliche Veränderung im Sinne von §22 Abs. 1 WEG zum Inhalt hat, die keine Modernisierungsmaßnahme im Sinne von §22 Abs. 2 WEG darstellt (AG Konstanz, 13.3.2008, 12 C 17/07).
- Zur Abgrenzung von Modernisierung und baulicher Veränderung bei Anbringung von Balkonen an der Hausfassade: Vom Grundsatz der Einstimmigkeit nach §22 Abs. 1 Satz 1 WEG kann nicht deshalb abgewichen werden, weil der Balkonanbau als Modernisierung im Sinne des §22 Abs. 2 Satz 1 WEG anzusehen ist. Vielmehr bringt er eine Änderung der Eigenart der Wohnanlage mit sich,

weil im Hinblick darauf, dass den Eigentümern das Anbringen eines Balkons freigestellt ist und nicht an allen Wohneinheiten Balkone angebracht werden, ein uneinheitlicher optischer Gesamteindruck des Gebäudes entstehen kann. Auch führt die Berechtigung zum Balkonanbau zu einer unbilligen Benachteiligung der Eigentümer, die keinen Balkon anbringen möchten, weil es durch die über oder unter ihrer Wohnung angebrachten Balkone zu Mietminderungen wegen des entstehenden Baulärms und einer Verdunklung ihrer Wohnung kommen kann (LG Lüneburg, 31.5.2011, 9 S 75/10).

- Der Genehmigungsbeschluss über Treppen von den Erdgeschosswohnungen in den Garten bewirkt eine nachhaltige Erhöhung des Gebrauchswerts der betreffenden Wohnungen und ist als Modernisierung im Sinne des §22 Abs. 2 WEG zu qualifizieren (AG Hannover, 2.10.2007, 484 C 9807/07).
- Die Ablehnung einer energetischen Sanierungsmaßnahme kann ordnungsgemäßer Verwaltung entsprechen. Die Wohnungseigentümer haben Ermessen beim Ob und Wie einer Sanierungsmaßnahme. Berücksichtigt werden insoweit die finanzielle Leistungsfähigkeit der Gemeinschaft, die Kosten-Nutzen-Analyse und die Eilbedürftigkeit der Maßnahme (LG Köln, 12.4.2010, 29 T 72/09).
- Die Wiederinbetriebnahme stillgelegter Schornsteine stellt nach Urteil des BGH (18.2.2011, V ZR 82/10) eine nachhaltige Erhöhung des Gebrauchswerts des Wohnungseigentums nach §22 Abs. 2 WEG und §559 BGB dar, da die Wohnungseigentümer hiermit eine zusätzliche Beheizungsmöglichkeit erhalten, nämlich einen Kamin oder Kaminofen zu befeuern. Es handele sich dabei nicht um die Rückkehr zu einer »archaischen Heizmethode«. Gerade in Zeiten der Verteuerung der Energiekosten stelle es einen nicht zu unterschätzenden Vorteil dar, wenn die Voraussetzungen für eine zusätzliche Heizquelle geschaffen werden. Damit ist eine Gebrauchswerterhöhung verbunden. Deshalb kommt es auf die weitere Frage, ob dadurch eine Energieeinsparung bewirkt wird, nicht an. Es genügt im Rahmen von Modernisierungen, dass die Maßnahme aus Sicht eines verständigen Wohnungseigentümers eine sinnvolle Neuerung darstellt, die voraussichtlich geeignet ist, den Gebrauchswert der Sache nachhaltig zu erhöhen. Der Gesetzgeber habe mit der Neufassung des §22 Abs. 2 WEG den Wohnungseigentümern unabhängig von dem Bestehen eines Reparaturbedarfs die Befugnis eingeräumt, mit qualifizierter Mehrheit einer Verkehrswertminderung durch Anpassung der Wohnanlage an die »Erfordernisse der Zeit« entgegenzuwirken.
- Ein Wohnungseigentümerbeschluss über Modernisierungsmaßnahmen entsprechend §555b BGB (hier: Installation einer Klimaanlage an der Außenfassade) kann nur dann nach §22 Abs. 2 Satz 1 WEG mit qualifizierter Mehrheit gefasst werden, wenn diese sich auf die gesamte Wohnungseigentumsanlage und nicht nur auf eine einzelne Mit- und Sondereigentumseinheit beziehen (LG Frankfurt/Main, 13.1.2017, 2/13 S 186/14).

Negativbeschluss

Ein Negativbeschluss liegt vor, wenn die Mehrheit den Beschlussantrag abgelehnt hat, ein Beschluss also nicht zustande gekommen ist. Hierbei handelt es sich um einen echten Beschluss (BayObLG, 25.7.2002, 2Z BR 63/02; BayObLG, 20.11.2003, 2Z BR 133/03), nur hat die Willensbildung der Wohnungseigentümer dazu geführt, dass sie den Beschlussantrag ablehnen möchten. Ein Negativbeschluss ist anfechtbar (BGH, 15.1.2010, V ZR 114/09) und kann mit dem Feststellungsantrag verbunden werden, dass ein positiver Beschluss zustande gekommen ist, wenn beispielsweise ein Wohnungseigentümer die Feststellung eines ablehnenden Beschlussergebnisses aufgrund einer fehlerhaften Stimmenauszählung für unrichtig hält (BGH, 23.8.2001, V ZB 10/01; BGH, 19.9.2002, V ZB 30/2).

Eine Anfechtung des Beschlusses ist auch dann möglich, wenn der Wohnungseigentümer geltend machen kann, dass die Ablehnung ordnungsmäßiger Verwaltung widerspricht und er einen Anspruch auf eine positive Beschlussfassung hat (LG Hamburg, 23.7.2014, 318 S 78/13).

Mehr hierzu siehe Kapitel 4.3.5.

Nichtbeschluss

Im Fall des Nichtbeschlusses oder Scheinbeschlusses liegt ein Beschluss schon gar nicht vor. Dies kann dann der Fall sein, wenn das Verfahren der Beschlussfassung unter erheblichen Mängeln leidet. Einer Anfechtung bedarf es hier nicht, da der Nichtbeschluss keinerlei rechtliche Wirkung erzeugt (BayObLG, 10.10.1996, 2Z BR 108/96, WuM 1997, 57; siehe Kapitel 4.3.5).

Nichtigkeit eines Beschlusses

§23 Abs. 4 WEG stellt fest, dass ein Beschluss nichtig ist, der gegen eine Rechtsvorschrift verstößt, auf deren Einhaltung rechtswirksam nicht verzichtet werden kann. Beschlüsse, die nicht den Rechtsvorschriften entsprechen und daher nichtig sind, sind solche, die gegen unabdingbare Vorschriften und Grundsätze des Wohnungseigentumsgesetzes oder Regelungen des übrigen privaten oder öffentlichen Rechts verstoßen (siehe Kapitel 4.5.1). Die Nichtigkeit von Beschlüssen ist – auch ohne Feststellungsklage – im Rahmen eines Anfechtungsverfahrens von Amts wegen zu prüfen (LG München I, 1.2.2017, 1 S 7364/16).

Niederschrift/Protokoll

Gemäß §24 Abs. 6 WEG ist über die in der Versammlung gefassten Beschlüsse eine Niederschrift/ein Protokoll aufzunehmen. Die Niederschrift/das Protokoll ist von dem Vorsitzenden und einem Wohnungseigentümer und, falls ein Verwaltungsbeirat bestellt ist, auch von dessen Vorsitzendem oder seinem Vertreter zu unterschreiben. Jeder Wohnungseigentümer ist berechtigt, die Niederschrift/das Protokoll einzusehen (ausführlich hierzu siehe Kapitel 3).

Öffnungsklausel

Öffnungsklauseln sind in der Teilungserklärung/Gemeinschaftsordnung enthaltene Vereinbarungen, nach welchen durch qualifizierten Mehrheitsbeschluss, zum Beispiel mit Zweidrittel- oder Dreiviertelmehrheit, von den abdingbaren gesetzlichen Bestimmungen oder den getroffenen Vereinbarungen in der Teilungserklärung oder der Gemeinschaftsordnung abgewichen werden kann. Solche Öffnungsklauseln erleichtern die Neuregelung von Gegenständen, die sonst nur durch Vereinbarung geregelt werden dürfen, und sind grundsätzlich zulässig. Erforderlich ist jedoch, dass die Öffnungsklausel hinreichend bestimmt ist, ein sachlicher Grund für die Änderung vorliegt, kein Eigentümer gegenüber der bisherigen Regelung unbillig benachteiligt wird und die Änderung den Grundsätzen ordnungsmäßiger Verwaltung entspricht (BGH, 10.6.2011, V ZR 2/10; BGH, 1.4.2011, V ZR 162/10). Fehlt es an diesen Voraussetzungen, ist der Beschluss zwar nicht von vornherein nichtig, jedoch erfolgreich anfechtbar (BGH, 12.12.2014, V ZR 53/14). Ob die aufgrund einer Öffnungsklausel getroffene Vereinbarung billig ist, kann gerichtlich überprüft werden.

§10 Abs. 4 Satz 2 WEG stellt klar, dass aufgrund einer Vereinbarung gefasste Beschlüsse, die vom Gesetz abweichen oder eine Vereinbarung ändern, nicht der Eintragung in das Grundbuch bedürfen.

Weitere Informationen finden sich in Kapitel 4.3.4.

Ordnungsmäßige Verwaltung

Soweit die Verwaltung des gemeinschaftlichen Eigentums nicht durch Vereinbarung geregelt ist, können die Wohnungseigentümer gemäß §21 Abs. 3 WEG eine der Beschaffenheit des gemeinschaftlichen Eigentums entsprechende ordnungsmäßige Verwaltung durch Stimmenmehrheit beschließen. Der Begriff der ordnungsmäßigen Verwaltung wird jedoch gesetzlich nicht näher definiert. Jedenfalls ist ordnungsmäßig,

- was dem geordneten Zusammenleben in der Gemeinschaft dient (§14 Nr. 1 WEG) und
- was dem Interesse der Gesamtheit der Wohnungseigentümer nach billigem Ermessen entspricht (§15 Abs. 3 und §21 Abs. 4 WEG).

Zu den Einzelmaßnahmen ordnungsmäßiger Verwaltung zählen gemäß §21 Abs. 5 WEG insbesondere:

- Aufstellung einer Hausordnung,
- ordnungsgemäße Instandhaltung und Instandsetzung des gemeinschaftlichen Eigentums,
- Abschluss einer Feuerversicherung für das gemeinschaftliche Eigentum sowie einer Haus- und Grundbesitzerhaftpflichtversicherung,
- Ansammlung einer angemessenen Instandhaltungsrückstellung,
- Aufstellung eines Wirtschaftsplans,
- Duldung aller Maßnahmen, die zur Herstellung einer Fernsprechteilnehmereinrichtung, einer Rundfunkempfangsanlage oder eines Energieversorgungsanschlusses zugunsten eines Wohnungseigentümers erforderlich sind.

Protokoll

Siehe »Niederschrift/Protokoll«.

Rauchwarnmelder

In vielen Bundesländern ist es bereits Pflicht, auch in Bestandsgebäuden Rauchwarnmelder vorzuhalten. Einige Bundesländer folgen erst noch nach. Die Regelungen hierzu sind in den jeweiligen Landesbauordnungen festgelegt.

Handlungspflicht

Um den gesetzlichen Vorgaben Genüge zu tun, kann die Wohnungseigentümergemeinschaft über die nachträgliche Ausstattung der Wohnungen mit Rauchmeldern per Mehrheit beschließen, dies ist mit der Beschlusskompetenz der Wohnungseigentümer möglich. Das gilt vor allem wegen der Verpflichtung durch eine Landesbauordnung. Dabei ist nicht entscheidend, ob die jeweilige Landesbauordnung die Verpflichtung zur Installierung von Rauchwarnmeldern dem Verband der Wohnungseigentümer, den einzelnen Mitgliedern der Wohnungseigentümergemeinschaft als Mitberechtigte an dem bebauten Grundstück oder den einzelnen Sondereigentümern auferlegt.

Beschlussfassung und -durchführung, Beschlusskompetenz
Der BGH hat sich in einer grundlegenden Entscheidung intensiv mit dieser Frage auseinandergesetzt (BGH, 8.2.2013, V ZR 238/11). Im Fall der Verpflichtung durch die jeweilige Landesbauordnung zur Installierung von Rauchwarnmeldern ergibt sich die Beschlusskompetenz aus § 10 Abs. 6 Satz 2 WEG. Der Verband ist gemäß § 10 Abs. 6 Satz 3 WEG in der Pflicht, da die Gemeinschaft damit Rechte der Wohnungseigentümer wahrnimmt. Im Fall der Verpflichtung des einzelnen Sondereigentümers besteht eine geborene Wahrnehmungskompetenz der Gemeinschaft allerdings nur dann, wenn die Verpflichtung sämtliche Mitglieder der Wohnungseigentümergemeinschaft betrifft. In der Regel umfasst die Verpflichtung aus den Landesbauordnungen zur Ausstattung mit Rauchwarnmeldern nur Wohnungen, nicht aber andere Räume, die nicht Wohnzwecken dienen. Für diese fehlt es für die Verpflichtung nach dem Landesbaurecht an dem Tatbestandsmerkmal der Wohnung, allerdings sind die Wohnungseigentümer in diesem Fall berechtigt, von ihrem Zugriffsermessen Gebrauch zu machen, dass ihnen gemäß § 10 Abs. 6 Satz 3 HS 2 WEG im Rahmen der sogenannten gekorenen Ausübungsbefugnis zusteht. Der Einbau von Rauchwarnmeldern entspricht zudem der »Förderlichkeit« der Pflichterfüllung durch den Verband. Es besteht allerdings keine Beschlusskompetenz, den einzelnen Wohnungseigentümern die Wartung der Rauchwarnmelder und/oder die Nachweisführung über die Wartung aufzuerlegen (AG Heidelberg, 22.10.2014, 45 C 52/14).

Die Wohnungseigentümer sind trotz gesetzlicher Verpflichtung zur Ausstattung mit Rauchwarnmeldern durch die Landesbauordnung nicht zu einer positiven Beschlussfassung über die Anschaffung und Installation von Rauchwarnmeldern durch die Gemeinschaft und auf deren Kosten verpflichtet, weil bei Mischnutzung (Wohn- und Teileigentum) insoweit lediglich eine sogenannte gekorene Wahrnehmungsbefugnis gegeben ist. Ob von ihr Gebrauch gemacht wird oder nicht, steht grundsätzlich im Ermessen der Wohnungseigentümer. Eine geborene Wahrnehmungskompetenz der Gemeinschaft besteht nur dann, wenn die Verpflichtung sämtliche Mitglieder der Gemeinschaft betrifft (AG Karlsruhe, 15.8.2014, 4 C 217/14).

Es ist von der Beschlusskompetenz der Wohnungseigentümerversammlung hinsichtlich des Einbaus von Rauchwarnmeldern auszugehen, sofern das geltende Landesrecht eine eigentumsbezogene Pflicht vorsieht. Die Beschlusskompetenz besteht auch hinsichtlich des Abschlusses eines Wartungsvertrags für die zu installierenden Rauchwarnmelder mit einer Fachfirma, wenn die Wartung nach den Regeln des Landebaurechts dem Eigentümer obliegt. In Nordrhein-Westfalen ergibt sich dies aus §49 Abs. 7 der Landesbauordnung (BauO NRW), wonach der Eigentümer die Wartungspflicht an sich ziehen kann. Durch die Nennung des Stichtags 31.3.2013 wird ein späteres Ansichziehen durch den Eigentümer nicht ausgeschlossen. Der Beschluss über die Anschaffung einheitlicher Rauchwarnmelder und deren Wartung durch eine Fachfirma entspricht ordnungsgemäßer Verwaltung, da nur so sichergestellt ist, dass die Installation und Wartung tatsächlich in allen Wohnungseinheiten ordnungsgemäß und regelmäßig stattfindet. Die Gemeinschaft kann mit Mehrheitsbeschluss beschließen, dass die Wartungskosten für die Rauchwarnmelder nicht nach Miteigentumsanteilen nach §16 Abs. 2 WEG, sondern nach der Anzahl der Geräte in den Sondereigentumseinheiten umgelegt werden (LG Dortmund, 5.8.2016, 1 S 80/16).

Eigentumsrechtliche Lage

In sachenrechtlicher Hinsicht besteht zwar im Hinblick auf das Sondereigentum des jeweiligen Einzeleigentümers auch bei Erforderlichkeit der Maßnahmen durch öffentlich-rechtliche Vorschriften keine Beschlusskompetenz der übrigen Miteigentümer. Allerdings hat der BGH dazu festgestellt, dass die Umsetzung eines Mehrheitsbeschlusses zur Installierung von Rauchwarnmeldern in den einzelnen Wohnungen keinen Eingriff in das Sondereigentum mit sich bringt. Allerdings werden die auf einen Mehrheitsbeschluss hin angebrachten Rauchwarnmelder dann nicht Teil des Sondereigentums des jeweiligen Miteigentümers, unter anderem deswegen, weil die Rauchwarnmelder in der Regel an den zum Gemeinschaftseigentum gehörenden Decken angebracht werden. Ein eventueller Eingriff in das Eigentum des Sondereigentümers in Form der Verletzung der Tapete oder der Farbschicht muss der Wohnungseigentümer hinnehmen; ihm steht diesbezüglich ein Schadensersatzanspruch gemäß §14 Nr. 4 WEG zu.

Wartung, Kosten

Unter die Beschlusskompetenz der Wohnungseigentümergemeinschaft fällt auch die Entscheidung über die regelmäßige Kontrolle und Wartung der Rauchwarnmelder. Die Wohnungseigentümergemeinschaft verfügt zwar über eine Beschlusskompetenz hinsichtlich der vertraglichen Anmietung und Wartung von Rauchwarnmeldern, aber sie verstößt gegen den Grundsatz der ordnungsmäßigen Verwaltung, wenn in dem Beschluss unberücksichtigt bleibt, dass ein Sondereigentümer bereits seit Jahren in seinen Räumlichkeiten zugelassene Rauchwarnmelder betreibt. Er würde dann an den Kosten für die Anschaffung und Wartung anderer Rauchmelder beteiligt, obwohl für seine Wohneinheit kein diesbezügliches Bedürfnis besteht. Das Sicherheitsinteresse der Gemeinschaft kann nicht so weit gehen, dass die Gemeinschaft für sämtliche Wohnungen neue Rauchwarnmelder anschafft und für sie einen einheitlichen Wartungsvertrag abschließt, obwohl teilweise bereits vorschriftsmäßige Geräte vorhanden sind. In einem solchen Fall können die Wohnungseigentümer, die bereits Rauchwarnmelder installiert haben, der Verwaltung gegenüber nachweisen, dass die betreffenden Geräte den gesetzlichen Anforderungen entsprechen und die Wartung im erforderlichen Umfang durchgeführt wird (LG Braunschweig, 7.2.2014, 6 S 449/13).

Rechtsanwaltsbeauftragung

Die Wohnungseigentümergemeinschaft ist häufig in gerichtliche Auseinandersetzungen verwickelt. Um eine effiziente Wahrnehmung der Rechtsposition der Wohnungseigentümergemeinschaft zu gewährleisten, sieht das WEG vor, dass der Verwalter für die Wohnungseigentümergemeinschaft aktiv werden kann (zur Beschlussformulierung siehe Kapitel 9).

Informationspflicht des Verwalters
Regelmäßig wird zum Beispiel eine Beschlussanfechtungsklage nicht den beklagten übrigen Wohnungseigentümern zugestellt, sondern dem Verwalter der Wohnungseigentümergemeinschaft. Er ist gemäß §45 Abs. 1 WEG deren Zustellungsvertreter, wenn nicht ausnahmsweise begründete Anhaltspunkte bestehen, die dazu führen, dass der Verwalter die Wohnungseigentümer nicht ausreichend informiert.

Die Informationspflicht des Verwalters ergibt sich aus §27 Abs. 1 Nr. 7 WEG, in dem vorgesehen ist, dass der Verwalter die Wohnungseigentümer unverzüglich über alle Rechtsstreitigkeiten zu unterrichten hat. Zweck dieser Bestimmung ist es, die beklagten Wohnungseigentümer über ihre Parteistellung in dem anhängigen Rechtsstreit zu unterrichten, um die Voraussetzungen dafür zu schaffen, dass die übrigen Wohnungseigentümer die Rechtsverteidigung gegen eine Beschlussanfechtungsklage aufnehmen.

Mandatserteilung bei Passivprozess
Um eine koordinierte Rechtsverteidigung der beklagten Wohnungseigentümer zu ermöglichen, bestimmt §27 Abs. 2 Nr. 3 WEG, dass der Verwalter berechtigt ist, im Namen aller Wohnungseigentümer und mit Wirkung für und gegen sie Maßnahmen zu treffen, die zur Wahrung einer Frist oder zur Abwendung eines sonstigen Rechtsnachteils erforderlich sind. Insbesondere darf er einen gegen die Wohnungseigentümer gerichteten Rechtsstreit gemäß §43 Nr. 1, 4, 5 WEG im Erkenntnis- und Vollstreckungsverfahren führen.

Bei genauer Gesetzeslektüre fällt jedoch auf, dass die in dieser Bestimmung eingeräumte Befugnis des Verwalters nicht bei einer Beschlussanfechtungsklage greifen würde, weil sich wegen §46 Abs. 1 Satz 1 WEG eine Beschlussanfechtungsklage nie gegen alle Wohnungseigentümer richtet, sondern immer gegen alle übrigen Wohnungseigentümer, die nicht Kläger im Anfechtungsverfahren sind. Der BGH (5.7.2013, V ZR 241/12) legt diese Befugnis weit aus und verleiht damit auch im Fall einer Beschlussanfechtungsklage dem Verwalter diese Befugnis.

Nach der herrschenden Meinung ermöglicht es diese Befugnis dem Verwalter, auf Basis seiner gesetzlichen Vertretungsbefugnis gemäß §27 Abs. 2 Nr. 2 WEG die übrigen Wohnungseigentümer umfassend zu vertreten und einen Rechtsanwalt zu beauftragen (LG Dortmund, 10.9.2013, 1S 416/12). Nach Auffassung des BGH besteht, insbesondere bei größeren Wohnungseigentümergemeinschaften, das praktische Bedürfnis, durch den Verwalter die Rechtsverteidigung der beklagten Wohnungseigentümer zu gewährleisten. Die grundsätzliche Neutralitätspflicht des Verwalters steht dazu nicht im Widerspruch, weil es zu seinen Pflichten gehört, mehrheitlich gefasste Beschlüsse auch gegen den erklärten Willen der Minderheit umzusetzen (§27 Abs. 1 Nr. 1 WEG). Im Innenverhältnis bleiben jedoch nach wie vor die beklagten Wohnungseigentümer Herr des Verfahrens mit der Folge, dass der Verwalter sich an die Weisungen der Wohnungseigentümergemeinschaft halten muss.

Im Zuge der Vertretung der übrigen Wohnungseigentümer in einem Passivprozess, das heißt, in dem die Wohnungseigentümer verklagt wurden, ist der Verwalter auch gesetzlich befugt, gemäß §27 Abs. 2 Nr. 4 bzw. Abs. 3 Nr. 6 WEG mit einem Rechtsanwalt eine Gebührenvereinbarung im Rahmen der Vertretung der Wohnungseigentümer bzw. des Verbands in einem Rechtsstreit zu vereinbaren, um so ggf. einen geeigneten Vertreter der beklagten Wohnungseigentümer zu finden. Die beklagten Wohnungseigentümer müssen jedoch nicht an dem von der Verwaltung beauftragten Rechtsanwalt festhalten, sie gemeinsam – ggf. auch jeder beklagte Wohnungseigentümer für sich alleine – können das Mandatsverhältnis jederzeit nach §627 BGB kündigen.

Kostenerstattung
Bei Obsiegen der beklagten Wohnungseigentümer kommt häufig die Frage auf, wessen Rechtsanwaltskosten erstattet werden, wenn einzelne oder mehrere Wohnungseigentümer nicht den von der Hausverwaltung für sie beauftragten Rechtsanwalt mandatiert haben. §50 WEG sieht für solche Fälle vor, dass das Kostenrisiko des unterliegenden Klägers begrenzt wird (BGH, 8.7.2010, V ZB 153/09). Die Bestimmung regelt, dass den Wohnungseigentümern zur zweckentsprechenden Rechtsverfolgung oder Rechtsverteidigung nur die

notwendigen Kosten für einen bevollmächtigten Rechtsanwalt zu erstatten sind, wenn nicht ausnahmsweise Gründe dafür vorliegen, dass die Vertretung durch mehrere bevollmächtigte Rechtsanwälte geboten war. Im Ergebnis ist der unterliegende Kläger bei der Kostenerstattung so zu behandeln, als wenn die Beklagten insgesamt durch einen einzigen Anwalt vertreten worden wären, auch wenn die übrigen Wohnungseigentümer mehrere Anwälte beauftragt haben (LG Karlsruhe, 26.5.2009, 11 T 292/08).

Der vom Verwalter für die beklagten Wohnungseigentümer beauftragte Rechtsanwalt wird dahingehend privilegiert, dass seine Kostenerstattung als geboten im Sinne des §50 WEG angesehen wird. Die Kostenerstattung für weitere Rechtsanwälte, die von den übrigen beklagten Wohnungseigentümern beauftragt wurden, dürfen nicht zulasten des Klägers berücksichtigt werden (BGH, 14.7.2011, V ZB 171/10).

Hat der Verwalter keinen Rechtsanwalt beauftragt, sondern haben dies die übrigen Wohnungseigentümer übernommen, sind dessen Kosten zu erstatten. Beauftragen die Wohnungseigentümer verschiedene Rechtsanwälte, ohne dass der Verwalter daran beteiligt ist, so soll der von der Mehrheit der beklagten Wohnungseigentümer beauftragte Anwalt vorrangig die Kostenerstattung erhalten, wenn jedem Wohnungseigentümer hinreichend die Möglichkeit gegeben wurde, auf die Willensbildung Einfluss zu nehmen (BGH, 14.7.2011, V ZB 171/10). Ist dies nicht der Fall, werden die Kosten anteilig unter den Prozessbevollmächtigten und den beklagten Wohnungseigentümern verteilt (BGH, a. a. O.).

Dem Rechtsanwalt, der die übrigen Wohnungseigentümer im Beschlussanfechtungsverfahren vertritt, steht die Mehrvertretungsgebühr gemäß Nr. 1008 nach dem Rechtsanwaltsvergütungsgesetz, Anlage 1 Vergütungsverzeichnis (VV RVG) zu. Dabei spielt es keine Rolle, dass der Rechtsanwalt durch den Verwalter für die übrigen Wohnungseigentümer mandatiert wurde (BGH, 15.9.2011, V ZB 39/11).

Aktivprozess
Anders stellt sich die Rechtslage dar, wenn die Wohnungseigentümer bzw. der Verband nicht verklagt werden, sondern selbst Klage erheben (Aktivverfahren). In diesem Fall ist darauf hinzuweisen, dass dem Verwalter keine gesetzliche Befugnis zusteht, einen Rechtsanwalt für die Kläger zu beauftragen. Der Verwalter muss dann durch einen Mehrheitsbeschluss gemäß §27 Abs. 2 Nr. 3 bzw. Abs. 3 Nr. 7 WEG die Beauftragung des Rechtsanwalts als Vertreter der Wohnungseigentümer oder des teilrechtsfähigen Verbands beschließen lassen.

Rederecht

Jedem Teilnehmer steht in der Wohnungseigentümerversammlung das Recht zu, sich an der Diskussion und der Meinungsbildung zu beteiligen. Um einen reibungslosen Versammlungsablauf zu gewährleisten und damit sich Versammlungen nicht unnötig ausdehnen, kann der Versammlungsleiter das Rederecht des Einzelnen zeitmäßig begrenzen oder einem Versammlungsteilnehmer das Wort sogar ganz entziehen, wenn er den Versammlungsablauf unzumutbar stört (siehe auch Kapitel 2.5).

Ruhen des Stimmrechts

Das Ruhen des Stimmrechts bedeutet, dass für einen Eigentümer bei der Versammlung ein Stimmrechtsverbot vorliegt. Gemäß §25 Abs. 5 WEG ist dies unter folgenden Umständen der Fall:

- Die Beschlussfassung betrifft die Vornahme eines Rechtsgeschäfts mit ihm.
- Sie bezieht sich auf einen Rechtsstreit, den die anderen Eigentümer mit ihm führen.
- Ihm wurde in einem Verfahren nach §18 WEG rechtskräftig das Eigentum entzogen.

Darüber hinaus kann die Gemeinschaftsordnung weitergehende Stimmrechtsverbote regeln. Hierbei muss die Vereinbarung allerdings der Bedeutung des Stimmrechts für den einzelnen Wohnungseigentümer Rechnung tragen. Dies kommt in Betracht, wenn sich ein Wohnungseigentümer einer ernsthaften Pflichtverletzung schuldig macht. Mehr hierzu siehe Kapitel 1.3.6.

Schriftliche Beschlussfassung

Die Wohnungseigentümergemeinschaft hat gemäß §23 Abs. 3 WEG die Möglichkeit, ihre Willensbildung auch außerhalb der Eigentümerversammlung vorzunehmen, und zwar im Umlaufverfahren. Rechtswirksam ist ein schriftlicher Beschluss dann, wenn alle Zustimmungserklärungen in schriftlicher Form durch eigenhändige Unterzeichnung dem Empfangsberechtigten (im Regelfall dem Verwalter) zugegangen sind. Im schriftlichen Verfahren ist es erforderlich, dass alle Wohnungseigentümer zustimmen. Liegt die Allstimmigkeit nicht vor, so ist der Beschluss nicht existent. Es handelt sich dann um einen Nichtbeschluss, der keiner gerichtlichen Anfechtung bedarf.

Ausführlich zum Umlaufbeschluss siehe Kapitel 4.3.7.

Sondereigentum

Sondereigentum sind nach §5 Abs. WEG die gemäß §3 Abs. 1 WEG beschriebenen Räume sowie deren Bestandteile,

- sofern diese verändert, beseitigt oder eingefügt werden können,
- ohne dass dadurch das gemeinschaftliche Eigentum oder das Sondereigentum eines anderen Wohnungseigentümers über das in §14 WEG zulässige Maß hinaus beeinträchtigt oder
- die äußere Gestaltung des Gebäudes verändert wird.

Die Begründung von Sondereigentum erfolgt entweder durch Vertrag der Miteigentümer gemäß §3 WEG oder durch Teilungserklärung des Alleineigentümers (§8 WEG). Aus der Teilungserklärung und dem Aufteilungsplan ergibt sich auch die Abgrenzung zwischen Sonder- und Gemeinschaftseigentum. Diese ist besonders wichtig, wenn es um Instandhaltungen und Instandsetzungen, Modernisierungsmaßnahmen, Gebrauchs- und Nutzungsregelungen sowie die Lasten- und Kostenverteilung geht.

Sondereigentum kann an Wohnungen begründet werden, dann spricht man von Wohnungseigentum. Wird hingegen Sondereigentum an nicht zu Wohnzwecken dienenden Räumen begründet, handelt es sich um Teileigentum, zum Beispiel bei gewerblichen Räumen, Garagen, Kellern, Speicher- oder Hobbyräumen. Die Voraussetzung zur Begründung von Sondereigentum ist jedoch immer, dass in sich abgeschlossene Räume (Abgeschlossenheit) vorliegen. Eine Ausnahme von diesem Grundsatz gilt im Hinblick auf Tiefgaragenstellplätze (Garage). Auch sie gelten als abgeschlossene Räume, wenn ihre Flächen durch dauerhafte Markierungen ersichtlich sind. Werden entgegen §5 Abs. 2 WEG zwingende Bestandteile des Gemeinschaftseigentums dem Sondereigentum zugeordnet, ist dies unwirksam. Die fehlerhafte Zuordnung kann jedoch in eine entsprechende Kostentragungsverpflichtung im Rahmen der Instandhaltung und Instandsetzung umgedeutet werden (OLG Hamm, 13.8.1996, 15 W 115/96; OLG Karlsruhe, 7.7.2010, 11 Wx 115/08).

Mit seinem Sondereigentum kann der Wohnungseigentümer, sofern nicht das Gesetz oder Rechte Dritter entgegenstehen, nach seinem Belieben verfahren. Enthält die Teilungserklärung oder Gemeinschaftsordnung jedoch bestimmte Nutzungsbeschränkungen (siehe »Gebrauchs- und Nutzungsregelungen«), sind diese zwingend zu beachten. Sieht zum Beispiel die Zweckbestimmung einen »Keller« vor, ist eine Wohnraumnutzung des betreffenden Raums unzulässig. Mit der Zweckbestimmung Laden wäre der Betrieb einer Gaststätte, Pizzeria, Imbissstube oder eines Tanzcafés unvereinbar.

! **Beispiele: Sondereigentum**

- Anschlussleitungen für Strom, Gas, Heizung und Abwasser ab Übergang in die Sondereigentumsräume,
- Antennensteckdose,
- Bad- und Duscheinrichtungen,
- Balkone: Balkonraum; Boden-/Plattenbelag, Balkonverkleidungen,
- Bodenbeläge (Fliesen, Parkett, Teppich) innerhalb der Wohnung,
- Durchlauferhitzer, Einbauküche,
- Fenster: Innenanstrich und Beschläge,
- Innenputz und Innenanstrich der Decken und Wände,
- Kabelanschluss ab Abzweigung in die Sondereigentumseinheit,
- nicht tragende Zwischenwände.

Siehe hierzu die Übersicht bei »Gemeinschaftseigentum«.

Sondernutzungsrecht

Ein Sondernutzungsrecht räumt einem oder mehreren Eigentümern durch Vereinbarung in der Teilungserklärung/Gemeinschaftsordnung gemäß §10 Abs. 1 Satz 2 WEG das Recht ein, einen Teil des Gemeinschaftseigentums unter Ausschluss aller anderen Wohnungseigentümer zu nutzen. Es handelt sich hierbei um eine Gebrauchsregelung gemäß §15 Abs. 1 WEG. Ein Sondernutzungsrecht kann auch mehreren Eigentümern unterschiedlicher Wohnungseigentumseinheiten als Mitberechtigten zustehen, ohne dass das Verhältnis der Berechtigten untereinander geregelt werden muss (OLG Düsseldorf, 28.6.2010, I 3 Wx 54/10).

Ein Sondernutzungsrecht kann durch Vereinbarung auch erst nachträglich begründet werden, jedoch ist hierzu die Einigung aller Wohnungseigentümer und die Zustimmung der nachteilig betroffenen dinglich Berechtigten sowie der Berechtigten erforderlich, für die eine Auflassungsvormerkung eingetragen ist. Die Vereinbarung muss, damit sie auch im Fall des Eigentümerwechsels gegenüber dem neuen Eigentümer gilt, in das Grundbuch eingetragen werden (BayObLG, 21.10.1997, 2Z BR 137/97). Dabei sind Gegenstand und Inhalt des Sondernutzungsrechts hinreichend bestimmt zu definieren (BGH, 2.2.2012, V ZR 74/11; BGH, 20.1.2012, V ZR 125/11; BayObLG, 21.10.1997, 2Z BR 137/97).

Ein Mehrheitsbeschluss reicht zur Einräumung eines Sondernutzungsrechts nicht aus, er wäre als gesetzesändernder Mehrheitsbeschluss nichtig (BGH, 20.9.2000, V ZB 58/99). Sondernutzungsrechte werden häufig an Garten- oder Grünflächen, an Terrassen von Dachgeschosswohnungen, Pkw-Stellplätzen im Freien, an Garagen, Kellerräumen etc. eingeräumt.

Ein im Grundbuch eingetragenes dingliches Sondernutzungsrecht kann durch Einigung und Eintragung gemäß §§873, §877 BGB auch von einer auf eine andere Wohnungseigentumseinheit übertragen werden. Es kann aber nicht auf einen Dritten, der nicht Wohnungseigentümer ist, übergehen, da das Sondernutzungsrecht untrennbar mit dem zugehörigen Sonder- oder Teileigentum verbunden ist. Gemäß §5 Abs. 4 WEG müssen bei einer Übertragung die dinglich Berechtigten an den beteiligten Wohnungseigentumseinheiten zustimmen, hingegen ist die Zustimmung der übrigen Wohnungseigentümer nicht erforderlich.

Sonderumlage

Ist in einer Wohnungseigentümergemeinschaft nicht ausreichend Liquidität vorhanden, um zum Beispiel die laufenden Kosten aufzubringen oder größere Instandhaltungs-/Instandsetzungsmaßnahmen zu finanzieren, so kann mehrheitlich ein Beschluss zur Erhebung einer Sonderumlage ergehen. Der Beschluss muss den Gesamtbetrag und den auf jeden einzelnen Eigentümer entfallenden Betrag ausweisen. Ausnahmsweise genügt es jedoch, wenn Gesamtbetrag und Verteilungsschlüssel angegeben werden, sofern sich daraus der jeweilige Einzelbetrag problemlos errechnen lässt (BayObLG, 20.11.2002, 2 Z BR 144/01). Wird ein Beschluss, der für die Sonderumlage einen von der Gemeinschaftsordnung abweichenden Verteilungsschlüssel vorsieht, nicht rechtzeitig angefochten, ist er wirksam (BayObLG, 27.2.2003, 2 Z BR 135/02). Um mögliche Anfechtungsklagen zu vermeiden, sollten die Eigentümer daher möglichst umfassend über den Grund und die Höhe der Sonderumlage – die am geschätzten Finanzbedarf auszurichten ist – informiert werden. Die Wohnungseigentümer haben dabei einen weitreichenden Ermessensspielraum.

Bei der Beschlussfassung ist darauf zu achten, dass ein konkreter Fälligkeitszeitpunkt für die Zahlung der Sonderumlage festgelegt wird, damit sich die Wohnungseigentümer darauf einstellen und ggf. Finanzierungsmaßnahmen in die Wege leiten können. Sieht der Beschluss keinen Fälligkeitszeitpunkt vor, wird die Sonderumlage entweder mit der Beschlussfassung oder je nach Auslegung mit Abruf durch den Verwalter fällig. Eine Beschlussanfechtungsklage hat hier keine aufschiebende Wirkung. Solange Beschlüsse über die Erhebung von Sonderumlagen nicht rechtskräftig für ungültig erklärt wurden, sind sie gültig und begründen die Zahlungspflicht der einzelnen Wohnungseigentümer (BGH, 4.4.2014, V ZR 167/13). Sie darf nicht erhoben werden, wenn die Gemeinschaft eigentlich über ausreichende Mittel zur Finanzierung verfügt oder wenn es sich um eine nicht erforderliche Reparaturmaßnahme handelt.

Bei einem Eigentümerwechsel gilt, dass der aus der Wohnungseigentümergemeinschaft ausscheidende Eigentümer für die Zahlungen für eine bereits beschlossene Sonderumlage haftet, solange er als Eigentümer im Grundbuch eingetragen ist und die Beiträge zur Sonderumlage während dieses Zeitraums fällig werden (OLG Düsseldorf, 20.11.2000, 9 U 88/00). Hingegen haftet der Erwerber von Wohnungseigentum für die Beiträge zu einer vor seinem Eintreten in die Wohnungseigentümergemeinschaft beschlossenen Sonderumlage, wenn sie fällig werden, nachdem sein Name in das Grundbuch eingetragen wurde (OLG Köln, 31.8.2001, 16 Wx 137/01).

Stimmenthaltung

Die Ermittlung des Abstimmungsergebnisses erfolgt durch Auszählung der Ja-Stimmen, Nein-Stimmen und Enthaltungen. Die Stimmenthaltungen werden bei der Feststellung, ob ein Beschluss zustande gekommen ist, nicht berücksichtigt. Für das Beschlussergebnis ausschließlich maßgeblich ist, ob die Anzahl der Ja-Stimmen die Anzahl der Nein-Stimmen übersteigt (BGH, 8.12.1988, V ZB 3/88, BGHZ 106, 179–189). Durch Vereinbarung in der Gemeinschaftsordnung ist es jedoch zulässig, Stimmenthaltungen als Nein-Stimmen zu werten (BayObLG, 8.12.1994, 2Z BR 116/94, WuM 1995, 227). Im schriftlichen Umlaufverfahren gilt es zu beachten, dass ein Beschluss nur dann zustande kommt, wenn alle Miteigentümer positiv zustimmen. Bei nur einer Enthaltung kommt er hier bereits nicht zustande.

Stimmrecht

Das Stimmrecht des Wohnungseigentümers ist wesentlicher Bestandteil seines Mitgliedschaftsrechts in der WEG. Mit seinem Stimmrecht kann der Wohnungseigentümer an der Gestaltung der Verwaltung der Wohnungseigentümergemeinschaft mitwirken und auf diese Einfluss nehmen. Jeder Wohnungseigentümer hat gemäß §25 Abs. 2 WEG eine Stimme. Steht ein Wohnungseigentum mehreren gemeinschaftlich zu, so können sie das Stimmrecht nur einheitlich ausüben (siehe Kapitel 1.3).

Stimmrechtsausschluss

In bestimmten Fällen schreibt §25 Abs. 5 WEG vor, dass ein Wohnungseigentümer von der Ausübung seines Stimmrechts ausgeschlossen ist. Dies gilt unter folgenden Umständen:

- Der Beschluss ist auf die Vornahme eines auf die Verwaltung des gemeinschaftlichen Eigentums bezüglichen Rechtsgeschäfts mit ihm gerichtet.
- Er bezieht sich auf die Einleitung oder Erledigung eines Rechtsstreits der anderen Wohnungseigentümer gegen ihn.
- Er wurde gemäß § 18 WEG rechtskräftig zur Veräußerung seines Wohnungseigentums verurteilt.
- Ausführliche Darstellung mit Beispielen in Kapitel 1.3.5 und 1.3.6.

Tagesordnung

Ergänzend zum Einladungsschreiben ist den Wohnungseigentümern bei der Einberufung der Eigentümerversammlung die Tagesordnung zu übersenden. Für die Gültigkeit von Beschlüssen ist es erforderlich, dass ihr Gegenstand bei der Einberufung ausreichend bezeichnet ist, anderenfalls kann dieser Mangel eine Beschlussanfechtung begründen. Die Auswahl und Bezeichnung der Tagesordnungspunkte obliegt dem Verwalter. Der einzelne Eigentümer hat grundsätzlich keinen Anspruch auf die Aufnahme bestimmter Beschlussgegenstände (Weiteres hierzu siehe Kapitel 1.1.5.3 und 2.3).

Teileigentum

Wird Sondereigentum an nicht zu Wohnzwecken dienenden Räumen in der Teilungserklärung begründet, so handelt es sich um Teileigentum gemäß § 1 Abs. 3 WEG. Das kann zum Beispiel gewerbliche Räume, Garagen, Keller, Speicher- oder Hobbyräume betreffen. Wohnungs- und Teileigentum unterscheidet sich also lediglich im Hinblick auf die Zweckbestimmung der Nutzung (siehe auch »Wohnungseigentum«).

Teilungserklärung

Die Teilungserklärung dient der Bestimmung der Miteigentumsanteile sowie der Unterscheidung und Abgrenzung von Gemeinschafts- und Sondereigentum. Zusammen mit der Gemeinschaftsordnung legt sie die Zweckbestimmung des Wohnungs- und Teileigentums fest. Zudem wird die Höhe der Miteigentumsanteile in der Teilungserklärung bestimmt. Je nach Größe der Wohnanlage erfolgt die Aufteilung üblicherweise in Tausendstel, Hundertstel oder Zehntel Miteigentumsanteile.

Teilrechtsfähigkeit der Wohnungseigentümergemeinschaft

»Teilrechtsfähigkeit« bedeutet die Fähigkeit, als Rechtssubjekt am Rechtsverkehr aktiv teilnehmen zu können, Träger von Rechten und Pflichten zu sein, im gerichtlichen Verfahren klagen und verklagt werden zu können. Gemäß §10 Abs. 6 WEG kann die Wohnungseigentümergemeinschaft

- im Rahmen der gesamten Verwaltung des gemeinschaftlichen Eigentums gegenüber Dritten und Wohnungseigentümern selbst Rechte erwerben und Pflichten eingehen,
- Inhaberin der von der Gemeinschaft gesetzlich begründeten und rechtsgeschäftlich erworbenen Rechte und Pflichten sein,
- die gemeinschaftsbezogenen Rechte der Wohnungseigentümer ausüben,
- die gemeinschaftsbezogenen Pflichten der Wohnungseigentümer wahrnehmen sowie
- sonstige Rechte und Pflichten der Wohnungseigentümer wahrnehmen, soweit diese gemeinschaftlich geltend gemacht werden können oder zu erfüllen sind.

Hiernach ist zwischen den folgenden Rechtssubjekten zu unterscheiden:

- Teilrechtsfähige Wohnungseigentümergemeinschaft als Verband,
- alle Wohnungseigentümer als Mitglieder der nicht rechtsfähigen Bruchteilsgemeinschaft,
- die Wohnungseigentümer als rechtsfähige Einzelpersonen.

Tritt die Wohnungseigentümergemeinschaft als Verband auf, so muss sie gemäß §10 Abs. 6 Satz 4 WEG die Bezeichnung »Wohnungseigentümergemeinschaft« gefolgt von der bestimmten Angabe des gemeinschaftlichen Grundstücks führen.

Die Rechte und Pflichten der Wohnungseigentümergemeinschaft beziehen sich auf die gesamte Verwaltung des gemeinschaftlichen Eigentums, den Gebrauch des gemeinschaftlichen Eigentums (§15 WEG) sowie auf die gemeinschaftliche Verwaltung im Zusammenhang mit Maßnahmen zur Entziehung des Wohnungseigentums (§18 WEG). Dies betrifft zum einen das Außenverhältnis der Gemeinschaft zu Dritten, zum anderen das Innenverhältnis zu den Wohnungseigentümern. Im Außenverhältnis bestehen diejenigen Rechtsverhältnisse, in denen die Wohnungseigentümergemeinschaft gegenüber Dritten auftritt. Hierzu zählen die von der Gemeinschaft gesetzlich begründeten und von ihr rechtsgeschäftlich erworbenen und eingegangenen Rechte und Pflichten. Vertragspartner sind nicht die einzelnen Wohnungseigentümer, sondern ist die Wohnungseigentümergemeinschaft als Verband. Dem Verwalter obliegt hierbei gemäß §27 Abs. 3 WEG als Organ der Wohnungseigentümergemeinschaft ihre Vertretung.

Zu den Angelegenheiten der Wohnungseigentümergemeinschaft als Verband im Außenverhältnis zählen insbesondere folgende:

- Verwaltervertrag.
- Beauftragung von Handwerkern im Rahmen von Maßnahmen der Instandhaltung, Instandsetzung oder Modernisierung des Gemeinschaftseigentums.
- Einholung von Kostenvoranschlägen für Sanierungsmaßnahmen.
- Abschluss von Wartungs- oder Dienstleistungsverträgen.
- Bestellung von Heizöl bzw. Abschluss von Energielieferungsverträgen.
- Abschluss eines Hausmeistervertrags.
- Abschluss von Darlehensverträgen (siehe »Darlehen/Kreditaufnahme«).
- Mängelansprüche aus Erwerbsverträgen mit Bauträgern, soweit sie grundsätzlich der Gemeinschaft zustehen. Halten jedoch die einzelnen Wohnungseigentümer als Erwerber gegenüber dem Bauträger bereits einen den Vorschussbetrag für Mängelbeseitigung deutlich übersteigenden Betrag zurück, ist der Verband nicht berechtigt, zusätzlich einen Vorschuss zu verlangen (LG Bonn, 20.5.2014, 7 O 351/13).
- Individuelle Mängelansprüche der Wohnungseigentümer, die die teilrechtsfähige Wohnungseigentümergemeinschaft durch Mehrheitsbeschluss an sich gezogen hat. Die Wohnungseigentümer können im Rahmen der ordnungsgemäßen Verwaltung des Gemeinschaftseigentums die Ausübung der auf die ordnungsgemäße Herstellung des Gemeinschaftseigentums gerichteten Rechte der einzelnen Erwerber aus den Verträgen mit dem Veräußerer, die nicht ihrer Natur nach gemeinschaftsbezogen sind, durch Mehrheitsbeschluss auf die rechtsfähige Wohnungseigentümergemeinschaft übertragen (sogenanntes Ansichziehen). Diese ist dann dafür zuständig, die auf die Beseitigung von Mängeln des Gemeinschaftseigentums gerichteten Ansprüche durchzusetzen. Die Eigentümergemeinschaft kann auch dazu ermächtigt werden, eine nur im Verhältnis zu einem Eigentümer vereinbarte Beschaffenheit, die das Gemeinschaftseigentum betrifft, einzufordern (OLG Köln, 30.6.2014, I-11 U 69/14).
- Mängelrechte bzw. Schadensersatzansprüche, die aus Verträgen resultieren, die die Wohnungseigentümergemeinschaft als Verband geschlossen hat, zum Beispiel gegenüber dem Verwalter oder Handwerkern.
- Pflicht zur Verkehrssicherung des gemeinschaftlichen Eigentums, zum Beispiel Räum- und Streupflicht sowie ausreichende Beleuchtung im Anwesen (OLG München, 24.10.2005, 34 Wx 82/05).
- Erwerb von Immobilien (OLG Hamm, 20.10.2009, I-15 Wx 81/09); im Rahmen der einer Wohnungseigentümergemeinschaft verliehenen Teilrechtsfä-

higkeit ist auch von ihrer Grundbuchfähigkeit auszugehen (OLG Hamm, 4.5.2010, 15 W 382/09 und 20.10.2009, 15 Wx 81/09; OLG Celle, 26.2.2008, 4 W 213/07; siehe auch »Verwaltungsvermögen«). Der Erwerb eines Grundstücks durch die Wohnungseigentümergemeinschaft entspricht jedenfalls dann in aller Regel ordnungmäßiger Verwaltung, wenn das Grundstück für die Wohnungseigentumsanlage von Beginn an eine dienende und auf Dauer angelegte Funktion hatte und diese mit dem Erwerb aufrechterhalten werden soll (hier: dient als Parkplatz). Der Erwerb durch die Wohnungseigentümergemeinschaft als teilrechtsfähiger Verband kann beschlossen werden. Dies folgt aus §20 Abs. 1, §21 Abs. 1, 3 WEG (BGH, 18.3.2016, V ZR 75/15).

- Nachbarrechtliche Verstöße; geht eine nachbarliche Eigentumsstörung vom Gemeinschaftseigentum aus, ist die Wohnungseigentümergemeinschaft zu verklagen (LG Berlin, 3.9.2014, 8 O 258/12).
- Vermietung von im gemeinschaftlichen Eigentum stehenden Grundstücksflächen.
- Die teilrechtsfähige Gemeinschaft ist auch Inhaberin von Rechten und Pflichten im Innenverhältnis, also gegenüber einzelnen Mitgliedern der Wohnungseigentümergemeinschaft. Zu ihren Angelegenheiten als Verband im Innenverhältnis gehören insbesondere die folgenden:
- Ansprüche auf Zahlung anteiliger Lasten- und Kostenbeiträge, zum Beispiel Hausgeld, Sonderumlagen, Beiträge zur Instandhaltungsrücklage, Nachzahlungen aus Jahresabrechnungen.
- Rückforderung zu viel gezahlter Hausgeldbeiträge.
- Schadensersatzansprüche gegen den Verwalter.
- Klagen auf Entziehung des Wohnungseigentums gemäß §§18, 19 WEG.
- Schadensersatzansprüche gegen einzelne Eigentümer wegen Beschädigung gemeinschaftlichen Eigentums, zum Beispiel im Rahmen baulicher Veränderungen eines einzelnen Eigentümers. Eine von einem Wohnungseigentümer eigenmächtig vorgenommene bauliche Maßnahme (hier: Terrassenüberdachung) begründet einen Nachteil für alle Wohnungseigentümer, wenn sie die Instandsetzung des gemeinschaftlichen Eigentums erschwert. Eine angebotene finanzielle Kompensation lässt den Nachteil nicht entfallen, sondern kann nur als Mittel dienen, um die anderen Wohnungseigentümer zur Erteilung der Zustimmung zu bewegen. Schadensersatzansprüche, die auf die Verletzung des Gemeinschaftseigentums gestützt werden, sind im Interesse einer geordneten Verwaltung des Gemeinschaftseigentums einheitlich geltend zu machen. Es besteht, anders als bei Ansprüchen gemäß §1004 BGB, eine geborene Ausübungsbefugnis der Wohnungseigentümergemeinschaft, und zwar auch für Wiederherstellungsansprüche gemäß §823 Abs. 1 i.V.m. §249 Abs. 1 BGB (BGH, 7.2.2014, V ZR 25/13).

- Klage auf Beseitigung baulicher Veränderungen nach Mehrheitsbeschluss. Ein Wohnungseigentümer verliert mit der beschlossenen Vergemeinschaftung von Störungsbeseitigungsansprüchen seinen diesbezüglichen Individualanspruch, sofern die Störung ausschließlich das gemeinschaftliche Eigentum betrifft und sein Sondereigentum nur indirekt betroffen ist; den Anspruch kann dann nur noch der teilrechtsfähige Verband geltend machen (BGH, 5.12.2014, V ZR 85/14).
- Klage auf Unterlassung einer zweckbestimmungswidrigen Nutzung nach Mehrheitsbeschluss.

Zu den Individualansprüchen, die den Wohnungseigentümern verbleiben, siehe »Beseitigungs- und Unterlassungsansprüche«.

Nachdem die Wohnungseigentümergemeinschaft als Rechtssubjekt anerkannt ist, können Gläubiger im Hinblick auf gemeinschaftsbezogene Forderungen das Verwaltungsvermögen in Anspruch nehmen und ggf. ihre Forderungen gegen die Wohnungseigentümergemeinschaft als solche gerichtlich geltend machen. Die Wohnungseigentümergemeinschaft ist für gemeinschaftsbezogene Pflichten der Wohnungseigentümer nach § 10 Abs. 6 Satz 3 HS1 WEG kraft Gesetzes passiv prozessführungsbefugt (BGH, 11.12.2015, V ZR 180/14). Haftungsmasse ist hierbei nicht das Gemeinschafts- oder Sondereigentum, sondern das Verwaltungsvermögen. Die Gläubiger der Wohnungseigentümergemeinschaft können jedoch auch weiterhin einzelne Wohnungseigentümer für die Verwaltungsschulden der Gemeinschaft in Anspruch nehmen.

Die beiden Herangehensweisen können nebeneinander verfolgt werden; es ist nicht erforderlich, dass zuerst ein erfolgloses Verfahren gegen die Wohnungseigentümergemeinschaft durchgeführt wird. Die Haftung des einzelnen Wohnungseigentümers beschränkt sich der Höhe nach anteilig auf seinen Miteigentumsanteil am Gemeinschaftseigentum. Der Umfang der Haftung bestimmt sich stets nach der Höhe des Miteigentumsanteils. Wurde ein einzelner Wohnungseigentümer von einem Gläubiger auf Zahlung anteilig in Höhe seines Miteigentumsanteils in Anspruch genommen, so steht ihm im Innenverhältnis gegenüber der Wohnungseigentümergemeinschaft ein Ausgleichsanspruch zu, soweit er seiner Verpflichtung zur Zahlung der fälligen Gelder (Hausgeld, Sonderumlage, Instandhaltungsrücklage etc.) nachgekommen ist.

Umzugskostenpauschale

Umzüge gehen mit einer gesteigerten Inanspruchnahme des gemeinschaftlichen Eigentums einher, was zumindest bei typisierender Betrachtung wahrscheinlich dazu führt, dass besondere Kosten anfallen. Davon sind insbesondere Treppenhäuser und Aufzüge betroffen, in der Regel entsteht ein zusätzlicher Reinigungsaufwand. In solchen Fällen kann eine Umzugskostenpauschale verlangt werden, darunter versteht man eine vom Wohnungseigentümer bei einem Ein- oder Auszug zu leistende Sonderzahlung. Sie wird dazu eingesetzt, um die durch einen Umzug regelmäßig verursachten Spuren und Beschädigungen zu beheben.

In einer Grundsatzentscheidung hat der BGH (1.10.2010, V ZR 220/09) entschieden, dass die Erhebung von Umzugskostenpauschalen mit den Grenzen ordnungsgemäßer Verwaltung vereinbar sind. Gemäß §21 Abs. 7 WEG ist es möglich, eine solche Pauschale in angemessener Höhe mehrheitlich zu beschließen. Demnach können Wohnungseigentümer durch Mehrheitsbeschluss festgelegte Regelungen in Bezug auf die Kosten für Sondernutzungen des gemeinschaftlichen Eigentums treffen. Dies betrifft Nutzungen im Sinne von §21 Abs. 7 WEG, die mit einer gesteigerten Inanspruchnahme des Gemeinschaftseigentums einhergehen und zumindest bei typisierender Betrachtung den Anfall besonderer Kosten wahrscheinlich machen. Allerdings entsprechen pauschalierende und typisierende Regelungen nur dann ordnungsgemäßer Verwaltung, wenn die Pauschale nicht zu einer ungerechtfertigten Ungleichbehandlung der Wohnungseigentümer führt. Weiterhin ist zu beachten, dass die Pauschale angemessen sein muss, laut BGH (1.10.2010, V ZR 220/09) kann sie bei 50 EUR pro Umzug liegen.

! **Hinweis: Wirksamkeit**

Beschlüsse zur Erhebung einer Umzugskostenpauschale, die vor dem 1.7.2007 gefasst wurden, sind als gesetzesändernde Mehrheitsbeschlüsse nichtig. Erst seit Inkrafttreten des §21 Abs. 7 WEG am 1.7.2007 können Beschlüsse zur Umzugskostenpauschale wirksam gefasst werden.

Veräußerungsbeschränkung/Zustimmung

Die rechtsgeschäftliche Veräußerung von Wohnungs- und Teileigentum kann gemäß §12 Abs. 1 WEG durch Vereinbarung vom Erfordernis einer Veräußerungszustimmung abhängig gemacht werden. Sinn und Zweck dieser Vorschrift ist es, das Eindringen unerwünschter Personen in die Gemeinschaft zu verhindern und für Schutz davor zu sorgen, dass Wohnungseigentum in die Hand eines persönlich oder finanziell unzuverlässigen Miteigentümers gerät.

Verweigerung aus wichtigem Grund

Jedoch darf die Zustimmung nur aus einem wichtigen Grund versagt werden. Ein solcher liegt vor, wenn der Erwerber im Hinblick auf seine Person oder seine wirtschaftliche Leistungsfähigkeit für die Wohnungseigentümergemeinschaft unzumutbar ist, weil konkrete Anhaltspunkte objektiv begründete Zweifel daran entstehen lassen, dass der Erwerber willens oder in der Lage sein wird, seinen Pflichten gegenüber der Wohnungseigentümergemeinschaft nachzukommen und die Rechte der anderen Wohnungseigentümer zu achten (BayObLG, 6.3.2003, 2Z BR 90/02; OLG Köln, 6.8.2009, I-16 Wx 133/08, I-16 Wx 134/08, 16). Gleiches gilt, wenn die Übertragung des Wohnungseigentums auf den Erwerber für die übrigen Miteigentümer eine gemeinschaftswidrige Gefahr mit sich bringt. Diese Gefahr muss ihre Ursache in der Person des Erwerbers haben, ohne dass es auf deren Verschulden ankommt (LG Braunschweig, 21.9.2010, 6 S 113/10; OLG Frankfurt/Main, 27.7.2005, 20 W 493/04). Die Zustimmung ist auch erforderlich, wenn der Erwerber bereits Mitglied der Wohnungseigentümergemeinschaft ist. Hat dieser rechtswidrige bauliche Veränderungen vorgenommen und erhebliche Wohngeldrückstände auflaufen lassen, liegt ein wichtiger Versagungsgrund vor (LG Köln, 19.3.2009, 29 S 45/08; a.A. OLG Brandenburg, 12.1.2009, 5 Wx 49/07).

Wenn bereits einigermaßen konkret absehbar ist, dass erhebliche finanzielle Belastungen aufgrund umfangreicher Sanierungsmaßnahmen auf den einzelnen Eigentümer zukommen, entspricht es einem berechtigten Interesse des Verwalters, auch die diesbezügliche Bonität zu klären. Die mangelnde Sicherheit für die Erfüllung der Lastenbeitrags- und Finanzierungsverpflichtungen ist ein anerkannter wichtiger Grund im Sinne von §12 Abs. 2 WEG (LG Köln, 8.9.2014, 29 T 96/14). Gemäß §12 Abs. 2 WEG kann ein wichtiger Grund in der Unfähigkeit des Erwerbers liegen, sich in eine Gemeinschaft einzugliedern, zum Beispiel wegen nachgewiesener Streitsucht. Meinungsverschiedenheiten zwischen dem Erwerber und einem Wohnungseigentümer reichen hierzu allerdings in der Regel nicht aus (OLG Frankfurt/Main, 27.7.2005, 20 W 493/04).

Gibt es nur zwei Wohnungseigentümer und veräußern beide ihr Wohnungseigentum gleichzeitig, so unterfallen die Verfügungen nicht einem nach §12 Abs. 1 WEG vereinbarten Zustimmungserfordernis (OLG Saarbrücken, 7.11.2011, 5 W 214/11-96). Bloße Konkurrenzschutzerwägungen werden in der Regel nicht als wichtiger Grund zur Versagung der Veräußerungszustimmung durch einen Wohnungseigentümer im Sinne des §12 Abs. 2 WEG angesehen (OLG Frankfurt/Main, 1.2.2007, 20 W 8/06).

Verweigern die Wohnungseigentümer durch Mehrheitsbeschluss die Zustimmung zur Veräußerung, ohne dass ein wichtiger Grund tatsächlich vorliegt, ist sich die vorgenannte Rechtsprechung einig, dass ein solcher Beschluss nichtig ist. Nach neuerer Ansicht des BGH (20.7.2012, V ZR 241/11) ist dies nicht der Fall. Gibt die Teilungserklärung, wie in dem hier zu entscheidenden Fall, den richtigen Maßstab für einen wichtigen Grund vor und gehen die Wohnungseigentümer von diesem aus, ist der gefasste Beschluss nicht gemäß §23 Abs. 4 Satz 1 WEG nichtig, wenn ein wichtiger Grund tatsächlich nicht vorlag. Ein anderes Ergebnis wäre mit den Interessen der Beteiligten und dem Erfordernis der Rechtssicherheit unvereinbar.

Da die Verweigerung der Genehmigung rechtsgestaltend auf das schwebend unwirksame Veräußerungsgeschäft einwirkt, muss zu einem nachprüfbaren Zeitpunkt feststehen, ob der Veräußerungsvertrag endgültig unwirksam wird. Dies gilt umso mehr, als die Frage, ob ein Grund als wichtig einzuordnen ist, in der Regel von Wertungen abhängt. Anderenfalls müssten die Wohnungseigentümer, die insoweit die Beweislast tragen, das Vorliegen eines wichtigen Grundes bezogen auf den Zeitpunkt der Beschlussfassung, ohne zeitliche Grenzen nachweisen können. Der Beschluss kann allenfalls dann nichtig sein, wenn er auf ersichtlich sachfremden Erwägungen beruht, die offenkundig keinen wichtigen Grund darstellen. Im Regelfall ist jedoch anzunehmen, dass die Wohnungseigentümer bei ihrer Entscheidung von den Vorgaben des Gesetzes bzw. der Teilungserklärung ausgegangen sind. In diesem Fall kann nur mit der fristgebundenen Anfechtungsklage überprüft werden, ob der Grund, der sie zur Versagung der Zustimmung bewogen hat, tatsächlich als wichtig anzusehen ist.

Verwalterzustimmung und Nachweis der Verwalterstellung

Zur Umschreibung des Eigentums im Wege der Veräußerung muss nicht nur die Zustimmung des Verwalters nachgewiesen werden, sondern auch die Verwalterstellung des Zustimmenden. Dies erfolgt regelmäßig gemäß §26 Abs. 3 WEG i.V.m. §24 Abs. 6 Satz 2 WEG durch Vorlage des entsprechenden Bestellungsbeschlusses mit den beglaubigten Unterschriften des Versammlungsleiters und eines Wohnungseigentümers sowie – wenn bestellt – des Vorsitzenden des Verwaltungsbeirats bzw. dessen Vertreters. Die Eintragung ins Grundbuch ist erst möglich, wenn die Zustimmung zur Veräußerung gegenüber dem Grundbuchamt gemäß §29 GBO in notariell beglaubigter Form nachgewiesen wird.

Die Verwalterzustimmung muss von dem Verwalter der Wohnungseigentümergemeinschaft erteilt werden, der bei Eingang des Umschreibungsantrags aktuell (noch) das Verwalteramt innehat (OLG Hamburg, 15.3.2011, 13 W 15/11; OLG Hamm, 12.5.2010, I-15 W 139/10). Nach anderer Ansicht ist die Zustimmung des Verwalters nach §12 WEG wirksam und nicht mehr widerruflich, sobald sie gegenüber den Vertragsparteien oder dem mit dem Vollzug beauftragten

Notar erklärt und der schuldrechtliche Vertrag abgeschlossen ist. Entfällt die Zustimmungsberechtigung – etwa durch einen Verwalterwechsel –, bevor der Umschreibungsantrag gestellt wurde, bleibt hiervon die fortdauernde Wirksamkeit der im Zeitpunkt der Abgabe wirksamen Erklärung unberührt (OLG München, 27.6.2011, 34 Wx 135/11; OLG Düsseldorf, 11.5.2011, I-3 Wx 70/11). Nach BGH (11.10.2012, V ZB 2/12) ist die Zustimmung des Verwalters zur Veräußerung von Wohnungseigentum nach § 12 Abs. 1, 3 WEG auch dann noch wirksam, wenn die Bestellung des Verwalters vor dem in § 878 BGB genannten Zeitpunkt endet.

Zustimmung des Verwaltungsbeirats

Verhindert ein Beirat durch Verweigerung der Protokollunterzeichnung über die Verwalterwahl die nach der Teilungserklärung gebotene Verwalterzustimmung zu Veräußerungen, kann dies einen wichtigen Grund zur Beiratsabberufung darstellen (AG Düsseldorf, 3.9.2014, 291a C 2476/14). Besteht der Verwaltungsbeirat einer Wohnungseigentümergemeinschaft lediglich aus einer Person und hat das Grundbuchamt hiervon gesicherte Kenntnis, wird die Bestellung des Verwalters durch eine lediglich von dem Versammlungsleiter und dem Verwaltungsbeirat unterschriebene Niederschrift über den in der Versammlung gefassten Beschluss nicht geführt. Die Niederschrift muss von einem weiteren Wohnungseigentümer unterschrieben sein (KG Berlin, 20.1.2015, 1 W 580/14). Ist durch die Gemeinschaftsordnung bestimmt, dass die Veräußerung eines Sondereigentums zusätzlich der Zustimmung durch den Verwaltungsbeirat bedarf, muss auch hier zusätzlich die Bestellung der Erklärenden zu Beiratsmitgliedern nachgewiesen werden (OLG Hamm, 13.3.2013, I-15 W 311/12).

Aufhebung

Gemäß § 12 Abs. 4 Satz 1 WEG kann eine in einer Teilungserklärung/Gemeinschaftsordnung enthaltene Regelung über die Veräußerungszustimmung durch einfachen Mehrheitsbeschluss aufgehoben werden. Die Einführung oder auch Wiedereinführung einer Veräußerungszustimmung ist jedoch nur durch eine Vereinbarung möglich. Die Beschlusskompetenz zur Aufhebung einer Veräußerungsbeschränkung steht nach der gesetzlichen Regelung nur der Eigentümerversammlung der Gesamtgemeinschaft zu (OLG Hamm, 13.6.2012, I-15 W 368/11). Für die Aufhebung nach § 14 Abs. 1 Satz 1 WEG reicht ein sachlicher Grund aus. Die Eigentümergemeinschaft hat insoweit einen weiten Beurteilungsspielraum, der nur bei Vorliegen besonderer Gründe in einem Einzelfall und einem deutlichen Überwiegen der Schutzgesichtspunkte der Veräußerungsbeschränkung überschritten werden kann (LG Frankfurt/Oder, 13.4.2015, 16 S 133/14). Aus der Niederschrift der Eigentümerversammlung muss sich eindeutig ergeben, dass bei der Versammlung die Aufhebung der Beschränkung mehrheitlich beschlossen wurde (OLG München, 9.8.2011, 34 Wx 248/11; BGH, 23.8.2001, V ZB 10/01).

Vereinbarung

Zwischen einer Vereinbarung im Sinne des §10 WEG und Beschlüssen gemäß §23 WEG ist zu unterscheiden. Beschlüsse beruhen auf gleichgerichteten Willenserklärungen, Vereinbarungen haben gegenseitige korrespondierende Verpflichtungen zum Gegenstand. Eine Vereinbarung ist regelmäßig dann anzunehmen, wenn die Regelung eines Gegenstands durch Mehrheitsbeschluss nicht möglich ist. Bei der Vereinbarung handelt es sich um einen schuldrechtlichen Kollektivvertrag, deren Inhalt durch die Eintragung in das Grundbuch als Inhalt des Sondereigentums verdinglicht wird. Einer Vereinbarung müssen daher sämtliche im Grundbuch eingetragenen Eigentümer zustimmen.

Die Eintragung der Vereinbarung im Grundbuch bewirkt, dass auch Sonderrechtsnachfolger, also neu in die Gemeinschaft eintretende Wohnungseigentümer, an sie gebunden sind (§10 Abs. 3 WEG). Fehlt ein solcher Eintrag, müssen sich an die Vereinbarung nur diejenigen Eigentümer halten, die im Zeitpunkt des Zustandekommens der Vereinbarung Mitglied der Gemeinschaft sind.

Auch nachträglich als Ergänzung der Teilungserklärung/Gemeinschaftsordnung können Wohnungseigentümer Vereinbarungen durch schuldrechtlichen Vertrag und durch Mitwirkung aller Wohnungseigentümer treffen. Die Änderung einer Vereinbarung kommt in Betracht, wenn ein Wohnungseigentümer einen Änderungsanspruch gemäß §10 Abs. 2 Satz 3 WEG geltend macht. Danach kann jeder Wohnungseigentümer eine vom Gesetz abweichende Vereinbarung oder die Anpassung einer Vereinbarung verlangen, soweit ein Festhalten an der gesetzlichen Regelung aus schwerwiegenden Gründen unter Berücksichtigung aller Umstände des Einzelfalls, insbesondere der Rechte und Interessen der anderen Wohnungseigentümer, unbillig erscheint. Das ist dann der Fall, wenn die gesetzliche Regelung bei objektiver Betrachtung die unterschiedlichen Interessen der Wohnungseigentümer nicht in einen angemessenen Ausgleich bringt, weil einzelne Eigentümer übervorteilt oder ohne sachlichen Grund benachteiligt werden. Der Änderungsanspruch erstreckt sich jedoch nur auf Vereinbarungen; sachenrechtliche Regelungen, also die Abgrenzung und Zuordnung von Sonder- und Gemeinschaftseigentum, unterliegen nicht dem gesetzlichen Änderungsanspruch.

Verjährung

Wie nach BGB können auch nach Wohnungseigentumsrecht Ansprüche der Verjährung unterliegen. Dabei gelten die allgemeinen Regelungen des BGB zur Verjährung. In §194 Abs. 1 BGB ist vorgesehen, dass das Recht, von einem anderen ein Tun oder Unterlassen zu verlangen, also ein Anspruch, der Verjährung unterliegt.

Die Verjährung ist eine Einrede, die von dem Schuldner im Rechtsstreit erhoben werden muss, da sie vom Gericht nicht von Amts wegen geprüft wird. Wurde sie in begründeter Weise erhoben, kann der Schuldner gemäß §214 Abs. 1 BGB die von ihm geforderte Leistung verweigern. Hingegen kann er, wenn er in Kenntnis einer bestehenden Verjährung die Leistung bereits an den Gläubiger erbracht hat, diese gemäß §214 Abs. 2 BGB nicht zurückfordern. Besteht für den Gläubiger die Möglichkeit, gegen den Schuldner aufzurechnen, so sind ihm weder die Geltendmachung der Aufrechnung noch eines Zurückbehaltungsrechts versagt, wenn der Anspruch des Gläubigers noch nicht verjährt war, als erstmals aufgerechnet oder die Leistung verweigert werden konnte (§215 BGB).

Die regelmäßige Verjährungsfrist beträgt gemäß §195 BGB drei Jahre und beginnt gemäß §199 BGB mit dem Schluss des Jahres, in dem der jeweilige Anspruch entstanden ist. Voraussetzung für den Beginn der dreijährigen Verjährungsfrist ist jedoch, dass der Gläubiger den Anspruch und die Person des Schuldners kennt oder in grob fahrlässiger Weise nicht kannte.

Anhand der folgenden Beispiele werden die wichtigsten verjährungsrechtlichen Probleme erläutert.

Beitragsansprüche der Wohnungseigentümergemeinschaft
Hierbei handelt es sich um Ansprüche der Wohnungseigentümergemeinschaft wegen Nachzahlungsansprüchen aus einer beschlossenen Jahresabrechnung oder Sonderumlage (BGH, 24.6.2005, V ZR 350/03). Für sie gilt die allgemeine Verjährungsfrist der §§195 ff. BGB, das heißt, sie verjähren in drei Jahren.

Gemäß §199 Abs. 1 BGB beginnt die Verjährungsfrist mit dem Schluss des Jahres, in dem der Anspruch entstanden ist, also fällig wurde, und der Gläubiger von den anspruchsbegründenden Umständen sowie der Person des Schuldners Kenntnis erlangt hat oder ohne grobe Fahrlässigkeit erlangen musste. Dies gilt auch für Hausgeldvorschüsse, die gemäß §28 Abs. 2 WEG auf Grundlage eines Wirtschaftsplans beschlossen und fällig gestellt wurden. Dabei gilt, dass der Beschluss über die Jahresabrechnung der Wohnungseigentümergemeinschaft nicht zu einem Neubeginn der Verjährung führt (BGH, 1.6.2012, V ZR 171/11).

Gemäß §21 Abs. 7 WEG können die Wohnungseigentümer regeln, wann die Hausgeldzahlungen fällig werden. Häufig beschließt die Wohnungseigentümergemeinschaft auch sogenannte Verfallsklauseln bei verspäteter oder ausbleibender Zahlung mit der Folge, dass die gesamte Zahlung der Hausgeldvorauszahlungen auf das Wirtschaftsjahr sofort mit Beginn des Jahres bzw. mit einer Beschlussfassung fällig wird. In diesen Fällen ist ebenfalls das Jahresende für den Beginn der Verjährung entscheidend.

Erfolgt ein Eigentümerwechsel vor der entsprechenden Beschlussfassung über die Beitragsforderungen der Wohnungseigentümergemeinschaft, ist für den Beginn der Verjährungsfrist darauf abzustellen, ob der Verwalter im selben Kalenderjahr Kenntnis oder grob fahrlässige Unkenntnis von der Person des Beitragsschuldners hat. Die Kenntnis bzw. die grob fahrlässige Unkenntnis des Verwalters, der als Organ der Wohnungseigentümergemeinschaft gemäß §27 Abs. 1 Nr. 4 und Abs. 3 Satz 1 Nr. 4 berechtigt ist, die Beitragsforderungen vom Schuldner anzufordern, ist der Wohnungseigentümergemeinschaft analog §166 Abs. 1 und §199 Abs. 1 Nr. 2 BGB zuzurechnen (OLG München, 7.2.2007, 34 Wx 129/06; BGH, 4.7.2014, V ZR 183/13). Für den Verjährungsbeginn dieser Beitragsforderungen ist somit entscheidend auf das Jahr abzustellen, in dem der Verwalter von dem Wechsel des Eigentümers Kenntnis erlangt hat bzw. ohne grobe Fahrlässigkeit hätte Kenntnis erlangen müssen. Als Ultimoverjährung, das heißt, wenn keine Kenntnis vorhanden war oder nicht grob fahrlässig die Kenntnis fehlte, verjähren die Beitragsansprüche der Wohnungseigentümergemeinschaft gemäß §199 Abs. 4 BGB innerhalb von zehn Jahren ab ihrer Entstehung bzw. ab ihrer Fälligkeit. Der Beginn der Verjährung liegt hier nicht zwingend am Schluss des Kalenderjahres (§199 Abs. 1 BGB), sondern sie fängt mit Entstehen des Anspruchs an zu laufen (BGH, 4.7.2014, V ZR 183/13; BGH, 7.4.2006 V ZR 144/05), regelmäßig also bereits im jeweils laufenden Jahr.

Beseitigungsansprüche

Beseitigungsansprüche gemäß §1004 Abs. 1 BGB i.V.m. §15 Abs. 3 WEG wegen unzulässiger baulicher Veränderungen unterliegen ebenfalls der dreijährigen Regelverjährung gemäß §195 und §199 Abs. 1 BGB. §902 Abs. 1 Satz 1 BGB, nach dem Ansprüche aus eingetragenen Rechten nicht der Verjährung unterliegen, ist auf Beseitigungsansprüche nicht anwendbar (BGH, 28.1.2011, V ZR 141/10; LG Hamburg, 9.4 2014, 318 S 117/13).

Bei Beseitigungsansprüchen ist zu beachten, dass durch Vornahme der baulichen Veränderung regelmäßig eine abgeschlossene Störungshandlung vorliegt. Sie ist für den Beginn der Verjährungsfrist hinsichtlich der Vornahme der Handlung, die zur baulichen Veränderung geführt hat, maßgeblich. Eine Dauerstörung oder auch das neue Entstehen der Verjährungsfrist lässt sich nicht dadurch begründen, dass die vorgenommene bauliche Veränderung fortwirkt (LG Hamburg, 9.4.2014, 318 S 117/13). Die Verjährung beginnt also zu dem Zeitpunkt, zu dem die bauliche Veränderung begonnen wurde und die durch die Störung beeinträchtigten Wohnungseigentümer von der baulichen Veränderung Kenntnis erlangt haben oder ohne grobe Fahrlässigkeit hätten Kenntnis erlangen müssen.

Auch hier ist die Zurechnung einer etwaigen Kenntnis des Verwalters analog §166 BGB möglich. Noch nicht geklärt ist hingegen, ob auch eine Zurechnung der Kenntnis des Verwaltungsbeirats möglich ist, da dieser den Verwalter bei der Durchführung seiner Aufgaben nur unterstützt (§29 Abs. 2 WEG; OLG Düsseldorf, 9.11.2001, 3 Wx 13/01, zur Wissenszurechnung des Verwaltungsbeirats bei der Entlastung des Verwalters). Voraussetzung für eine Zurechnung ist generell, dass es um gemeinschaftsbezogene Ansprüche im Sinne von §10 Abs. 6 Satz 3 Fall 1 WEG geht oder die Gemeinschaft Ansprüche der Wohnungseigentümer nach §10 Abs. 6 Fall 2 WEG an sich gezogen hat (BGH, 4.7.2014, V ZR 183/13).

In die Verjährungsfrist des Anspruchs auf Beseitigung ist die Zeit nicht einzuberechnen, während der die bauliche Veränderung durch einen später für ungültig erklärten Beschluss der Wohnungseigentümer genehmigt war (LG Frankfurt, 28.6.2017, 2-13 S 191/14).

Hinweis: Ultimoverjährung !

Auch bei Beseitigungsansprüchen gilt die Ultimoverjährung von zehn Jahren gemäß §199 Abs. 4 BGB bei fehlender Kenntnis bzw. nicht grob fahrlässiger Unkenntnis.

Wenn das entsprechende Wohnungseigentum des Gläubigers verkauft wird, also eine Rechtsnachfolge eintritt, muss der Verkäufer sich den Kenntnisstand des Käufers und damit eine bereits eingetretene Verjährung zurechnen lassen. Auch bei der Universalsukzession gemäß §1922 BGB, also einer Vererbung der Wohnung mit sämtlichen Rechten und Pflichten, ist der Ablauf der Verjährung dem Rechtsnachfolger zuzurechnen, wobei allerdings gemäß §211 BGB der Ablauf der Verjährung für sechs Monate gehemmt ist.

Hinweis: Rückbau !

Die Rechtslage, dass eine vorgenommene bauliche Veränderung vom Störer nicht beseitigt werden muss, weil der Beseitigungsanspruch bereits verjährt ist, ändert nichts daran, dass die bauliche Veränderung an sich rechtswidrig bleibt. Die Wohnungseigentümergemeinschaft kann daher den Rückbau der unzulässigen baulichen Veränderung beschließen, denn dies entspricht ordnungsgemäßer Verwaltung. Nach einer entsprechenden Beschlussfassung kann die Wohnungseigentümergemeinschaft den Rückbau auf eigene Kosten veranlassen, was der Störer im Regelfall entschädigungslos dulden muss (BGH, 28.1.2011, V ZR 141/10; AG Rosenheim, 20.3.2012, 12 C 1082/11).

Unterlassungsansprüche
Unterlassungsansprüche gemäß § 1004 Abs. 1 BGB i. V. m. § 15 Abs. 3 WEG unterliegen ebenfalls der dreijährigen Regelverjährung gemäß § 195 und § 199 Abs. 1 BGB. Ein solcher Anspruch entsteht mit der Zuwiderhandlung (§ 199 Abs. 5 BGB). Im Unterschied zu den Beseitigungsansprüchen ist hier davon auszugehen, dass die zweckwidrige Nutzung, zum Beispiel einer Teileigentumseinheit als Wohnraum, eine störende Dauerhandlung darstellt. Sie führt entweder dazu, dass die Verjährungsfrist nicht in Gang gesetzt wird, weil die Störung fortbesteht, solange die zweckwidrige Nutzung anhält, oder dass die fortlaufende zweckwidrige Nutzung als wiederholte Handlung jeweils neue, nicht verjährte Unterlassungsansprüche auslöst.

Der BGH (8.5.2015, V ZR, 178/14) hat diese Frage nicht abschließend geklärt. Im Ergebnis ist er aber der Auffassung, dass die Verjährung nicht eintritt, solange der Störer seine Sondereigentumseinheit insgesamt zweckwidrig nutzt. Entscheidend sei, dass die übrigen Wohnungseigentümer nicht nur durch die Aufnahme der zweckwidrigen Nutzung gestört würden, sondern die Beeinträchtigung in gleicher Weise erhalten bleibe, solange die zweckwidrige Nutzung stattfindet (BGH, 16.6.2011, V ZR 1/11). Dies gilt unabhängig davon, ob der jeweilige Sondereigentümer selbst oder sein Mieter für das Aufrechterhalten der zweckwidrigen Nutzung verantwortlich ist (BGH, 8.5.2015, V ZR 178/14).

Anspruch auf ordnungsgemäße Verwaltung
Der BGH (27.4.2012, V ZR 177/11) hat in einer Entscheidung die Streitfrage geklärt, ob der Anspruch eines Wohnungseigentümers auf ordnungsgemäße Verwaltung gemäß § 21 Abs. 4 WEG grundsätzlich unverjährbar ist: Er geht von der Unverjährbarkeit eines solchen Anspruchs aus. Ist eine Maßnahme im Interesse ordnungsgemäßer Verwaltung notwendig, erfordert diese ständige Durchführung. Eine solche gleichsam ständig neu entstehende Dauerverpflichtung kann nicht verjähren. Die Verjährungsvorschriften, die einen Schuldner davor bewahren sollen, wegen länger zurückliegender Vorgänge in Anspruch genommen zu werden, die er ggf. nicht mehr aufklären kann, weil ihm Beweismittel für begründete Einwendungen abhandengekommen oder Zeugen nicht mehr auffindbar sind, sind nicht einschlägig. Diese Erwägungen treffen auf den Anspruch der Wohnungseigentümer auf ordnungsgemäße Verwaltung allerdings nicht zu. Der Fünfte Senat des BGH, der für das Wohnungseigentumsrecht zuständig ist, hat sich mit dieser Entscheidung dem Wohnraummietsenat (BGH, 17.2.2010, VIII ZR 109/09) angeschlossen.

Anspruch auf Instandhaltung und Instandsetzung
Nach wie vor ist streitig, ob der Anspruch auf Instandhaltung eines Wohnungseigentümers aus § 14 Nr. 1 WEG bzw. auf Instandhaltung bzw. Instand-

setzung des gemeinschaftlichen Eigentums gemäß §21 Abs. 5 Nr. 2 WEG der Verjährung gemäß §§195, 199 BGB unterliegt. Das OLG Braunschweig (8.2.2010, 3 W 1/10) vertritt die Auffassung, dass diese Ansprüche der Regelverjährung unterliegen, weil sie nicht unter die unverjährbaren Ansprüche gemäß §902 Abs. 1 Satz 1 BGB fallen. Nachdem aber der BGH (27.4.2012, V ZR 177/11) die Auffassung vertreten hat, dass der Anspruch auf ordnungsgemäße Verwaltung gemäß §21 Abs. 4 WEG unverjährbar ist, stellt sich die Frage, ob diese Auffassung weiter aufrechterhalten werden kann. Schließlich ist der Anspruch auf Instandhaltung aus §14 Nr. 1 WEG bzw. auf Instandhaltung und Instandsetzung des gemeinschaftlichen Eigentums aus §21 Abs. 5 Nr. 2 WEG ein Unterfall des Anspruchs auf ordnungsgemäße Verwaltung gemäß §21 Abs. 4 WEG. Daher spricht vieles dafür, dass auch diese Ansprüche unverjährbar sind. Weiter ist darauf hinzuweisen, dass gerade der vermietende Wohnungseigentümer die ihm vom Wohnraumsenat des BGH aufgebürdete dauerhafte Instandhaltungspflicht gegenüber seinem Mieter nicht mehr erfüllen könnte, wenn er nicht dauerhaft im Verhältnis zur Wohnungseigentümergemeinschaft verlangen könnte, etwaige Mängel im Gemeinschaftseigentum, die die Mietsache beeinträchtigen, beheben zu lassen.

Versicherungen

Gemäß §21 Abs. 5 Nr. 3 WEG zählt es zur ordnungsgemäßen Verwaltung, dass der Verwalter im Namen der Eigentümer

- eine Feuerversicherung für das gemeinschaftliche Eigentum zum Neuwert abschließt sowie
- die Wohnungseigentümer angemessen gegen Haus- und Grundbesitzerhaftpflicht versichert.

Der Abschluss weiterer Versicherungen, die auch das Sondereigentum umfassen, entspricht ebenfalls ordnungsgemäßer Verwaltung. Hierfür kommen in Betracht:

- Gewässerschadenhaftpflichtversicherung,
- Leitungswasserschadenversicherung,
- Sturmschaden- und Hagelversicherung,
- Glasversicherung.

Vertretung in der Eigentümerversammlung

Jeder Wohnungseigentümer ist berechtigt, sich durch eine frei wählbare dritte Person bei der Eigentümerversammlung vertreten zu lassen. Dem Vertreter ist eine Vollmacht zu erteilen. Dies kann grundsätzlich formfrei erfolgen, also auch mündlich. Jedoch kann in der Gemeinschaftsordnung vereinbart werden, dass im Fall der Vertretung eine schriftliche Vollmacht vorgelegt werden muss. Sie umfasst üblicherweise nicht nur das Stimmrecht, sondern auch das Rede- und Antragsrecht (ausführlich siehe Kapitel 1.5).

Verwalter

Die Verwaltung des gemeinschaftlichen Eigentums obliegt gemäß §20 Abs. 1 Satz 1 WEG den Wohnungseigentümern und dem Verwalter. Oberstes Verwaltungsorgan ist die Wohnungseigentümerversammlung. Sie regelt die Durchführung der Verwaltung durch Beschlüsse. Dem Verwalter obliegt deren Durchführung. Er ist damit das Vollzugsorgan der Wohnungseigentümergemeinschaft (BGHZ 106, 222, 226; NZM 2003, 946, 949).

Die Bestellung eines Verwalters ist gesetzlich vorgesehen und kann gemäß §20 Abs. 2 WEG weder durch Beschluss noch durch Vereinbarung ausgeschlossen werden. Jeder einzelne Eigentümer hat einen Anspruch, dass ein Verwalter bestellt wird. Fehlt ein Verwalter, so wird die Gemeinschaft gemäß §27 Abs. 3 Satz 2 WEG von allen Wohnungseigentümern vertreten.

Zu den Aufgaben und Befugnissen des Verwalters zählt gemäß §27 WEG Folgendes: Der Verwalter ist gegenüber den Wohnungseigentümern und gegenüber der Gemeinschaft der Wohnungseigentümer berechtigt und verpflichtet,

- Beschlüsse der Wohnungseigentümer durchzuführen und für die Durchführung der Hausordnung zu sorgen,
- die für die ordnungsmäßige Instandhaltung/-setzung des gemeinschaftlichen Eigentums erforderlichen Maßnahmen zu treffen,
- in dringenden Fällen sonstige zur Erhaltung des gemeinschaftlichen Eigentums erforderliche Maßnahmen zu treffen,
- Lasten- und Kostenbeiträge, Tilgungsbeträge und Hypothekenzinsen anzufordern, in Empfang zu nehmen und abzuführen, soweit es sich um gemeinschaftliche Angelegenheiten der Wohnungseigentümer handelt,
- alle Zahlungen und Leistungen zu bewirken und entgegenzunehmen, die mit der laufenden Verwaltung des gemeinschaftlichen Eigentums zusammenhängen,
- eingenommene Gelder zu verwalten,
- die Wohnungseigentümer unverzüglich darüber zu unterrichten, dass ein Rechtsstreit gemäß §43 WEG anhängig ist, und
- die Erklärungen abzugeben, die zur Vornahme der in §21 Abs. 5 Nr. 6 WEG bezeichneten Maßnahmen erforderlich sind.

- Der Verwalter ist berechtigt, im Namen aller Wohnungseigentümer und mit Wirkung für und gegen sie
- Willenserklärungen und Zustellungen entgegenzunehmen, soweit sie an alle Wohnungseigentümer gerichtet sind,
- Maßnahmen zu treffen, die zur Wahrung einer Frist oder zur Abwendung eines sonstigen Rechtsnachteils erforderlich sind, insbesondere einen gegen die Wohnungseigentümer gerichteten Rechtsstreit gemäß §43 Nr. 1, 4 oder 5 WEG im Erkenntnis- und Vollstreckungsverfahren zu führen,
- Ansprüche gerichtlich und außergerichtlich geltend zu machen, sofern er hierzu durch Vereinbarung oder Beschluss mit Stimmenmehrheit der Wohnungseigentümer ermächtigt ist sowie
- mit einem Rechtsanwalt wegen eines Rechtsstreits gemäß §43 Nr. 1, 4 oder 5 WEG zu vereinbaren, dass sich die Gebühren nach einem höheren als dem gesetzlichen Streitwert, höchstens nach einem gemäß §49a Abs. 1 Satz 1 des Gerichtskostengesetzes (GKG) bestimmten Streitwert bemessen.

Der Verwalter ist berechtigt, im Namen der Gemeinschaft der Wohnungseigentümer und mit Wirkung für und gegen sie

- Willenserklärungen und Zustellungen entgegenzunehmen,
- Maßnahmen zu treffen, die zur Wahrung einer Frist oder zur Abwendung eines sonstigen Rechtsnachteils erforderlich sind, insbesondere einen gegen die Gemeinschaft gerichteten Rechtsstreit gemäß §43 Nr. 2 oder Nr. 5 WEG im Erkenntnis- und Vollstreckungsverfahren zu führen,
- die laufenden Maßnahmen der erforderlichen ordnungsmäßigen Instandhaltung und Instandsetzung gemäß §27 Abs. 1 Nr. 2 WEG zu treffen,
- die Maßnahmen gemäß §27 Abs. 1 Nr. 3–5, 8 WEG zu treffen,
- im Rahmen der Verwaltung der eingenommenen Gelder gemäß §27 Abs. 1 Nr. 6 WEG Konten zu führen,
- mit einem Rechtsanwalt wegen eines Rechtsstreits gemäß §43 Nr. 2 oder 5 WEG zu vereinbaren, dass sich die Gebühren nach einem höheren als dem gesetzlichen Streitwert bemessen, höchstens nach einem gemäß §49a Abs. 1 Satz 1 GKG bestimmten Streitwert, sowie
- sonstige Rechtsgeschäfte und Rechtshandlungen vorzunehmen, soweit er hierzu durch Vereinbarung oder Beschluss der Wohnungseigentümer mit Stimmenmehrheit ermächtigt ist.

Weitere Aufgaben des Verwalters:

- Erstellung des Wirtschaftsplans und der Jahresabrechnung (§28 WEG),
- Einberufung der Eigentümerversammlung (§24 Abs. 1 WEG),
- Leitung der Eigentümerversammlung (§24 Abs. 5 WEG),
- Führung einer Beschlusssammlung (§24 Abs. 7 WEG).

Die dem Verwalter zustehenden Aufgaben und Befugnisse können durch Beschluss oder Vereinbarung der Wohnungseigentümer nicht eingeschränkt oder ausgeschlossen werden (§ 27 Abs. 4 WEG).

Verwalterabberufung

Die Abberufung des Verwalters erfolgt durch Mehrheitsbeschluss. Gleiches gilt für die Kündigung des Verwaltervertrags, jedoch kann in dem Abberufungsbeschluss zugleich die Kündigung des Verwaltervertrags enthalten sein. Soll der Verwalter vor Beendigung des Bestellungszeitraums abberufen werden, bedarf es hierzu eines wichtigen Grundes.

Ein wichtiger Grund liegt dann vor, wenn den Wohnungseigentümern unter Berücksichtigung aller – nicht notwendig vom Verwalter verschuldeter – Umstände nach Treu und Glauben eine Fortsetzung der Zusammenarbeit mit dem Verwalter nicht mehr zugemutet werden kann und deshalb das Vertrauensverhältnis zerstört ist (OLG Düsseldorf, NZM 2002, 487).

!

Beispiele: Wichtige Gründe

- Grob fehlerhafte oder gar keine Erstellung der Jahresabrechnung,
- pflichtwidrige Weigerung, die Eigentümerversammlung einzuberufen,
- Nichtdurchführung von Beschlüssen,
- strafbare Handlungen,
- Nichterfüllung von Aufgaben wie das Führen der Beschlusssammlung oder die Protokollerstellung,
- Auskunftsverweigerung und Verweigerung der Einsicht in die Verwaltungsunterlagen,
- Nichtverfolgung von Beitragsrückständen und hierdurch Gefährdung der Liquidität der Gemeinschaft,
- Beleidigung von Wohnungseigentümern,
- Insolvenz des Verwalters,
- unerlaubtes Verfügen über Gelder der Gemeinschaft.

Verwalterbestellung

Wird eine Wohnungseigentümergemeinschaft neu gegründet, erfolgt die Erstbestellung regelmäßig in der Teilungserklärung bzw. Gemeinschaftsordnung. Hierbei ist darauf zu achten, dass nach der WEG-Reform die Erstbestellung gemäß § 26 Abs. 1 Satz 2 WEG höchstens für drei Jahre zulässig ist.

Im Übrigen erfolgt die Bestellung und Abberufung des Verwalters gemäß §26 Abs. 1 Satz 1 WEG durch Mehrheitsbeschluss (BayObLG, 13.3.2003, 2 Z BR 97/94). Hierbei ist die Bestellung des Verwalters für einen Zeitraum von bis zu fünf Jahren zulässig. Gleiches gilt für die Wiederbestellung des amtierenden Verwalters, jedoch darf die Wiederbestellung frühestens ein Jahr vor Ablauf der Bestellungszeit erfolgen (§26 Abs. 2 WEG). Nach Ablauf des Zeitraums, für den der Verwalter bestellt ist, endet seine Bestellung automatisch. Eine ausdrückliche Abberufung ist nicht erforderlich.

Die Bestellung des Verwalters entspricht grundsätzlich nur dann ordnungsmäßiger Verwaltung, wenn in derselben Eigentümerversammlung, in der die Bestellung erfolgt, auch die Eckpunkte des abzuschließenden Verwaltervertrags (Laufzeit und Vergütung) in wesentlichen Umrissen geregelt werden; hiervon kann nur unter besonderen Umständen übergangsweise abgewichen werden (BGH, 27.2.2015, V ZR 114/14; LG München, 30.11.2016, 1 T 18932/16, auch zur Notwendigkeit zum Vorliegen von Vergleichsangeboten). Für die Neubestellung eines Verwalters sind Vergleichsangebote erforderlich; bei der Wiederbestellung in der Regel nicht (LG Hamburg, 16.11.2016, 318 S 54/16; ausnahmsweise schon: BGH, 1.4.2011, V ZR 96/10). Liegen der Eigentümerversammlung drei aussagekräftige Alternativangebote zur Wahl eines Verwalters vor, so ist es unschädlich, wenn ein Angebot am Versammlungstag zurückgenommen wird (AG Bonn, 22.7.2016, 27 C 160/15).

Ausführlich siehe Kapitel 5.1.

Verwaltervergütung

Die Verwaltervergütung ist im Verwaltervertrag geregelt. Üblich ist es, das Entgelt nach der Größe der Wohnanlage und der Anzahl der Wohneinheiten zu bemessen. Der Leistungsumfang für die regelmäßige Vergütung sollte genau im Verwaltervertrag festgehalten werden. Gehen die Leistungen des Verwalters darüber hinaus, können Sondervergütungen vereinbart werden, zum Beispiel für Bauüberwachung, Zustimmung zur Veräußerung des Wohnungseigentums durch den Verwalter oder außerordentliche Versammlungen. Die Wohnungseigentümergemeinschaft haftet aufgrund ihrer Teilrechtsfähigkeit als Vertragspartner für das Verwalterhonorar, es ist daher Bestandteil der gemeinschaftlichen Kosten. Dementsprechend muss das Verwalterhonorar in der Jahresabrechnung und im Wirtschaftsplan gesondert bei den Ausgaben ausgewiesen werden.

! **Hinweis: Schlechterfüllung des Vertrags**

Selbst die Schlechterfüllung des Verwaltervertrags führt nicht automatisch dazu, dass das Verwalterhonorar bzw. die Verwaltervergütung entfällt oder gemindert werden kann. Sie löst grundsätzlich nur Schadensersatzansprüche der Eigentümergemeinschaft gegenüber dem Verwalter aus.

Neben dem Verwalterhonorar, das im Rahmen des allgemeinen nach Bestellungsbeschluss abgeschlossenen Verwaltervertrags festgelegt wurde, kann der Verwalter eine darin nicht enthaltene Sondervergütung nur dann verlangen, wenn er sie wirksam mit der Eigentümergemeinschaft vereinbart hat. Das kann sich zum Beispiel auf besondere Leistungen beziehen, die der Verwalter erbringt, ohne dass sie in seinem Vertrag so vorgesehen sind, zum Beispiel auf den Ersatz von Aufwendungen. Enthält der Verwaltervertrag allerdings eine soweit abschließende Vergütungsregelung, darf der Verwalter eine zusätzliche Vergütung oder sogar eine Kostenerstattung gerade nicht verlangen (OLG Düsseldorf, 6.1.2003, 3 Wx 364/02).

Sondervergütungen können dem Verwalter unter Umständen dann zustehen, wenn ihm durch einen entsprechenden Mehrheitsbeschluss Aufgaben zugewiesen wurden, die im Vertrag nicht vereinbart sind bzw. die die vertragliche Grundlage im Verwaltervertrag oder die gesetzlichen Befugnisse und Aufgaben unter Umständen übersteigen, zum Beispiel:

- außerordentliche Wohnungseigentümerversammlung (sofern nicht im Vertrag geregelt),
- Anmahnung ausstehender Wohngelder einzelner Miteigentümer (sofern dies nicht Bestandteil der vertraglichen Aufgaben ist),
- Zustimmung zur Veräußerung gemäß § 12 WEG, falls in der Gemeinschaftsordnung vereinbart,
- Überwachung von Baumaßnahmen/Bauüberwachung,
- gerichtliche Vertretung der Wohnungseigentümergemeinschaft in der ersten Instanz.

Eine Sondervergütung kann anfallen, wenn der Verwalter Instandsetzungsmaßnahmen durchführt, deren Umfang die Vorgaben in § 27 Abs. 1 Nr. 2 WEG übersteigt. Das kann der Fall sein, wenn bereits bei der Vorbereitung einer Maßnahme sowie bei der Durchführung dritte Personen eingeschaltet werden müssen, zum Beispiel Architekten, Bauingenieure, Controller und ähnliche Spezialisten. Hier zeichnet sich ein deutlich erhöhter Aufwand bei der Verwaltung ab. Das gilt auch, wenn der Verwalter damit beauftragt wird, nach Neuerstellung eines Objekts Mängelgewährleistungsansprüche gegenüber dem Bauträger geltend zu machen, da solche Tätigkeiten nicht von § 27 WEG an sich umfasst sind.

Die Wohnungseigentümer können mit Stimmenmehrheit über die Vereinbarung einer solchen Sondervergütung beschließen und einen Miteigentümer dazu ermächtigen, einen gesonderten Vertrag hierüber mit dem Verwalter abzuschließen.

Bei Beschlussfassung der Wohnungseigentümergemeinschaft, durch die der Verwalter ein Sonderhonorar für die gerichtliche und außergerichtliche Geltendmachung ihrer Ansprüche erhalten soll, zum Beispiel wenn es um offene Wohngeldforderung gegenüber einzelnen Miteigentümern geht, ist im Rahmen der ordnungsmäßigen Verwaltung zu differenzieren. Sofern es sich um Tätigkeiten des Verwalters im Sinne des §27 Abs. 2 Nr. 3 und Abs. 3 Satz 1 Nr. 7 WEG handelt, ist eine Sondervergütung aufgrund der durch das Gesetz zugewiesenen Aufgaben und Befugnisse des Verwalters wohl unzulässig. Der Grund dafür ist, dass der Verwalter bereits von Gesetzes wegen verpflichtet ist, diese Beschlüsse zu vollziehen, dies gehört zu seinem durch Gesetz zugewiesenen Tätigkeitsbereich.

Ein Beschluss der Wohnungseigentümergemeinschaft, der es dem Verwalter erlaubt, als Prozessstandschafter im eigenen Namen Ansprüche der Wohnungseigentümergemeinschaft durchzusetzen, ohne einen Rechtsanwalt zu beauftragen, kann mit einer gesonderten Vergütung einhergehen. Die Höhe der für die selbstständige Verhandlungsführung vor dem Amtsgericht bewilligten Sondervergütung muss sich in einem angemessenen Rahmen halten und den voraussichtlichen besonderen Zeit- und Arbeitsaufwand angemessen berücksichtigen. Hier hat der BGH zum Beispiel eine Vergütung für passend erachtet, die sich am Wert des jeweiligen Streitgegenstands und der entsprechenden Gebührentatbestände des Rechtsanwaltsvergütungsgesetzes orientiert (BGH, 6.5.1993, V ZB 9/92).

Verwaltervertrag

Beim Verwaltervertrag handelt es sich um einen Dienstvertrag, der auf eine Geschäftsbesorgung gerichtet ist (BGH, NJW-RR 1993, 1227). Über den Abschluss des Verwaltervertrags entscheidet in der Regel die Wohnungseigentümerversammlung. Überträgt man den Abschluss des Verwaltervertrags auf den Verwaltungsbeirat, so geschieht dies durch Beschluss. Dieser Beschluss sollte jedoch die grundlegenden Vertragsbedingungen beinhalten, da er anderenfalls anfechtbar ist (BGH, 27.2.2015, V ZR 114/14; BGH, 22.6.2012, V ZR 190/11; OLG Köln, 13.7.2000 1, 16 Wx 115/01; OLGR Köln 2001, 415 f.; OLG Köln, 20.9.2002, 16 Wx 135/02; LG Bonn, 3.11.2003, 8 T 113/03).

Die Laufzeit des Verwaltervertrags muss nicht dem Bestellungszeitraum angeglichen werden, allerdings darf die Laufzeit von drei bzw. fünf Jahren (§26 Abs. 1 Satz 2 WEG) nicht überschritten werden.

Vertraglich geregelt werden sollten mindestens folgende Punkte:
- Vertragsparteien,
- Vertragsdauer,
- Leistungen, die der Verwalter zu erbringen hat,
- Befugnisse des Verwalters,
- Vertretungsrecht des Verwalters,
- Verwaltervergütung,
- Kündigung/Abberufung des Verwalters.

Die Schriftform ist für den Verwaltervertrag nicht vorgeschrieben, das heißt, er kann auch mündlich geschlossen werden. Zum Nachweis der getroffenen Vereinbarungen wird jedoch dringend die Schriftform empfohlen.

Verwaltungsbeirat

Gemäß §20 Abs. 1 WEG obliegt die Verwaltung des gemeinschaftlichen Eigentums den Wohnungseigentümern und dem Verwalter. Soweit ein Verwaltungsbeirat bestellt wurde, ist auch dieser nach Maßgabe des §29 WEG verantwortlich. Der Beirat stellt daher ein Organ der Wohnungseigentümergemeinschaft dar. Seine hauptsächliche Funktion besteht darin, den Verwalter bei der Durchführung seiner Aufgaben zu unterstützen und Wirtschaftspläne, Abrechnungen, Rechnungslegungen und Kostenvoranschläge zu prüfen.

Bestellung/Abberufung

Gemäß §29 Abs. 1 Satz 1 WEG können die Wohnungseigentümer durch Stimmenmehrheit die Bestellung eines Verwaltungsbeirats beschließen; sie müssen dies jedoch nicht, da die Wahl eines Verwaltungsbeirats nicht zwingend ist. Es bleibt den Wohnungseigentümern überlassen, ob sie einen Beirat bilden möchten oder nicht. Häufig findet sich gar kein Wohnungseigentümer, der dieses Amt übernehmen möchte.

Durch Vereinbarung in der Teilungserklärung kann auch die Bestellung eines Verwaltungsbeirats auf Dauer ausgeschlossen werden (BayObLG, 21.10.1993, 2Z BR 103/93). Ein Mehrheitsbeschluss, gegen die Regelungen in der Gemeinschaftsordnung einen Beirat zu bestellen, ist nichtig (LG München I, 12.4.2010, 36 S 16624/09). Enthält die Teilungserklärung/Gemeinschaftsordnung hingegen eine Bestimmung, dass ein Verwaltungsbeirat zu bestellen ist, hat jeder Wohnungseigentümer gemäß §21 Abs. 4 WEG einen Anspruch darauf.

Nach §29 Abs. 1 Satz 2 WEG besteht der Beirat aus einem Wohnungseigentümer als Vorsitzenden und zwei weiteren Wohnungseigentümern als Beisitzern. Die Wahl eines aus nur zwei Personen bestehenden Beirats ist ordnungswidrig, aber nicht nichtig (AG Erfurt, 16.7.2014, 5 C 1/13). Entziehungsgründe nach §§18, 19 WEG sind kein Hindernis für die Bestellung zum Verwaltungsbeirat (LG Baden-Baden, 12.2.2009, 3 T 87/07). Werden Nichtmitglieder der Wohnungseigentümergemeinschaft zum Beirat gewählt oder wird ein Beirat mit mehr oder weniger als drei Mitgliedern gewählt, ist der entsprechende Beschluss auf Anfechtung hin wegen Verstoßes gegen §29 Abs. 1 Satz 2 WEG für ungültig zu erklären (BayObLG, 8.5.2003, 2Z BR 8/03; LG Karlsruhe, 13.3.2009, 11 S 22/09). Wird der Beschluss hingegen nicht angefochten, dürfte er wirksam sein. Ein Nichtigkeitsgrund liegt nicht vor (BGH, 5.2.2010, V ZR 126/09; LG Köln, 9.6.2011, 29 S 219/10).

Sowohl von der Bestimmung, dass die Mitglieder des Beirats Wohnungseigentümer sein müssen, als auch von der zahlenmäßigen Zusammensetzung kann durch Vereinbarung in der Teilungserklärung bzw. Gemeinschaftsordnung abgewichen werden. Umgekehrt kann die Wahl eines Wohnungseigentümers zum Beirat mit Aussicht auf Erfolg angefochten werden, wenn schwerwiegende Gründe gegen die Person sprechen und zu befürchten ist, dass sie ihr Amt zum Nachteil der übrigen Miteigentümer missbrauchen wird. Dass ein Wohnungseigentümer mit einem anderen in Streit lebt, nimmt ihm nicht von vornherein die Eignung, Mitglied des Verwaltungsbeirats werden zu können (OLG Köln, 30.8.1999, 16 Wx 123/99).

An ein Beiratsmitglied sind nicht die gleichen persönlichen Anforderungen wie an einen Verwalter zu stellen. In der Wohnungseigentümergemeinschaft widerspricht die Wahl einer Person als Beirat nur dann den Grundsätzen ordnungsmäßiger Verwaltung, wenn schwerwiegende Umstände in der Person dagegen sprechen. Zwistigkeiten in der Gemeinschaft reichen regelmäßig nicht aus, ebenso der Umstand, dass bei der überstimmten Minderheit das Vertrauen in die persönliche Eignung des Kandidaten fehlt. Auch das Verfolgen eigener Interessen oder die einer Mehrheitsgruppe genügt nicht, um die Qualifikation als Beiratsmitglied zu beseitigen (KG Berlin, 28.1.2004, 24 W 3/02).

Da nach §24 Abs. 3 WEG der Vorsitzende des Beirats oder sein Vertreter unter bestimmten Voraussetzungen eine Eigentümerversammlung einberufen kann, empfiehlt es sich, einen Vorsitzenden sowie dessen Vertreter zu bestimmen. Wird ein Nichteigentümer zum Vorsitzenden des Beirats gewählt, führt dies nur zur Anfechtbarkeit des Beschlusses, nicht hingegen zu dessen Nichtigkeit. Wurde der Beschluss nicht fristgerecht angefochten, ist er bestandskräftig; eine Verpflichtung zur Neuwahl kann nicht erreicht werden (LG Dortmund, 19.11.2013, 1 S 296/12).

Der Vorsitzende des Beirats kann von der Wohnungseigentümerversammlung gewählt werden oder die Mitglieder des Verwaltungsbeirats bestimmen ihren Vorsitzenden selbst. Gemäß §29 Abs. 4 WEG beruft der Vorsitzende den Verwaltungsbeirat nach Bedarf ein. Wurde im Verwaltungsbeirat kein Vorsitzender bestimmt, so muss die Einberufung der Eigentümerversammlung durch sämtliche Mitglieder des Verwaltungsbeirats erfolgen (OLG Köln, 29.12.1999, 16 Wx 181/99).

Gemäß §29 Abs. 1 Satz 1 WEG beschließen die Wohnungseigentümer die Bestellung eines Verwaltungsbeirats durch Stimmenmehrheit. Umstritten ist, ob die einzelnen Beiratsmitglieder durch einen jeweils eigenen Beschluss zu bestellen sind oder ob es genügt, den Beirat als Ganzes zu wählen (»Blockwahl«). Gegen eine solche Blockabstimmung sollen zumindest dann keine Bedenken bestehen, wenn kein Wohnungseigentümer die Einzelabstimmung verlangt (KG Berlin, 29.3.2004, 24 W 194/02) oder aber von vornherein nur drei Kandidaten zur Auswahl stehen (AG Hamburg-Harburg, 28.12.2007, 611 C 144/07). Nach anderer Ansicht werden die Wohnungseigentümer bei einer Blockwahl gezwungen, ihnen möglicherweise nicht genehme Kandidaten, denen sie bei einer Einzelwahl nicht ihre Stimme geben würden, mitzuwählen. Dies sei mit den auch innerhalb einer Wohnungseigentumsgemeinschaft geltenden demokratischen Prinzipien nicht vereinbar (LG Düsseldorf, 6.5.2004, 19 T 42/04).

! **Hinweis: Einzelwahl statt Blockwahl**

Da die Rechtsprechung nicht einheitlich ist, empfiehlt sich die Einzelwahl. Ein Beschluss durch Blockwahl ist nicht nichtig, sondern – falls man der Rechtsmeinung folgt, eine Blockwahl sei unzulässig – nur anfechtbar. Der Wohnungseigentümer, der sich zur Wahl stellt, kann bei der Wahl mitstimmen.

Eine Bestelldauer gibt das Gesetz nicht vor; im Regelfall erfolgt die Bestellung auf unbestimmte Zeit. Dann bleibt der Beirat so lange im Amt, bis eine Neuwahl erfolgt. Eine Neuwahl wird als Abberufung des bisherigen Beirats zu verstehen sein. Ist eine Amtsdauer nicht vereinbart, kann der Beirat durch Mehrheitsbeschluss jederzeit abberufen werden. Auch das Gericht kann den Verwaltungsbeirat abberufen. Ein Antrag auf gerichtliche Abberufung der Mitglieder des Verwaltungsbeirats ist ohne vorherige Anrufung der Wohnungseigentümerversammlung zulässig, wenn feststeht, dass ein entsprechender Antrag abgelehnt werden würde (OLG München, 28.9.2006, 32 Wx 115/06). Der Beirat kann auch von vornherein auf bestimmte Zeit bestellt werden.

Wenn die Teilungserklärung/Gemeinschaftsordnung Regelungen zur Bestellung und Abberufung vorsieht, müssen diese beachtet werden. Bei seiner Bestellung und Abberufung ist der Verwaltungsbeirat stimmberechtigt, etwas anderes gilt nur beim Beschluss über seine Entlastung oder bei einer außerordentlichen Abberufung aus wichtigem Grund. Verhindert beispielsweise ein Beirat durch Verweigerung der Protokollunterzeichnung über die Verwalterwahl die nach der Teilungserklärung gebotene Verwalterzustimmung zu Veräußerungen, kann dies ein solcher wichtiger Grund sein (AG Düsseldorf, 3.9.2014, 291a C 2476/14).

Mit dem Ausscheiden aus der Wohnungseigentümergemeinschaft endet die Eigenschaft als Beirat. Außerdem gilt, dass ein Beirat sein Amt ohne Angabe von Gründen jederzeit niederlegen kann. Scheidet ein Beiratsmitglied aus, ist die Gemeinschaft zur Nachwahl verpflichtet.

Aufgaben und Befugnisse

§29 Abs. 3 WEG regelt, dass der Verwaltungsbeirat den Wirtschaftsplan, die Abrechnung über den Wirtschaftsplan, Rechnungslegungen und Kostenanschläge prüfen und mit einer Stellungnahme versehen soll, bevor diese Unterlagen der Wohnungseigentümerversammlung zur Beschlussfassung vorgelegt werden. Aus dieser Vorschrift ergibt sich für den Verwaltungsbeirat nicht nur ein Prüfungsrecht, sondern auch eine Prüfungsverpflichtung. Unterlässt der Verwaltungsbeirat eine angemessene Prüfung, können ihm Schadensersatzansprüche drohen, wenn einer Wohnungseigentümergemeinschaft ein Schaden wegen der unterlassenen Prüfung entsteht. Da es sich unter diesem Gesichtspunkt oft als schwierig erweist, Miteigentümer für das Amt des Verwaltungsbeirats zu gewinnen, empfiehlt es sich, dass die Wohnungseigentümergemeinschaft für ihren Beirat eine in der Regel kostengünstige Vermögensschadenhaftpflichtversicherung abschließt. Ein Mehrheitsbeschluss über den Abschluss einer solchen Versicherung entspricht regelmäßig ordnungsmäßiger Verwaltung (KG Berlin, 19.7.2004, 24 W 203/02).

Weiterhin unterstützt gemäß §29 Abs. 2 WEG der Verwaltungsbeirat den Verwalter bei Durchführung seiner Arbeit, die Aufgaben und Befugnisse des Verwalters kann er selbst jedoch nicht ausüben. Seine Unterstützung ist insbesondere bei der Vorbereitung der Tagesordnung für die Eigentümerversammlung, beim Einhalten der Hausordnung sowie bei der Abstimmung über Reparatur- und Modernisierungsarbeiten gefragt.

Der Verwaltungsbeirat soll die entsprechenden Unterlagen nach Überprüfung mit einer Stellungnahme versehen. Diese kann mündlich oder schriftlich noch in der Versammlung abgegeben werden. Der Verwalter ist dazu verpflichtet, die erforderlichen Auskünfte zu geben, damit der Beirat sein Prüfungsrecht ausüben kann. Er hat insbesondere auch Einsicht in die Unterlagen zu gewähren.

Ein gerichtlich durchsetzbarer Anspruch gegen den Beirat auf Erstellung eines Prüfberichts besteht nicht. Kommt der Beirat seiner Prüfungspflicht nicht nach, empfiehlt es sich, ihn abzuwählen. Zu beachten ist zudem, dass der Beirat Nachforschungen betreiben muss, wenn er Unregelmäßigkeiten feststellt. Haben sich bei der Prüfung der Abrechnung Mängel ergeben, muss der Verwaltungsbeirat die Wohnungseigentümergemeinschaft hierüber informieren (BayObLG, 22.6.1995, 2Z BR 48/95).

Die Aufgaben und Befugnisse des Beirats können sowohl erweitert als auch beschränkt werden, allerdings nur durch Vereinbarung, üblicherweise in der Teilungserklärung/Gemeinschaftsordnung. Durch Vereinbarung, nicht aber durch Mehrheitsbeschluss können Befugnisse der Gemeinschaft auf den Beirat übertragen werden. Abweichend von diesem Grundsatz hat die Eigentümerversammlung die Möglichkeit, per Beschluss eine solche Kompetenzverlagerung vorzunehmen, wenn dadurch der mit der gesetzlichen Regelung beabsichtigte Schutzzweck der selbstbestimmten Verwaltung durch die Wohnungseigentümer nicht ausgehöhlt wird. Insoweit wird dem praktischen Bedürfnis gerade großer Wohnungseigentümergemeinschaften nach flexibleren Regelungen Rechnung getragen. Zu beachten ist, dass der Schutzzweck der gesetzlichen Regelung nur gewahrt bleibt, wenn diese Ermächtigung lediglich zu einem begrenzten und für die einzelnen Wohnungseigentümer überschaubaren finanziellen Risiko führt (LG Itzehoe, 1.7.2014, 11 S 10/13, zur unwirksamen Entscheidung, auf den Beirat ein Auftragsvolumen zwischen mindestens 1.000 EUR und höchstens 10.000 EUR zu übertragen).

Ein solches Delegieren findet seine Grenze dort, wo Befugnisse zwingend den Wohnungseigentümern zustehen. So kann zum Beispiel die Genehmigung der Jahresabrechnung nicht durch Mehrheitsbeschluss dem Verwaltungsbeirat übertragen werden, ebenso wenig die Bestellung oder Abberufung des Verwalters. Hiervon zu trennen ist ein Beschluss, der den Beirat oder andere Eigentümer beauftragt und bevollmächtigt, den in den Hauptinhalten bereits festgelegten Vertrag mit dem Verwalter abzuschließen oder eine beschlossene Kündigungserklärung gegenüber dem Verwalter abzugeben. Es ist zumindest zweifelhaft, ob es ordnungsgemäßer Verwaltung entspricht, den Abschluss eines Verwaltervertrags ohne weitere Vorgaben auf den Verwaltungsbeirat zu übertragen. Der Beirat kann nicht ohne Vorgabe von Eckdaten zur Laufzeit und zur Vergütung dazu ermächtigt werden, einen Verwaltervertrag auszuhandeln und abzuschließen (LG Köln, 31.1.2013, 29 S 135/12).

Wird ein derartiger Beschluss nicht angefochten, so ist ein auf seiner Grundlage abgeschlossener Verwaltervertrag gleichwohl wirksam (vgl. OLG Köln, 20.9.2002, 16 Wx 135/02). Der Vertreter, also der Beirat, bleibt jedoch beim Abschluss des Vertrags an die Grundsätze ordnungsmäßiger Verwaltung gebunden. Bei einem Verstoß hiergegen überschreitet er seine Vertretungsmacht. Zur Vermeidung von Haftungsansprüchen gegen den Beirat als vollmachtslosen Vertreter (§ 179 Abs. 2 BGB) liegt es daher auch im Interesse des Beirats, dass die Wohnungseigentümer über die Eckdaten des Vertrags beschließen.

Weiterhin hat der Vorsitzende des Beirats oder sein Vertreter die Aufgabe, das Protokoll über die Wohnungseigentümerversammlung zu unterschreiben (§ 24 Abs. 6 Satz 2 WEG).

Nach dem Ausscheiden aus dem Amt muss der Verwaltungsbeirat gemäß § 667 BGB sämtliche Verwaltungsunterlagen, Gelder und sonstige Gegenstände, die er aufgrund seiner Beiratstätigkeit erlangt hat, herausgeben (OLG Hamm, 20.2.1997, 15 W 295/96).

Haftung

Die Tätigkeit des Verwaltungsbeirats ist durchaus haftungsträchtig. Zwischen Wohnungseigentümern und Beirat entsteht ein Auftragsverhältnis im Sinne des § 662 BGB, das durch den Bestellungsbeschluss der Wohnungseigentümerversammlung und die Annahme der Bestellung zustande kommt. Verletzt der Beirat seine Verpflichtungen schuldhaft, haftet er für den dadurch entstandenen Schaden. Haftungsmaßstab ist die im Geschäftsverkehr erforderliche Sorgfalt. Werden Wohnungseigentümer aufgrund ihrer beruflichen Tätigkeit als Architekt, Steuerberater oder Rechtsanwalt als Beirat bestellt, so ist der entsprechende berufsübliche Haftungsmaßstab zugrunde zu legen.

Jedes einzelne Mitglied des Verwaltungsbeirats haftet individuell für den durch eigenes Verschulden verursachten Schaden. Außer den Beiratsaufgaben kann die Eigentümerversammlung allen oder einzelnen Beiratsmitgliedern ebenso wie jedem Dritten weitere Aufgaben, zum Beispiel das Überwachen größerer Modernisierungsarbeiten, zur Erledigung übertragen. Auch in diesem Fall ergibt sich die Haftung aus dem Auftragsrecht, mehrere Verantwortliche haften als Gesamtschuldner (OLG Düsseldorf, 24.9.1997, 3 Wx 221/97). Zur Vermeidung von Beiratshaftungen empfiehlt es sich, eine Vermögensschadenhaftpflichtversicherung abzuschließen; dafür reicht ein einfacher Mehrheitsbeschluss aus. Die Freistellung erstreckt sich jedoch nur auf leicht fahrlässiges Handeln, bei grober Fahrlässigkeit und Vorsatz tritt die Versicherung nicht ein (§ 152 Versicherungsvertragsgesetz [VVG]).

Entlastung

Damit gegen ihn keine Schadensersatzansprüche aufkommen, hat auch der Verwaltungsbeirat – ähnlich wie der Verwalter – ein Interesse daran, jedoch keinen Anspruch darauf, sich für seine Tätigkeit innerhalb eines bestimmten Zeitraums entlasten zu lassen. Der Entlastungsbeschluss hat die Wirkung eines negativen Schuldanerkenntnisses (§ 397 Abs. 2 BGB). Das bedeutet, dass sämtliche Schadensersatzansprüche gegen den Beirat, die bis zur Entlastung entstanden sind und den Wohnungseigentümern bei der Beschlussfassung über die Entlastung bekannt waren oder bei zumutbarer Sorgfalt hätten erkannt werden können, ausgeschlossen sind. Die mehrheitliche Beschlussfassung der Wohnungseigentümer über die Entlastung entspricht grundsätzlich dann ordnungsmäßiger Verwaltung, wenn erkennbar ist, dass Schadensersatzansprüche gegen den Beirat nicht bestehen (BayObLG, 17.9.2003, 2Z BR 150/03). Eine Entlastung des Verwaltungsbeirats kommt jedoch nicht in Betracht, wenn er seine Pflichten verletzt hat und daraus Schadensersatzansprüche in Betracht kommen (BGH, 4.12.2009, V ZR 4/99). Es stellt keine Pflichtverletzung der Beiratsmitglieder dar, wenn sie ohne besondere Ermächtigung durch die Eigentümergemeinschaft Gegenstände und Materialien wie Gartengeräte, Pflanzen oder Farben für die Gemeinschaft anschaffen und sich ihre Auslagen von der Verwaltung erstatten lassen. Kann eine Bereicherung auf Kosten der Gemeinschaft nicht festgestellt werden, kommen auch keine Schadensersatzansprüche in Betracht (LG Köln, 9.12.2010, 29 S 114/10).

Solange ein Ersatzanspruch gegen Mitglieder des Beirats im Zusammenhang mit der Prüfung einer Jahresabrechnung oder eines Wirtschaftsplans möglich erscheint, entspricht eine Entlastung nicht den Grundsätzen ordnungsgemäßer Verwaltung (LG Baden-Baden, 12.2.2009, 3 T 87/07; BayObLG, 30.6.2004, 2Z BR 058/04; BayObLG, 25.5.2001, 2Z BR 133/00). Der Verwaltungsbeirat kann auch verantwortlich sein, wenn er bei der Prüfung Fehler in der Jahresabrechnung übersieht (KG Berlin, 31.1.2000, 24 W 7617/99) oder bei der Prüfung der Jahresabrechnung auf die Kontrolle der Kontenbelege verzichtet (OLG Düsseldorf, 24.9.1997, 3 Wx 221/97). Schon mögliche Ersatzansprüche gegen einen Verwaltungsbeirat rechtfertigen die Ungültigerklärung des Entlastungsbeschlusses (OLG München, 11.7.2008, 32 Wx 87/08).

Nach erfolgter Entlastung können bis dahin entstandene und bekannte oder erkennbare Schadensersatzansprüche nicht mehr geltend gemacht werden. Bei der Frage, ob eine Eigentümergemeinschaft über Regressansprüche gegen den Verwalter bei vorbehaltlos erteilter Entlastung Bescheid wusste, muss sie sich im Übrigen die Kenntnis des gleichzeitig entlasteten Verwaltungsbeirats zurechnen lassen (OLG Köln, 27.6.2001, 16 Wx 87/01). Bei der Abstimmung über die Entlastung des Verwaltungsbeirats sind dessen Mitglieder mit ihrem

Stimmrecht ausgeschlossen, auch mit erteilten Vollmachten (OLG Zweibrücken, 11.3.2002, 3 W 184/01).

Vergütung
Die Beiratsmitglieder sind grundsätzlich ehrenamtlich tätig. Gemäß §670 BGB besteht jedoch ein Anspruch auf Aufwendungsersatz. Hierzu sollte bereits bei Bestellung des Beirats eine Regelung getroffen werden. Ein Mitglied des Verwaltungsbeirats kann von den Wohnungseigentümern Ersatz der Aufwendungen oder Auslagen verlangen, die er im Zusammenhang mit seiner Tätigkeit hatte und den Umständen nach für erforderlich halten durfte. Dieser Anspruch kann aus Zweckmäßigkeitsgründen auch mit einer Pauschale abgegolten werden (OLG Schleswig, 13.12.2004, 2 W 124/03, 20 EUR pro Sitzung und Fahrtkostenerstattung analog der Erstattung für Dienstreisen). Durchaus üblich und zulässig ist auch die Zahlung von Aufwandspauschalen für die im Rahmen der ehrenamtlichen Tätigkeit üblicherweise anfallenden Kosten (BayObLG, 30.4.1999, 2Z BR 153/98). Die Rechtsprechung zur Angemessenheit der Pauschalen ist jedoch nicht einheitlich:

- Eine pauschale Entschädigung von 200 EUR je Beirat und Jahr entspricht ordnungsmäßiger Verwaltung (AG Hattingen, 23.1.2014, 28 C 30/1).
- Eine Jahresvergütung von 500 EUR für den Beiratsvorsitzenden widerspricht Grundsätzen ordnungsmäßiger Verwaltung (KG Berlin, 29.3.2004, 24 W 194/02).
- Bei einer großen Wohnungseigentümergemeinschaft (hier: 340 Wohneinheiten) ist es nicht zu beanstanden, wenn die Mitglieder des Verwaltungsbeirats für ihre Tätigkeit eine Vergütung erhalten. Dies gilt vor allem dann, wenn die besondere Fachkunde eines Beiratsmitglieds in Anspruch genommen wird. Ein jährliches Entgelt von insgesamt 3.579,04 EUR für alle drei Beiratsmitglieder ist bei einer so großen Eigentümergemeinschaft angemessen und entspricht noch ordnungsmäßiger Verwaltung (LG Hannover, 10.1.2006, 4 T 78/05).
- Ein pauschalierter Aufwendungsersatz in Höhe von 3.000 EUR pro Jahr ist unangemessen und kann nicht mehrheitlich beschlossen werden (AG Kiel, 11.8.2005, 105 II 25/2004).

Verwaltungsunterlagen

Zu den Verwaltungsunterlagen zählen insbesondere:

- Teilungserklärung, Gemeinschaftsordnung, Aufteilungsplan, Abgeschlossenheitsbescheinigung, Baupläne, Abnahmeprotokoll des Gemeinschaftseigentums,

- Gelder und Guthaben auf Gemeinschaftskonten, Sparbücher, Wertpapiere, Depots,
- Jahresgesamt- und Einzelabrechnungen, Wirtschaftspläne,
- sämtliche Belege, Rechnungen, Kontoauszüge,
- Eigentümerlisten, Versammlungsprotokolle, Beschlusssammlung, Vollmachten,
- Verträge, zum Beispiel mit Hausmeister/Versicherungen, Wartungsverträge.

Jeder Wohnungseigentümer ist grundsätzlich berechtigt, in sämtliche Verwaltungsunterlagen einschließlich der Abrechnungsunterlagen Einsicht zu nehmen (siehe »Einsichtsrecht«) und sich Abschriften zu fertigen oder ggf. gegen Kostenerstattung Kopien anfertigen zu lassen. Die Einsichtnahme ist jedoch beschränkt auf den Ort/die Büros der Verwaltung. Eine Herausgabe der Unterlagen kann nicht verlangt werden (OLG Köln, 7.6.2006, 16 Wx 241/05).

Verweigert der Verwalter die Einsichtnahme in die Verwaltungsunterlagen kann dies ein wichtiger Grund für seine Abberufung sein (BayObLG, 9.8.1990, 1 b Z 25/89). Bei Beendigung seiner Tätigkeit muss der Verwalter sämtliche Verwaltungsunterlagen herausgeben (BayObLG, 23.3.2001, 2Z BR 6/01).

Verwaltungsvermögen

§10 Abs. 7 WEG definiert das Verwaltungsvermögen

»Das Verwaltungsvermögen gehört der Gemeinschaft der Wohnungseigentümer. Es besteht aus den im Rahmen der gesamten Verwaltung des gemeinschaftlichen Eigentums gesetzlich begründeten und rechtsgeschäftlich erworbenen Sachen und Rechten sowie den entstandenen Verbindlichkeiten. Zum Verwaltungsvermögen gehören insbesondere die Ansprüche und Befugnisse aus Rechtsverhältnissen mit Dritten und mit Wohnungseigentümern sowie die eingenommenen Gelder. Vereinigen sich sämtliche Wohnungseigentumsrechte in einer Person, geht das Verwaltungsvermögen auf den Eigentümer des Grundstücks über.«

Zum Verwaltungsvermögen im Einzelnen zählen daher:

- alle Gegenstände, zum Beispiel Gartengeräte, Rasenmäher, Werkzeuge, Spielplatzgeräte, Schneeräummaschinen, Waschmaschinen und Trockner,
- Waschmünzenerlöse,
- Heizöl- und Gasvorräte,

- gemeinschaftliche Geldvermögen, zum Beispiel Guthaben bei Kreditinstituten, Instandhaltungsrücklagen, Festgelder, sonstige Geldanlagen, Zinserträge,
- Einkünfte aus Vermietung des gemeinschaftlichen Eigentums,
- gemeinschaftliche Verwaltungsunterlagen,
- gemeinschaftliche Forderungen und Ansprüche gegenüber Dritten und Wohnungseigentümern,
- gemeinschaftliche Verbindlichkeiten.

Achtung: Sonder- und Gemeinschaftseigentum !

Das Sondereigentum und das Gemeinschaftseigentum gehören nicht zum Verwaltungsvermögen (OLG Hamm, 19.7.2011, 15 Wx 120/10).

Bei einem Eigentümerwechsel verbleiben die Gegenstände, Forderungen, Ansprüche und Verbindlichkeiten des Verwaltungsvermögens bei der Gemeinschaft der Wohnungseigentümer. Der Bestand des Verwaltungsvermögens ist unabhängig vom jeweiligen Mitgliederbestand der Wohnungseigentümergemeinschaft, das heißt, eine Übertragung auf den Sonderrechtsnachfolger findet nicht statt.

Um das Verwaltungsvermögen im Wege der Zwangsvollstreckung verwerten zu können, muss ein Titel gegen die Gemeinschaft als Verband erwirkt werden. Der vollstreckbare Anspruch eines Gläubigers der Wohnungseigentümergemeinschaft beschränkt sich auf das Verwaltungsvermögen.

Vorsitz in der Versammlung

Der Verwalter führt gemäß §25 Abs. 4 WEG den Vorsitz in der Wohnungseigentümerversammlung, sofern die Wohnungseigentümer nichts anderes beschließen. Die Wohnungseigentümer können auch eine andere Person zum Vorsitzenden wählen. Dies kann dann sinnvoll sein, wenn in der Versammlung Vorwürfe gegen den Verwalter erörtert werden sollen oder gar geplant ist, den Verwalter abzuberufen. Wie der Verwalter die Versammlung führt, liegt in seinem pflichtgemäßen Ermessen, das heißt, er muss für eine sachgerechte Behandlung der Tagesordnung und eine ungestörte Willensbildung der Wohnungseigentümer sorgen.

Wirtschaftsplan

Dem Verwalter obliegt gemäß §21 Abs. 5 Nr. 5 und §28 Abs. 1 Satz 1 WEG die Erstellung eines Wirtschaftsplans. Dieser muss enthalten:

- die voraussichtlichen Einnahmen und Ausgaben bei der Verwaltung des gemeinschaftlichen Eigentums,
- die anteilsmäßige Verpflichtung der Wohnungseigentümer zur Lasten- und Kostentragung,
- die Beitragsleistung der Wohnungseigentümer zur Instandhaltungsrückstellung.

Kommt der Verwalter seiner Pflicht zur Aufstellung des Wirtschaftsplans nicht nach, kann jeder einzelne Wohnungseigentümer im Rahmen seines Anspruchs auf ordnungsmäßige Verwaltung im Sinne des §21 Abs. 5 Nr. 5 WEG dies verlangen und ggf. auch gerichtlich einfordern (BayObLG, 17.8.2005, 2Z BR 229/04; LG Bielefeld, 14.12.2010, 23 T 442/10). Die dem Wirtschaftsplan zugrunde liegenden Zahlen werden regelmäßig der letzten Jahresabrechnung entnommen. Hierbei sind jedoch zu erwartende Kostensteigerungen, Zusatzkosten und geplante Instandsetzungen/Instandhaltungen zu berücksichtigen. Der Wirtschaftsplan muss die voraussichtlichen Gesamtkosten, die Kostenverteilungsschlüssel und die für den einzelnen Wohnungseigentümer anfallenden Kosten wiedergeben.

Wird ein Einzelwirtschaftsplan vom Verwalter nicht erstellt, stellt dies einen Grund für die Beschlussanfechtung der Genehmigung des Gesamtwirtschaftsplans dar (BGH, 2.6.2005, V ZB 32/05, ZMR 2005, 547).

Der Wirtschaftsplan muss von der Eigentümerversammlung durch Mehrheitsbeschluss genehmigt werden (§28 Abs. 5 WEG). Er wird damit zur Rechtsgrundlage für das Verlangen auf monatliche Hausgeldzahlung (siehe »Hausgeld/Wohngeld«) durch den Verwalter. Ohne Beschlussfassung über den Wirtschaftsplan kann die Wohnungseigentümergemeinschaft keine Wohngeldvorauszahlungen verlangen, für bereits gezahlte Wohngelder fehlt der Rechtsgrund (BGH, 20.11.1992, V ZR 279/91).

Der Wirtschaftsplan hat grundsätzlich so lange Gültigkeit, wie das Kalenderjahr, für das er aufgestellt wurde, andauert.

Zum Wirtschaftsplan siehe ausführlich Kapitel 5.4.

Wohnungseigentum

Wohnungseigentum ist das Sondereigentum an einer Wohnung verbunden mit dem Miteigentumsanteil an dem gemeinschaftlichen Eigentum, zu dem es gehört (§1 Abs. 2 WEG). Neben dem Sondereigentum gibt es das Teileigentum als weitere Erscheinungsform des Wohnungseigentums. Das Teileigentum unterscheidet sich vom Sondereigentum nur dadurch, dass es aus den nicht zu Wohnzwecken dienenden Räumen eines Gebäudes besteht (§1 Abs. 3 WEG), zum Beispiel aus gewerblich genutzten Einheiten oder Tiefgaragenstellplätzen. Für Sonder- und Teileigentum gelten die gleichen gesetzlichen Vorschriften (§1 Abs. 6 WEG).

Zustellungsvertreter

Siehe »Ersatzzustellungsvertreter«.

Zweitbeschluss

Ein Zweitbeschluss – auch Wiederholungsbeschluss genannt – liegt vor, wenn die Wohnungseigentümer zu einer bereits durch Beschluss geregelten Angelegenheit erneut einen Beschluss fassen (ausführlich siehe Kapitel 4.3.5).

8 Exkurs: Energieausweis

Seit der Einführung des Energieausweises (§§ 16 ff. EnEV) sind Eigentümer von Gebäuden bei Verkauf, Vermietung und Verpachtung verpflichtet, dem Käufer, Mieter oder Pächter einen Energieausweis zugänglich zu machen.

8.1 Was ist der Energieausweis?

Der Energieausweis dient dazu, Auskunft über die Energieeffizienz eines Gebäudes zu geben. Er soll darüber informieren, wie energiesparend die Nutzung der Immobilie möglich ist, und gibt einen groben Vergleich zu ähnlichen Gebäuden. Immobilieneigentümer trifft bei Vermietung, Verpachtung und Verkauf der Immobilie eine Vorzeigepflicht, damit Interessenten über den energetischen Zustand des Gebäudes urteilen können. Dieser Umstand soll den Immobilieneigentümer zur energetischen Modernisierung seines Gebäudes motivieren.

8.2 Vorlagepflicht

Bei Vermietung oder Verkauf muss der Energieausweis einem Käufer, Mieter oder Pächter bereits bei der Besichtigung vorgelegt werden. Für ein Inserat werden die Werte des Energieausweises benötigt. Ein Anspruch auf Überlassung einer Kopie des Energieausweises besteht erst nach Abschluss des Kauf- oder Mietvertrags; sodann ist dem Käufer oder Mieter eine Kopie unverzüglich zu übergeben (§ 16 Abs. 2 EnEV). Der Energieausweis ist grundsätzlich für das ganze Gebäude und nicht nur für Teile hiervon (Sondereigentum oder Teileigentum) zu erstellen (§ 17 Abs. 3 Satz 1 EnEV). Eine Ausnahme gilt gemäß § 17 Abs. 3 Satz 2 i. V. m. § 22 EnEV für gemischt genutzte Gebäude, bei denen nur ein Teil der Wohnnutzung dient.

Die generelle Verpflichtung zum Energieausweis besteht fort, mit Einführung der EnEV 2014 haben sich jedoch einige Änderungen ergeben. Gemäß § 17 Abs. 1 EnEV wird der Energieausweis auf Grundlage des berechneten Energiebedarfs (Energiebedarfsausweis) oder des erfassten Energieverbrauchs (Energieverbrauchsausweis) ausgestellt. Bei Errichtung eines Gebäudes muss der Bauherr, wenn er zugleich Eigentümer des Gebäudes ist und dem zukünftigen Eigentümer einen Energieausweis ausstellt, darauf achten, dass dieser nur auf Grundlage des Energiebedarfs ausgestellt wird (§ 17 Abs. 2 EnEV). Das gilt auch für Bestandsgebäude, für die ein neuer Energieausweis ausgefertigt wird. In diesem Fall sind seit dem 1.10.2008 Energieausweise für Wohngebäude, die weniger als fünf Wohnungen haben und für die der Bauantrag vor dem 1.11.1977 gestellt wurde, auf Grundlage des Energiebedarfs auszustellen. Das gilt allerdings nicht, wenn das Wohngebäude schon bei der Baufertigstellung das Anforderungsniveau der Wärmeschutzverordnung vom 11.8.1977 (BGBl. I, 1554) eingehalten hat oder durch spätere Änderungen mindestens auf dieses Anforderungsniveau gebracht worden ist (§17 Abs. 2 EnEV).

Bereits vorhandene Energieausweise gleich welcher Art können bis zu ihrem Ablaufdatum weiter verwendet werden. Energieausweise, die seit dem 1.5.2014 ausgestellt wurden und werden, müssen die Energieeffizienzklasse des Gebäudes anhand einer Farbskala, wie sie zum Beispiel von Elektrogeräten oder Kraftfahrzeugen bekannt ist, dargestellt werden (Anlage 8, 9 zu §16 EnEV). Weiterhin muss der Aussteller dem Eigentümer im Energieausweis Modernisierungsempfehlungen geben, wie sich der energetische Zustand des Gebäudes optimieren lässt (§17 Abs. 4 EnEV; Anlagen 6–9 EnEV).

Eigentümer von Behördengebäuden mit mehr als 500 m^2 Nutzfläche müssen seit 1.5.2015 den Energieausweis zumindest in Form der Ergebnisseite gemäß §16 Abs. 3 EnEV aushängen; seit dem 9.7.2015 gilt dies bereits ab einer Nutzfläche von 250 m^2. Gleiches gilt für private Eigentümer, in deren Gebäuden starker Publikumsverkehr herrscht, zum Beispiel bei Banken, Firmen, Gaststätten, Hotels oder sonstigen Geschäftsräumen. Eigentümer solcher Gebäude müssen den Energieausweis ebenfalls seit dem 1.5.2014 aushängen, wenn deren Gebäude mehr als 500 m^2 Nutzfläche aufweist. Einem Geschäftsraummieter muss der Eigentümer zu diesem Zweck eine Kopie des Energieausweises überlassen (§16 Abs. 2 EnEV).

Auch neu ist seit der EnEV 2014 die Registrierungspflicht für neu erstellte Energieausweise. Jeder neue Energieausweis muss mit einer Registriernummer versehen werden, die der Aussteller bei der zuständigen Behörde bzw. Registrierstelle beantragt (§26c Abs. 1 Satz 1 EnEV). Das ist derzeit das Deutsche Institut für Bautechnik (www.dibt.de).

Zukünftig haben die Aussteller von Energieausweisen mit stichprobenartigen Kontrollen durch die Registrierstelle zu rechnen (§26d EnEV). Falls der Kontrollstelle die Stichprobe des Energieausweises sowie die zuvor schon nötige Dokumentation über die energetische Inspektion von Klimaanlagen gemäß §12 EnEV nicht ausreichend erscheint, kann sie eine vollständige Prüfung der dort angegebenen Daten anordnen (§26d Abs. 6 EnEV).

Verantwortlich dafür, dass die Vorschriften der EnEV eingehalten werden, ist nach dem Gesetzestext der Bauherr, also in der Regel bei Maßnahmen am Gemeinschaftseigentum die Wohnungseigentümergemeinschaft (§26 EnEV). Verstöße gegen die Pflichten, die sich aus der EnEV ergeben, können mit einem Bußgeld von bis zu 50.000 EUR geahndet werden (§27 EnEV i.V.m. §8 Abs. 2 Energieeinsparungsgesetz [EnEG] 2013). Verstöße gegen die Registrierungspflicht können mit Bußgeldern von bis zu 5.000 EUR geahndet werden (§27 EnEV i.V.m. §8 Abs. 3 EnEG 2013).

Hinweis: Welche Ausnahmen gibt es? !

Eine Ausweispflicht besteht nicht
- bei Eigentumswechsel durch Zwangsversteigerung,
- im Erbfall,
- bei einer Nutzfläche bis 50 m^2,
- bei Häusern, die unter Denkmalschutz stehen,
- bei einer Nutzungsdauer von weniger als vier Monaten im Jahr,
- bei begrenzter jährlicher Nutzung und einem zu erwartenden Energieverbrauch von weniger als 25% des zu erwartenden Energieverbrauchs bei ganzjähriger Nutzung.

8.3 Welche Angaben muss ein Immobilieninserat haben?

Nach §16a I EnEV muss das Inserat folgende Pflichtangaben enthalten:
- Art des Energieausweises,
- Wert des Endenergiebedarfs oder Endenergieverbrauchs,
- Baujahr,
- Energieeffizienzklasse.

Die Pflicht, die genannten Angaben zur energetischen Beschaffenheit der Immobilie in Inseraten zu machen, trifft auch Makler. Falls dies unterbleibt, kann der Makler zur Unterlassung und Erstattung der Abmahnkosten verklagt werden (OLG Bamberg, 22.2.2016, 3 U 198/15; LG Traunstein, 12.2.2016, 1 HKO 3385/15).

8.4 Verbrauchsausweis und Bedarfsausweis

Der Verbrauchsausweis wird anhand des tatsächlichen Energieverbrauchs der letzten drei Jahre erstellt. Diese Energiemengen werden in Relation gesetzt zu den damit beheizten Flächen. Daraus wird der Energieverbrauchskennwert ermittelt, der dann in einer Farbskala, dem sogenannten Bandtacho, grafisch dargestellt wird. Außerdem wird das Gebäude einer Energieeffizienzklasse zugeordnet, die mit den Buchstaben A bis H aufsteigende Werte wiedergibt. Besonders effiziente Gebäude erhalten die Energieeffizienzklasse A+, Gebäude mit besonders hohem Verbrauch werden mit H klassifiziert. Der Verbrauchsausweis ist aufgrund seines geringen Aufwands relativ günstig.

Wenn Mieter ihre Energie beispielsweise direkt beziehen, kann der Vermieter die Verbrauchsdaten der letzten drei Jahre verlangen (LG Karlsruhe, 20.1.2009, 9 S 523/08).

Beim Bedarfsausweis wird das Gebäude von einem Energieberater anhand von Unterlagen (Baupläne, Baubeschreibungen) energetisch analysiert. Dazu müssen alle Flächen erfasst werden, die das beheizte Gebäudeinnere von seiner Umgebung trennen. Die technische Ausrüstung des Gebäudes zur Heizung und Warmwasserbereitung muss dabei ebenfalls sehr genau erfasst werden. Anhand der Daten werden der Energiebedarf und die Energieeffizienzklasse des vorliegenden Gebäudes berechnet und dargestellt.

Alle Eigentümer von Gebäuden mit mehr als vier Wohnungen haben die freie Wahl, ob sie einen Verbrauchs- oder einen Bedarfsausweis wollen. Das gilt auch für Gebäude mit weniger als fünf Wohnungen, wenn der Bauantrag nach dem 1.11.1977 gestellt wurde. Alle Gebäude mit weniger als fünf Wohnungen, deren Bauantrag vor dem 1.11.1977 gestellt wurde und die noch nicht energetisch modernisiert wurden, müssen sich zwingend einen Bedarfsausweis ausstellen lassen. Bei Nichtwohngebäuden hat der Eigentümer die freie Wahl, ob er einen Bedarfs- oder einen Verbrauchsausweis erstellen lässt.

Es folgen die Energieausweise im Überblick (Anlagen 6 bis 8 zu § 16 EnEV)

ENERGIEAUSWEIS für Wohngebäude

gemäß den §§ 16 ff. der Energieeinsparverordnung (EnEV) vom [1]

Gültig bis:

Registriernummer [2]
(oder: „Registriernummer wurde beantragt am...")

1

Gebäude

Gebäudetyp		**Gebäudefoto (freiwillig)**
Adresse		
Gebäudeteil		
Baujahr Gebäude [3]		
Baujahr Wärmeerzeuger [3, 4]		
Anzahl Wohnungen		
Gebäudenutzfläche (A_N)	□ nach § 19 EnEV aus der Wohnfläche ermittelt	
Wesentliche Energieträger für Heizung und Warmwasser [3]		
Erneuerbare Energien	Art:	Verwendung:
Art der Lüftung/Kühlung	□ Fensterlüftung □ Schachtlüftung □ Lüftungsanlage mit Wärmerückgewinnung □ Lüftungsanlage ohne Wärmerückgewinnung	□ Anlage zur Kühlung
Anlass der Ausstellung des Energieausweises	□ Neubau □ Vermietung/Verkauf □ Modernisierung (Änderung/Erweiterung)	□ Sonstiges (freiwillig)

Hinweise zu den Angaben über die energetische Qualität des Gebäudes

Die energetische Qualität eines Gebäudes kann durch die Berechnung des **Energiebedarfs** unter Annahme von standardisierten Randbedingungen oder durch die Auswertung des **Energieverbrauchs** ermittelt werden. Als Bezugsfläche dient die energetische Gebäudenutzfläche nach der EnEV, die sich in der Regel von den allgemeinen Wohnflächenangaben unterscheidet. Die angegebenen Vergleichswerte sollen überschlägige Vergleiche ermöglichen (**Erläuterungen – siehe Seite 5**). Teil des Energieausweises sind die Modernisierungsempfehlungen (Seite 4).

□ Der Energieausweis wurde auf der Grundlage von Berechnungen des **Energiebedarfs** erstellt (Energiebedarfsausweis). Die Ergebnisse sind auf **Seite 2** dargestellt. Zusätzliche Informationen zum Verbrauch sind freiwillig.

□ Der Energieausweis wurde auf der Grundlage von Auswertungen des **Energieverbrauchs** erstellt (Energieverbrauchsausweis). Die Ergebnisse sind auf **Seite 3** dargestellt.

Datenerhebung Bedarf/Verbrauch durch □ Eigentümer □ Aussteller

□ Dem Energieausweis sind zusätzliche Informationen zur energetischen Qualität beigefügt (freiwillige Angabe).

Hinweise zur Verwendung des Energieausweises

Der Energieausweis dient lediglich der Information. Die Angaben im Energieausweis beziehen sich auf das gesamte Wohngebäude oder den oben bezeichneten Gebäudeteil. Der Energieausweis ist lediglich dafür gedacht, einen überschlägigen Vergleich von Gebäuden zu ermöglichen.

Aussteller

Ausstellungsdatum Unterschrift des Ausstellers

[1] Datum der angewendeten EnEV, gegebenenfalls angewendeten Änderungsverordnung zur EnEV [2] Bei nicht rechtzeitiger Zuteilung der Registriernummer (§ 17 Absatz 4 Satz 4 und 5 EnEV) ist das Datum der Antragstellung einzutragen; die Registriernummer ist nach deren Eingang nachträglich einzusetzen. [3] Mehrfachangaben möglich [4] bei Wärmenetzen Baujahr der Übergabestation

ENERGIEAUSWEIS für Wohngebäude

gemäß den §§ 16 ff. der Energieeinsparverordnung (EnEV) vom [1]

Berechneter Energiebedarf des Gebäudes

Registriernummer [2]
(oder: „Registriernummer wurde beantragt am...")

2

Energiebedarf

CO_2-Emissionen [3] kg/(m²·a)

Endenergiebedarf dieses Gebäudes
kWh/(m²·a)

A+ | A | B | C | D | E | F | G | H

0 25 50 75 100 125 150 175 200 225 >250

kWh/(m²·a)
Primärenergiebedarf dieses Gebäudes

Anforderungen gemäß EnEV [4]

Primärenergiebedarf
Ist-Wert kWh/(m²·a) Anforderungswert kWh/(m²·a)

Energetische Qualität der Gebäudehülle H_T'
Ist-Wert W/(m²·K) Anforderungswert W/(m²·K)

Sommerlicher Wärmeschutz (bei Neubau) □ eingehalten

Für Energiebedarfsberechnungen verwendetes Verfahren

- □ Verfahren nach DIN V 4108-6 und DIN V 4701-10
- □ Verfahren nach DIN V 18599
- □ Regelung nach § 3 Absatz 5 EnEV
- □ Vereinfachungen nach § 9 Absatz 2 EnEV

Endenergiebedarf dieses Gebäudes

[Pflichtangabe in Immobilienanzeigen]

kWh/(m²·a)

Angaben zum EEWärmeG [5]

Nutzung erneuerbarer Energien zur Deckung des Wärme- und Kältebedarfs auf Grund des Erneuerbare-Energien-Wärmegesetzes (EEWärmeG)

Art: **Deckungsanteil:** %
%
%

Ersatzmaßnahmen [6]

Die Anforderungen des EEWärmeG werden durch die Ersatzmaßnahme nach § 7 Absatz 1 Nummer 2 EEWärmeG erfüllt.

- □ Die nach § 7 Absatz 1 Nummer 2 EEWärmeG verschärften Anforderungswerte der EnEV sind eingehalten.
- □ Die in Verbindung mit § 8 EEWärmeG um % verschärften Anforderungswerte der EnEV sind eingehalten.

Verschärfter Anforderungswert Primärenergiebedarf: kWh/(m²·a)

Verschärfter Anforderungswert für die energetische Qualität der Gebäudehülle H_T': W/(m²·K)

Vergleichswerte Endenergie

A+ | A | B | C | D | E | F | G | H

0 25 50 75 100 125 150 175 200 225 >250

Effizienzhaus 40
MFH Neubau
EFH Neubau
EFH energetisch gut modernisiert
Durchschnitt Wohngebäudebestand
MFH energetisch nicht wesentlich modernisiert
EFH energetisch nicht wesentlich modernisiert

7

Erläuterungen zum Berechnungsverfahren

Die Energieeinsparverordnung lässt für die Berechnung des Energiebedarfs unterschiedliche Verfahren zu, die im Einzelfall zu unterschiedlichen Ergebnissen führen können. Insbesondere wegen standardisierter Randbedingungen erlauben die angegebenen Werte keine Rückschlüsse auf den tatsächlichen Energieverbrauch. Die ausgewiesenen Bedarfswerte der Skala sind spezifische Werte nach der EnEV pro Quadratmeter Gebäudenutzfläche (A_N), die im Allgemeinen größer ist als die Wohnfläche des Gebäudes.

[1] siehe Fußnote 1 auf Seite 1 des Energieausweises
[2] siehe Fußnote 2 auf Seite 1 des Energieausweises
[3] freiwillige Angabe
[4] nur bei Neubau sowie bei Modernisierung im Fall des § 16 Absatz 1 Satz 3 EnEV
[5] nur bei Neubau
[6] nur bei Neubau im Fall der Anwendung von § 7 Absatz 1 Nummer 2 EEWärmeG
[7] EFH: Einfamilienhaus, MFH: Mehrfamilienhaus

ENERGIEAUSWEIS für Wohngebäude

gemäß den §§ 16 ff. der Energieeinsparverordnung (EnEV) vom [1]

Erfasster Energieverbrauch des Gebäudes

Registriernummer [2]
(oder: „Registriernummer wurde beantragt am...")

3

Energieverbrauch

Endenergieverbrauch dieses Gebäudes
kWh/(m²·a)

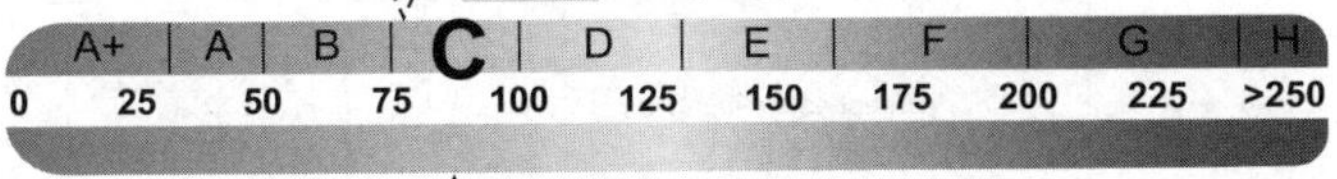

kWh/(m²·a)
Primärenergieverbrauch dieses Gebäudes

Endenergieverbrauch dieses Gebäudes

[Pflichtangabe für Immobilienanzeigen] kWh/(m²·a)

Verbrauchserfassung – Heizung und Warmwasser

Zeitraum von	Zeitraum bis	Energieträger [3]	Primärenergiefaktor	Energieverbrauch [kWh]	Anteil Warmwasser [kWh]	Anteil Heizung [kWh]	Klimafaktor

Vergleichswerte Endenergie

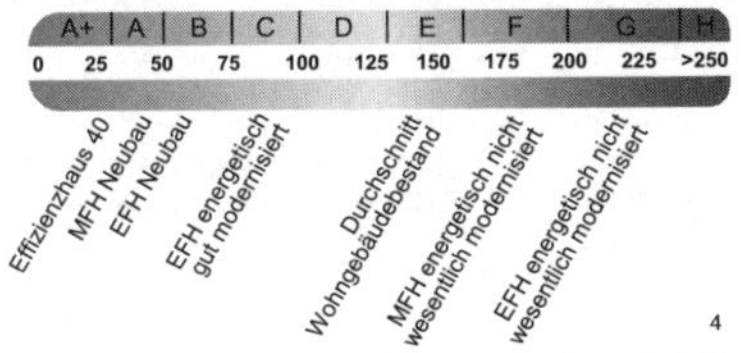

Die modellhaft ermittelten Vergleichswerte beziehen sich auf Gebäude, in denen die Wärme für Heizung und Warmwasser durch Heizkessel im Gebäude bereitgestellt wird.
Soll ein Energieverbrauch eines mit Fern- oder Nahwärme beheizten Gebäudes verglichen werden, ist zu beachten, dass hier normalerweise ein um 15 bis 30 % geringerer Energieverbrauch als bei vergleichbaren Gebäuden mit Kesselheizung zu erwarten ist.

Erläuterungen zum Verfahren

Das Verfahren zur Ermittlung des Energieverbrauchs ist durch die Energieeinsparverordnung vorgegeben. Die Werte der Skala sind spezifische Werte pro Quadratmeter Gebäudenutzfläche (A_N) nach der Energieeinsparverordnung, die im Allgemeinen größer ist als die Wohnfläche des Gebäudes. Der tatsächliche Energieverbrauch einer Wohnung oder eines Gebäudes weicht insbesondere wegen des Witterungseinflusses und sich ändernden Nutzerverhaltens vom angegebenen Energieverbrauch ab.

[1] siehe Fußnote 1 auf Seite 1 des Energieausweises
[2] siehe Fußnote 2 auf Seite 1 des Energieausweises
[3] gegebenenfalls auch Leerstandszuschläge, Warmwasser- oder Kühlpauschale in kWh
[4] EFH: Einfamilienhaus, MFH: Mehrfamilienhaus

ENERGIEAUSWEIS für Wohngebäude

gemäß den §§ 16 ff. der Energieeinsparverordnung (EnEV) vom [1]

Empfehlungen des Ausstellers

Registriernummer [2]
(oder: „Registriernummer wurde beantragt am...")

4

Empfehlungen zur kostengünstigen Modernisierung

Maßnahmen zur kostengünstigen Verbesserung der Energieeffizienz sind ☐ möglich ☐ nicht möglich

Empfohlene Modernisierungsmaßnahmen

Nr.	Bau- oder Anlagenteile	Maßnahmenbeschreibung in einzelnen Schritten	empfohlen: in Zusammenhang mit größerer Modernisierung	empfohlen: als Einzelmaßnahme	(freiwillige Angaben): geschätzte Amortisationszeit	(freiwillige Angaben): geschätzte Kosten pro eingesparte Kilowattstunde Endenergie
			☐	☐		
			☐	☐		
			☐	☐		
			☐	☐		
			☐	☐		
			☐	☐		
			☐	☐		
			☐	☐		
			☐	☐		
			☐	☐		

☐ weitere Empfehlungen auf gesondertem Blatt

Hinweis: Modernisierungsempfehlungen für das Gebäude dienen lediglich der Information. Sie sind nur kurz gefasste Hinweise und kein Ersatz für eine Energieberatung.

Genauere Angaben zu den Empfehlungen sind erhältlich bei/unter:

Ergänzende Erläuterungen zu den Angaben im Energieausweis (Angaben freiwillig)

[1] siehe Fußnote 1 auf Seite 1 des Energieausweises

[2] siehe Fußnote 2 auf Seite 1 des Energieausweises

ENERGIEAUSWEIS für Wohngebäude

gemäß den §§ 16 ff. der Energieeinsparverordnung (EnEV) vom [1]

Erläuterungen

5

Angabe Gebäudeteil – Seite 1

Bei Wohngebäuden, die zu einem nicht unerheblichen Anteil zu anderen als Wohnzwecken genutzt werden, ist die Ausstellung des Energieausweises gemäß dem Muster nach Anlage 6 auf den Gebäudeteil zu beschränken, der getrennt als Wohngebäude zu behandeln ist (siehe im Einzelnen § 22 EnEV). Dies wird im Energieausweis durch die Angabe „Gebäudeteil" deutlich gemacht.

Erneuerbare Energien – Seite 1

Hier wird darüber informiert, wofür und in welcher Art erneuerbare Energien genutzt werden. Bei Neubauten enthält Seite 2 (Angaben zum EEWärmeG) dazu weitere Angaben.

Energiebedarf – Seite 2

Der Energiebedarf wird hier durch den Jahres-Primärenergiebedarf und den Endenergiebedarf dargestellt. Diese Angaben werden rechnerisch ermittelt. Die angegebenen Werte werden auf der Grundlage der Bauunterlagen bzw. gebäudebezogener Daten und unter Annahme von standardisierten Randbedingungen (z. B. standardisierte Klimadaten, definiertes Nutzerverhalten, standardisierte Innentemperatur und innere Wärmegewinne usw.) berechnet. So lässt sich die energetische Qualität des Gebäudes unabhängig vom Nutzerverhalten und von der Wetterlage beurteilen. Insbesondere wegen der standardisierten Randbedingungen erlauben die angegebenen Werte keine Rückschlüsse auf den tatsächlichen Energieverbrauch.

Primärenergiebedarf – Seite 2

Der Primärenergiebedarf bildet die Energieeffizienz des Gebäudes ab. Er berücksichtigt neben der Endenergie auch die so genannte „Vorkette" (Erkundung, Gewinnung, Verteilung, Umwandlung) der jeweils eingesetzten Energieträger (z. B. Heizöl, Gas, Strom, erneuerbare Energien etc.). Ein kleiner Wert signalisiert einen geringen Bedarf und damit eine hohe Energieeffizienz sowie eine die Ressourcen und die Umwelt schonende Energienutzung. Zusätzlich können die mit dem Energiebedarf verbundenen CO_2-Emissionen des Gebäudes freiwillig angegeben werden.

Energetische Qualität der Gebäudehülle – Seite 2

Angegeben ist der spezifische, auf die wärmeübertragende Umfassungsfläche bezogene Transmissionswärmeverlust (Formelzeichen in der EnEV: H_T'). Er beschreibt die durchschnittliche energetische Qualität aller wärmeübertragenden Umfassungsflächen (Außenwände, Decken, Fenster etc.) eines Gebäudes. Ein kleiner Wert signalisiert einen guten baulichen Wärmeschutz. Außerdem stellt die EnEV Anforderungen an den sommerlichen Wärmeschutz (Schutz vor Überhitzung) eines Gebäudes.

Endenergiebedarf – Seite 2

Der Endenergiebedarf gibt die nach technischen Regeln berechnete, jährlich benötigte Energiemenge für Heizung, Lüftung und Warmwasserbereitung an. Er wird unter Standardklima- und Standardnutzungsbedingungen errechnet und ist ein Indikator für die Energieeffizienz eines Gebäudes und seiner Anlagentechnik. Der Endenergiebedarf ist die Energiemenge, die dem Gebäude unter der Annahme von standardisierten Bedingungen und unter Berücksichtigung der Energieverluste zugeführt werden muss, damit die standardisierte Innentemperatur, der Warmwasserbedarf und die notwendige Lüftung sichergestellt werden können. Ein kleiner Wert signalisiert einen geringen Bedarf und damit eine hohe Energieeffizienz.

Angaben zum EEWärmeG – Seite 2

Nach dem EEWärmeG müssen Neubauten in bestimmtem Umfang erneuerbare Energien zur Deckung des Wärme- und Kältebedarfs nutzen. In dem Feld „Angaben zum EEWärmeG" sind die Art der eingesetzten erneuerbaren Energien und der prozentuale Anteil der Pflichterfüllung abzulesen. Das Feld „Ersatzmaßnahmen" wird ausgefüllt, wenn die Anforderungen des EEWärmeG teilweise oder vollständig durch Maßnahmen zur Einsparung von Energie erfüllt werden. Die Angaben dienen gegenüber der zuständigen Behörde als Nachweis des Umfangs der Pflichterfüllung durch die Ersatzmaßnahme und der Einhaltung der für das Gebäude geltenden verschärften Anforderungswerte der EnEV.

Endenergieverbrauch – Seite 3

Der Endenergieverbrauch wird für das Gebäude auf der Basis der Abrechnungen von Heiz- und Warmwasserkosten nach der Heizkostenverordnung oder auf Grund anderer geeigneter Verbrauchsdaten ermittelt. Dabei werden die Energieverbrauchsdaten des gesamten Gebäudes und nicht der einzelnen Wohneinheiten zugrunde gelegt. Der erfasste Energieverbrauch für die Heizung wird anhand der konkreten örtlichen Wetterdaten und mithilfe von Klimafaktoren auf einen deutschlandweiten Mittelwert umgerechnet. So führt beispielsweise ein hoher Verbrauch in einem einzelnen harten Winter nicht zu einer schlechteren Beurteilung des Gebäudes. Der Endenergieverbrauch gibt Hinweise auf die energetische Qualität des Gebäudes und seiner Heizungsanlage. Ein kleiner Wert signalisiert einen geringen Verbrauch. Ein Rückschluss auf den künftig zu erwartenden Verbrauch ist jedoch nicht möglich; insbesondere können die Verbrauchsdaten einzelner Wohneinheiten stark differieren, weil sie von der Lage der Wohneinheiten im Gebäude, von der jeweiligen Nutzung und dem individuellen Verhalten der Bewohner abhängen.

Im Fall längerer Leerstände wird hierfür ein pauschaler Zuschlag rechnerisch bestimmt und in die Verbrauchserfassung einbezogen. Im Interesse der Vergleichbarkeit wird bei dezentralen, in der Regel elektrisch betriebenen Warmwasseranlagen der typische Verbrauch über eine Pauschale berücksichtigt: Gleiches gilt für den Verbrauch von eventuell vorhandenen Anlagen zur Raumkühlung. Ob und inwieweit die genannten Pauschalen in die Erfassung eingegangen sind, ist der Tabelle „Verbrauchserfassung" zu entnehmen.

Primärenergieverbrauch – Seite 3

Der Primärenergieverbrauch geht aus dem für das Gebäude ermittelten Endenergieverbrauch hervor. Wie der Primärenergiebedarf wird er mithilfe von Umrechnungsfaktoren ermittelt, die die Vorkette der jeweils eingesetzten Energieträger berücksichtigen.

Pflichtangaben für Immobilienanzeigen – Seite 2 und 3

Nach der EnEV besteht die Pflicht, in Immobilienanzeigen die in § 16a Absatz 1 genannten Angaben zu machen. Die dafür erforderlichen Angaben sind dem Energieausweis zu entnehmen, je nach Ausweisart der Seite 2 oder 3.

Vergleichswerte – Seite 2 und 3

Die Vergleichswerte auf Endenergieebene sind modellhaft ermittelte Werte und sollen lediglich Anhaltspunkte für grobe Vergleiche der Werte dieses Gebäudes mit den Vergleichswerten anderer Gebäude sein. Es sind Bereiche angegeben, innerhalb derer ungefähr die Werte für die einzelnen Vergleichskategorien liegen.

[1] siehe Fußnote 1 auf Seite 1 des Energieausweises

ENERGIEAUSWEIS für Nichtwohngebäude

gemäß den §§ 16 ff. der Energieeinsparverordnung (EnEV) vom [1]

Gültig bis:

Registriernummer [2]
(oder: „Registriernummer wurde beantragt am...")

1

Gebäude

Hauptnutzung/ Gebäudekategorie		**Gebäudefoto (freiwillig)**
Adresse		
Gebäudeteil		
Baujahr Gebäude [3]		
Baujahr Wärmeerzeuger [3, 4]		
Nettogrundfläche [5]		
Wesentliche Energieträger für Heizung und Warmwasser [3]		
Erneuerbare Energien	Art:	Verwendung:
Art der Lüftung/Kühlung [3]	□ Fensterlüftung □ Lüftungsanlage mit Wärmerückgewinnung □ Anlage zur Kühlung □ Schachtlüftung □ Lüftungsanlage ohne Wärmerückgewinnung	
Anlass der Ausstellung des Energieausweises	□ Neubau □ Modernisierung (Änderung/Erweiterung) □ Aushangpflicht □ Vermietung/Verkauf □ Sonstiges (freiwillig)	

Hinweise zu den Angaben über die energetische Qualität des Gebäudes

Die energetische Qualität eines Gebäudes kann durch die Berechnung des **Energiebedarfs** unter Annahme von standardisierten Randbedingungen oder durch die Auswertung des **Energieverbrauchs** ermittelt werden. **Als Bezugsfläche dient die Nettogrundfläche**. Teil des Energieausweises sind die Modernisierungsempfehlungen (Seite 4).

□ Der Energieausweis wurde auf der Grundlage von Berechnungen des **Energiebedarfs** erstellt (Energiebedarfsausweis). Die Ergebnisse sind auf **Seite 2** dargestellt. Zusätzliche Informationen zum Verbrauch sind freiwillig. Diese Art der Ausstellung ist Pflicht bei Neubauten und bestimmten Modernisierungen nach § 16 Absatz 1 Satz 3 EnEV. Die angegebenen Vergleichswerte sind die Anforderungen der EnEV zum Zeitpunkt der Erstellung des Energieausweises **(Erläuterungen – siehe Seite 5)**.

□ Der Energieausweis wurde auf der Grundlage von Auswertungen des **Energieverbrauchs** erstellt (Energieverbrauchsausweis). Die Ergebnisse sind auf **Seite 3** dargestellt. Die Vergleichswerte beruhen auf statistischen Auswertungen.

Datenerhebung Bedarf/Verbrauch durch □ Eigentümer □ Aussteller

□ Dem Energieausweis sind zusätzliche Informationen zur energetischen Qualität beigefügt (freiwillige Angabe).

Hinweise zur Verwendung des Energieausweises

Der Energieausweis dient lediglich der Information. Die Angaben im Energieausweis beziehen sich auf das gesamte Gebäude oder den oben bezeichneten Gebäudeteil. Der Energieausweis ist lediglich dafür gedacht, einen überschlägigen Vergleich von Gebäuden zu ermöglichen.

Aussteller

Ausstellungsdatum Unterschrift des Ausstellers

[1] Datum der angewendeten EnEV, gegebenenfalls angewendeten Änderungsverordnung zur EnEV [2] Bei nicht rechtzeitiger Zuteilung der Registriernummer (§ 17 Absatz 4 Satz 4 und 5 EnEV) ist das Datum der Antragstellung einzutragen; die Registriernummer ist nach deren Eingang nachträglich einzusetzen. [3] Mehrfachangaben möglich [4] bei Wärmenetzen Baujahr der Übergabestation
[5] Nettogrundfläche ist im Sinne der EnEV ausschließlich der beheizte/gekühlte Teil der Nettogrundfläche

ENERGIEAUSWEIS für Nichtwohngebäude

gemäß den §§ 16 ff. der Energieeinsparverordnung (EnEV) vom [1]

Berechneter Energiebedarf des Gebäudes **Registriernummer** [2] (oder: „Registriernummer wurde beantragt am...") **2**

Primärenergiebedarf

CO_2-Emissionen [3] kg/(m²·a)

Primärenergiebedarf dieses Gebäudes
kWh/(m²·a)

0 100 200 300 400 500 600 700 800 900 ≥1000

EnEV-Anforderungswert Neubau (Vergleichswert)
EnEV-Anforderungswert modernisierter Altbau (Vergleichswert)

Anforderungen gemäß EnEV [4]

Primärenergiebedarf
Ist-Wert kWh/(m²·a) Anforderungswert kWh/(m²·a)
Mittlere Wärmedurchgangskoeffizienten □ eingehalten
Sommerlicher Wärmeschutz (bei Neubau) □ eingehalten

Für Energiebedarfsberechnungen verwendetes Verfahren

- □ Verfahren nach Anlage 2 Nummer 2 EnEV
- □ Verfahren nach Anlage 2 Nummer 3 EnEV („Ein-Zonen-Modell")
- □ Vereinfachungen nach § 9 Absatz 2 EnEV
- □ Vereinfachungen nach Anlage 2 Nummer 2.1.4 EnEV

Endenergiebedarf

	Jährlicher Endenergiebedarf in kWh/(m²·a) für					
Energieträger	Heizung	Warmwasser	Eingebaute Beleuchtung	Lüftung [5]	Kühlung einschl. Befeuchtung	**Gebäude insgesamt**

Endenergiebedarf Wärme [Pflichtangabe in Immobilienanzeigen] **kWh/(m²·a)**

Endenergiebedarf Strom [Pflichtangabe in Immobilienanzeigen] **kWh/(m²·a)**

Angaben zum EEWärmeG [6]

Nutzung erneuerbarer Energien zur Deckung des Wärme- und Kältebedarfs auf Grund des Erneuerbare-Energien-Wärmegesetzes (EEWärmeG)

Art: **Deckungsanteil:** %
%
%

Ersatzmaßnahmen [7]

Die Anforderungen des EEWärmeG werden durch die Ersatzmaßnahme nach § 7 Absatz 1 Nummer 2 EEWärmeG erfüllt.

- □ Die nach § 7 Absatz 1 Nummer 2 EEWärmeG verschärften Anforderungswerte der EnEV sind eingehalten.
  Verschärfter Anforderungswert Primärenergiebedarf: kWh/(m²·a)
- □ Die in Verbindung mit § 8 EEWärmeG um % verschärften Anforderungswerte der EnEV sind eingehalten.
  Verschärfter Anforderungswert Primärenergiebedarf: kWh/(m²·a)

Gebäudezonen

Nr.	Zone	Fläche [m²]	Anteil [%]
1			
2			
3			
4			
5			
6			
7			
□	weitere Zonen in Anlage		

Erläuterungen zum Berechnungsverfahren

Die Energieeinsparverordnung lässt für die Berechnung des Energiebedarfs in vielen Fällen neben dem Berechnungsverfahren alternative Vereinfachungen zu, die im Einzelfall zu unterschiedlichen Ergebnissen führen können. Insbesondere wegen standardisierter Randbedingungen erlauben die angegebenen Werte keine Rückschlüsse auf den tatsächlichen Energieverbrauch. Die ausgewiesenen Bedarfswerte sind spezifische Werte nach der EnEV pro Quadratmeter beheizte/gekühlte Nettogrundfläche.

[1] siehe Fußnote 1 auf Seite 1 des Energieausweises [2] siehe Fußnote 2 auf Seite 1 des Energieausweises [3] freiwillige Angabe
[4] nur bei Neubau sowie bei Modernisierung im Fall des § 16 Absatz 1 Satz 3 EnEV [5] nur Hilfsenergiebedarf
[6] nur bei Neubau [7] nur bei Neubau im Fall der Anwendung von § 7 Absatz 1 Nummer 2 EEWärmeG

ENERGIEAUSWEIS für Nichtwohngebäude

gemäß den §§ 16 ff. der Energieeinsparverordnung (EnEV) vom [1]

Erfasster Energieverbrauch des Gebäudes

Registriernummer [2]
(oder: „Registriernummer wurde beantragt am...")

3

Endenergieverbrauch

Endenergieverbrauch Wärme
[Pflichtangabe in Immobilienanzeigen]
kWh/(m²·a)

0 100 200 300 400 500 600 700 800 900 ≥1000

Vergleichswert dieser Gebäudekategorie für Heizung und Warmwasser [3]

□ Warmwasser enthalten

Endenergieverbrauch Strom
[Pflichtangabe in Immobilienanzeigen]
kWh/(m²·a)

0 100 200 300 400 500 600 700 800 900 ≥1000

Vergleichswert dieser Gebäudekategorie für Strom [3]

Der Wert enthält den Stromverbrauch für

□ Zusatzheizung □ Warmwasser □ Lüftung □ eingebaute Beleuchtung □ Kühlung □ Sonstiges

Verbrauchserfassung

Zeitraum von	Zeitraum bis	Energieträger [4]	Primärenergiefaktor	Energieverbrauch Wärme [kWh]	Anteil Warmwasser [kWh]	Anteil Heizung [kWh]	Klimafaktor	Energieverbrauch Strom [kWh]

Primärenergieverbrauch dieses Gebäudes **kWh/(m²·a)**

Gebäudenutzung

Gebäudekategorie/ Nutzung	Flächenanteil	Vergleichswerte [3] Heizung und Warmwasser	Vergleichswerte [3] Strom
	%		
	%		
	%		

Erläuterungen zum Verfahren

Das Verfahren zur Ermittlung von Energieverbrauchskennwerten ist durch die Energieeinsparverordnung vorgegeben. Die Werte sind spezifische Werte pro Quadratmeter beheizte/gekühlte Nettogrundfläche. Der tatsächliche Energieverbrauch eines Gebäudes weicht insbesondere wegen des Witterungseinflusses und sich ändernden Nutzerverhaltens von den angegebenen Kennwerten ab.

[1] siehe Fußnote 1 auf Seite 1 des Energieausweises [2] siehe Fußnote 2 auf Seite 1 des Energieausweises

[3] veröffentlicht unter www.bbsr-energieeinsparung.de durch das Bundesministerium für Wirtschaft und Energie gemeinsam mit dem Bundesministerium für Umwelt, Naturschutz, Bau und Reaktorsicherheit

[4] gegebenenfalls auch Leerstandszuschläge in kWh

ENERGIEAUSWEIS für Nichtwohngebäude

gemäß den §§ 16 ff. der Energieeinsparverordnung (EnEV) vom [1]

Empfehlungen des Ausstellers

Registriernummer [2]
(oder: „Registriernummer wurde beantragt am...")

4

Empfehlungen zur kostengünstigen Modernisierung

Maßnahmen zur kostengünstigen Verbesserung der Energieeffizienz sind ☐ möglich ☐ nicht möglich

Empfohlene Modernisierungsmaßnahmen

Nr.	Bau- oder Anlagenteile	Maßnahmenbeschreibung in einzelnen Schritten	empfohlen		(freiwillige Angaben)	
			in Zusammenhang mit größerer Modernisierung	als Einzelmaßnahme	geschätzte Amortisationszeit	geschätzte Kosten pro eingesparte Kilowattstunde Endenergie
			☐	☐		
			☐	☐		
			☐	☐		
			☐	☐		
			☐	☐		
			☐	☐		
			☐	☐		
			☐	☐		
			☐	☐		
			☐	☐		

☐ weitere Empfehlungen auf gesondertem Blatt

Hinweis: Modernisierungsempfehlungen für das Gebäude dienen lediglich der Information. Sie sind nur kurz gefasste Hinweise und kein Ersatz für eine Energieberatung.

Genauere Angaben zu den Empfehlungen sind erhältlich bei/unter:	

Ergänzende Erläuterungen zu den Angaben im Energieausweis (Angaben freiwillig)

[1] siehe Fußnote 1 auf Seite 1 des Energieausweises

[2] siehe Fußnote 2 auf Seite 1 des Energieausweises

ENERGIEAUSWEIS für Nichtwohngebäude

gemäß den §§ 16 ff. der Energieeinsparverordnung (EnEV) vom [1]

Erläuterungen

5

Angabe Gebäudeteil – Seite 1

Bei Nichtwohngebäuden, die zu einem nicht unerheblichen Anteil zu Wohnzwecken genutzt werden, ist die Ausstellung des Energieausweises gemäß dem Muster nach Anlage 7 auf den Gebäudeteil zu beschränken, der getrennt als Nichtwohngebäude zu behandeln ist (siehe im Einzelnen § 22 EnEV). Dies wird im Energieausweis durch die Angabe „Gebäudeteil" deutlich gemacht.

Erneuerbare Energien – Seite 1

Hier wird darüber informiert, wofür und in welcher Art erneuerbare Energien genutzt werden. Bei Neubauten enthält Seite 2 (Angaben zum EEWärmeG) dazu weitere Angaben.

Energiebedarf – Seite 2

Der Energiebedarf wird hier durch den Jahres-Primärenergiebedarf und den Endenergiebedarf für die Anteile Heizung, Warmwasser, eingebaute Beleuchtung, Lüftung und Kühlung dargestellt. Diese Angaben werden rechnerisch ermittelt. Die angegebenen Werte werden auf der Grundlage der Bauunterlagen bzw. gebäudebezogener Daten und unter Annahme von standardisierten Randbedingungen (z. B. standardisierte Klimadaten, definiertes Nutzerverhalten, standardisierte Innentemperatur und innere Wärmegewinne) berechnet. So lässt sich die energetische Qualität des Gebäudes unabhängig vom Nutzerverhalten und von der Wetterlage beurteilen. Insbesondere wegen der standardisierten Randbedingungen erlauben die angegebenen Werte keine Rückschlüsse auf den tatsächlichen Energieverbrauch.

Primärenergiebedarf – Seite 2

Der Primärenergiebedarf bildet die Energieeffizienz des Gebäudes ab. Er berücksichtigt neben der Endenergie auch die so genannte „Vorkette" (Erkundung, Gewinnung, Verteilung, Umwandlung) der jeweils eingesetzten Energieträger (z. B. Heizöl, Gas, Strom, erneuerbare Energien etc.). Ein kleiner Wert signalisiert einen geringen Bedarf und damit eine hohe Energieeffizienz sowie eine die Ressourcen und die Umwelt schonende Energienutzung. Die angegebenen Vergleichswerte geben für das Gebäude die Anforderungen der EnEV an, die zum Zeitpunkt der Ausstellung des Energieausweises galt. Sie sind im Fall eines Neubaus oder einer Modernisierung des Gebäudes, die nach den Vorgaben des § 9 Absatz 1 Satz 2 EnEV durchgeführt wird, einzuhalten. Bei Bestandsgebäuden dienen sie zur Orientierung hinsichtlich der energetischen Qualität des Gebäudes. Zusätzlich können die mit dem Energiebedarf verbundenen CO_2-Emissionen des Gebäudes freiwillig angegeben werden.

Der Endwert der Skala zum Primärenergiebedarf beträgt, auf die Zehnerstelle gerundet, das Dreifache des Vergleichswerts „EnEV Anforderungswert modernisierter Altbau" (140 % des „EnEV Anforderungswerts Neubau").

Wärmeschutz – Seite 2

Die EnEV stellt bei Neubauten und bestimmten baulichen Änderungen auch Anforderungen an die energetische Qualität aller wärmeübertragenden Umfassungsflächen (Außenwände, Decken, Fenster etc.) sowie bei Neubauten an den sommerlichen Wärmeschutz (Schutz vor Überhitzung) eines Gebäudes.

Pflichtangaben für Immobilienanzeigen – Seite 2 und 3

Nach der EnEV besteht die Pflicht, in Immobilienanzeigen die in § 16a Absatz 1 genannten Angaben zu machen. Die dafür erforderlichen Angaben sind dem Energieausweis zu entnehmen, je nach Ausweisart der Seite 2 oder 3.

Endenergiebedarf – Seite 2

Der Endenergiebedarf gibt die nach technischen Regeln berechnete, jährlich benötigte Energiemenge für Heizung, Warmwasser, eingebaute Beleuchtung, Lüftung und Kühlung an. Er wird unter Standardklima und Standardnutzungsbedingungen errechnet und ist ein Indikator für die Energieeffizienz eines Gebäudes und seiner Anlagentechnik. Der Endenergiebedarf ist die Energiemenge, die dem Gebäude unter Annahme von standardisierten Bedingungen und unter Berücksichtigung der Energieverluste zugeführt werden muss, damit die standardisierte Innentemperatur, der Warmwasserbedarf, die notwendige Lüftung und eingebaute Beleuchtung sichergestellt werden können. Ein kleiner Wert signalisiert einen geringen Bedarf und damit eine hohe Energieeffizienz.

Angaben zum EEWärmeG – Seite 2

Nach dem EEWärmeG müssen Neubauten in bestimmtem Umfang erneuerbare Energien zur Deckung des Wärme- und Kältebedarfs nutzen. In dem Feld „Angaben zum EEWärmeG" sind die Art der eingesetzten erneuerbaren Energien und der prozentuale Anteil der Pflichterfüllung abzulesen. Das Feld „Ersatzmaßnahmen" wird ausgefüllt, wenn die Anforderungen des EEWärmeG teilweise oder vollständig durch Maßnahmen zur Einsparung von Energie erfüllt werden. Die Angaben dienen gegenüber der zuständigen Behörde als Nachweis des Umfangs der Pflichterfüllung durch die Ersatzmaßnahme und der Einhaltung der für das Gebäude geltenden verschärften Anforderungswerte der EnEV.

Endenergieverbrauch – Seite 3

Die Angaben zum Endenergieverbrauch von Wärme und Strom werden für das Gebäude auf der Basis der Abrechnungen von Heizkosten bzw. der Abrechnungen von Energielieferanten ermittelt. Dabei werden die Energieverbrauchsdaten des gesamten Gebäudes und nicht der einzelnen Nutzeinheiten zugrunde gelegt. Die so ermittelten Werte sind spezifische Werte pro Quadratmeter Nettogrundfläche nach der EnEV. Der erfasste Energieverbrauch für die Heizung wird anhand der konkreten örtlichen Wetterdaten und mithilfe von Klimafaktoren auf einen deutschlandweiten Mittelwert umgerechnet. Die Angaben zum Endenergieverbrauch geben Hinweise auf die energetische Qualität des Gebäudes. Ein kleiner Wert signalisiert einen geringen Verbrauch. Ein Rückschluss auf den künftig zu erwartenden Verbrauch ist jedoch nicht möglich. Der tatsächliche Verbrauch einer Nutzungseinheit oder eines Gebäudes weicht insbesondere wegen des Witterungseinflusses und sich ändernden Nutzerverhaltens oder sich ändernder Nutzungen vom angegebenen Endenergieverbrauch ab.

Im Fall längerer Leerstände wird hierfür ein pauschaler Zuschlag rechnerisch bestimmt und in die Verbrauchserfassung einbezogen. Ob und inwieweit derartige Pauschalen in die Erfassung eingegangen sind, ist der Tabelle „Verbrauchserfassung" zu entnehmen.

Die Vergleichswerte ergeben sich durch die Beurteilung gleichartiger Gebäude. Kleinere Verbrauchswerte als der Vergleichswert signalisieren eine gute energetische Qualität im Vergleich zum Gebäudebestand dieses Gebäudetyps. Die Endwerte der beiden Skalen zum Endenergieverbrauch betragen, auf die Zehnerstelle gerundet, das Doppelte des jeweiligen Vergleichswerts.

Primärenergieverbrauch – Seite 3

Der Primärenergieverbrauch geht aus dem für das Gebäude insgesamt ermittelten Endenergieverbrauch für Wärme und Strom hervor. Wie der Primärenergiebedarf wird er mithilfe von Umrechnungsfaktoren ermittelt, die die Vorkette der jeweils eingesetzten Energieträger berücksichtigen.

[1] siehe Fußnote 1 auf Seite 1 des Energieausweises

9 Musterbeschlüsse von A bis Z

Hinweis: Arbeitshilfe online

Die Musterbeschlüsse aus diesem Kapitel stehen als Arbeitshilfe online zur Verfügung.

ARBEITSHILFE ONLINE

Änderung des Kostenverteilungsschlüssels bei Betriebskosten oder Kosten der Verwaltung (§16 Abs. 3 WEG)

Beschlussantrag 1

Die laufenden Kosten des Betriebs der Sauna, der Waschmaschinen und der Wäschetrockner in der »Waschküche« werden ab dem Wirtschaftsjahr 20xx nutzerabhängig verteilt. Der Verwalter hat für eine Erfassung der jeweiligen Nutzung im Einzelfall Sorge zu tragen. Er wird hierzu beauftragt und bevollmächtigt, rechtzeitig für die erforderlichen technischen Nachrüstungen bei Sauna, Waschmaschine und Wäschetrockner zu sorgen. Den Auftrag für die Nachrüstung entsprechender Geräte erhält die Firma .... gemäß Ihrem Angebot vom .... zu .... EUR. Die Kosten dieser Nachrüstung tragen die Wohnungseigentümer gemäß der Teilungserklärung im Verhältnis ihrer Miteigentumsanteile.

Abstimmungsergebnis

Ja-Stimmen: ....

Nein-Stimmen: ....

Enthaltungen: ....

Feststellung des Beschlussergebnisses: Der Beschluss wurde angenommen/abgelehnt.

Beschlussantrag 2

Gemäß §11 Ziff. 3 der Teilungserklärung der Wohnungseigentümergemeinschaft erfolgt die Verteilung der Kosten und Lasten des gemeinschaftlichen Miteigentums unter den Wohnungseigentümern nach Miteigentumsanteilen.

Abweichend hiervon soll die Verteilung der Kosten für Kabelgebühren ab dem Abrechnungszeitraum 20xx nach Sondereigentums- bzw. Teileigentumseinheiten erfolgen.

Abstimmungsergebnis
Ja-Stimmen: ....
Nein-Stimmen: ....
Enthaltungen: ....

Feststellung des Beschlussergebnisses: Der Beschluss wurde angenommen/abgelehnt.

Beschlussantrag 3
Gemäß §11 Ziff. 3 der Teilungserklärung der Wohnungseigentümergemeinschaft erfolgt die Verteilung der Kosten und Lasten des gemeinschaftlichen Miteigentums unter den Wohnungseigentümern nach Miteigentumsanteilen. Aufgrund der in der Wohnungseigentumsanlage vorliegenden Belegung der Wohnungen erscheint die Kostenverteilung im Hinblick auf die Kosten für Kaltwasser unbillig.

Die Kostenverteilung für Kaltwasser soll künftig verbrauchsabhängig erfolgen. Die Verwaltung wir ermächtigt, die Firma .... mit der Installation der Verbrauchserfassungsgeräte gemäß vorliegendem Angebot zu .... EUR zu beauftragen. Die Finanzierung der erstmaligen Einrichtung der Verbrauchserfassungsgeräte geht zulasten der Instandhaltungsrücklage, die Kosten werden gemäß §16 Abs. 2 WEG umgelegt.

Abstimmungsergebnis
Ja-Stimmen: ....
Nein-Stimmen: ....
Enthaltungen: ....

Feststellung des Beschlussergebnisses: Der Beschluss wurde angenommen/abgelehnt.

Änderung der Kostenverteilung bei Modernisierung (§16 Abs. 4 WEG)

Beschlussantrag
Die Wohnanlage wird mit einer Gegensprechanlage ausgestattet. Es werden in den einzelnen Sondereigentumseinheiten Sprechstellen eingebaut, die jeweils mit der zentralen Sprechstelle am Hauseingang verbunden werden. Die Verwaltung wird ermächtigt, die Firma .... mit dem Einbau der Gegensprechanlage gemäß vorliegendem Angebot zu Kosten .... EUR zu beauftragen.

Die Finanzierung erfolgt durch Erhebung einer sofort fälligen Sonderumlage in Höhe von insgesamt .... EUR. Die Verteilung dieser Sonderumlage auf die einzelnen Miteigentümer erfolgt – abweichend von der in der Teilungserklärung vorgesehenen Kostenverteilung nach Miteigentumsanteilen – nach der Anzahl der Sondereigentumseinheiten. Die anteiligen Beträge sind von den einzelnen Wohnungseigentümern bis spätestens .... auf das Konto der Wohnungseigentümergemeinschaft zu zahlen. Wohnungseigentümer, die dem Verwalter eine Einzugsermächtigung erteilt haben, haben zum Verrechnungstermin für eine ausreichende Kontodeckung zu sorgen.

Vor der Abstimmung stellt der Verwalter fest:
Anzahl der anwesenden oder vertretenen Miteigentümer: ....
Anwesende oder vertretene Miteigentumsanteile: ....

Abstimmungsergebnis
Nach Kopfprinzip
Ja-Stimmen: ....
Nein-Stimmen: ....
Enthaltungen: ....

Nach Miteigentumsanteilen
Ja-Stimmen: ....
Nein-Stimmen: ....
Enthaltungen: ....

Feststellung des Beschlussergebnisses: Der Beschluss wurde mit der vorgeschriebenen doppelt qualifizierten Mehrheit angenommen/mangels Erreichens der vorgeschriebenen doppelt qualifizierten Mehrheit abgelehnt.

Achtung: Über Abstimmungsmodalitäten informieren !

Der Versammlungsleiter machte die Eigentümer vor der Abstimmung darauf aufmerksam, dass eine positive Beschlussfassung zu diesem Tagesordnungspunkt einer Mehrheit von drei Vierteln aller im Grundbuch eingetragenen Wohnungseigentümer bedarf, die gleichzeitig mehr als die Hälfte der Miteigentumsanteile repräsentieren müssen.
Ergänzend hat der Verwalter die Eigentümer darauf hingewiesen, dass die Beschlussfassung zu diesem Tagesordnungspunkt gemäß §16 Abs. 4 WEG und §22 Abs. 2 WEG, abweichend von dem in der Teilungserklärung in § ..... vereinbarten Stimmprinzip nach Miteigentumsanteilen, nach dem gesetzlichen Kopfstimmrecht des §25 Abs. 2 WEG zu erfolgen hat.
Alternativ: Wenn die doppelt qualifizierte Mehrheit nicht erreicht werden kann

Der vorstehende Beschluss erfordert gemäß §16 Abs. 4 WEG und §22 Abs. 2 WEG die Mehrheit von drei Vierteln aller im Grundbuch eingetragenen Wohnungseigentümer nach dem Kopfprinzip des §25 Abs. 2 WEG, die mehr als die Hälfte der Miteigentumsanteile repräsentieren müssen. Der Verwalter macht darauf aufmerksam, dass die auf dieser Wohnungseigentümerversammlung anwesenden bzw. vertretenen Wohnungseigentümer lediglich zwei Drittel aller Wohnungseigentümer repräsentieren. Der Verwalter wird dennoch angewiesen, im Fall einer mehrheitlichen Zustimmung zu diesem TOP ein positives Beschlussergebnis zu verkünden.
Der Verwalter macht die Eigentümerversammlung darauf aufmerksam, dass der Beschluss – unabhängig etwa von materiellen Mängeln – bereits im Hinblick auf das Fehlen der erforderlichen gesetzlichen Mehrheit erfolgreich anfechtbar ist. In diesem Zusammenhang wird der Verwalter von den Wohnungseigentümern von jeglicher Haftung im Zusammenhang mit der folgenden Beschlussfassung und Beschlussdurchführung befreit. Dies gilt für sämtliche Kosten einer Beschlussanfechtungsklage sowie für die Vorbereitung, Einladung, Durchführung und Nachbereitung einer etwa erforderlich werdenden außerordentlichen Eigentümerversammlung. Die positive Verkündung des Beschlusses wird daher durch den Verwalter abgelehnt.

Austausch von Verbrauchserfassungsgeräten und Messeinrichtungen

Beschlussantrag

Die der Eichpflicht unterliegenden verbrauchserfassenden Wärmemengen-, Strom-, Kalt- und Warmwasserzähler sind rechtzeitig vor Ablauf der Eichfrist auszutauschen. Alle Wohnungseigentümer sind verpflichtet, an dem in geeigneter Weise bekannt zu machenden Termin dafür Sorge zu tragen, dass die sich im jeweiligen Sondereigentumsbereich befindlichen Zähler ausgetauscht werden können. Den Auftrag erhält die Firma .... gemäß Angebot vom .... zu .... EUR. Die Kosten werden der Instandhaltungsrücklage entnommen und gemäß dem Kostenverteilungsschlüssel der Teilungserklärung nach Miteigentumsanteilen auf alle Eigentümer umgelegt.

Abstimmungsergebnis

Ja-Stimmen: ....
Nein-Stimmen: ....
Enthaltungen: ....

Feststellung des Beschlussergebnisses: Der Beschluss wurde angenommen/abgelehnt.

Bauliche Veränderungen

Bauliche Veränderungen, aber keine Modernisierung

Beschlussantrag

Auf dem Dach der Wohnungseigentumsanlage soll eine Mobilfunkanlage errichtet werden. Die Ausführung erfolgt gemäß dem Vertragsangebot und den beiliegenden Planskizzen der Firma ...., [Anschrift], vom .... Das Vertragsangebot wurde von einem Rechtsanwalt überprüft. Erforderliche Genehmigungen liegen vor. Für die Wohnungseigentümergemeinschaft sind mit der Maßnahme keine Kosten verbunden. Die Kosten der Errichtung und die laufenden Instandhaltungskosten werden gemäß dem Vertrag allein von der Firma .... getragen.

Der Verwalter wird ermächtigt, den vorliegenden Vertrag über die Errichtung der Mobilfunkanlage zu schließen. Der Vertrag darf allerdings erst dann geschlossen werden, wenn keine Anfechtungsklage binnen eines Monats beim zuständigen Amtsgericht eingegangen ist. Der Verwalter soll nach acht Wochen schriftlich beim Amtsgericht nachfragen; sollte keine Anfechtungsklage feststellbar sein, so ist der Beschluss zu vollziehen.

Abstimmungsergebnis

Ja-Stimmen: ....

Nein-Stimmen: ....

Enthaltungen: ....

Feststellung des Beschlussergebnisses: Der Beschluss wurde angenommen/abgelehnt.

!

Achtung: Fehlende Allstimmigkeit

Bei vorstehendem Beschluss handelt es sich um eine bauliche Veränderung, bei der alle Eigentümer in ihren Rechten betroffen sind. Vor der Abstimmung hat der Versammlungsvorsitzende darauf hingewiesen, dass der Errichtung daher auch alle Eigentümer zustimmen müssen. Der Beschluss wird jedoch trotz fehlender Allstimmigkeit wirksam, wenn er nicht binnen Monatsfrist seit Beschlussverkündung beim zuständigen Amtsgericht angefochten worden ist.

Zustimmung zu/Duldung einer baulichen Veränderung

Beschlussantrag

Der Miteigentümer .... hat eigenmächtig die Verglasung des Balkons seiner Wohnungseigentumseinheit vorgenommen. Bei dieser Maßnahme handelt es sich um eine bauliche Veränderung, der all diejenigen Eigentümer zustimmen müssen, die hierdurch in ihren Rechten betroffen sind. Die Wohnungseigentümer genehmigen die Verglasung des Balkons mit der Maßgabe, dass der Miteigentümer sämtliche mit dieser Maßnahme anfallenden Kosten und auch künftig anfallende Pflege-, Instandhaltungs- und Instandsetzungskosten allein zu tragen hat. Alle mit der Verglasung im Zusammenhang stehenden Pflichten sind auf einen Rechtsnachfolger zu übertragen.

Abstimmungsergebnis

Ja-Stimmen: ....
Nein-Stimmen: ....
Enthaltungen: ....

Feststellung des Beschlussergebnisses: Der Beschluss wurde angenommen/ abgelehnt.

!

Achtung: Fehlende Allstimmigkeit

Auch hier gilt: Bei vorstehendem Beschluss handelt es sich um eine bauliche Veränderung, bei der alle Eigentümer in ihren Rechten betroffen sind. Daher müssen alle Eigentümer der Duldung der baulichen Veränderung zustimmen. Der Beschluss wird jedoch trotz fehlender Allstimmigkeit wirksam, wenn er nicht binnen Monatsfrist seit Beschlussverkündung beim zuständigen Amtsgericht angefochten worden ist.

Anspruch auf Rückbau einer baulichen Veränderung

Beschlussantrag

Die Gemeinschaft beauftragt und bevollmächtigt die Verwaltung, den Anspruch auf Rückbau der seitens des Miteigentümers .... eigenmächtig vorgenommenen baulichen Veränderung .... durchzusetzen. Hierfür soll zunächst unter Fristsetzung der freiwillige Rückbau bis zum .... gefordert werden. Nach fruchtlosem Ablauf der Frist ist die Verwaltung ermächtigt und beauftragt, sämtliche Ansprüche der Gemeinschaft unter Hinzuziehung eines Rechtsanwalts gerichtlich durchzusetzen.

Abstimmungsergebnis
Ja-Stimmen: ....
Nein-Stimmen: ....
Enthaltungen: ....

Feststellung des Beschlussergebnisses: Der Beschluss wurde angenommen/abgelehnt.

Beschlussvollziehung, Aussetzung

Beschlussantrag
Der Verwalter wird angewiesen, den unter TOP ..... gefassten Beschluss zu .... erst dann zu vollziehen, wenn keine Anfechtungsklage binnen eines Monats beim zuständigen Amtsgericht eingegangen ist. Der Verwalter soll nach sechs Wochen schriftlich beim Amtsgericht nachfragen; sollte keine Anfechtungsklage feststellbar sein, so ist der Beschluss zu vollziehen.

Abstimmungsergebnis
Ja-Stimmen: ....
Nein-Stimmen: ....
Enthaltungen: ....

Feststellung des Beschlussergebnisses: Der Beschluss wurde angenommen/abgelehnt.

Beauftragung eines Sachverständigen

Beschlussantrag
Zur Feststellung der Ursachen für folgende Mängel in den nachfolgend aufgeführten Wohnungen (Lagebezeichnung; Eigentümer):

- Eindringen von Feuchtigkeit, Wohnungseinheit Nr. 5, Eigentümer Müller,
- Schimmelbildung, Wohnungseinheit Nr. 11, Eigentümer Maier und
- Abplatzungen am Mauerwerk der hofseitigen Fassade

soll der Verwalter unverzüglich einen öffentlich bestellten und vereidigten Sachverständigen für Bauschäden beauftragen.

Der Sachverständige soll auch Vorschläge zur Beseitigung der festgestellten Schadensursachen erarbeiten und die voraussichtlichen Kosten für die Durchführung der erforderlichen Arbeiten ermitteln. Nach Eingang des Gutachtens ist innerhalb einer Frist von vier Wochen eine außerordentliche Eigentümerversammlung einzuberufen. Die Kosten der Beauftragung des Sachverständigen tragen die Wohnungseigentümer gemäß §16 Abs. 2 WEG anteilig nach Miteigentumsanteilen. Die Vergütung des Sachverständigen erfolgt nach HOAI, die Gesamtsumme trägt die Wohnungseigentümergemeinschaft.

Abstimmungsergebnis
Ja-Stimmen: ....
Nein-Stimmen: ....
Enthaltungen: ....

Feststellung des Beschlussergebnisses: Der Beschluss wurde angenommen/abgelehnt.

Beweisverfahren (Einleitung)

Beschlussantrag
Zur Feststellung der möglichen Ursachen der Undichtigkeiten am Dach und der für die fachgerechte Beseitigung festgestellter Mängel erforderlichen Maßnahmen und Kosten wird der Verwalter ermächtigt, gegen den Bauträger Firma .... im Namen der Gemeinschaft unter Hinzuziehung eines Rechtsanwalts ein selbstständiges Beweissicherungsverfahren einzuleiten, um die Gewährleistungs- und Schadensersatzansprüche aus den Erwerbsverträgen und/oder dem Bauvertrag in Bezug auf das Gemeinschaftseigentum für die Eigentümergemeinschaft zu erhalten.

Die Kosten hierfür sollen der Instandhaltungsrücklage entnommen werden. Über die weitere Vorgehensweise (Klageverfahren) soll nach Abschluss des gerichtlichen Verfahrens in einer außerordentlichen Eigentümerversammlung entschieden werden.

Abstimmungsergebnis
Ja-Stimmen: ....
Nein-Stimmen: ....
Enthaltungen: ....

Feststellung des Beschlussergebnisses: Der Beschluss wurde angenommen/abgelehnt.

Beweisverfahren (Klageerhebung)

Beschlussantrag
Das eingeleitete Beweisverfahren gegen den Bauträger Firma .... ist abgeschlossen. Die Verwaltung wird beauftragt, den Bauträger Firma .... mit einer Frist bis zum .... zur entsprechenden Mängelbeseitigung aufzufordern. Als Grundlage dient das Gutachten des Sachverständigen .... vom ....

Für den Fall, dass die Mängelbeseitigung innerhalb der gesetzten Frist abgelehnt wird oder diese Frist fruchtlos verstreicht, wird die Verwaltung ermächtigt, im Namen und im Auftrag der Wohnungseigentümergemeinschaft den sich aus dem Gutachten des Sachverständigen auf .... EUR bezifferten Schaden vollumfänglich einzuklagen. Der Beauftragung eines Rechtsanwalts zur außergerichtlichen sowie gerichtlichen Geltendmachung der Ansprüche wird hiermit ausdrücklich zugestimmt.

Die Verwaltung erhält darüber hinaus die Ermächtigung, mit dem Bauträger dahingehend Gespräche zu führen, einen für die Wohnungseigentümergemeinschaft akzeptablen Vergleich zu erzielen. Sollte der Bauträger einen entsprechenden annehmbaren Vorschlag unterbreiten, so ist eine außerordentliche Eigentümerversammlung einzuberufen, auf der dieser Vorschlag zu besprechen ist. Die Geltendmachung der in Rede stehenden Gesamtforderung bleibt hiervon jedoch zunächst unberührt und wird parallel weiterbetrieben. Die Einleitung des Klageverfahrens soll jedoch erst erfolgen, wenn die Vergleichsverhandlungen offensichtlich gescheitert sind.

Abstimmungsergebnis
Ja-Stimmen: ....
Nein-Stimmen: ....
Enthaltungen: ....

Feststellung des Beschlussergebnisses: Der Beschluss wurde angenommen/abgelehnt.

Energieausweis

Beschlussantrag
Der Verwalter wird beauftragt die Erstellung eines Energieausweises auf verbrauchsorientierter/bedarfsorientierter Basis bei der Firma .... in Auftrag zu geben. Die Kosten hierfür dürfen den Betrag von .... EUR

nicht übersteigen und werden gemäß §16 Abs. 2 WEG auf alle Wohnungseigentümer gemäß ihren Miteigentumsanteilen aufgeteilt.

Abstimmungsergebnis
Ja-Stimmen: ....
Nein-Stimmen: ....
Enthaltungen: ....

Feststellung des Beschlussergebnisses: Der Beschluss wurde angenommen/abgelehnt.

Entlastung des Verwalters

Beschlussantrag
Dem Verwalter wird für das Geschäftsjahr .... Entlastung erteilt.

Abstimmungsergebnis
Ja-Stimmen: ....
Nein-Stimmen: ....
Enthaltungen: ....

Feststellung des Beschlussergebnisses: Der Beschluss wurde angenommen/abgelehnt.

Entlastung des Verwaltungsbeirats

Beschlussantrag
Dem Verwaltungsbeirat wird für seine Arbeit im abgelaufenen Geschäftsjahr .... Entlastung erteilt.

Abstimmungsergebnis
Ja-Stimmen: ....
Nein-Stimmen: ....
Enthaltungen: ....

Feststellung des Beschlussergebnisses: Der Beschluss wurde angenommen/abgelehnt.

Entziehung des Wohnungseigentums

Beschlussantrag
Die Verwaltung hat gemäß der Weisung den Wohnungseigentümer .... erfolglos abgemahnt. Die Wohnungseigentümergemeinschaft entzieht gemäß § 18 WEG dem Miteigentümer .... der Wohnung ... . das Wohnungseigentum wegen ....

Die Verwaltung wird unter Hinzuziehung eines Rechtsanwalts beauftragt, gegen den Miteigentümer .... Wohnung .... wegen .... eine Klage auf Entziehung des Wohnungseigentums einzuleiten, wenn nicht innerhalb von acht Monaten der Verkauf der entsprechenden Wohneinheit erfolgt ist.

Abstimmungsergebnis
Ja-Stimmen: ....
Nein-Stimmen: ....
Enthaltungen: ....

Feststellung des Beschlussergebnisses: Der Beschluss wurde angenommen/abgelehnt.

Ermächtigung des Verwalters

Beschlussantrag
Der Verwalter wird ermächtigt,

- drei vergleichbare Angebote über Wartungsverträge für die Heizungsanlage einzuholen und für die Wohnungseigentümergemeinschaft mit dem kostengünstigsten Anbieter einen Wartungsvertrag für die Dauer von zunächst zwei Jahren abzuschließen. Jährliche Gesamtkosten von .... EUR dürfen nicht überstiegen werden.
- einen Landschaftsgärtner zu beauftragen, ein Konzept für die Begrünung der Außenanlagen zu entwerfen. Die Kosten hierfür dürfen den Betrag von .... EUR nicht übersteigen.

Abstimmungsergebnis
Ja-Stimmen: ....
Nein-Stimmen: ....
Enthaltungen: ....

Feststellung des Beschlussergebnisses: Der Beschluss wurde angenommen/abgelehnt.

Ersatzzustellungsvertreter

Bestellung

Beschlussantrag
Zustellungsvertreter in Passivverfahren gegen die Wohnungseigentümer ist der Verwalter. Für den Fall, dass der Verwalter als Zustellungsvertreter ausscheidet, bestellen die Wohnungseigentümer Herrn/Frau .... für einen Zeitraum von drei Jahren, also bis ...., jedoch längstens bis zu seinem/ihrem Ausscheiden aus der Wohnungseigentümergemeinschaft den jeweiligen Verwaltungsbeiratsvorsitzenden zum Ersatzzustellungsvertreter.

Abstimmungsergebnis
Ja-Stimmen: ....
Nein-Stimmen: ....
Enthaltungen: ....

Feststellung des Beschlussergebnisses: Der Beschluss wurde angenommen/abgelehnt.

Bestellung des Vertreters des Ersatzzustellungsvertreters

Beschlussantrag
Als Vertreter des Ersatzzustellungsvertreters wird der Wohnungseigentümer .... ebenfalls für den vorgenannten Zeitraum bestellt.

Abstimmungsergebnis
Ja-Stimmen: ....
Nein-Stimmen: ....
Enthaltungen: ....

Feststellung des Beschlussergebnisses: Der Beschluss wurde angenommen/abgelehnt.

Aufwandsentschädigung

Beschlussantrag
Für den Ersatzzustellungsvertreter sowie dessen Stellvertreter wird folgende Aufwandsentschädigung genehmigt: Tatsächlich getätigte Aufwendungen für Kopien, Porto, Telefon oder Telefax werden erstattet. Kopierkosten wer-

den wie folgt erstattet: für die ersten 50 Kopien 0,50 EUR je Kopie, für jede weitere Kopie 0,15 EUR.

Abstimmungsergebnis
Ja-Stimmen: ....
Nein-Stimmen: ....
Enthaltungen: ....

Feststellung des Beschlussergebnisses: Der Beschluss wurde angenommen/abgelehnt.

Geschäftsordnungsbeschlüsse

Ausschluss einer dritten Person von der Versammlung

Beschlussantrag
Der Wohnungseigentümer .... stellt den Antrag, dass der Besucher A/der Rechtsanwalt B/die dritte Person C wegen des Grundsatzes der Nichtöffentlichkeit der Eigentümerversammlung von der weiteren Durchführung der Versammlung ausgeschlossen und des Saales verwiesen wird.

Abstimmungsergebnis
Ja-Stimmen: ....
Nein-Stimmen: ....
Enthaltungen: ....

Feststellung des Beschlussergebnisses: Der Beschluss wurde angenommen/abgelehnt.

Ausschluss eines Versammlungsteilnehmers, Miteigentümers

Beschlussantrag
Der Wohnungseigentümer .... stellt den Antrag, dass der Miteigentümer .... aufgrund nachhaltiger und trotz mehrfacher Er- und Abmahnungen des Versammlungsleiters erfolgter Störungen des Versammlungsablaufs mit sofortiger Wirkung von der Versammlung ausgeschlossen wird. Ihm wurde die Gelegenheit gegeben, sein Stimmrecht auf einen anderen Miteigentümer zu übertragen.

Abstimmungsergebnis
Ja-Stimmen: ....
Nein-Stimmen: ....
Enthaltungen: ....

Feststellung des Beschlussergebnisses: Der Beschluss wurde angenommen/ abgelehnt.

Wahl des Versammlungsleiters/Protokollführers

Beschlussantrag
Der Wohnungseigentümer .... stellt den Antrag, dass die Versammlungsleitung für den TOP ...../für die restliche Versammlung auf den Miteigentümer/Beirat .... übertragen wird. Das Protokoll wird von dem Miteigentümer/Beirat .... geführt.

Abstimmungsergebnis
Ja-Stimmen: ....
Nein-Stimmen: ....
Enthaltungen: ....

Feststellung des Beschlussergebnisses: Der Beschluss wurde angenommen/ abgelehnt.

Reihenfolge der Tagesordnungspunkte

Beschlussantrag
Der Wohnungseigentümer .... stellt den Antrag, dass der TOP ..... vorgezogen wird und als erster Tagesordnungspunkt zur Diskussion und Abstimmung gestellt wird.

Abstimmungsergebnis
Ja-Stimmen: ....
Nein-Stimmen: ....
Enthaltungen: ....

Feststellung des Beschlussergebnisses: Der Beschluss wurde angenommen/ abgelehnt.

Absetzen eines Tagesordnungspunkts

Beschlussantrag
TOP ..... wird nicht behandelt, da die für eine Beschlussfassung erforderlichen Kostenvoranschläge nicht vorliegen. Der TOP ist erneut auf die Tagesordnung der ordentlichen Eigentümerversammlung im nächsten Jahr zu setzen.

Abstimmungsergebnis
Ja-Stimmen: ....
Nein-Stimmen: ....
Enthaltungen: ....

Feststellung des Beschlussergebnisses: Der Beschluss wurde angenommen/abgelehnt.

Redeverbot/Redebeschränkung

Beschlussantrag
Im Hinblick auf die Vielzahl der abzuhandelnden Tagesordnungspunkte und die Anzahl der erschienenen Wohnungseigentümer beschließt die Versammlung zur Gewährleistung eines geordneten Ablaufs eine Redezeitbeschränkung. Wortmeldungen sind per Handzeichen anzumelden. Der Versammlungsleiter führt eine entsprechende Rednerliste und erteilt bzw. entzieht nach Ablauf der Redezeit das Wort. Die Redezeit jeder Wortmeldung wird auf maximal fünf Minuten begrenzt.

Abstimmungsergebnis
Ja-Stimmen: ....
Nein-Stimmen: ....
Enthaltungen: ....

Feststellung des Beschlussergebnisses: Der Beschluss wurde angenommen/abgelehnt.

Hausgeld

Vorfälligkeitsregelung

Beschlussantrag
Die aufgrund des jeweils beschlossenen Wirtschaftsplans und der beschlossenen Einzelwirtschaftspläne von den Wohnungseigentümern zu zahlenden Hausgeldvorschüsse sind jeweils am dritten Werktag eines Kalendermonats im Voraus zur Zahlung fällig. Für die Rechtzeitigkeit der Zahlungen ist der Eingang auf dem Gemeinschaftskonto entscheidend. Die Wohnungseigentümer, die am Lastschriftverfahren teilnehmen, haben für eine ausreichende Kontendeckung zum maßgeblichen Zeitpunkt zu sorgen.

Ist ein Wohnungseigentümer mit der Entrichtung der Hausgelder für zwei aufeinanderfolgende Monate bzw. für einen Zeitraum, der sich über mehr als zwei Monate erstreckt, mit der Zahlung von Hausgeldern in Verzug, wird sofort das restliche für die jeweilige Wirtschaftsperiode zu entrichtende Hausgeld in voller Höhe zur Zahlung fällig. Einer vorausgehenden Mahnung des Verwalters bedarf es nicht.

Abstimmungsergebnis
Ja-Stimmen: ....
Nein-Stimmen: ....
Enthaltungen: ....

Feststellung des Beschlussergebnisses: Der Beschluss wurde angenommen/abgelehnt.

Teilnahme am Lastschriftverfahren

Beschlussantrag
Das Hausgeld wird bis spätestens zum dritten Tag eines jeden Monats durch den Verwalter mittels Lastschrift erhoben. Alle Wohnungseigentümer haben dem Verwalter eine (widerrufliche) Einzugsermächtigung zur Teilnahme am Lastschriftverfahren zu erteilen und für eine ausreichende Kontodeckung zu sorgen.

Abstimmungsergebnis
Ja-Stimmen: ....
Nein-Stimmen: ....
Enthaltungen: ....

Feststellung des Beschlussergebnisses: Der Beschluss wurde angenommen/ abgelehnt.

Versorgungssperre bei säumigem Miteigentümer

Beschlussantrag
Der Verwalter wird beauftragt und ermächtigt, angesichts der erheblichen Hausgeldrückstände des Miteigentümers .... hinsichtlich der Nutzung des gemeinschaftlichen Eigentums sowie der Belieferung durch die Gemeinschaft (Heizung, Wasser, Nutzung von gemeinsamen Stromleitungen etc.) ganz oder teilweise das ihr zustehende Zurückbehaltungsrecht auszuüben, den Miteigentümer .... unter Fristsetzung von zehn Tagen zur Duldung der Anbringung von Absperrvorrichtungen einschließlich eines etwaigen Betretens der Wohnung aufzufordern und im Fall des ergebnislosen Verstreichens der Frist die Versorgungssperre unter Beauftragung eines Rechtsanwalts notfalls auch gerichtlich durchzusetzen.

Die Verwaltung wird angewiesen, den Beschluss erst umzusetzen, wenn folgende Bedingungen erfüllt sind: Die maßgeblichen Hausgeldrückstände des Miteigentümers .... mit mindestens sechs monatlichen Hausgeldbeträgen müssen tituliert sein und ein Vollstreckungsversuch gegen den säumigen Miteigentümer ist fruchtlos verlaufen.

Abstimmungsergebnis
Ja-Stimmen: ....
Nein-Stimmen: ....
Enthaltungen: ....

Feststellung des Beschlussergebnisses: Der Beschluss wurde angenommen/ abgelehnt.

!

Achtung: Vollzug der Versorgungssperre

Nur bei erheblichen Hausgeldrückständen ist die Verhängung einer Versorgungssperre möglich. Erheblich ist ein Zahlungsrückstand von mehr als sechs Monaten. Dem Vollzug der Sperre muss zwingend eine Androhung vorausgehen. Die Zahlungsverpflichtung muss feststehen und fällig sein. Eine rechtskräftige Titulierung des Anspruchs ist nicht zwingend erforderlich.

Ausbuchung von aussichtslosen Hausgeldforderungen

Beschlussantrag
Der Wohnungseigentümer ...., der zwischenzeitlich aus der Wohnungseigentümergemeinschaft ausgeschieden ist, schuldet dieser noch Hausgelder in Höhe von insgesamt .... EUR. Die Hausgeldforderungen sind tituliert und es wurden bereits vielfache Vollstreckungsversuche unternommen. Zuletzt konnte eine Anschrift des ehemaligen Wohnungseigentümers nicht mehr ermittelt werden. Der der Gemeinschaft entstandene Schaden von insgesamt .... EUR wird durch eine Sonderumlage getragen. Jeder Eigentümer hat den auf ihn entsprechend seiner Miteigentumsanteile entfallenden Anteil bis spätestens einen Monat nach Mitteilung der Höhe des Betrags auf das Hausgeldkonto der Wohnungseigentümergemeinschaft zu zahlen.

Abstimmungsergebnis
Ja-Stimmen: ....
Nein-Stimmen: ....
Enthaltungen: ....

Feststellung des Beschlussergebnisses: Der Beschluss wurde angenommen/abgelehnt.

Hausordnung

Annahme einer Hausordnung

Beschlussantrag
Die Verwaltung hat in Zusammenarbeit mit dem Verwaltungsbeirat eine Haus- und Garagenordnung aufgestellt. Diese wurde allen Wohnungseigentümern mit der Einladung zur Versammlung übersandt. Änderungswünsche liegen derzeit nicht vor. Die Haus- und Garagenordnung wird angenommen und tritt mit der heutigen Beschlussfassung in Kraft. Sie ist von jedem vermietenden Eigentümer bei zukünftig abzuschließenden Mietverträgen zum Inhalt derselben zu machen.

Abstimmungsergebnis
Ja-Stimmen: ....
Nein-Stimmen: ....
Enthaltungen: ....

Feststellung des Beschlussergebnisses: Der Beschluss wurde angenommen/abgelehnt.

Änderung der Hausordnung

Beschlussantrag
Die mit .... aufgestellte Haus- und Garagenordnung der Wohnungseigentümergemeinschaft wird in §4 Ziff. 3 wie folgt geändert:

»Ruhestörende Haus- und Gartenarbeiten dürfen nur werktags zwischen 8.00 und 12.00 Uhr sowie 15.00 und 18.00 Uhr ausgeführt werden. Bei der Benutzung von Musikinstrumenten und von Tonübertragungs- und Tonwiedergabegeräten ist stets Zimmerlautstärke einzuhalten. Zwischen 22.00 und 7.00 Uhr darf die Nachtruhe nicht gestört werden.«

Abstimmungsergebnis
Ja-Stimmen: ....
Nein-Stimmen: ....
Enthaltungen: ....

Feststellung des Beschlussergebnisses: Der Beschluss wurde angenommen/abgelehnt.

Hausordnungsverstöße

Beschlussantrag
Gegenüber dem Wohnungseigentümer .... häufen sich Beschwerden wegen Lärmbelästigung und Ruhestörung. Die Verwaltung wird bevollmächtigt und beauftragt, den Wohnungseigentümer .... außergerichtlich abzumahnen. Bei Auftreten von weiteren Lärmbelästigungen und Ruhestörungen ist die Verwaltung dazu angehalten, notfalls unter Hinzuziehung eines Rechtsanwalts, im Namen und auf Rechnung der Gemeinschaft sämtliche Ansprüche der Gemeinschaft zu wahren. Eine entsprechende Klage soll erst nach drei erfolglosen schriftlichen Abmahnungen erfolgen.

Abstimmungsergebnis
Ja-Stimmen: ....
Nein-Stimmen: ....
Enthaltungen: ....

Feststellung des Beschlussergebnisses: Der Beschluss wurde angenommen/abgelehnt.

Instandhaltungs- und Instandsetzungsmaßnahmen

Sanierungsbeschluss, Finanzierung durch Entnahme aus der Rücklage

Beschlussantrag

a) Die Wohnungseigentümer beschließen auf der Grundlage des vorliegenden Angebots der Firma .... die Erneuerung der Briefkastenanlage zu einem Betrag von .... EUR. Der Verwalter wird beauftragt und ermächtigt, einen Vertrag mit der Firma .... im Namen und im Auftrag der Wohnungseigentümergemeinschaft abzuschließen.

b) Die Finanzierung der Maßnahme erfolgt zulasten der Instandhaltungsrücklage. Die Kosten werden nach § 16 Abs. 2 WEG auf die Wohnungseigentümer gemäß ihren Miteigentumsanteilen aufgeteilt.

Abstimmungsergebnis
Ja-Stimmen: ....
Nein-Stimmen: ....
Enthaltungen: ....

Feststellung des Beschlussergebnisses: Der Beschluss wurde angenommen/abgelehnt.

Bei Bedenken zusätzlich:

a) Der Verwalter wird angewiesen, den Vertrag mit der Firma .... erst dann zu schließen, wenn eine Beschlussanfechtung binnen Monatsfrist zu a) und b) nicht erfolgt ist. Der Verwalter soll nach acht Wochen schriftlich beim Amtsgericht nachfragen; sollte keine Anfechtungsklage feststellbar sein, so ist der Beschluss zu vollziehen.

Abstimmungsergebnis
Ja-Stimmen: ....
Nein-Stimmen: ....
Enthaltungen: ....

Feststellung des Beschlussergebnisses: Der Beschluss wurde angenommen/abgelehnt.

Sanierungsbeschluss, Finanzierung durch Sonderumlage

Beschlussantrag

a) Die Wohnungseigentümer beschließen auf Grundlage des vorliegenden Angebots der Firma .... die Erneuerung der Briefkastenanlage zu einem Betrag von .... EUR. Der Verwalter wird beauftragt und ermächtigt einen Vertrag mit der Firma .... im Namen und im Auftrag der Wohnungseigentümergemeinschaft abzuschließen.

Abstimmungsergebnis

Ja-Stimmen: ....
Nein-Stimmen: ....
Enthaltungen: ....

Feststellung des Beschlussergebnisses: Der Beschluss wurde angenommen/abgelehnt.

a) Die Finanzierung der Maßnahme erfolgt durch die Erhebung einer Sonderumlage. Die Höhe der Sonderumlage bemisst sich anteilig nach den jeweiligen Miteigentumsanteilen der Wohnungseigentümer. Auf 1/1.000stel MEA entfällt ein Betrag von .... EUR. Die Gesamthöhe des jeweiligen Betrags wird den Wohnungseigentümern mit gesondertem Schreiben mitgeteilt. Die Sonderumlage ist bis zum Fälligkeitstermin .... auf das Gemeinschaftskonto zu bezahlen. Sofern ein Wohnungseigentümer der Verwaltung eine Einzugsermächtigung erteilt hat, wird hiervon Gebrauch gemacht. Die Wohnungseigentümer haben für eine ausreichende Kontodeckung zu sorgen.

Abstimmungsergebnis

Ja-Stimmen: ....
Nein-Stimmen: ....
Enthaltungen: ....

Feststellung des Beschlussergebnisses: Der Beschluss wurde angenommen/abgelehnt.

Sanierungsbeschluss, abweichende Kostenverteilung (§16 Abs. 4 WEG)

Beschlussantrag

a) Durch Gutachten des Sachverständigen .... vom .... wurde festgestellt, dass die in der Wohnungseigentumsanlage vorhandenen Fenster nicht mehr instandsetzungsfähig sind. Daher beschließen die Wohnungseigentümer einen Komplettaustausch aller vorhandenen Fenster in den Wohnungen. Die aus dem Jahr 1970 stammenden Holzfenster mit Doppelverglasung werden durch Verbundfenster mit Kunststoff ersetzt. Die Arbeiten werden auf Grundlage des der Einladung zur Versammlung beigefügten Angebots der Fensterbaufirma .... vom .... in Höhe von .... EUR ausgeführt.
b) Der Verwalter wird beauftragt und ermächtigt, die Fensterbaufirma im Namen der Gemeinschaft auf Grundlage des Angebots zu beauftragen. Bei der Vereinbarung des Durchführungstermins ist darauf zu achten, dass vermietende Eigentümer die gesetzlichen Ankündigungsfristen gegenüber ihren Mietern einhalten können.
c) Die Kosten der Maßnahme von insgesamt .... EUR werden – abweichend von dem in der Teilungserklärung vorgesehenen Kostenverteilungsschlüssel – nicht nach Miteigentumsanteilen, sondern nach der Anzahl der ausgetauschten Fenster je Wohnung verteilt.
d) Der Verwalter wird beauftragt und ermächtigt, von jedem Wohnungseigentümer unverzüglich einen Vorschuss in Höhe des voraussichtlichen Kostenanteils für seine Wohnung einzuziehen. Der Vorschuss wird bis zum 15. des nächsten Monats fällig, der auf die schriftliche Zahlungsaufforderung des Verwalters folgt. Der Zahlungsaufforderung ist eine Berechnung des voraussichtlichen Kostenanteils der Wohnung auf Grundlage des vorliegenden Angebots sowohl für den Fensteranteil als auch für den Instandsetzungsanteil des Sondereigentums beizufügen.

Vor der Abstimmung stellt der Verwalter fest:
Anzahl der anwesenden oder vertretenen Miteigentümer: ....
Anwesende oder vertretene Miteigentumsanteile: ....

Abstimmungsergebnis
Ja-Stimmen nach Köpfen: ....
Nein-Stimmen nach Köpfen: ....
Ja-Stimmen nach Miteigentumsanteilen: ....
Enthaltungen: ....

Feststellung des Beschlussergebnisses: Der Beschluss wurde mit der vorgeschriebenen doppelt qualifizierten Mehrheit angenommen/mangels Erreichen der vorgeschriebenen doppelten qualifizierten Mehrheit abgelehnt.

Achtung: Hinweise des Verwalters !

Der Versammlungsleiter machte die Eigentümer vor der Abstimmung darauf aufmerksam, dass eine positive Beschlussfassung zu diesem Tagesordnungspunkt einer Mehrheit von drei Vierteln aller im Grundbuch eingetragenen Wohnungseigentümer bedarf, die gleichzeitig mehr als die Hälfte der Miteigentumsanteile repräsentieren müssen.
Ergänzend hat der Verwalter die Eigentümer darauf hingewiesen, dass die Beschlussfassung zu diesem Tagesordnungspunkt gemäß §16 Abs. 4 WEG und §22 Abs. 2 WEG abweichend von dem in der Teilungserklärung in § ..... vereinbarten Stimmprinzip nach Miteigentumsanteilen nach dem gesetzlichen Kopfprinzip des §25 Abs. 2 WEG zu erfolgen hat.

Jahresabrechnung (Gesamt- und Einzelabrechnung)

Beschlussantrag
Die den Wohnungseigentümern mit der Einladung zur Eigentümerversammlung zugegangene Gesamtabrechnung sowie die Einzelabrechnungen für das Wirtschaftsjahr .... werden genehmigt. Guthaben/Fehlbeträge sind binnen sechs Wochen auszugleichen. Eigentümer dürfen Guthaben nicht mit künftig fällig werdenden Hausgeldern verrechnen. Soweit Eigentümer am Lastschriftverfahren teilnehmen, ist für eine ausreichende Kontodeckung zu sorgen. Der Verwalter ist berechtigt, Guthaben/Fehlbeträge aus der jeweiligen Einzelabrechnung mit dem Hausgeld des Monats .... zu verrechnen, bzw. zusätzlich abzubuchen.

Abstimmungsergebnis
Ja-Stimmen: ....
Nein-Stimmen: ....
Enthaltungen: ....

Feststellung des Beschlussergebnisses: Der Beschluss wurde angenommen/abgelehnt.

Alternativer Beschlussantrag
Die den Wohnungseigentümern mit der Einladung zur Eigentümerversammlung zugegangene Gesamtabrechnung sowie die Einzelabrechnungen für das

Wirtschaftsjahr .... werden mit der Maßgabe genehmigt, dass folgende Änderungen berücksichtigt werden:

....

....

! **Beispiel: Konkret formuliert**

Bei der Rechnung der Firma .... vom .... in Höhe von .... EUR handelt es sich nicht um gemeinschaftliche Kosten. Die Kosten sind nachweislich entstanden, weil der Miteigentümer .... der Wohnung .... Katzenstreu in den Ausguss gekippt hat, was die Verstopfung verursacht hat. Daher handelt es sich nicht um gemeinschaftliche Kosten, sondern um Kosten, die vom Miteigentümer .... allein zu tragen sind.

Die korrigierten Gesamt- und Einzelabrechnungen gehen den Eigentümern mit Versendung des Protokolls zu. Guthaben/Fehlbeträge sind binnen sechs Wochen auszugleichen. Eigentümer dürfen Guthaben nicht mit künftig fällig werdenden Hausgeldern verrechnen. Soweit Eigentümer am Lastschriftverfahren teilnehmen, ist für eine ausreichende Kontodeckung zu sorgen. Der Verwalter ist berechtigt, Guthaben/Fehlbeträge aus der jeweiligen Einzelabrechnung mit dem Hausgeld des Monats .... zu verrechnen bzw. zusätzlich abzubuchen.

Abstimmungsergebnis
Ja-Stimmen: ....
Nein-Stimmen: ....
Enthaltungen: ....

Feststellung des Beschlussergebnisses: Der Beschluss wurde angenommen/abgelehnt.

Mängelgewährleistung

Der Bauingenieur der Verwaltung, Herr ...., erläutert seine Ansicht, dass die Verlegung des Plattenbelags im Rahmen der Sanierung der Hofeinfahrt durch die Firma .... auf Grundlage des Angebots vom .... unsachgemäß erfolgt ist. Die Verbundpflastersteine wurden mit erheblichen Höhenunterschieden verlegt und weisen erhebliche Zwischenräume auf. Aus diesem Grund besteht große Sturzgefahr in diesem Bereich.

Beschlussantrag
Der Verwalter wird ermächtigt, im Namen der Wohnungseigentümergemeinschaft, die Firma .... unter Fristsetzung zur Nacherfüllung aufzufordern. Kommt die Firma .... der Aufforderung nicht fristgerecht oder nach Auffassung des Verwalters nur unsachgemäß nach, ist der Verwalter ermächtigt, gegen die Firma .... im Namen der Gemeinschaft unter Hinzuziehung eines Rechtsanwalts ein selbstständiges Beweissicherungsverfahren zur Klärung der Mangelsituation einzuleiten. Über die weitere Vorgehensweise entscheiden die Wohnungseigentümer nach Abschluss des Beweisverfahrens. Die hierfür entstehenden Kosten gehen zulasten der Instandhaltungsrücklage.

Abstimmungsergebnis
Ja-Stimmen: ....
Nein-Stimmen: ....
Enthaltungen: ....

Feststellung des Beschlussergebnisses: Der Beschluss wurde angenommen/abgelehnt.

Niederschrift/Protokoll

Beschlussantrag
Zur Protokollführerin der ordentlichen Wohnungseigentümerversammlung vom .... wird das Mitglied des Verwaltungsbeirats, Frau .... , bestimmt.

Abstimmungsergebnis
Ja-Stimmen: ....
Nein-Stimmen: ....
Enthaltungen: ....

Feststellung des Beschlussergebnisses: Der Beschluss wurde angenommen/abgelehnt.

Rechtsanwaltsbeauftragung

Beschlussantrag 1
Die Verwaltung wird beauftragt und bevollmächtigt, im Namen und auf Rechnung der Eigentümergemeinschaft einen Rechtsanwalt im Fall der gerichtlichen Inanspruchnahme der Gemeinschaft (Aktiv- und/oder Passivverfahren)

zu beauftragen und mit diesem im Rahmen der gesetzlich zulässigen Höhe eine Gebührenvereinbarung (Streitwertvereinbarung) zu treffen. Die Höhe dieser Gebührenvereinbarung richtet sich nach den gesetzlichen Bestimmungen des §49a Abs. 1 Satz 1 GKG, wonach die festgesetzte Streitwertgrenze auf 50% des Interesses der Beteiligten begrenzt wird.

Die Kosten der Beauftragung des Rechtsanwalts werden im Rahmen der Jahresabrechnung unter der Position »Rechtsberatung« mit den Eigentümern verrechnet.

Abstimmungsergebnis
Ja-Stimmen: ....
Nein-Stimmen: ....
Enthaltungen: ....

Feststellung des Beschlussergebnisses: Der Beschluss wurde angenommen/abgelehnt.

Beschlussantrag 2
Die Verwaltung wird beauftragt und bevollmächtigt, im Namen und auf Rechnung der Eigentümergemeinschaft Herrn Rechtsanwalt und Fachanwalt für Wohnungseigentumsrecht .... mit der außergerichtlichen Beratung und Vertretung der Wohnungseigentümergemeinschaft im Hinblick auf die Möglichkeiten der Durchsetzung von gemeinschaftlichen Mängelgewährleistungsansprüchen resultierend aus der Instandsetzungsmaßnahme .... im Jahr ..... Der Verwalter wird weiter bevollmächtigt, mit diesem eine Zeithonorarvereinbarung abzuschließen, die einen Stundensatz von 200 EUR netto zuzüglich Mehrwertsteuer nicht überschreiten darf. Dem Abschluss einer Vergütungsvereinbarung in Form einer Stundenvereinbarung, die die gesetzlichen Gebühren übersteigt, wird aufgrund der besonderen fachlichen Qualifikation und der jahrelangen Zusammenarbeit mit Rechtsanwalt .... zugestimmt.

Abstimmungsergebnis
Ja-Stimmen: ....
Nein-Stimmen: ....
Enthaltungen: ....

Feststellung des Beschlussergebnisses: Der Beschluss wurde angenommen/abgelehnt.

Anmerkung
Die allgemeine Beauftragung eines Rechtsanwalts mit der Beratung und Vertretung der Wohnungseigentümergemeinschaft außerhalb gerichtlicher Verfahren,

ohne näher einzugrenzen, auf welche rechtlichen Fragen, Problembereiche und Zielsetzungen sich die Beratungstätigkeit beziehen soll, entspricht insbesondere in Verbindung mit der Vereinbarung eines Stundenhonorars und somit der Höhe nach nicht absehbaren Kosten für die Eigentümer nicht ordnungsgemäßer Verwaltung (LG München I, 15.3.2017, 1 S 10106/16). Bei einer solchen Beschlussfassung ist daher besonders darauf zu achten, dass der Beschluss den Problemkreis und die Aufgabenstellung für den Rechtsanwalt umfassend wiedergibt.

Grundsätzlich ist der Verwalter gemäß §27 Abs. 3 Nr. 6 und Abs. 2 Nr. 4 WEG berechtigt, mit einem Rechtsanwalt eine Vergütungsvereinbarung in Form eine höheren Streitwerts zu vereinbaren. Im Fall eines Stundenhonorars mit einem Rechtsanwalt geht diese jedoch über die Ermächtigung des §27 WEG hinaus und entspricht nur bei Vorliegen besonderer Gründe ordnungsgemäßer Verwaltung. Besondere Gründe können sich aus der besonderen fachlichen Qualifikation eine Rechtsanwalts, des besonderen Vertrauensverhältnisses der Eigentümer zu ihm, vor allem aufgrund zuvor erfolgter Beauftragungen, und auch aus einer bereits erfolgten Beauftragung in selbiger Sache ergeben (vgl. LG München I, 2.8.2017, 1 S 15254/16).

Sonderumlagebeschluss

Beschlussantrag
Zum Ausgleich für den Ausfall von Hausgeldzahlungen/Für im Wirtschaftsplan nicht berücksichtigte Instandhaltungsmaßnahmen/Für die Kosten für die gemäß TOP ..... beschlossenen Arbeiten am Dach wird eine Sonderumlage in Höhe von insgesamt .... EUR erhoben. Die Höhe der Sonderumlage richtet sich nach den Miteigentumsanteilen. Auf 1/1.000stel MEA entfällt ein Betrag von .... EUR. Über die Gesamthöhe werden die Eigentümer durch gesondertes Schreiben informiert. Jeder Eigentümer hat den auf ihn entfallenden Anteil spätestens bis zum .... auf das Hausgeldkonto der Wohnungseigentümergemeinschaft zu zahlen. Soweit ein Eigentümer am Lastschriftverfahren teilnimmt, ist die Verwaltung berechtigt, den auf diesen Eigentümer entfallenden Sonderumlageanteil mit dem Hausgeld für den Monat .... abzubuchen. Die Wohnungseigentümer haben für eine ausreichende Kontodeckung zu sorgen.

Abstimmungsergebnis
Ja-Stimmen: ....
Nein-Stimmen: ....
Enthaltungen: ....

Feststellung des Beschlussergebnisses: Der Beschluss wurde angenommen/abgelehnt.

Teilnahme Dritter an der Versammlung

Beschlussantrag
Auf Vorschlag des Verwalters gestattet die Versammlung der Wohnungseigentümer zur Meinungsbildung über den Tagesordnungspunkt »TOP ..... Antrag des Wohnungseigentümers .... Einbau eines Kaminofens« die Anwesenheit des Architekten .... als Berater des Antragstellers in der Versammlung. Das Anwesenheitsrecht ist auf die Behandlung dieses Tagesordnungspunkts beschränkt.

Abstimmungsergebnis
Ja-Stimmen: ....
Nein-Stimmen: ....
Enthaltungen: ....

Feststellung des Beschlussergebnisses: Der Beschluss wurde angenommen/abgelehnt.

Tierhaltung

Beschlussantrag
Künftig ist es den Eigentümern/Mietern untersagt, mehr als drei Hunde oder drei Katzen in den Wohnungen zu halten. Dies gilt nicht für bereits angeschaffte Tiere. Ferner werden die vermietenden Eigentümer angehalten, diese Regelung bei Neuvermietungen im Mietvertrag zu vereinbaren.

Abstimmungsergebnis
Ja-Stimmen: ....
Nein-Stimmen: ....
Enthaltungen: ....

Feststellung des Beschlussergebnisses: Der Beschluss wurde angenommen/abgelehnt.

Umzugskostenpauschale

Beschlussantrag
Die Wohnungseigentümer beschließen eine Kostenpauschale wegen der Abnutzung des Gemeinschaftseigentums bei Umzügen von Wohnungseigentümern oder Mietern. Die Kostenpauschale dient der Abgeltung von möglichen

eintretenden Beeinträchtigungen und der besonderen Abnutzungen des gemeinschaftlichen Eigentums bei Ein- bzw. Auszug. Wohnungseigentümer sind verpflichtet, einen Ein- bzw. Auszug der Verwaltung anzuzeigen und den Pauschalbetrag von .... EUR je Ein- und Auszug nach Aufforderung durch die Verwaltung auf das Gemeinschaftskonto zu entrichten. Die eingehenden Beträge werden der Instandhaltungsrücklage zugeführt.

Abstimmungsergebnis
Ja-Stimmen: ....
Nein-Stimmen: ....
Enthaltungen: ....

Feststellung des Beschlussergebnisses: Der Beschluss wurde angenommen/abgelehnt.

Veräußerungszustimmung, Aufhebung

Beschlussantrag
Die Teilungserklärung der Wohnungseigentümergemeinschaft sieht gemäß § ..... bei der Veräußerung eines Sonder-/Teileigentums durch einen Wohnungseigentümer vor, dass der Verwalter hierzu seine Zustimmung erklären muss. Diese Veräußerungsbeschränkung wird ab sofort aufgehoben. Die Verwaltung wird beauftragt, für eine unverzügliche Löschung der im Grundbuch eingetragenen Veräußerungsbeschränkung zu sorgen.

Abstimmungsergebnis
Ja-Stimmen: ....
Nein-Stimmen: ....
Enthaltungen: ....

Feststellung des Beschlussergebnisses: Der Beschluss wurde angenommen/abgelehnt.

Verwalterbestellung

Bestellung

Beschlussantrag
Die Firma .... Verwaltungsgesellschaft mbH, [Anschrift], wird zum Verwalter bestellt. Die Bestellung gilt ab .... und ist befristet bis

.... In dieser Zeit kann der Vertrag von beiden Seiten nur aus wichtigem Grund gekündigt werden.

Die Verwaltervergütung beträgt monatlich
.... EUR/Wohnungseinheit
.... EUR/Gewerbeeinheit
.... EUR/Tiefgaragenstellplatz
.... EUR/Hobbyraum
jeweils zuzüglich der gesetzlichen Mehrwertsteuer.

Die Mitglieder des Verwaltungsbeirats werden beauftragt und bevollmächtigt, mit dem bestellten Verwalter einen Verwaltervertrag gemäß vorliegendem Vertragsangebot der Firma .... Verwaltungsgesellschaft mbH, das jedem Wohnungseigentümer mit der Einladung zu dieser Versammlung übersandt wurde, zu schließen und Verwaltervollmacht zu erteilen.

Alternativ
Die Mitglieder des Verwaltungsbeirats werden beauftragt und bevollmächtigt, mit dem bestellten Verwalter einen Verwaltervertrag unter Beachtung der obigen Eckdaten auszuhandeln und abzuschließen und Verwaltervollmacht zu erteilen.

Mit vorzeitiger Abberufung des Verwalters endet auch der Geschäftsbesorgungsvertrag mit dem Verwalter. Der Bestellungszeitraum entspricht der Vertragsdauer.

Abstimmungsergebnis
Ja-Stimmen: ....
Nein-Stimmen: ....
Enthaltungen: ....

Feststellung des Beschlussergebnisses: Der Beschluss wurde angenommen/ abgelehnt.

Weiterbestellung

Die Bestellung der Firma .... Verwaltungsgesellschaft mbH, [Anschrift], als Verwalter und der bestehende Verwaltervertrag enden zum 31.12. dieses Jahres. Der Verwaltungsbeirat empfiehlt wegen der guten Verwaltungstätigkeit die Weiterbestellung der Firma ....Verwaltungsgesellschaft mbH und hat demzufolge keine Alternativangebote eingeholt.

Beschlussantrag
Die Firma .... Verwaltungsgesellschaft mbH, [Anschrift], wird für weitere drei Jahre, also von 1.1.20xx bis 31.12. 20xx erneut zum Verwalter bestellt. Die Verwaltervergütung bleibt unverändert/ändert sich wie folgt: ... .

Der bisher geltende Verwaltervertrag gilt für diese Bestellzeit fort.

Abstimmungsergebnis
Ja-Stimmen: ....
Nein-Stimmen: ....
Enthaltungen: ....

Feststellung des Beschlussergebnisses: Der Beschluss wurde angenommen/abgelehnt.

Verwalterabberufung, ordentliche

Beschlussantrag
Der Bestellungszeitraum der Firma .... Verwaltungsgesellschaft mbH, [Anschrift], als Verwalter läuft zum 31.12.20xx aus. Die Mehrheit der Wohnungseigentümer ist mit den langen Reaktionszeiten der Verwaltung unzufrieden und wünscht daher einen Verwalterwechsel. Die Wohnungseigentümer beschließen, dass die Firma .... Verwaltungsgesellschaft mbH, [Anschrift], als Verwalter ordentlich abberufen wird.

Abstimmungsergebnis
Ja-Stimmen: ....
Nein-Stimmen: ....
Enthaltungen: ....

Feststellung des Beschlussergebnisses: Der Beschluss wurde angenommen/abgelehnt.

Der Verwalter nimmt diesen Beschluss zur Kenntnis. Die weiteren Modalitäten, zum Beispiel die Kündigung des Verwaltervertrags, werden in den nachfolgenden Beschlüssen geregelt.

Verwalterabberufung, außerordentliche aus wichtigem Grund

Der Bestellungszeitraum der Firma .... Verwaltungsgesellschaft mbH, [Anschrift], als Verwalter läuft von 1.1.20xx bis 31.12.20xx. Die Bestellzeit beträgt daher noch ..... Jahre. Jedoch ist die Vertrauensbasis für eine weitere Zusammenarbeit mit der Verwaltung dauerhaft gestört, zum Beispiel wurden Beschlüsse der Eigentümergemeinschaft nicht vollzogen, die Beschlusssammlung wurde nicht ordnungsgemäß geführt, die Jahresabrechnung für den letzten Abrechnungszeitraum wurde trotz Abmahnung nicht erstellt und es wurden Gelder von den Gemeinschaftskonten veruntreut. Die große Mehrheit der Eigentümer wünscht daher einen sofortigen Verwalterwechsel.

Beschlussantrag
Die Firma .... Verwaltungsgesellschaft mbH, [Anschrift], wird aus wichtigen Gründen als Verwalter mit sofortiger Wirkung abberufen.

Abstimmungsergebnis
Ja-Stimmen: ....
Nein-Stimmen: ....
Enthaltungen: ....

Feststellung des Beschlussergebnisses: Der Beschluss wurde angenommen/abgelehnt.

Der Verwalter nimmt diesen Beschluss zur Kenntnis. Die weiteren Modalitäten, zum Beispiel die Kündigung des Verwaltervertrags, werden in den nachfolgenden Beschlüssen geregelt.

Verwaltervertrag

Abschluss

Mit der soeben vom 1.1.20xx bis 31. 12.20xx bestellten Firma .... Verwaltungsgesellschaft mbH, [Anschrift], ist ein Verwaltervertrag zu schließen. Der Vertragsentwurf wurde den Wohnungseigentümern mit der Einladung zu dieser Versammlung geschickt. Der Verwaltungsbeirat hat den Vertragsentwurf anwaltlich überprüfen lassen. Die Änderungsvorschläge hat die Firma .... Verwaltungsgesellschaft mbH, [Anschrift], akzeptiert. Der Verwaltungsbeirat empfiehlt daher den Abschluss dieses Verwaltervertrags, der heute nochmals von allen Wohnungseigentümern eingesehen werden kann.

Beschlussantrag
Mit der Firma .... Verwaltungsgesellschaft mbH, [Anschrift], ist ein Verwaltervertrag nach Maßgabe des dem Protokoll beizufügenden Vertragsmusters zu schließen. Die Wohnungseigentümer beauftragen und bevollmächtigen hiermit die Mitglieder des Verwaltungsbeirats, im Namen der Gemeinschaft den Vertrag zu unterzeichnen.

Abstimmungsergebnis
Ja-Stimmen: ....
Nein-Stimmen: ....
Enthaltungen: ....

Feststellung des Beschlussergebnisses: Der Beschluss wurde angenommen/abgelehnt.

Die Mitglieder des Verwaltungsbeirats nehmen diesen Auftrag hiermit an.

Änderungen des Verwaltervertrags

Firma .... Verwaltungsgesellschaft mbH, [Anschrift], ist bereit, die Verwaltung weiterzuführen, allerdings nur gegen eine angemessene Erhöhung der Verwaltervergütung.

Beschlussantrag
Der Verwaltervertrag wird für den Bestellungszeitraum 1.1.20xx bis 31.12.20xx im Hinblick auf die Verwaltervergütung wie folgt geändert:
.... EUR/Wohnungseinheit
.... EUR /Gewerbeeinheit
.... EUR /Tiefgaragenstellplatz
.... EUR /Hobbyraum
pro Monat, jeweils zuzüglich der gesetzlichen Mehrwertsteuer.

Die Wohnungseigentümer beauftragen und bevollmächtigen hiermit die Mitglieder des Verwaltungsbeirats, im Namen der Gemeinschaft die Vertragsänderung zu unterzeichnen.

Abstimmungsergebnis
Ja-Stimmen: ....
Nein-Stimmen: ....
Enthaltungen: ....

Feststellung des Beschlussergebnisses: Der Beschluss wurde angenommen/abgelehnt.

Die Mitglieder des Verwaltungsbeirats nehmen diesen Auftrag hiermit an.

Kündigung, ordentliche

Die Firma .... Verwaltungsgesellschaft mbH, [Anschrift], wurde soeben unter TOP ..... mit Wirkung zum 31.12.20xx als Verwalter ordentlich abberufen. Des Weiteren muss noch über die ordentliche Kündigung des Verwaltervertrags Beschluss gefasst werden.

Beschlussantrag
Der Verwaltervertrag zwischen der Eigentümergemeinschaft und der Firma .... Verwaltungsgesellschaft mbH, [Anschrift], vom .... wird mit Wirkung zum 31.12.20xx ordentlich gekündigt. Der Vorsitzende des Verwaltungsbeirats wird ermächtigt, gegenüber dem Verwalter die Kündigungserklärung abzugeben.

Abstimmungsergebnis
Ja-Stimmen: ....
Nein-Stimmen: ....
Enthaltungen: ....

Feststellung des Beschlussergebnisses: Der Beschluss wurde angenommen/abgelehnt.

Der Verwalter nimmt diesen Beschluss zur Kenntnis. Die weiteren Modalitäten werden in den nachfolgenden Beschlüssen geregelt.

Kündigung, außerordentliche

Die Firma .... Verwaltungsgesellschaft mbH, [Anschrift], wurde soeben unter TOP mit Wirkung zum 31.12.20xx als Verwalter außerordentlich aus wichtigem Grund abberufen. Des Weiteren muss noch über die außerordentliche Kündigung des Verwaltervertrags Beschluss gefasst werden. Hinsichtlich der wichtigen Gründe wird auf TOP ..... verwiesen. Sie haben zur außerordentlichen Abberufung des Verwalters geführt und sich trotz Abmahnung vom .... insbesondere in den letzten vier Wochen wiederholt.

Beschlussantrag
Der Verwaltervertrag zwischen der Eigentümergemeinschaft und der Firma .... Verwaltungsgesellschaft mbH, [Anschrift], vom .... wird mit sofortiger Wirkung aus wichtigem Grund außerordentlich gekündigt. Der Vorsitzende des Verwaltungsbeirats wird ermächtigt, gegenüber dem Verwalter die Kündigungserklärung abzugeben.

Abstimmungsergebnis
Ja-Stimmen: ....
Nein-Stimmen: ....
Enthaltungen: ....

Feststellung des Beschlussergebnisses: Der Beschluss wurde angenommen/abgelehnt.

Der Verwalter nimmt diesen Beschluss zur Kenntnis. Die weiteren Modalitäten werden in den nachfolgenden Beschlüssen geregelt.

Weitere Modalitäten bei Abberufung und Kündigung

Rechnungslegung

Beschlussantrag
Die Firma .... Verwaltungsgesellschaft mbH, [Anschrift], wird zur Rechnungslegung aufgefordert. Zum Stichtag der Beendigung der Verwaltertätigkeit ist eine Rechnungslegung im Sinne des §28 Abs. 4 WEG vorzunehmen. Diese ist bis spätestens .... an die neue Verwalterin zu übersenden.

Abstimmungsergebnis
Ja-Stimmen: ....
Nein-Stimmen: ....
Enthaltungen: ....

Feststellung des Beschlussergebnisses: Der Beschluss wurde angenommen/abgelehnt.

Der Verwalter nimmt diesen Beschluss zur Kenntnis.

Verwaltungsunterlagen

Beschlussantrag
Alle Finanzmittel der Eigentümergemeinschaft einschließlich der dazu gehörenden Unterlagen sowie alle sonstigen Verwaltungsunterlagen (Pläne, Korrespondenz, Bankauszüge, Rechnungen, Belege, Verträge, Versicherungspolicen, Beschlusssammlung, Versammlungsprotokolle etc.) sind in geordneter Weise gegen Quittung zum Stichtag der Beendigung der Verwaltertätigkeit unverzüglich, jedoch bis spätestens zum .... der neuen Verwaltung auszuhändigen.

Abstimmungsergebnis
Ja-Stimmen: ....
Nein-Stimmen: ....
Enthaltungen: ....

Feststellung des Beschlussergebnisses: Der Beschluss wurde angenommen/abgelehnt.

Verwaltungsbeirat

Bestellung

Die Wohnungseigentümer beschließen erstmals, einen Verwaltungsbeirat bestehend aus drei Mitgliedern aufzustellen. Die Bestellung soll zunächst nur für ein Jahr erfolgen. Für die Wahl stellen sich folgende vier Wohnungseigentümer zur Verfügung:

....

....

....

....

Über jeden der vier Kandidaten wird einzeln abgestimmt. Zum Verwaltungsbeirat bestellt ist, wer von den vier Bewerbern die drei besten Abstimmungen erzielt und zusätzlich jeweils über die einfache Mehrheit der abgegebenen Stimmen verfügt.

Beschlussantrag
Für die Zeit vom 1.1.20xx bis 31.12.20xx werden zu Mitgliedern des Verwaltungsbeirats bestellt:

1. Frau A
2. Frau B
3. Frau C
4. Herr D

Abstimmungsergebnis

Frau A:	Ja-Stimmen:	Nein-Stimmen:	Enthaltungen: .....
Frau B:	Ja-Stimmen:	Nein-Stimmen:	Enthaltungen: .....
Frau C:	Ja-Stimmen:	Nein-Stimmen:	Enthaltungen: .....
Herr D:	Ja-Stimmen:	Nein-Stimmen:	Enthaltungen: .....

Feststellung des Beschlussergebnisses
Frau B, Frau C und Herr D sind jeweils mit der einfachen Mehrheit der abgegebenen Stimmen für die Zeit vom 1.1.20xx bis 31.12.20xx zu Mitgliedern des Verwaltungsbeirats bestellt.

Frau B, Frau C und Herr D nehmen die Wahl an. Die Wahl des Beiratsvorsitzenden erfolgt durch die Beiratsmitglieder.

Weiterbestellung

Beschlussantrag
Frau B, Frau C und Herr D werden für die Zeit vom 1.1.20xx bis 31.12.20xx erneut als Verwaltungsbeiräte bestellt.

Abstimmungsergebnis

Frau A:	Ja-Stimmen:	Nein-Stimmen:	Enthaltungen: .....
Frau B:	Ja-Stimmen:	Nein-Stimmen:	Enthaltungen: .....
Frau C:	Ja-Stimmen:	Nein-Stimmen:	Enthaltungen: .....
Herr D:	Ja-Stimmen:	Nein-Stimmen:	Enthaltungen: .....

Feststellung des Beschlussergebnisses
Frau B, Frau C und Herr D sind jeweils mit der einfachen Mehrheit der abgegebenen Stimmen für die Zeit vom 1.1.20xx bis 31.12.20xx zu Mitgliedern des Verwaltungsbeirats bestellt.

Frau B, Frau C und Herr D nehmen die Wahl an. Die Wahl des Beiratsvorsitzenden erfolgt durch die Beiratsmitglieder.

Bestellung eines Ersatzmitglieds

Beschlussantrag
Für die Zeit vom 1.1.20xx bis 31.12.20xx wird Herr x als Ersatzmitglied für den Verwaltungsbeirat bestellt.

Abstimmungsergebnis
Ja-Stimmen: ....
Nein-Stimmen: ....
Enthaltungen: ....

Feststellung des Beschlussergebnisses: Der Beschluss wurde angenommen/ abgelehnt.

Herr x nimmt die Wahl an.

Aufwandsentschädigung

Beschlussantrag
Die Mitglieder des Verwaltungsbeirats erhalten ohne gesonderten Nachweis als Ausgleich für ihnen entstehende Telefon-, Porto-, Kopier- und Fahrtkosten eine jährliche pauschale Aufwandsentschädigung von jeweils .... EUR, der Verwaltungsbeiratsvorsitzende von .... EUR. Die Aufwandsentschädigung wird zum Ende eines jeden Kalenderjahres durch den Verwalter vom Konto der Wohnungseigentümergemeinschaft auf das jeweilige Konto des Beiratsmitglieds überwiesen. Damit sind sämtliche Ansprüche der Beiratsmitglieder auf Erstattung der ihnen bei Ausübung ihrer Beiratstätigkeit entstandenen Aufwendungen abgegolten. Der jährliche Gesamtbetrag wird unter der Kostenart »Aufwandsentschädigung Verwaltungsbeirat« in die Jahresabrechnung gestellt.

Abstimmungsergebnis
Ja-Stimmen: ....
Nein-Stimmen: ....
Enthaltungen: ....

Feststellung des Beschlussergebnisses: Der Beschluss wurde angenommen/abgelehnt.

Haftungsbeschränkung

Beschlussantrag
Die Haftung der Verwaltungsbeiräte für ihre Tätigkeit wird bei Anspruch auf jährliche Entlastung auf grobe Fahrlässigkeit und Vorsatz beschränkt.

Unter Ausschluss des Stimmrechts der Beiratsmitglieder ergibt sich folgendes Abstimmungsergebnis:

Abstimmungsergebnis
Ja-Stimmen: ....
Nein-Stimmen: ....
Enthaltungen: ....

Feststellung des Beschlussergebnisses: Der Beschluss wurde angenommen/abgelehnt.

Abschluss einer Vermögensschadenhaftpflichtversicherung

Beschlussantrag
Für die Beiratsmitglieder wird von der Wohnungseigentümergemeinschaft eine Vermögensschadenhaftpflichtversicherung abgeschlossen. Die Deckungssumme soll 200.000 EUR betragen. Der Verwalter wird beauftragt und bevollmächtigt, im Namen der Wohnungseigentümergemeinschaft die Versicherung abzuschließen.

Der jährliche Gesamtbetrag wird unter der Kostenart »Haftpflichtversicherung Verwaltungsbeirat« in die Jahresabrechnung gestellt.

Abstimmungsergebnis
Ja-Stimmen: ....
Nein-Stimmen: ....
Enthaltungen: ....

Feststellung des Beschlussergebnisses: Der Beschluss wurde angenommen/abgelehnt.

Ordentliche Abberufung

Beschlussantrag
Miteigentümer D wird zum Ablauf seiner Bestellungszeit zum .... in seiner Funktion als Mitglied des Verwaltungsbeirats ordentlich abberufen.

Abstimmungsergebnis
Ja-Stimmen: ....
Nein-Stimmen: ....
Enthaltungen: ....

Feststellung des Beschlussergebnisses: Der Beschluss wurde angenommen/abgelehnt.

Der anwesende Miteigentümer D nimmt die Abberufung zur Kenntnis.

Wirtschaftsplan (Gesamt- und Einzelwirtschaftsplan)

Beschlussantrag
Der Gesamtwirtschaftsplan und die Einzelwirtschaftspläne für den Zeitraum .... werden genehmigt. Das in den Einzelwirtschaftsplänen ausgewiesene Wohngeld wird ab dem .... fällig gestellt. Dieser Wirtschaftsplan gilt auch für das Folgejahr fort, bis ein neuer beschlossen wird. Das im Wirtschaftsplan festgelegte Hausgeld ist in zwölf gleichen Monatsbeiträgen jeweils bis zum dritten Tag eines Monats im Voraus auf das Gemeinschaftskonto zu entrichten.

Abstimmungsergebnis
Ja-Stimmen: ....
Nein-Stimmen: ....
Enthaltungen: ....

Feststellung des Beschlussergebnisses: Der Beschluss wurde angenommen/abgelehnt.

Zweitbeschlüsse

Bestätigender Zweitbeschluss

Beschlussantrag
Die bereits in der Wohnungseigentümerversammlung vom .... beschlossene Vergabe des Auftrags zur Erneuerung der Briefkastenanlage an die Firma .... auf Grundlage des Angebotes vom .... wird erneut beschlossen.

Abstimmungsergebnis
Ja-Stimmen: ....
Nein-Stimmen: ....
Enthaltungen: ....

Feststellung des Beschlussergebnisses: Der Beschluss wurde angenommen/abgelehnt.

Ergänzender Zweitbeschluss

Beschlussantrag
In der Wohnungseigentümerversammlung vom .... unter TOP ..... wurde die bisher nicht ausgeführte Erneuerung der Briefkastenanlage auf der Grundlage des Kostenvoranschlags der Firma .... vom .... beschlossen. Die Finanzierung soll über die Instandhaltungsrücklage erfolgen. Der Auftrag zur Erneuerung der Briefkastenanlage wird erweitert. Das Klingeltableau samt Gegensprechanlage soll ersetzt und in die Briefkastenanlage integriert werden. Diese Maßnahmen sollen auf Grundlage des ergänzenden Gesamtangebots der Firma .... vom ....in Höhe von € ... durchgeführt werden. Die Kosten der Gesamtmaßname sollen der Instandhaltungsrücklage entnommen werden.

Abstimmungsergebnis
Ja-Stimmen: ....
Nein-Stimmen: ....
Enthaltungen: ....

Feststellung des Beschlussergebnisses: Der Beschluss wurde angenommen/abgelehnt.

Abändernder Zweitbeschluss

Beschlussantrag
In der Wohnungseigentümerversammlung vom .... wurde unter TOP ..... die Vergabe des Auftrags zur Erneuerung der Briefkastenanlage an die Firma .... auf Grundlage des Angebots vom .... beschlossen. Der Auftrag wurde bislang mangels finanzieller Mittel nicht vergeben. Der Beschluss wird aufgehoben. Wenn sich die finanzielle Lage der Wohnungseigentümergemeinschaft entspannt hat, soll hierüber erneut Beschluss gefasst werden.

Abstimmungsergebnis
Ja-Stimmen: ....
Nein-Stimmen: ....
Enthaltungen: ....

Feststellung des Beschlussergebnisses: Der Beschluss wurde angenommen/abgelehnt.

Beschluss im schriftlichen Verfahren

ARBEITSHILFE ONLINE

MUSTER: Beschluss im schriftlichen Umlaufverfahren

Hausverwaltungs GmbH
[Anschrift Absender]

Herrn/Frau
Wohnungseigentümer
[Anschrift Empfänger]

[Ort, Datum]

Wohnungseigentümergemeinschaft ....
Beschluss im schriftlichen Umlaufverfahren gemäß § 23 Abs. 3 WEG
Begründung

Den Wohnungseinheiten im Erdgeschoss der Wohnungseigentümergemeinschaft .... sind gemäß Teilungserklärung Grünflächen als Sondernutzungsrecht zugeteilt. Wegen Eindringens von Personen und Tieren von der Straße auf die Grünflächen haben mehrfach Eigentümer in der Vergangenheit ihre Bereiche eingezäunt. Eine entsprechende Regelung ist in der Teilungserklärung/Gemeinschaftsordnung nicht vorgesehen. Eine Erlaubnis hierzu durch die Wohnungseigentümergemeinschaft liegt bislang nicht vor. Daher haben die Eigentümer Müller, Hauser und Kleingärtner folgenden Antrag gestellt: »Die WEG duldet eine bislang nicht vorgesehene Einzäunung der den EG-Wohnungen zugeordneten Terrassenflächen (Sondernutzungsrecht) mit grünem

Maschendrahtzaun. Die Kosten der erstmaligen Errichtung sowie der Instandsetzung und Instandhaltung trägt der jeweilige Sondernutzungsberechtigte.«

Mit meiner/unserer Unterschrift erkläre(n) ich/wir die Zustimmung/Ablehnung zu dem vorstehenden Beschluss und zur Beschlussabgabe im schriftlichen Verfahren.

....	....	....
Ort, Datum	Wohnungseinheit(en)	Unterschrift(en)

Hinweise

Ein Beschluss im schriftlichen Umlaufverfahren wird nur wirksam, wenn sämtliche Wohnungseigentümer diesem zustimmen. Die Rücksendung des unterzeichneten Beschlussantrags erbitten wir bis .... Gehört eine Wohnungseinheit mehreren Eigentümern, müssen entweder alle von ihnen unterschreiben oder die Unterzeichner gemäß einer beizufügenden Originalvollmacht bevollmächtigt sein.

Kommt der Beschluss im schriftlichen Umlaufverfahren wirksam zustande, so bindet er die Wohnungseigentümer und ihre Rechtsnachfolger ebenso wie ein in einer Eigentümerversammlung gefasster Beschluss. Der Verwalter stellt das Beschlussergebnis fest und versendet es an alle Wohnungseigentümer mittels Rundschreiben.

Mit freundlichen Grüßen

Hausverwaltungs GmbH

Wie werden Beschlüsse richtig verkündet?

Verkündung eines einstimmig angenommenen Beschlussantrags

Beschlussantrag
Die vorgelegten Gesamt- und Einzelabrechnungen werden genehmigt.

Abstimmungsergebnis
Ja-Stimmen: 24
Nein-Stimmen: keine
Enthaltungen: keine

Feststellung des Beschlussergebnisses: Der Beschluss wurde einstimmig angenommen.

Verkündung eines mehrheitlich angenommenen Beschlussantrags

Beschlussantrag
Der Verwaltung wird für das Wirtschaftsjahr .... Entlastung erteilt.

Abstimmungsergebnis
Ja-Stimmen: 12
Nein-Stimmen: 7
Enthaltungen: 5

Feststellung des Beschlussergebnisses: Der Beschluss wurde mehrheitlich angenommen.

Verkündung eines einstimmig abgelehnten Beschlussantrags

Beschlussantrag
Der Verwalter wird beauftragt, die Malerarbeiten zum Streichen des Treppenhauses bis zu einem Kostenaufwand in Höhe von 6.000 EUR in Auftrag zu geben.

Abstimmungsergebnis
Ja-Stimmen: keine
Nein-Stimmen: 24
Enthaltungen: keine

Feststellung des Beschlussergebnisses: Der Beschluss wurde einstimmig abgelehnt.

Verkündung eines mehrheitlich abgelehnten Beschlussantrags

Beschlussantrag
Die Mitglieder des Verwaltungsbeirats erhalten ohne gesonderten Nachweis als Ausgleich für ihnen entstehende Telefon-, Porto-, Kopier- und Fahrtkosten eine jährliche pauschale Aufwandsentschädigung von jeweils .... EUR, der Verwaltungsbeiratsvorsitzende von .... EUR. Die Aufwandsentschädigung wird zum Ende eines jeden Kalenderjahres durch den Verwalter vom Konto der Wohnungseigentümergemeinschaft auf das jeweilige Konto des Beiratsmitglieds überwiesen. Damit sind sämtliche Ansprüche der Beiratsmitglieder auf Erstattung der ihnen bei Ausübung ihrer Beiratstätigkeit entstandenen Aufwendungen abgegolten. Der jährliche Gesamtbetrag wird unter der Kostenart »Aufwandsentschädigung Verwaltungsbeirat« in die Jahresabrechnung gestellt.

Abstimmungsergebnis
Ja-Stimmen: 7
Nein-Stimmen: 9
Enthaltungen: 8

Feststellung des Beschlussergebnisses: Der Beschluss wurde mehrheitlich abgelehnt.

Verkündung eines mehrheitlich angenommenen Beschlussantrags, für den Einstimmigkeit erforderlich ist

Beschlussantrag
Dem Miteigentümer .... wird gestattet, die Verglasung seines Balkons auf Grundlage der der Ladung zur Wohnungseigentümerversammlung vom .... beigefügten Planskizze entsprechend den anerkannten Regeln des Handwerks und der Technik durch eine Fachfirma anbringen zu lassen. Sämtliche mit dieser Maßnahme anfallenden Kosten und auch künftig anfallende Pflege-, Instandhaltungs- und Instandsetzungskosten hat der Miteigentümer allein zu tragen. Alle mit der Verglasung im Zusammenhang stehenden Pflichten sind auf einen Rechtsnachfolger zu übertragen.

Abstimmungsergebnis
Ja-Stimmen: 16
Nein-Stimmen: 5
Enthaltungen: 3

Feststellung des Beschlussergebnisses: Der Beschluss wurde wegen fehlender Einstimmigkeit abgelehnt.

Verkündung eines mehrheitlich angenommenen Beschlussantrags, für den eine qualifizierte Mehrheit erforderlich ist

Beschlussantrag
Die Wohnanlage wird mit einer Gegensprechanlage ausgestattet. Es werden in den einzelnen Sondereigentumseinheiten Sprechstellen eingebaut, die jeweils mit der zentralen Sprechstelle am Hauseingang verbunden werden. Die Verwaltung wir ermächtigt, die Firma .... mit dem Einbau der Gegensprechanlage gemäß vorliegendem Angebot zu beauftragen.

Die Finanzierung erfolgt durch Erhebung einer sofort fälligen Sonderumlage in Höhe von insgesamt .... EUR. Die Verteilung dieser Sonderumlage auf die einzelnen Miteigentümer erfolgt – abweichend von der in der Teilungserklärung vorgesehenen Kostenverteilung nach Miteigentumsanteilen – nach Sondereigentumseinheiten. Die anteiligen Beträge sind durch die einzelnen Wohnungseigentümer bis spätestens .... auf das Konto der Wohnungseigentümergemeinschaft zu zahlen. Wohnungseigentümer, die dem Verwalter eine Einzugsermächtigung erteilt haben, haben zum Verrechnungstermin für eine ausreichende Kontodeckung zu sorgen.

Vor der Abstimmung stellt der Verwalter fest:
Anzahl der anwesenden oder vertretenen Miteigentümer: ....
Anwesende oder vertretene Miteigentumsanteile: ....

Abstimmungsergebnis
Nach Kopfprinzip
Ja-Stimmen: ....
Nein-Stimmen: ....
Enthaltungen: ....

Nach Miteigentumsanteilen
Ja-Stimmen: ....
Nein-Stimmen: ....
Enthaltungen: ....

Feststellung des Beschlussergebnisses: Der Beschluss wurde mangels Erreichens der vorgeschriebenen doppelten qualifizierten Mehrheit abgelehnt.

Abkürzungsverzeichnis

II. BV	Zweite Berechnungsverordnung
Abs.	Absatz
AO	Abgabenordnung
BayObLG	Bayerisches Oberstes Landgericht
BDSG	Bundesdatenschutzgesetz
BetrKV	Betriebskostenverordnung
BGH	Bundesgerichtshof
BReg.	Bundesregierung
BT-Drucks.	Bundestagsdrucksache
DWE	Der Wohnungseigentümer (Zeitschrift)
EnEG	Energieeinsparungsgesetz
EnEV	Energieeinsparverordnung
GBO	Grundbuchordnung
GbR	Gesellschaft bürgerlichen Rechts
GKG	Gerichtskostengesetz
GmbH	Gesellschaft mit beschränkter Haftung
GVG	Gerichtsverfassungsgesetz
HGB	Handelsgesetzbuch
HOAI	Honorarordnung für Architekten und Ingenieure
HS	Halbsatz
KG	Kammergericht
MEA	Miteigentumsanteile
MessEG	Mess- und Eichgesetz
MessEV	Mess- und Eichverordnung
m.w.N.	mit weiteren Nachweisen
NJW	Neue Juristische Wochenzeitschrift
NJW-RR	Neue Juristische Wochenzeitschrift, Rechtsprechungsreport
NZM	Neue Zeitschrift für Miet- und Wohnungsrecht

OHG	offene Handelsgesellschaft
OLG	Oberlandesgericht
RVG	Gesetz über die Vergütung der Rechtsanwältinnen und Rechtsanwälte
WE	Wohnungseigentum (Zeitschrift)
WEG	Wohnungseigentumsgesetz
WuM	Wohnungswirtschaft und Mietrecht (Zeitschrift)
ZMR	Zeitschrift für Miet- und Raumrecht
ZPO	Zivile Prozessordnung
ZVG	Gesetz über die Zwangsversteigerung und die Zwangsverwaltung
ZWE	Zeitschrift für Wohnungseigentumsrecht

Arbeitshilfen

Stichwortverzeichnis

Die Autoren

Melanie Sterns-Kolbeck ist Rechtsanwältin, Fachanwältin für Miet- und WEG-Recht in München, berät die Mitglieder des Haus- und Grundbesitzervereins München und ist Autorin zahlreicher Publikationen zum Miet- und WEG-Recht.

Georg Hopfensperger ist Rechtsanwalt, Fachanwalt für Miet- und Wohnungseigentumsrecht in München, berät als freier Mitarbeiter des Haus- und Grundbesitzervereins München in Mietrechtsfragen und ist Autor zahlreicher Fachbücher.

Inklusive Arbeitshilfen online

Exklusiv für Buchkäufer!

Ihre Arbeitshilfen zum Download:

- **http://mybook.haufe.de/**
- **Buchcode:** JPP-0018